反右派

鬥爭全史 下冊

1957
Anti-Rightist
Movement

朱正 著

目 次（下冊）

十五、《文匯報》的資產階級方向應當批判　005

十六、文藝戰線上的一場大辯論　072

十七、科學技術界的反右派鬥爭　130

十八、社會科學界的反右派鬥爭　157

十九、為了法治　188

二十、鬥爭百景　222

二十一、一次偉大勝利的大會　239

二十二、戰場既在黨外，又在黨內　261

二十三、解放軍內部的反右派鬥爭　322

二十四、不採取極端的政策　336

二十五、餘韻　366

結束語　419

附錄

附錄一　《1957年的夏季：從百家爭鳴到兩家爭鳴》序　／邵燕祥　429
附錄二　《1957年的夏季：從百家爭鳴到兩家爭鳴》後記　434
附錄三　《兩家爭鳴──反右派鬥爭》校後記　435
附錄四　《反右派鬥爭始末》序　／邵燕祥　436
附錄五　《反右派鬥爭始末》後記　443

右派人名索引（下冊）　445

右派人名索引（上下冊）　471

十五、《文匯報》的資產階級方向應當批判

　　《文匯報》是一張在戰火中誕生的報紙。一九三七年十一月上海淪陷。一些報紙不願接受敵方的新聞檢查自動停刊。一些有愛國心的報人於一九三八年一月在淪為「孤島」的租界創辦了《文匯報》。這張報紙旗幟鮮明地堅持抗日立場。出刊才半個月報社就挨了炸彈，炸死一人，傷二人。到一九三九年五月終於被迫停刊。抗日勝利後復刊，成了一張很有特色，深受知識份子歡迎的報紙。一九四六年內戰爆發，《文匯報》即傾向於支持共產黨方面，因而於一九四七年五月又被國民黨當局勒令停刊，到一九四九年上海解放後才復刊。有二十多年辦報經驗的總主筆徐鑄成很快就感覺到，他很難適應解放區辦報的那些規矩。他在回憶錄中談到復刊不久的兩件事情：

> 　　無奈解放後一些套套，每使人瞠目束手。舉例言之。在長沙解放之日，我們已在無線電中收到確訊，而翌日刊出，即被指為搶新聞，是資產階級辦報作風，因新華社尚未正式公告也。再如〈論人民民主專政〉發佈之日，要聞編輯鄭心永按所列問題，作分題以醒眉目，亦被指為離經叛道。如此重要文件，只能做經典鄭重排版，安可自由處理！總之，老區方式，蘇聯套套，只能老實學習，不問宣傳效果，此為當時必經之「改革」。
>
> 　　因此，我對社論也艱以執筆，因數十年記者經驗，從不慣於人云亦云，思想未通即先歌頌，每以此為苦。
>
> 　　　　　　　　　（《徐鑄成回憶錄》，三聯書店，2010年版，第165-166頁）

　　本書第六章曾經寫到徐鑄成同儲安平的一次談話，他對儲安平說的，採訪「出發前及回來後，都與領導同志商談，反復請教」的態度頗不以為然。他想到，復刊後的「《文匯報》之被歧視，殆即由予之不善應付歟？」

可是，江山好改，「本性難移，要我俯首就範，盲目聽從指揮，寧死亦不甘也」。（同上書，第177頁）

一方面是寧死也不願改變，另一方面是對舊知識份子和舊報紙的改造抓得很緊很緊。這裡就有了一個改造與反改造的鬥爭。一九五〇年春天，徐鑄成到北京出席了全國新聞工作會議。他在回憶錄中，這樣記下了這次會議的精神：

> 從此提出報紙要反對刊載社會新聞，不得發表抒發個人感情及黃色、迷信的報導和作品；反對「資產階級辦報思想」，報紙宣傳要為黨的當前政策服務；新聞「寧可慢些」，但要「真實」。總之一大套蘇聯模式的清規戒律確定下來了。（同上書，第186頁）

從這一段話裡可以看出徐鑄成對會議精神的反感和抵觸。他不滿意這一套，可是另一方面對於他的這張報紙也是越來越不滿意，已經在考慮如何處置這張報紙的方案了。徐的回憶錄記下了就在他出席這次全國新聞工作會議期間發生的一件事情：

> 有一天，喬木和我單獨談話，說團中央準備創刊一報紙，介紹我去聯繫。過天，我到了團中央，廖承志先生和榮高棠先生和我談話，表示願與《文匯報》合作。我希望能保留「文匯」名稱，報名或稱《青年文匯報》，商談未做結論。我回滬後不久，聽說已吸收開明書店一部分人員參加，籌備創辦《中國青年報》了。（同上書，第186-187頁）

團中央的機關報《中國青年報》是一九五一年四月二十七日創刊的，並沒有借助文匯報的任何幫助和合作。胡喬木介紹徐鑄成去團中央商談辦報的事，與其說是為了《中國青年報》的創刊，還不如說是為了《文匯報》的停刊：用一種溫和的手段改造或者說消滅一張看著不順眼的報紙。這事不遲不早在全國新聞工作會議期間發生，推想起來這次會議的任務，一是定出那麼一套精神讓今後各報遵循，二是要給不想保留的報紙做出適當處置吧，於是才有新聞總署署長胡喬木親自出面介紹徐去團中央商談的一幕。無奈徐鑄

成太愛他的報紙了，連「文匯」這兩個字都捨不得放棄。團中央要辦一張不倫不類的《青年文匯報》幹什麼呢？這商談當然也就沒有結果。這一回雖說沒有談妥，但是將文匯報變成另外一張什麼報的既定決心是這樣執著。到了一九五三年，報社接到了一紙命令。徐鑄成的回憶錄說：

> 一九五三年，報紙奉命轉向以中小學教師及高中學生為主要對象，由教育局長戴白韜及青年團市委之孫軼青、陳向明諸同志參加編委會。學習蘇聯為主要任務。外勤科調整為教育（高等學校）、中小教育、一般新聞等幾個小組，號召學習「凱洛夫教育法」，我義應帶頭，亦刻苦鑽研。（同上書，第199-200頁）

既然商談不易有結果，用行政命令來解決問題當然乾脆得多。徐鑄成心愛的報名沒有改變，可是報紙改變了，不再是原來的《文匯報》了，可說是已經跨出改為《教師報》的第一步。不但報紙正在改造，人也得到改造。他在回憶錄中說，像在「三反」「五反」運動中，「每一『戰役』都事先有具體部署，我奉命參加旁聽，自然也要寫些遵命的社論和長短文章。」（同上書，第200頁）過去以此為苦難於下筆的現在也能寫一點了。

徐鑄成終於認清了形勢，思想也多少得到了一些改造。這時，將《文匯報》改為《教師報》的條件就漸趨成熟了。一九五四年九月，徐鑄成到北京出席全國人大一屆一次會議。他在京期間的日記，多處記下了同教育部的副部長董純才、林礪儒、柳湜、韋愨等商談報紙改名、遷京的事。到一九五六年四月，《文匯報》終於在上海宣佈停刊，教育部的報紙《教師報》于五月一日創刊，徐鑄成被任命為教師報的總編輯。這時，一九五○年春天全國新聞工作會議期間提出的變《文匯報》為另外一張什麼報紙的任務終於完成了。

《文匯報》變成了《教師報》，是徐鑄成生平恨事。為什麼會發生這件事呢？他先後有過幾次不同的說法。一九五七年他在中共上海市委召開的宣傳工作會議上說，「聽說消滅《文匯報》改出《教師報》的方案，就是彭柏山提出的」。（徐鑄成：〈「牆」是能夠拆掉的〉，載一九五七年五月十九日《文匯報》）而在一九八八年寫的〈「陽謀」親歷記〉中說的卻是「當時上海的第一書記（有名的「一言堂」）認為上海報紙太多，不便於控制，主張《文

匯報》停辦。」（同上書，第334頁）將責任歸到柯慶施名下。直到一九九八年《徐鑄成回憶錄》出版，人們才知道這事的詳細經過，其實同彭柏山柯慶施二位說不上有什麼關係，甚至根本不必提出個人責任問題。徐鑄成先後將責任歸之於被打成胡風分子的彭柏山和後來也被否定的柯慶施，這也反映了知識份子的可悲處境。

正當《文匯報》在上海停刊，《教師報》在北京出刊的時候，毛澤東提出了他的「百花齊放、百家爭鳴」的方針。這時候停掉這張聯繫了相當數量知識份子作者和讀者的報紙真不是時候。為了推動百家爭鳴，開闢發言之地，幾乎是《文匯報》剛剛停刊就有人考慮它復刊的事了。復刊《文匯報》這主張，是毛澤東首先想到，或是別人想到向他建議，弄清楚這一點並不重要。總之這主張必定是他贊同的。

七月下旬，中共中央宣傳部分管新聞工作的副部長張際春約見徐鑄成浦熙修，正式通知他們中央已經決定《文匯報》復刊，要他們立即寫出〈復刊後言論方針〉和〈復刊計畫〉兩份方案，迅速送中共中央審批。當時徐鑄成向張際春提出的一些要求，後來也都得了滿足。例如在人員方面，他要求把已經在《人民日報》工作的欽本立還給《文匯報》，要求把一些在《文匯報》工作過的得力的編輯記者從各處調回來，要求把那兩位無法合作的仁兄調離《文匯報》，這些都做到了。

至於要寫復刊後的編輯方針，徐鑄成很費躊躇。他想，中央決定《文匯報》復刊，大概認為它與知識份子一向有聯繫，應以宣傳「雙百方針」為重點，但如何宣傳，他心中無底，於是向人民日報總編輯鄧拓討教。鄧拓說：

> 我們《人民日報》已千方百計鼓勵知識份子鳴放，但知識份子看來還有顧慮，不能暢所欲言。你們《文匯報》歷來就取得知識份子的信任，你們首先要說服知識份子，拋開顧慮，想到什麼說什麼。使廣大知識份子思想上的障礙消除了，他們才能盡其所長，為社會主義建設盡其力量。我看，這應是《文匯報》復刊後主要言論方針。
>
> 其次，我們被帝國主義封鎖，也自己封閉多年，你們應多介紹各國科技、文化發展的新情況，以擴大知識份子的眼界，以利於他們研究，提高水平。

也要關心知識份子的生活，他們有什麼困難，你們可以反映。再如室內外環境應如何合理佈置，業餘生活知識份子喜歡種花養鳥等等，你們也不妨闢一個副刊，給知識份子介紹一些知識，談談這些問題。

應同時注意廣大農村的知識份子。毛主席講過：三大改造完成後，不可避免地在廣大農村會出現文化高潮。過去《大公報》所載的旅行通訊，這形式很受讀者歡迎，你們不妨派一部分記者，深入各地農村採訪。我一向反對由各級黨委介紹下去，到合作社找人談。這樣，必然報喜不報憂，只說好的，不談問題。你們不妨直接派記者到基層瞭解情況，寫出旅行通訊，這會有利於得到真實的新聞，有利於文化高潮的來到。

最後一點，我認為《文匯報》也應注意國際宣傳，目前，新華社和《人民日報》的影響，還只能偏重於蘇聯及東歐國家，《文匯報》和《大公報》，因歷史的關係，更可以影響日本、東南亞及西歐各國，在這方面，《文匯報》有不少有利條件，比如，通過香港《文匯報》，多進口些最新國際書刊，總之，對這方面多發言，多報導，可以彌補我們的不足。

（轉引自徐鑄成〈「陽謀」親歷記〉，見同上書，第339-340頁。）

徐鑄成大體即按照鄧拓說的這些意見寫了〈文匯報言論方針計畫〉送給張際春。張當面詳細看了一遍，對徐說：「很好，很好，你們不必等中共中央批示，先照此計畫，著手籌備復刊工作。」不久，中共中央也就批准了這個方案，批文中還特別寫明「要讓徐鑄成同志有職有權」。

十月一日，《文匯報》在上海復刊。從七月下旬開始具體談論這事，到出報才花了兩個多月，這樣的速度和效率，在中華人民共和國可說是不多見的。這一方面說明徐鑄成這些人是幹事的人，特別是復刊《文匯報》這事使他們興奮，激發出了極大的熱情和幹勁。更重要的因素，是中共中央迫切希望這張報紙復刊，把這事作為推行新方針的一項重大措施，因而給予種種便利，排除種種障礙。在中華人民共和國，沒有共產黨的支持這一條，決不可能這麼容易就辦成一件事情的。

《文匯報》一復刊，徐鑄成立刻使出了渾身的解數。這不但是他的事業，而且可說是他身體的一部分。他一定要辦出一張他理想中的報紙來。後來他在〈「陽謀」親歷記〉一文中以頗為自得的心情回憶說：

> 新復刊的《文匯報》，力求革新，全面打破蘇聯式老框框。內容主要以貫徹雙百方針為主，多姿多彩。除刊載各方面專家「言之成理、持之有故」的文章之外，還連載了安娜・路易絲・斯特朗的回憶錄。老一代革命家朱德同志及魏文伯、陳同生等同志的詩詞，也特寄我報刊載。編排、標題也有所革新，使讀者喜聞樂見，耳目一新。副刊中有《彩色版》，主要為落實鄧拓同志的建議，關心知識份子的生活情趣，如書齋如何佈置，如何綠化環境，如何提高情操等等。極受讀者歡迎。編者黃嘉音同志，編輯《西風》月刊，富有經驗且有豐富學識，經柯靈同志介紹，特請他兼任主編。
>
> 我還接受鄧拓同志的建議，派記者赴各地採訪，撰寫旅行通訊，如派黃裳同志赴滇，派宦邦顯同志赴四川，全一毛同志赴浙江等，都寫出了極有內容，富有文彩的報導，並就地組織作家撰寫作品，深受廣泛的歡迎。這就是後來被指為我「向各地放火」的罪證，這是後話。

（同上書，第343頁）

這裡說的安娜・斯特朗的回憶錄，是她在蘇共二十大以後寫的一本新書《史達林時代》，其中「巨大的瘋狂」一章，寫一九三六年史達林對無辜者的大規模鎮壓。范長江看了這書，推薦給徐鑄成翻譯連載。那時中國還只有很少數人知道赫魯雪夫秘密報告的內容。是《文匯報》上連載的這篇作品打開了人們的眼界，第一次比較詳細地知道蘇聯的肅反是怎麼一回事。從而也引起讀者思考一九五五年中國的肅反運動。說點火，這篇作品也是起了點火作用的。

一九五七年三月徐鑄成應邀赴京參加全國宣傳工作會議。毛澤東在同新聞出版界代表的談話中，當面誇獎他：「你們的《文匯報》辦得好。」同時毛還肯定了《文匯報》關於電影的討論。

　　毛澤東這一次同新聞出版界代表談話的情況，在前面第六章已經詳細說過了。徐鑄成聽了這些談話，興奮，陶醉，產生了一種知遇之感。他決心把報紙辦得好些，更好些，要辦出一張使毛澤東更加中意的報紙來。於是，他向毛澤東請示：在宣傳「雙百方針」的時候，怎樣才能既不犯教條主義的錯誤，又不犯修正主義錯誤。後者也就是後來毛澤東說的資產階級方向。這個錯誤，是徐鑄成力圖避免的。

　　剛剛參加過全國宣傳工作會議，三月下旬，徐鑄成被安排為中國新聞工作者訪蘇代表團團長。這件事，欽本立在〈留在記憶裡的片斷〉一文提供了一個細節：

　　一九五七年初，北京決定徐鑄成參加中國新聞代表團訪蘇，並宣佈他任副團長。為了提高文匯報的聲望，我立即去信鄧拓，建議改任徐鑄成為團長。鄧拓接受我的意見，報請中央有關領導批准，讓徐鑄成當了團長。事後聽說，中央原來決定由中蘇友協總幹事林朗（黨員）任團長，當鄧拓提名徐鑄成後，毛主席說，為什麼一定要黨員當團長，徐鑄成是黨外人士，我看他當團長就很好嘛。在當時，讓一個黨外民主人士任訪蘇新聞代表團團長，規格算是很高的了。（文匯報回憶錄：《從風雨中走來》，文匯出版社1993年版，第137頁）

　　從這件事可以知道這時候毛澤東是很看好徐鑄成的。

　　徐鑄成在蘇聯訪問了四十四天，於五月初回國。他一面訪問，一面還是惦記著自己的報紙。事後他回憶說：

　　在莫斯科時，看到《文匯報》，認為有些標題太尖銳，火氣太大，根據我多年從事新聞工作的經驗，有些題材尖銳的新聞，標題應求平淡；反而內容一般的，標題不妨「打扮」得突出些。這是老編輯的一般的常識。為什麼這一段《文匯報》標題如此「火上加油」，我很不安。到京的當晚，我和欽本立同志通了長途電話，說了我的看法，問他為什麼標題火氣這麼大？他對我含糊答覆了。（直到「文革」以後，原《文匯報》參與編輯的同志告訴我，在那一段時期，編輯部負

責人幾乎天天接到市委一言堂的指示，要《文匯報》加溫再加溫，原來這也是引蛇出洞，「陽謀」的一個手法。）（《徐鑄成回憶錄》，第354頁）

　　訪蘇歸來，在北京停留的時間裡，徐鑄成還去訪問了鄧拓。鄧拓對他說：「你們出國後，《文匯報》在貫徹『雙百』方針及幫助我黨整風方面幹得很好，所以很受讀者歡迎，聽說發行數已經接近三十萬了。」徐說，「有些標題太火辣辣了，我是不放心。」鄧說，「這些是小毛病。」可見，鄧拓這一位中共中央機關報的總編輯，對於這一段時間裡《文匯報》的宣傳方向是肯定的，有毛病也不過是小毛病。

　　第一個批評《文匯報》宣傳方向的是姚文元。六月十日的《文匯報》刊出了他的短文《錄以備考》，對比了幾家報紙對於同一新聞稿的不同處理。例如，毛澤東接見共青團代表時的講話，《解放日報》和《人民日報》都做了十分突出十分醒目的處理，而《文匯報》呢？卻縮小到簡直使粗枝大葉的人找不到的地步，或者看了也覺得這是一條無足輕重的新聞。其全部地位，大約只有《解放日報》標題用的鉛字二個鉛字那麼大。又例如，李維漢在民主人士座談會結束時的講話，姚文元注意到，《人民日報》是突出了「社會主義是長期共存的政治基礎」作為標題，並且用「……總的說來，從各方面提出的批評和意見，有很多是正確的應該認真地加以接受和處理；有相當一部分是錯誤的，還須要進一步加以研究和分析」作為副標題，而《文匯報》則以「中共誠懇歡迎監督和幫助」為標題，以「認為很多批評和意見有助於克服三大主義進一步加強和鞏固共產黨的核心領導作用」為副標題。姚文元說：「明眼人一見就可看出彼此著眼點是不同的。」他當然是個明眼人，從這裡看出了「編排也有政治性，『各取所需』即是。」

　　這篇文章正合了毛澤東的需要。他讓《人民日報》在六月十四日轉載了它，並且借這個由頭，寫了一篇〈文匯報在一個時期內的資產階級方向〉，公開批評《文匯報》和《光明日報》。這篇署名為「人民日報編輯部」的文章認為，「這兩個報紙的基本政治方向，卻在一個短時期內，變成了資產階級報紙的方向。這兩個報紙在一個時間內利用『百家爭鳴』這個口號和共產黨的整風運動，發表了大量表現資產階級觀點而並不準備批判的文

章和帶煽動性的報導，這是有報可查的。」毛還誇獎說：「姚文元的文章只是含蓄地指出《文匯報》的資產階級方向，看到了《文匯報》的一些人站在資產階級立場上向無產階級進行階級鬥爭的這個明顯的和有害的傾向，是一篇好文章」。這裡，毛澤東對《文匯報》批評的分量應該說是夠重的了。

徐鑄成的反應，以為這批評同他個人的關係似乎並不很大。後來他回憶說：

> 　　我當時心裡還很坦然，《文匯報》復刊的編輯方針，是經中央審批的。……在中央宣傳工作會議期間，毛主席親口對我肯定並表揚了《文匯報》，可見這裡指的一個時期，是指中央宣傳工作會議以後，而這次會議剛閉幕，我就到蘇聯去訪問了四十四天，回京在五月中旬，所謂大鳴大放的高潮已經過去。而且回滬已近五月下旬，到六月初這一「號角」吹起時，我趕寫《訪蘇見聞》，尚未全面抓起工作，心想，我有什麼責任呢？有什麼可檢查的呢？
>
> 　　鄧拓同志十分關心《文匯報》和我，在《人民日報》這篇社論發表前，就電告我和欽本立同志，希望我們爭取主動，先自我檢查。我怎樣也想不通，如何落筆？到深夜才勉強湊成一篇社論，大意說：我們響應號召，展開雙百方針的宣傳，想不到引起讀者這麼大的反響。
>
> （同上書，第356-357頁）

這樣的檢討當然過不了關。後來，毛澤東在他為《人民日報》撰寫的社論〈文匯報的資產階級方向應當批判〉中說：

> 《文匯報》在六月十四日做了自我批評，承認自己犯了一些錯誤。做自我批評是好的，我們表示歡迎。但是我們認為《文匯報》的批評是不夠的。這個不夠，帶著根本性質。就是說《文匯報》根本上沒有做自我批評。相反，它在十四日社論中替自己的錯誤做了辯護。「我們片面地錯誤地理解了黨的鳴放政策，以為只要無條件地鼓勵鳴放，就是幫助黨進行整風；多登正面的意見或者對錯誤的意見進行反批評，就會影響鳴放」。是這樣的嗎？不是的。《文匯報》在春季裡執行民

盟中央反共反人民反社會主義的方針，向無產階級舉行了猖狂的進攻，和共產黨的方針背道而馳。其方針是整垮共產黨，造成天下大亂，以便取而代之，真是「幫助整風」嗎？假的，真正是一場欺騙。

又說：

《文匯報》是按照上述反動方針行事的，它在六月十四日卻向人民進行欺騙，好像它是從善意出發的。《文匯報》說：「而所以發生這些錯誤認識，是因為我們頭腦中還殘存著的資產階級辦報思想」。錯了，應改為「充滿著」。替反動派做了幾個月向無產階級猖狂進攻的喉舌，報紙的方向改成反共反人民反社會主義的方向，即資產階級的方向，殘存著一點資產階級思想，夠用嗎？（《毛澤東選集》第五卷，第436頁，第437頁）

七月一日《人民日報》發表的這篇社論的意義遠遠不只是批判一兩張報紙，本書前面已經說過，它是正式向以章伯鈞羅隆基為主要代表的中國民主同盟簡稱章羅同盟宣戰的檄文，是這一場反右派鬥爭中最重要的文獻之一。

在這一篇社論裡，毛澤東將反右派鬥爭的策略中可以公開的部分做了概括的說明，並且稱之為「陽謀」：

在一個期間內不登或少登正面意見，對錯誤意見不做反批評，是錯了嗎？本報及一切黨報，在五月八日至六月七日這個期間，執行了中共中央的指示，正是這樣做的。其目的是讓魑魅魍魎，牛鬼蛇神「大鳴大放」，讓毒草大長特長，使人民看見，大吃一驚，原來世界上還有這些東西，以便動手殲滅這些醜類。就是說，共產黨看出了資產階級與無產階級這一場階級鬥爭是不可避免的。讓資產階級及資產階級知識份子發動這一場戰爭，報紙在一個期間內，不登或少登正面意見，對資產階級反動右派的猖狂進攻不予回擊，一切整風的機關學校的黨組織，對於這種猖狂進攻在一個時期內也一概不予回擊，使群眾看得清清楚楚，什麼人的批評是善意的，什麼人的所謂批評是惡意的，從

而聚集力量，等待時機成熟，實行反擊。有人說，這是陰謀。我們說，這是陽謀。因為事先告訴了敵人：牛鬼蛇神只有讓它們出籠，才好殲滅他們，毒草只有讓它們出土，才便於鋤掉。（《毛澤東選集》第五卷，第436-437頁。）

「陽謀」在毛澤東是輕車熟路的手法。一九四九年三月十三日他〈在中共七屆二中全會上的總結〉就曾說過：「整風運動提高了同志們的嗅覺，縮小了教條主義的市場。有人說，這是陰謀，是要取而代之。其實，這不是陰謀，而是陽謀。也是要取而代之。」（《毛澤東文集》第五卷，第264頁）這裡的「有人說」就是「王明說」。這篇講話是經過整理才編入《毛澤東文集》的。據王明的《中共50年》，毛澤東的原話是這樣說的：「用王明的話來講，整風運動是一種陰謀。我說，這不是陰謀，而是『陽謀』。我當時公開說過，我想取代王明的地位，並把這寫進了《關於若干歷史問題的決議》；將來我還要寫歷史。怎麼能說這都是陰謀呢？我認為，所有這些統統都是陽謀。」（王明《中共50年》，東方出版社二〇〇四年三月版，第160頁）

從這篇社論也就可以知道，他提出香花和毒草的劃分，並不是討論什麼哲學的範疇，而是實施陽謀的一項必不可少的準備。也可以知道，章伯鈞、羅隆基、徐鑄成輩，事先就已經被看作是敵人了。

對於毛澤東十分自負的「陽謀」一說，也有人做過這樣的分析：「由整風鳴放轉到反右，有多種因素，其中毛澤東怕脫離廣大黨內幹部，怕批評他發動鳴放搞錯了，有損他一貫『英明正確』的清譽，恐怕也是原因之一。所以他趕快大轉彎，並改口說他早有反右洞見，是故設的『引蛇出洞』的『陽謀』！其實不過是為掩飾他對形勢估計的錯誤和倡導鳴放方針的失算，而自圓其說。以示他早就有神機妙算，洞察一切，從而取得黨內保守勢力的支持，消除對他發動鳴放的怨氣，挽回廣大黨員幹部對他的絕對信任和崇拜。」

七月二日，《文匯報》發表了題為〈向人民請罪〉的社論，完全接受了《人民日報》社論的批評，承認《文匯報》這幾個月是確確實實成了章羅聯盟向無產階級猖狂進攻的喉舌。六月份的自我批評，是徐鑄成寫的，他寫得很吃力，不知道如何落筆。這篇向人民請罪的社論就不必他費心了。已經另外有人執筆，而且還點了他的名：「章伯鈞、羅隆基的鑼鼓怎麼敲，徐鑄

成浦熙修就怎麼唱。」徐鑄成本人卻不肯接受這個批評。為了一定要他承認是在章羅同盟的指揮之下辦報，中共中央統戰部部長李維漢找他去談了一次話。徐鑄成在〈「陽謀」親歷記〉一文中記下了這次談話的經過：

> 李維漢部長問我檢查得怎樣了。我說：我苦苦思索，實在是什麼都倒出來了，但還得不到同志們的諒解，說沒有交代清楚和章羅同盟的關係。他說：我知道你和章羅沒有特殊的交情，我也瞭解你是一貫對黨有感情的，為什麼把報引到這條道路上去？受了什麼人的鼓勵報才這麼辦的？你應該講講明白。我說：「我這個人，脾氣很頑固，向來沒有什麼人會誘導我走邪路。《文匯報》如果辦的方針不對頭，一切責任在我。」他說：「你的思想不用太褊狹，想想你的上下左右，和什麼人接觸過？有意無意受到什麼影響？」我心想：《文匯報》復刊方針、計畫是黨中央審批的，鄧拓同志、夏衍同志、姚溱同志最關心《文匯報》，但這些，我能講嗎？萬萬不能講。他又再三逼我，我只得說：「我平素最欽佩的是傅雷、宋雲彬兩位，關於文學藝術問題我知識不夠，有時向他們求教。主意還是我自己定的。」這間房子裡本來只有李維漢、劉述周和我三個人，講到這裡，我忽然看見旁邊一間小屋裡，有兩個人在記筆記，而「一言既出，駟馬難追」了。
>
> 宋雲彬同志先我陷入羅網，而傅雷同志則因我這一句話，可能要受牽連了，自己追悔莫及。

（同上書，第360-361頁）

《文匯報》的這篇〈向人民請罪〉的社論還表示，《文匯報》正全心全意投入反右派鬥爭，用我們的筆，與右派決一死戰，而且今後還要堅決與資產階級新聞觀點和立場作不調和的不懈怠的鬥爭。三日，《文匯報》又以〈痛切改造自己〉為題發表社論，表示文匯報的全體工作人員，決心通過這次反右派鬥爭，改造自己，堅定立場，改變資產階級新聞觀點，辦好一張為社會主義建設服務的報紙。二日和三日《文匯報》上，還連續發表了由該報編輯部署名的〈我們的初步檢查〉，對前一時期發表的言論和版面的編排作了揭發和批判。

　　《文匯報》這篇連載兩天的「初步檢查」長達一萬多字，內容很多。例如關於電影問題的討論，這在全國宣傳工作會議的時候毛澤東表示過贊許的，現在，卻檢查說：「去年年底和今年年初，我們組織了電影問題的討論。在這個討論中，我們大量刊登了一些抹煞解放以來電影事業成績的文章，特別是刊登了朱煮竹所寫的〈為了前進〉和轉載了發表在《文藝報》上的〈電影的鑼鼓〉。這兩篇文章，將人民的電影事業描寫得一團漆黑。在討論期間和以後，有同志向本報提出意見，希望我們注意這種傾向。然而，忠言逆耳，編輯部沒有重視」。

　　還檢查了對羅隆基發言的處理。三月十八日羅在第二屆全國政協第三次全體會議上發言，當天浦熙修主持的北京辦事處以專電發來，第二天就以大字標題在第一版刊出。羅的這篇題為〈加強黨與非黨知識份子的團結〉的發言，本書第六章已經做過介紹。現在《文匯報》做檢查，以為其中「批評黨員，不管批評得是否妥當，不等於反黨，更不等於反革命」這些話是以煽動的口吻說的，是「為右派分子向黨猖狂進攻開路」，而《文匯報》的這樣處理，就是「積極支持了羅隆基的這種謬論」。

　　毛澤東寫的批判《文匯報》的社論中說了民盟和農工民主黨「點火於基層」，於是《文匯報》的檢查就包括這方面的內容，說，「這種唯恐天下不亂的錯誤做法，還表現在到處點火，進行煽動性的報導。」「點火的範圍，不僅遍及全國各主要城市，而且還要點火到基層。」還舉了一些報導方面的實例。例如柯慶施在市委宣傳會議上說的目前基層暫時不整風，可是在報導的時候沒有將這意思在標題上表示出來，卻刊出了右派分子王造時〈把放鳴的重點放到基層去〉的發言。〈檢查〉說，王的這一篇是「企圖打亂整風步驟，主張在基層『放火』的文章。」王造時這篇發言的要點，本書第十章已經做過介紹了。看來他最犯忌諱的是這樣一段話：「到今天為止，來自基層的呼聲，還是稀少而微弱得可憐。我們難得聽到成千成萬的中小學教師和學生的呼聲；我們也難得聽到各機關小職員及各店鋪小商人的意見；尤其是我們還難得聽到千百萬的工人和農民的心頭話。今天我們可以摸出一個放鳴情況的規律，就是越到下面，越不敢放鳴，越不知道如何放鳴；越到鄉村，越不敢放鳴，越不知道如何放鳴，也就是說：哪裡最沉寂沒有聲音，哪裡的官僚主義就可能是最瀰漫。因此我認為：從中央到地方，從城市到鄉

村，我們應當把這放鳴運動及時推行到人民生活和生產各部門的基層單位上去。」

在這個問題上，《文匯報》的這篇〈檢查〉還說，「除原已有記者或特約記者的北京、重慶、成都、廣州、南京、新疆等等地區之外，又派出了記者到杭州、鎮江、揚州等地點火。編輯部還指示各地記者召開教師座談會，向教育部『提意見』，進行過不少歪曲事實的報導。而在每一個地方放火，差不多都和當地黨委鬧對立，把黨委說成是『高牆仍在』、『縮手縮腳』，把當地的政治空氣描寫成『似暖還寒』，沒有『春風』，『密雲不雨』，『未揭蓋子』等等。形成打擊黨的領導，製造緊張空氣。」這些在外地記者的活動，〈檢查〉說，「顯著的例子之一，是本報記者所寫的〈流沙河談《草木篇》〉。《草木篇》是毒草，是向社會主義進攻的毒箭，這是盡人皆知的了。但在西南的本報記者站在流沙河的立場，寫了訪問記，顛倒是非，誣衊別人『侵犯人身自由』，致使一些不明真像的讀者遠道寫信給四川省文聯的黨組織提意見，弄得皂白不分。接著，記者還連續拍發多次有關四川文聯討論《草木篇》的專電，一再為流沙河的錯誤思想辯護。」

毛澤東撰寫的這篇社論，不僅提出了「《文匯報》在春季裡執行民盟中央反共反人民反社會主義的方針」，而且提出了他們之間的組織系統問題。社論說：「嚴重的是文匯報編輯部，這個編輯部是該報鬧資產階級方向期間掛帥印的，包袱沉重，不易解脫。帥上有帥，攻之者說有，辯之者說無；並且指名道姓，說是章羅同盟中的羅隆基。兩帥之間還有一帥，就是文匯報駐京辦事處負責人浦熙修，是一位能幹的女將。人們說：羅隆基——浦熙修——文匯報編輯部，就是文匯報的這樣一個民盟右派系統。」

這裡羅隆基、浦熙修兩人是指名道姓的提出來了，而「文匯報編輯部」指的是什麼人呢？後來的事實表明，這是指徐鑄成的。可是現在已經知道，當初中共上海市委對這件事有過一點猶豫。徐鑄成的兒子徐復侖寫的〈石西民談徐鑄成劃成右派實情〉一文透露了當年考慮的情況：

　　某日，石（西民）隨同時任中共上海市委分管宣傳工作的書記張春橋到中共上海市委第一書記柯慶施處去商定《文匯報》編輯部的帥，途中張問石：「你看此帥應是誰？」當時浦熙修是《文匯報》的

副總編輯，浦的領導只有總編輯徐鑄成和黨委書記兼副總編輯欽本立兩人。石答道：「徐鑄成三月二十七日就出國訪蘇了，這幾個月《文匯報》由欽本立主持工作。徐出國前，毛主席曾親自接見，並對徐和《文匯報》給了很高的評價。這個鬧資產階級方向的帥應該是欽本立。」張春橋說：「你說得不錯，但是老人家（指毛澤東）的心思誰也吃不透，哪天他又要揪欽本立的後臺，豈不揪到你我身上來了嗎？還是定徐鑄成。再要揪徐鑄成的後臺，往章羅聯盟身上一掛不就了事了嗎！」隨後柯慶施同意了張春橋的意見。這樣，徐鑄成的右派分子帽子在未經群眾揭發批判之前早就內定下來了。

為了說明中共《文匯報》黨委在中共上海市委的正確領導下與以徐鑄成為首的、堅持資產階級方向的民盟支部作堅決鬥爭，《文匯報》社中要多定民盟盟員為右派分子，中共黨員一個不定。因此，連原來內定為右派分子的欽本立和唐海都成了反右英雄，溫崇實理所當然也就倖免於難了。

（《炎黃春秋》2006年第11期）

欽本立在《留在記憶裡的片斷》裡有一段記載可以參看：

《文匯報》復刊初期，我同徐鑄成合作得很好，因為有共同的辦報思想嘛。在徐鑄成三月至五月訪蘇的一個半月中，報社的實際工作是我在負責，不能歸咎於他。他訪蘇回來後，去市里開會，在發言中講「拆牆」經驗，也是我們動員他去講的，不是他自己提出來的。所以，當時我們認為不應該劃他為右派。我把這個意思向柯慶施說了。柯慶施對我講了三條意見：第一，徐鑄成的問題作為認識問題，不作為政治問題；第二，他還是當總編輯；第三，還是有職有權。……這是人民日報發表「七一」社論之前的事。可事隔幾天，北京就點了徐鑄成的名。（前引書，第139頁）

《文匯報》的這篇〈檢查〉也接受了這個所謂「文匯報的民盟右派系統」的批評，說：「浦熙修和羅隆基關係的密切是人所共知。當《文匯報》

去年復刊前夕，羅隆基就約了浦熙修同去北戴河。《文匯報》復刊後，浦熙修在報紙工作中，就貫徹著羅隆基章伯鈞的反動觀點。浦熙修不是向黨靠攏，而事事向羅隆基、章伯鈞等右派野心分子請示，佈置本報北京辦事處的工作。她還經常在北京辦事處進行『傳達』。現在檢查證明，她所『傳達』的，不是黨中央的指示，而是右派分子章伯鈞、羅隆基的指示。這樣，就使得北京辦事處的編輯和記者，在執行工作的時候，被浦熙修引往錯誤的道路。有時候，羅隆基還直接對本報北京辦事處發號施令，居然狂妄地申斥記者，說他們不該不將某些新聞以專電拍發上海。其話動之猖狂，由此可見。」

浦熙修在開始還不能接受這個批評。七月六日《人民日報》報導說：「在七月四日繼續舉行的新聞工作座談會上，浦熙修拖延、抵賴、拒不交代羅隆基——浦熙修——文匯報編輯部這一民盟右派系統的真實情況，遭到了大家有力的抨擊，在群情憤慨下，浦熙修說她將在明天『老老實實地交代對人民的罪行』。」到七月十日新聞工作座談會上，她終於交代了羅隆基與《文匯報》的關係。她說：羅隆基曾經千方百計要我搞文匯報辦事處的工作，不讓我去學習和作其他報刊的工作。去年四月二日羅隆基從莫斯科給我來信，叫我在文匯報的人事安排上，「不必太老實，當爭的應該爭」。去年十月，《文匯報》復刊時，他又對我說，「《文匯報》是一張大有搞頭的報紙，這應該是你一輩子的事業了，不必再埋怨我把你安排在文匯報辦事處的工作崗位上。」羅隆基又指使他的親信劉光華到文匯報辦事處來工作，並且要重用劉。以後在整風期間，劉光華就到處點火。《文匯報》復刊時，原來想以中層知識份子為中心，兼顧大知識份子，羅隆基認為要多搞大知識份子，代表他們，多替他們說話。我們也聽從了他的意見。所以《文匯報》在復刊之初就貫徹了章羅聯盟的「鳴放為主」的方針。羅隆基還要我們不要聽黨組的話。我們告訴他黨組換了人，他說：「不管換人不換人，黨組總是黨組。」在工作中我有事總是問他，我們每天總有電話來往。他常常在我的面前誹謗黨員負責幹部。正是這樣，我才拒絕中宣部介紹黨員來文匯報辦事處工作。（7月11日《人民日報》）這裡說的劉光華，後來和他的母親劉王立明都被劃為右派分子。

羅隆基在全國人大一屆四次會議上做的檢討，也回答了這個問題。他說：

這些年來我對《文匯報》的創立和復刊是相當關切的，這是無可否認的事實。這一方面由於十年來我同浦熙修的私人友誼，我希望她把她的事情做好，另一方面，我亦錯誤的認為在中國還應該有社會上所謂的民間言論機關。因此我遇有機會就鼓勵《文匯報》不要辦成同《人民日報》一模一樣的報紙。由於《文匯報》徐鑄成一再向我發表埋怨黨組的牢騷，我的確曾一再直接間接向《文匯報》負責人表示過，認為報館不要過於迷信黨組領導，有事到北京來反映。我與浦熙修是日常見面的，她亦經常向我徵詢有關文匯報的意見。通過她我向《文匯報》灌輸了一些不健康不進步的意見，無形中使她的工作犯了右傾的錯誤，間接又使《文匯報》犯了錯誤。《文匯報》在今年三四月間是受人誇譽的報紙，今天為反右派鬥爭的對象，主要在整風時期《文匯報》犯了錯誤。這是今年五、六月間的事情，今年五月間浦熙修到東北視察去了，等到她視察回來，我六月三號又出國了。即使我真有利用《文匯報》，在整風期間，來擴大右派宣傳，事實上這個時期亦無法利用的。我只說明事實，並非洗刷責任。《文匯報》的右傾，徐鑄成、浦熙修兩人自己的資產階級思想已經承認了他們的責任，但我以往勸文匯報不要迷信黨組的荒謬主張，我通過浦熙修經常灌輸右派思想的影響是不能推卸責任的。（7月16日《人民日報》）

他承認了同《文匯報》有很深的關係，但是，對於毛澤東在〈社論〉裡說的「《文匯報》在春季裡執行民盟中央反共反人民反社會主義的方針」這一點，羅隆基排出日程表來為自己洗刷了。

《文匯報》的這篇〈初步檢查〉中還提到：「徐鑄成在本報復刊的時候，將兩位黨員負責同志趕走，作為他的『拆牆經驗』。對此，不僅津津樂道，還在上海宣傳工作會議上作為發言內容；還寫成文章在報紙上刊出。」這裡說的，就是那篇〈「牆」是能夠拆掉的〉，本章前面已經介紹過了。現在已經到了秋後算賬的時候，有冤報冤，有仇報仇。幾個月前被「趕走」的兩位仁兄也就可以出來討還舊債了。在七月二日繼續舉行的新聞工作座談會上，據《人民日報》報導：「被徐鑄成等從文匯報排擠出來，現在在教師報工作的共產黨員張樹人揭露章羅同盟和浦熙修把文匯報作為反黨工具是由來

已久的。」（7月4日《人民日報》）並舉出了一些事例。因為不但有公憤還有私仇，發言者當然就有更高的熱情了。

《文匯報》不但在版面上發表〈向人民請罪〉的社論和檢查，在報社內部，也像突然發生了一場地震一樣。七月八日，中共上海市委調派上海市文化局副局長陳虞孫來文匯報社主持工作。在一場熱火朝天的反右派鬥爭中，全社劃出右派分子二十一人，其中梅煥藻、江顯良二人自殺身亡。徐鑄成在〈「陽謀」親歷記〉一文中說：

> 最使我終身負疚的是梅煥藻同志。他中英文流暢，長期任《大公報》駐印度記者，勝利回國後，任當時《大公報》總經理胡政之先生的秘書，而傾心進步，當《文匯報》因經濟困難招讀者股時，他是《大公報》內少數積極應募者之一。後來，《大公報》北遷，他自願留在上海。《文匯報》一九五六年復刊時，我再三登門邀請他任社長辦公室秘書。平時，他工作十分負責、認真，但從不參與編輯部事務，他心直口快，有時對《大公報》的要員，也表示不滿。罡風匝地時，有位原《大公報》要員調《文匯報》任總編輯，曾找梅煥藻同志談話，問他對運動有何看法，他只說了一句：「徐鑄成成為右派，我思想有些不通。」一言既出，立即受到圍攻，要他交代，他走出會場，立即跑上屋頂，跳下樓了！他是《文匯報》第一個壯烈犧牲者！（前引書，第362頁）

毛澤東在〈文匯報在一個時間內的資產階級方向〉一文中，是將《光明日報》與《文匯報》相提並論的。他批評的，其實也只是「一個時間內」即儲安平任總編輯時期內的《光明日報》。在這以前，這張號稱民主黨派的報紙，並沒有顯現出與共產黨黨報不同的面貌。這樣的報紙當然不會受到批評。而在六月八日儲安平辭職之後，報紙又回到原來的路線上去了。所以七月一日發表的毛澤東撰寫的社論就不再批評它，而說，「《光明日報》工作人員開了幾次會議，嚴肅地批判了社長章伯鈞、總編輯儲安平的方向錯誤，這種批判態度明朗，立場根本轉過來了，由章伯鈞、儲安平的反共反人民反社會主義的資產階級路線轉到了革命的社會主義的路線。由此恢復了讀者的

信任，像一張社會主義的報紙了。」

儲安平主持《光明日報》編輯工作的時間並不長，卻是當年一件大事。他是四月一日到職的，頭三個星期，他只在編輯部「瞭解情況」。四月十九日，中共中央統戰部邀請各民主黨派負責人和無黨派民主人士協商決定，《光明日報》完全由民主黨派獨立自主來辦，並撤銷黨組。儲安平從這個時候開始實際掌握編輯業務。據《光明日報》總編室主任高天揭發，儲對這一決定的反應是：「這句話說的好，我倒要看看怎樣讓我獨立自主，我要撞撞暗礁，擔擔風險，用我的肩膀扛扛斤兩，看到什麼時候會受到阻力。」有人問他：宣傳上的重要問題是不是要和中共中央宣傳部聯繫？他說：我們民主黨派報紙用不著。（6月20日《人民日報》）後來，七月十五日，以該報編輯部名義發表的〈光明日報在章伯鈞、儲安平篡改政治方向期間所犯錯誤的檢查〉中，可以看到他這時間內所做的事沒有一件不被認為是錯的。

第一件錯事。這篇〈檢查〉說，儲安平抓業務的第一步，就是派出記者到九大城市召開座談會，處處點火，打亂整風步驟，煽動人民對黨不滿。〈檢查〉說，九大城市座談會是儲安平親自指揮的一個大規模的陰謀活動。他在章伯鈞的支持下，既不同中共中央統戰部聯繫，也沒有向各民主黨派中央請示，就做了佈置。在記者出發前，儲安平面授機宜，指示記者，要找有代表性的、素來有不滿情緒而又敢於說話的人參加座談。有一個記者曾經向儲請示，如果有些人雖有代表性而「無事可鳴」，有些人雖「敢於鳴放」而卻沒有什麼代表性又怎麼辦？儲安平肯定地指示，邀請後者。這就充分表明了他是企圖利用那些心懷不滿的人，利用知識份子落後的一面來為章羅聯盟的陰謀打先鋒。這裡，對儲安平的意圖可說是做了深刻的分析。不過，這篇〈檢查〉實際上還告訴了人們，儲安平並不是一位真正享有權威的總編輯，他的「指示」是可聽可不聽的。〈檢查〉說，例如復旦大學的王恒守，是上海第一個提出取消高等學校黨委負責制、主張所謂「教授治校」的右派分子，儲安平就指示駐上海記者一定要邀王恒守參加座談，可是駐上海記者並沒有接受這個指示。

又一件錯事。五月四日那天發表了一篇紀念「五四」的社論。〈檢查〉說，這篇題為〈大膽貫徹百花齊放、百家爭鳴的方針〉的社論，是「向知識份子和青年學生進行煽動的一篇具有綱領性的文章」。為什麼呢？〈檢

查〉說，「社論中把『百花齊放、百家爭鳴』的政策和『五四運動』相提並論，顯然是原則性的錯誤。『五四運動』是反帝反封建的文化革命。『百花齊放、百家爭鳴』政策『是人民內部的自由在文藝工作和科學工作領域中的表現』（陸定一）。一個是對敵人的革命運動，一個是人民內部的自由問題。而這篇社論卻是號召『繼承和發揚五四的文化革命運動的傳統』，把敵我的界限混淆了。」關於五四運動，毛澤東在《新民主主義論》中說過，「五四運動所進行的文化革命則是徹底地反對封建文化的運動」（《毛澤東選集》第二卷，第700頁），這是一個思想啟蒙運動，思想解放運動，是人民群眾自我教育的運動。它是啟封建主義之蒙。「雙百方針」的出發點，也是為了破除一種新的蒙昧，也可以看作一場思想解放運動。在這個意義上，說「雙百方針」繼承了五四傳統似乎並沒有錯到哪裡去。而在這篇〈檢查〉的執筆者看來，在共產黨執政之後，這「繼承和發揚五四的文化革命運動的傳統」竟是一個反動口號了。

又一件錯事。〈檢查〉說，在這一段時期的許多新聞報導和座談會發言中，把叫囂民主黨派不受重視、沒有發揮作用以及民主人士有職無權等等，用顯著的地位登在報上，企圖在讀者中造成「黨天下」的印象。幸好〈檢查〉的執筆者還沒有說儲安平造謠，因為它接著說，對於報導有些民主黨派基層組織不受重視，發揮作用不夠，以及對某些擔任政府領導工作的非黨人士的職權尊重不夠，是有一定事實根據的。問題是誇大了這些個別現象，得出了普遍性的結論。

又一件錯事。〈檢查〉說，是五月二十六日發表的〈北大開闢「民主牆」〉。這是儲安平跑到北京大學看了大字報，回來就通知本報學校教育部立即報導的。總編室主任高天提出：這樣報導一定會起煽動作用，擾亂整風步驟。儲安平說：這我不管，是事實我就要發表！

諸如此類的錯事，檢查出了不少，這篇〈檢查〉長達一萬六千餘字，摘引起來不勝其煩。這裡只再講一件，即儲安平任內反映在報紙版面上的最後一件錯事。六月九日報紙上發表了民盟中央科學規劃問題小組的〈對於有關我國科學體制問題的幾點意見〉，也就是被郭沫若稱之為「一個反社會主義的科學綱領」的，這已經是大錯了。錯上加錯的是，同時還配發了短評。這篇題為〈為互相監督開拓了新路〉的短評認為，民盟的這個文件表明，

「民主黨派在協助共產黨的整風運動中，不僅是揭露人民內部的矛盾和問題，而且經過調查研究之後，進一步提出建設性的意見，協助解決人民內部的矛盾和問題。同時，也可以看出：民主黨派在參與國是，代表其成員的正當利益、合理要求以及體現相互監督等方面，豐富了新的內容，開拓了新的道路。」短評還從民主黨派的工作方式方法來看這一文件，說，「過去，民主黨派在一些重大問題上，也曾發表意見或提出建議，但很少是通過各級組織廣泛徵求意見，經過集中研究然後提出的，顯然，現在這一作法，在發揮組織作用上是大大提高了一步。」〈檢查〉認為，「這是惡毒地挑撥了科學家和共產黨的關係」。對於短評提出的民主黨派作為一個組織來活動，來參與國是這一點，〈檢查〉未做分析批判，其實這是很觸忌諱的一點。這〈幾點意見〉和短評六月九日見報，前一天下午儲安平已經辭去了總編輯職務，這應該是他簽發的最後稿件。

對於儲安平這個右派分子來說，比較起來，人們並不很注意他在光明日報工作中的錯誤，而更注意六月一日他在統戰部座談會上關於「黨天下」的發言。

六月七日，光明日報社內已貼出批評儲安平的大字報。他說，「我當時還很遲鈍，以為這只是個人意見問題。到了六月八日《人民日報》已登出對我的批評，我看情形不能再工作下去了，不能不向章伯鈞辭職，當時他同意留下了我的辭職信。」（7月8日《人民日報》）儲辭職之後，即由總編室主任高天主持編輯部的工作，很快地，在毛澤東撰寫的七一社論中，就承認它又「像一張社會主義的報紙了」。

十一月十一日，光明日報社務委員會邀請各民主黨派中央負責人舉行會議，一致決議撤銷右派分子章伯鈞的光明日報社社長職務和右派分子儲安平的光明日報總編輯職務。任楊明軒為光明日報社社長，陳此生為副社長兼總編輯，穆欣、高天為副總編輯。這樣，無產階級就從資產階級右派手中奪回了一塊重要的新聞陣地。

這一場鬥爭的結局是：當時不到一百人的光明日報編輯部，劃出右派分子二十人。（張安惠《往事知多少》，新華出版社1997年版，第49頁。）他們中間有王少桐、殷毅、潘文彬、丘林、錢統綱、鄭笑楓等人，他們都是儲安平派出去「放火」的記者。此外還有國際部主任于友、財務科長韓逸雲。據殷毅的

回憶錄《回首殘陽已含山》說：

> 其中，被開除公職、曾在黑龍江與凱湖農場勞改、滿肚子「錦繡文章」
> 的原學校教育部主任潘文彬，「文革」中過早病逝，令人萬分惋惜；
> 同我一起去瀋陽「放火」、後來流放貴州的原黨派部副主任王少桐，
> 「文革」中自沉烏江，死得十分慘烈。據說，他投江前慮及被人救
> 起，身上綁了一塊大石頭，才縱身一躍；岸邊留有遺書一紙：「供魚
> 鱉飽餐一頓，亦人生樂事也。」（北京十月文藝出版社，2003年版，第225頁）

　　毛澤東批判《文匯報》的社論中還涉及了《新民報》。社論說：
「《新民報》犯的錯誤比文匯報小，它一發現自己犯了錯誤，就認真更正，
表示了這張報紙的負責人和記者們對於人民事業的責任心，這個報紙在讀
者面前就開始有了主動。」社論還拿《新民報》將《文匯報》的軍：「看來
《新民報》的自我批判給《文匯報》出了一大堆難題，讀者要問《文匯報》
那一天趕上《新民報》呢？」

　　說《新民報》犯的錯誤比《文匯報》小，就是說並不是沒有錯誤。例
如，五月十三日《新民報》上發表的雜文〈先鋒何在？〉，文章說，「在思
想戰線上，新聞記者幹的就是這種先鋒工作。」應該是「先天下之放而放，
先天下之鳴而鳴」。作者做了一點今昔對比：「而今天，就在我們思想戰線
上新聞工作的一般情況來說，能說我們新聞記者有這個急先鋒的氣概嗎？說
起來，我們新聞記者應當慚愧，也應當自劾——我們沒有很好地盡我們的天
職，先鋒的英俊之氣是日漸消磨了。『想當年』，不論在解放區或蔣管區，
我們是出現過一批好先鋒的。有白盔白袍的趙子龍，也有掄著板斧的李逵；
有丈八蛇矛的張翼德，也有赤膊上陣的許褚。而今，說起來很難為情，我們
個個都是廖化，甚且不免為賈化。」文章接著具體談到現在新聞記者採訪中
的種種困難：

> 且看我們思想戰線上的先鋒是怎樣工作的吧：
> 入公門，鞠躬如也；看首長顏色，弄點新聞回來，這簡直像乞
> 丐，是「討」新聞。不是嗎？不是有人叫新聞記者「滾」了嗎？

　　「保密」擴大化，到處是牆，碰來碰去，費盡心思，勉勉強強搞出一點東西，這是硬著頭皮「碰」來的新聞。

　　人海茫茫，心中無數，想找一些負責同志瞭解全面情況吧，首長忙得很；只好碰運氣，在渾水裡瞎摸，「摸」它一點新聞。

　　有的時候，實在完成不了任務，只好來個「苦肉計」，橫下心來準備挨四十軍棍，換取一條新聞的發表。苦啊！

　　這篇雜文被毛澤東注意到了，他問新華社社長吳冷西：「你看過五月十三日《新民報》沒有？報上有一篇文章，題目叫做〈先鋒何在？〉，署名林放即趙超構，內容相當尖銳，但文筆比較客氣。」毛澤東還向吳冷西介紹了一點這篇文章的內容：「記者應當是先鋒，『先天下之放而放，先天下之鳴而鳴』。過去出過許多名記者，現在沒有，個個都是廖化。」（吳冷西：《憶毛主席》，新華出版社，1995年版，第33-34頁）

　　在八月二十四日上海新聞工作者座談會上，趙超構作檢討說：在〈先鋒何在？〉的文章中，「我不但完全抹殺了新中國報紙在黨領導下的進步事實，並且污衊了新中國的記者，加以醜化，說我們的記者是靠『討』、『碰』、『摸』、『拼』來進行採訪的。」（8月26日《新華社新聞稿》）

　　又如，五月十九日《新民報》關於民盟司法座談會的報導，中間就有王造時說的中國現在是「人治」不是法治，有李國機說的「現在的審判員都可以隨便立法，要怎樣判就怎樣判」，還有人說了「字都識不了幾個的人就可以當審判員，審判員不會寫判決書現在是一種普遍現象」等等。為了糾正這一錯誤報導，新民報編輯部在六月二十四日邀請上海一部分司法工作者舉行座談會，逐一反駁五月十九日報導中的意見。（7月2日《人民日報》）

　　又如，《新民報》五月二十日發表杭州專電：〈放、鳴風還沒有吹到浙江〉，說，「跟上海大放大鳴情況相反，浙江的鳴放，至今還沒有多大動靜。」「省委至今還沒有明白表示支持爭鳴。省委負責同志也沒有出面主持會議，讓黨內外知識份子提意見。」二十一日又發表〈從葛嶺瞻望杭州城的城牆〉，說，「浙江省委有些領導同志卻怕看見矛盾的揭露，總是希望提意見的人越少越好，——這沒有別的辦法，只好少放或不放，不讓人發言，有人提了意見，被粗暴的幹部扣上大帽子。從最近省委宣傳工作會議的召開到

整風學習的展開，好像都還是無聲無息地進行，和中央關於整風指示中說的『防止關門整風』的精神和全國宣傳會議的方式，都有所差異。」後來，新民報編輯部主動檢查，承認這「是兩篇歪曲真像、誇張失實的報導」。這篇檢查說，事實的真像是：「那次省委宣傳工作會議上，開始大家對『鳴』、『放』不是完全沒有顧慮的，可是後來經過學習，特別是聽了周恩來總理的講話後，浙江省放、鳴的空氣就開始活躍起來了。中共浙江省委第一書記江華、省長沙文漢、副省長楊思一、省委宣傳部長呂志先和各地、市委書記還按各業務系統分別召開了黨內、外同志座談會或各地區座談會，虛心徵求大家的意見。當時因為剛巧碰上伏老訪問杭州，大家工作很忙，再加上周總理的報告基本上解決了大家的思想問題，大家都同意把發言放到即將召開的省政協一屆三次會議上去。」（7月4日《人民日報》）從這個更正看來，報導中沒有說明那些座談會提意見少的原因：原來是正碰上伏羅希洛夫來訪！這裡附帶提一下：這篇檢查中同江華並列作為重視鳴放的領導人的沙文漢、楊思一不久之後都被劃為黨內右派分子，這裡說他們「虛心徵求大家的意見」，被認為是支持右派分子向黨進攻。新民報作檢查的時候還是將這作為領導幹部支援鳴放的事例，來證實原來說的「放、鳴風還沒有吹到浙江」是錯了。

在六月二十八日的新聞工作座談會上，中國人民大學新聞系的劉貫文批評了五月份《新民報》所載林放（新民報社長趙超構筆名）的幾篇雜文，認為〈沒有圈圈〉是說大鳴大放不應該有範圍，而且反對劃範圍；〈先鋒何在〉是說現在的新聞自由還不及過去的新聞自由；〈土官僚〉是主張打亂黨的整風步驟，要求把整風推向基層。劉貫文說，如果說在資產階級右派分子向社會主義進攻時，光明日報、文匯報是在放火，新民報起碼也是在為這些放火者煽風。（6月29日《人民日報》）

七月二日的新聞座談會上，趙超構檢討了新民報的錯誤。他說，新民報這次所犯的錯誤是嚴重的，是政治性的錯誤，不是平常的思想錯誤。主要是工人階級立場不穩，愛憎不分明，不是喜工人階級之所喜，怒工人階級之所怒，因而使得一度批判過的資產階級辦報思想在腦子裡復辟。一年來主要力量在搞技術工作，對政治思想關心很少，只求生動活潑，忽視報紙內容。強調報紙特點，削弱了報紙基本方向。一麻痺就為資產階級右派分子鑽了空子。趙超構還檢討了他說過的「教條主義比機會主義更可怕」的錯誤，現在

他認識了，教條主義是好心人把事辦壞了，機會主義則是立場問題。他表示要接受教訓，從思想上接受黨的領導，並且用黨的思想武裝自己，加緊改造自己。（7月4日《人民日報》）他這檢討其實是經不起仔細分析的。你說你的錯誤是強調報紙特點，削弱了報紙基本方向。這豈不是說所要堅持的基本方向是同報紙特點相矛盾的嗎？事實上也正是如此，強調報紙特點就是修正主義，而這種基本方向是只有抹煞報紙特點才能堅持的。

這時，趙超構正在北京出席第一屆全國人民代表大會第四次會議。和他同是四川省代表的巴金都住在前門飯店，房間相鄰。多年之後，巴金在他的《隨想錄》裡記下了趙超構作檢討過關的事：

> 雜文家（指趙超構）當時的處境似乎更差一些。那幾天他臉上不見笑容，我也替他擔心，卻又不便問他有什麼情況，在北京我看不到上海的晚報，但是過兩天我就聽見了他的笑聲。原來他得到暗示寫了一篇自我檢討的文章，連夜打長途電話到上海，在晚報上發表了。檢討得到諒解，態度受到表揚，他也就放了心：過了關了。（《巴金全集》第十六卷，人民文學出版社1991年版，第596頁。）

毛澤東對趙超構網開一面，有其歷史原因。吳冷西的《憶毛主席》中記下了毛說的這一段話：

> 上個月去上海，看了幾天《新民報》，辦得還是比較嚴肅的。趙超構是有見解而又誠實的人，他一九四四年訪問延安，我同他談過話，他回去後寫了《延安一月》，在國民黨統治區影響很大。（第34-35頁。）

吳冷西還回憶說：「六月間，毛主席還特意接見了趙先生，勉勵他繼續進步。」

毛澤東六月十四日批評《文匯報》的文章中，說「其他有些報紙的一些編輯和記者也有這種情形」。例如《大公報》，就在七月五日刊出了編輯部關於幾個錯誤報導的檢查。一篇是〈內蒙古採訪撲空記〉。內容是該報記者到內蒙古採訪，要求組織一些單位負責人開座談會，向國務院提意見，被

內蒙古宣傳部拒絕，會沒有開成的事。這篇檢查說，內蒙古宣傳部不同意開這樣的座談會，是正當的措施，而這篇文章的寫作和刊登，反映了在大公報內存在著的「無冕之王」思想。「你接見我，是新聞；你不接見我，也是新聞」。筆在我手裡，愛怎麼寫就怎麼寫，以致產生了惡劣的影響。又如「六一」兒童節關於北海幼稚園的報導，同時還配發社論，提出了一個革命幹部應當如何教育子女的問題，主張取消招收高級幹部子女的特殊的學校和幼稚園，以為這是「拆牆填溝」的措施，希望一定辦到。這篇檢查說，這是主觀的、片面的、不負責任的採訪和言論，實際上起了「點火」和煽起人民不滿的作用，是錯誤的。

在反右派鬥爭中，大公報不僅有版面上的問題。一些大公報的老人，對於中央確定大公報以財經為主，同時進行國際宣傳的全國性、政治性報紙的方針是不滿的，他們希望恢復舊大公報。有些人貼出大字報要求讓徐盈、彭子岡回來。在這一場鬥爭中，黨組書記、總編輯袁毓明因為支持這種主張也被劃為右派分子。不久以前的新聞工作座談會上，他還同王芸生等人做了題為〈怎樣辦一張社會主義報紙〉的聯合書面發言，檢查了《大公報》報導中的一些錯誤。宣佈袁毓明是右派分子的文章（9月15日《今日新聞》）中也無一字提及他同這些報導中出的問題有何關係，只寫了他支持了企圖復辟反動舊大公報的陰謀。

一場反右派鬥爭下來，《大公報》全社劃出右派分子二十人。他們是：總編輯袁毓明、副總編輯、在舊大公報幹過二十多年的趙恩源，記者部副主任蕭離、記者蕭風、戈衍棣、單于越、尤在、顧國權、吳永良，理論部編輯朱沛人、毛健吾，副刊部編輯高汾（當時在高級黨校學習，在黨校被劃為右派，轉回報社的），國際部編輯徐梅芬，總編室編輯曹銘，通聯組編輯余悅，香港《大公報》駐京記者朱啟平；經理部人員是：副經理趙英達，業務科副科長馮雋民，財務科科長徐文蘭，業務科科員石文華。（見吳永良著《雨雪霏霏》，中國戲劇出版社2002年版第8頁、香港五七出版公司，2010年增訂本，第5頁）。此外早已調離大公報的徐盈和彭子岡，也被劃成了右派分子。

袁毓明（1916-1973）是一九四〇年入黨的共產黨員，一九五〇年初，在南充創辦《川北日報》（中共川北區黨委機關報），擔任社長兼總編輯。不久調任重慶《新華日報》（中共中央西南局機關報）總編輯。一九五四年八月三十

一日《新華日報》因大行政區撤銷停刊。他就被任命為《大公報》總編輯了。他被劃為右派分子之後，遣送太原，安排了一個山西省文聯副秘書長的名義。在文化大革命的折磨裡鬱鬱而死。

朱沛人（1917-1977），因為擔任過過南京《中央日報》副總編輯，一九五八年給他判了十年徒刑，一九六八年刑滿，留在黑龍江省嫩江農場九分場就業，一九七六年，重病中的他摘去了反革命分子帽子，可是還是不讓他回家。一九七七年四月十一日在孤獨中淒然死去。

毛健吾（1906-1968），一九三七年創辦《大剛報》。擔任社長。這張報紙最初和國民黨軍方有關，後來成為一張民營報紙。一九四八年七月八日國民黨當局勒令《新民報》南京版「永久停刊」的時候，新聞界簽名抗議的就有他毛健吾。他被劃為右派分子之後，又因為「歷史問題」，一九五八年給他判了十八年徒刑，送到黑龍江省興凱湖農場勞動改造。一九六八年三月二十八日就死在那裡，

大公報社社長王芸生在反右派鬥爭中，也是只差一點劃為右派分子了。在新聞工作座談會上，他表現出了非常合作的態度，以自己三十年出頭的新聞工作經驗，來否定所謂老報人的辦報經驗，他說，什麼老報人，舊傳統？在真理和大學問面前，應該做總的否定。剩下的一些東西，只是些零零碎碎的技術。（7月4日《人民日報》）儘管這樣，他還是遇到了很大的風險。他的兒子王芝琛在《一代報人王芸生》一書中記下了這經過：

> 王芸生連續幾天參加中華全國新聞工作者協會召開的批判會。有一天，大會剛剛開到一半，會議突然將火力轉向王芸生，來勢相當兇猛，這兇猛的來勢都是集中在「反蘇」問題上，無論歷史的、現行的，一齊上。據知，當時要抓一個「反蘇典型」的全國性大右派，已經內定是王芸生。

> 形勢愈來愈明確，鬥爭日甚一日，壓力愈來愈大，王芸生已預感到自己即將成為右派，而且還是一個大右派。可誰也沒有料到，情況有了突變。第二天即將召開更大型交代和批判會時，報社突然派曹谷冰來對王芸生說，只要在某幾個問題上做些檢查就可以了。王芸生深感突然，很想摸摸底細，但曹谷冰根本不知所以然，只得作罷。在

交代會上，氣氛顯得十分寬鬆。主持人很客氣。王芸生念完檢查稿，立即有人走到台邊把他接下來，護送出門，坐上汽車回了家，事情就算完結了。王芸生一直很納悶，總感到事出有因，很長時間惴惴不安。

直到一九六〇年，楊東蓴先生作為黨與王芸生的聯繫人，才將真相告訴了他。原來是毛澤東將他保了下來。毛澤東認為當時只有三家全國性的黨外報紙，而《文匯報》和《光明日報》的總編輯都已劃為右派，《大公報》的總編輯就不宜再劃右派了。是毛澤東讓胡喬木打電話通知了中宣部長陸定一。

《中國青年報》也做了檢查。一件事是「五月七日發表的本報攝影記者洪克同志寫的〈部長助理和攝影師〉，是一篇有很大片面性的報導。」這是關於「左葉事件」的第一篇文章。本書第十章所記陸詒的發言中已經提及這個事件，因為它轟動一時，這裡稍微詳細說一說。那是在蘇聯伏羅希洛夫訪問北京的時候，四月十七日要去參觀北京農業展覽會。農業部部長助理左葉負責為國賓帶路和維持秩序。當時中央新聞紀錄電影製片廠的攝影師拉開擋住了鏡頭的他，他生氣了。據說，他說了「你重要還是我重要？你們給我滾出去！」又據說，當場就有好幾個記者扯下記者證以示抗議。《中國青年報》發了洪克的文章以後，第二天《文匯報》又發表北京專電〈新聞記者的苦悶〉報導此事，同時配發社論〈尊重新聞記者〉，其中尖銳地提出：

> 我們可以下這樣一條定律。當一個政權反人民的時候，它是排斥記者、懷疑記者的。國民黨在重慶、南京的年代時常封鎖新聞，設新聞檢查機構，甚至毆打、逮捕、處死新聞記者。記得採訪「國民參政會」新聞，記者們也曾受過搜身以及參政員走大門、新聞記者走旁門的傷害人權的污辱……
>
> 我們人民政權是尊重新聞記者的。但是把新聞記者看作討厭人，防範而不是合作，卑視而不是尊重，種種舊作風還是存在的。這證明了人的思想意識的改變確是落後於經濟制度的改變，即上層建築的改變落後於經濟基礎的改變。

八年以來，新聞記者們所遇見的官僚主義、宗派主義、主觀主義也是特別多的，因為這項行業是有特殊性：接觸面廣。這倒也是新聞工作者應該不平則鳴的時候了。

五月十日《人民日報》副刊上也有了此事的反應，其中包括袁水拍的諷刺詩〈官僚架子滾開〉，梁汝懷的雜文〈要學會尊重人〉和方成的漫畫。

到了反右派鬥爭中，對於這一事件必須有一個另外的說法了。七月十三日新聞工作者協會在會長鄧拓主持下開會調查和分析此事之後，宣佈原來的報導失實。左葉在會上檢討了自己當時態度急躁，說話的口氣也不妥當。他承認他說了「你的工作重要，還是我的工作重要？」而不承認說了「再擠就叫你們滾出去」這句話。在場的一些農業部人員也都證實，只聽見他說了「你的工作重要，還是我的工作重要」的話，卻沒有聽到「再擠就叫你們滾出去」這樣的話。鄧拓在會上說，我們不能孤立地來看這件事情。這件事情是被新聞界右派分子加以誇大渲染，藉以發動反對人民、反對社會主義、反對共產黨領導的政治進攻的一個導火線，它的嚴重性就在這裡。袁水拍在會上做了檢討，他說：我不經調查核對，就寫了這篇實際上為資產階級右派分子向黨進攻加添火力的東西。我沒有站穩無產階級立場、黨的立場，在風浪中有了動搖，做了一件損害黨的利益的錯事，我非常痛悔我所犯的錯誤。梁汝懷和方成也都做了檢討。八月十四日《人民日報》就此事發表社論〈對新聞工作者的一個教訓〉，說「左葉事件」是右派進攻全國新聞界所使用的武器之一。當時的上海《文匯報》，在這件事情上表現的最兇狠、最惡毒。社論提出，在目前的反右派鬥爭中，不但要用新聞這個工具來反對右派，而且要在新聞界內部揭露右派分子和批判右傾思想。

因為報導「左葉事件」而受到牽連的還有人民日報攝影記者高糧。當時他在農業展覽館現場，後來在中共中央宣傳部為了這件事召開的對證會上，在回答主持人問題的時候，如實說了目睹的經過，於是他就成了「『左葉事件』中推波助瀾、向右派充實炮彈、使之向黨的新聞事業發起猖狂進攻的罪魁禍首。」（高糧著《歷史的腳印》第170-171頁）他就在一九五八年的反右派補課中被定為漏網右派。中國青年報文藝部主任吳一鏗因為編發了〈部長助理和攝影師〉一文，被劃為右派分子，後來含冤而死。

中國青年報的這篇檢查還提到了該報編委劉賓雁和記者陳伯鴻合寫的通訊〈上海在沉思中〉（載5月13日《中國青年報》），說這「是一篇對黨對文化藝術領導惡毒污衊、煽動向黨進攻的反動文章。在這篇通訊中，把目前上海文化藝術界的狀況，形容得甚至比國民黨反動統治時期都不如。」究竟它是如何反動的，不妨看一看原文：

在這號稱中國話劇運動發源地的上海，一個人一年裡買到一張話劇票竟被認為是件大幸事，而唯一的話劇團體人民藝術劇院的演員們又閑得發慌；許多中國與西方的文學名著無論新舊書店裡都買不到，作家與翻譯家卻又因出版社長期不印重版書而不滿；反動統治時期上海是全國出人出書出戲最多的所在，解放後反而有點蕭條。

一個根本問題是黨究竟應該怎樣領導文學藝術？人們的指責是：過去黨的領導忽視文化藝術以及創作活動的特點，因而未能創造出繁榮創作所必須的足夠條件。作協、劇院變成機關，各種行政職位與送往迎來的活動妨礙藝術家從事創作。某些領導機關把文化事業當作工商業來辦，關心最多的是財務計畫而不是人民的文化需要或藝術本身。往往是外行的行政幹部在藝術問題上有著比藝術家更大的發言權，……出版社的過分專業化和集中造成它的壟斷，編輯的疏忽可以埋沒一個作家。

要領導，就需要瞭解。黨的領導人應該有一定的文化興趣與藝術素養這個問題已提到日程上來。作曲家黎錦暉要求重新考慮他的《毛毛雨》、《葡萄仙子》是否黃色歌曲，對這一問題表示意見自然要比指導一個工廠的增產節約運動複雜得多。此間文藝界人士所以懷念陳毅同志，就因為他曾廣泛接觸文藝界人士並給以各種無微不至的支持。沒有一般的藝術興趣與素養，要關心或指導文藝顯然是困難的。一位作家說，假如黨市委委員都看看小說，那就是作家榮幸的事了。

人們著重提出了過去缺乏藝術創作所不可或缺的自由空氣問題。有權有勢的教條主義左右風雲不可一世。電影界在《文匯報》討論自己的問題被懷疑為想造反，巴金的一篇小雜文引起滿城風雨。即使藝

術界與社會輿論的態度完全相反，個別領導人也可以把一種意見或一部作品置於死地。人們認為，今天所以不可能有一個二十多年前膽敢與周揚抗衡的魯迅，乃是由於一個作家與黨委宣傳部長的關係不同。

　　上海的放，僅僅是開始。值得注意的是許多人還不肯說話，有人儘管說了幾次仍未暢所欲言，怕「釣魚」、怕彙報、怕檢討是主要顧慮，也有人仍然懷疑解決問題的可能性。黨內幹部有的比黨外人士顧慮還多。這種沈默和另一種沈默是分不開的。人們注意著一些黨內負責幹部的動向，現在的印象是：他們參加會，不說話，沒表情，也不知打的是甚麼主意！這種顧慮與過去黨的領導某些反復無常表現是分不開的。去年的一放與秋後的一收，以及今年三月中的一放一收，人們記憶猶新。

　　中國青年報的這篇檢查，從這篇通訊中摘錄出一些字句，然後加以分析批判，說「這篇通訊形容黨的領導幹部是一群連小說都不看的、缺乏文化興趣與藝術素養的人」，提到魯迅抗衡周揚，是「明目張膽地煽動向黨進攻、煽動推翻黨對文藝的領導」，說有許多人還不肯說話，就是「這篇通訊對當時上海右派反動言論氾濫的狀況猶嫌不足」，說一些負責幹部不說話，就是「攻擊黨的領導沒有向右派反動言論投降」。通訊中可以批判之處可說是都批到了。只是還剩下一條沒有批判。那就是懷念陳毅。懷念前任的陳毅，就是開罪現任的柯慶施。這柯慶施，可是一位得罪不起的人物。這篇檢查說：「在編發這篇通訊的時候，報社領導在當時是明確地認識到這是一株毒草，是有意讓它放出去的。我們的錯誤是放出去之後，遲遲地甚至在反右派鬥爭開展很久以後，還未給予批判，使毒草沒有得到及時的剷除。」這樣一定要把事後諸葛亮說成未卜先知，卻有一個困難。因為，這五月十三日見報的文章，發稿時間最晚也是十二日，而據現在人們所知道的，通知將要轉變風向的第一個文件，是五月十四日發出的。本書第八章已經說過，像中國作家協會黨組書記邵荃麟，是五月十八日晚上才被告知這個新精神的。很難相信這篇檢查在這裡說的是真話。不過如果把這看作對柯慶施的交代，說明發稿時即知道是毒草，卻是可以理解的了。

劉賓雁不只是一位記者，更是一位作家。一年前他發表了報告文學作品〈在橋樑工地上〉、〈本報內部消息〉等等，抨擊時弊，在讀者中引起很大反響。在反右派鬥爭中，這些作品成了重點批判的對象。這些在本書下一章裡將要談到。

最後說一下人民日報。據藍翎的回憶錄《龍捲風》說，在反右派鬥爭中，人民日報社劃出了二十九名右派分子，其中包括東方部主任蔣元椿，漫畫家沈同衡，特別是幾年前受到毛澤東贊許的「兩個小人物」之一的藍翎（楊建中）也在內。兩位副總編輯楊剛和黃操良，都在反右派鬥爭中自殺身死。（上海遠東出版社1995年版，第121-124頁）先說楊剛之死。《龍捲風》中說：

> 她是一九二八年加入中國共產黨的老黨員。先從事文藝活動，參加過「左聯」，四十年代後成為《大公報》著名的新聞記者。一九五五年調《人民日報》任副總編輯，分管文藝部的工作，用筆名「金銀花」在副刊上發表過詩作。一九五六年遇車禍，健康受影響。反右運動初期，她還參加過批判曾在《大公報》當過記者的蕭乾的會議。但是，不知為什麼，十月六日夜晚，她同老同事西方部主任高集閒談到十一點多，待高集辭別後，她即服安眠藥長眠而逝。社長鄧拓經過向上級請示，在全社大會上宣佈此事，既不按黨紀的常規處理，也不發消息，寂靜地辦理了後事。但是，她的不幸逝世，卻令人深思。我也百思不得其解。我不懷疑她的逝世同反右運動有什麼直接關係，然而根據我同她不多的接觸和從旁觀察，我認為她是一位有陽剛之氣的女社會活動家，不像心胸狹窄的人，為什麼在這樣一個時機突然辭世？為什麼不早不晚一些？直到今天我也未想通。（第122-123頁）

楊剛為什麼要自殺？後來胡喬木在為《楊剛文集》寫的序言裡提出了這樣一個說法：

> 她在一九五五年不幸遭遇車禍，造成嚴重的腦震盪，以後雖經休養，卻一直沒有能恢復正常。一九五七年十月，她偶然遺失了一個筆記本，儘管沒有受過任何責怪，而且許多同志都曾勸解她務必不要為此

著急，她仍然感到十分緊張（這無疑跟當時的十分緊張的政治空氣有關），竟在十月七日在精神極不正常的情況下不幸離開了人間。（《胡喬木文集》第三卷，人民出版社1994年版，第364頁）

這裡，楊剛丟失筆記本的事情沒有說得很清楚。和楊剛在中共中央宣傳部同過事的黎辛把這事說得要清楚一些，他同擔任中共中央組織部部長的安子文有一點私交。他在〈我常想起安子文〉一文中說：

一九五七年反右派鬥爭時，有一次安子文來訪，我問他：楊剛這樣好而堅強的幹部為什麼突然自殺呢？安子文說這件事知道的人不多，我說我不會外傳的。安子文說：楊剛丟了一個筆記本，撿到的人交給周總理了。周總理和我商量將她調到人民日報社當副總編輯，一切待遇不變。可她免不了會想到這是周總理和黨中央不信任她了。這時候，不知誰讓她參加了作家協會批鬥丁玲，馮雪峰最厲害的那次會。那次會上，丁玲、馮雪峰都站著哭泣交代與檢查。楊剛可能感到這也是她的前途，就服大量安眠藥自殺了。其實，她調到人民日報社工作就算處理了，再沒事了。我問：楊剛的筆記怎麼這麼重要？安子文說：記了她與費正清（美國漢學家，抗戰時期到中國，為美國新聞處工作）的交往與聯繫辦法。解放戰爭時，美國支持蔣介石進攻解放區。（《黨史博覽》2011年第5期）

可見楊剛丟失筆記本是一九五五年她在中共中央宣傳部擔任國際宣傳處處長時候的事情。她於一九五五年七月調離中央宣傳部，調到人民日報社，就是對這事的處理。胡喬木說的「一九五七年十月，她偶然遺失了一個筆記本，」沒有把時間交代清楚。「一九五七年十月」是她自殺身死的時間。

再說黃操良之死。《龍捲風》中說：

黃操良，一九三八年加入中國共產黨。一九五五年調《人民日報》，任國際部主任、副總編輯。一九五八年四月上旬，報社的反右運動即將結束，辦公樓下的走廊裡突然貼出了幾張大字報，說他是隱藏最深

資格最老職位最高的大右派，要挖出來示眾。這又引起了不小的震動，報社領導人中也有「右派」啊！黃操良不堪屈辱，四月十一日服安眠藥而逝。……就這還不甘罷休，立即又貼出大字報鞭屍，聲討他是自絕於黨，自絕於人民，罪該萬死，死有餘辜。（第123頁）

至於藍翎（楊建中）本人，幾年前和李希凡合作發表了批判俞平伯的《紅樓夢研究》的文章，受到毛澤東的贊許，這「兩個小人物」都調到《人民日報》。他怎麼劃為右派的，《龍捲風》中有詳細的記載。簡單些說，他寫了一篇題為〈面對著血跡的沉思〉的文章，這篇雜文是對一個名叫小蘭的姑娘被迫害致死一事的思考。文藝部領導運動的劉甲把這篇草稿拿去，將作者刪改之處全部復原，這就成了劃他為右派分子的罪證。在人民日報社內部反右派鬥爭情況的報導裡說：「右派分子楊建中就在他寫的一篇沒有發表出來的題為〈面對著血跡的沉思〉的文章裡，把新社會歪曲地描繪成到處『血跡累累』、漆黑一團。」（1958年1月6日《人民日報》）

人民日報社反右派鬥爭的重災區是記者部。記者部劃出的右派分子劉衡在她的回憶錄《直立行走的水》裡說：

記者部的人數比國際部少得多，挖出來的右派分子比國際部還多二人，共十人。占報社第一位。除了當時的大氣候以外，記者部的小氣候也有一定影響。

記者部主任陳浚曾經對我說：「我沒有當過鬥爭對象。在歷次政治運動中，從來就是鬥爭別人的積極分子！我就是你們罵的整人的人，是打手！」他還說：「你們都恨汪琦，其實，汪琦立場堅定，革命性比我還強！」他是報社反右領導小組的成員，對記者部進行遙控，很少與我們直接衝突。（第38頁）

副主任汪琦（劉白羽的妻子），一九四〇年至一九四四年在延安馬列學院學習期間，在搶救運動中，就是打手。曾在馬列學院學習的王匡一直記得她在大會上張牙舞爪的表演：「王匡，你這個狗特務，你要好好交代！」王匡曾經警告過我們記者部的林里：「汪琦當你領導？你可要小心，這不是個好惹的女人！」一九五〇年汪琦到《人民

日報》，當工業組副組長、記者部副主任。她在當記者期間，沒有寫出像樣的稿子。據以前和她同過事的人們反映，她在東北日報當記者時，拿不出稿子，就經常請病假。一搞運動，不但病好了，而且勁頭比誰都大，她是靠運動靠踩著別人的身體爬上來的。（第166頁）

汪琦在鳴放期間曾到上海各報社取經，回來後稱讚《文匯報》、《新民晚報》。她說：《解放日報》說，市委對他們干涉太多，使他們報紙沒有生氣。它還寫了〈新民晚報為什麼那樣受歡迎？〉，文中表揚了《新民晚報》的記者們點子多、動作快。稱讚了該報負責人趙超構的三句口號：「廣些廣些再廣些，短些短些再短些，軟些軟些再軟些。」其實這些言論並沒有錯誤。一反右派，她感到自己的話和報上批判的右派言論一樣，很擔心弄到自己頭上，於是在反右中表現得十分積極，領著大家批這個，鬥那個。

支部書記傅冬（傅作義的女兒）沒有去過解放區，她對來自解放區的老黨員、老幹部、頂頭上司汪琦十分尊敬，以為跟著她走，就是跟著黨走。鳴放初期，傅冬和林鋼都在首都記者組。他們在閒談中，曾就政治、時事和文藝問題坦率交換過意見，觀點完全一致，傅冬比林鋼說得還多。一反右派，有些看法成了「問題」，傅冬立刻揭發林鋼，說這些意見都是林鋼說的。弄得林鋼有口難辯。（第38頁）

記者部另外一位副主任劉時平因為是肅反運動的對象而被劃為右派分子的。他的妻子蔣如莅是報社職工業餘學校副校長，說她丈夫不是反革命，就是攻擊了肅反運動，也被劃為右派分子。

季音原來是人民日報駐上海記者站首席記者，一九五七年，他對反右派報導頗為盡職盡責，寫了好些新聞和通訊。像七月十七日刊出的〈骯髒的一群──記上海右派集團幾個主要人物的一些「舊賬」〉，就拋出了王造時、楊兆龍、徐仲年、孫大雨這些人的歷史檔案材料。七月十八日刊出的〈上海民盟的背叛〉（這兩篇都是和張競合作的），就把民盟上海市委的負責人陳仁炳、彭文應竭力加以醜化。可是沒有料到的是，到了一九五八年四月，他被召回報社參加記者會議的時候，也被補劃為右派分子了。劃他為

右派分子的材料，一條是「為南京大學的右派分子劉敬坤鳴不平」，他和劉敬坤同過事，瞭解這人，他說過：「這個老實可靠又有些『書呆子』氣的同志，怎麼會成了右派？」另外一條是從他的交心材料中摘錄出來的：「在胡風反黨集團材料公佈後，我思想上有過疑惑，覺得這是文藝思想之爭，似乎不應列為反革命」。這兩條就成了劃他為右派分子的根據。他的妻子習平，也是人民日報駐上海記者站記者，也是利用她的好朋友的檢舉和她的交心材料，把她劃為右派分子了。（季音：〈我是怎樣被「補」成右派的〉見《炎黃春秋》2007年第七期）

季音的這篇文章還寫到了蔣元椿劃為右派分子的情況：

> 我對反右派發生明顯的懷疑和動搖是在運動日益擴大時，我所熟悉和信賴的一些朋友先後「落難」，使我大為吃驚。最先傳來的是《人民日報》國際部東方部主任蔣元椿被劃為右派的消息。蔣曾和我在第三野戰軍新華社前線分社共同做過戰地記者，我們在戰爭第一線曾共度過一段艱難歲月。他是一個為人耿直、對工作認真負責的好同志。抗美援朝時期，他作為新華社評論員，以「江南」的筆名寫了大量抨擊美帝國主義侵略行徑的評論文章，名噪一時。批判他時，我在上海，聽說他獲罪的主要原因是「鳴放」期間，在國際部〈呼風喚雨〉的壁報上貼了一張題為「聖旨口」的小字報，主要批評胡喬木在領導國際宣傳上作風不夠民主等問題，可能意見寫得比較尖銳。

人民日報農村部本來沒有劃出一個右派分子，副主任劉曉晞是在中共中央高級黨校進修的時候被劃為右派分子的。他認為我們黨內有個人崇拜，「把領袖偶像化、神秘化」，他主張「要破除迷信，不要對革命領袖盲目崇拜；也不能把革命理論當時作萬應靈藥。」他還認為《人民日報》發表的關於胡風的三批材料不足以服人。黨校把他劃為右派，受到撤銷原有職務實行監督勞動的處分，每月發給個人生活費二十六元。在文化大革命變本加厲的迫害中自殺身死。

前面已經說過，四月十日毛澤東嚴厲批評了《人民日報》，說最高國務會議和宣傳工作會議已經開過一個多月了，共產黨的報紙沒有聲音，而讓

非黨的報紙抓住這面旗幟，非黨報紙在起領導作用。《人民日報》「按兵不動」，「無動於衷」，多半是同中央的精神唱反調。鄧拓是「死人辦報」，「占著茅坑不拉屎」。也幸好是這樣，到了反右派的時候，人民日報才沒有什麼大過錯。當年鄧拓的副手胡績偉在多年之後回憶說：

> 說鄧拓對毛主席關於正確處理人民內部矛盾的新精神「無動於衷」嗎？以後想起來，他是「有動於衷」的，只是他比較我們更有遠見，更瞭解這位偉大領袖。他不僅看出毛主席這番話很快會變，而且還很可能潛伏著一場「引蛇出洞」的災難。因而，他當時用自己的腦子進行了一些獨立思考。……他的政治經驗比我們豐富，政治警覺性也高，他對毛主席的講話採取「經過中央批准以後再宣傳」的辦法，而不是聞風而動，趕快緊跟，是動了一番腦筋的。

> 以後的事實證明，他的憂慮是完全正確的。緊接著毛主席的兩個報告而來的，是反右鬥爭；公開發表的〈講話〉，對原來的講話做了原則性的修改。所以，鄧拓可以稱得上是對「引蛇出洞」的「陽謀」有預見的人物之一。在反右鬥爭開展以後，他悄悄地對我說：好歹《人民日報》沒有像《文匯報》、《光明日報》那樣大鳴大放，不然，《人民日報》也會被打成右派報紙，中央黨報被打成右派報紙對中央也很不好；《人民日報》沒有大鳴大放，也挽救了社會上和報社內很多同志沒有當右派。（胡績偉：《報紙生涯五十年》）

鄧拓是這樣的態度，毛澤東不再需要書生或者說死人去辦他的報紙。一九五八年末，鄧拓調任中共北京市委文教書記，離開了人民日報。幾年之後死於非命。

多年之後回頭看鄧拓在反右派鬥爭中的處境，很令人感歎。儘管他對政治形勢已經有了相當清醒的認識，卻還是不得不做出緊跟的姿態。前面已經說過，七月十三日他以中國新聞工作者協會會長的身份主持調查會，宣佈「左葉事件」報導失實。他說：「現在大家可以看得很清楚，《文匯報》關於這件事情的報導和社論是借題發揮，別有用心的；此外的大多數報紙對這件事情的報導也都違背了新聞必須真實這個根本原則，並且在客觀上替右派

分子張目，起了推波助瀾的作用。」（8月14日《新華社新聞稿》）到了一九五八年初，他又在中共中央直屬各機關、中央國家機關、中共北京市委和人民解放軍駐京部隊幹部大會上以〈新聞戰線上的社會主義革命〉為題做報告，給新聞界的反右派鬥爭做了一個官方的總結。在這個報告裡，他批判了「資產階級右派在新聞界的頭目，如儲安平、徐鑄成、浦熙修、陸詒等」，也批判了「混入共產黨內部的右派分子，包括王中、劉賓雁、范四夫、彭子岡以及其他叛變分子、內奸分子」。例如他說：「當時新華社有個叫鄒震的，是留美學生，他學的是資產階級新聞學。他要中共中央宣傳部為資產階級的新聞自由『開放綠燈』。他攻擊黨報有三大缺點：一是有些話不敢講，二是有些話不便講，三是有些話不准講。人民日報也有個右派分子叫蔣元椿的，大肆攻擊《人民日報》的領導人員只按照黨中央的意圖辦報，說這就是『聖旨口』、『緊箍咒』，束縛了他的天才和積極性。」這篇報告很長，適應大躍進正在開始的形勢，大談什麼新聞工作的多快好省，講什麼改掉書生氣，成為政治家。（《新聞戰線》1958年第5期）可惜的是這種姿態完全無助於改變他自己的命運。

中央廣播事業局的反右派鬥爭，在副局長溫濟澤的自述裡有一點記載。他是在一九五八年十月，也就是在全局反右派鬥爭基本結束近一年後，在局級「補課」時被劃為右派分子的。那時他分工主管對國外的廣播，他劃為右派分子的過程，《溫濟澤自述》裡面說：

> 一九五七年六月，我看到一個文藝界座談會的記錄稿，上面記錄了周揚在會上的講話，大意是：香花和毒草在分辨不清的時候，可以讓它們先放出來，大家再來辨別；如認為有毒草的話，再把它鋤掉，還可以肥田嘛！我覺得這種說法不適用於對國外廣播，因為我們是廣播，這次聽到的人下次就不一定聽了，怎麼「鋤」法呢？差不多同時，我在報紙上看到統戰部長李維漢在一次統戰工作會議上提出各黨派要「長期共存，互相監督」，我覺得這在國內是比較容易理解的，但在對外宣傳中就可能發生誤解，應當在這八個字前加上各民主黨派共同致力於社會主義事業這個大目標為前提。在中聯部開會時我提出了這個問題，並且發表了自己的意見，希望大家同意的話就注意不要

這麼對外宣傳。

　　兩三個月以後，廣播局局長兼黨組書記梅益找我談話，問我：「你說『周揚有錯誤』是怎麼回事？」我們一起見了周揚。我詳細地說明了情況，周揚聽得還耐心，他聽完之後說：「你不要以為是我查問你，這是陸部長讓我查問的，要問你的問題是，為什麼在右派向黨進攻的時候，你要說我和李維漢同志兩個中央委員有錯誤？」

　　很快，廣播局召開黨組會，要我檢查這件事，中宣部派來了新聞處和出版處的兩個處長參加會議。看這個架勢，他們確實認為我是在向黨進攻，要進一步追查了。（中國青年出版社，1999年版，第274-276頁）

　　有了這一條，再加上他同一把手梅益工作意見上的分歧，也就很可以劃他為右派分子了。更要命的是他還「抗拒了反右派鬥爭」！這是怎麼一回事呢？《溫濟澤自述》裡面說：

　　　　全局的反右派鬥爭由黨組統一領導，黨委辦公室承擔具體工作。我是對外廣播部門的負責人，又是黨組成員，黨委辦公室負責人告訴我，對外廣播部門有二百多人，很多人長期在國外生活，因而要作為重點單位來抓，按照百分之五的指標規定，起碼要劃十幾個右派。

　　　　我問他，反右能規定人數嗎？我看不能這樣做。我會執行中央指示，如果我這裡有百分之六，我不會放過；如果不到百分之五，我也不能多劃。我嚴肅認真地說：「你們也經歷過抗日戰爭時期整風運動中的搶救運動，切不可忘記過去的教訓。那時的新華社、解放日報社百分之七十的同志被打成『特務』，可是後來甄別，除了個別人需要繼續審查外，沒有一個是特務。雖然後來向被冤枉的同志賠禮道歉，但畢竟傷害了感情，損傷了元氣。那時候運動所及的範圍還小，今天一個執政黨在全國這樣搞，如果搞錯了，那影響是很大的。」（第279頁）

　　這就是他「抗拒反右派鬥爭」的材料！就這樣，溫濟澤本人，加上在編委會上發表和溫濟澤類似意見的兩個編委鄒曉青和張紀明打成了一個「反

黨小集團」。中央廣播事業局劃出的右派分子，據《溫濟澤自述》所舉的例有這樣幾個：

陳潤康，當年三十歲，長期僑居法國，回國後在對外廣播部門任翻譯。反右派鬥爭時，組裡提出劃他為右派，我問：「根據是什麼？」組長回答說：「他攻擊我們黨有官僚主義。」我說：「我們黨不是承認有官僚主義才整風的嗎？他攻擊誰呢？」組長回答說：「他用資本主義國家虛偽的民主來攻擊我們不民主。」我問：「他是怎樣具體攻擊的呢？」組長說：「他就是反對我這個組長。」我說：「這就算反黨了嗎？不是規定對華僑要慎重，不要輕率劃嗎？」回答說：「按照規定華僑歸國三年以內不劃，他已經過了三年。」我問：「過了多少？」回答說：「過了一個星期。」我說：「過了一個星期也不要劃，看看情況再說。」但以後七鬥八鬥，陳潤康還是被劃成了右派，以後他下放勞動，一年多就死了。

錢敏齊，女，當年二十四歲，是人民大學畢業的研究生，見習編輯。組裡要劃她為右派，理由是她的丈夫在外交部被劃為右派，她跑到外交部辦公廳去哭鬧。我問：「她自己有沒有右派言論？她看了右派向黨進攻的大字報後有什麼反應？」回答說：「都沒有。」我說：「應當研究一下，她只是因為感情而一時認識不清呢，還是她本身就是右派？這應有所區別。妻子為丈夫辯護，這是一種特殊情況，不能當作政治問題。」在開始批判她時沒有劃成右派，但以後鬥來鬥去還是劃成了右派。她在被定為右派以前就留下條子「辭職回家」了。

邵燕祥，當年二十四歲，中央台編輯，屬於對內廣播部門，十一月初，梅益到莫斯科參加十月革命四十周年慶典，局裡的反右派鬥爭臨時交我「掛帥」，因此，對內部門提出把他劃為右派時要我批准。我瞭解他在十六歲時，中法大學還沒有畢業，就調到中央台工作，有才華，愛寫詩，就問劃右派是根據什麼，回答說：「他寫的詩裡有反黨思想。」我看了幾首被認為是反黨的詩，不過是些諷刺詩，有些是《中國青年報》副刊《辣椒》上發表的，如有一首批評顧客藉口「百拿不厭」「百換不煩」而故意刁難營業員，其他也是這一類的內容。

我想，這怎麼能說成反黨呢？為慎重起見，我到中宣部找了文藝處長林默涵，他聽了我的看法以後，也認為不應劃為右派。但是十幾天後，我不再「掛帥」，再未過問邵的事，不久知道他還是被劃成右派了。

趙節，原是對華僑廣播部主任，反右派前到中央黨校新聞班短期學習。反右派鬥爭中，黨校來人向我調查，說準備劃他為右派，問他以前在工作中的表現怎樣。我說：「過去的表現是好的，現在為什麼要劃成右派呢？」回答說：「他為反革命分子胡風辯護，說逮捕胡風沒有按法律手續，逮捕後也沒有按法定時間審訊。」我說：「光憑這些話，不能劃為右派。」不久，聽說黨校還是把他劃成右派。（第280-281頁）

毛澤東在批判《文匯報》的社論中還提到，「新聞記者協會開了兩次會，一次否定，一次否定之否定，時間不過一個多月，反映了中國時局變化之速。會是開得好的，第一次黑雲壓城城欲摧，擺出了反動的資產階級新聞路線。近日開的第二次會，空氣變了，右派仍然頑抗，多數人算是有了正確方向。」

第一次會是五月開的。那時正是鳴放高潮，空氣是批評缺點和錯誤。黨內外一些新聞工作者在座談會上提的意見不少。例如，中國人民大學新聞系的莫如儉說，我國目前報紙的性質和作用是根據列寧一九〇一年的定義：「報紙不僅是集體的宣傳者和集體的鼓動者，而且還是集體的組織者。」這個定義不完全適合我國目前情勢了。因為一、一九〇一年是革命前，階級鬥爭很尖銳的時期。我國現階段是和平建設時期，主要矛盾是人民內部的矛盾了。二、過去在解放區的時候，都是工農兵，現在讀者包括知識份子，廣大的小資產階級還有民族資產階級。他們有他們的要求和興趣。除了指導性和鼓動性的題材外，還要有些別的。而目前我國報紙受那個定義的教條束縛，報紙只限於指導性思想性。因之不能滿足他們，產生矛盾。

又如人民航運報記者趙琪，把當時占多數的報紙即共產黨的黨報稱為「領導機關所有制的報紙」，認為它的特點是：一、公文指示多，二、教訓口吻多，三、首長言行多，四、有些話不便於講，五、有些話不敢講，六、

有些話不准講。他把《文匯報》、《新民報》等等稱為「人民群眾所有制的報紙」，認為這種報紙新聞多，服務周到，新聞人物活動多，什麼話都可以講。趙琪認為，單純代表領導機關意見而不為讀者服務的機關報，它的生命已經危險了。（這裡插說一下趙琪的最後結局。他被劃為右派分子後，送到北大荒雲山畜牧場基建大隊勞動改造，一九六零年五月因飢餓致死。據吳永良著《雨雪霏霏》，香港五七出版公司，2010年，增訂本第114頁）

中國新聞社的鄭白濤說，我們的國家裡是沒有新聞檢查的。但即使沒有新聞檢查，主管部門的教條主義，認為這不能發，那也不能發，結果壓死了很多新聞。而這些新聞卻是客觀的重大事件而且是為社會所關心為人民所注意的。我們中國新聞界的單調、枯燥，是這些教條主義者造成的。一個主觀主義、教條主義的官僚式的社長總編輯，比一個檢查官更妨礙新聞工作的發展。

新華通訊社的鄒震說，新聞工作的鳴放問題，就是徹底實現新聞自由，言論自由和出版自由的問題。過去，這三大自由，被官僚主義、宗派主義和教條主義給限制在極狹窄的範圍裡去。我們的自由被「三害」給剝奪了。我們要向三個主義索還被它踐踏了的新聞自由。他還說，我覺得今天應該喊出「民主辦社」和「民主辦報」的口號來，使中國出現更多的非黨的報紙和通訊社，出現更多的民主黨派和無黨派的或民營的報紙和通訊社。

新民報的鄧季惺說，各級黨報和其他機關報的資金來自國庫，領導權則屬於各級黨委，在黨委的直接領導下進行工作。由這一性質，決定著報紙的功能，主要還是從上而下傳達政策方針，指導各個工作部門和人民群眾在某一時期應該做什麼怎樣做。至於下面不同階層的群眾的需要，讀者的愛好就不能照顧得周到了。如果要為百家爭鳴提供更多的講壇，為百花齊放提供更多的園地，為民主黨派和無黨派人士利用報紙來進行監督，為廣大群眾反映他們的意見和要求，除了更加辦好現有的幾份非黨報紙以外，我認為各地還應該多辦幾家集體所有制報紙。新民報的陳銘德也指出了當時報紙的一些缺點，提出了辦同人報的建議。《中國青年報》總編輯張黎群不贊成社會主義報紙指導工作的說法，認為現在的報紙是佈告牌、留聲機。

座談會上諸如此類的一些發言，就是毛澤東說的黑雲壓城城欲摧，是擺出了反動的資產階級新聞路線。不論用什麼說法，主張新聞自由也好，主

張辦同人報也好，其目的都是為了擺脫共產黨對報紙的領導。而不受控制的民間報紙，是同社會主義制度不能並存的。提出這種主張，是右派分子猖狂進攻的一個重要方面。

反右派鬥爭開始以後，從六月二十四日起舉行的第二次新聞工作座談會，空氣變了。一些人作了自我批評。陳銘德說，我忽視了社會主義報紙作為集體的宣傳者、鼓動者和集體的組織者的主要功能，又把幾年來一些報紙的可以克服的非本質的缺點看成了本質的缺點，因而提出了辦同人報紙的建議，這反映了我的濃厚的資產階級新聞觀點。在開始反右派以來，我認識到這個錯誤。我現在聲明撤回這一建議，同時我還要繼續檢查產生這一錯誤的思想根源。（6月28日《人民日報》）鄒震說，他的思想原來就是非常反動的。他在國民黨統治時期爬上過反動頭子于斌辦的南京益世報總編輯的位置，瘋狂地反對過蘇聯和中國共產黨。大「鳴」大「放」以來，他以為反黨的機會到了，積極要求參加新聞界座談會，想在新聞界放一把火。鄒震說，他那次發言是站在當年益世報總編輯那個立場上說話的。他所叫喊的要中宣部對報紙開放「綠燈」，實際上是要報紙對黨隨便謾罵，自由攻擊；所謂民主辦報、民主辦社，就是想要黨讓出新聞陣地，由右派分子來佔領；他把新華社的稿件描繪得一團糟，是想鼓勵報紙不用新華社稿件，給新華社製造困難，以便他在社裡放第二把火，並表示願意悔改。（7月20日《新華社新聞稿》）

當然，也有右派分子在負嵎頑抗。例如鄭白濤說，社會主義下的報紙可以唱對臺戲，可以小罵大幫忙。他認為我們報紙上的新聞都是「組織出來」的。他還說《人民日報》的社論全國報紙不必要轉載，《紐約時報》的社論美國其他報紙就不轉載。他還說儲安平派《光明日報》記者到九個城市開座談會不能算到處點火。（6月25日《人民日報》）顧執中在會上做了題為〈新聞的階級性、真實性、時間性、趣味性及其相互關係〉的發言，據這篇報導說，他大量引用了加里寧、陸定一、胡喬木、周揚的言論以及《解放日報》的社論和新華社某一年關於工作的指示，但是儘量避免涉及自己最近發表的關於憲法、言論自由和新聞工作問題的種種言論。他在談到階級性時，他說《光明日報》前一時期的錯誤只是儲安平模糊了報紙的階級立場，採用舊的資產階級的辦報方法來辦報，《文匯報》的錯誤主要是犯了編排技術第一忽視政治的毛病。（6月28日《人民日報》）

　　這第二次會上多數人的發言卻是批判右派的。《人民日報》的沙英批判了莫如儉等的「列寧的辦報原則過時了」的言論。沙英認為，列寧的報紙是集體的宣傳者、鼓動者和組織者的原則不僅適合於革命時期也適合於建設時期。他說，我們今天正在建設社會主義，從資本主義到社會主義的過渡還沒有完成，我們必須用報紙對人民進行組織教育，使人民積極參加社會主義建設。而且報紙這個階級鬥爭的工具我們不利用別人就要利用，《光明日報》、《文匯報》的最近一個時期的情況就是如此。沙英說，我們根據列寧的原則和學習蘇聯的經驗來辦報，當然要結合我們國家的具體情況，不能教條的搬用，但立場、觀點是不能變的。（6月25日《人民日報》）中國新聞社孫殿偉批判鄭白濤，說鄭在中國新聞社內就有許多反動的謬論，他同意章伯鈞的言論，主張中國要實行兩院制，主張辦反對派的報紙。在章伯鈞、章乃器、儲安平等人的反黨活動被揭露後，他仍然替他們辯護，說「黨天下」的說法是對的，定息不是剝削，甚至不是不勞而獲，而是和在銀行裡存款的利息一樣。他認為目前報紙上對右派分子的駁斥是官僚主義、教條主義的作法。他主張辦「同人通訊社」，不要共產黨領導；中國新聞社的同志批評他，他說這是共產黨的愚民政策的成功，並把這些人稱作打手。中國新聞社的何耕新也批判說，鄭白濤口頭標榜新聞沒有階級性，但是他在工作中卻非常有階級性。章伯鈞的所謂「政治設計院」的謬論提出後，他主張馬上發消息。李康年的定息二十年的建議他立刻編發了，李後來撤銷這建議，他卻不發。看到報紙反右派的言論他就唉聲歎氣，對反動作品《花叢小語》他就到處向人宣傳。他所寫的對外用的稿子幾乎和資產階級通訊社記者寫的一樣，片面地說我們經濟困難、原料不足。他對我們實際是大罵而不是小罵。他口稱新聞要像語言一樣普遍地為各階級服務，實際他卻是堅持反社會主義觀點。（6月26日《人民日報》）北京大學新聞系的方漢奇批判顧執中，對於顧所說的憲法有的被徹底破壞，有的有名無實，言論、出版、集會、結社的自由事實上都沒有得到保證的謬論進行了駁斥。方漢奇援引了很多歷史上的材料，說明解放前中國新聞的歷史，是一部記者之血的歷史，曾有無數的新聞記者被殺害被監禁，無數的報刊被封閉。在舊中國只有一小撮的統治者有言論自由，絕大多數的人民是沒有言論自由的。我們新中國的報刊是新型的報刊，它是為勞動人民服務的，每一個勞動人民都可以通過報紙對政府的工作

進行批評。當然我們這裡是沒有反革命、地主的言論自由的（6月28日《人民日報》）在座談會上，有更多的人對像徐鑄成、浦熙修、儲安平等人作了更多的批判，那是不用說的了。

毛澤東在〈文匯報在一個時間內的資產階級方向〉中還說，「一些大學的一些新聞系教師也有這種情形」。這些教師中最有名的代表是復旦大學新聞系主任王中。他在一九五六年發表了《新聞學原理大綱》一書，在其中「報紙的性質」一節中有這樣一些提法：

> 報紙是上層建築的一部分。可以為政治服務，但不是政治的本身。報紙與法權在性質上不同：在一個國家內只能建立一種法權，報紙則多種可並存，法權具有強制作用。報紙與政黨不同，政黨只存在於階級社會，在完成歷史任務後即行消失，但在無階級的社會裡人類即有瞭解情況的需要和行為，所以沒有報紙只是因為條件不具備，在政黨消滅後報紙仍應存在。

> 就報紙刊載文字內容論，多數文字有階級性（氣象預報、自然變化、自然科學知識等則沒有階級性），為一定階級利益服務。就其為讀者獲得的方式論，是任何人以至敵對的階級均可以一定代價獲得之商品，與情報、內部文件不同，亦與標語、傳單不同。

> 任何政黨的機關報具有兩重性，報紙產生於政黨形成前，是政黨運用社會已存在定期出版物的工具作為政黨的宣傳工具。政黨機關報：一方面是受政黨機關的意志約束，力求使報紙按政黨的意志影響讀者，另一方面又保存了政黨利用前的報紙性質——人們藉以瞭解新聞的印刷商品，是兩個方面相結合的。「辦報賣」與「買報看」兩方面的結合。沒有讀者的報紙則根本不能發生機關報的作用。

> 黨報和一般報紙一樣，獲得報紙必付一定代價，通過買賣關係達到宣傳對象手中，與標語、喊話不同。

在新聞工作座談會上，王中說的，也就是這樣一些意見。他說，有些業務部門不懂宣傳原理、報紙的性質，一味的要求在報上給他本單位發工作指示。把報紙變成各機關的聯合佈告牌。他說，有些單位盲目「保密」，

據《新聞日報》說，呢絨漲價，商店櫥窗標價都改過了，主管部門還要保密，不讓報紙報導。談到黨委對報紙的領導，王中說，黨委很容易忽視報紙的特點，或者仍然習慣於抗戰時期和階級鬥爭時期的作法，對新形勢下報紙應起的作用認識不足。報社如按著黨委的舊習慣去辦報，便會造成報紙脫離群眾。黨委不僅是對報社要放手，而且要積極領導報社，使黨報辦成為群眾所喜愛的讀物。報紙，在黨委看來是指導別人的工具，但是在讀者看來，報紙是藉以獲得新聞和知識的出版物，讀者化錢買報，我們要對得起人家的五分錢，如果贈閱的話，人家可能沒有什麼理由責備報紙。王中還提到《新民報》，他說，在過去，新民報的方針是指導文化工作，結果銷數不足三萬份，很難維持。「百家爭鳴」後，就走豐富的文化生活的道路，就馬上上漲，最高到二十餘萬份，絕大部份是零售和個人訂閱。（現在因紙張困難，壓到十三、四萬份。）上海都排隊買《新民報》。王中提到，有人以為新民報的變化是值得從新聞學的理論上加以研究的。（《新聞與出版》第17號）

王中的這些意見在會上遭到了批評。新聞工作者協會研究部部長安崗批判說，這種新聞學觀點在客觀上同右派分子的進攻起了某種程度的策應作用，模糊了人民報紙的戰鬥方向。王中認為報紙同讀者的關係是「五分錢」的關係，說什麼報紙只有商品的基礎才能發生作用。還說什麼報紙是「買後才有用」，說報紙要在買賣這一點上「適應社會需要」，並且說不注意報紙商品性的黨報是「一片教條主義」、「寡婦臉」、「官報」。正是在這種觀點上，王中就為上海《新民報》捧場。安崗說，我們的黨報是人民的代言人，和人民絕不是買賣關係，王中等的這種修正主義的觀點，對人民新聞事業的危害性是很大的。（6月29日《人民日報》）鄧拓批判說，王中是一個有綱領有行動的黨內右派分子，他在人民革命剛剛打垮資產階級的新聞陣地後不久，就撿起資產階級反動新聞理論的武器，在新聞戰線上為資產階級保鏢，向黨進攻。他在政治上和思想上早已背叛了黨和人民。王中在向黨進攻時，並且把持復旦大學新聞系作為他的陣地，以支持他的反動論點的復旦大學學生作為他的隊伍。鄧拓說，由於王中在反對黨對新聞事業的領導時，製造出來了一套取消新聞的黨性和階級性的資產階級反動理論，從根本上否定了黨對新聞事業的領導，並且到處販賣他的謬論，為資產階級右派分子張目，因此，王中向黨進攻的性質，就要比一般的資產階級右派分子更加嚴重，更

加惡毒。鄧拓說，王中現在已經面臨著政治上完全毀滅自己的危險的邊緣，如果他在回到上海後的繼續交代中不能正視這一點，他就將徹底地自絕於人民。（8月13日《人民日報》）

當年，新聞界的許多右派分子都提出了辦同人報紙的主張，也有一些人因為真想去辦一張同人報紙而成了右派分子。這裡插說一件本書作者直接知道的事情。一九五七年整風期間，中共中央書記處書記譚震林到了湖南，他在湖南的一次講話中提到每個省可以辦兩個報紙，一個黨外辦，唱對臺戲。其實這並不是譚本人的意見，本書第六章已經說過，這是四月間上海局在杭州開會，毛澤東在會上的插話，譚是在會上聽來的。這話傳到了民盟湖南省委秘書長杜邁之的耳朵裡去了。儘管他並不知道毛說過這意思，就是譚震林的意見，中央書記處書記也已經夠權威了。一九四九年長沙剛解放時，民盟是有過一張《民主報》的，出刊不久即停刊。杜邁之聽到譚震林說了這話，於是躍躍欲試，想重新辦起一張報來。當時新湖南報有幾個編輯記者唐蔭蓀、朱純、鍾叔河、李長恭和鄭昌壬這五個人也對此事表現了積級性，願意同杜邁之合作，去為民盟辦報。反右派鬥爭開始，這幾個人就成了新湖南報社第一批右派分子。

新聞界所劃的右派分子，還不能不提到新華社國際部副主任李慎之。毛澤東提出「兩類矛盾」這個新論點之後，他聯繫新聞工作的實際作了深思，寫了〈試揭新聞工作中的一個矛盾〉一文。文章說：

　　現在是大家都在忙碌著思索和揭發人民內部矛盾的時候，《新聞業務》的編者要我也來談一談新聞工作中的矛盾。我對新聞工作的理論知道得很少，實踐也十分貧乏，勉強應命，只敢從日常工作的體會中試揭一個矛盾，倘能成為引玉之磚，就是萬幸了。

　　幾年以來，不時使我苦惱的一個問題是在我們工作中常常可以感到存在著某種「宣傳與報導的矛盾」。所謂宣傳也可以理解為指導性或者教育性，總之是為一項具體政策服務與向人民供應一般消息之間的矛盾。

　　從開始作革命的新聞工作起，我們大家就都懂得，我們報導的東西第一必須是真實的，第二必須是對人民有利的。我們過去從來沒有

懷疑過這樣的原則，現在也決沒有任何理由可以懷疑這些原則。

但是，在實際的工作中，許多同志都逐漸發現，要正確地判斷報導什麼，怎樣報導才能對人民有利，並不常常是一件容易的事情。

迄今為止，我們判斷一件事情報導出去是否對人民有利的時候，標準就是同這件事情有關的政策。如果有利於這項政策的推行的，就能夠報導，否則就不能。就我所一直從事的國際新聞工作而言，判斷的標準就是外交政策。

我們曾經不止一次地不報導某一類消息，或者只按照一個固定的觀點去報導某一類消息，我們的格言是「小不忍則亂大謀」。

我們大多能夠親自看到採取這種報導方針的好處，它有助於統一群眾的認識，集中群眾的意志，在過去的生活中充滿著激烈戰鬥的年代裡，由此而產生的作用無疑是肯定的。

但是在長期執行這種報導方針以後，我們也能同時看到這種做法會造成使人民「蔽聰塞明」的後果，而且在人民中間培養了主觀主義和教條主義。事情發展的邏輯看來竟有一點是「愛之適足以害之」。

「小不忍則亂大謀」。一方面是推行某一項政策的利益，另一方面是讓人民得到充分的消息而能夠對事物有全面的瞭解的利益。兩者相較，到底孰為大？孰為小？

對於我說來，這是一個常常引起困惑的問題。

我們都十分明確人民是國家的主人，而人民要行使作為國家主人的權力，能夠廣泛地瞭解國家各方面的情況乃是一個先決條件。一項政策既然是為人民的利益而制定的，人民就應該有權知道它所以制定的根據，有權在實際生活中去考驗它，有權在發現其缺點以後去修正它，否定它，或者再制定另外一項政策去代替它。正是在這裡，新聞工作可以起極大的作用。如果我們報導的新聞僅限於證明某一項既定政策之必要、正確和英明，那麼，我們的工作對人民來說就很難避免出現「民可使由之，不可使知之」的作風，而對執政者或者決策人來說，也就很容易助長他們的偏聽自得的可能。

看來，如果把一般的新聞報導工作和為具體政策而作的宣傳工作作一定的劃分，可能是適當的。但是這需要在多方面加以衡量。我模

糊地感到它可能牽涉到如何認識客觀事物的哲學問題，也可能牽涉到權力的淵源或者歸屬的法學問題。要進一步探討這個問題不是我力所能及的。但是，我相信，這個問題的解決也許會幫助我們克服日常工作中碰到的許多困難。希望同業諸同志有以教之。（《新聞業務》1957年第6期，6月15日出版）

《新聞業務》是新華社總社出的一種內部刊物。現在的《李慎之文集》沒有收入早年作品，這裡是據當年的原刊錄入的。這篇文章不長，卻提出了一個重要問題。可以說是指出了所謂新聞工作黨性原則的實質。就是後來，所謂輿論導向和新聞的真實性也常常是難以兩全的。這篇當然是惡毒的右派言論。李慎之當年寫的一篇檢討書〈向黨、向人民請罪〉中說：

我是一個入黨將近九年的共產黨員，長期受到黨的教育和培養。然而在今年五月的大鳴大放期間，在社會上的資產階級右派分子利用整風的機會向黨發動猖狂進攻的時候，我也從內部參加了這一進攻，對黨的領導，對無產階級專政，對社會主義的政治制度作了惡毒的誣衊和攻擊。這期間，我在國際部「春雷」壁報上發表了〈只有大膽地放，才能真正解決問題〉的文章，號召人們去懷疑，去反對我們的社會主義政治制度。在同一期的壁報上，我還推薦了《人民日報》上的一篇反動文章，卜無忌寫的〈廢棄庸人政治〉（按：卜無忌是鄧拓的筆名，文章發表在五月十一日）。反對黨的思想政治工作。此外，我還在《新聞業務》上發表了〈試揭一個矛盾〉的文章，表示懷疑新聞服從政治的原則，實際上是誣衊我們的新聞工作是「愚民政策的」而要求絕對的「新聞自由」。（《書屋》2009年3月號）

「愚民政策」這話之所以使人覺得特別刺激，就因為把事情說穿了。在反右派鬥爭中，李慎之最有名的一件事，是他無意之間創造出了「大民主」和「小民主」這兩個用語。波匈事件發生，毛澤東派他的秘書林克去徵求李慎之的意見。李說，蘇聯東歐出問題的根本原因就在於沒有在革命勝利後建立起一個民主的制度。談到中國，他以為「我們的大民主太少，小

民主太多」，人民群眾沒有多少議政參政的權利，這都是跟蘇聯模式學習的結果，現在蘇聯既然出了問題，中國也必須改弦更張，實行大民主，即人民對國家大政方針有討論的權利與自由，以免重蹈蘇聯的覆轍。他所謂的小民主，是指那些為了調資定級、分房子、調工作之類的事情的無休止的爭吵，以及上班遲到早退，辦公拖拖拉拉這些現象，他認為這都是共產黨太講人情，不講法制的結果，這是他所厭惡的。李慎之在這次談話中發明的「大民主」和「小民主」這兩個詞，毛澤東按照自己的意思作了解釋。他在一九五六年十一月中共八屆二中全會上說：「有幾位司局長一級的知識份子幹部，主張要大民主，說小民主不過癮。他們要搞的『大民主』，就是採用西方資產階級的國會制度，學西方的『議會民主』、『新聞自由』、『言論自由』那一套。他們這種主張缺乏馬克思主義觀點，缺乏階級觀點，是錯誤的。不過，大民主、小民主的講法很形象化，我們就借用這個話。」這裡所引是經過整理正式發表的，原話是：「大民主就是要上大街，是對敵人的。我們不能搞大民主，只能搞小民主，搞小小民主。」毛並且認為這不僅是幾個人的思想問題，而是一個思潮。當林克再次來找李慎之的時候，李聲明：「我根本沒有上大街的想法。我的大民主是對小民主而說的，而且正是因為敵人已經被打倒了，我們才可以搞大民主。」毛對這一聲明的反應是：「他們主張的議會民主、新聞自由實際上與上大街沒有什麼不同。」到了反右派鬥爭中，李慎之被定為極右分子，開除黨籍。只是「定案材料」中沒有寫上「大民主」這一條。那上面寫的第一條罪狀，是「企圖利用內參影響中央」。把這件中央一再表示滿意而且嘉獎過的工作也算作罪行了。（李慎之〈大民主和小民主〉，載《風雨蒼黃五十年》，明報出版社2003年版，第105-117頁，又見《荊棘路》，經濟日報出版社，1998年版，第114-123頁。）

　　一場反右派鬥爭下來，新聞界劃了多少右派分子，這裡有一份不完全的統計可供參考：

　　　　據九月底的初步統計，《人民日報》、《光明日報》、《文匯報》、
　　　　《大公報》、《新聞日報》、《教師報》、《健康報》、以及北京、
　　　　天津、河北、山西、湖南、廣西、等二十二個省（市）和省轄市的黨
　　　　委機關報編輯部門，在報紙上進行了批判的右派分子就達二百一十二

人，其中有十二人已經竊據了報社總編輯的領導職位，如光明日報總編輯儲安平，文匯報總編輯徐鑄成、副總編輯浦熙修，大公報總編輯袁毓明，新聞日報副總編輯陸詒等等，都是新聞界十分惡毒的大沙魚。（遲蓼洲編寫《1957年的春天》，學習雜誌社，1958年版，第54頁。）

這二百一十二人是報紙上進行批判了的，據七月九日毛澤東起草的中共中央的一項通知，在報上點名的右派骨幹分子只要右派百分之十左右，其他百分之九十的右派骨幹，則在所在單位點名批判，不要登報。倘若按照這個比例計算，報上點名二百一十二人，應該是劃了二千一百二十人左右。再說這一統計截至九月底為止，這時這一場鬥爭並沒有結束。即以本書作者所在的新湖南報社而言，到九月底劃出的右派分子才二十餘人，還不到全部劃出的右派的一半。到鬥爭結束時，全社劃出的右派分子是五十四人。

不要以為新聞界的右派分子都有修正主義的新聞理論和資產階級的辦報路線，有一些不過是犯了「可惡罪」，被他的上級領導認為可惡而成為右派的。當時擔任中共山東省委副書記、書記處書記夏征農回憶說，「《大眾日報》總編輯劉健曾在幾次會上向省委一再提出批評意見，思想認識上有問題。反右一開始，省委即內定他為右派，要放到群眾中去批鬥。後來劉健自殺了。除此之外，再加上其他一些個人偏見，就這樣以反右派不力和同情右派的罪名撤了我的職。」（〈夏征農談他的文藝生涯及其他〉，見《新文學史料》1990年第4期，第89-90頁）

順便講一下出版界的反右派鬥爭。這裡有一個不完全的統計數字：「就中央一級的出版社到一九五七年九月底止的統計，右派分子占工作人員總數的百分之六點二三，而擔負領導工作的右派，就有三十個，例如人民出版社的曾彥修、通俗讀物出版社的藍鈺等，都對社會主義的出版事業作了許多惡毒的攻擊。」（遲蓼洲編寫《1957年的春天》，第54頁）

他們對社會主義的出版事業作了些怎樣的攻擊呢？曾彥修在《人民日報》座談會上說了這樣一些話：

我們長期看不出整個出版界的方向，只看到教條主義，盲目崇拜蘇聯的情況存在好多年。很少談到我們中國的文學……，而只能看到

把我國所有的編輯、印刷、出版的制度一套徹底打垮，編輯只做些改標點、改阿拉伯字等。解放後基本上停止了學術著作，而讓蘇聯的小冊子氾濫於市場。

體制問題不要老限制在現有一套，可以辦同人出版社。

不能因紙張不夠把幾十個學報停刊，甚至可以少印馬列主義。一些專門刊物內容是不太豐富，但不應隨便砍掉。把出版局砍掉中國不會亡，把這些學報砍掉，中國沒有科學，卻要亡的。

在文化部出版局召開的座談會上，曾彥修又說了這樣一些話：

蘇聯的出版機構，組織制度要具體研究一下。我去了一趟蘇聯，覺得他們的機構和制度是落後的，是一套束縛思想的、教條的東西。我們現在把自己的傳統完全革掉了，而搬來一些不符合「二百」方針的大一統的作法。

我認為過去學習蘇聯是有偏的。可能有成績，但表現在哪裡？是不是專業分工，出版、印刷、發行分家以及一些編輯人員注意技術小節等都算成績呢？我以為不是。反之，這些卻妨礙了出版事業的發展。又如計畫發行算不算成績呢？像現在這樣一調查就是七、八十天，也不見得好。總之我暫時還看不到具體表現出來的成績，這方面的教條主義、公式主義很厲害。如果說成績，那也是「缺點是主要的，成績是次要的。」

解放後直到「百花齊放、百家爭鳴」提出以前，我認為在出版方面沒有方針，也沒有領導。紙張分配不算領導，如果我們向百貨公司買紙，照樣可以出書。

解放後幾年來，光出了一些教條主義小冊子，連環畫，沒有真正出過一些有分量的東西。似乎國家就是靠著這個來吃飯。過去出版局的總結上的成績也就是這些，對於我們的文化怎樣、科學怎樣？沒有方針。在反胡風後又突然更加緊縮了，如曾經說過古籍書只出皇帝的禁書，那還出什麼，只好關門。

去年局裡搞了個十二年遠景規劃，召開會議討論，我對這個計畫

很有意見。因為其中第一要出馬列主義，第二要出社會科學……而文藝、科學技術都沒有了。難道我們單靠一些教條主義的小冊子就能立國嗎？這種草案使人沒有發言的基礎，也損害了領導威信。

出版工作去搞一些沒有味道的事，也是不行的，如為了規定《毛選》在全國同一天發行的組織工作花了不少力氣，實在是無聊。

過去搞七、八年出版，結果出了不少三、四流的翻譯書，反特小說。著作出不了，而對外國人的胡說八道的小冊子卻浪費了不少紙張。

文化部個別領導同志的領導方式是文化太少，武化太多。我過去檢討寫得不多，來北京不到幾個月就檢討了一次。因為出版了惲逸群的《蔣黨真相》，陳克寒打電話語氣很不好聽，金燦然也要檢討。一次不夠，說不深刻還要重新檢討，不知道根據是什麼？難道是「武化部」嗎？

在出版局座談會上，曾彥修還談到了他自己對雙百方針的認識，可說是很深的反省：「毛主席提出有百分之九十的高級幹部反對或者不贊成『二百』方針，我起先想自己大概不是，因為我參加了不少座談會，寫了一些短文章來反對教條主義，擁護百家爭鳴。可是現在檢查起來，一接觸實際，總給『人民出版社』的牌子束縛著，不戴一頂馬克思主義的帽子，沒有馬列詞句外衣，不能進人民出版社的門。所以我只是形式上同意了實際並未同意，要劃起來是在百分之九十以內的。我們當然不敢公開抗拒中央『二百』政策，但實際執行結果。由於水平低，而是屬於百分之九十內的。」

事實上這並不是曾彥修一人的思想，相當數量的老幹部也是這樣一種心態。在主觀上，感覺到自己是能夠接受新方針的，可是多年的習慣，又使他只能在舊的革命的軌道上運行。曾彥修能夠看出這一點，並且把自己劃入百分之九十之內，正是他的過人之處，他想得比一般人深。正是多數幹部的這種思想狀況，決定了當年試行新方針只能以失敗告終，百家爭鳴只能一變而為兩家爭鳴，再變而為反右派鬥爭。這樣的角色只能演出這樣的戲劇。

再說曾彥修，他當年不只是對社會主義的出版事業做了許多惡毒的攻擊，他還說了一些更要命的意見。人民出版社內部的黑板報（！）發表他的答黑板報記者問，其中說了這樣一些意見：

我個人深深感到人社內部黨群的界限和鴻溝達到了原來意想不到的驚人程度。……最近一週感到很沉重，內心也感到很痛苦。痛苦不是因為揭發多，可怕；而是痛苦在於自己過去認識不夠，沒有想到支部在群眾中這樣孤立，群眾對支部已到敢怒而不敢言的程度；痛苦在於：我們進城八年來，作為無產階級政黨的共產黨，具體到人社支部，原來和廣大群眾矛盾如此之深！雖不是說「民怨沸騰」，但已有些「怨聲載道」。

八年來相當大的一部分黨員，沾染了骯髒的腐朽的東西。未得政權以前是革命的，批判的，對現狀不滿的，入黨時是參加革命，拋棄名譽地位享受。但執政以後部分同志特別是負一定領導責任的同志（包括我在內）產生了保守主義（不是指一般工作保守），要把持政權，思想深處要保住我自己相當地位和身份。……因為他已得到某種東西了，官方身份，統治者一分子，生活職業有保障，有東西可保守了，這樣就使得有些人不求進步，不聽取意見，暮氣沉沉，（我自己也是一個）這種保守主義與宗派主義分不開。從人社支部很多同志身上都看出來這些東西與共產主義革命家不相容，廣大群眾是從同甘共苦，廣闊胸襟，自我犧牲來要求我們黨員，廣大黨員沒有做到，人社存在黨員享受特權現象。再說一句，所有這些，首先是對我自己說的。

這種認為黨處於執政地位時受到腐蝕的意見，曾彥修說過不只一次，他在世界知識出版社的一次座談會上，引用了杜甫的「在山泉水清，出山泉水濁」這一聯詩來說明這意思。這可糟了。據黃秋耘說，「康生對『在山泉水清，出山泉水濁』這兩句詩特別反感，用紅鉛筆在《簡報》上劃上了槓槓，批示：『單憑引用這兩句詩，曾彥修就該劃成右派。』曾彥修的命運就從此決定了」。（《黃秋耘文集》第四卷《風雨年華》，第156頁）

曾彥修的這篇答黑板報記者問，還得罪了人民出版社出版部主任趙曉恩和行政處副處長王志明。黑板報記者問曾：你對有人提出停止趙、王二人學委一事意見如何？曾答：趙曉恩民憤很大，各方面揭露他專橫主觀很厲害，從這嚴重毛病看，他不當學委可以。王志明是使人怕（我知道陳原、范用等都怕他，我也有些怕），因為會整人家。他作風不好搞，黨內外有意

見，是突出的。至於王當不當學委的事，曾彥修倒認為，作為長期支部書記行政處主任，他知道許多事，工作也需要他參加。他應在工作中改正錯誤，通過聽取自己工作造成的矛盾邊整邊改。

到了反右派鬥爭中，首都出版界連日召開座談會批判曾彥修。有人質問他：為什麼要硬說解放以來沒有出版什麼有分量的學術著作，難道馬列主義的經典著作和毛澤東同志的著作算不得有分量的學術著作嗎？曾所謂有分量的學術著作是指的什麼？有人分析說：曾彥修主張辦「同人出版社」，就是不要黨的領導，要恢復資本主義的所謂出版自由。（7月8日《人民日報》）

在人民出版社，也開會批判曾彥修。有人批判他的答黑板報記者問，說曾彥修有如匈牙利的納吉，他說的「怨聲載道」，「八年來相當大的一部分黨員，沾染了骯髒的腐朽的東西」，就充分說明了他的「納吉」身份。還批判了他引用杜詩「在山泉水清，出山泉水濁」來罵黨員腐化了這件事。王志明、趙曉恩也都在批判會上積極發言。（7月13日《人民日報》）如果說，在批鬥會上的發言者中，有的只不過是奉行故事，不得不作出聽黨的話的姿態，那些曾彥修得罪過的人就不同了，這反右派鬥爭同時也是他自己的事情。

中國青年出版社把副社長兼總編輯李庚劃成了右派分子。報紙上刊登的材料說：

> 李庚是該社右派分子的幕後指揮人。他趁大鳴大放的機會，拉攏、聯絡了一批右派分子和對黨不滿的人，猖狂地發起向黨進攻。鳴放期間，該社右派分子如彭子岡、劉重、姚平等人向黨進攻的炮彈——他們所謂的「理論」和「事實」，比如說「出版社的政治工作太『左』了」；「做政治工作的幹部不懂業務，不瞭解知識份子，要把他們調走一批」；「團中央不能領導出版社」，「肅反擴大化了」，「合併開明書店是政策上的錯誤」等等，都是一模一樣。這些反黨言論，追溯源本，幾乎絕大部分來自李庚。
>
> 李庚在鳴放期間向黨進攻的活動是數不勝數的，他的氣焰是十分囂張的。費孝通的〈早春天氣〉一文發表後，他深表贊同，並且說什麼「黨內知識份子也有這樣的心情」，他要寫一篇描述黨內知識份子心情的文章。李庚要為右派分子譚天榮、林希翎寫「列傳」，說他們

是「歷史人物」「應該讓後人知道」。

（9月24日《中國青年報》）

這裡說到的彭子岡是該社《旅行家》雜誌的主編，據報紙上刊登的材料說：她一方面參加浦熙修、費孝通等右派分子策劃向黨進攻的活動，企圖單純從法理的觀點，為儲安平「黨天下」的謬論打掩護，一方面又積極在中國青年出版社內部點火。彭子岡別有用心地污衊中國青年出版社的肅反是「無中生有」，「危言聳聽」，肅反審查是根據「神乎其神，誇大其辭的彙報」，「左得沒有一點道理，一點也不馬列主義」。（8月1日《新華社新聞稿》）

通俗讀物出版社副總編輯藍鈺在文化部出版局召開的座談會上，也攻擊了從蘇聯學來的出版體制。他說：

> 現在出版、印刷、發行三個環節是孤立起來的。出版和發行分家，搞得矛盾百出，笑話百出。例如：書店營業員不瞭解書，一位支店營業員自己愛拉胡琴，就進了一些拉胡琴的書，把《費爾巴哈與德國古典哲學的終結》一書進了不少，在一個縣裡像《怎樣寫博士論文》的書也進了等等。

> 出版與印刷的分家據說是為了印刷的統一。現在是否真的統一了呢？沒有。實際上文化部只有統幾家直屬出版社的本事，而非直屬出版社大都有自己的印刷廠，地方上問題好解決，苦就苦在直屬出版社的頭上了，印刷排不上隊，出書很慢。

藍鈺還對出版社專業分工表示懷疑，以為有些作家的稿子就無處出了，各出版社踢皮球。他還以為，現在社會上提出了新的要求，但是除掉國營而外，誰也不能搞出版社，如果不開個口子，矛盾始終解決不了，還要發生問題，不如讓搞一些私營出版社。他還主張開放同人出版社。

他的這些意見，在首都出版界的座談會上，在通俗讀物出版社的座談會上，都受到了批判。藍鈺（1919-1966），四川瀘州人。一九三八年在延安加入共產黨，擔任過《邊區群眾報》編委、西北《群眾日報》採通室副主

任、新華社新疆分社社長、新華總社地方新聞部副主任。他在通俗讀物出版社副總編輯任上被劃為右派分子之後，發配到北大荒勞動改造。文化大革命開始，他就在迫害中自縊身亡了。

　　還有通俗讀物出版社副社長楊賡（1915-1957），原名楊隆譽，別名愛吾，湖南長沙人。曾就讀北京大學法律系。抗日戰爭爆發後與黎澍等人創辦《火線下》三日刊，一九三八年一月加入中國共產黨，是國際新聞社最早成員之一。擔任過《觀察日報》總編輯。一九四一年參加重慶《新華日報》工作。一九四六年在北平《解放報》工作時被捕，經軍事調處執行部中共代表提出抗議後獲釋。解放戰爭中任新華社東北前線分社社長、《東北日報》通訊採訪部部長、新華社東北野戰軍總分社社長和總社副社長等職務。部隊新華社撤銷後，改任《新觀察》雜誌主編。後來擔任通俗讀物出版社副社長兼總編輯。他說過：「黨對出版事業統得太死」，「出版局統得太死，在紙張分配、印刷力量、人員任用上，都卡得太緊。希望在企業自治範圍內給出版社以適當的機動之權。」他很贊同副總編輯藍鈺的那些意見，說：「藍鈺的發言反映了我的意見。」他是在中共中央高級黨校普通班學習的時候被劃為右派分子的，當時揭露他的右派言論有這樣一些：關於三反運動，他說「中央批示的『凡大抵管錢管物者，必有貪污犯』的批語，說得過於肯定了。」「中央限時限量要老虎，是搞出一批假老虎的原因。」這裡楊賡說的，是指毛澤東一九五二年一月十五日的一個批語：「無論黨政軍民哪一系統，哪一機關，只要是大批地管錢管物的，就一定有大批的貪汙犯。」（《建國以來毛澤東文稿》第三冊，第62頁）關於肅反運動，楊賡說「肅反擴大了打擊面，傷害了一些知識份子的感情，勞民傷財。」開了他幾回批判會之後，他就在十月九日自縊身亡了。（據中共中央高級黨校校部辦公室編印的《整風學習討論問題參考資料》第42期，1957年10月31日）

　　科學普及出版社副總編輯王天一，多年從事科學普及工作，解放前辦了一家民本出版公司，發行《科學大眾》月刊。這時他是九三學社社員，擔任九三學社北京分社宣傳部副部長。他被劃為右派分子的材料，據報載有這樣一些：「王天一還喊出『外行不能領導內行』的口號，意思是指黨不能領導科學普及工作。」他還「企圖煽動一些在肅反運動中被審查過的和過去被批評過的知識份子起來鬧事。」中華全國科學技術普及協會召開全體幹部大

會批判他。（9月21日《人民日報》）

　　另一個副總編輯周志成也被劃為右派分子。他是浙江大學物理系的高才生，物理學泰斗王淦昌、束星北的及門弟子。一九四三年畢業後留母校任教多年。一九五七年。他只是為恩師束星北被劃為右派抱屈，他也就被劃為右派了。一九七九年，右派問題解決了，他到了中國大百科全書出版社工作，不久擔任副總編輯，對《中國大百科全書》的編輯和出版做出了許多貢獻。（《出版史料》2007年第3期黃鴻森文）

　　中華全國總工會所屬的工人出版社文藝編輯室負責人何家棟也被劃為右派分子了。何家棟（1923-2008），河南信陽人。一九三八年他十五歲的時候參加八路軍。後來從事過報紙工作。在他擔任工人日報印刷廠廠長之時，碰上了三反運動，被當作老虎打了一頓。「查不出經濟問題，就查政治問題；沒有現行問題，就查歷史問題。最後以『歷史不清來路不明』清除出黨，行政職務一抹到底，也不分配工作，放在校對科打雜，形同無業遊民。」這時他在報紙上看到了戰鬥英雄吳運鐸的事蹟，就主動去找他，幫助他寫了一本回憶錄《把一切獻給黨》。這是當年發行幾百萬冊的暢銷書。正好在時候他的歷史疑點也查明了。社裡就建立一個文藝編輯室讓他負責。他是因為編輯出版劉賓雁的報告文學作品《本報內部消息》而被劃為右派分子的。（據彭仲夏、何先培：〈灑向人間都是淚——祭何家棟先生〉，見《新文學史料》2009年第1期）

　　人民教育出版社的反右派鬥爭和語文教材改革一事有關。本書第六章談到一九五六年「漢語」和「文學」分設兩科、人民教育出版社編印「漢語」和「文學」教科書、陸定一在全國人大常委會上批評人民教育出版社「一意孤行」的事。葉聖陶聽到這話很覺憤慨。他一九五七年五月三十一日的日記說：「陸定一在人大常委會擴大會議上之發言，未經調查，明其原委，意若曰此事為閉門妄為，貽害非淺」。正好這天《文匯報》《教師報》的兩個記者上門採訪，葉聖陶即向他們說明了「漢語」和「文學」分科這事的原委，並且對陸定一的批評做了反批評。這時已經是反右派鬥爭公開發動的前夕，有必要保護陸定一的形象，決不能讓葉聖陶這樣有身份的人發表這種有真憑實據的批評文章。於是胡喬木出面勸阻了。葉聖陶六月四日日記：

　　　　飯後方睡，而胡喬木來電話謂欲來訪。既而喬木至，告余《教師

報》之一則訪問報導稿已讀過，係報社中之馬君送與，緣其中談改進
語文教學之事，涉及喬木。次為陸定一開脫，言陸常因病離京，關於
語文教學方面之討論與措施，渠實不甚詳知。至其在人大常委會擴大
會議上之發言，確有未當之處。喬木又謂語文分科、文學課本編輯之
經過，外間確不甚明曉，今後最近期間，宜有所表示，使眾周知。上
午已討論過，擬由一負責同志在適當場合說明此事，唯尚未有具體決
定。次言既有此辦法，訪問報導似可不必刊載。問余可否告《教師
報》《文匯報》，撤去此稿。至於何以不便批評陸定一，喬木未言，
余亦不好意思問。察其顏色，聽其辭氣，頗有希余必允之意。余乃告
以兩報記者訪問之經過，係他們欲知其事，非余拉他們來訪。余於陸
之發言確憤憤，故遂語記者。今於語文改革之經過情形既有辦法明告
國內，余自可依喬木之意，以自己名義撤回此報導稿。惟希陸定一今
後於任何公開場合，自言其前次發言之失當。喬木含糊答應。以下雜
談整風，頗融洽。喬木坐一時許而去。

　　喬木特別叮嚀，《文匯報》方面非余自請撤稿不可，不宜言及其
他。彼固深恐《文匯報》就此事做文章也。

　　葉聖陶的孫子葉永和和孫媳婦蔣燕燕寫了篇〈一九五七年語文教材改
革風波〉（見《炎黃春秋》2011年第二期），文章第一次發表了葉聖陶的這些日
記。文章最後說：「當時反右運動已經開始，爺爺因其『名』，未被打成右
派。但是在人民教育出版社的反右運動中，因教材改革的這場風波，被打成
右派的有十四人之多。」

　　人民教育出版社內部反右派鬥爭的具體情況，在葉聖陶的日記裡有一
點反映：

　　一九五七年八月十六日，星期五：下午再至社中。今日社中百餘
人為會，聽田世英作檢討。評判田世英之右派言行，已開會四次，今
日為第五次矣。田自認為右派分子，謂緣出身於地主家庭，故與社會
主義有抵觸，漸致有反黨反社會主義之言行。談約兩小時。葉立群
言，田檢討尚不徹底，責令再自檢查坦白交代，並請同人繼續予以批

判與揭發。白韜來余室中，長談。先告余我社反右鬥爭之概況，謂已暴露者六人，恐不止此。

八月廿三日，星期五：下午三點再至社中，參加批判右派分子劉淑珍之座談會，到者約百人。劉為大資本家家庭出身之婦女，來我社歷史編輯室已數年，與其夫王永興偕。其謬誤之言行亦為反黨反社會主義。發言者十餘人，皆有充分準備，故言之有物。劉尚未能誠懇表示悔改。為劉開會，次數已不少，以後尚須續開。會以六點三刻散。

八月卅日，星期五：下午兩點半，開關於田世英之座談會。聽田作檢討。其詞歷一小時有餘而畢。至此，為批判田世英開會，大會小會已廿次矣。於是分小組討論，究論其檢討之善否。五點半再開大會，多人發言，謂田經眾人批判，理屈詞窮，不得不表示投降，自認為右派分子，願立功自贖。然其檢討尚不夠，須繼續深入云。

九月五日，星期四：下午一點半再到社中，參加批判徐保衡右派言論之會。徐懷疑社會主義之各個方面，羨慕英美之民主與自由。其想法成為一套。已開過去批判會多次，今日集中於英美民主自由方面。發言者將十人。皆準備充足，擺事實，說道理，指出所謂英美民主自由究為何物。如此開會，余亦深覺其有意義。不特於被批判之人有益，其他參加者，平日亦未必究心此類問題，經此辯論，俱皆了然，自可提高不少。

九月二十五日，星期三：下午一點半再至社中。今日開全社之會，批判劉淑珍之言行，集中於其所稱教育工作毫無成績之一點。發言者皆準備充足，就各方面指出解放以來教育工作之根本改變與發展。劉國正訪一數學教員，以此教員之親身經歷為講說材料。呂冀平與數同人訪問第三十三中學，此是一平常之中學，然八年來之變更，大有可以感動人者。如此發言，大家聽之，均有裨益。會以六時半散，一坐竟至五小時。

九月二十七日，星期五：下午一點半再到社中。參加全體大會，批判陳爾康、劉淑珍二人。發言者十數人，有頗精當者，亦有意極平常者。要旨集中於駁斥二人所談教育部與共產黨不能領導教育工作之一點。五點四十分散。

十月九日，星期三：上午到社中。白韜來談兩小時。詳述社中反右派情況，被批判之人或多或少俱有新認識，知改其錯誤。最後謂芷芬於鳴放期間亦多謬誤之言行，日內將提出批判。

十月十日，星期四：下午一點半再至社中。今日開全體大會，批判龍在田。龍往時為國民黨少將教官，與特務及高級軍人頗有往還，所事為訓練特務人員之工作。解放後交代歷史，多所隱瞞。肅反運動中，渠亦為研究之對象，多方調查研究，渠乃漸吐其實。為作結論，斷為歷史問題而非現行反革命。渠當時表示感激。今年鳴放期間，渠乃大放厥詞，謂認以為肅反對象，實係錯誤。並誣言整個肅反運動甚糟，與多數右派分子相同。故提出而批判之。今日發言者十餘人，話皆切實。有二人係前年參加肅反工作者，詳述當時四出調查，無遠弗屆，實事求是，始下結論，余甚心折。若此情形，余前亦未知之如是其詳盡也。會以五點半散。余於成都始識龍。渠以其英文文法稿《渡船》來投稿，叔湘以為佳，余收其稿，乃相識。當時僅知其為軍校教官，後知其離軍校而入一中學教英文。他無所知也。來我社在一九五三年，係余所招致。其時渠在南京中蘇友協之俄語訓練班任教云。（見《萬象》2011年，第1期）

龍在田的這本書，書名是《渡船——英語動詞研究》，是一部用英語寫成的書，一九四四年在開明書店出版的時候，作者署名龍志霍。葉聖陶寫的廣告詞說：「讀者如能仔細讀過，對於英文也就近乎『通』了，書名『渡船』就是這個意思。」（見《葉聖陶集》第18卷，第384頁）評價不可謂不高了。

人民教育出版社被打成右派分子的，除了這裡提到的田世英、劉淑珍、徐保衡、陳爾康、盧芷芬、龍在田幾個人之外。還有孫功炎（語文學家）、李賡序（歷史學家）、凌伶（圖書館長）等人。其中職務最高的是總編室主任盧芷芬，他是開明書店的老人，和葉聖陶的關係也最深。他的結局也最悲慘。劃為右派分子之後，他被送到了北大荒，一九六〇年就在那裡病餓而死。他的老朋友巴金在〈我與開明〉一文裡說起他：「盧芷芬先生甚至給送到北大荒去勞改，竟然死在那裡，據說他臨終前想『喝上一碗大米稀粥而不可得。』」（《隨想錄》三聯書店1987年版，第795頁）他的妻子王漢華是中國

圖書發行公司的財務會計人員，也被打成右派分子，也被送到北大荒去勞改，卻有幸生還了。（盧元鎮：〈盧芷芬之死：語文教材改革風波的餘波〉，見《炎黃春秋》2011年第5期）

老出版家、原來開明書店的老闆章錫琛（1889-1969）也被劃為右派分子了。他字雪村。浙江紹興人，原是商務印書館《婦女雜誌》的主編，一九二六年八月創辦開明書店，自任董事兼總經理。一九四九年十月中央人民政府成立。出版總署的署長是胡愈之，副署長是葉聖陶和周建人，都可以說是他的老同事、老朋友了。十二月，胡愈之安排他擔任出版總署專員，不久又改任出版總署調查研究處處長。在這期間，他草擬了一個「著作權暫行法」（草案），並應約為《蘇聯大百科全書》撰寫「中國出版」條目。一九五四年章錫琛調古籍出版社任編輯、副總編輯，後來又調任中華書局副總編輯。一九五六年他隻身前往上海校對《資治通鑑》標點本（這書在上海印造）。一九五七年，章錫琛在中華書局被劃為右派分子。不必問他是為什麼被劃為右派分子的了，只要看一九八八年六月二十九日中華書局黨組織〈關於章錫琛同志右派問題的重新修改結論〉說的，是他「為真誠地幫助黨整頓作風，出於善意，發表了正確意見」！在文化大革命中他家又受到新的衝擊。在妻子和長子相繼病死之後不久，章錫琛偶染小恙，得不到及時治療，也就在一九六九年六月六日謝世了。

老出版家被劃為右派分子的，還有原來北新書局的老闆李小峰。北新書局出版過《語絲》週刊，出版過魯迅、周作人的許多著作，很有點名氣。解放後對私營工商業進行社會主義改造，一九五四年北新書局和廣益、大中國、人世間這幾家私營出版社合組為四聯出版社，李小峰任副社長兼代理總編輯（總編輯名義上由顧頡剛擔任）。一九五五年又併入春明、神州國光、文娛等幾家私營出版社，成立公私合營上海文化出版社。李小峰任私方代表兼編輯部第一副主任（未設編輯部主任）。他就這樣連人帶店進了這個社。後來他參加了中國農工民主黨，為社裡農工民主黨支部主任委員。還安排他為上海市政協委員。八月十四日《人民日報》上的一篇報導說他們是「忠實執行章伯鈞反動路線的基層支部之一。」這篇報導還說：「去年十二月，文化出版社的共產黨支部召開了一個民主黨派座談會，傾聽他們的意見，但這些野心家們不同意『民主黨派座談會』的名稱，要改為『黨派聯席會』，

意思就是他們與共產黨應處於分庭抗禮的地位。農工支部主任委員李小峰說得更明白：『互相監督首先是監督共產黨，因為共產黨行動多，容易犯錯誤。』」李小峰還有一個想辦同人出版社的問題，據說他有意退出文化出版社，恢復北新書局。

上海文化出版社還有第一編輯室副主任許君遠，七月二十四日《人民日報》刊登的〈右派急先鋒許君遠詭計多端妄圖篡奪新聞出版事業的領導權〉一文中說：

> 許君遠平日在上海文化出版社，常常尋找各種藉口，不參加社的會議。但是整風一開始，他參加會議就起勁了。每次出席必另作記錄。社裡成立「體制小組」，他自動報名參加，而且推薦小組成員，由他負責召集會議。許君遠對「體制」問題為什麼這樣感興趣呢？原來文化出版社是由四聯出版社（北新、廣益、人世間等）、春明、國光、文娛等私營出版社改造而成的。許君遠（他原是四聯的）是不甘心於這種改造的，就利用「鳴」「放」的絕好機會策劃復辟，煽動這些書店的資方恢復私營，甚至要黃嘉音恢復早已歇業了的「家」出版社和《西風》雜誌。他就是這樣處心積慮地要搞垮黨領導的出版社，要把出版事業拖回到資本主義的老路上去。

許君遠（1902-1962），河北安國人。是個老報人。抗日戰爭時期，他擔任過重慶《中央日報》副總編輯。一九四五年以《益世報》記者的身份採訪了三藩市的聯合國成立大會。抗戰勝利以後，他是上海《大公報》的編輯主任和資料室主任。現在雖然改行幹了出版，還是未能忘情於新聞工作。他在五月二十一日的《文匯報》上發表〈報紙應當這樣幹下去嗎？〉一文，批評說：「大部分的黨報還在擺著『黨員面孔』，沒有笑容，難道這就是黨報必備的風格嗎？」許君遠還提出了一個報人的地位問題。他回憶到過去「無冕之王」那頂帽子，那時，一些好的記者，「他們都有一種恢宏的氣度，昂首闊步出入於『大人先生』之門，而大人先生也樂與他們交往。這樣，他們的採訪工作便無往而不利。」而現在的情況呢，「解放後報館機關化，不照顧新聞記者的職業特徵，硬把他們當作一般機關幹部看待，會使他們產生自

卑的情緒。」許君遠還提出：「解放後的報紙只顧說教，忽視趣味。而趣味性正是中國報紙的一種優良傳統。」，「成天板起面孔來說道理」，「報紙和讀者之間有了一道高牆」。他提出了加強報紙趣味性的建議：「趣味性越強，越能引人入勝；報紙越能大量爭取讀者，越能發揮指導性的作用。趣味和指導性應該並重，這中間是沒有矛盾的。」文章的結尾說：「最後，我提一個問題：目前同人辦學校，同人辦刊物的聲音喊出來了，那麼同人辦報是不是也可以考慮呢？」反右派鬥爭開始，他的這篇文章被宣佈為「向黨和黨報的挑戰書」，他被劃成右派分子了。（7月24日《人民日報》）《人民日報》的這篇文章還說，許君遠已經和陸詒、顧執中等老報人「做了辦『同人報』的具體準備」。許君遠在上海文化出版社內部的右派活動，《人民日報》的這篇報導說：一件事是「煽動這些書店的資方恢復私營，甚至要黃嘉音恢復早已歇業了的『家』出版社和《西風》雜誌」又一件事是「就像他想辦『同人報紙』一樣，許君遠還想搞什麼『同人出版社』、『專家出版社』，他甚至擬定了一個包括二十多人的同人出版社的名單，可就是沒有一個黨員或團員。」

上海文化出版社第四編輯室主任黃嘉音也被劃成右派分子了。《文匯報》復刊的時候，他應邀主編副刊《彩色版》。《徐鑄成回憶錄》中說：「副刊中有《彩色版》，主要為落實鄧拓同志的建議，關心知識份子的生活情緒，如書齋如何佈置，如何綠化環境，如何提高情操等等，極受讀者歡迎。編者黃嘉音同志，編輯《西風》月刊，富有經驗且有豐富學識，經柯靈同志介紹，特請他兼任主編。」（前引書，第343頁）據十一月十七日《文匯報》刊登的〈上海出版界批判右派分子黃嘉音〉說，他「在一九三七年即和文化買辦林語堂等合辦《西風》雜誌」，「在鳴放期間，黃嘉音惡毒地攻擊社內黨員領導幹部，咒罵『人事檔案是一垛牆』，主張『開放人才自由市場』，反對彙報制度。」還說他「惡性發展盟員，企圖擴大民盟右派勢力，與共產黨對抗。」

8月13日文化部負責人對新華社記者發表談話，說到了到當時為止的出版界反右派鬥爭的戰果：

這次反右派鬥爭，是在各個基層單位的鬥爭和出版界聯合的鬥爭相互

配合，內外夾攻的形勢下進行的。從上月初開始對曾彥修、藍鈺、胡明、蕭乾等為首的右派分子的反動言行展開的揭露和批判，給予了出版界的右派分子以嚴重的打擊。在首都五十六個出版社中（全國共有出版社一百零五個），也都揭發出為數不等的右派分子或右派小集團，進行了激烈的鬥爭。現在右派分子已開始呈現潰退跡象，鬥爭正向深入發展，戰果在逐步擴大中。這位負責人說，右派分子為了篡改出版事業的政治方向和奪取領導權，一方面在社會上到處散佈空氣，根本否定解放以來的出版事業的方針和成績，另一方面在各出版單位中叫囂「外行不能領導內行」，妄圖把黨和國家對出版事業的領導搞垮。根據揭發出的材料，右派分子在所有的出版單位都放了火。例如，外文出版社中國文學編輯部副主任和民盟支部主任委員馮亦代，惡毒地攻擊外文出版社是黨員的「家天下」，拉攏利用肅反被鬥對象向黨進攻，公開要求撤掉黨員領導幹部，並得意忘形，準備「收拾殘局」，散佈要由他擔任外文出版社副社長的流言。人民文學出版社由舒蕪、顧學頡、李易等人組成的右派小集團，辱罵這個社的黨員領導幹部都是「庸才」，「應該送去學習」，提出所謂「人才歸隊」的口號，私下散佈要由非黨作家擔任社長。與此同時，他們還積極籌組所謂「同人刊物」《藝文志》，以便從內部篡奪人民文學出版社的陰謀不能得逞時，作為退身之計，與黨所領導的古典文學出版事業相抗衡。人民交通出版社副社長、交通部民盟支部主任委員丘克輝是章伯鈞的「文化策士」，他一方面高唱「同人出版社」、「民主辦社」的濫調，一方面積極拉攏各科室負責幹部和主要編輯參加民盟，企圖把這個出版社完全變成章伯鈞的私產。古籍出版社的章錫琛囂張地捏造這個社副社長王乃夫的罪狀，威脅出版事業管理局限期將王撤職。人民出版社出版部副主任、民主促進會支部主任委員劉龍光，公開揚言這個社黨員領導幹部全是外行，認為「這是一個主要矛盾」，提出了取消黨的領導的「編輯辦社」的口號。通俗讀物出版社以藍鈺、于幹等為首組成的右派反黨集團，也打著「徹底改革」出版事業的旗號，主張把黨所領導的《時事手冊》變成「同人刊物」，擺脫黨和國家的領導。外文出版社右派分子江澤塘，更公開辱罵「外文出版社象中世

紀的封建貴族古堡」，狂妄地號召「古堡中的人們『覺醒』過來」，
「衝出去和『群眾』匯合」，把黨衝垮。不但在出版社的編輯和出版
等業務部門的右派分子如此，在書刊發行、美術設計等部門，右派分
子的進攻，一時也很猖獗。譬如，美術出版社設計組組長曹辛之，曾
誣衊美術出版社是「官僚主義加小商人的領導」，公開要求黨員領導
幹部下臺下轎，他還和人民出版社的張慈中、世界知識出版社的孫
正、財經出版社的衛水山、人民文學編輯部的唐祈和呂劍等相勾結，
活動另外組織「書籍裝幀協會」和「書籍裝幀設計聯合辦公室」，實
行資本主義的經營，企圖壟斷書籍的美術裝幀設計事業。新華書店北
京第四發行所副主任章士揚是民主促進會北京市委的候補委員，他為
了篡改這個發行所的政治方向，曾企圖將這個所50%的幹部即三百人
發展為民主促進會的會員。文化部負責人說，經過前一階段的鬥爭，
已經基本上將右派骨幹分子的謬論擊敗，並且提高了廣大出版界幹部
思想認識。文化部負責人最後指出，各基層單位的反右派鬥爭正在擴
大戰果，首都出版界的聯合鬥爭將繼續進行。邊整邊改的工作，也在
積極進行，除各基層單位可以即行改進的已有改進外，有關整個出版
工作方面若干較重要的問題，正在提出方案，準備經過討論，做出決
定，逐步予以實現。（8月14日《人民日報》）

　　出面批判出版界右派分子的最高級官員，是文化部副部長陳克寒。他
發表了〈出版工作必須實行計畫化〉一文，其中說：

　　　　出版界的右派分子曾彥修、藍鈺、彭子岡等人，都竭力反對出版
事業實行社會主義的計畫化。他們認為：計畫化「把個人的積極性限
死了」；「選題計畫根本不必要」。藍鈺故意把解放以後的出版工作
描繪成「矛盾百出」「笑話百出」，並且把它歸咎於出版事業的計畫
化。他們特別攻擊紙張的計畫供應制度，提出所謂「自由買賣」「自
由出版」的荒謬主張。
　　　　右派分子否定出版工作計畫化，反對出版計畫和選題計畫，強調
所謂「民主」「自由」，提倡讀者要什麼出什麼，其目的，是要否定

　　黨的領導和馬克思主義的思想指導，使出版工作處於資本主義自由競爭的無政府狀態，以便傾銷資產階級的私貨，為資本主義復辟開闢道路。

（10月9日《人民日報》）

　　新聞出版界的右派分子還不能不特別說到馮亦代。他是外文出版社《中國文學》編輯部的副主任和民盟支部的主任委員，又是民盟北京市委的副秘書長和北京市的人民代表。他一九三九年在香港參與創辦英文刊物《中國作家》；一九四一年在重慶參與創辦古今出版社、美學出版社；一九四五年在上海創辦《世界晨報》。中央人民政府成立，被任命為新聞總署國際新聞局秘書長兼出版發行處處長。1952年國際新聞局改組為外文出版社，他因為不是共產黨員，就不能擔任社辦公室的主任，只能以副主任的名義代理主任。一九五七年七月三十日《人民日報》上以〈馮亦代陰謀篡奪外文出版社〉為題刊出長篇材料，宣佈已經將他劃為右派分子。他的右派罪行有這樣幾項：一是動員他們社裡民盟支部的成員「帶頭鳴放」，說「今後鳴放是盟的中心工作」，鼓勵平時心懷不滿的人向黨進攻。一是攻擊肅反運動，說「肅反是憑主觀、宗派、教條主義辦事」，為肅反運動中被鬥的人喊冤，動員他們寫申訴材料，要求平反。一是攻擊黨員領導幹部，說師哲實行家長式統治。一是還到社外各處點火，幾次到北京工藝美術學院、北京師範大學去煽動。這篇材料不但公佈了他的這些現行的右派罪行，還利用他的檔案材料宣佈了他的歷史罪惡，例如說他參加過青紅幫，和幫會把頭、軍統特務結拜過把兄弟，還參加過國民黨。有了這許多材料，也就足夠劃他為右派分子了。

　　新聞出版界領導幹部中劃出的右派分子還有新華社國際部主任王飛、《中國青年報》副總編輯、共青團中央委員陳模、外文出版社社長兼《人民中國》總編輯吳文濤、《人民畫報》總編輯李千峰、《中蘇友好》雜誌總編輯莊方，《人民鐵道報》副總編輯范四夫，《浙江日報》副總編輯高光、《廣西日報》社長兼總編輯王諱等人。

十六、文藝戰線上的一場大辯論

　　文藝界的反右派鬥爭，大體上說，有兩大任務，或者說有兩條戰線。一個任務，是打擊蘇共二十大以後出現的、特別是百花齊放這方針所鼓舞起來的自由化傾向。一九五六年提出百花齊放這口號之後文藝界出現的一些作品（包括文藝理論方面的作品），已經使一些習慣於史達林──日丹諾夫文藝政策的人憂心忡忡。在《人民文學》雜誌上，像四月號發表的劉賓雁的報告文學〈在橋樑工地上〉，六月號又是他的〈本報內部消息〉，九月號又是何直（秦兆陽筆名）的論文〈現實主義──廣闊的道路〉。這些都被認為是修正主義的作品，這些在反右派鬥爭中都是批判的對象。前面提到過的《電影的鑼鼓》當然也是。陳其通等四人的〈我們對目前文藝工作的幾點意見〉一文其實是文藝界反右派的第一槍。只可惜他們「超前」了幾個月，那時毛澤東還沒有下決心進行這一場反右派鬥爭，他們在沒有聽到號令的時候就先幹了起來，結果挨了好幾回批評，演了一齣《三岔口》。

　　文藝界反右派鬥爭的另一任務，是趁這一場鬥爭的機會用快刀斬亂麻的辦法來處理歷史遺留問題，像反對丁陳反黨集團，反對馮雪峰，就都是這一性質。像丁玲和馮雪峰，在三十年代就是左翼文藝運動的重要活動家。他們從來沒有，後來也沒有自由化傾向。如果反右派鬥爭的任務僅僅是打擊自由化傾向這一項，那是輪不到他們也劃右派的。丁玲在反右派鬥爭中作檢討的時候說到了這樣一件事：「反右派鬥爭期間，作協作家支部開會，楊朔同志談了對整風簡報的意見，我談了浦熙修來找我的經過，會議開得比較沈默。這時陳企霞發言了，提出文藝界反右派鬥爭，應討論何直的論現實主義一文，及鍾惦棐的《電影的鑼鼓》一文。……跟著艾青發言了，而常常是沈默的羅烽也跟著談到何直的文章，回應陳企霞。」（9月3日在作協黨組第二十四次會議上）丁玲沒有說她自己的意見怎樣，從她的轉述中可以知道，艾青、陳企霞、羅烽他們以為，成問題的是何直和鍾惦棐，而不是他們。可是跟他們的

設想不同的是，他們在反右派鬥爭中受到鬥爭，還在何直鍾惦棐等人之前。

文藝界反右派鬥爭一開始，首先受到集中批判的，是所謂「丁玲陳企霞反黨集團」。這其實是一九五五年肅反運動的延伸。當年中共中央宣傳部秘書長兼機關黨委書記李之璉寫了一篇〈我參與丁、陳「反黨小集團」案處理經過〉說明了此案的始末。摘錄如下：

> 批判丁玲、陳企霞開始於一九五五年八月。從八月三日到九月四日，中國作家協會黨組舉行了黨組擴大會，對丁、陳批判鬥爭，參加者約七十人。九月三十日是以作協黨組名義把會議結果寫成〈關於丁玲、陳企霞進行反黨小集團活動及對他們處理意見的報告〉呈報黨中央。……批判丁、陳是中國作家協會黨組決定的。黨組書記由中宣部副部長周揚兼任，作家協會的一切活動，也都由周揚直接掌握。……中國作家協會黨組寫的題為〈關於丁玲、陳企霞等進行反黨小集團活動及對他們處理意見的報告〉，是由周揚主持起草，中宣部部務會議討論通過後，報送中央的。我是這個部務會議的參加者。……

> 我讀了作協黨組報告和代中央草擬的「批語」後，有一個很深的印象，報告題目和內容不符。題目是對丁玲、陳企霞反黨小集團的活動及處理意見，內容卻很抽象很籠統，主要是屬於思想作風，工作態度等方面的表現。……

> 報告中強調了陳企霞和並未列入「反黨小集團」的李又然兩人的「托派嫌疑」，說「黨組決定開除此二人黨籍」。（當時這二人已由公安機關實行「隔離審查」）。對丁玲的處理，報告中則說要「審查她被捕在南京的一段歷史並做出結論；對她的錯誤如何處理，要看她對所犯錯誤的認識和檢討程度考慮對她的處分問題。」

> 這個報告引起我的一些疑問。「丁、陳反黨小集團」既是反黨的，為什麼不著重揭露他們的反黨事實？既然是「丁、陳反黨小集團」，為什麼報告中羅列的事實主要指丁玲、而對陳企霞只著重他的托派嫌疑？既然丁玲是反黨小集團為首者，為什麼只決定開除陳企霞和並未列入「反黨小集團」的李又然的黨籍，而對丁玲是看她以後的態度？……這些疑問，從報告本身得不到解答。……

一九五六年五月初，陳企霞、李又然的「托派嫌疑」經作協肅反
五人小組和公安機關共同審查、審理予以否定。五月二十二日他們恢
復了自由。……陳企霞被釋放後，要求同黨委談話，申訴作協黨組對
他所進行的批判與實際情況不符。五月二十四日，由我主持，機關黨
委的專職副書記崔毅和作協黨組的代表參加，一起聽了陳企霞的申
訴。他把他和周揚之間的分歧做了全面的陳述。其中有政治問題、學
術問題、思想問題和相互關係問題。陳企霞認為，黨組向中央的報告
沒有根據，是捏造事實，對他進行「政治迫害」。……李又然被釋放
後，也要求同機關黨委談話。是崔毅主持談的。他從頭敘述了他同周
揚之間的意見分歧。我沒有參加這次談話。據崔毅同志向我反映，在
他聽來，李又然同周揚之間的意見分歧，不見得李是錯的。……

　　丁玲在一九五五年被批判後，安排她到頤和園去「閉門思過」。
一九五六年夏，中宣部組成了以常務副部長張際春為組長的審查丁玲
歷史（被捕問題）的專門小組，執行作協黨組向中央的報告中所提出的
「審查丁玲歷史問題」這個任務。張際春、周揚、劉白羽、我，還有
一位作協黨總支的同志，共五人組成專門小組負責進行。在審查丁玲
的歷史問題上，周恩來總理曾有過指示，他說：「由於周揚同丁玲之
間成見很深，在審查時要避免周揚和丁玲的直接接觸，以免形成對
立，不利於弄清是非。」在審查過程中，張際春組長是認真執行這個
指示的。專門小組同丁玲本人談話時都沒有讓周揚參加。……
　　調查核實的結果是，作家協會黨組一九五五年〈關於丁玲、陳企
霞等反黨小集團……的報告〉中所揭發的丁玲反黨事實，主要問題都
與事實不相符，絕大部分屬子虛烏有。比如，原來說：丁玲「拒絕
黨的領導和監督；《文藝報》的領導人選，中國文聯黨組原來決定
丁玲為主編，陳企霞、蕭殷為副主編，而丁玲在陳企霞個人的抗拒
下，竟然違反黨的決定，把陳企霞、蕭殷也列為主編，出現了一個刊
物有三個主編的怪現象。」調查結果是：這種提拔是丁玲同周揚商
量，周揚同意後才宣佈的（周揚也承認這一事實）。原來說：「丁玲
狂妄地吹噓自己，製造個人崇拜……一九五三年，文學講習所在招待

德國作家的時候，居然把丁玲的照片與魯迅、郭沫若、茅盾的照片並排地掛起來。」調查的結果是，這次會場不是丁玲本人佈置的，當她知道掛了魯迅、郭沫若、茅盾和她自己的照片時，她即批評了佈置會場的人，並把她自己的照片取了下來。（引者注：曾經這樣評價丁玲的不是別人，正是毛澤東。丁玲一九四八年六月十四日的日記中記下她在西柏坡見到毛澤東：「毛主席坐在空地的躺椅上，他很鼓勵我。他說：『歷史是幾十年的，不是幾年的。……看一個人要從幾十年來看」，並舉魯迅為例；並將我與魯郭茅同列一等。我說我文章不好，不及他們。」見《新文學史料》1993年第2期第7頁。標題為〈四十年前的生活片斷〉。也許她同文學講習所的工作人員講過這段往事，於是他們就這樣掛像片了。）原來說：丁玲提倡「一本書主義」，說「一個人只要寫出一本書來，就誰也打他不倒，有一本書就有了地位，有了一切，有了不朽。」調查結果是：有一次丁玲和青年作家們談話，她說：「作為一個作家，首先是要寫出書來，有作品；一本書也寫不出來，還算什麼作家呢？」原來說：丁玲「常在一些同志面前說『某領導同志不喜歡你』或『某領導同志遲早要搞你』以挑撥這些同志和領導同志之間的關係」（指的是周揚和胡喬木之間的關係）。經向胡喬木同志調查，他表示「沒有這種感覺」，等等。……

　　一九五六年十二月的一次部務會議，由陸定一主持，專門工作小組張海等做了調查結果的彙報，最後提出「究竟應該根據落實的結果，實事求是地處理，還是按過去定性的『反黨小集團』結論處理？」要求明確指示。陸定一聽了彙報後，感到很尷尬，並對周揚有埋怨情緒。他說：「當時一再說要落實，落實，結果還是這樣的！」對今後如何處理，陸定一說：「也只能實事求是，根據查實的結果辦。」周揚這時表現得很不安。他即刻表明：一九五五年對丁玲的批判不是他建議，是黨中央毛主席指示的。他說，他當時「還在毛主席面前講了丁玲的好話。」……

　　中國作家協會的整風運動，首先是動員群眾向領導提意見。向中宣部領導提意見。最集中的是對「丁、陳反黨小集團」的處理問題。因為，這是幾年來反復幾次還沒有得到處理的大事。這種情況，引起了陸定一的重視。……一九五七年六月六日，作家協會黨組根據陸定

一的指示，召開黨組擴大會討論處理丁、陳「反黨小集團」問題。會議開始，周揚先講話，在他的講話中有這樣的話：「一九五五年對丁玲的批判只有鬥爭沒有團結，對待像丁玲這樣的老同志，這樣做是很不應該的……」黨組的邵荃麟、劉白羽等同志也先後發言表態。有的說「丁、陳反黨小集團的結論是站不住的，不能成立」；有的說「批判有偏差，鬥爭過火」，「對揭發材料沒有核實就向中央寫報告，不慎重。」有的表示承擔責任等等。……但周揚等的講話只是承認了一些事實，沒有說明形成這種局面的原因，不能使人信服。因此，在黨組擴大會上提出的批評意見就集中在周揚身上。人們紛紛提出質問，問題越提越尖銳，態度也越來越激烈。丁玲、陳企霞也追問「是誰叫他這麼搞的？」……會議開了三次，再也開不下去了，只好休會。

（《沒有情節的故事》，北京：十月文藝出版社，2001年版，第1-14頁。）

這是一直到反右派鬥爭開始的前夕的情況。這時，是有意否定肅反運動中提出的「丁、陳反黨小集團」一案的了。這也是同當時有意複查和糾正肅反錯案的意圖相一致的。到了反右派鬥爭起來，這一切又立刻全部翻了過去。

作協黨組擴大會休會一個多月之後，於七月二十五日復會。在休會的這段時間裡，現在人們已經知道，中共中央在青島召開過一次重要的會議，毛澤東寫了《一九五七年夏季的形勢》，為反右派鬥爭進一步加碼，明確提出右派分子「包括混入共產黨內和青年團內的一些同黨外團外右派分子政治面貌完全相同的人」，這也就為把丁玲陳企霞這些黨員作家劃為右派準備好了政策依據。具體到這一個案件，這一個多月的休會時間也正好為鬥爭做準備。據當時《文藝報》報導：「在第三次會議以後，中國作家協會天津分會在反右派鬥爭中，批判了與陳企霞有密切關係的柳溪的反黨言行，柳溪向中共天津市委宣傳部坦白交代了丁、陳反黨集團的一些罪行，使這一個反黨陰謀得以進一步暴露，這個陰謀集團的缺口就被打開了。」（《文藝報》1957年第19號）

七月二十五日復會的作家協會黨組擴大會實際就是對右派分子丁玲等人的鬥爭會。據《文藝報》的這篇報導說，「會議範圍進一步擴大，參加會

議的有黨和非黨作家、藝術家、中共中央宣傳部，中央人民政府文化部，文聯和各個協會的有關同志二百多人。」這一天開會的情形，李之璉在他題為〈不該發生的故事〉的另一篇回憶文中說得要詳細一點，他說：

> 作協黨組擴大會在休會多天後，於七月二十五日復會。主要是批判丁玲等「向黨進攻」，指責「反黨小集團」要翻案等等。會議主持者的調門同六月上旬會議開始時的認錯、向丁玲表示道歉的態度完全相反，恢復並大大發展了一九五五年批判時的作法。在會上積極鼓動揭發丁玲等的「反黨」活動；在會外則從多方搜羅材料，拼湊罪行，作為「反擊」的根據。從天津動員一位女作家交代她同「反黨小集團」的另一成員有不正當的關係，並且聽他講過一些對個別文藝方面的領導人不滿的言論。這些材料當時如獲至寶，並以此為「重炮」，作為反擊小集團的突破口。這位同志被迫承認了一些事也揭發了丁玲一些類似的對那位領導人的談論。這些都被認為是復會後的重大收穫。
>
> 七月二十五日，作協黨組擴大會復會是在文聯禮堂召開的。先安排陳企霞作「坦白交代」並揭發丁玲。會議進行中有一些人憤怒指責，一些人高呼「打倒反黨分子丁玲」的口號。氣氛緊張，聲勢兇猛。在此情況下，把丁玲推到台前作交代。丁玲站在講臺前，面對人們的提問、追究、指責和口號，無以答對。她低著頭，欲哭無淚，要講難言，後來索性將頭伏在講桌上，嗚咽起來……
>
> 會場上一陣混亂。有些人仍斥責丁玲，會議主持人看到這種僵持局面，讓丁玲退下。宣佈由我發言。……這個講話就成為我一次最大的違心之言。

（《新文學史料》1989年第3期）

從七月二十五日開始，這樣的鬥爭會持續不斷地開了一個多月，什麼問題都搬了出來，包括經過調查明知不是事實的材料，例如說丁玲驕傲，把自己的像片掛在魯迅郭沫若茅盾一起，例如一本書主義等等。不但在鬥爭會上，報紙刊物上的批判文章也一再把這些材料搬出來。曾經在丁玲主

持的文學講習所學習過的瑪拉沁夫，在〈清除靈魂裡的垃圾〉一文裡揭發
丁玲說：

據說，前年批評丁玲的「一本書主義」時，她不服氣，申辯自己沒說
過「一本書主義」這五個字，其實問題不在於是否說過這五個字，而
是在於丁玲是否有這種思想。記得丁玲在一九五四年左右，突然到處
強調作家最主要的是寫出作品來，寫出好的作品來。初聽起來，或從
字面上看來，這句話本來沒有什麼錯誤，但是一次、再次老是聽她講
這句話時，就使人感覺到這句話裡還摻雜著旁的一些情緒。那時，我
們幾個學員曾經背地談論說，丁玲做了幾年文藝行政工作，沒做好，
現在一再強調這句話，大概是想來顯示一下自己雖然行政工作沒做
好，但有好作品，並以這來安慰自己吧！我們還說：「在這一點上，
丁玲同志有點阿Q精神。」今天看來，這樣分析顯然太浮淺了。其實
丁玲的思想實質並非這樣簡單。她給我們講過這樣一個故事：在她發
表作品以前，人們看不起她，請胡也頻參加什麼聚會時，請柬上總是
寫「也頻先生及其夫人」，她說，一看見這幾個字就生氣，她說不當
別人的附屬物，因而拒絕出席。後來當她發表了作品，轟動了文壇，
出了名時，那些過去瞧不起她的人，都開始向她巴結了，新聞記者們
也蜂擁而來，要求拜見，可她以拒絕會見來給以報復。有一天，忽聽
有人扣她家門，她開門一看，原來又是那些記者，於是她只說了一句
「我對你們說過，我不接見你們」，便「啪」的把門一關，把他們頂
了回去。在舊社會，拒絕那些庸俗無聊的新聞記者的訪問，並不是什
麼值得指責的事。在這裡，我引了她這段話，是說在三十年後的今
天，丁對前去拜訪她的青年作者們，津津有味的大談這些話，不能說
是「不過隨便談談而已」。這話裡顯然包含著這樣意思：當你一旦寫
出好的作品來，身份即刻抬高百倍。腰板也就硬了。將這話再與最近
報刊上揭發的丁玲所說的「一個人只要寫出一本書來，就誰也打不倒
你」，以及她對許廣平先生所說：「你現在不管做多少工作，都算得
什麼呢？寫東西才是自己的。」等等言論聯繫起來，就不是什麼一般
的「家常話」了。

即使丁玲不承認說過「一本書主義」這五個字也不打緊，反正瑪拉沁夫以親耳聽到的話作證，坐實了這一點，這就比一般的揭發批判有力得多。揭發之後，還有一段章太炎〈謝本師〉式的文字：

> 作為一個學生，我曾向丁玲的作品學習過，作為一個文學青年，在藝術上我曾得到過她的幫助；因而我也尊敬過她。但是，丁玲，你不要以為你在我們這些青年作者當中有「影響」，不管你對你錯，都會聽你的；如果你仍反黨到底，你就會被群眾無情地拋棄掉！（《文藝報》1957年第22期）

瑪拉沁夫的這種批判文章，比他的小說和散文作品更有影響更受重視。他就從這裡開始，一步一步做到了中國作家協會的黨組副書記，後來還以此身份到丁玲的家鄉去主持籌備紀念丁玲的活動。

還要批判丁玲的作品。像〈三八節有感〉、〈在醫院中時〉，直到早年的作品《莎菲女士的日記》，都引來了多篇批判文章。不但她本人的作品，就是在她主編的延安《解放日報》文藝副刊上的一些文章，也要批判。根據毛澤東的指示，《文藝報》一九五八年第二期刊出了一個「再批判」專輯，其中包括林默涵批判〈野百合花〉、王子野批判〈三八節有感〉、張光年批判〈在醫院中〉、馬鐵丁批判蕭軍〈論同志之「愛」與「耐」〉、嚴文井批判羅烽〈還是雜文時代〉、馮至批判艾青〈瞭解作家、尊重作家〉這些文章，並附上被批判各篇的原作。這時毛澤東正在南寧開會，也抽時間審閱了一部分稿子。他在給文藝報主編張光年、副主編侯金鏡、陳笑雨的信中說：

> 看了一點，沒有看完，你們就發表吧。按語較沉悶，政治性不足。你們是文學家，文也不足。不足以喚起讀者注目。近來文風有了改進，就這篇按語說來，則尚未。題目太長，「再批判」三字就夠了。請你們斟酌一下。我在南方，你們來件剛才收到，明天就是付印日期，匆匆送上。

又說：

> 用字太硬，用語太直，形容詞太凶，效果反而不大，甚至使人不願看下去。宜加注意。

毛澤東對按語做了修改，改寫和加寫了一些文字。他在這按語中說，這一批「奇文」「奇就奇在以革命者的姿態寫反革命的文章」，「謝謝丁玲、王實味等人的勞作，毒草成了肥料，他們成了我國廣大人民的教員。他們確能教育人民懂得我們的敵人是如何工作的。鼻子塞了的開通起來，天真爛漫、世事不知的青年人或老年人迅速知道了許多世事。」受到再批判的艾青和羅烽也都被劃為右派分子。蕭軍沒有被劃為右派分子，卻也跟右派分子同時在這文壇消失，直到一九八〇年才同右派分子一道從地平線下冒了出來。

受到「丁玲、陳企霞反黨集團」一案牽連的，不僅有艾青、羅烽、蕭軍等人，負責辦理此案的中共中央宣傳部秘書長兼機關黨委書記李之璉等人，因為沒有能夠完全按照領導的意圖辦案，也被劃為右派分子。李之璉在〈不該發生的故事〉一文中回憶說：

> 中宣部領導人號召所有黨員對機關黨委、特別是對我進行揭發，翻遍了機關黨委的會議記錄，搜查了我個人保存的文件，只要一字一句同此案有關的材料，就決不放過，一律作為問題揭發。丁玲寄給黨委的申訴材料，就是從文件櫃裡搜查出來的。會議規模越來越擴大，從開始的幾個人到幾十人、幾百人，最後擴大到千多人。大會批，小會鬥，折騰了四個多月才結束。
>
> 由於在審查丁玲歷史問題時，在結論草稿第一稿上我加寫了：丁玲被捕後，同敵人做了種種鬥爭，終於回到黨的懷抱等話，被說成是「美化叛徒」；又在審查丁玲「反黨」問題時，丁玲寫給黨委的申訴沒有提交審查小組討論，而她提出的申辯又和調查的結果相一致，就被認定這是我同丁玲「合謀翻案」。根據這兩大「罪狀」就定我們幾個人為「反黨集團」，我是「首要分子」。其實，這兩件事都是根據實際情況，為著使審查小組的工作能正常地順利進行，經我提出和張

際春同志同意的。張海和崔毅同志有的知道，有的並不知道。黎辛同志本來早已調去湖北工作。他是機關黨委的副書記兼作協機關黨總支書記，主要工作在作協，機關黨委的全面工作管的很少。在批判我們時，將他調回來揭發問題，因他無可揭發，就叫他檢查，給他戴了多頂「大帽子」，並被認定我們四人是一夥，互相包庇，充當右派和反黨分子的保護人。最後結果是我和黎辛定為「右派分子」，開除黨籍，張海和崔毅定為「反黨分子」，留黨察看。（《新文學史料》，1989年第3期）

中國作家協會黨組擴大會從批判「丁、陳反黨小集團」開始，很快就牽連到馮雪峰的頭上。馮雪峰是一九二七年入黨的共產黨員，中國左翼作家聯盟的黨團書記，中華蘇維埃共和國中央執行委員會候補委員，二萬五千里長征的參加者，中國作家協會副主席和黨組成員，人民文學出版社社長。反右派鬥爭要反馮雪峰，主要的原因也是算他的歷史老帳。早在三十年代在上海從事左翼文藝運動時期，他就同周揚結怨了。魯迅提出「民族革命戰爭的大眾文學」口號，同周揚提出的「國防文學」口號發生爭論，也同馮大有關係。魯迅已經被尊為文化新軍的旗手，不好說他什麼，因而周揚要談三十年代的左翼文藝活動，就很有些地方感到文章不好做。如果馮雪峰劃為右派，就可以由他來承擔蒙蔽魯迅的責任，三十年代左翼文學史就容易寫了。

如果僅僅是周揚有此需要，還不一定能做到這一點。周揚知道，這時毛澤東對馮已經很不滿意了。一件事是馮任主編的《文藝報》壓制了李希凡、藍翎批判俞平伯〈《紅樓夢》研究〉的文章，毛專門為此事寫了一封信，說李希凡、藍翎的文章是「反對在古典文學領域毒害青年三十餘年的胡適派資產階級唯心論的鬥爭」，說《文藝報》「容忍俞平伯唯心論和阻攔『小人物』的很有生氣的批判文章」。（《毛澤東文集》第六卷，第352、353頁）《人民日報》專就這事發表袁水拍署名的〈質問《文藝報》編者〉一文，毛在審稿時加寫道：「《文藝報》在這裡跟資產階級唯心論和資產階級名人有密切聯繫，跟馬克思主義和宣揚馬克思主義的新生力量卻疏遠得很，這難道不是顯然的嗎？」（1954年10月28日《人民日報》）馮雪峰挨了批評，就在十一月四日《人民日報》發表〈檢討我在《文藝報》所犯的錯誤〉，從毛澤東對這

篇檢討做的一些批語可以看出他對馮的意見有多麼大了。例如，馮在檢討中說：「我犯了這個錯誤，不是偶然的。在古典文學研究領域內胡適派資產階級唯心論長期地統治著的事實，我就一向不加以注意，因而我一直沒有認識這個事實和它的嚴重性。」這裡「古典文學研究領域內胡適派資產階級唯心論」顯然是從毛澤東的原信中引來的。可是他僅僅就這個領域來做檢討，毛就覺得不滿了，批道：「限於古典文學嗎？應說從來就很注意，很有認識，嗅覺很靈。」毛的原信中有這樣一句：「他們同資產階級作家在唯心論方面講統一戰線，甘心作資產階級的俘虜」，馮即據以檢討說：「我對於資產階級的錯誤思想失去了銳敏的感覺，把自己麻痺起來，事實上做了資產階級的錯誤思想的俘虜」，毛以為這樣檢討不行，批道：「一點沒有失去，敏感得很。」馮的檢討說：「我感染有資產階級作家的某些庸俗作風，缺乏馬克思列寧主義的戰鬥精神」，毛批：「不是『某些』，而是浸入資產階級泥潭裡了。不是『缺乏』的問題，是反馬克思主義的問題。」馮的檢討裡說他自己「不自覺地在心底裡存在著輕視新生力量的意識」，毛批：「應說自覺的。不是潛在的，而是用各種方法向馬克思主義作堅決鬥爭。」既然毛對馮的看法如此，作協黨組擴大會當然可以把他拿出來鬥爭了。一九五七年八月二十七日《人民日報》以〈文藝界反黨分子馮雪峰是丁陳集團參加者、胡風思想同路人〉這樣一個長長的標題，報導了作協黨組擴大會批判他的情況。

歷史的舊賬，是批判馮雪峰的一個重點。郭沫若的批判發言中就說：「二十年前在上海分裂文藝戰線，鬧出兩個文藝口號之爭，完全是馮雪峰的作怪，今天被揭發了，而他卻把責任全推在魯迅身上去了。」（9月28日《人民日報》）

這件事，夏衍在中國作家協會黨組擴大會議上所做的批判發言中講得更加具體。他說：

一九三六年雪峰同志從瓦窯堡到上海，據我們所知，中央是要他來和周揚同志和我接上關係的。雪峰到了上海不找我們，先找了魯迅先生，這一點，按當時情況完全是應該的，可是這之後，你一直不找渴望著和中央接上關係的黨組織，而去找了胡風，不聽一聽周揚同志和其他黨員同志的意見，就授意胡風提出了「民族革命戰爭的大眾文

學」這個口號，引起了所謂兩個口號的論爭，這是什麼緣故？今天在座的有許多同志——如沙汀、荒煤、立波等同志都可以證明，當時，由於抗日愛國運動的勃興，我們已經有了半公開活動的機會，我們已辦了許多周邊刊物，找我們是並不很困難的。事實上，我們知道雪峰到了上海，還是從救國會的非黨同志那裡知道的。雪峰同志可以找胡風、甚至可以找章乃器，為什麼不找我們。我們在上海的工作有錯誤，犯過左傾關門主義和宗派主義的錯誤，但是無論如何，我們是忠實地奉行著黨的政策。在白色恐怖中，在十分困難的情況下，我們終於保全了整個文化界的黨的組織，我們還聯繫著包括救亡團體和職業界團體在內的廣泛的群眾組織，我們領導著上海所有的進步劇團，和數以百計的合唱隊、掌握著三家影片公司的編輯部和四家進步書店，出版著十種以上的進步刊物，——為什麼你要違反黨的指示而撇開我們呢？算我們是一支暫時失掉了聯繫的游擊隊吧，中央要你來整理、領導這支游擊隊，你可以審查我們，整頓我們，但你不能完全撇開我們而直接去找正在反對我們、破壞我們的胡風及其黨羽。退一步說，你聽了胡風的話，也該找我們來對證一下吧，你硬是撇開了我們，不是幫助我們，而是孤立我們，不，實際上決不止於孤立了我們，而是陷害了我們。章乃器等本來是向我們聯繫的，見了你之後，他向外公開說，我已經和「陝北來人」接上了關係，今後你們不要來找我，「陝北來人」說，上海沒有共產黨組織。我還聽人說，這位「陝北來人」曾告訴原來由我們領導的周邊人士說，周揚、沈端先等假如來找你，「輕則不理，重則扭送捕房」。還有，已經過世了的錢亦石同志曾告訴過周揚同志，雪峰在外面說，夏衍是藍衣社，周揚是法西斯，這不是陷害，還是什麼？這一切，今天在北京的章漢夫同志、王學文同志、鄧潔同志都可以證明。（8月14日第十七次會議上）

這一天會上的情況，在場的黎辛後來在回憶文章中說，

八月十四日第十七次會議批判馮雪峰，這是最緊張的一次會議。會上，夏衍發言時，有人喊「馮雪峰站起來！」緊跟著有人喊「丁玲站

起來！」「站起來！」「快站起來！」喊聲震撼整個會場，馮雪峰低
頭站立，泣而無淚；丁玲屹立哽咽，淚如泉湧。夏衍說到「雪峰同志
用魯迅先生的名義，寫下了這篇與事實不符的文章」（引者注：指馮雪
峰寫出初稿由魯迅補充修改定稿的〈答徐懋庸並關於抗日統一戰線問題〉），「究
竟是什麼居心？」這時，許廣平忽然站起來，指著馮雪峰，大聲責
斥：「馮雪峰，看你把魯迅搞成什麼樣子了？！騙子！你是一個大騙
子！」這一棍劈頭蓋腦的打過來，打得馮雪峰暈了，蒙了，呆然木
立，不知所措。丁玲也不再咽泣，默默靜聽。會場的空氣緊張而寂
靜，那極度的寂靜連一根針掉地的微響也能聽見。爆炸性的插言，
如炮彈一發接一發，周揚也插言，他站起來質問馮雪峰，是對他們
進行「政治陷害」。接著，許多位作家也站起來插言、提問，表示氣
忿。（黎辛〈我也說說「不應該發生的故事」〉，載《新文學史料》1995年第一期，
第78頁。）

這時馮雪峰萬般無奈，在作協黨組擴大會上做了檢討，他說：

我對於周揚同志等，在一九三三年的時候，已經形成了宗派主義的成
見。一九三三年底我離開了上海，一九三六年四月底回上海時聽了胡
風、周文等人的一面之辭，立刻又加深了我的宗派主義的看法。因
此，我沒有事先同周揚同志等商量，而倒是聽了胡風的意見，提出了
「民族革命戰爭的大眾文學」這口號。這首先是違背了黨的組織原則
的做法，是撇開了黨的做法，是我的反黨行為。一九三六年七月至九
月之間，我的宗派主義、狂妄自大、我個人就是黨的那種最惡劣的態
度和作風，發展到極端的地步。我竟至於懷疑周揚同志等，要調開周
揚同志，並且要停止當時的黨團對上海文藝界的領導工作，由我來通
過群眾加以領導。但調開周揚同志和停止黨團活動，都沒有成功，我
就從外面對周揚同志等加以打擊，也就對上海黨組織加以打擊，這就
是魯迅先生的〈答徐懋庸的信〉和我以呂克玉筆名寫的那篇文章。這
是我給同志以宗派主義的打擊和違背黨組織原則的反黨行為登峰造極
的表現。（9月4日在第二十五次會議上）

　　這些檢討，顯然都是不得已的違心之言。多年之後，他私下把「民族革命戰爭的大眾文學」這口號的來歷告訴了樓適夷。樓適夷在給黃源的一封信（1973年9月7日）中說：

> 馮雪峰對我說過，「民族解放戰爭文學」這個口號，實際是馮從陝北帶來的，魯迅先生接受了這個口號，加上了「大眾」的字樣。這件事還是在反右以後私下說的，他一直不敢公開說這個話。（《黃源樓適夷通信集》浙江人民出版社2006年版，上冊，第31頁）

　　可是在中國作家協會黨組擴大會上，他只能按照大權在握的周揚所畫定的框架來作檢查，對當年魯迅和周揚的矛盾承擔責任，心裡還是很覺委屈的。在私下的談話中還是忍不住把這口號的來歷告訴了樓適夷。

　　一九三六年派馮雪峰從陝北到上海工作這件事，是張聞天決定的。張聞天之妻劉英在她的回憶錄中記述道：

> 東征途中，上海地下黨也有人來。本來早就想恢復同上海黨的聯繫，現在可以付諸行動了。派誰去合適呢？聞天想到了馮雪峰。三十年代初聞天在上海臨時中央當宣傳部長的時候，雪峰就是他的助手。不論在瑞金還是到了陝北，雪峰到我們家來，津津樂道的是魯迅，他對魯迅充滿著崇敬。聞天覺得，此去上海，恢復組織，馮雪峰是一個最合適的人選。他可以通過魯迅、茅盾等的關係，摸清情況，然後恢復、整理黨的關係。恩來同志也認為雪峰合適。四月初，聞天和恩來已從河東回到瓦窯堡。馮雪峰同志是地方工作委員會的委員之一，還在河東工作，即把他調回來，由恩來與聞天分別交代了任務。記得臨走之前，我們還在自己窯洞裡請雪峰吃了一餐飯。聞天交代雪峰：「到了上海，先去找魯迅、茅盾，他們是靠得住的。」還叮囑他要謹慎小心，注意隱蔽。雪峰很精幹，對上海的文化人熟悉，關係多。他到上海後，很快就建立了上海──西安──陝北的交通線，後來又設好了秘密電臺，和陝北通報。那時聞天、恩來等中央領導同志談到李允生

（馮雪峰的化名）和上海的工作，都覺得幹得不錯，對他是滿意的。（劉英《在歷史的激流中》，中共黨史出版社，1992年版，第98頁。）

劉英說當時張聞天周恩來對馮雪峰在上海的工作感到滿意，是有文獻作證的。一九九二年有人在中央檔案館發現了一九三六年七月六日張聞天、周恩來（聯合署名為「洛恩」）寫給「李（允生）兄」即馮雪峰的一封信。其中明確地說：「你對周君（指周揚）所用的方法是對的。」其中還談到魯迅：「你的老師（指魯迅）與沈兄（指茅盾）好嗎？甚念。你老師送的東西雖是因為交通的關係尚未收到，但我們大家都很感激。他們為抗日救國的努力，我們都很欽佩。希望你轉致我們的敬意。對於你老師的任何懷疑，我們都是不相信的。請他也不要為一些輕薄的議論，而發氣。」（1992年7月6日《人民日報》）在反右派的鬥爭會上，馮雪峰當然不能以當年洛恩的信件來為自己辯白，只能承認當年他對周君所用的方法是不對的了。

馮雪峰在檢討中，說了不少自責的話，但也還是堅守了他認為不能讓步的地方。比方，他在檢討中說：「我到上海之前，周揚同志等同魯迅先生之間的隔閡，是已經形成的；但我到上海之後，我不但沒有向魯迅先生解釋，進行團結工作，反而隔閡加深了，這也是我要負責的。」事實上，這豈不正是說我對此並無責任嗎？特別是像「魯迅先生的〈答徐懋庸的信〉」這樣的話，周揚聽來就特別刺耳。這次鬥爭馮雪峰的一個重要的具體目的，就正是要他為魯迅這一篇點名批評了周揚、夏衍等「四條漢子」的〈答徐懋庸的信〉承擔責任。為了這件事，他承受著極大的壓力。牛漢在〈為馮雪峰辯誣〉一文中記下了雪峰對他說的一件事：

反右後期，有一天，荃麟來找我，向我透露了中央對我的關懷。我很感激，激動地流出了眼淚。我不願離開黨。荃麟對我說：「中央希望你跟黨保持一致。」向我提了一個忠告：「你要想留在黨內，必須有所表現，具體說，〈答徐懋庸並關於抗日統一戰線問題〉所引起的問題，你應當出來澄清，承擔自己的責任，承認自己當時有宗派情緒，是在魯迅重病和不瞭解情況之下，你為魯迅起草了答徐懋庸的信。」我對荃麟說，「這個問題有人早已向我質問過，我都嚴詞拒絕，我決

不能背離歷史事實。」之後我痛苦地考慮了好幾天才答覆。我意識到
這中間的複雜性，荃麟是我多年的朋友，過去多次幫助我渡過難關，
這次又在危難中指出了一條活路。上面選定荃麟來規勸我是很用了番
心機的，他們曉得我與荃麟之間的交情，換了別人行不通。他們摸透
了我的執拗脾氣。當時我的右派性質已確定無疑，黨籍肯定開除。面
對這個天大的難題，我真正地作難了。我深知黨內鬥爭的複雜性，但
也相信歷史是公正的，事情的真相遲早會弄明白的。但是這個曲折而
嚴酷的過程可能是很漫長的，對我來說是難以忍受的屈辱。我對荃麟
誠懇地談了我內心的痛苦。荃麟說，先留在黨內，再慢慢地解決，被
開除了就更難辦。但我知道荃麟傳達的是周揚等人的話，實際上是對
我進行威脅。荃麟不過是個傳話的人，他做不了主。我清楚，荃麟說
的中央或上邊，毫無疑問是周揚。在萬般無奈之下，最後我同意照
辦。這是一件令我一生悔恨的違心的事。我有好多天整夜睡不著，胃
痛得很厲害，我按他們的指點，起草了〈答徐懋庸並關於抗日統一
戰線問題〉的有關注釋。我以為黨籍可以保留了。但是，我上當了，
我最終被活活地欺騙和愚弄了。為了自己的人格的尊嚴，最後只有一
死，以證明自己的清白，我幾次下決心到頤和園投水自殺，但我真的
下不了這個狠心。我的幾個孩子還小，需要我照料，妻子沒有獨自為
生的條件，再痛苦也該活下去，等到那天的到來：歷史最後為我澄清
一切。（見《沒有情節的故事》，第153-154頁。）

　　就這樣，利用一個老黨員對黨的深情，利用他不願離開黨的心理，狠
狠地愚弄了他一回。馮雪峰違心地草擬的注文，經過周揚、林默涵的修改，
印到一九五八年四月出版的《魯迅全集》第六卷中，說什麼「魯迅當時在
病中，他的答覆是馮雪峰執筆擬稿的，他在這篇文章中對於當時領導『左
聯』工作的一些黨員作家採取了宗派主義的態度，做了一些不符合事實的指
責。」就用這手段達到了否定魯迅這篇文章的目的。

　　除了要將這歷史的舊案翻過來，馮雪峰在整風運動中的表現也是批判
的內容。據作協黨組擴大會的新聞報導：

據王任叔、徐達等揭發：在大鳴大放期間，馮雪峰看到資產階級右派分子大舉向黨進攻的時候，他興奮地說：「洪水將衝破大門。」他一反平常的沈默、抑鬱的狀態，在人民文學出版社的各編輯部門到處放火，向黨發動進攻。

在整風座談會上，他號召對黨不滿和反黨的分子：「有冤報冤，有仇報仇」。又說：「黨內對黨外應和風細雨，黨外對黨內暴風驟雨也不妨；上級對下級應和風細雨，下級對上級暴風驟雨也未嘗不可。」

他還在全社的整風動員大會上污衊人民文學出版社的肅反工作有「重大錯誤」，並說：「必要時也可暴風驟雨，大民主也不要緊。」他到該社第二編輯室，有人問他：「整風中罵人、拍桌子、打人可不可以？」他說：「也可以。」在共青團的座談會上，他說：「我向來是喜歡青年的，你們有什麼儘管說，沒有什麼可怕，大民主也不妨。你們不是造社會主義的反，不是造共產黨的反，反的是三害嘛，你們就是打我們一頓也不算什麼。比如兒子打老子，老子不對就該打。」

（8月27日《人民日報》）

最後，丁陳反黨集團擴大成了包括丁玲、馮雪峰、陳企霞、艾青、羅烽、白朗和李又然七人的右派反黨集團。

受到牽連的還有公木。公木，原名張松如（1910-1998）作家，詩人。河北束鹿人。又名張永年，筆名公木。他在延安參加了中國共產黨，和作曲家鄭律成合作，創作了《八路軍進行曲》。反右派鬥爭開始的時候，他是中國作家協會文學講習所（魯迅文學院的前身）的副所長。最初上面並沒劃他為右派分子的意思。讓他在一九五七年年八月二十三日的第二十次中國作家協會黨組擴大會議上作長篇發言，批判他文學講習所的同事李又然。他批判李又然的文章〈在虛偽的後面〉（署名公木）發表在一九五七年第二十四期《文藝報》上。不料一年之後他自己也被劃為右派分子了。「一九五八年四月初開始，公木以中國作家協會特派代表的身份，和翻譯家孫用一起赴匈牙利、羅馬尼亞從事文化交流，主要目的是宣傳中國的『雙百方針』，介紹中

國文藝戰線『反右鬥爭』的情況。」（高昌著《公木傳》，廣東人民出版社，2008年版，第223頁）沒有料想到的是，等到他回來的時候，一頂右派分子的帽子已經在等待著他了。

張松如被劃為右派分子，實際上是處理所謂「丁陳反黨集團」一案的餘波。李之璉在〈一場是非顛倒的批判鬧劇〉一文中細說了這事的原委。其中涉及張松如的一段是這樣：

> 周揚對於我瞭解他一些情況懷疑是來源於在作家協會工作的張松如（公木）提供給我的。他知道在延安時公木同我曾在一起學習過。一九五八年年批判了我後，又把出訪匈牙利和羅馬尼亞的張松如從國外催調回國批判，追究的主要問題就是讓他交代跟我的交往。曾向我反映了些什麼問題。他交代不出，最後也把他作為我的同夥，同「李、黎反黨集團」相呼應劃成右派，開除黨籍。

其實，這只是周揚的多心。李之璉並沒有從張松如那裡聽到過什麼有關周揚的小話。李之璉的這篇文章接著說：

> 我在中宣部工作時，他（指張松如）在作家協會。但從沒有個別談過話。他從沒有單獨向我反映過作家協會和周揚的任何情況。從我的接觸瞭解，公木是個忠誠老實，並仗義執言的人。他在作協黨組討論對丁、陳問題處理的座談會上，講過一些正確意見，當然就非得把他整倒不可。追究他和我的關係，則是借題發揮。（《新文學史料》1994年第3期）

當在報紙上宣佈張松如右派罪狀的時候，卻不能去說那些查無實據的人事關係問題，而要說他發表了反黨反社會主義的毒草。據潘旭瀾編的《新中國文學詞典》（江蘇文藝出版社1993年版）說，公木是因為寫了一首諷刺詩〈據說，開會就是工作，工作就是開會〉劃成右派分子的。（見《詞典》第218頁、1085頁）

文藝界的老共產黨員劃右派的還有江豐，他是中央美術學院院長、中

國美術家協會副主席、黨組書記。緊接在七月二十五日作協黨組擴大會鬥爭丁玲之後，從七月二十八日開始文化部又一連幾天召集首都美術界開會鬥爭江豐。和別的右派分子不同的是，江豐是站在左邊來反對黨的。鬥爭會上，揭露了他這樣一些反黨言論：黨內黨外出現的右傾機會主義及單純技術觀點，是因為八大決議和黨提出了「百花齊放、百家爭鳴」方針的緣故。百花齊放在社會上可行，在我們學校內不行；我們校內只容許開一朵花，就是社會主義現實主義。江豐也不同意毛澤東對陳其通等人文章的批評，他說，我過去是同意陳其通的，現在，我的腦袋不是燈籠，也不會隨風轉。鬥爭會上，還揭發了江豐另外一些右派言行，例如他說，肅反運動有什麼成績？許多人都說肅反成績是主要的，在群眾運動中有偏差是不可避免的，這種理論非常可怕。又說：文藝界又肅出了什麼特務。這篇報導還說，江豐同情和拉攏在肅反運動中受黨審查過的人，反對領導肅反的同志。（《新華半月刊》，1957年第17號，第190-192頁）

據一九五七年十二月八日中央宣傳部〈關於著名的文藝、藝術、新聞、出版界右派分子的處理意見向中央的報告〉，他「主要的右派言行」有這幾項：

1、以美術學院為據點，組織反黨集團，抗拒黨對國畫的政策和百花齊放政策。

2、組織美術界人員向文化部示威，煽動他們在會議上污衊攻擊黨的文藝政策。

3、支持龐熏琹反黨集團的反黨活動，主張民主辦校。

4、反對黨的肅反運動，說肅反是整人，文藝界沒有肅出特務。認為黨的選舉不民主。公開污衊黨的八大決議模糊階級鬥爭。

這樣，他就被劃為極右分子。

十月十三日毛澤東在最高國務會議第十三次會議上說：「共產黨裡頭出了高崗，你們民主黨派一個高崗都沒有呀？我就不信。現在共產黨又出了丁玲、馮雪峰、江豐這麼一些人，你們民主黨派不是也出了嗎？」（《毛澤東選集》第五卷，第488頁。）

　　丁玲、馮雪峰、江豐，都是反右派鬥爭中文藝界劃出的著名右派分子，可是他們並沒有什麼自由化傾向。雖然也有批判文章給他們戴上「修正主義文藝思想」這樣的帽子，其實是冤枉的。像江豐，甚至在毛澤東批評陳其通等的文章之後還表示同意陳其通，甚至連百花齊放的口號都不能接受，更不要說有什麼修正主義或者自由化的傾向了。而反右派鬥爭的任務，更本質的說，卻是要打擊文學藝術界剛露出苗頭的所謂修正主義或者自由化傾向。這種傾向一個最引人注目的代表作，是何直（秦兆陽筆名）的〈現實主義──廣闊的道路〉一文。這篇文章對「社會主義現實主義」的定義提出了自己的疑惑。對於蘇聯作家協會章程裡提出的「社會主義現實主義」這個定義，就是在蘇聯文學界，這時也已經有人提出異議來了。何直的文章就引證了西蒙諾夫很長一段議論。西蒙諾夫指出：這個定義所規定的「藝術描寫的真實性和歷史具體性必須與用社會主義精神從思想上改造和教育勞動人民的任務結合起來」，「好像真實性和歷史具體性能夠與這個任務結合，也能夠不結合；換句話說，並不是任何的真實性和任何的歷史具體性都能夠為這個目標服務的。」而那些粉飾太平的作家，「他們藉口現實要從發展的趨向來表現，力圖『改善』現實」。何直完全同意西蒙諾夫的這些意見。他進一步指出了這個定義的不合理性：

　　　　首先，如果認為「藝術描寫的真實性和歷史具體性」裡沒有「社會主義精神」，因而不能起教育人民的作用，而必須要另外去「結合」，那麼，所謂「社會主義精神」到底是什麼呢？它一定不是存在於生活的真實和藝術的真實之中，而只是作家腦子裡的一種抽象的概念式的東西，是必須硬加到作品裡去的某種抽象的觀念。這就無異於是說，客觀真實並不是絕對地值得重視，更重要的是作家腦子裡某種固定的抽象的「社會主義精神」和願望，必要時必須讓血肉生動的客觀真實去服從這種抽象的固定的主觀上的東西；其結果，就很可能使得文學作品脫離客觀真實，甚至成為某種政治概念的傳聲筒。

　　　　其次，這所謂「社會主義精神」既是作家主觀上的一種觀念，那麼，它必定是作家的世界觀的一部分。……作家的思想──世界觀，是在探索、認識、反映客觀真實時，伴隨著形象思維，起其能動性的

作用，因此，這種作用是有機地表現在藝術的真實性裡面，是無須乎在藝術描寫的真實性之外再去加進或「結合」進一些什麼東西去的。

再其次，所謂「從現實的革命發展中真實地、歷史地和具體地去描寫現實」，所謂「藝術描寫的真實性和歷史具體性」，從文字含義上和從習慣上我們都可以把它與「典型環境中的典型性格」這一原則聯繫起來進行瞭解。……在我們今天的時代裡，離開了革命發展所給予人民生活的複雜影響，離開了現實在革命發展中的面貌，是難以想像如何去描寫典型環境中的典型性格的。反之，如果離開了典型化的方法，也就很難去描寫革命發展中的現實，很難去達到藝術描寫的真實性。……但是，由於社會主義現實主義的定義規定，在「從現實的革命發展中真實地……描寫現實」時，又要求「同時藝術描寫的真實性……必須與用社會主義精神……教育人民的任務結合起來」，於是，我們又不能不懷疑，所謂「從現實的革命發展中……描寫現實」，所謂「藝術描寫的真實性和歷史具體性」，既是似乎可以與思想性（所謂「教育……人民的任務」）分離，自然也就可以與典型問題分離；因為典型性與思想性本來是分不開的，因為現實主義文學本來是將文學描寫的藝術性、真實性、思想性，與典型問題和典型化的方法緊密地有機地溶合在一起的。

何直的文章還指出：「所謂舊現實主義，也並非絕對的只是批判的現實主義。……想從現實主義文學的內容特點上將新舊兩個時代的文學劃分出一條絕對的不同的界線來，是有困難的。」「企圖在幾句簡單的詞句裡對於社會主義革命時代的現實主義和現實主義文學作出硬性的規定和說明來，這是很困難的，因而也是不聰明的。」何直的文章表示，也許可以用「社會主義時代的現實主義」這個提法取代「社會主義現實主義」的提法。

聯繫到中國。何直的文章提出：社會主義現實主義定義所產生的一些庸俗的思想，「在我們中國還跟另外一些庸俗的思想結合起來了，因而更加對文學事業形成了種種教條主義的束縛。這些庸俗思想，就是對於〈在延安文藝座談會上的講話〉的庸俗化的理解和解釋，而且主要表現在對於文藝與政治的關係的理解上。」

談到文藝與政治的關係，何直的文章針對當時的流行病，指出：

　　首先，必須考慮到，文學藝術為政治服務和為人民服務應該是一個長遠性的總的要求，那就不能眼光短淺地只顧眼前的政治宣傳的任務，只滿足於一些在當時能夠起一定宣傳作用的作品。其次，必須考慮到如何充分發揮文學藝術的特點，不要簡單地把文學藝術當做某種概念的傳聲筒，而應該考慮到它首先必須是藝術的、真實的，然後它才是文學藝術，才能更好地起到文學這一武器的作用；即或是一篇雜文，一段鼓書，一篇特寫，也不要忘記了它的文藝性。此外，還必須要考慮到各種文學形式的性能，必須考慮到各個作家本身的條件，不應該對每一個作家和每一種文學形式作同樣的要求，必須要盡可能發揮——而不是妨害各個作家獨特的創造性，必須少用行政命令的形式對文學創作進行干涉……

　　說「政治標準第一」，是因為，自古以來沒有無傾向性的文學；是因為人民所需要的是那種為自己的利益服務的文學。但是，並不能由此得出結論，以是否配合了每一個臨時性的政治任務為文學作品的最重要的標準；也並不能由此得出結論，說是藝術標準並不重要。政治標準和藝術標準必須統一。

　　正因為我們在這些問題上有一些糊塗觀念，於是，就發生了多種多樣的、在一些具體問題上的混亂思想，例如：不應該寫過去的題材呀，過多地從是否配合了任務來估計作品的社會意義呀，出題目作文章並限時交卷呀，必須像工作總結似的反映政策執行的過程呀，以各種工作方法為作品的主旨和基本內容而忘記了人物形象呀，不應該寫知識份子呀，不應該以資本家或地主富農為作品中的主要人物呀，作家最激動和最熟悉的「過去的題材」不要寫而硬要去寫那些不激動不熟悉的東西呀，生活本身就是公式化的呀，離開了形象及其意義去找主題思想呀，用行政命令的方式去領導創作呀，政治加技術（藝術）呀……還有：我提倡寫新人物，你就不應該寫落後人物呀；如果你寫了落後黨員，就是「歪曲共產黨員的形象」呀；創造新人物最好是按照幾條規則來進行呀；大家都習慣地把人機械地分成先進人物與落後

人物兩大類呀；寫先進人物不應該寫他有缺點和一定要寫缺點呀；機械地把生活內容分成主要矛盾和次要矛盾，並用之作為衡量作品的標準呀；把對作品的批評變成對作家的政治鑒定呀；文藝刊物都機械地忙於配合當前任務呀……還有：你說描寫新英雄人物才是「社會主義精神」呀，我又說反映矛盾衝突才是「社會主義精神」呀，而他又說人道主義精神才是「社會主義精神」呀……

（秦兆陽《文學探路集》，人民文學出版社，1984年版，第136-166頁。）

文章寫得很概括，反映的正是幾年來文藝界的情況，說這一些，也包括了延安文藝座談會以來解放區文學的情況。儘管作者沒有用刺激性的語言，但是以它內容的尖銳性立刻引起了注意，不少作家和批評家是歡迎它的，贊同這些意見。當然也有人反對，認為這是修正主義觀點。反右派鬥爭起來，它就遭到了集中的批判。一九五六年十二月號《長江文藝》發表了周勃〈論現實主義及其在社會主義時代的發展〉，提出了同何直文章近似的意見，批判者常常是把這兩篇放在一起來批判。姚文元在一九五七年九月號《人民文學》上發表了一篇近三萬字的長文〈社會主義現實主義文學是無產階級革命時代的新文學〉，副題是「同何直、周勃辯論」，他說：

自從去年九月何直的文章在《人民文學》發表以後，在文學理論中逐漸出現了一種修正主義思潮。這種修正主義思潮強調現實主義的中心是「寫真實」，強調社會主義現實主義同過去的現實主義沒有方法上的不同，因此不能成為一個獨立的流派；強調現實主義方法對藝術的決定作用，而把作家的思想同創作方法完全隔裂開來，以為有了藝術性就一定會有思想性。他們把社會主義現實主義歸結為「社會主義時代的現實主義」。

在「寫真實」「社會主義時代的現實主義」「不要外加的社會主義精神」等等口號下，是不是有人在作思想上的倒退呢？我覺得是有的。他們以為不要馬克思列寧主義就能夠達到藝術上的真實性，卻不瞭解這樣做的結果是遠離了生活的真實。

（姚文元《論文學上的修正主義思潮》，新文藝出版社，1958年版，第50頁-94頁。）

　　姚文元這篇文章，洋洋灑灑，從海涅扯到維爾特，又從雨果扯到巴爾扎克，可是對何直文章中概括地例舉的教條主義在文藝界的表現並不加以辯駁，也沒有否認存在這些現象。何直的文章論證了是社會主義現實主義定義的缺點導致了這些現象的出現的，而姚文元的批判文章卻說，「公式化概念化並不是社會主義現實主義本身的產物」，為什麼不是的呢？他沒有說。這種不需要邏輯論證，就如同寫判決書一般的姚文元風格，這種後來反映在〈評新編歷史劇《海瑞罷官》〉、〈論林彪反黨集團的社會基礎〉等文章中的風格，這時就已經完全定型了。

　　姚文元的文章還說：「如果我們再從某些具體作品去分析，就可以更明顯地看到這種修正義思潮的影響。」他舉出了「一些去年九月以後發表的作品」，其中包括宗璞的短篇小說《紅豆》，李國文的短篇小說《改選》等等。姚文元說：「像《改選》這樣的作品，至少是代表了一種和社會主義現實主義完全不同的流派的創作傾向的。細緻地分析這些作品，將有助於我們理解馬克思列寧主義思想在創作中的地位，以及真實性同思想性的不可分割的關係，並且將有助於說服一部分作者認識沒有政治立場的『寫真實』的虛幻性，認識把社會主義現實主義方法同馬克思列寧主義思想割斷將會把我們引導到什麼方向去。」有了這一紙判決書，《改選》的作者李國文就被劃為右派了。

　　姚文元這一類批判者吞吞吐吐想說而又沒有說清楚的意思，倒是秦兆陽即何直後來給他說破了：他們「認為只要是提倡現實主義，就是提倡『寫真實』論，就是不要馬克思主義的世界觀，就是提倡資產階級的批判現實主義，就是提倡揭露社會主義的陰暗面，就是反社會主義。」（秦兆陽〈現實主義──艱苦的道路〉，見《文學探路集》第200頁。）難道他們的「社會主義」竟是同真實如此不相容的麼？

　　作品受到集中批判的，還有劉賓雁。當時劉是中國青年報編委，新聞界反右派已經鬥爭過他了，批判了他在報紙上刊出的〈上海在沉思中〉等篇通訊。可是他一九五六年又發表了〈在橋樑工地上〉、〈本報內部消息〉等幾篇報告文學作品，引起了強烈反響，這些也得批判。

　　〈本報內部消息〉寫的是報社領導人陳立棟和青年記者黃佳英的衝突。姚文元在〈文學上的修正主義思潮和創作傾向〉一文中批判說：

他用自己反黨的眼光把陳立棟醜化了，他恨陳立棟執行黨的指示，所以他就把陳立棟醜化成一個沒有任何優點的人。作者在竭力假造出這樣的一個公式：執行黨的指示＝官僚主義＝獨斷獨行＝教條主義和黨八股。同其他右派一樣，他在這裡攻擊的不是官僚主義，而是黨的領導。

作者把黃佳英當作英雄的先進人物來表現的，在黃佳英身上寄託了他反對「官僚主義」的全部理想。然而黃佳英是怎麼樣一個人呢，那是一個被美化了的「反現狀」的個人主義者。但儘管作者想把她寫成娜斯嘉型的人，在劉賓雁的筆下，在階級鬥爭十分尖銳的中國，黃佳英卻不是娜斯嘉，而是反黨的個人主義者。

（姚文元《論文學上的修正主義思潮》第207、211頁。）

這裡說的娜斯嘉，是蘇聯尼古拉耶娃中篇小說〈拖拉機站站長和總農藝師〉中的主人公。這是史達林死後出現的最早一批對蘇聯現實有所批判的作品之一，中譯本在不久以前出版，引起了強烈反響。這時姚文元還沒有權力把外國作家劃為右派分子，所以就硬說黃佳英不是娜斯嘉。

李希凡也批判了這篇作品。他在〈從〈本報內部消息〉開始的一股創作上的逆流〉中說：

絕不能低估〈本報內部消息〉在一部分青年中的影響，尤其是在有著濃厚的資產階級、小資產階級思想的青年中間，黃佳英起了極大的煽動作用。在反右派鬥爭中，很多青年右派分子，正是披著黃佳英的外衣出現在群眾的面前。別的右派分子的歷史我不清楚，赫赫有名的林希翎，這個卑劣透頂的人物，我非常清楚她是怎樣走上舞臺扮演黃佳英的（報紙上已經全部揭露了她的醜惡面目，我在這裡不再細談了）。難道林希翎之流不正是劉賓雁的黃佳英的模特兒嗎？

不能把〈本報內部消息〉的出現，看成是文藝創作上的孤立的現象。〈本報內部消息〉是文藝上反黨逆流的最初的浪頭。當然，早在劉賓雁的第一篇特寫〈在橋樑工地上〉裡，就已經流露了陰暗的反黨思想，如把老幹部寫成不學無術，思想僵化，不能領導複雜的現代化

工業的人，誣衊我國建設進度緩慢，並武斷地說我們建設中的缺點不是由於缺乏建設經驗等複雜的原因所造成的，根源好像全在領導上的保守無能等等。不過，這篇特寫的缺點究竟還非常隱蔽，劉賓雁在當時也不敢露骨地大膽地宣傳他的反黨思想。只有在他的〈在橋樑工地上〉發表，並受到《文藝報》、《人民文學》等大肆捧場以後，劉賓雁才敢於寫〈本報內部消息〉這樣露骨的反動作品。自從這篇作品又受到某些報刊的讚揚以後，所謂「揭露生活的陰暗面」，和歌頌黃佳英之流的「青年勇士」的作品，就大量出現了。〈組織部新來的青年人〉裡的（主要是經過人民文學編者修改後的）林震，實際上是黃佳英的男性的翻版。

（9月17日《中國青年報》）

〈組織部新來的青年人〉這篇作品，李希凡以前評論過的，可是在全國宣傳工作會議上，毛澤東說了，北京甚至中央都有官僚主義，小說反官僚主義並沒有錯，表示不同意李希凡對它的評論。現在李希凡趁批判劉賓雁的機會再一次提出這篇小說。既然林震實際上是黃佳英的男性的翻版，那麼這篇也就如同〈本報內部消息〉一樣是露骨的反動作品了。看來李希凡的批評標準比毛澤東的還更嚴一點。當然，他在括弧中加注，說是經編者修改過的。因為，這時他已經知道，毛澤東對人民文學編者改稿一事大為震怒，提出要公開批評。

艾青也受到批判。在8月28日中國作家協會黨組擴大會議的第二十二次會議上，徐遲作批判艾青的發言，說「艾青非常驕傲，別人的作品不在他眼裡。他誹謗郭沫若同志。對臧克家同志、田間同志，他也瞧不起。」臧克家就在《文藝學習》（1957年第10期）上發表〈艾青的近作表現了些什麼？〉一文，批判說：

艾青是一位詩人，去年七八月裡他忽然寫起寓言來了，寓言這種文藝形式，在過去反動統治的時代裡，作家們受著壓迫不能暢所欲言地直接表現個人的思想，往往取這種借物寓意、指桑罵槐的表現形式，去諷刺打擊反動的壞東西，但艾青的諷刺對象卻是正面的新事物。

詩人不去寫詩，卻來寫寓言，這已經是不正常的現象了，可批判者一；何況寓言諷刺的對象還是正面的新事物，可批判者二。於是批判者就來具體分析這些寓言了，一篇是〈養花人的夢〉：

> 這篇寓言等於一篇宣言，鮮明地表現了艾青對「百花齊放」方針的惡意諷嘲。艾青首先諷刺了那位院子裡「種了幾百棵月季花」的養花人，說他的「院子裡呈現了一種單調的熱鬧」。於是，在艾青的筆下，出現了「自尊」的牡丹；「冷淡裡就含有輕蔑」的石榴；「能體會性格美」的白蘭；「帶來了信念」的迎春；說著「只愛溫順的人，本身就是軟弱的；而我們卻具有倔強的靈魂」的仙人掌。……他的思想，他的情緒，表現了對社會主義現實主義主導力量的不滿，對毛主席所提出的文藝工農兵方向的抵觸。他覺得月季花雖然「專寵」但「實在寂寞」。艾青對我們的新社會制度（月季花就是它的象徵）是不滿意的，他感覺它「太單調了」，「太窄狹了」。對於那各種各樣的花他付以最大的熱情。他讚美她們的「輕蔑」、「性格的美」、「倔強的靈魂」……而為她們的不「被理解」而憤憤不平。艾青不是站在黨的立場、社會主義的立場，對於一切非工人階級思想的東西去進行鬥爭、說服，反倒以極度熱情去鼓吹資產階級思想化身的東西向社會主義制度進攻。艾青近兩年來，由於政治熱情的衰退，由於遠遠的脫離群眾，由於資產階級個人主義思想情感的濃重，他對於新社會的事物，不但不感覺興趣，有時發生抵觸的情感。最近被揭露的他的反黨言行，就是他寫這類反社會主義作品的根源。

臧克家在這篇文章裡還表白了他的一個大見識：百花齊放即思想改造。他說：「『百花齊放』的過程，也就是作家們思想改造的過程，而最終的目的是使所有的作家一步步達到社會主義現實主義。」

臧克家和艾青積怨甚深。一九八三年十二月艾青對前來協助他編輯《中國新文學大系・詩集》（1927-1937）的宮璽談往事，他說：

> 臧克家在我沒平反前到處說，艾青不能平反，平不了。他這話有人告

訴了我。他還說我同姚文元有什麼關係，其實我五十年代到上海，是
葉以群當作協副主席，讓我講話，葉以群指著坐在門口的一個青年
說，他是姚文元，姚蓬子的兒子。後來姚文元寫文章罵我，罵的話同
馮至罵我的話一樣。不久前我在文章中沒點名批了姚文元，香港有人
看了，說我批馮至，說馮至會出來說話，可馮至一直沒講話。實際上
那次批我，是何其芳讓馮至批的，否則，馮不會批。（宮璽：〈聽艾青
議詩〉，見《開卷》2004年第5期）

在《文藝報》「再批判」專輯裡，批判艾青的〈瞭解作家、尊重作
家〉這份差事是讓馮至承擔的。這件事他一直耿耿於懷。他的學生余匡復在
〈馮至老師〉一文中說：

馮先生晚年常對人說起他一生的兩個「心病」，一是一九五八年時文
藝界領導要他寫的批判艾青的文章，一是一九五八年「大躍進」時
他主編的《德國文學簡史》。……馮至去世前不久，曾去病房看望
同住協和醫院的艾青，艾青看見馮至挂著拐棍步履維艱地走來，感
動地伸出大拇指向馮至致敬，馮至也伸出大拇指以示回敬，兩位老
詩人，前嫌頓失，把這個歷史造成的恩怨還給了歷史。（2008年9月10日
《文匯報》）

這裡，可以順便講一件二十多年以後發生的事情，以見臧克家一直念
念不忘知識份子思想改造的態度。一九八一年六月的中共十一屆六中全會上
胡耀邦取代華國鋒擔任中共中央主席。臧克家寫信給胡耀邦，建議他在「強
調思想解放的同時，也要強調思想改造」。十一月八日胡耀邦在給他的回信
裡，在有禮貌地表示「你主張強調思想解放的同時，也要強調思想改造，按
理說，這是對的」之後，明確告訴他：

但中央沒有重提思想改造這個口號，更不準備專向黨外朋友和知
識界同志重新恢復這個口號。這是因為（一）由於我們工作中的失
誤，這個口號在實踐中產生了許多弊端，多數人對這個口號很反感；

（二）在當前條件下，重提這個口號，很容易造成一部分人歧視、批判、排斥另一部分人的錯誤作法。這種考慮我認為是正確的。

現在的問題是：我們許多革命者首先是一些領導者缺乏這種自我改造的自覺性。明明是自己的主觀世界同客觀世界相脫離，自己的設想、主張、意見、著作同革命實踐，同人民群眾的要求、願望、意志不合拍，甚至相抵觸，而不願意改正；明明是情況變化了，歷史前進了，卻仍然停留在過去，堅持過去的主張、作法和經驗。這就是我們黨中央所說的思想僵化。僵化到似乎整個人類命運都要服從我的設想、願望和意志，那就是極端的唯我主義了。從這個角度來說，思想解放和思想改造是相通的。

（黎之《文壇風雲續錄》，人民文學出版社，2010年版，第304頁）

從這一來一往的兩封信中，可以看出改革家胡耀邦的事業有多麼艱難。哪怕在知識界，也有人建議他回到老路上去。由此也就可以知道：思想改造運動，反右派鬥爭，乃至文化大革命，都不能說是沒有群眾基礎的。胡耀邦的最終命運也就是可以理解的了。這是後話，不必多說。還是接著來說當年對艾青的批判吧。

不但批判艾青的作品，還揭發他的反黨言行。例如徐遲在〈艾青能不能為社會主義歌唱？〉一文中揭發說，「他一直是抗拒著黨對文藝工作的領導的。他刻薄地說：『現在有一些人，創作不出來了，就搞理論，理論也不行了，就幹行政。結果呢，行政管理論，理論又管創作。一層管一層，創作就給管得枯萎了。』」（9月24日《人民日報》）

根據姚文元的判決，艾青是完了。姚在〈艾青的道路——從民主主義到反社會主義〉一文中說：「艾青的『時代』就這樣地在人民的憎恨中結束了。從資產階級的民主主義到反社會主義，艾青走完了他自己的路。」（姚文元《論文學上的修正主義思潮》，第358頁。）這大約是後來文化大革命中提出的「從民主派到走資派（走資本主義道路的當權派）」公式的最早表現形式吧。

在二十世紀四十年代後半期中國詩壇上，曾經出現過一個「九葉派」。他們是：王辛笛、陳敬容、杜運燮、杭約赫（曹辛之）、鄭敏、唐祈、唐湜、袁可嘉、穆旦（查良錚）等九位詩人。當年他們發表在《詩創造》、

《中國新詩》這些刊物上的作品很受到讀者的歡迎。在反右派鬥爭中。他們之中的袁可嘉、曹辛之、唐湜、唐祈、杜運燮五人都在各自所在的單位被劃為右派分子，袁可嘉（1921-），外文出版社翻譯；曹辛之（1917-1995），人民美術出版社編審；唐湜（1920-2004），《戲劇報》編輯；唐祈（1902-1990），《詩刊》編輯；杜運燮（1918-），新華通訊社國際部幹部。他們被發配到北大荒等地勞動。穆旦（1918-1977）甚至被判為歷史反革命分子。

批判容易招惹是非的雜文也是題中應有之義。一年來雜文寫得勤又寫得好的，徐懋庸要算一個。中國科學院哲學社會科學部和中國作家協會十一月二十六日到二十九日一連幾天聯合開會鬥爭徐懋庸。據這個會上的統計數字，「徐懋庸從去年十一月到今年八月，在北京、天津、上海、武漢等地的報刊上發表了近一百篇反黨、反社會主義的文章。」（12月2日《人民日報》）姚文元〈在文學上的修正主義思潮和創作傾向〉一文中摘引徐的〈不要怕不民主〉和〈苦悶〉這兩篇，即據以批判道：

> 徐懋庸之流高喊「不怕黑暗」、「揭露陰暗面」的人，卻把我們社會說成似乎沒有「民主」，要「享受民主」，就要向「官僚主義者」爭取。徐懋庸的腦子裡，其實是裝滿了的資產階級民主，他所要「享受」的，是一種不要集中的絕對民主。「我們就不能等到他們自己放手」，這「我們」和「他們」，就表示在根本立場上他是把自己同各級領導幹部（他們當然可能有某些缺點）處於對立地位，同黨的領導處於對立地位，既然「他們」不肯「自動放手」，那就只有「鬥爭」了。於是當社會上右派瘋狂進攻，「言論一放，意見紛紛」之時，徐懋庸也就挺身出來作右派的喉舌，他大呼「這是好現象」，「現在的人愈多的感到社會的苦悶」，「苦悶多極了」。怎麼擺脫這不是個別事件而是整個「社會的苦悶」呢，而就是要在社會主義思想之外「生出更好的思想來」。這「更好的思想」是什麼？——恐怕每一個工人、農民、革命知識份子都會明白的。我們在某些「揭露陰暗面」的作品中所看到的，不就是徐懋庸所推銷的反對領導、反對民主集中制的「更好的思想」嗎？（姚文元《論文學上的修正主義思潮》，第200-201頁。）

徐懋庸當然被劃成了右派分子。不過這倒是真有一點冤枉。幾年以前他擔任武漢大學黨委書記、副校長的時候，也是一位「左得可怕」（魯迅對他的評語）的領導人。這也說明了人的複雜性。當他以武漢大學黨委書記的身份出現了時候，他覺得自己就是黨的化身，就是無產階級的化身，就是馬克思主義的人格化，覺得他如果不努力去糟蹋和羞辱知識份子就沒有盡到自己的職責。而當他用回春、弗先等等筆名寫雜文的時候，卻是一個「對於有害的事物，立刻給以反響或抗爭」（魯迅語）的雜文家了。這當然是反右派鬥爭必須打擊的對象。

宋雲彬也是個重要的雜文作家。在反右派鬥爭中他的一些雜文受到批判，還不僅僅是因為文章寫得鋒利，還因為其中公開了一些尷尬的事情，例如浙江龍泉金沙寺塔被毀事件，還有，「去年春間，不知道是杭州市哪一個機關發動的，在二十幾小時以內，把西湖上的陶成章烈士、馮小青、蘇曼殊以及武松等等的墓統統給挖掉了，後來經許多人提出抗議，官司打到北京，才又於二十幾小時以內把那些墳墓統統恢復了原狀。說起這些事情，使人哭笑不得。」（6月4日《文匯報》）這種文章也真夠叫人頭痛。劃他做右派，也就更好批判這些文章了。其實，宋雲彬即令一篇雜文也不寫，大約也不能躲過當右派分子的命運。因為他是中國民主同盟浙江省委員會副主任委員，也就是章羅同盟駐浙江的重要代表。

戲劇界最著名的右派分子是吳祖光。多年之後，他在哀悼妻子新鳳霞的文章中回憶往事，說：

> 鳳霞受苦受難的原因完全是由於我被打成右派所致，而我這右派又從何而來呢？現在——事隔近半個世紀之後，我才明白，竟是受了一個我的老朋友又是同行的陰謀陷害所致，這個「老朋友」就是備受尊重的前輩劇作家田漢。一九五七年田漢是中國戲劇家協會主席，當黨主席掀起反右派運動時，他以與我觀點類似的反對外行領導內行的意見，發表了與我意見相同而措詞比我更為尖銳的言論。在他自己看來大禍臨頭之時，和當時幾個上層人物如周揚、夏衍——有他參加策劃太出乎意外了——共商挽救之策，決定移禍於我，就派人邀我去參加一個少數人的「提意見」座談會。至今我還記得，當時鳳霞極力攔阻

我，而我認為是對黨提意見我非去不可。鳳霞甚至攔在門口，我用大力將她推開，幾乎將她推倒。我去參加了這個提意見會，有金山，還有一位女同志等兩個人，只有這四五個人而已。我提的意見是當時極為普遍的現象：一些沒有文化、沒有專業知識的低能幹部高高在上領導一些專家、有知識的、高水準的優秀人才的現象。我不知道這是他們設下的圈套，一同出席的幾個簡直沒有提什麼意見，匆匆散會，看來他們都體會出這是一個預先設下的「鴻門宴」，而我完全是自投羅網。我的意見被登在當時出版的劇協刊物《戲劇報》上，大標題是田漢擬的：〈黨趁早不要領導文藝工作〉。（1998年7月香港《鏡報》第252期）

這次座談會五月三十一日開的。吳的發言摘要刊登在戲劇家協會的機關刊物《戲劇報》一九五七年第十四期，同時在《文藝報》刊出，兩刊所載內容及標題相同。據陳明遠所作〈田漢和吳祖光的一段歷史恩怨〉一文說，當時擬定這〈黨「趁早別領導文藝工作」〉這標題的，並不是田漢，而是周揚。（《縱橫》1999年第1期，第59頁）

在這次座談會上，吳祖光提了這樣一些意見：

> 文藝界「鳴」「放」之後，陳其通同志的文章表示了怕「亂」，他是很有代表性的。但我的看法：事實上早已亂了。「百花齊放、百家爭鳴」就是為了平亂。我活到四十歲了，從沒看到像這幾年這樣亂過。遇見的人都是怨氣沖天，不論意見相同或不相同，也不論是黨員或非黨員，領導或被領導，都是怨氣沖天，這說明了「亂」。黨中央提出整風是為了平亂，使今後能走上合理發展的道路。過去從來沒有像這樣「是非不分」，「職責不清」，年青的領導年老的，外行領導內行，無能領導有能，最有群眾基礎的黨脫離了群眾。這不是亂，什麼才是亂？
>
> 解放後有一個現象，那就是組織的力量非常龐大，依靠組織，服從組織分配，已成為人民生活起碼的道德標準。組織和個人是對立的，組織力量龐大，個人力量就減小。過去作家藝術家都是個人奮鬥

出來的，依靠組織的很少。馬思聰之成為馬思聰是他個人苦學苦練的結果。現在一切「依靠組織」，結果，變成了「依賴組織」。個人努力就成了個人英雄主義。

作家、演員，長期不演不寫，不做工作，在舊社會這樣便會餓死，今天的組織制度卻允許他們照樣拿薪金，受到良好的待遇。做了工作的會被一棍子打死，不做的反而能保平安。聽說一個文工團的團長寫了一個劇本，其中寫了一個反面人物，結果受了批評，把立的功也給撤銷了。鼓勵不勞而食、鼓勵懶惰，這就是組織制度的惡果。解放後我沒有看到什麼出色的作品。一篇作品，領導捧一捧就可以成為傑作，這也是組織制度。

組織力量把個人的主觀能動性排擠完了。我們的戲改幹部很有能耐，能把幾萬個戲變成幾十個戲。行政領導看戲，稍有不悅，藝人回去就改，或者一篇文章，一聲照應，四海風從。這是因為黨有如此空前的威信，政府如此受人愛戴。但是聲望應起好的作用，現在卻起了壞的作用。過去，搞藝術的有競爭，不競爭就不能生存。你這樣做，我偏不這樣做，各有獨特之處。現在恰恰相反，北京如此，處處如此。北京是《白蛇傳》、《十五貫》，於是全國都是《白蛇傳》、《十五貫》。

我感覺黨的威信太高了，咳嗽一下，都會有影響，因之作為中央的文藝領導就更要慎重、小心，當然，不可能有永遠正確的人。有些作家藝術家兼任行政領導，他自己也口口聲聲說不願做，但是做官還是有癮，做官跟做老百姓就是不同，政治待遇、群眾看法等都不一樣，所以有些作家，他們打心裡還是願意做官的。很多作家，藝術家原是朋友，但現在卻成了上下級了。

組織制度是愚蠢的。趁早別領導藝術工作。電影工作搞得這麼壞，我相信電影局的每一個導演、演員都可以站出來，對任何片子不負責任，因為一切都是領導決定的，甚至每一個藝術處理，劇本修改……也都是按領導意圖做出來的。一個劇本修改十幾遍，最後反不如初稿，這是常事。

　　吳祖光還說了些文藝工作之外的問題。關於吸收黨員問題，他說，「因為積極鬥爭別人而入黨的人，假如現在證明鬥錯了，這樣的黨員的人格就有問題。這樣的黨員多了，非黨之福。」關於肅反問題，他說，「肅反是搞重了，面搞寬了。北大、戲曲學校……都很嚴重。肅反很欠思考。有些人解放前對革命忠心耿耿，做了很多工作，而肅反中卻狠狠地鬥了他。這是不公平的。」他還舉了個例：「如電影局，在肅反時，有一位同志被鬥，她的愛人因之便和別人結了婚，後來證明她是被鬥錯了，結果卻拆散了人家的夫妻。」

　　不僅有座談會上的發言，吳祖光還在《戲劇報》第十一期發表〈談戲劇工作的領導問題〉一文，其中說：

　　　　我們誰都會談所謂「社會主義制度的優越性」，可是它在培養文學藝術人才這一方面表現了什麼呢？對於解放以來，工、農、兵的每一條戰線上都是人材輩出，蓬勃前進，而文藝戰線上獨獨新人寥落的具體現象我們又該如何解釋呢？

　　　　解放以後的新社會產生了新的生活習慣，這種新的生活習慣形成了新的制度，我感覺到這種制度可以叫做組織制度。革命的成功正是把全國人民的力量組織起來的結果，這是誰也不能否認的事實。但是就文學藝術的角度看來，我以為組織力量的空前龐大使個人力量相對地減小了。

　　　　從黨中央提出黨內整風以來，在這短短的時期內，僅從報紙雜誌上看到的一些被壓制埋沒的人才的事實就真足以使人觸目驚心。我們今天的生活制度由於組織一切包乾的結果，竟使不勞而食成為合理合法的事情，因為恰巧有許多辛勤勞動出來的作品反而受到了無情棍棒亂敲亂打，於是索性不寫不做反而落得平安無事。可惜的是藝術家們和剝削階級不同，他們對於不勞而食並不認為是幸福，而認為是恥辱與痛苦。

　　　　「服從組織分配」在革命鬥爭當中，在軍事行動當中，我想它都應當是屬於鐵的紀律。但是到了今天，在我們的文藝園地裡施行組織分配的辦法就使人很難理解了。無論如何，寫作、演、唱總是屬於個

人的行動；一個口齒不清的人總不能由於集體力量、大家幫忙而能使他變得伶牙俐齒起來；但是在我們的工作當中，由於萬能的組織分配的結果，卻是什麼樣顛倒因果、亂點鴛鴦的事情都做得出來。我想在文藝工作的安排上，「組織分配」決不能絕對化。如果「組織分配」只占五分（而且是經過深思熟慮公平合理的分配），自願亦占五分的話，事情便會變得好一些的。

所謂「組織」亦就是指的領導。領導的權限無限擴展的結果，必然是日深一日的目空一切，自以為是。從主觀主義開始，教條主義、宗派主義、官僚主義必然接踵而來。從文藝工作說來，誰都懂得「為人民服務」的道理，但是今天無數的藝術團體的領導，偏偏就從不估計人民群眾的需要，認為群眾渾噩無知。對群眾喜愛的東西，用無數清規戒律斬盡殺絕，把群眾不喜愛的東西塞給群眾作為對群眾進行教育。

我們的傳統戲曲藝術有著悠久的歷史，我們的優秀的表演藝術家們代代相傳，每一個都身懷絕技。作為新文藝工作者得到與民間藝人合作的機會正應該抓住機會好好地向他們學習一下；但是絕大多數的同志們卻是頤指氣使，發號施令；還沒有摸到傳統藝術的規律，便神氣活現地以改革者自居，把自己的一知半解硬去套人家的脖子。中國的傳統戲曲節目之豐富是盡人皆知的，但是這些年來把擁有幾萬齣戲的古典戲曲生生擠兌得只剩了寥寥幾齣戲在舞臺上苟延殘喘，這種大殺大砍的手段真是令人驚佩。「成事不足，敗事有餘」，真是這些戲改幹部的活活寫照。

對於文藝工作者的「領導」又有什麼必要呢？誰能告訴我，過去是誰領導屈原的？誰領導李白、杜甫、關漢卿、曹雪芹、魯迅？誰領導莎士比亞、托爾斯泰、貝多芬和莫里哀的？……

有了這樣的發言和文章，吳祖光當然要被劃為右派分子。中國戲劇家協會在六月二十三日和七月一日開了兩次會，鬥爭吳祖光。會議由戲劇家協會主席田漢主持，會上有二十多位劇作家、導演、演員發言。周信芳就領導的重要性以及解放以後戲劇界出人才少的問題批判吳祖光。他說，戲劇事業

在黨的領導下才有發展，只要看民間職業劇團努力爭取加強對他們的領導就是證明。袁雪芬曾對他說，如果沒有黨的領導、沒有新文藝工作者的幫助就沒有越劇。周信芳說這也是越劇發展特別快的原因。他認為黨這幾年來在培養戲劇界的新生力量方面也已做出很大成績，可是從解放到今天也不過七、八年，一株幼苗不能立刻變成參天大樹。一個演員要在藝術上有所成就也不是一朝一夕之功，要達到楊小樓這樣成熟的境地，也要有楊小樓的歲數。

（7月8日〈新華社新聞稿〉）

吳祖光六月二十三日的日記：

> ……午後到劇協開會，田漢主席，是整我在《戲劇報》上發表的文章的。田聲色俱厲，此為我平生第一次挨此等大會的批評。深覺出言過火，悔之不及。但自問是從善良願望出發，決心今後不再提任何批評意見了。對戲改幹部尤覺歉然也。田漢提到的文章三篇：1、葉聖陶：領導這個名詞，作家自己的哲學。2、白塵：話劇需要領導。3、我的發言。四時人民日報記者來接，去天橋。決定好生寫劇本，今後亦不打算再接近戲曲了，
>
> 夜十一時半戲劇報張郁來，十二時文藝報張保華來，均談及我走後田漢對到會之人點名發言，一時謾罵，扣帽子，鑼鼓齊鳴。我幸而走掉，否則真會氣死，此種會不知對我有什麼幫助？不知何人挾嫌誣陷（因並無一人談理論也）開此鬥爭大會。當夜致電夏公、周揚同志，韋明則未找到。周表示願指示新華社發消息要慎重，並殷殷勸以不要緊張。

（《吳祖光日記》，大象出版社2005年版，第234-235頁）

從周揚「殷殷勸以不要緊張」來看，這時還沒有最後決定吳祖光的命運。黎之的回憶錄中講了這樣一件事：「六月八日《人民日報》發表社論後，周恩來同康生（當時康經常過問文藝界的事）約請了部分文藝界代表人物座談，讓大家對反右有思想準備。周恩來反復講了要把正確的批評與右派進攻區別開來，要把講了錯話與右派言論區別開來。記得當時他特別提到兩個人，一個是吳祖光，說他雖然講了一些錯話，但還不能說是右派言論，提

到的另一個人我記不得了。」（黎之《文壇風雲錄》，河南人民出版社，1999年版，第107頁。）可見按照周恩來的尺度，上面所引吳祖光的那些，不過是錯話，還算不上右派言論的。只不過周恩來的這個意見並不能左右當時的局勢，最後，吳祖光還是被劃為右派分子了。

吳祖光的妻子新鳳霞是深受觀眾喜愛的著名評劇演員。這時，她的一位領導找她談話了：「吳祖光已經完了，你要考慮自己呀！要劃清界線，你這麼年輕，戲演得好，有這麼多觀眾喜歡你，黨也重點培養你，你要站穩立場啊！」並且告訴她，要把吳送去改造。可是她不肯劃清界線，回答說：「王寶釧等薛平貴十八年，她是靠挖野菜活著；我會唱戲，我等他二十八年。」這位領導憤怒了，拍著桌子高聲說：「你走吧，後果你自負哇！走！」新鳳霞雙手捂著臉哭著出了門。這後果果然是可怕的，第二天，這一位領導在劇院的大會上宣佈，給新鳳霞戴上右派分子帽子，照常演出，不登報公開，內部控制。（見新鳳霞著《我叫新鳳霞》，北京出版社，1998年版，第31-32頁）

當時大約沒有誰預料到：這天主持開會的田漢、發言的周信芳，幾年之後的遭遇會比今天挨鬥的吳祖光還要悲慘。

戲劇界的右派分子還要說到北京市京劇一團團長李萬春。他是中國農工民主黨黨員。報紙上說他「在章伯鈞、李伯球等指揮下，策劃了進攻戲曲界的一整套計畫」，報紙還說，章伯鈞、李伯球表示：「將來成立了農工民主黨戲曲支部，由他擔任書記，就可以和共產黨分庭抗禮。」（8月27日《光明日報》）

還有中國京劇院的葉盛長，他是著名演員葉盛蘭的弟弟，也是中國農工民主黨黨員。六月六日他在農工民主黨北京市委員會邀集的一次京劇界座談會上發言，說「京劇院行政幹部對業務不內行，國務院應考慮內行來領導，換一換人。」還說：「京劇院清一色，會拍馬就可以入黨。」報上說他是「章伯鈞、李伯球右派集團向中國京劇院進攻的急先鋒」。（8月17日《人民日報》）

還有豫劇女演員陳素真。據報載：「陳素真在北京時，曾幾次拜訪右派分子吳祖光。就在吳祖光的反動論點受到批判以後，她還向吳祖光表示贊同和支援吳的全部論點。特別惡劣的是，陳素真當時就住在中國戲劇家協會主席田漢家裡，她竟將聽到的有關情況，暗地派人給吳通風報信。」除了公佈她的右派言行之外，這篇報導還寫到了她的歷史：她原是國民黨高級軍官的太太，有相當長的時間完全脫離了舞臺。（9月17日《人民日報》）

北京人民藝術劇院弄出了一個「以戴涯、文燕為首的右派小集團」。
（《戲劇報》1957年第16期）他們劃為右派的材料牽連到焦菊隱，戴涯和他談過
想要以恢復中國旅行劇團的名義搞同人劇團的事，並且希望他參加。這樣焦
菊隱也就面臨被打成右派的危險了。焦菊隱（1905-1975），天津人，曾經
留學法國學習戲劇，獲得文學博士學位。回國以後，先後在幾所大學任教。
一九四八年潛赴解放區。進城以後任北京師範大學文學院院長。一九五二年
受命和曹禺、歐陽山尊、趙起揚合作，創建北京人民藝術劇院，焦菊隱擔任
劇院副院長兼總導演。擔任副院長兼黨委書記的趙起揚知道焦菊隱是劇院不
可缺少的人，就竭力保護他過關。趙向中共北京市委彙報，「市委某領導聽
後說：『這個人對你們有用沒用？有用就留下，沒用就劃成右派。』老趙
忙說：『有用，有用，我們回去一定要再對他進行批評幫助。』」（《北京人
藝》2013年第2期，張帆文）這樣，焦菊隱算是逃過了這一厄。

中央戲劇學院反出了一個以孫家琇（戲劇文學系主任、民盟北京市委
員會委員、民盟中央婦女委員會委員）、徐步（導演系講師、戲劇學院民盟
小組組長）為首的民盟右派小集團。這個小集團的骨幹分子有堯登佛（翻譯
組的翻譯，整風初期被孫家琇介紹入盟的盟員）、屈白宇（導演系助教、戲
劇學院民盟小組副組長）等人。（《戲劇報》1957年第17期）

中央戲劇學院舞臺美術系講師李暢、徐廷敏，和解放軍總政話劇團演
出隊隊長趙森林、解放軍總政話劇團舞臺美術設計劉世彩等幾個人，用「中
央戲劇學院舞臺美術系全體師生大會」的名義，向全國各地戲劇團體發出了
一份《呼籲書》，聲討解放軍總政治部宣傳部副部長陳其通。陳其通等四人
文章，毛澤東多次批評過。毛澤東批評則可，他的部屬聲討則不可。他們被
劃為一個右派集團。據《戲劇報》說：「舞臺美術界的『縱火』案在這次反
右派鬥爭中已初步查明真相，以李暢、趙森林為首的反動集團亦已在首都戲
劇界的猛烈追擊下開始崩潰了。中央戲劇學院的黨總支副書記白鷹同志和
表演系主任嚴正同志在這一事件上嚴重的喪失立場，也在大會上做了初步
檢查，但是不深刻，群眾不滿意。中央戲劇學院已做嚴肅處理。劉芝明副部
長、田漢、曹禺、吳雪、歐陽山尊、丁里、華君武、劉露等同志都在大會上
發了言。」（《戲劇報》1957年第16期）

音樂界。

　　北京藝術師範學院籌備委員會副主任、民盟支部主任委員、作曲家劉雪庵被劃為右派分子了。文化部、中國音樂家協會自八月六日以來，連續舉行了五次座談會，揭發和批判劉雪庵反黨反社會主義的言行。北京藝術師範學院籌備委員會主任老志誠，副主任蘇靈揚和該院民盟支部委員陶佩霞揭發了劉雪庵在該院整風以來一系列的反黨言行和他的無恥的兩面手法。在座談會上發言的有原在北京，和從天津、上海、南京特地趕來參加會的音樂家。

（8月14日《人民日報》）

　　還有女高音歌唱家張權（1919-1993），江蘇宜興人。在美國伊斯曼音樂學院獲音樂文學碩士學位。一九五一年底回國。不久，和丈夫莫桂新一起安排到中央實驗歌劇院工作。她擔任獨唱演員、聲樂教師，丈夫莫桂新（1917-1958）是歌唱家、指揮家。一九五五年的肅反運動中，莫桂新成了肅反對象，最後雖然沒有查出他什麼反革命問題，還是處分了他。整風開始，莫桂新就把這個問題提了出來，他問：他的結論「是內部問題還是外部問題？是內部問題處理就重了，是外部問題處理就輕了。」反右派鬥爭中就說他攻擊肅反運動。當然是右派分子。張權在《文藝報》上發表了一篇〈關於我〉，說了一些自己在這幾年裡的遭遇。如她「參加出席第四屆青年聯歡節的選拔演出，……那次選拔演唱，群眾反映也還不壞，但出國終於沒有我的份。而未經參加選拔的王昆、郭蘭英等同志卻都出國了。」「五四年到河南學梆子，教我的老師父很滿意，回京後彙報，大家也很滿意；覺得初次接觸戲曲，對自己的演唱方面，確有很大幫助。《人民音樂》要我寫篇文章，談談學習的體會，刊出後，黨總支竟向我提出：『寫文章應經院領導審閱，為何擅自發表？』此後有位新華社記者讓我談劇院方針，我就更不敢講了。」「劇院裡教員的意見很不被重視，挑選角色，教員無權過問，有的同志作戲較好，但聲樂水平不夠，卻被挑上，就讓教員想急救辦法，擴大音量或提高音域，嗓子因此而唱垮了，責任也歸之教員。這些技術細節，當我提出請領導注意時，卻得不到回答。」（《文藝報》1957年第7期，5月19日出版）

　　在五月十一日文藝報社邀集的歌唱家和演奏家座談會上，張權還說了這樣一些意見：「有一次我被邀參加中央樂團的演出，竟受到領導批評，說是自由主義。我和幾個同志曾在一起商量過，想組織起來試排一下《王貴與李香香》作為學習，但也被稱為非法組織。」「實驗歌劇院的樂隊因過度勞

累，有十幾個拉提琴的同志手壞了，吹管樂的也有人把嘴吹爛了；蘇聯歌劇院是三個樂隊輪著伴奏，這條件我們不能比，但，為什麼不可以適當地照顧休息呢？」（《文藝報》1957年第8期，5月26日出版）

張權的這一篇〈關於我〉是怎麼來的呢？多年之後她回憶說：

> 一九五七年春，到處都提倡大鳴大放，給本單位提意見，既然是毛主席號召的，我也就響應吧。恰恰《文藝報》一位記者讓我談一談，我便拉拉雜雜地說了一些，比如有位領導說：「像張權這樣的美國婦女，若是站在人民的舞臺上，簡直是不能容忍的。」我覺得很傷心；我發表一篇學習河南梆子的文章，院領導問我為何擅自發表，我也覺得不能接受……意見無非是這些，我還沒有提得更深刻些的水平。但我卻被打成右派，而且批判的調門越來越高，說我「向黨向社會主義猖狂進攻」。我不明白這是為什麼，感到十分委屈，但是一切辯解都是無用的。（〈張權自述〉，見《人物》1990年第3期）

反右派鬥爭開始，《文藝報》第二十一期上發表中央實驗歌劇院通訊組的〈關於張權〉一文，逐條反駁她的〈關於我〉和她在文藝報社的座談會上講的那些話。十一月，北京音樂界連續開會六天，批判右派分子張權、莫桂新。文化部藝術局辦公室主任兼戲劇音樂處處長周巍峙最後發言，說張權、莫桂新是「要篡奪國家歌劇事業的領導權」，說「莫桂新早就說過劇院領導不懂業務，不能領導歌劇，只有張權才能當歌劇團團長。」

夫妻二人都劃為右派分子了。莫桂新被送到凱興湖農場勞動教養。一九五八年八月十五日，因食物中毒死亡。

還有作曲家陳歌辛（1914-1961），上海人。一生創作了〈永遠的微笑〉、〈薔薇處處開〉等二百多首歌曲。他被劃為右派分子之後，送到上海市公安局所屬的安徽白茅嶺農場勞動教養。因為饑餓和勞累，一九六一年一月二十五日就死在那裡了。（艾以〈音樂家陳歌辛的最後歲月〉，見《炎黃春秋》2010年第8期）

翻譯家傅雷，這時是中國作家協會上海分會書記處成員。幾個月之前他赴北京出席中國共產黨全國宣傳工作會議，聆聽了毛澤東的講話，真是五體投地的佩服。當鳴放轉變為反右，他也被劃為右派分子了。當時中共上海

市委宣傳部副部長兼作協分會黨組書記周而復在《往事回首錄》中說：

> 著名翻譯家傅雷在「鳴放」中說了一些不妥的和錯誤的話，我和他有些
> 交往，平時出席作協上海分會的什麼會議，他發言並不積極。這次市委
> 召開文學界座談會和宣傳會議，邀請他參加，幫助黨整風，態度轉趨積
> 極，不止一次發言，提出批評意見。柯慶施同志親自處理，要劃他為右
> 派。我認為根據中央劃右派的條例，傅雷可以不劃為右派，最多是屬於
> 可劃可不劃的範圍。對柯慶施的決定，我保留意見。宣傳部負責同志
> 傾向贊成我的意見，但因為是柯慶施決定，他也沒有提反對意見。恰
> 巧周揚同志到了上海，我將傅雷的情況向他彙報，他同意我的意見，
> 可以不劃為右派，並向柯慶施彙報。柯慶施沉思了一下，說：可以不
> 劃傅雷為右派，要他檢討一下過關。我高興柯慶施終於接受了意見。我
> 根據柯慶施的指示，找了柯靈同志，傅雷的老朋友，轉達了市委的意
> 見，委託他找傅雷談一次。柯靈欣然受命，親自找了傅雷，告訴他檢討
> 一下，就可以過關，不劃為右派。傅雷聽了很高興，立刻認真準備，做
> 了檢討。我把傅雷的檢討送給宣傳部負責同志和柯慶施。過了兩天柯慶
> 施批示下來，仍然把傅雷劃為右派。柯慶施除了是中共上海市委第一書
> 記，同時是中共中央上海局書記，兼管江蘇浙江，對於中央各部委負責
> 人的意見不大尊重，更不高興這些人過問上海市委的工作。柯慶施堅持
> 把傅雷劃為右派，無可挽回了。（《新文學史料》，1995年第四期，第54頁）

　　想來柯慶施原來說的只要傅雷檢討一下，可以不劃右派，並不是假
話。在他，傅雷也好，別的什麼人也好，要劃都可以劃，要不劃都可以不
劃。只是不能讓中央宣傳部一個副部長來過問上海市的工作。為了偏不給周
揚面子，於是更要把本來也表示過同意不劃右派的傅雷劃上了。在傅雷，當
然是立刻毀了他的名譽，他的事業，幾年之後還搭上他和妻子兩人的性命；
在柯慶施，這只不過是賭桌上的一枚籌碼：他贏了，周揚輸了。

　　文學翻譯家劃為右派分子的還可以說到張友松。張友松（1903-
1995）。湖南醴陵人。一九五二年一月，宋慶齡主辦的大型綜合性月刊《中
國建設》英文版在北京創刊。他在這裡做了兩年編輯。後來他辭職當了一名

專業翻譯家，靠譯書的稿費為生。經他的老朋友金燦然介紹，為人民文學出版社翻譯馬克‧吐溫的作品。先後出版了《馬克‧吐溫短篇小說集》、《湯姆‧索亞歷險記》、《王子與貧兒》、《鍍金時代》四部書。稿費收入一萬一千多元，比原來的月薪要高出不少。他在和人民文學出版社三年多的業務往來中，積累了不少不滿。一九五七年「大鳴大放」期間，他就在《文藝報》一九五七年第九期（6月2日）發表〈我昂起頭，挺起胸來，投入戰鬥！〉一文，把他的不滿發洩出來了。這篇以「對人民文學出版社及其上級領導的批評」為副題的長文說：「『人文』的社長老爺們都是些懶蟲，他們不懂業務，又不肯學習業務」，「終日挖空心思，把出版社的『利益』與作家和譯者的利益對立起來。以致出版者與作家和譯者終於搞成了冤家死對頭，嚴重地危害了人民的出版事業。」「社裡的負責同志們一向是以施主自居，把一般作家和譯者當做乞丐似的。」「『人文』的領導同志們之主觀，可謂登峰造極。」文章裡，還舉出了他和社長樓適夷、王任叔，副總編輯鄭效洵打交道的時候一些很不愉快的具體事例。反右派鬥爭開始以後，這篇文章可是惹禍上身了。《文藝報》第16期（7月21日）上刊出了署名「石人」的文章：〈張友松究竟是一股什麼勁？〉，文章說：「儘管張友松所列舉的事實中，據我瞭解，有些是接近事實的，但不符事實的極多，雖然如此，然而張友松的基本態度是否定一切而不是與人為善的，張友松口口聲聲說不是『惡意攻擊』，不是『詆毀和興風作浪』，但是實際上恰恰是如此。」就這樣，張友松被劃為右派分子了。

　　他被劃為右派分子，還有一條罪名：一九五七年九月二日的《人民日報》刊出了署名袁木批判他的文章，說。山東師範學院揭發出了一個右派反共小集團，「這個集團的組織者是披著專業翻譯家外衣的張友松，他在這個集團中自任『主帥』，坐鎮在北京的『大本營』。這個集團主要成員李金聲、戴天慶和莊維石分擔『軍師』、『秘書』和『窩主』的任務，在山東師範學院積極進行反黨活動。他們訂下『執法如山』的紀律，有計劃地向共產黨發起無比瘋狂的進攻。」這是怎麼一回事？看了七月二十八日的《人民日報》刊出的那篇〈四十多封密信〉為題的文章就明白了，那篇文章摘錄了他寫給山東師範學院的莊維石、李金聲和戴天慶的信中一些字句：

我指揮著由無到有的隊伍，先後開闢了兩個戰場。

本帥執法如山，抗命者斬！！！

倘再誤戎機，定以軍法從事！！！

這一位馬克‧吐溫的中譯者，大約文章風格也受到馬克‧吐溫的感染，在給友人寫信的時候也來一點馬克‧吐溫式的諷刺和詼諧。這可糟了。《人民日報》就根據這些字句，說這是「一個有組織、有綱領、有紀律、有經費的反動集團」。真是開玩笑也有罪了。

不過把他劃為右派分子，有一個問題：一九五八年一月二十九日國務院第六十九次全體會議通過的文件，標題是〈中共中央、國務院關於在國家薪給人員和高等學校學生中的右派分子處理原則的規定〉，這就是說只在國家薪給人員和高等學校學生中劃出右派分子。張友松這時是以版稅為生活來源的專業翻譯家，並不領取國家薪給，按說並不屬於劃右派的範圍。可見劃他為右派分子是真正的擴大化了，擴大到規定範圍之外去了。到了要落實中共中央一九七八年五十五號文件，給錯劃為右派的人予以改正的時候，問題就出來了。據張立蓮〈懷念我的父親張友松〉一文說：「一九七九年父親的問題得到了『改正』（直到這時才知道，當年劃他為『右派』時，連一點書面材料也沒有）！」（載《新文學史料》總第71期）這時才發現張友松不屬於「國家薪給人員」，「改正」錯劃右派的時候，並沒有適用於這種人的政策規定啊。最後只好作為一個特例，把他安排為北京市政協委員，由市政協發給他生活費。

一九五七年九月十六日，中國美術家協會主席齊白石去世。許多報紙和刊物都發表了紀念文章。二十二日《人民日報》刊登了老舍寫的〈白石夫子千古〉，文章和當前的反右派鬥爭密切聯繫了起來。文章說：「夫子病逝的時候，正值北京國畫界進行著反右派鬥爭。國畫界的右派分子的首要罪行，即在打擊新生力量，打擊新的創造，以便他們抱殘守缺，而自居優良傳統的繼承人與保衛者，稱霸畫界，壟斷市場。他們既破壞了團結，又阻礙了繪畫的向前發展。他們與白石夫子所走的顯然不是同一道路。他們的小集團，惡毒地攻擊集團以外的一切畫家。這又與白石夫子完全不同。」文章還說：「白石夫子與我們長辭了，我切盼國畫界能夠深入再深入地繼續反右派鬥爭，徹底打垮反黨反社會主義的小集團。」現在出版的《老舍全集》第

14卷所收的這篇文章這一段話已被刪除。這裡是據張桂興編著的《《老舍全集》補正》（中國國際廣播出版社2001年版，第516頁）引用的。

美術界被劃為右派分子的，除了前面已經說過的江豐和莫樸之外，國畫家裡還有中國畫院副院長徐燕蓀，據報紙揭露的材料，說他「經常強調『國畫界的事應由國畫家來辦』，『決不能叫共產黨來把持』。」還有王雪濤，他們兩個都是中國農工民主黨的黨員。（8月2日《人民日報》）

還有工藝美術家龐薰琹，他是中央工藝美術學院副院長，中國美術家協會常務理事，工藝美術組組長。又是中國民主同盟中央工藝美術學院區分部主任委員。《辭海》上有他的詞條：

> 龐薰琹（1906-1985），中國工藝美術家、工藝美術教育家、畫家。字虞鉉，號鼓軒，江蘇常熟人。早年從事繪畫創作，一九二五年赴法國，分別在巴黎敘利恩繪畫研究所及格朗歇米歐爾研究所研習。一九三〇年回國。在上海組織現代美術團體決瀾社。一九四〇年任四川省立藝術專科學校教授兼實用美術系主任，一九四七年任廣東省立藝術專科學校教授兼繪畫系主任、中山大學教授。建國後先在中央美術學院華東分院任職，一九五三年赴北京，負責籌備成立中央工藝美術學院。一九五六年中央工藝美術學院成立，任教授、副院長。有《薰琹隨筆》、《工藝美術設計》、《中國歷代裝飾畫研究》、《圖案問題研究》、《龐薰琹畫輯》等。

反右派鬥爭中，中央工藝美術學院打出了一個以副院長龐薰琹為首的右派集團。據一九五七年十二月八日中央宣傳部〈關於著名的文藝、藝術、新聞、出版界右派分子的處理意見向中央的報告〉，他「主要的右派言行」是這樣的：

> 龐是工藝美術學院反黨集團首領，企圖篡奪工藝美術學院黨的領導，要趕走黨員院長和副院長，進而奪取全國工藝美術界的領導。提出反黨的十點建議，要求民主辦校，排擠哪個團員幹部，誣衊說是「監督我們的」。鳴放期間龐派人去無錫、蘇州、上海等地點火，煽動向黨

進攻，說「文化部是忍心的父母」，「手管局是外行，不能領導工藝美術。」把持「工藝美術通訊」向全國工藝美術界散放毒素。

七月二十八日《人民日報》刊出王孔誠的〈一個毒辣的右派集團〉一文說，這個集團「企圖先奪取這個學院的領導，進而奪取全國工藝美術界的領導。」「它的主要成員是教授鄭可，院長辦公室秘書劉守強，工藝美術科學研究所秘書何燕明。劉、何兩人都是共產黨員，但被龐拉下泥坑成為右派集團的重要分子。」他被劃為極右分子。

中央美術學院教授李宗津和王遜，又都是中國民主同盟的盟員。報紙上說，他們是「江豐集團的『軍師』」，就被劃為右派分子了。（8月28日《人民日報》）李宗津的最後結局，後來擔任過中央美術學院副院長的畫家徐冰在〈愚昧作為一種養料〉一文裡說：

> 油畫家李宗津先生，這是我上美院之前求教過的、唯一的專業畫家。李先生住北大燕南園厚牆深窗的老樓，他拿出過去的小幅油畫寫生給我看，那是我第一次感受到真正的油畫魅力。
>
> 有一次，他家小屋裡掛著一張巨幅油畫，頂天立地。原來這是他的代表作《飛奪瀘定橋》，從歷史博物館取回來修改。
>
> 最後一次去，怎麼敲門也沒人應，後來問人才知道，李先生前幾天自殺了。原來，他一直戴著右派帽子。過去在中央美院，反右後被貶到電影學院舞美系。文革期間不讓這類人畫畫，最近鬆動些，可以畫畫了，卻又得了癌症，他受不了這種命運的捉弄，把那張代表作修改了一遍就自殺了。
>
> （北島、李陀主編，《七十年代》，三聯書店，2009年7月版，第21-22頁）

被劃為右派分子的，還有著名畫家劉海粟，他在〈情思不盡憶故人——懷念摯友傅雷〉一文中說：

> 一九五七年的整風反右，我倆都被戴上「帽子」。我被戴上「帽子」的原因之一，是在有人提出藝專要搬家的問題時，我頂了一下。

我反對華東藝專遷至西安，倒並非華東藝專前身是上海美專，是我半個世紀來慘澹經營、嘔盡心血的教育事業。我這個人，沒有多高的覺悟，惟知全國解放後，我把一切包括我自己都交付給人民，交托給中國共產黨了。但是把一個華東有影響的美術專科學校遷到西北，離開上海這個中國重要的文化中心，無論用「一盤棋」什麼的理由，都無法掩蓋。如果離開了地理上這個十分重要的文化中心，將會給藝專帶來嚴重後果這一基本事實。

我這意見，曾當面向毛主席提過，因他十分誠懇地徵求我的意見。同樣的話，我也向周總理說過多次，甚至直接指名道姓，總理並不介意。但是，這件事給我帶來了厄運。我這人好說話，口無遮攔，不顧上下左右的「人際關係」，狂士之言，在某種不正常的政治氣候裡，便成為悖逆之詞。所以我被戴上「帽子」，可以說是「咎由自取」。

（《人物》雙月刊，1990年，第一期，第20頁）

被劃為右派分子的國畫家還有尹瘦石，劃右派之後曾到北大荒勞改。

劃為右派的木刻家有彥涵。江蘇東海人，一九三八年去延安，同年十月加入中國共產黨。這時是中國美術家協會創作研究室研究員，版畫組副組長。在一九五五年的年肅反運動中被列為審查對象。據一九五七年十二月八日中央宣傳部〈關於著名的文藝、藝術、新聞、出版界右派分子的處理意見向中央的報告〉，他「主要的右派言行」是這樣的：「彥涵係江豐反革命集團骨幹分子，積極策劃推翻美術界的領導，是反黨的五月會議的主要組織者。對肅反不滿，說：「肅反成績不是主要的」。一九五七年夏，彥涵到處點火，積極為江豐反黨集團招兵買馬，把黨對江豐的批評說成「宗派打擊」「毛主席偏聽偏信」，「為江豐、莫樸策劃抗拒黨中央對美院華東分院的檢查。」他就因為這些被劃為極右分子。

比較起來，漫畫家更容易被劃為右派分子。像《人民畫報》副總編輯丁聰、《人民日報》文藝部的沈同衡，《北京日報》美術組的李濱聲、王復羊，還有廣州的廖冰兄，就都是因為畫了諷刺性的漫畫而被劃為右派分子了。丁聰劃右派，可能還有一個原因，就是和外文局的蘇聯專家的關係不好。據黃苗子在〈吳祖光和他的日記〉一文裡談到吳祖光因為他和蘇聯專

家的矛盾吃了大虧，接著說：「丁聰也是吃這個虧，他在外文局也和蘇聯專家吵架。一九五七年這都成了他們的罪狀。丁聰主要為此劃成了右派。」（2004年12月31日《文匯讀書週報》）

解放之後最忌諱小集團。幾個人接近一點就可疑。在提出「百花齊放、百家爭鳴」的方針之後，在文學界，在大學生中，出現了一些自發地結成的社團。反右派鬥爭起來之後，這些自發地結合起來的文學社團也多遭到了批判。

這裡只舉一個例。江蘇省一些青年作家、翻譯家陳椿年、高曉聲、葉至誠、方之、陸文夫、梅汝愷、曾華等在一九五七年六月初發起組織《探求者》文學月刊社，他們不過是有此意願，並沒有成為事實，就因為反右派鬥爭而中止。他們草擬的「章程」和「啟事」也作為供批判用的材料公佈出來。

〈探求者文學月刊社啟事〉說，對於目前有一些文藝雜誌的辦法，我們很不滿意；編輯部缺乏獨立的見解，顯示不出探討人生的精神；特別在藝術問題上，沒有明確的目標，看不出它們的藝術傾向。這是用行政方式來辦雜誌的必然結果。用行政方式辦雜誌的缺點在於它是「官辦的」，儘管申明並非機關刊物，但是卻擺脫不了機關刊物的性質。〈啟事〉在概述了機關刊物難免的缺點之後說，我們這樣來辦雜誌，我們是同人刊物，有自己的主張，自己的藝術傾向；我們把編輯和作者混同一起，稿件的主要來源就依靠同人，我們將在雜誌上鮮明地表現出我們自己的藝術風貌。刊物的政治見解和藝術主張，〈啟事〉說：

> 我們認為：社會主義制度是目前世界上最好的制度，它具有偉大的生命力。我們願意為這個制度的勝利，貢獻出全部力量。目前，中國的社會主義制度剛建立不久。如果說建成社會主義的道路還在探索，需要不斷地積累經驗，吸取教訓，那麼，在建成社會主義的過程中，人生的道路就更為複雜，更需要多方面進行探討。
>
> 思想意識的改變是一個艱苦的過程。舊時代遺留下來的思想意識中間，有壞的，也有好的。必須加以辨別。壞的要剷除；好的要繼承，要發揚。這是一件細緻複雜的事情。在新思想、新意識建立的過

程中，有益的和有害的、正確的和錯誤的經常同時出現，錯綜地交織在一起，也必須加以辨別。有益的和正確的要扶植，要幫助他們成長；有害的和錯誤的要批判、要糾正過來。這更是一件細緻複雜的事情。近幾年來，把一切舊東西看成壞的，把一切新東西看成好的，這種教條主義的觀點已經造成了嚴重的危害，阻礙了思想意識的的健康發展，更特出地妨礙了年青一代的成長。教條主義又把浩瀚統一的社會生活歸結成支離破碎的教條，僵化了人們的正常生活。

再者，我們過去在長期的階級鬥爭中，由於當時的需要，把政治態度作為衡量人的品質的主要標準，往往忽略了社會道德生活的多方面的建設。階級鬥爭有它歷史的必然性和必要性，但是，在階級鬥爭基本結束，社會的主要矛盾表現在人民內部的今天，我們看到了人們道德面貌上存在著各種缺陷，也看到了階級鬥爭給人們留下了許多陰影，妨礙了人們之間正常關係的建立。人情淡薄，人所共感。

鑒於以上種種，我們將勉力運用文學這一戰鬥武器，打破教條束縛，大膽干預生活，嚴肅探討人生，促進社會主義。

他們在文學方面的主張，〈啟事〉說：

文學創作有過漫長的歷史，積累了多種多樣的創作方法。今天看來，就像打仗可以用各種各樣的兵器一樣，只要對社會主義有利，各種創作方法都可以運用。我們不承認社會主義現實主義是最好的創作方法，更不承認它是唯一的方法。

〈啟事〉還談到這樣說的理由：「現實主義是否隨著社會主義革命的發展而起質的變化，成為社會主義現實主義，還是一個值得研究的問題」，「社會主義的文學有了幾十年的歷史，出現了許多好作品，這些作品的創作方法是否就叫作社會主義現實主義的創作方法，我們認為尚有待於對具體作品進行認真分析研究，目前難下定論。」

儘管不承認社會主義現實主義這個創作方法，〈啟事〉還是表示了應該說是很好的態度：「不斷地學習馬克思、列寧主義。在辯證唯物主義世界

觀的指導下，運用現實主義的方法進行創作，就是我們的主張。」

〈探求者文學月刊社章程〉有這樣一些內容：「刊物不發表空洞的理論文章，不發表粉飾現實的作品。大膽干預生活，對當前的文藝現狀發表自己的見解。不崇拜權威，也不故意反對權威，不趕浪頭，不作謾罵式的批評，從封面到編排應有自己獨特的風格。」「本刊係一花獨放、一家獨鳴之刊物，不合本刊宗旨之作品概不發表。」等等。（《雨花》月刊一九五七年十月號）

一些青年作家只是在想辦這樣一個刊物，於是就成了一個「集團」，必須批判了。姚文元在〈論《探求者》集團的反社會主義綱領〉一文中批判說：

> 看一看《探求者》的啟事中說的：「建成社會主義的道路還在探索」，其反動性就非常清楚了。這「探索」兩字只是一種幌子，實際上它是在「探索」的掩蓋下否定了由蘇聯所開闢的建設社會主義的基本道路，要「探索」另外一條同十月革命的道路、同總路線規定的道路完全不同的道路。然而，反對早已肯定了的社會主義道路，否定社會主義建設的共同規律，就必然是走資本主義道路。二十世紀全部的歷史就證明了沒有什麼介乎社會主義路線同資本主義路線之間的「中間路線」。《探求者》先生們既然否認了早已確定的基本道路，他們走資本主義道路、夢想資本主義在中國復辟的企圖就十分明顯了。這是口頭上說什麼「我們認為：社會主義制度是目前世界上最好的制度」等等所決不可能掩蓋的。

> 中國人民和中國文學，從五四運動以來，早已離開了探索時期了。十月革命一聲炮響，傳來了馬克思列寧主義。從此以後，中國的革命已經從舊民主主義革命轉變為無產階級領導的新民主主義革命，許多先進的愛國人士屢次探索又屢次失敗的革命道路問題，十分明朗地放在中國人民面前了。誰要是離開了這條道路去「探求」另一條道路，那就完全是反動的了。

> 《探求者》們的反社會主義的綱領中，很明顯地可以看出他們是國內外修正主義思潮無保留的狂熱的擁護者。他們自己並沒有什麼了不起的一整套的主張，即使就資產階級文藝的知識來說，他們也是淺

薄的、一知半解的，他們的反動綱領，不過是國內外修正主義思潮湊合起來的一碗雜碎湯罷了。他們在理論上是秦兆陽的的弟子，他們手裡揮舞的也不過是從秦兆陽的修正主義那裡搬來的破刀爛槍而已。然而當這種種修正主義思想被他們剪貼起來湊成一套主張時，就成為非常完整的一個反社會主義的綱領。」

（姚文元《論文學上的修正主義思潮》，第247頁-272頁）

中共江蘇省委機關報《新華日報》的社論〈《探求者》探求什麼？〉說：

不滿意馬克思主義的思想領導的現狀，不滿意社會主義革命的現狀，不滿意共產黨領導的現狀，這就是「探求者」要去「探求」另外什麼東西的原因。

他們既然不滿意現狀，當然只能探求到現狀的反面去。離開馬克思主義的指導思想，離開共產黨的領導，離開社會主義道路，必然走向資本主義道路。二者必居其一，這是不用探求就很明白的常識。因此，他們所謂「打破教條束縛」，就是要打破馬克思主義和共產黨的領導；所謂「大膽干預生活」，就是反對社會主義的制度；所謂「嚴肅探討人生」，就是否認辯證唯物主義和世界觀和人生觀；這就是他們所謂「探求」的實質。至於所謂「促進社會主義」，也就是要把社會主義「促進」到他們所「探求」的那些方向和目標去。

（10月9日《新華日報》）

這一場批判的結果是：高曉聲、陳椿年、梅汝愷、曾華被劃為右派分子，陸文夫、方之、葉至誠沒有戴右派帽子，但是處境比右派分子也好不了多少。

當年擔任江蘇省長的惠浴宇在他的口述自傳中講到探求者一案，一時鬧得那麼大，原來是康生坐鎮蘇州督辦的。他說：

那時江蘇文人中有個自發的文學社團叫「探求者」，康生坐鎮蘇州叫查辦。名單報上來一看：都是解放後成長起來的年輕作家：方之、葉

至誠、陸文夫、高曉聲、梅汝愷、陳椿年……只有艾煊是新四軍出身。當時省委開常委會，常委中沒有一個不想保他們的。江渭清、劉順元都說：「這是我們自己培養的人啊……」我和陳光說：「我們江蘇一共就這麼幾個小作家……」俞銘璜說著說著，眼淚汪汪。他不像我，只認識其中的艾煊、葉至誠，他當宣傳部長，這些人都是他的小朋友。就是這樣，還是沒有保得住。「探求者」一共是活動了十八天，卻遭了二十年罪，是誰也想不到的。「文革」中，許家屯揭發江渭清和我「包庇探求者」，拿了姚文元批「探求者」的文章來批我。我不服氣地想：你當時不也是主張從輕處理的嗎？早知道，當年索性拼命地「包庇」一下。直到「文革」後落實政策，我才瞭解到，姚文元和上海的幾位工人作家，也曾報名參加過「探求者」，方之、陸文夫他們講點小兄弟的哥們義氣，商量好了不連累上海的朋友。沒想到姚文元卻搶先發文章批他們。如果當時他們把姚文元揭發出來，「四人幫」不就剩了三人幫了嗎。（惠浴宇口述、俞黑子記錄整理：《朋友人》，江蘇人民出版社1996年版，第220-221頁）

這幾個當年被姚文元斥責為淺薄的、一知半解的年輕人，在二十多年之後，方之拿出了小說《內奸》，陸文夫拿出了小說〈美食家〉等篇，高曉聲拿出了小說〈陳奐生上城〉、〈李順大造屋〉等篇，梅汝愷拿出了所譯顯克微支幾百萬字的小說之外還拿出了自己的幾部創作小說。這些作品都擁有大量的讀者，也能經受時間的考驗。而姚文元的書，除了有幾個如我似的倒運的讀者還不得不去讀它之外，一般讀者大約已經無意一顧的吧。

簡單說一下中國作家協會本身的反右派鬥爭。這是由作協黨組副書記劉白羽主持的。具體情況韋君宜在回憶錄中說：

劉白羽本人是作家，但是那一陣他在作家協會表現真厲害。在作家協會的一次全體大會上，他作報告說，「中國作家協會藏垢納污，等於一個國民黨的省政府！」而這個人又真奇怪，當散了會之後，你去單個拜訪他，他會真的像一個作家一樣，跟你談什麼作品呀，普希金呀。……好像與作報告意欲將別人置之死地的人，不是一個人。

他手下最得力的是一班女將，當時編制在作協的一班作家們，一聽說她們，真是聞風喪膽。我記得那一次開全體會由其中一位主持會議，她宣讀劃羅烽、白朗為右派的決定，那聲音剛脆，森冷逼人。簡直使人覺得那聲音本身就有殺傷力，每一句就是一把刀。真可怕！還有一位，用纖手指著一個老編輯，說：「就是要狠狠地整你！」那模樣至今仍在我眼前。她們幾位，都是只有中學程度（大約是初中）的幹部，參加革命卻很早。在革命的學校裡飽受黨領導一切的教育，然後出來就在作家們中間做黨的工作，儼然變成黨的化身。但她們實在不懂文藝。（這並非貶低她們，當時的我，也比她們高得有限，我是後來幾經挫折，才覺悟了這一點。）於是，在從上邊來的各種指令之下，由她們動手來搞這個運動那個運動，整人。而她們還覺得自己是在執行神聖任務。（韋君宜《思痛錄》，人民文學出版社2013年版，第50-51頁。）

反右派鬥爭那時，韋君宜是《文藝學習》月刊的主編，這是作家協會的刊物之一，她瞭解情況。當時她的同事黃秋耘後來在回答訪談者黃偉經提問的時候說的是：

中國作協的反右派鬥爭，主要是由劉白羽領導的。因為當時作協黨組書記邵荃麟，他自以為「幫助黨整風」，到過浙江去「煽風點火」，到反右派運動一來，他自己有很大顧慮，不敢放手領導這個運動。副書記有兩個，一個郭小川，一個劉白羽。郭小川，他這個人是詩人氣質，不願意搞這個政治運動，況且領導上對他也不大放心。就主要由劉白羽抓。劉白羽為了抓反右派鬥爭，他組織了一個班子。那班子裡的人不是一些有名的人，都是作協裡邊一般的工作人員。其中主要的一個叫王翔雲，作協的辦公室主任。還有一個丁寧，還有一個羅立韻，還有一個叫林心，這人是從體委調來的。還有一個胡海珠，這個人有個缺點，文化水平比較低，政治上可說是非常淺薄、盲從，上邊說什麼，她就執行什麼；只要劉白羽說這個人很壞，她就整理材料說明這個人很壞。劉白羽就把她們這幾個人組成一個班子，搞內查外調工作。作協下邊有五個單位，每個單位有一個黨支部，每一個黨

支部就分配一個人去做調查員。實際上，她們是劉白羽安插到各個支部裡邊的工具。作協裡邊整個反右派運動的動向，控制在他劉白羽手裡。有了這樣的佈局，作協就在劉白羽領導下開展起反右派運動。所以，後來好多專案搞得一塌糊塗，有些根本不屬於反右派範圍的問題也搞成右派，有些算不了什麼的很輕的事情也搞得很重很重，步驟也非常亂。劉白羽寧可利用這些人讓有些人冤枉。因為政治上比較成熟的人，不可能完全同意他的做法。比如林心，這個人頭腦非常簡單，她把根本不是什麼政治問題的事情，也給人家搞成右派。（《黃秋耘文集》第四卷，第313-315頁）

黃秋耘的這篇訪談錄在《新文學史料》（1998年第1、2期）發表以後，擔任過中國作家協會黨總支書記的黎辛發表〈關於中國作家協會的反右派鬥爭及其他〉一文，對訪談錄中說錯了的地方有所訂正。認為那五位女士「應當說都是好同志，您太委屈她們了」，至於說她們「文化水平比較低」，黎辛的文章說：「她們參加革命前讀書不多，是日本侵略者逼迫的，或因為家庭貧窮」。黎辛的這篇文章並且提出職位比劉白羽高的周揚應該負更大的責任：「周揚主持文藝戰線劃右派的會議，說一句『劃吧！應該劃』幾個字，就決定了文化藝術界全部大右派的命運，根本沒說過『請示上面』，這個戰線會在中宣部教育樓小會議室開，我是參加人之一。」（2000年3月19日《文藝報》）

這韋君宜、黃秋耘二位本人也是只差一點點就要劃為右派分子的漏網之魚。韋君宜是怎樣倖免的呢？《思痛錄》中說：

我知道，自己很有劃成右派的可能。我回家把此事告訴了楊述（引者注：她的丈夫，時任北京市委宣傳部長）他便轉告了蔣南翔（我的入黨介紹人）。蔣南翔打了個電話給胡喬木，說：「你把韋君宜調到作協，現在她快要劃成右派了，要開批鬥會了，你管不管？」胡喬木打了個電話給劉白羽，說我大約尚非右派。同時，楊述把這事也報告了彭真（我是個「一二‧九」幹部，彭真知道）。我大概就是這樣才得倖免的。不過批鬥會還是要開，要我一面挨批鬥，一面在編輯部主持工作，繼續發批判稿批判別人。（第42頁）

　　黃秋耘被劃為右派的危險就更大了。他在不久前發表的〈不要在人民的疾苦面前閉上眼睛〉等幾篇雜文，寫得很尖銳很刺激，足夠據以定案為右派分子了。他為什麼竟能漏網呢？首先是有人保他。韋君宜對作協領導說，要是把黃秋耘劃為右派的話，應該把她也劃上。邵荃麟也想保他，叫他主動發表一篇〈批判我自己〉，邵自己還在《文藝報》發表一篇批評「黃秋耘同志」的「修正主義文藝思想」的文章，包庇他過關。當然，如果上面一定要劃他，像韋君宜邵荃麟這樣的保護並不會有多大的作用。周揚、劉白羽最後都決定不劃他右派，是因為他有一段特殊的經歷。他在訪談錄裡記下了周揚同他最後一次相見時候的談話，周揚坦率地對他說了不能劃他右派的原因：

> 我反復考慮過，也請示過上面……翻過一下你的檔案，曉得你有一段時間做一種很需要的工作（他沒有具體說出情報工作）。對這一類人，黨內是要保護的。因為這不是個人的問題。要是把你劃了右派，跟判刑不一樣，不能關起來，還是在外面逍遙自在，你一跑就可以跑出去。我曉得你在國外有好多親戚朋友，包括一些外國人，跟你都有直接聯繫。你跑了出去之後呢，外國就會如獲至寶，把你養起來諮詢諮詢，你把你做過的工作都講出來，那可能損失很大。當然，相信你不至於這樣。……你過去做的那一類工作，時間相當長，而且牽涉面也相當廣，包括搞策反工作、打進日本人機關這些事，要是都說出來，那可不是好玩的。所以，對你這樣的人，我們黨就不能拋出來劃右派。（《黃秋耘文集》第四卷，第303-304頁）

　　作為一個有正義感的作家，黃秋耘是幾乎要劃為右派了。叨了前情報人員這一重身份的光，倖免於難了。

　　中國作家協會系統劃出了多少右派分子，據韋君宜《思痛錄》說，「作家協會總共不過二百人，右派劃了五十多個，『踩線』的還不算。」（第42頁），她這是憑記憶說的，說多了。實際是打出了三十名右派分子。他們是：專業作家丁玲、艾青、羅烽、白朗、李又然、陳明。文藝報的陳企霞、蕭乾、唐因、唐達成、侯敏澤、羅仙洲、馬敏行、湯浩。人民文學的秦兆陽、李清泉、杜黎均、高光啟、俞林。文藝學習的李興華、楊覺。新觀察

的戈揚、張鳳珠、黃沙、盧盛法。詩刊的唐祁。文學講習所的公木。作家協會機關的黎辛、楊犁、何壽亭。

這裡說到了劉白羽在反右派鬥爭中的作為，為了公正起見，應該指出，多年之後，他表示了追悔的意思。二〇〇一年三月二十九日，他在寫給被他打成右派的徐光耀的信中說：「你在那歷程中所承受的痛苦，都是我的罪孽所造。光耀同志，我羞慚，我慟心，我無顏求你原諒，但我要說出我永恆的遺憾，包括在那失去理智時代，我對你不禮貌的行動，我只有在遠處向你深深的謝罪、謝罪。」（《炎黃春秋》2001年6月號）

批判丁玲、陳企霞反黨集團的中國作家協會黨組擴大會議在九月十六日、十七兩日舉行總結大會，這實際上也是文藝界反右派鬥爭的總結大會。陸定一、周揚、郭沫若、茅盾等人都講了話，作家協會黨組書記邵荃麟作總結發言。

陸定一說，這次鬥爭很重要，對於文藝工作的今後發展是有很大的意義的，它將會大大地鞏固黨對文藝工作的領導。陸定一強調地提出了作家的思想改造問題。他說：作家的職業，像戰場上的哨兵一樣，是光榮的，也是危險的，容易被敵人俘虜。因為文藝家的工作方式是手工業的方式，容易產生個人主義和自由主義的思想；作家又容易出名，出了名，就容易驕傲自滿，成為資產階級思想的俘虜。他提出：作家應該徹底改造思想，把「我」放在集體之下，把人民群眾，把黨的事業放在最崇高的地位。大約是為了加強對作家的思想改造，陸定一還提出黨員作家應該編入生產單位或城市街道的黨的基層組織，過黨的生活。最後，他提出要狠狠地反右派，狠狠地改進工作，狠狠地改造思想。

郭沫若說，文藝界反右派鬥爭是整個反右派鬥爭中的一個重要戰線，文藝界鬥爭的勝利不僅可以純潔文藝隊伍鞏固黨對文藝的領導，並可以鼓舞全國各界的戰鬥，使社會主義教育能夠更普及更深入。他說，我們一定要堅持繼續鬥爭，爭取徹底勝利，使我們文藝界的每一個人都能成為無產階級的知識份子；我們必須努力改造自己，成為一個無產階級的文化工人。（9月27日《人民日報》）

周揚說，在我們的革命文藝隊伍中，有許多人是出身於剝削階級家庭，受的是資產階級的教育，許多人是背著資產階級個人主義的「包袱」參

加革命的。一種人在革命的鬥爭中，經過磨煉，逐漸地把個人主義的「包袱」摔掉，改造自己成為集體主義的戰士，在革命隊伍中感到自由、輕快；和黨一條心。另一種人，卻始終背著個人主義的「包袱」不放，拋不開個人得失，個人恩怨；有一點成績就向黨居功，碰一點釘子就對黨不滿，因此他們不但摔不掉那個「包袱」，反而增加了「包袱」的分量。黨和革命的力量越強大，他們便越感到「不自由」，越感到格格不入。他們對黨不是向心，而是離心。遇到重要關頭他們就經不起考驗，最後就走上反黨以致叛黨的道路。現在我們要過社會主義這一關，黨的作家應當努力做堅定的共產主義戰士，不要墮落成為個人主義的野心家。

周揚說，對一本書主義的批判是關係到用共產主義世界觀，還是用資產階級個人主義思想去培養青年作家的重大問題。我們提倡作家應以自己的創作全心全意地為人民服務。寫一本書，畫一幅畫，導演了一部影片，就認為自己了不得，就以為從此可以向黨討價還價，甚至和黨分庭抗禮，這是資產階級個人主義世界觀的極端惡劣的表現。他們忘記了他們的名譽、地位，是黨和人民給予他們的，因而也是可以從他們手中收回的。（9月27日《人民日報》）

事後有人回憶說，當時周揚說的有些話，「整理成文章發表時省略了，如：對文藝界的錯誤不僅要敢於鬥爭，還要善於鬥爭，敢鬥、善鬥、才能取得勝利，又如：我們笑，要像外國諺語說的那樣，不要笑得太早，要笑到最後！」（黎辛：《我也說說「不應該發生的故事」》）流露出了壓抑不住的得意之情。

周揚這篇講話的正式發表，毛澤東以為「這是一件大事，不應等閒視之」（轉引自黎之《文壇風雲錄》，第113頁）。他要求「以小平為首的會議各同志」，胡喬木，「和其他幾位文藝領導同志參加」，對這篇「做一二次認真的討論」，他自己也在稿子上和校樣上做了修改。經過這樣的反覆整理、補充，最後成了一篇全新的大文章，題為〈文藝戰線上的一場大辯論〉。毛澤東審稿時加寫了一些話，後來經常被人們引用的一大段是：

在我國，一九五七年才在全國範圍內舉行一次最徹底的思想戰線上和政治戰線上的社會主義大革命，給資產階級反動思想以致命的打擊，

解放文學藝術界及其後備軍的生產力，解除舊社會給他們帶上的腳鐐手銬，免除反動空氣的威脅，替無產階級文學藝術開闢了一條廣泛發展的道路。在這以前，這個歷史任務是沒有完成的，這個開闢道路的工作今後還要做，舊基地清除不是一年工夫可以全部完成的。但是基本的道路算是開闢了，幾十路、幾百路縱隊的無產階級文學藝術戰士可以在這條路上縱橫馳騁了。文學藝術也要建軍，也要練兵。一支完全新型的無產階級文藝大軍正在建成，它跟無產階級知識份子大軍的建成只能是同時的，其生產收穫也大體上只能是同時的。這個道理，只有不懂歷史唯物主義的人才會認為不正確。（1958年2月28日《人民日報》）

毛澤東在給林默涵的信中，說這篇經過他修改的文章「寫得很好」，指示在《文藝報》和《人民日報》同時發表。

多年之後，周揚本人經歷了文化大革命的劫難之後，要出《周揚文集》了。據當時擔任人民文學出版社副總編輯的李曙光（筆名黎之）說，「編輯過程中自然要涉及到一些有爭議的文章，特別是幾篇重要講話，其中首先遇到的是〈文藝戰線上的一場大辯論〉。當時有人主收，有人不贊成收，兩種觀點，議論紛紜。周揚自己想加一說明收錄。」（黎之：《文壇風雲錄》，第116頁）

龔育之的〈幾番風雨憶周揚〉一文中也談到了這篇講話編不編入《文集》的事。他說：

八十年代中期的一天，正是《周揚文集》第一卷就要編成出版的時候，我去看望周揚，他同我談起他的文集，談起保留歷史原貌的編輯方針，並且具體地談到《大辯論》這樣的文章都要原樣收入，另加附記。他也說了附記難寫，但表示很有信心。……後來，聽說對這個編輯方針還有不同的考慮。在又一次去看望周揚的時候，……他告訴我，主要是文藝界有一些同志非常地不贊成他把《大辯論》這些文章再編進今天出版的文集中去。這樣的意見我也能理解。提出這種意見的同志是好意，擔心收入和重印這些給過許多同志以傷害的文章，會重新觸動歷史的瘡疤，並不是想「湮沒」這些文章，隱去周揚的過

失。但是我想，只要不是採取重新肯定這些錯誤批判的態度，而是採取保存歷史、糾正歷史錯誤、總結歷史經驗教訓的態度，來收入和重印這些文章，是不致於引起誤解的。周揚向我表示，他贊成這樣的看法，這也是他本來的意見，他準備堅持原定的編輯方針。（《龔育之文存》下卷，第1375-1376頁。）

周揚的堅持最後也沒有結果。〈文藝戰線上的一場大辯論〉這樣的文章沒有能夠收入《周揚文集》。這樣，周揚也就沒有能夠得到在「附記」中做一次最後陳述的機會。

十七、科學技術界的反右派鬥爭

　　鄧小平〈關於整風運動的報告〉中說：「右派分子活動的主要場所是知識份子成堆的地方，如高等學校、某些國家機關、新聞出版機關、文藝團體、政法界、科學技術界、醫藥界等。」（10月19日《人民日報》）教育界、新聞出版界、文藝界反右派鬥爭的情況已經簡單說過了，下面來說一說其他幾個界別。

　　先說科技界。前面已經說過，五月十三日民盟中央決定成立四個臨時工作組，其中一個組是研究「科學規劃問題」的。這個組由曾昭掄、千家駒、華羅庚、童第周、錢偉長五位科學家負責。他們向國務院科學規劃委員會提出了一份書面意見。這篇〈對於有關我國科學體制問題的幾點意見〉發表在六月九日《光明日報》上。到了反右派鬥爭中，這事也被宣佈為章羅同盟反黨反社會主義的陰謀活動。這一篇〈幾點意見〉受到了集中的批判。最早來批判的是郭沫若，他以中國科學院院長的身份，在全國人大一屆四次會議做大會發言，題目就是〈駁斥一個反社會主義的科學綱領〉。人家不過是提了幾點意見，一共才談五個問題吧，而批判者稱之為一個「科學綱領」，真是抬高它了。

　　這個《幾點意見》提出的第一條意見，是關於「保護科學家」的問題。郭沫若批判說：「這個意見書中提出了所謂『保護科學家』的口號。這顯然是企圖造成一種印象：我國科學家受到威脅，或者迫害，需要加以『保護』。事實上有人說過這樣的話：『解放以來，中國知識份子遭了浩劫。』他們這樣不顧事實危言聳聽的目的，不外是想離間科學家同黨和政府的關係，引誘他們走上錯誤的道路。」這樣的批判很有分量。只是這意見書的原文中並沒有「解放以來，中國知識份子遭了浩劫」這樣的話，原來這是批判者從別處移來以坐實「危言聳聽」這個斷語的。而且，原文說「保護」，並不是指受到威脅或者迫害的意思。原文對「保護」所作的說明是：

我國目前科學家還很少，科學基礎還相當薄弱，要開展科學研究，爭
取幾年內使我國最急需的科學部門接近世界先進水平，必須「保護科
學家」，就是採取具體措施保證科學家，特別是已有一定成就的科學
家有充分條件從事科學工作，扭轉目前科學家脫離科學的偏向，首先
要協助他們妥善地解決時間、助手、設備、經費以及合理安排使用等
問題，使他們真正能夠坐下來，好好安心工作。

可見這裡所用的「保護」一詞，只不過是一種特別強調的修辭手法，
意思不過是格外強調保證科學家工作條件的意思。其實像保證工作時間，解
決圖書資料和工作設備，配備助手等等問題，都是周恩來在關於知識份子問
題的報告中已經提出來了的。（《周恩來選集》下卷，第171頁）周提出這些，是
改善黨同科學家的關係；民盟跟著提出這些，郭沫若就認為是離間科學家同
黨的關係了。說相同的意思都不行，就更不要提不同的意見了。

這意見書說，「科學研究工作應該有領導地進行，國務院成立了科學
規劃委員會，這對加強科學研究的領導有積極的作用。……至於學術領導、
和科學研究的『火車頭』，我們認為應該在實際工作中逐漸形成，不要主觀
地先行規定誰是領導、誰是『火車頭』。」又說，「科學研究工作除少數必
須集中外，應盡可能把研究工作去『就人』，科學家在那裡，研究工作就放
在那裡。」

郭沫若批判說，這就是「反對有計劃有重點地發展科學工作，反對科
學工作的統一領導，其結果就是要使我國不能充分利用社會主義制度的優越
性來發展科學事業，就是要使我國科學工作長期停留在落後的狀態。」這前
提和這結論之間有著怎樣的邏輯關係，郭沫若沒有說。

意見書說，「過去在升學、升級、選拔研究生、留學生時，有片面地
強調政治條件的偏向，我們認為今後應當業務與政治並重。人民內部在培養
機會上應一視同仁，對於有培養前途的青年都應當平等地看待。」主張的只
是業務與政治並重，而且一視同仁的僅限於人民內部，屬於敵我矛盾性質的
當然不包括在內，應該說是下筆時很有分寸感的。可在郭沫若看來還是不
行，認為這是「企圖以資產階級虛偽的『平等』觀，在青年中進行挑撥和煽
動，指望造成一部分青年對黨和政府不滿。」資產階級虛偽的平等觀當然不

行，與之對立的，應該是無產階級真實的不平等觀才是好的了。郭沫若闡述了這種無產階級觀點，他說，「如果要『一視同仁』，那倒真正是不平等了。先說工農學生吧。大家知道舊中國在反動統治之下，工農子女被剝奪了受教育，特別是受高等教育的權利。現在，反動統治已經推翻了，對於這個不合理的不平等的狀況，難道我們不應該盡最大力量來加以改變嗎？」

關於社會科學的問題，意見書提出，首先要改變對待舊社會科學的態度。它說，某些學科解放後竟被廢除，或不成為獨立科學。過去研究社會學、政治學和法律學的人很多轉業了。過去許多課程因為蘇聯沒有就被取消了。意見書認為，對待舊社會科學應當是改造而不是取消。因此，應當恢復的應即採取適當步驟予以恢復。對於這種意見，郭沫若批判說，「在我看來，今後為了發展社會科學，首要的任務就在於繼續擴大馬克思主義的社會科學的隊伍，提高馬克思主義的水平，而不是什麼發展資產階級社會科學。那種『恢復』資產階級社會科學的主張，實際上是開倒車，反對用馬克思主義來研究社會科學。如果按著這個主張去做，其結果是削弱馬克思主義的思想領導，而使資產階級唯心主義思想重新氾濫。」

這個意見書中還有這樣一段：

> 在社會科學方面的另一偏向是往往把政策措施或政府法令當成客觀規律，例如，有些財經上的重要政策問題，如果政府部門的負責人做過報告，學者們也就只能做些宣傳解釋工作。這樣是不夠妥當的。開國以來，在政法、財經等方面所採取的方針政策，基本上是正確的，但也不能說每一措施、每一階段或每一環節都是毫無缺點的。我們認為應該鼓勵社會科學研究工作者重視調查研究工作，根據實事求是的精神，對政府的政策法令提供意見。

對於這段話，郭沫若在這次大會發言中卻沒有加以批判。不是不想批判，而是一時還沒有想好怎樣立論。過了兩個多月，他想好了，九月十八日他在中國科學院召開的座談會上這樣批判說：「他們在這裡，一方面污衊共產黨和政府的政策措施等等都是盲目的，而不是依據客觀規律的，另一方面又污衊共產黨和政府不准『學者們』從事科學研究，只准他們做些政策方面

的『宣傳解釋工作』。事實是這樣嗎？暫且不說黨和政府的政策法令是體現著客觀規律的，也暫且不說許許多多的社會科學研究工作者，是把宣傳解釋黨和政府的政策，作為自己光榮的職責的，現在我們只問問右派先生們：黨和政府究竟在什麼時候禁止過『社會科學研究工作者』對客觀經濟規律進行研究呢？」（9月19日《人民日報》）一個說是「偏向」，一個說是「光榮的職責」，同右派分子真不可能有共同的語言了。

不但要批判意見書寫了什麼，還要批判它沒有寫什麼。郭沫若在人代會的那篇發言說，「黨和政府的方針是，科學研究工作要為社會主義建設服務，意見書中對於這點一字不提。」據此就定性說，這「意見書是一個徹頭徹尾反黨反社會主義的科學工作綱領」。沒有提到什麼就是反對什麼！

郭沫若總結說，「這不是一個孤立的文件，而是章伯鈞等右派分子企圖奪取國家領導權，首先是文教工作的領導權的陰謀的一部分。」最後，他代表中國科學家們宣誓：要對右派分子進行堅決的鬥爭，更加緊密地團結在黨和政府的周圍。（7月6日《人民日報》）

意見書的五位作者中，曾昭掄和錢偉長二人被劃了右派分子。另外三人聯名在六月二十六日《光明日報》上發表檢討〈我們也被右派分子利用了一次〉，承認自己政治警惕性不夠，也為自己做了點解釋，說是他們因事因病沒有完全參加會議，特別是最後由不在五人小組之內的費孝通修改過的文件沒有徵求大家的意見就送走了。這一篇檢討的來歷，千家駒在《從追求到幻滅》中有所說明：

中央統戰部的一位同志事先和我打了招呼，說你們這份「意見書」犯了「嚴重的政治錯誤」你和華羅庚、童第周三人可以聲明一下，我當即找了華羅庚同志，商量此事，當時童第周還在青島進行研究工作，我和華君去了民盟總部，給童第周去了長途電話，告訴他意見書出了問題，犯了「嚴重錯誤」。童第周還回答說：「我們的意見書不是很好的嗎？怎麼會犯錯誤呢？」我說：「不得了，嚴重的政治錯誤，我們非聲明不可呵！」童第周說：「好吧，你跟華羅庚商量此著該怎麼辦就怎麼辦吧，我完全同意。」於是我們當夜就在民盟總部起草了一份題為《我們也被右派分子利用了一次》的文章，第二天就在《光明

日報》第一版的地位登出來了。這件事老實說我心中是有內疚的，但在當時不得不這樣做，否則非但於事無補，而且我們三人也會被劃成右派。（第221頁）

華羅庚在聽了郭沫若的批判發言之後，表示完全接受。他在這次人代會上的大會發言中說，「郭老這些意見是完全正確的，並且遠遠地比我們六月二十六日的初步檢討為深刻。」（7月14日《人民日報》）他還說，雖然他和童第周只參加了兩次碰頭會，並沒有參加定稿，但是在見到該稿並且發現其中有一些原則性錯誤的時候，卻未加否認，這是不能容忍的自由主義態度。他說，以自由主義態度來對待政治生活，是隨時會上右派分子的當的。他表示願以這個事件作為教訓，加強馬克思主義的學習，逐步建立共產主義的世界觀，堅決與右派分子鬥爭到底。

七月十四日，中國科學院召集在北京的科學家一百多人開座談會，批判民盟提出的這個文件。主持座談會的郭沫若說，民盟中央「科學規劃問題」臨時研究組提出的〈對於有關我國科學體制問題的幾點意見〉，是一個徹頭徹尾的反黨反社會主義的科學綱領。郭沫若問曾昭掄、錢偉長說，你們身為科學院學部委員，唯恐中國科學院工作不陷於無政府狀態，是何居心？

曾昭掄、錢偉長在會上交代了起草意見書的過程。曾昭掄說，他一再熱心發起對於科學體制問題的討論，主要是想讓民盟搶先一步走，是與共產黨分庭抗禮的思想在作怪。錢偉長說，他的錯誤主要是出於個人野心，他十幾年來打算在中國辦一所像美國加里福尼亞理工學院一樣的理工大學，這所學校在各方面都起領導作用，這個學校以科學研究為主，教學為輔。在科學規劃問題上，他是耍兩面派，為了個人野心，他不同意把科學研究集中到科學院去，但他在科學規劃委員會說了謊話，只說高等教育部不重視科學研究。

參加起草意見書的另外三個人也在這天的座談會上發了言。千家駒質問曾昭掄搞科學體制問題是否有不可告人的動機。童第周又說了一下他參與此事的經過。華羅庚又一次表示了悔恨：我嗅覺十分不靈，犯了錯誤，對不起人民，要作為教訓，今後下功夫學習馬克思列寧主義，站穩立場，明辨是非。他並從他的親身經歷說明今天有了黨的領導，科學家的工作條件，比解放前不知要提高了多少倍，而右派分子竟提出要「保護科學家」的口號，是

一種血口噴人的誣衊。在這天的會上，李達、王亞南、茅以升、杜國庠、何作霖等人也對民盟的這個意見書做了批判。（7月15日《人民日報》）

　　座談會在七月十六日、二十二日、二十四日這幾天繼續舉行。幾天裡共有六十三人發言，還有九人做了書面發言。發言的有趙九章、錢學森、楊石先、張光斗、黃子卿、張維、翦伯贊、馮德培、陳望道、侯德榜、傅鷹、陳建功、石志仁、鄭奠、王葆仁、杜慶華、傅承義、嚴濟慈、楊鍾健、柳大綱、侯外廬、關肇直、范文瀾、施履吉、范長江、尹達、郭永懷、吳有訓、羅常培、劉東生、巫寶三、陸元九、林鴻蓀、林榕等人。作書面發言的有鄭振鐸、羅爾綱、陸學善等人。

　　千家駒在二十二日的會上做了〈接受慘痛教訓，深刻檢查自己〉的檢討。他承認在提出這個反社會主義的科學綱領上負有一定的政治責任。他說，這一反黨反社會主義的科學綱領，在政治上是章羅聯盟向黨進攻的第一炮；在思想上，這是資本主義思想體系和社會主義思想體系誰戰勝誰的問題。他說，我是研究社會科學的，而且一向研究馬克思主義政治經濟學的，竟至於政治麻痺到這樣不可救藥的程度，可以解釋的唯一理由就是在我思想深處有和這個反動綱領相通的反黨、反社會主義的東西，可以和這個反動綱領起共鳴，還不只是「和平共處」而已。他說，反動綱領中的反動論點和我在今年四月底在中國科學院學部委員大會中的一次發言對照，可以看出它們是互相合拍的。第一，我在學部大會發言中主張培養年青一代的科學家要搞點「自由市場」，作為社會主義統一調配的補充。我主張對於研究工作幹部的人事調配，應決定於指導研究的科學家，而不是決定於人事部門。我反對過去人事部門對科學研究工作者「統」的太死，主張開放科學研究工作者的「自由市場」。這不就是反動綱領中所謂培養幹部一視同仁等論調的張本嗎？搞點「自由市場」，這就是否定國家對科學研究工作有計劃的調配人力的必要性，也就是反對集中的民主。這種思想發展下去，就是無政府狀態，也就是主張無領導的絕對的「自由」。第二，我在學部大會發言中提出「有的人就只能以領導的發言或政府的政策措施當成客觀的經濟規律。找點材料來引證一下或宣揚一番，即算盡研究之能事。固然，政府制定政策方針是十分慎重的，基本上也是以客觀情況做依據的。但亦不可能設想政府的經濟政策或經濟措施，在每一階段每一環節都是完全符合客觀事物發展規律，盡善

盡美的。」這一段話就是反動綱領中所提出關於社會科學的問題第三段話的根據。我在發言中還有一段說：「有人說，今天做經濟工作只有三條路，一搬弄教條；二研究經濟思想史或解放前的經濟史料；三研究外國經濟問題。」這裡，雖反映有的人有這樣一種看法，但這樣的看法顯然不符合事實的。第三，反動綱領中錯誤嚴重的就是提出首先要改變對待資產階級社會科學的態度和「恢復」資本主義社會科學一段話，這是典型的資本主義復辟思想赤裸裸的暴露。這一段話雖然是費孝通的得意之筆，「應當恢復」和「應當重視」兩句是費孝通親筆加入的。但在我的思想深處也是有共同的基礎的，我在學部大會發言中曾經說：「對於資本主義國家的社會科學，不要採取一律否定，一棍子打死的辦法。資本主義國家的社會科學，基本上屬於資產階級思想範疇，為資產階級服務的，但是其中，也不無可取的地方，如能加以吸收，錯誤的加以批判，正確部分加以繼承，即可發揚馬列主義，豐富馬列主義。不幸過去幾年，有些學科，只要蘇聯所沒有的，我們就一律否定，認為一無是處，如社會學、政治學、心理學、法律學等等都全部加以否定，這種故步自封的辦法，實在是十分幼稚可笑的。」這一段話雖然與費孝通的有辭句上程度上的不同，本質上卻是一樣的。這真是我自己資產階級思想最突出的表現。社會科學是階級性最強的科學，資本主義國家的社會學、政治學、法律學是完全為資產階級服務，鞏固資產階級專政的思想武器，我們要加以「恢復」，這不是為資產階級復辟打掩護是什麼呢？我雖然沒有提出要「恢復」的話，但主張不要全部加以否定，這和費孝通的「恢復」論也不過五十步笑百步之差而已。第四，我把解放後舊知識份子的進步性估計過高，這一點雖然沒有在反動綱領中反映出來，但我在科學院發言中卻特別暴露了我這一錯誤觀點。我說：「對於我國解放前學習資產階級社會科學的舊知識份子，我們也是對他們的作用和進步估計不足的……把舊知識份子看成永遠是舊知識份子，這是十足的形而上學的觀點，不是辯證法的看法。」現在看來，對舊社會來的知識份子不是估計過低而是估計過高的問題。從這次對右派分子反黨、反人民的鬥爭中，暴露出來的右派分子絕大多數不是高級知識份子嗎？以自己來說，我平時是以進步的知識份子自居的，但從這次作為民盟五人小組的一成員，竟不認識這樣重大的反黨反人民的科學綱領的反動性質，我是否還是一個進步的知識份子，也就大成問題了。這證明知識份

子的思想改造是一種脫胎換骨的改造。千家駒說，這一事件給了我生平一次最深刻的階級教育。我要以這件事件為教訓，進一步改造自己的思想，學習馬列主義，徹底拋棄資產階級的世界觀而樹立無產階級的世界觀。（7月17日《人民日報》）

　　從千家駒的這篇檢討中可以知道，民盟提出的這一份意見書，有些段落是以他的一篇發言為張本的。然則他同這一文件的關係不可謂不深了。可是他並沒有因此而被劃為右派分子。這是又一個例證，證明有無右派的思想言行與是否被劃為右派分子並無必然的聯繫。這件事，後來千家駒本人做了一點說明：「反右開始後，中國科學院把我的發言記錄整理出來了，他們認為這是典型的右派言論，是要為資產階級社會學復辟。科學院要把我劃為右派，但劃右派是要本單位同意的，我工作的單位是中央工商行政管理局，我的單位黨委不同意，這事也就算過去了。」（《夕陽昏語》自序，香港天地圖書有限公司1995年版，第4頁）

　　在座談會上作檢討的還有中國科學院副院長陶孟和，他說，我在《大公報》（6月16日）上發表的談話裡，可以說全篇充滿了不能容忍的錯誤。我說「阻礙高級知識份子發展的原因之一，是過去執行政策中的一些錯誤和偏向，如『三反』『五反』，思想改造等運動傷害了一些高級知識份子，院系調整、教學改革也傷害了一批人。」在這裡我強調了我們國家重要政策執行中的錯誤和偏向，而不說它們的重要性和成績。這是因為在我的心目中，只注意到舊社會科學工作者，以至連國家的五大運動、文教政策的優越性都忘掉了。我承認這是完全錯誤的。我說「特別是社會學一門科學等於連根都拔掉了。」我沒有考慮整個院校調整教學改革是有計劃的，有步驟的，並且完全是正確的，而偏偏舉出社會學學科來說是連根拔掉，這是我偏愛社會科學。我說「文教政策沒有照顧接受過去遺產，在原有的基礎上發展，特別是社會科學更慘」。這是誣衊黨的文教政策。接受民族遺產、發揚我國民族文化的優秀傳統，是黨的文教政策的重要內容，這方面的成績也是十分巨大的。我說「過去對高級知識份子的做法是：否定過去一切，割斷歷史。如果把過去一班人弄掉，而能把接班人搞好也好。但是最大的錯誤是對留學生的政策。」我這裡籠統地批判了留學生政策是錯誤的。我所說否定過去一切，割斷歷史完全是違反事實。黨和政府對從舊社會來的知識份子，包括資

產階級的社會科學家在內，對他們的安排和照顧是十分周到的。這些是我所身受的，但卻誹謗國家的知識份子政策。對於十二年裡趕上世界先進水平，我說，「我大膽說一句，像現在這樣的情況，趕不上」。事實上，我們現在有許多門學科已經趕上世界先進科學水平了。我說「我們在科學上幾乎缺五代」（按：陶孟和把大學四年畢業算為一代，從抗戰算起共五代）。把解放以來八年間所培養的一大批一大批的青年都給抹煞了，這是荒謬的。我說「無知，實在害人不淺」。我用這種字眼嘲弄社會科學領導方面，乃是態度極端惡劣的表現。這說明了我自己還保存著資產階級知識份子自高自大目空一切的卑劣作風。陶孟和說，通觀他在《大公報》上發表的全篇談話，實際上起了為右派分子張目的作用。他還檢討了六月八日在中國科學院黨組召開的座談會上說的「知識份子遭受了一次浩劫」，他說，用「浩劫」兩字形容舊社會學家是十分荒謬的說法。陶作檢討之後，嚴濟慈、楊鍾健都對他做了批判。楊鍾健說，陶的檢討是不深刻的。陶發表的一些反動言論，實際上是給反動的科學綱領做了注腳。

民盟的意見書中有這樣一句：「除少數例外，有領導科學研究能力的科學家，盡可能不擔任行政工作，特別是六十歲以上的老科學家，急需傳授後代，更應如此。」在這天的座談會上，化學研究所研究員王葆仁把這一項原則性的建議具體到人。他批判說，科學院的院長、副院長除了張勁夫副院長以外，都是六十歲以上的人。這句話的意思就是要六十歲以上的院長、副院長下臺，讓六十歲以下的曾昭掄、錢偉長上臺。張副院長雖然不滿六十歲也還是要下臺，因為曾昭掄還有另一條所謂「外行不能領導內行」。（7月23日《人民日報》）

中華全國自然科學專門學會聯合會（簡稱科聯）全國委員會從七月十七日開始，連續開了四天擴大會議。批判民盟提出的這個意見書是會議的重要內容。發言的有錢三強、吳有訓、秉志、任鴻雋、陶述曾、方石珊、李宗恩、張維、涂長望、程孝剛、黃子卿、陳一得、趙祖康等人。據報紙報導說，曾昭掄、錢偉長向到會科學家作了交代，「他們在交代中表示願意向人民低頭認罪，並將向組織徹底交代他們的反黨反社會主義的言行。但是他們對自己的罪行只重複了報紙上已經揭露過的一些內容。科學家們對曾、錢今天的交代表示憤慨，嚴正地要求他們作徹底交代，不要自絕於人民。」

國務院副總理聶榮臻在會議開幕時講了話。他說，在發展科學事業中，走社會主義的道路，就是一定要有黨對科學工作的領導，而走資本主義道路則反對黨對科學工作的領導，認為黨不能領導科學工作。前一條道路就是我們現在正在走著的道路，我國大多數科學家也是贊成走這條道路的。幾年來我國在科學事業中取得的成績正證明了這條道路的正確。今後我們還要繼續走這條道路。主張走後一條道路的可以民盟反社會主義的科學綱領作代表。聶榮臻說，右派分子的反動綱領是以對有關科學體制問題提供意見的方式提出來的。其實完全不是那麼一回事。對這點郭沫若院長早就揭穿了。可是有的右派分子被揭露後，在他們作檢討時，彷彿人民批判他們，僅僅是因為他們對工作不該提出這種或那種意見，這種說法是必須予以駁斥的。任何善意的意見和批評一向都是為我們所歡迎的。右派分子的言論之所以必須反對，決不是由於他們提供了意見，而是因為右派分子的這些言論包含了對社會主義的深厚的敵意，是因為他們企圖反對社會主義，反對共產黨領導，篡奪國家領導權。（7月18日《新華社新聞稿》）

對於這個受到猛烈批判的「科學綱領」過了二十多年之後才有了一個新的說法，一九八〇年五月八日中共中央統戰部〈關於愛國人士複查問題的請示報告〉中說：「在批判『章羅同盟』時，曾經把民盟中央的〈對於我國科學體制問題的幾點意見〉和〈我們對於高等學校領導制度的建議〉，說成是『章羅同盟』的反動綱領，事實上，這兩份意見書不是章、羅二人提出的，而是民盟中央分別由曾昭掄和黃藥眠負責的兩個小組起草的。在這次複查中，我們和有關部門及民盟中央都認為，這兩份意見書的基本內容是可取的，不是反黨反社會主義的，不是『章羅同盟』的綱領。」為什麼這時候要給這個文件平反呢？千家駒在《從追求到幻滅》中有所說明：

這個「反社會主義的科學綱領」的冤案，究竟是那一年平反的呢？是在一九八〇年。也就是二十三年之後。中國共產黨定於一九八一年召開十二大（後改為一九八二年九月一日舉行），討論兩個問題：一是經濟體制改革問題，一是教育體制改革問題。中國民主同盟為了響應黨的號召，一九八〇年要成立一個「教育工作組」（因民盟成員中從事教育工作的最多）起草一份改革教育體制的意見以供中

共十二大的參考。小組以楚圖南為組長，費孝通、錢偉長和我三人為副組長。我就說：一九五七年我們是幫助黨整風，成立了一個「科學體制工作組」，我們提出了建議書，結果卻說我們的建議是「反黨反社會主義的」，而曾昭掄、錢偉長同志被打成右派，現在曾、錢雖已平反，但這份「意見書」究竟是不是「反黨反社會主義」的「毒草」呢？至今未有正式結論。現在民盟中央又要成立「教育工作組」，要我們對教育體制改革提出意見，萬一我們提去的建議，又成為「反黨反社會主義」的「毒草」呢？所以在中共中央未對一九五七年的「科學體制意見」做出結論之前，我是不打算參加教育工作小組的。

可能我的意見反映上去了，中共中央終於在一九八〇年六十號文件中正式為該文件平反。肯定一九五七年的《對於我國科學體制問題的幾點意見》，「不是反黨反社會主義的，是有益的」。

（第221-222頁）

在反右派鬥爭中，對一些自然科學家，是有意識地保護過關了，比起另外一些界別來，劃出的右派分子要少些。例如，據報紙報導，在七月二十三日北京科學界的座談會上，「許多科學家對華羅庚二十二日的檢討提出了一些批評」（7月25日《人民日報》）。批評的內容沒有報導，顯然含有保護的意思。九月三日，中共中央更發出了周恩來主持制定的〈關於自然科學方面反右派鬥爭的指示〉，〈指示〉說，在科學界高級知識份子中間必須認真開展反右鬥爭，決不能有溫情主義。但要區別社會科學和自然科學的不同情況，區別對待。這裡，鄧小平在〈指示〉原稿上加寫了這樣一句：「特別是對於那些有重大成就的自然科學家和技術工作人員，除個別情節嚴重非劃不可者外，應一律採取堅決保護過關的方針。」這個〈指示〉還規定了：在反右派鬥爭中，對掛帥點火的，進行深入的揭露批判；對有較高科學成就的，不可輕易劃為右派，必須劃的，也應「鬥而不狠」；對有的人，「談而不鬥」。對於老右派，主要應該拿過社會主義這一關的政治標準來衡量；而不可簡單地拿他們在民主革命階段是否右派來衡量；對在日內瓦會議後爭取回國的歐美留學生，一般要「不劃不鬥」。

被劃為右派分子的最大的科學家是物理學家束星北（1905-1983），江

蘇省南通市人。曾經留學美國、德國和英國。在英國愛丁堡大學曾經師從著名的理論物理學家惠特克和達爾文博士，後來又在劍橋大學師從著名的理論天體物理學家愛丁頓博士，在他的指導下研究相對論。一九三〇年八月，愛丁頓博士推薦他到美國麻省理工學院做研究生和數學系助教。在這裡，他完成了〈引力與電磁合論〉、〈愛因斯坦引力理論的非靜力場解〉兩篇文章，表現出了他過人的專業水平。回國之後，因親戚介紹，到南京中央陸軍軍官學校擔任物理教官，不久辭去。應浙江大學校長竺可楨之聘請，前去擔任了物理系教授。一九三七年五月，丹麥物理學家玻爾（1885-1962）訪問中國期間，應邀到浙江大學作學術報告，浙大物理系的束星北、王淦昌同他進行了熱烈的爭論，給他留下了深刻的印象。後來有中國學生向他表示出國留學的願望，玻爾總是回答說：中國有束星北、王淦昌這麼好的物理學家，你們為什麼還要跑到外邊去學習物理呢？

抗日戰爭爆發以後，束星北隨學校西遷貴州遵義、湄潭。在戰爭最艱苦的時候，一九四四年初，應軍令部技術室之請，帶了幾個學生，幫他們研究製造了幾種軍用器材，最重要的是製成了一台雷達。這是直接為戰爭服務，他說，他是「欣然同意」去做的。可是他不能接受軍紀的約束，拒絕接受「少將副主任」的職位。一九四五年八月戰爭勝利結束，九月他就回到湄潭浙江大學去了。

一九四七年十月二十六日，杭州國民黨特務逮捕了浙江大學學生自治會主席于子三，將他在獄中殺害。為了抗議，束星北在全校教授的集會上首先發言，他說：「我向來不贊成學生搞政治活動。但是，政府如此殘酷地摧殘我們苦心培育的學生，如此踐踏人權，我們無法容忍。教授會應該以罷教來抗議政府的暴行。」到會的七十多位教授都贊成這意見，即通過決議：全體教授罷教一天，並且發表宣言，譴責政府暴行，要求保障人權。

這樣一個人，到了一九五一年的鎮壓反革命運動中，當然就會遇到麻煩了。他的學生許良英在一篇材料中說：

> 一年以後，全國開展勢頭很猛的鎮壓反革命運動。杭州市學校系統的逮捕名單的審查和確定工作，由中共杭州市學校黨委會負責。當時我是學校黨委會的宣傳委員，上述那位學校保衛科長是保衛委員。開會

時，他拿出了一遝準備逮捕對象的檔案材料，我意外地發現，裡面竟有一本束先生的檔案。要逮捕束先生，我當然不能同意，指出束先生沒有參加國民黨和特務組織（在軍令部工作的有很多參加了軍統），他的問題是思想認識問題，不屬於政治上的反革命；而且他在科學上的造詣很深，是國家難得的人才，應該受到重用。主持會議的學校黨委會書記（市委宣傳部長兼）和其他同志都同意我的意見。這樣，束先生總算被保了下來，在這次運動中沒有受到衝擊。這件事，束先生恐怕一直都不知道。

一九五二年，對全國高等學校進行院系調整，浙江大學是重災區，已經有七個學院的綜合性大學調整為一個工業大學，大批著名教授都調了出去。束星北調到了青島山東大學。山東大學成立於一九〇一年，一九五一年三月十五日與解放區的華東大學合併，老幹部華崗擔任校長。這華東大學性質就和原來延安抗日大學一樣，是培訓幹部的速成學校。束星北來到的，就是這個有一半革命大學性質的山東大學了。不久，他就和華崗校長發生了一場爭論。華崗是一位馬克思主義理論家，講他的馬克思主義，束星北是一位科學家，講他的科學，當然就會發生爭論了。後來，一九五五年八月二十九日，束星北在寫給老朋友王淦昌的信裡簡單說了一個大概：

> 這事的原因是一九五三年學習唯物辯證法時，我不同意華崗校長所標榜的「哲學一定要管科學（自然科學），唯物辯證法一定要管物理、化學」。一方面我認為哲學是有「階級性」的，自然科學本身是沒有「階級性」的。另方面「管」字很不妥。不獨哲學不應當「管」科學，連「物理」（現在的）也不應當「管」「物理」（未來的）。一「管」就限制了物理學的發展（華崗校長的言論載在《新山大》83期，1953年4月4日）。我不贊同。同時，山大提倡的（在）我看來，（在）很多人看來（這些人本來全在我「反革命集團」內的）。山大提倡的是奴隸的盲目服從，而我居然敢不吃那一套，遇事要「研究研究」（也是我的「罪名」之一）。

　　這裡說的「反革命集團」是怎麼一回事呢？那是在一九五五年緊接著肅清胡風反革命集團而開展的肅反運動中，束星北在山東大學成了一名肅反對象，而且打出來了一個「以束星北為首的反革命集團」，據宣佈，這個「反革命集團」的成員有物理系教授周北屏、醫學院教授潘作新、馬賢成、化學系教授劉遵憲、歷史系教授許思園、水產系教授鄒源琳等十多人。

　　束星北和他的這個「反革命集團」在肅反運動中受盡了折騰，可是最後什麼問題也沒有查出來。一九五六年四月一日，中共青島市委肅反領導小組向中共中央以及中共山東省委兩級的肅反領導小組呈交了一份〈關於山東大學教授束星北專案結案材料綜合報告〉，其中說：

> 經調查目前尚未發現其反革命政治身份。只證實其任過反動職務，且無政治背景。解放以來對其所揭發的問題大部分屬反動言論，尚無以反革命為目的的破壞活動，因此不應屬反革命範圍。應摘掉反革命的帽子。但該人不宜做大學教授工作，可調離做專門科學研究工作。

七月二十日，山東大學黨委給束星北的覆信中也說：

> 你的問題不屬於反革命性質的問題。政治嫌疑應予取消，反革命分子的帽子應予摘除；思想作風上的缺點，要在今後以同志式態度，通過誠懇的批評與自我批評的方式加以解決。

　　肅反運動在山東大學最引起轟動的事件，是校長華崗也成了一名肅反對象，於一九五五年八月二十五日被捕。罪名是「胡風反革命分子」和「反黨」。束星北不相信，他對人說：華崗不是「胡風反革命分子」，一定是弄錯了。

　　一九五七年的春天是個不平常的春天。二月，毛澤東在最高國務會議上講怎樣處理人民內部矛盾問題，提出百花齊放百家爭鳴的新方針，三月，他又召開了有黨外人士參加的全國宣傳工作會議，並且要求各地都要開這樣的會。五月，中共山東省委按照這個模式召開了宣傳工作會議，束星北受到了邀請。他在會上發言的題目是：〈用生命維護憲法的尊嚴〉。他說：

「鳴」和「放」的問題其實在三年前就已經解決了。《憲法》就是一九五四年黨領導人民制定的根本大法，第八十七條上明白地寫著「中華人民共和國公民有言論、出版、集會、結社、遊行、示威的自由，國家供給必需的物質上的便利，以保證公民享受這些自由。」即使在革命的動盪時期，毛澤東也早就提出：「知無不言，言者無罪」的方針。但是為什麼直到現在，還是「不能鳴，不敢鳴」，「不能放，不敢放」呢？還要一再強調這種方針呢？什麼原因？什麼障礙？我認為主要的關鍵在於我國一向沒有「法治」的習慣，因而，當有些人不尊重憲法甚至公然破壞憲法的時候群眾也並不以為奇怪，不及時制止；也因為這樣，這些違背憲法的人能夠得到官僚主義者的包庇和諒解，這樣問題就不能解決了。例如憲法上明確規定：「公民住宅不受侵犯，通信秘密受法律保護」，但是在「肅反」中，這一條憲法不幸被粗暴地破壞了。而破壞的並沒有聽說有何處理。憲法上明明寫著「中華人民共和國公民的人身自由不受侵犯」，在「肅反」中就有打人罵人的現象發生。青島的中學老師在一九五四年的「肅反」時，不管男的女的老的少的，只要是老師，就全部「集中學習」，不准出入，母子不能見面，夫妻不能見面，一兩歲的孩子也幾個月不能見母親的面，只因為母親是中學教員！對於這些侵犯人身自由的事，除了「打人」之外，其他似乎並未引起群眾的憤慨，領導也未重視，這就說明我們對憲法絲毫沒有認識。

據說青島九中一個物理教員被關進牢房好幾個月，稀裡糊塗地被關，稀裡糊塗地被放，問什麼罪？公安局不知道，檢察院不知道，法院不知道，到現在還不知道是誰關的，為什麼關，你推我賴，沒人負責。這說明即使像「逮捕」這樣一件大事也被視同兒戲！人身、住宅和信件的搜查，更不用談了。

當人身自由還沒有保障的時候，誰能相信會有言論自由呢？

因之要人們敢於揭發矛盾，揭發三害，第一個必須的條件，就是要憲法得到保障，違反憲法的必須處分。

為什麼我們有些同志不重視憲法呢？我想可能是下面的原因：幾千年來，我們一直習慣於「人治」，如「歌頌清官」，「痛恨貪

官」。這當然是對的，但直接反映了「人治」的風氣；我們的命運操縱在掌權者的手裡——掌權者如果好，我們就好，掌權者如果壞，我們就壞——而不是掌握在自己的手裡，所以黨在摧毀三大敵人之後，第一件大事就是制定「憲法」。人民憲法保證了「人民的命運掌握在人民自己手裡」，從此以後，我們的命運就不再被「某一個」執政者掌握了，想「壞」也「壞」不到哪兒去。人民可以依照憲法罷免任何不稱職的官員。但是幾千年的「人治」風氣一時扭不轉（俄國沙皇時代和中國宣統時代「法治」的風氣也未養成），還是習慣於歌頌「人」而不習慣於歌頌「憲法」。「鳴」和「放」一定要等毛主席提出來後才引人注意，而忽視一九五四年黨與毛主席以及全國人民制定的，稱為中國人民一百多年來英勇奮鬥總結的，鞏固人民革命成果的憲法，這樣就很危險。

談到人，即使毛主席也不能保證沒有偶然的錯誤，如肅反時毛主席偶然說了一句「反革命分子可能只有百分之幾」一句估計猜度的話，但是後來竟成了肅反的指標，據說安徽省有一個銅礦，銅礦裡有一個領導就按百分之五的定額把四百人抓起來了。為什麼百分之五？大約是毛主席沒說百分之六或是百分之十幾，就按平均數百分之五。我們看靠「人治」是多麼危險。

有人問，假使某一個野心執政者自己本身破壞憲法怎麼辦？（由此可以看到）這就是「養成風氣」的重要性。當一切人民已習慣於愛護憲法、保護憲法的時候，任何人想公然破壞憲法就很難了。

史達林在他的執政期間沒有重視過法制，他自己不尊重「法治」，也沒有養成人民的「法治」精神，以致犯了錯誤，也沒人敢提出批評或公然反抗。因之使他犯了更大的錯誤，造成了使人痛心的史達林悲劇。只有當人民憲法得到普遍的尊重和愛護之後，人身的自由，言論的自由才會有保障，「三害」迫於輿論，迫於憲法，也就不能橫行了。

六月八日，反右派鬥爭正式開始。很快，束星北就被劃為右派分子了，而且還是「極右分子」，而且再一次翻出他的「歷史問題」，中共山東

省委肅反領導小組在給青島市的一個批件中，把他在抗日戰爭時期為中國軍隊製造先進裝備的努力說成是「罪惡活動」，並且「同意你們定為反革命分子的意見」。山東大學黨委的〈關於極右分子束星北的處理報告〉說他「理應與反革命問題並案嚴加懲處。但因束星北在物理學上尚有一定水平，原系二級教授，並在全國物理界稍有影響需給予照顧，不過因其情節甚為惡劣，處理已需嚴肅，為此建議法辦判處管制使用，調離學校。」一九五八年十月十五日青島市市南區人民法院就給他判處管制三年。不久他就和一批右派分子一起送到月子口水庫工地勞動改造去了。

　　這以後十多年的改造生涯不必細說。到了一九七二年才意外地出現了轉機。諾貝爾獎金物理學獎一九五七年得主之一李政道，是束星北在貴州湄潭浙江大學教過的學生，這時回國來了，他想看望當年的恩師。這件事，後來李政道在他為《束星北檔案》一書寫的序言中說了：

　　　　一九七二年十月十七日，是我一九四六年去美國後第一次回國。國家領導人在人民大會堂會見了我。周恩來總理希望我能為解決教育人才「斷層」的問題做些工作，如介紹一些海外有才學的人到中國來講學等等。我談了自己的一些看法，我說中國不乏解決「斷層」問題的人才和教師，只是他們沒有得到使用。比如我的老師束星北先生。那時我不知道束星北老師在哪裡，在做什麼，我很想能見他一面，可是最終未能如願。

　　據說，當時確實研究了怎樣能夠讓這師生倆見一面的問題，想來想去無法安排，最後以束星北先生身體不適為由，將這事推掉了。李政道只好給老師寫了這樣一封信：

　　束先生：

　　　　自重慶一別，離今已有差不多廿八年了。對先生當年在永興湄潭時的教導，歷歷在念。而我物理的基礎，都是在浙大一年所建，此後的成就，歸源都是受先生之益。

　　　　此次回國，未能一晤，深以為恨。望先生小心身體。

特此敬祝

工作順利，身體健康

生　李政道上

十月十四日

　　這師生倆見面的事雖然沒有成功，但是李政道向高層提出了束星北來，卻很快改善了他的處境，在中共中央通盤解決整個右派分子問題之前，他就摘去了右派分子和反革命分子帽子，回到講臺講他的物理學了。只是夕陽無限好只是近黃昏，一九八三年十月三十日去世了。（關於束星北一案，全部取材於劉海軍著《束星北檔案》，作家出版社2005年出版）

　　自然科學家中劃出的右派分子還應該說到許良英。他是一九四二年在浙江大學物理系畢業的，物理學家王淦昌的得意門生。他畢業的時候，王淦昌再三要他留校當助教，做自己的研究助手。他謝絕了，這時他一心想投身革命。一九五〇年擔任中共杭州青委學生部長。一九五二年調到中國科學院。一九五六年他在中國科學院哲學研究所研究科學哲學。正好在這時候毛澤東提出「百花齊放，百家爭鳴」的新方針，許良英熱烈歡迎這一方針。毛澤東關於正確處理人民內部矛盾的講話、在全國宣傳工作會議上的講話，都使他大感振奮。後來他回憶當年的思想狀況說：

　　　　由於我長期來對共產黨和毛澤東的盲從迷信，根本不可能有任何偏離共產黨的思想，因此在鳴放期間我不僅沒有放過任何所謂反黨的「右派言論」，相反，在聽到這類言論時，我都要予以反駁。例如在哲學所一次黨員骨幹座談會上，有一個老黨員提出，科學院的主要矛盾是「外行領導內行」，我即表示反對，認為實質上這是否定黨的領導，而當前科學院的矛盾是：客觀任務大，主觀力量小。在場的多數黨員都不同意我的意見。（許良英《科學，民主，理性》，明鏡出版社2001年版，第340頁）

　　他怎麼又會成為右派分子的呢？那是因為反右派鬥爭開始，他看到了六月八日的《人民日報》「完全變了臉」，「我怒不可遏，認為這會使黨失

信於民」，認為這是有人「背著毛澤東幹的，於是就以『捍衛毛主席路線』的忠誠黨員自居，公開反對反右派鬥爭。在隨後召開的兩次黨員骨幹會議上，我都第一個發言，把不滿情緒全盤倒了出來。」他就因為反對反右派鬥爭成了一名極右分子。

科學家被劃為右派分子的，還有一些當時不很知名的中青年。例如陳耀祖（1927-2000），湖南長沙人。一九四九年在浙江大學化學系畢業後留校任助教。一九五二年院系調整，調上海復旦大學任教。一九五五年調蘭州大學。反右派鬥爭中，復旦大學將他對審幹運動有所批評的信件轉給蘭州大學，於是他被劃為右派分子。他在極其困難的條件下仍不放棄自己的研究工作，用「反應質譜法」測定植物城、氨基酸等有機分子的絕對構型，受到國內外科學家的高度評價。由於他在國外科學界的聲望，一九九一年當選為中國科學院院士，被稱為中國有機分析化學奠基人之一。他的科研成果都是右派改正之後才發表出來的，不能說他在一九五七年就已經是一位大科學家了。但是從他這一例可知當年是把一些有希望成為大科學家、成為院士的青年人打成右派了。

像陳耀祖這樣，先被劃為右派分子，後來當選為中國科學院院士的，還應該說到張景中（1936-），他是河南省開封市人，北京大學數學力學系學生。一九五七年因參加北京大學的「五‧一九運動」，被劃為右派分子。一九五八年被開除學籍送去勞動教養。分配到天津附近的茶澱站清河農場勞動，在農場勞動了八年。一九六二年解除了勞動教養，留在農場當「就業人員」。好友楊路仍然在北京團河農場勞動教養。二人常常通信交流關於數學問題的思考心得。這樣的書信交流，彼此視為「一種精神上的享受」。一九六六年和許多就業人員一起被集體調往新疆生產建設兵團，在那裡待了十三年零四個月。任務是修一條從新疆庫爾勒到若羌的全長四百公里的公路。每天挖土、抬土、澆灌水泥、製磚、建橋鋪路，徹底與數學隔絕。一九七九年，北京大學改正了他的右派問題。他被調到合肥的中國科技大學任教。一九九五年當選為中科院院士。一九九九年當選中國科普作家協會理事長。一九九二年到美國維奇塔大學。和高小山、楊路等一起把消點法推廣到立體幾何和非歐幾何，在計算器上生成了一批非歐幾何新定理的可讀證明。他已經出版的著作有：《幫你學數學》、《數學家的眼光》、《新概念幾何》、

《漫話數學》和《數學與哲學》等。

還有謝學錦，一九五七年他是地質部物探所的工程師，在地質部的鳴放會上，他提了兩條意見：一點是研究工作計劃性不能太強，研究工作往往有出乎意料的發現，要給研究人員一定的自由度。另外一點，出國去參加學術會議，最好是讓寫論文的人去，不要派沒有寫論文的人去。他這發言其實很平淡，卻得罪了那位沒有論文倒去了蘇聯開會的同事，那人就攻擊他「和他父親唱的是一個調子」。他父親謝家榮是地質部地礦司的總工程師，這時已經被劃為右派分子了。謝學錦也就這樣成了右派分子。現在他是國際知名的勘查地球化學家，一九八〇年當選為中國科學院院士。

順便講一下他的父親謝家榮，他的事蹟，《辭海》設有專條，現在轉錄如下：

> 謝家榮（1898-1966），中國地質學家、礦床學家。字季驊，上海人。1916年農商部地質研究所畢業，後赴美學習。曾任農商部地質調查所技正，清華大學、北京大學教授，中國地質學會會長。建國後，任全國地質工作計畫指導委員會副主任，地質部地礦司總工程師，全國地質普查委員會常委。中科院地學部委員。曾先後發現安徽鳳台磷礦、淮南八公山煤田、南京棲霞山有色金屬礦及甘肅白銀廠銅礦等，對大慶等油田的發現也做出了重要貢獻。對石油、天然氣、煤、金屬、非金屬礦產的成礦規律、找礦方向及成礦理論等都有論述。著有《中國中生代末第三紀初之造山運動、火成岩活躍及其與礦產造成的關係》和《北平西山地質構造史》等。

應該給《辭海》未說的補上兩點：一，他在1957年被劃為右派分子；二，文化大革命初起，他受到迫害，一九六六年八月十二日晚上，他在一次批鬥會之後，服安眠藥自殺。（據鐵流〈兩代地質學家的悲壯人生〉，見《炎黃春秋》2010年第4期）

謝家榮的學術地位，他在地質學界的聲望，這裡可以講一件舊事。一九三四年二月十六日地質學家翁文灝在京杭國道因車禍受重傷。這時另外一位地質學家丁文江也在病中。一九三四年二月十七日胡適寫給行政院長汪精

衛的信中說：

> 午間到協和醫院看在君（即丁文江），他見我良久不能作聲，眼淚雙
> 垂，我雖勸慰他，心裡也很難過。他在病榻不能作書要我代達先生：
> 倘詠霓（即翁文灝）萬一有生命危險，或傷重須靜養，萬望先生敦囑
> 公博兄（即實業部部長陳公博；地質調查所歸實業部管）不可隨便派人來做地
> 質調查所長。在君之意以為謝家榮君（現為北大地質研究教授）資格最適
> 宜，如有必要時，可以代理地質調查所所長。在君甚望先生以此意轉
> 告公博兄。此所為在君、詠霓兩人二十年心血所寄，故在君拳拳繫
> 念，其意甚可感，故代為轉陳。

這就是說，在丁文江看來，能夠接替翁文灝地質調查所所長職務的，謝家榮是最有資格的人選。

在工程技術界，北京市設計院的總工程師華攬洪、陳占祥都被劃為右派分子了。陳占祥就是和梁思成一起反對拆毀北京城牆的建築學家。他曾經和梁思成共同擬出了一個〈關於中央人民政府行政中心區位置的建議〉，不贊成將中央行政中心設在北京舊城，建議設在月壇以西公主墳以東的位置。他們的理由是：現代的政府機構總起來需要六至十幾平方公里的面積，這樣龐大的機構沒有中心佈局顯然是不適當的，而市內已經沒有足夠的空地。北京的居民所應有的園林綠化遊憩面積已經太少，如果將中央政府的機構分散錯雜在全城，會帶來交通等各方面的不便，同時也破壞了北京城原有的完美佈局。不久，「梁陳方案」被指責為與蘇聯專家「分庭抗禮」，與毛主席的「一邊倒」方針背道而馳，而被否定了。（林洙：《憶建築師梁思成》，見《人物》1991年第2期）。

中國建築學會北京分會為華攬洪、陳占祥兩人開了七次大小辯論會，報紙上還刊登了北京市都市規劃委員會鍾國生的文章〈華攬洪、陳占祥反黨聯盟在替誰叫囂？〉，文章批判陳占祥的〈北京市總體規劃和城市建設〉一文，說他的這篇文章「全盤否定幾年來民用建築的成就，挑撥共產黨和群眾的關係。」「他們到處散播說中共北京市委是『宗派主義』。」鍾國生的文章還批判華攬洪：「華攬洪假惺惺地披著『學術探討』的外衣，裝著『關心

人民』的樣子，大聲疾呼：『黨不重視居住建築』『居住建築遠遠不夠』，還說什麼『解放後人民居住水平比解放前降低百分之三十！』華攬洪這純粹是無恥的造謠！」（9月5日《北京日報》）不過這篇文章沒有提到陳占祥反對拆毀北京城牆這事。

紡織工業部基本建設局設計公司工程師吳厚福被劃為右派分子的材料，據報載，他的右派言論有這樣一些：「儲安平的『黨天下』，陳新桂給找出理論根據來了。」「北大就有人上講壇說胡風不是反革命分子……胡風在現在就不會當反革命分子了。」「知識份子生活降低了，黨員生活提高了。」「共青團員充當『打手』、『包打聽』，黨員就利用這種統治方式，高高在上，聽彙報，是特務方式。」（9月12日《大公報》）

醫藥界的反右派鬥爭。北京醫學院藥學系主任、中國藥學會理事、第一屆全國人民代表大會代表薛愚被劃為右派分子了。據報紙上刊登的材料，說「在整風開始前後，薛愚發表了一系列用心險惡的文章和言論，惡毒地攻擊黨的方針政策，攻擊衛生部。他說衛生部是『黨天下』，衛生部『上自部長、司長、科長等頭目都是黨員』，『政治不懂，技術更不行』，而且還『不信任、不使用黨外知識份子』，『不重視非黨專家』。」（7月31日《人民日報》）

協和醫學院院長、第二屆全國政協委員李宗恩也被劃為右派分子。他又是農工民主黨協和支部主任委員，就由農工民主黨北京市委員會和醫學院支部開會鬥爭他。會上揭露的材料說，李宗恩竭力為美帝國主義保存協和這個據點，抗拒人民政府的接管。朝鮮戰爭爆發以後，他還給美帝國主義分子婁克斯寫信，歡迎他們重來中國。還有就是他在農工民主黨內深得章伯鈞器重、以及為農工民主黨拉人的情況。例如他對人說：「農工是共產黨的週邊組織，加入了就都是進步的。」（7月25日《人民日報》）

在國民黨政府長期擔任行政院衛生署署長、衛生部次長和部長的公共衛生專家金寶善，回到大陸之後，安排他擔任了衛生部技術室主任，第二屆全國政協委員，還擔任了九三學社衛生部支社主任委員。也被劃為右派分子了。北京醫學院衛生系副主任葉恭紹的批判文章揭露了他的這樣一些右派言論：「醫學教育部門沒有注意培養衛生防疫人才，而只培養看病的醫生。」「他甚至說解放以前的一些好的預防保健制度，現在也取消了。產生這些缺點的原因是因為『從衛生部直到中共中央的領導人就沒有預防思想。』」

「目前衛生部的司局長很弱，不大解決問題，比以前國民黨時（他當衛生署長時）的衛生部差的遠」。他還攻擊黨的中醫政策，說：「對中醫只能當它作一項文化遺產來研究，而不應當作現代科學來接受。」針對黨所提出來的「學習蘇聯先進經驗」的要求，他「對學生宣揚美國的科學水平比蘇聯高。」（8月24日《人民日報》）

醫藥界在反出了一批黨外右派分子之後，沉寂了一段時間之後。到一九五八年秋天突然爆出大新聞。十月二十五日《健康報》報導說：「衛生部在整風運動第四階段，挖掘出了長期混入黨內的階級異己分子、極右分子齊仲桓（前衛生部部長助理、衛生部黨組成員）。這是醫藥衛生戰線上的一個巨大勝利。」這篇報導公佈了齊仲桓的右派言行：「齊仲桓長期以來認為政治不能領導業務，要政治為業務服務，他經常宣揚『衛生部政治多了，業務少了』。他說黨組領導同志『既不懂業務，又不虛心聽取專家的意見。』因此他主張衛生部應請『專家』來擔任領導工作，依靠專家並使之『有職有權』。說什麼『搞好業務就是最好的政治。』」「右派分子向衛生部進攻時，攻擊衛生部『不重視預防為主的方針，防疫站搞愛國衛生運動是不務正業』，齊仲桓則大加讚揚說『提的太好了，給我們很多啟發』。」「一九五七年注射腦炎疫苗發生了重大的死亡事故，黨組責成齊仲桓負責認真檢查處理。他未經黨組同意組織了一個七人檢查組，由生物製品研究所所長、右派分子湯飛凡（拒絕改造，已畏罪自殺）為組長進行檢查。目的是為他們開脫罪責。」「整風開始，齊仲桓認為時機到了，他借整風鳴放機會，煽風點火，與右派分子一起向黨組進攻。右派分子周莩芬向黨進攻說『黨是統治者』、『新社會是暴政』等，齊仲桓就說：『好哇！就照周大夫這樣來，像這個說法就行』。在整風大鳴大放初期，齊仲桓憑藉衛生部部長助理、黨組成員身份和職權，曾在北京及上海召集了兩次所謂『專家』座談會，支持右派言論，放任右派分子金寶善、范日新之流，肆無忌憚地向黨進攻。」

雖說中央指示，對於自然科學家有保護過關的意思，不過這種「保護」的作用也有限。像剛才說到的湯飛凡，他是國際知名的微生物學家、病毒學家，大科學家了，可是最終還是以右派分子的身份「畏罪自殺」了。關於他，《辭海》和《不列顛百科全書》都有詞條。《不列顛百科全書》上的要詳細一點，照錄如下：

湯飛凡（1897-07-23中國湖南醴陵-1958-09-30），中國著名病毒學家。1914年在長沙甲種工業學校求學，1921年畢業於湖南湘雅醫學院，獲美國康涅狄格大學醫學博士學位。1925-1929年，他與美國H.秦瑟研製出現代微濾膜的雛形醋酸火棉膠膜，用於測定病毒顆粒的相對大小。1929年回國，協助創建中央大學醫學院。1929-1936年他通過物理方法實驗，有力地支援了「濾過性病毒」是有生命的微生物的學說；他是最早研究菌質體科學家之一。1935年他闡明菌質體的多形態性及其在宿主細胞內的發育週期；他證明日本人野口英世認為是沙眼致病菌的顆粒桿菌（Bacillus granulosis）不致病，推翻了沙眼的「細菌病原說」。1954年進一步闡明沙眼包涵體的本質，1955年分離培養出第一株沙眼衣原體（原名沙眼病毒）IE8，成為世界上發現重要病原體的第一個中國病毒專家。1958年9月30日含冤自殺。1981年國際沙眼防治組織向他頒發沙眼金質獎章。1940年他在昆明改建了中國最早的生物製品生產研究機構；1943年領導研究出第一批國產青黴素；1946年在北平創立中國第一個抗生素研究室和青黴素車間。他還培養造就了一批微生物學、免疫學、和生物製品學人才。主要著作有：《超濾研究》（載美國《實驗醫學雜誌》）、《沙眼病原研究的最新進展》（載《中華醫學雜誌》外文版）、《沙眼病毒與沙眼病之研究》（與周誠滸合著）和《沙眼病原研究》（1-4，與張曉樓等合著）

除了上面說的這些之外，他還是中國科學院生物學部委員、中國微生物學會理事長和衛生部生物製品委員會主任委員。他的妻子何鏈在〈回憶沙眼病原體發現者湯飛凡教授〉一文中記下了他經歷中的一次重要抉擇：

一九四九年四、五月份，他的老師、前湘雅醫學院教務長、美國醫師胡美先生向他發出了邀請，要他偕夫人赴美工作，並許以優厚待遇。當時社會上謠傳很多，說什麼共產黨只要年輕人，不要年老的。也因為我父親的社會關係，許多人都勸我們走，並且買好了兩張飛機票。那幾天，他坐臥不安，十分煩躁，脾氣也挺大。上飛機之前，他不斷

擺弄著手頭的飛機票，沉思中浮出一臉苦笑。我問他為什麼。他說：「去為外國人做事，我精神上不愉快。」他還告訴我：「我是炎黃子孫，總不願背離自己的祖國，我相信共產黨會收留我們工作的，我要為自己的國家服務。」聽了他的肺腑之言，我說：「那好，我們不走了。」我們做出了最後的決斷，飛機票被撕成了紙屑。（《湖南文史資料選輯》第23輯）

　　他們當時大約並沒有意識到，他們做出的是一個生死攸關的抉擇。反右派鬥爭開始的時候，並沒有觸動他，也許有過保護他一下的考慮。他最後還是被宣佈為右派分子，可能與衛生部反出了黨內右派分子齊仲桓一事有牽連。顯然的一點是和當時提出的「拔白旗」的口號有關。湯飛凡當然是一面大白旗。一九五八年九月二十六日，生物製品研究所開會聽取湯飛凡的自我檢查。第二天和第三天的會上，要湯飛凡繼續檢查和聽取群眾批判。組織上安排的發言者說他是資產階級學術權威，是插在社會主義陣地上的一面大白旗，是民族敗類，是國民黨反動派的忠實走狗，是美國特務、國際間諜。連他的妻子何璉是國民黨高官何鍵的女兒也成了他的一條罪名。還攻擊他冒充大科學家，他向洋人討麵粉丟了中國人的骨氣，他把沙眼病毒送給外國人把分離方法告訴外國人、出賣國家利益。散會時，主持人對著規規矩矩站在那裡的湯飛凡咆哮：坦白交代低頭認罪才有出路，不然死路一條。我們說到做到，可以馬上把你這個國際間諜抓起來。並且宣佈明天繼續開會。就在這「明天」的清晨，人們發現湯飛凡已經自盡身亡。

　　醫藥界的右派分子還應該說到《希氏內科學》的中譯者王賢才。當他還是一個大學生的時候，就決心把這一部世界名著翻譯過來了。大學畢業了，分配到北京一所醫院當住院醫生，他就用第一個月的工資買回了第九版的《希氏內科學》，在查房、看病的餘暇。埋頭譯起書來。到了一九五八年的「反右補課」中，他被「補」成了一名右派分子。後來他在《「未入流」右派和「幽靈」的故事》一文中回憶說：「我怎麼成為了右派呢？除了『白專道路』『崇洋媚外』之外。主要『罪狀』就是：反對學習蘇聯先進醫學，胡說蘇聯醫學比不上西方，蘇聯專家甚至還不如中國專家、不應該只學蘇聯。……我原先上班之餘，是埋頭譯書的，當了右派以後，譯書的事被迫放

下了，而且把已經譯成的四十萬字譯稿也忍痛燒掉了。」（《北京觀察》2002年第8期）兩個月之後王賢才被調到內蒙古呼和浩特，在這裡遇到了文化大革命。一九六八年四月二十七日，他忽然被判處十二年徒刑。他的命運真是有一點奇怪，當他成為勞改隊的犯人醫生之後。得到幾個被他治好的病人的幫助，他竟能夠重新開始譯書了。一位回到上海的難友給他送來了第十三版的《希氏內科學》；勞改隊的李政委支持他翻譯這書，幫他找來了《英中醫學詞典》、《英漢詞典》這些工具書。他就在勞改隊這個奇特的環境裡把這書譯了出來。不過等到這書有了出版的機會的時候，卻並不是照這個譯稿付印的，而是找來最新出版的第十五版的《希氏內科學》重新譯出付印的。後來王賢才是第七、八、九屆全國政協委員，《江西醫學》主編。（孫引南：《一個人與一部書的命運》，見《人民文學》1986年第10期）

　　一九五七年十月十三日毛澤東在最高國務會議第十三次會議上講話，談到對右派分子的處理問題，舉了幾個例。他說：「比如錢偉長，恐怕教授還可以當，副校長就當不成了。」（《毛澤東選集》第五卷，第493頁）多年之後錢偉長對來採訪他的記者說，「毛主席說錢偉長是好教師，所以要保留教授，就是說我還能講課，所以還給工資的。我這右派是保留教授資格的右派，假如沒有這個我就到北大荒去了。」他認為，他能受到優待，「這是毛主席保的。」不過這保護也很有限，一九六八年就要他到首都鋼鐵公司去當一名爐前工，勞動改造了。這是一種很重很苦的勞動。而且，因為受到他當右派分子的連累，他的兒子和女兒都沒有能上大學。（據《百年潮》月刊，2007年第2期）

　　這裡簡單說一下中國科學院上海分院的情況。有機化學家黃龍鳴在鳴放期間，先後到解放軍醫學科學院、南京藥學院演講，提出了「教授治校」「專家治院」的主張，在中共上海市委召開的宣傳工作會議上，他說的也是這些意見。也是在這次宣傳工作會議上，生物化學家鄒承魯表示不贊成大學生統一分配制度，認為招研究生時應當先生選學生，學生選先生；對有海外關係的人不要歧視。因此有人提出要劃這兩位科學家為右派分子。分院負責人王仲良向市委彙報的時候，竭力保護他們。「柯慶施說：你說來說去，爭來爭去，就是這些人不應該是右派，是不是這樣？王仲良說：是的，我認為他們不是右派。柯慶施說：那麼你就是右傾！你應該認識到這些人本質上就

是右派，但從策略上考慮，我們可以不給他們戴右派帽子，不給他們劃右
派。」就這樣，這兩位院士就保護了下來。顯然柯慶施已經收到了中央關於
自然科學方面反右派鬥爭的指示，才同意網開一面的吧。結果中科院上海分
院所劃出的五十一名右派分子中沒有一個是副研究員以上的科學家，都是在
中級、初級研究人員和行政幹部中間劃的。民盟成員林吉強、鄒承魯的學生
李文傑都劃為右派分子了。（據《社會科學論壇》二〇〇六年四月上半月所載《政治風
浪中的中國科學院上海分院》一文）

十八、社會科學界的反右派鬥爭

　　社會科學界比起自然科學界來受到的打擊就更重一些了。在批判民盟關於科學體制問題意見書的時候，著重提出了一個資產階級社會學復辟的問題。中國人民大學計畫統計系教授吳景超在一九五七年一月號《新建設》雜誌上發表《社會學在新中國還有地位嗎？》一文，其中說：

> 　　在解放以前，中國許多大學中都設立了社會學系。一九五二年院系調整之後，這些社會學系都一概取消了。過去搞社會學的人，大部分都改業了。

> 　　整個地說來，資產階級的社會學，其立場、觀點與方法，基本上是錯誤的。但是在百家爭鳴的時代，我認為在我國的哲學系中，還有設立社會學一門課程的必要。在這一門課程中，可以利用歷史唯物論的原理，對於資產階級社會學進行系統的批判，同時也儘量吸收其中的一些合理部分，來豐富歷史唯物論。

> 　　舊社會學還有其他一些部分，如人口理論及統計，社會調查（都市社會學與鄉村社會學都可併入社會調查之內），婚姻，家庭，婦女，兒童等問題，社會病態學中的犯罪學部分，都可酌量併入其他學院有關各系之內。開設這些課程，當然不能採用舊的課本，講授時也不能採取舊的立場觀點與方法。但是以歷史唯物論的知識為基礎，來研究這些問題，對於我國社會主義社會的建設，也還是有用的。

　　四月十日在新建設雜誌社召開的關於社會學的座談會上，吳景超更提出設立社會學系或社會學專業的主張。反右派鬥爭中他寫的一份書面交代中說，「在百家爭鳴的口號提出之後，恢復舊社會學的思想，逐漸發展起來。我是第一個人提出社會學在中國是否還有地位這一問題的。」

六月九日，也就是民盟關於科學體制問題意見書在《光明日報》刊出的這一天，費孝通、吳景超、陳達、李景漢等人開了個社會學工作籌備委員會，推陳達為主任，提出要團結和聯繫原來社會學界同人成立社會學學會。所有這些，就被指摘為圖謀復辟資產階級社會學的陰謀活動。在反右派鬥爭中，這是社會科學界批判的一大目標。

郭沫若在中國科學院召開的座談會上批判說：「中國共產黨和一切馬克思主義者對於現代資產階級的反動的哲學和反動的『社會科學』，包括社會學、經濟學、政治學、法律學、歷史學等等，不論過去和現在，都只能採取原則否定的態度。但是資產階級右派居然公開要求我們改變這種態度，並且用一切卑鄙的手段，來辱罵、污衊和醜化馬克思列寧主義的真理，企圖打倒馬克思列寧主義這面戰鬥的旗幟，以便為資產階級『社會科學』的復辟，為資產階級反動統治的復辟，鋪平道路。在這個問題上，我們難道能夠作絲毫的讓步嗎？」

對於費孝通的一些具體論點，郭沫若批判說：「關於資產階級右派所謂『恢復』舊社會學的問題，我想請大家看一看費孝通二月二十日發表在《文匯報》上的一篇題為〈關於社會學，說幾句話〉的文章。在這篇文章裡，費孝通表示，『社會學』這塊牌子是否恢復，他並不重視，他所真正關心的是要在實際上用資產階級社會學來進行『社會調查』，來『研究』『有關人民民主專政的一系列問題』，例如：『黨和非黨的共事合作關係』，『階級消滅後的人和人的政治關係』，『人民代表大會制的運用』，『民主黨派的相互監督』，『知識份子的思想變化』，『人才的使用和安排』與『人事管理制度』等等問題。費孝通的這些文章充分表明了主張『恢復』社會學的真正用意，這種主張和章羅聯盟的整個政治陰謀完全合拍。正如大家所知道的，費孝通所提出的這些問題正是資產階級右派這個時期中反共反社會主義的主要題目。右派所以注意『黨和非黨的關係』，『人和人的政治關係』，就是要煽動黨外人士起來反對共產黨。右派所以注意『人民代表大會制的運用』，就是要用資產階級的國家制度，來代替我們的人民代表大會制度，例如採用『兩院制』之類。右派所以注意『民主黨派的相互監督』，就是為了用民主黨派來和共產黨分庭抗禮，以使民主黨派成為反對共產黨對國家的領導的工具。右派所以注意知識份子問題，就是為了反對知識份子的思

想改造，把知識份子引上反共反社會主義的道路。右派之所以要討論什麼『人才的使用和安排』，『人事管理制度』等問題，意思那就更明顯了。他們不是大喊大叫我們沒有充分『發揮』右派知識份子的『力量』嗎？好讓資產階級右派知識份子出來染指國家工作的決策嗎？」（9月19日《人民日報》）

在這座談上作批判發言的還有夏康農、侯外廬、齊燕銘、孫定國、陳翰笙、孫冶方、鄧初民、金岳霖、黃子通、吳半農、王學文等人。關鋒發言批判吳景超的〈社會學在新中國還有地位嗎？〉一文，說這篇文章寫得文不對題不合邏輯，這是吳景超故意這樣做的，例如他提出院系調整時取消若干大學的社會學系的問題，但他不從正面來反對，卻拐了一個彎，說是在舊社會中，有人口理論及統計、社會調查等八個課程可以分別在大學裡的各系開課。接著吳景超說，舊社會學中的這八個項目，要以「歷史唯物論的知識為基礎」來進行研究。試問：像人口理論和統計、社會調查這樣的問題，既然用歷史唯物論的知識來研究，那麼這又和「舊社會學」有什麼關係呢？如果這些問題，要在歷史唯物主義的基礎上進行研究，那就根本不發生什麼有沒有地位的問題。吳景超在這裡不是故意混淆視聽，欺騙讀者嗎？（《新華半月刊》1957年第20號，第85頁）關鋒過去並不是一個怎樣知名的人物。反右派鬥爭給了他脫穎而出的機會，到了一九六六年五月二十八日成立中央文化革命小組，他是成員之一，成了文化大革命前期能夠呼風喚雨的一人。

這費孝通、吳景超、陳達、李景漢等人後來都被劃為右派分子了。社會學家被劃為右派分子的，還應該說到吳文藻，《辭海》裡有他的詞條：

> 吳文藻（1901-1985），中國社會學家、民族學家。江蘇江陰人。一九二三年赴美留學，獲社會學博士學位。一九二九年回國，在燕京大學先後任教授、社會學系主任、文學院院長。一九三七年後，在雲南大學創辦社會學系並擔任主任、文學院院長。一九五三年起歷任中央民族學院教授、圖書館館長、顧問，並為第二、三、四、五、六屆全國政協委員，民進中央常委。著有《民族與國家》。

應該補充的是：抗日戰爭勝利以後，吳文藻擔任了中國駐日代表團政治組組長，兼任盟國對日委員會中國代表顧問。中華人民共和國成立的時

候，他正在東京任職。他是怎樣回國來的呢？他的妻子、作家冰心在一九八六年寫的《關於男人》一書中回憶說：

> 我們有一位姓林的朋友——他是橫濱領事，對共產主義同情的，被召回臺灣即被槍斃了，文藻知道不能在代表團繼續留任，一九五○年他向團長提出辭職，但離職後仍不能回國，因為我們持有的是臺灣政府的護照，這時華人能在日本居留的，只有記者和商人。我們沒有經商的資本，就通過朱世明將軍（注：中國駐日代表團團長，吳文藻清華大學的同學）和新加坡鉅賈胡文虎之子胡好的關係，取得了《星檳日報》記者的身份，在東京停留了一年，這時美國的耶魯大學聘請文藻到該校任教，我們把赴美的申請書寄到臺灣，不到一星期便被批准了！我們即刻離開了日本，不是向東，而是向西到了香港，由香港回到了祖國！

他們回國之後的情況，冰心在這篇文章裡接著說：

> 一九五三年十月，文藻被正式分配到中央民族學院工作。新中國成立後，社會學和其他的社會科學如心理學等，都被揚棄了竟達三十年之久。文藻這時是致力於研究國內少數民族情況。他擔任了這個研究室和歷史系「民族志」研究室的主任。他極力主張「民族學中國化」，「把包括漢族在內的整個中華民族作為中國民族學的研究對象，讓民族學植根於中國土壤之中」。
>
> 一九五八年四月，文藻被錯劃為右派，這件意外的災難，對他和我都是一個晴天霹靂！因為在他的罪名中，有「反黨反社會主義」一條，在讓他寫檢查材料時，他十分認真地苦苦地挖他的這種思想，寫了許多張紙！他一面痛苦地挖著，一面用迷茫和疑惑的眼光看著我說：「我若是反黨反社會主義，我到國外去反好了，何必千辛萬苦借赴美的名義回到祖國來反呢？」

（據《清華校友通訊》叢書，復17冊，

1988年4月清華大學出版社出版，第164-165頁）

　　冰心在這篇裡說的「一九五八年四月，文藻被錯劃為右派」，看來是年代久遠記憶有誤。一九五七年八月十六日《人民日報》刊登的一篇〈請看李景漢的反動面目〉中點名的右派分子有費孝通、吳景超、吳文藻、潘光旦等人。可見早在一九五七年八月吳文藻就已經被劃為右派分子了。

　　經濟學界反右派鬥爭的一件大事，就是批判陳振漢等六人的意見書。陳振漢是北京大學經濟系教授，民盟北京大學支部副主任委員。一九五七年五、六月間，他和北大經濟系的徐毓枬、羅志如兩位教授（都是民盟成員），郵電部副部長谷春帆（民革），中國科學院經濟研究所副所長巫寶三（民進）以及中國人民銀行總行幹部學校副校長寧嘉風（九三）六人，集會兩次，座談經濟學的現狀及今後發展方向問題，座談的結果，寫成《我們對於當前經濟科學工作的一些意見》一文。此文已寫出第二次稿，因為反右派鬥爭起來，沒有最後定稿即中止了。作為一種供批判用的反面材料，在《經濟研究》一九五七年第五期上將這篇的第一次稿（原稿）、第一次稿（修正稿）和第二次稿同時刊出。在這裡，人們可以看到這樣一些話：

　　　　一個國家應當怎樣建設社會主義，馬克思列寧主義的經典作家不可能留下來放之四海而皆準的具體方案。因為關於社會主義建設我們不能從馬列主義經典作家的著作中找到現成的和四海皆準的規律。

　　　　從全國解放以來的八年中間，我們國家在國民經濟的恢復，社會主義的經濟建設工作基本上是在摸索著前進的。

　　　　我們的各項具體工作，無可諱言，多半是從摸索著前進的，我們的財經政策和設施，不少是盲目地搬用蘇聯成例，即是碰碰試試，主觀主義，盲目行事，並未遵循什麼客觀經濟規律，也不知道有什麼規律可資遵循。由此，我們的工作並非沒有錯誤，甚至是嚴重的錯誤，也並非不出偏差，往往是幅度很大的偏差。也因為如此，雖然總的說起來，我們這些年來經濟建設突飛猛進，獲得了燦爛的成就，雖然錯了就改，偏了就糾，而因此造成的損失卻是影響不小。

　　　　我們目前的經濟科學還是停滯在相當幼稚的階段，除了教條的搬運蘇聯教科書的一些東西以外，就是一些現行制度的描述。因而也還不能起指導實際的作用。

　　如何對待經典著作問題：現在的風氣是經典著作上的一字一句都是金科玉律，只能引證訓詁，逐字逐句轉述背誦，甚至連手民排校的錯誤或翻譯上的錯誤，詰屈聱牙的譯文也神而敬之的在那裡體會「精神實質」。

　　許多經典著作寫作於百年以前，對於百年來的事物只能預見其大，不能洞燭幾微，只能預見趨勢，不能先卜年月時地，十月革命爆發於工業落後的俄羅斯不就是顯例嗎？而且馬克思的許多著作都是出版於身後，又怎能保其每字每句都是珠玉呢？然而在我們這裡多少年來又有誰敢公開提出關於「絕對貧困論」的懷疑？不僅思想內容和概念方面如此，即是在闡述說明問題的體例形式我們也不能加以絲毫變動。例如現在政治經濟學教學中關於資本主義部分的講授大綱，完全是因襲《資本論》的體例，而且一般還認為這一部分是整個全部政治經濟學裡面體例最完整的部分，但是我們經常感覺這樣一種從完全抽象商品二重性的概念開始的體例是和我們從具體到抽象的認識過程相顛倒的，事實上對於教師和學生，這開宗明義第一章無異是當頭悶棍，有的人甚至就此終生被這一關擋住在政治經濟科學的門外。然而直到今天又有誰曾想到變動一下我們教科書中資本主義部分的體例呢？

　　我們當然也都知道馬克思列寧主義並非及馬克思列寧之身而止，而是在繼續發展和豐富中的。因此究竟怎樣才算發展，怎樣又是修正主義的泥淖，在籠統概念上好似容易劃分界限，到了具體問題總是往往易於混淆。結果為了避免修正主義這樣可怕的名聲，誰也不願多惹是非，這也就堵住了經濟科學上任何創造性發展的可能而助長教條主義的氣焰。

這意見書還談到研究資料的保密問題：

有的材料在帝國主義國家裡已經眾所皆知，在我們卻還是國家機密。我們認為保密是必要的，但保密範圍很可以縮小，並且應當明確。例如銀行方面的鈔票暗記、電報密碼、外匯頭寸、黃金庫存應該保密，至於存款、放款，乃至銀行發行數字，似乎就沒有保密之必要，因為

這類數字公開了不會產生什麼毛病，不公開也並不真能保持秘密。有人假使一定要知道，不難從別的已經公開的數字中推算出來的。例如假使有赤字發行，即令發行數字保密，難道連物價變動和物資供應情況也能一概不讓人看見嗎？公開出來，讓大家瞭解情況，對政府進行監督，提供建議，是不是更有利於工作的改進？明確和縮小保密範圍，解除過去對於保密問題的顧慮，大力宣傳資料的重要性是使解決資料供應問題的前提條件。

意見書對於不怎麼懂經濟學的財政經濟幹部表示了有點不佩服：

聽說一些領導財政的同志根據幾年來的經驗總結出來這樣一條規律，即是國家的財政收支如果不能平衡，勢將導致物價的上漲和物資供應的緊張狀態。其實這是經過千錘百鍊的經濟規律。連這樣的規律還要從親身經驗裡面去總結，我們的財經政策就未免過於忽視既有的經濟知識了。有的財經領導同志在公開會議上認為，貨幣發行如果是適應需要，如為農貸及收購農產品的，不能說是通貨澎脹，也是違背經濟常識的說法。說明我們的業務部門領導同志好憑一己經驗領導工作的作風還是嚴重的，這樣也就看不起經濟科學工作的作用，也就不會重視科學研究。

這意見書認為當前經濟學界的力量還是十分薄弱，而業務部門又需要許多經濟科學工作者，經濟科學需要一個更壯大的隊伍，從而提出了加強黨內外經濟科學工作者之間的團結問題。意見書說：

可是一年多來，有些人為的牆和溝還依然存在著，例如在不少高等學校和個別科學研究機構裡面，政治經濟學的教學和研究，主要由黨內同志進行，一般黨外經濟科學研究工作者仍只能以經濟思想史、經濟史，或資本主義國家的經濟等的博古通今工作作為安身立命之所。又如同在業務部門的經濟研究機構裡的工作人員，黨內和黨外的同志所能看到資料的機會並不均等；又如對科學學術見解上的簡單否定，對

於科學成就的不同估價也還不能完全摒除。諸如此類的界限的存在，我們認為這樣是不利於發揮黨外經濟科學工作者的積極性的。我們認為黨內經濟科學工作者，不論是在業務部門，在高等學校和在科學研究機構的，應該加強和黨外同行的聯繫，增進對於他們的認識和瞭解，歡迎他們參加適合參加的工作，和他們分享自己所能享受的工作便利。

意見書還提出了對待資產階級經濟學的態度問題：

> 馬克思列寧主義政治經濟學的一大特色，便是批判地吸收和利用資產階級經濟學家的研究成果。馬克思的《資本論》和列寧的《帝國主義論》是這方面的最好的典範。馬克思和列寧以後，隨著帝國主義形勢的發展，資產階級經濟學也有了很大的發展，其中是否有某些地方反映了（那怕是歪曲地反映了）現代資本主義的實際情況，可供我們批判地吸收利用呢？資產階級經濟學所用的一些方法，是否也可以用來替社會主義經濟學或社會主義經濟建設服務呢？
>
> 泥古不化本身是違反馬克思主義的。適用於一定歷史時期的理論解釋或理論總結，不一定適用於另一段歷史時期。例如貨幣的購買力（價值）是否必須以黃金的價值來解釋，資本主義制度下工人階級的實際工資是否不斷下降，產業預備軍的百分比是否必然擴大，這些問題都可以根據現實情況重新研究，這些問題是客觀存在的，過去大家回避它，不談它，實際並未解決，我們覺得只有在馬克思主義和黨在科學方面的領導下好好展開研究與爭辯才能解決這些問題。

有意思的是，這篇意見書是在六月十九日毛澤東公佈〈關於正確處理人民內部矛盾的問題〉的修改本之後寫出第二次稿的。所以它的結尾處寫了這樣幾行：

> 我們有毛主席的六條標準，緊緊掌握這六條標準就可以解決問題而不會陷入修正主義的泥淖裡。我們堅決反對修正主義，我們肯定社會主

義革命和無產階級專政的必然性和必要性，但是我們同時也主張：對
於現實經濟問題要作現實的探討，不能故步自封。是敝屣就要摒棄。

　　儘管表明了擁護六條標準、肯定社會主義革命和無產階級專政的態
度，還是過不了關。中國科學院哲學社會科學部九月三日到五日連續開會批
判陳振漢和他們的意見書。會上有二十多人發了言。中國人民銀行總行金融
研究所楊培新批判說：

> 陳振漢說馬列主義沒有一套放之四海皆準的社會主義經濟建設的「方
> 案」是毫無事實根據的。《共產黨宣言》《哥達綱領批判》等著作以
> 及中國共產黨關於對工業、農業、資本主義工商業社會主義改造的政
> 策都說明馬列主義經濟學在這方面是有一套完整的理論的。建立無產
> 階級專政，實現工業國有化、農業集體化，有計劃地發展社會主義經
> 濟、文化，逐步提高人民生活水平，準備條件向共產主義過渡，這就
> 是放之四海而皆準的真理。恩格斯在一八七七年在《反杜林論》中提
> 出的理論，已預見到社會主義建設的規律，八十年來，這個規律已為
> 實踐所證明。陳振漢把馬克思主義嘲笑為「和尚念經」，這只能證明
> 陳振漢的反動立場。馬克思主義指導了九億人口的國家完成了民主革
> 命和社會主義革命，這些國家的經濟建設的速度遠遠超過資本主義國
> 家，馬克思主義的這個偉大勝利，證明了馬克思主義理論是生氣勃勃
> 的行動的指南。

　　中國科學院學部委員王亞南批判說，馬克思主義政治經濟學是以辯證
唯物主義和歷史唯物主義的世界觀為指導的，是在工人階級反對資產階級的
革命鬥爭實踐中生長起來的，是為蘇聯、中國和其他人民民主國家的經濟建
設的經驗所豐富和發展起來的，說馬克思主義政治經濟學是教條，只是一種
無恥的污衊。

　　經濟研究所副所長嚴中平揭發說，陳振漢在十多年前就主張：在中國
的外國資本和外國工廠增加的結果並不阻礙而且幫助民族資本的積累，說是
因為外國資本輸入或外國人在中國辦工廠的結果，與民族資本一樣，是增加

本國人民的生產能力，也就是增加他們的所得。嚴中平認為這是陳振漢由來已久的買辦資產階級的反動觀點。

讓我們暫時離開一下鬥爭的會場，插說一點後來的事情。一九八〇年鄧小平對外國記者說：「吸收外國資金、外國技術、甚至包括外國在中國建廠，可以作為我們發展社會主義社會生產力的補充。」（《鄧小平文選》第二卷，第351頁）從那時以來，外資企業，合資企業，在中國經濟發展中所起的作用是大家都看見了的。不知道這一位批判者會對後來的這些事情有什麼看法。現在，我們又回到當年的鬥爭會場上去。

北京大學教授樊弘揭露陳振漢以主張「競爭平衡論」來宣揚資本主義的優越性，說是在資本主義制度下通過競爭可以使生產中偏差得到平衡，而社會主義制度下的經濟建設卻會產生嚴重的偏差，並且因為社會主義必然產生官僚主義，所以這種偏差不可能消除。

這篇報導還說：「在會上發言的人對陳振漢的兩次交代表示不滿，指出他的態度是極不老實的，沒有接觸問題的實質。」（《新華半月刊》1957年第20號，第82頁）

郭沫若在中國科學院九月十八日的座談會上也批判了陳振漢。他說：

陳振漢秉承章羅聯盟的意旨，首先對中國共產黨領導的我國社會主義經濟建設工作大肆攻擊，說我們國家的經濟建設工作，其中包括計畫工作、財政工作、金融工作等等，都是「盲目的」，根本沒有遵循什麼客觀經濟規律，以致偏差頗大，錯誤很多，損失不小。其所以如此，據陳振漢說，一方面是因為馬克思列寧主義政治經濟學已經成為「過了時」的「敝屣」，不能指導當前的國家經濟工作，另一方面是因為，我們的國家經濟部門的負責人員不懂得經濟學常識，是一些教條主義者、經驗主義者、官僚主義者和宗派主義者。這個局面豈不是糟糕透頂嗎？那末怎麼辦才好呢？陳振漢代表資產階級右派回答：這好辦得很！他的辦法的第一條是：馬克思主義政治經濟學既然早已過時，「是敝屣就應摒棄」，乾脆把它扔掉，改用資產階級的經濟學，特別是現代壟斷資本的辯護人凱因斯的經濟學說，把它作為國家的經濟工作的指導思想就好了。辦法的第二條是：現在的國家經濟工作部

門的負責人員，既然不能擔負領導的重任，那末乾脆請他們下臺，讓
這批資產階級右派的「經濟學家」或者喜歡這批「經濟學家」的人上
臺就好了。經濟工作方面應該如此這般，經濟科學的教學和研究工作
方面，也應該如此這般。陳振漢的「意見書」數易其稿，洋洋數千
言，其主要內容，事實上就是這樣。（9月19日《人民日報》）

中國科學院經濟研究所研究員林里夫（1909-）也被劃為右派分子了。
他是遼寧西豐人，一九二九年入黨的共產黨員。。當時宣佈他的反黨反社會
主義言行有這樣一些：他說過：現在「那裡是什麼無產階級專政，科學院
就有許多資產階級人物副院長、所長，並且副所長在領導著我這個共產黨
員。」他說：「像他這樣的老黨員還要接受一些解放後才參加革命工作的人
領導，比如要接受某副所長，甚至還要接受像巫寶三這樣的副所長領導，另
外像傅作義這樣的舊軍閥也當了中央的部長，因此他便得出了一個奇特的公
式：老革命不如新革命、新革命不如不革命，不革命不如反革命。」他說：
「現在社會上有兩種人，一種是地位高名氣很大，但無真才實學，如郭沫若
就是其中的一個；另一種是很艱苦的做學問，學術水平高，但地位不高，名
氣不大。」宣佈的材料還有：「林里夫一再主張政策可以爭鳴……他一再
強調說，政策不等於規律，政策不一定反映規律，政策常常可能是違反規律
的、錯誤的，而經濟學家的任務是研究規律來糾正不正確的政策的錯誤。在
他看來，國家對資本主義工商業和對農業進行社會主義改造的政策都是有問
題的，違反客觀經濟規律的」。「他引導過大家討論國家重要政策，甚至黨
和國家的總路線和總任務能否爭鳴的問題」。林說「如果政策不允許爭鳴，
經濟科學就很難『百家爭鳴』。」「今年四月中旬，在院黨代會召開之前，
黨委徵求各所黨支部黨員的意見。林里夫認為這是攻擊黨組黨委最好的合法機
會。他利用大會、小會、與黨內外同志的個別談話，歪曲事實，製造輿論，
煽動全體黨員對黨委的不滿。最惡劣的是他在整理支部提案時，擅自按照自
己的意見加以篡改，使其失去了原來的面目，作為向黨進攻的依據。」還有
這樣一件事：材料說：在右派分子篡奪光明日報時期，林里夫公開發表文章
號召全國青年向團中央、高教部、科學院作鬥爭：「林里夫在四月二十三日
光明日報上，發表了一篇殺氣騰騰的反黨文章。這篇文章的刊登是費了周折

的。事前，曾送人民日報社，黨報發現了他文章的反黨情緒，拒絕刊登，並指出他的情緒不對頭。從而，林里夫對鄧拓同志懷恨在心，後來，林又將該文送到某領導機關審查，結果亦未如願。在黨領導的各機關，林里夫的陰謀不能得逞，便把該文送交章羅聯盟所把持儲安平當總編輯時代的光明日報，於是，林里夫的反黨文章就發表出來了。」材料還說他同右派內外呼應，反對黨在科學院的領導。「科學院是副秘書長專政。而這些副秘書長對科學研究都是外行。」能夠參加黨組決定科學院的大政方針的多半是非科學家，不大懂得科學的行政工作的黨員幹部，這就很難避免不作一些外行的決定。」「科學院都是些外行在那裡領導。」（據《中國科學院右派分子言論材料彙集（一）》內部資料，中國科學院整風領導小組辦公室編印，1958年6月。）

還有中國科學院經濟研究所研究員孫毓棠（1911-1985），也被劃為右派分子。他在清華大學歷史系畢業後曾留學日本，抗日戰爭期間曾在昆明西南聯大任教。他被劃為右派分子的情況，據新華社一九五七年九月十二日報導：

> 中國科學院經濟研究所，從六月二十六日展開對孫毓棠右派小集團的鬥爭以來，截至目前為止，已舉行了大小辯論會二十三次。他的反共反社會主義的陰謀活動，已經敗露。
>
> 孫毓棠是章羅聯盟科學綱領的擁護者和傳佈者。他曾參加了制定這個綱領的座談會，積極地出謀獻策，並到處叫賣。他的中心目的是在社會科學領域排斥馬列主義，取消共產黨的領導。孫毓棠非常同意費孝通恢復資產階級社會學和依靠資產階級社會科學家的濫調。他認為「現在已不是對付一下的問題，而是應該從根本上改變局面」。
>
> 他為了削弱共產黨在經濟所的領導，他和外面右派分子相配合，提出所謂「科學家辦科學」的口號。他認為，共產黨可以領導思想教育，不能領導科學，黨員科學家也不堪作領導。孫毓棠的同謀者章有義就提出一個具體主張：「研究員（包括副研究員）輪流當所長」。據他們自己交代說：經濟所副研究員以上的人員中，黨員極少，如果他們這個主張能實行的話，就可以「削弱一部分黨的領導」。

　　孫毓棠藉口反官僚主義，大肆攻擊社會主義制度，他說他過去在舊清華和英國牛津大學時，真是「如魚得水」，「頂天立地」，「上面沒有人來壓，下面也不壓助教學生」，而今天在他的頭上，卻是「一層層的樓閣亭台」，「行政在學術生活之上，把學術生活壓得象我犯了氣喘病一樣喘不過氣來」。他狂妄地提出學術不要計畫，說什麼科學院「十二年規劃是自上而下來的」，不切實際，有了「計畫檢查，實際就是干擾。」

　　孫毓棠造謠生事，利用兩面派的手法挑撥群眾同共產黨等方面的關係。他捏造了一些「事實」，說「黨對舊知識份子的知識積累估計不足」，對知識份子的使用「簡直是變相的勞動改造」。他誣衊黨不關心青年，在黨支部面前說「青年人不服從領導」，在青年面前說「黨對青年的培養不負責任」，只有他是知識份子的同情者。

　　孫毓棠是經濟研究所的研究員、工會主席、民盟中國科學院支部組織委員。這個右派分子之所以如此猖狂地反共反社會主義是有其歷史根源的。孫毓棠原來是一個洋奴政客。一九三九年後，他先後做了《當代評論》（由特務頭子朱家驊出錢主辦）和昆明偽《中央日報》的「史學」副刊的編輯；一九四三年在昆明正式參加國民黨；一九四四年在國民黨為美軍舉辦的譯員訓練班（政治訓練工作由陳雪屏、蔡維藩等特務頭子主管）中，他擔任教官；一九四四、一九四八年兩度發表的〈中國民族的發展〉一文為蔣介石《中國之命運》中的民族沙文主義找「理論」根據。一九四七年在國民黨的聯合國代表團中充當專門助理，作了國民黨賣國的「幫兇」。在解放前夕，他還在《新路》週刊舉行的「中美關係」座談會上，為美帝國主義的侵略行為塗脂抹粉，為蔣介石的垂死統治出謀獻策。孫毓棠同右派頭子羅隆基，右派骨幹分子費孝通、吳景超、潘光旦等，遠在解放前，就有著一種異乎尋常的親密關係。因此，解放後不久，孫毓棠即混進民盟，搖身一變而成為一個「進步學者」，並到處吹噓，騙取人民的信任。孫毓棠原來是個洋奴政客。

（1957年9月14日《人民日報》，

原標題為〈過去媚美擁蔣　現在反對共產黨　孫毓棠原來是個洋奴政客〉）

　　孫毓棠的右派問題解決以後，曾在一九八一年至一九八二年任美國德克薩斯州立大學和美國華盛頓威爾遜研究中心客座研究員。

　　中國科學院經濟研究所劃為右派分子的還有副研究員章有義（1919-）安徽桐廬人。據宣佈，他的反黨反社會主義言行有這樣一些：

一、誇大缺點，抹煞成績，否定和攻擊社會主義制度。例如他聽到某地供銷合作社沒有及時收銷水果，致使農民受到損失，就說：「社會主義如果搞的不好，比資本主義還要壞」；看到計畫供應中的個別缺點就說：「計劃經濟搞的不好，對消費者更壞」；看到個別浪費現象就說：「新社會工作效率低」。他認為新社會的建設成績主要是由於「勞動強度的加強」，惡意諷刺說：「反正中國人的資源豐富嘛！」

二、攻擊人民民主制度。他誣衊我們國家裡「輿論一律」，「缺乏民主空氣，缺乏言論自由」，而欣賞資產階級的民主與自由。他誣衊肅反「是忽視人的政治生命」。

三、章有義誣衊黨是「統治者」，「黨員包辦一切」。他非常欣賞「黨天下」的謬論。他認為「民主黨派不過是聽用」，「意思意思而已。」

四、章有義對於黨對科學的領導抱有極大反感，贊成「內行辦科學」「科學家辦科學」，主張「研究員輪流作所長」。由於不甘心黨對科學的領導，他攻擊各級學術領導黨員同志，強調學術水平，意在抹煞政治水平的重要性，「有意打擊領導威信」。他批評按計劃工作是「任務觀點，不能深入問題」，企圖否定黨對科學的方針政策的領導。他特別反對黨加強對經濟科學的領導，喊叫「經濟學危機到了」，黨員經濟學家搞的不過是「官房學」。他主張資產階級「經濟學家參加政策問題的討論，並對國家機關經濟工作進行監督」。

五、他誣衊蘇聯制度，說史達林事件是由於制度；破壞國際團結，說「匈牙利事件中蘇聯第一次出兵是干涉」。

六，以攻擊教條主義為名攻擊馬列主義。章有義讚揚修正主義，誣衊「馬列主義是束縛思想的框框」。他曾借工會學術報告會的機會公開宣傳托派觀點，企圖動搖中國革命的理論根據，攻擊「半封建半殖民地」這一結論。

七，章有義一貫挑撥黨同群眾的關係，打擊黨的威信，散佈反動言論，擴大矛盾與糾紛。他當面極力表示贊成編輯史料這一工作，背後卻說「這是對舊人的廢物利用」，諸如此類捏造領導低估和不信任舊人等等謊言來挑撥黨同老科學家的關係。在向科學進軍問題上，利用青年團內右派分子章良猷探聽黨團內部機密，用以製造和擴大黨與青年之間的矛盾。他在青年中散佈與領導尖銳對立的意見，激發有些青年的不滿情緒，在所務會議上卻批評青年，主張對待青年應該嚴格。他還以同樣辦法挑撥黨同業務助理人員和肅反審查對象之間的矛盾。

八，整風運動開始後，章有義認為時機到了，喊出「整人者人恒整之」「短兵相接」的口號。他四處煽動點火，經他點火的不下三十餘人之多。同時與所內右派分子孫毓棠在背地裡共同策劃點火對象和向黨進攻的重點，在公開場合則彼此唱和。

九，章有義交代他的目的是：「嚴重打擊黨的威信，造成一種形勢，迫使黨在領導權上大大讓步，使我有可能乘機操縱所務，並將自己的意志強加於黨，為所欲為，」由削弱進而篡奪黨的領導權，把經濟所恢復成解放前的社會所。

（據《中國科學院右派分子言論材料彙集（一）》內部資料，
中國科學院整風領導小組辦公室編印，1958年6月。）

在中國科學院經濟研究所劃出的右派分子，還必須說到顧准。顧准（1915-1974），上海人，一九三五年入黨的中共黨員，解放以後擔任過一些領導職務，一九五六年調中國科學院經濟研究所任研究員。在整風運動中，他絕未在公開的會議上，或用文字參加過以「大鳴大放」為名的向黨進攻。他曾經表示過不同意儲安平的「黨天下」的謬論，不同意大學、研究所等類機構的黨組可以撤銷的意見。一九五七年四月，在一次與章乃器的長談

中，他也委婉地表示不同意章關於「共產黨員是特殊材料構成的」以及定息不是剝削的主張。他是以「反蘇」的罪名被劃為右派的。其實，他青年時代就讀了巴比塞歌頌史達林的〈從一個人看一個世界〉和許多描寫蘇聯十月革命、內戰、建設的蘇聯小說，正如他自己說的，「蘇聯和史達林的形象，對於我多少是聖潔的。」後來他同蘇聯有了些直接的接觸，對蘇聯的看法就現實得多了。一九五七年初，他隨同中國科學院副院長竺可楨到海南島和雷州半島考察橡膠墾殖情況，看到由於蘇方片面撕毀兩個國家合作經營華南橡膠墾殖的協定，使我國蒙受巨大損失。一九五七年七月，他參加了中蘇聯合黑龍江考察，看到蘇方領隊涅姆欽諾夫對我方領導人竺可楨極其傲慢。無論在正式的會談中或非正式的會談中，他對竺可楨不時流露出一種老子教訓兒子的口吻，其實，論年齡，他比竺還小幾歲，論地位，竺是我國科學院副院長，他不過是蘇聯科學院主席團的成員，這種傲慢態度，絕不符合國際交往的起碼的禮節要求。看到這些之後，用他自己的話說，在這一年裡，他經歷了「從『聖潔』到『嫌惡』這樣巨大的變化」。涅姆欽諾夫也找顧准個別談話，後來，顧准在一篇材料中說：他的「談話也用一種很難忍受的指導者口吻。我和他談話時，在這種傲慢態度面前絕未表示出絲毫的恭順之意，反右鬥爭中也有人把這當作右派罪行加以揭發，我認為不是我錯了，而是揭發者自己錯了。」反右派鬥爭中，批判他的「反蘇」言論，著重在他說的華南墾殖投資和蘇方毀約、東北拆遷機器、中蘇貨幣比價、遠東地區的領土和國界這些事。此外，還批判他對歷次政治運動的污衊，批判他對葛佩琦、雷海宗等人右派言論的同情言論等。他說，有一件叫他覺得奇怪的事：「批判大會上沒有一次發言涉及不久以前的中蘇黑龍江考察問題。我猜測，還是科學院黨組考慮對蘇關係後所採取的鄭重態度的結果。」一九五七年十一月顧准被劃為右派分子，受到監督勞動的處分，下到河北省贊皇縣勞動，後來又到河南省信陽專區的商城縣勞動，一九六〇年調回北京，下到清河飼養場勞動，一九六一年十一月摘掉右派帽子。一九六五年九月十七日經濟研究所又給他重新戴上右派分子帽子，這時，在無法抗禦的政治壓力之下，一直感情很好的妻子汪璧只好同他離婚，一九六八年四月在絕望中自殺。在勞改中的顧准直到一年多之後才知道她的死訊。顧准在勞動和改造中間寫下了不少筆記和論文，在他死後二十年才得以陸續整理出版，被學術界認為這屬於二十世

中國思想史上最重要的收穫。（本段材料均見《顧准自述》，中國青年出版社二〇〇二年出版，第225-250頁）

　　經濟學界的大批判還有一項重要的內容，就是人口問題。費孝通、吳景超、陳達、李景漢這幾個右派分子都是就人口問題發過議論的，吳景超在《新建設》三月號上發表了〈中國人口問題新論〉，認為過多的人口不利於提高勞動生產率，不利於社會主義建設。農業科學院的研究員陸欽范寫了一本《人口問題拋磚集》的小冊子，自己花了三百數十元印了一萬份，送給全國人民代表大會。報紙說他用危言聳聽的筆法強調了人口問題的極端嚴重性。陸欽范說：

> 假如我是蔣介石或杜勒斯，我就希望大陸上每一個十五歲到五十的婦女以每年生一個孩子的速度進行生育。這樣在不到一年的時間裡，比匈牙利事件規模更大的騷亂，就會在中國發生了。雖然這種假設的極端情況，僅是寓言性質的，我希望文藝工作者，在此百花齊放之春，可以取材於此，寫一些產婦群眾們如何不滿，砸醫院，砸牛奶場，砸工會要求福利等，這是第一階段，接著父母們為了要求送孩子入學，砸學校，城市青年們要求就業，砸工廠，農村青年們為了擴大不了耕地面積，紛紛離開合作社，以至牲口們為了養犢育駒，要求飼料地等等。

　　農業科學院在兩個多月的時間裡開了三十多次大小會議鬥爭他，說他是一個以人口問題為幌子，企圖在我國挑起匈牙利事件的右派分子。可是他固執己見。據報紙報導說：「反右派鬥爭開始後，當群眾駁斥他的反共反社會主義謬論時，他就出大字報，一一反抗，詭辯，誰批判他，他就找誰爭吵，態度十分橫蠻，妄想把批評者壓下去。後來他看到形勢不對，就大喊『要退出整風』，揚言今後不參加會議，不看大字報，不訂《人民日報》，並且閉門不出，企圖逃避鬥爭；……群眾到他辦公室去找他參加辯論會，他竟敢叫群眾『滾出去！』並想把群眾推出門去，還用棉花塞住兩耳不聽別人勸告，耍無賴態度。」這篇報導還揭發了陸欽范其他一些言論，例如「污衊共產黨『已成為一個權利集團』，惡毒地說共產黨是『世襲』，『比起土地

私有制來更是真正的封建』；詛咒黨『終究會被時代的車輪所拋棄』。」等等。不過，據這篇報導說，陸欽范最後還是承認了錯誤。（9月8日《人民日報》）

可是，在人口問題上的代表人物並不是吳景超、陸欽范這些右派分子，而是馬寅初。他向一屆全國人大四次會議提交的書面發言，就是一篇洋洋一萬六七千字的學術論文《新人口論》。其論點與吳景超等人的並無原則的不同，只是更系統，更有科學性。要批判右派分子在人口問題上的主張，就不能不批判馬寅初。可是他的學術地位，過去他對蔣介石不買賬的名聲，特別是他現在政治上的合作態度，以北大校長的身份為學校黨委制辯護，都是不能劃為右派分子的。據童小鵬在《風雨四十年》（第二部）中提供的材料，「當時有人要把馬寅初劃為『右派分子』，中央統戰部領導向周恩來彙報了這事，周恩來明確表示說：『馬寅初這個人有骨氣，有正義感，是愛國的，他是我國有名的經濟學家，國內外都有影響，不能劃為右派。』這才使得馬寅初免遭厄運。」（中央文獻出版社，1997年版，第257頁）因為他得到了周恩來的保護，於是當批判在人口問題上發表過意見的右派分子的時候，只是不點出姓名地附帶批判他一下。

十月四日的《人民日報》發表了北京大學政治系主任李普寫的專文《不許右派利用人口問題進行政治陰謀》，點了費孝通、吳景超、陳達、李景漢、陸欽范等右派分子的名，說他們是利用人口問題，節育問題來向黨向社會主義進攻，說費孝通、吳景超等人是「用算賬的辦法，來證明社會主義是搞不成的」。文章接著說：

> 算賬的還有一位經濟學家，他算的面更寬。他不僅從資金積累的狀況，擴大積累的要求，並且從擴大外匯和工業原料的來源，以及推進科學的研究等等方面，算了一大堆的賬。結論是：因為人口過多，資金積累太少，不敷分配，所以不能搞很多的大型工業，而只能多搞中小型工業。然後他抬出列寧的一句話來畫龍點睛地點清了他這些話的意義。他說，列寧說過，「沒有大工業，就沒有社會主義」。這就是說，中國因為人口太多，所以搞不成社會主義。

> 右派要走資本主義道路，這點很明顯。現在問題在於，究竟怎樣

走法？這點，章羅聯盟的人不敢公開說出來。可是前述那一位經濟學家的文章，倒無意中透露了一點消息。他說：要解決中國資金少，人口多的矛盾，不亦難矣哉。他指出了兩條道路。他說：「我們不屑向美國借款，我們亦不能用帝國主義剝削殖民地的方法來榨取資金；亦不能仿效日本，以甲午賠款作為工業化的本錢。我們只得自力更生，依靠自身的積累。」這確實是兩條截然相反的道路，這點完全沒有問題。不過他接著就說道：「但自身的積累與消費的比例，是百分之七十九與百分之二十一之比，可否把消費減少一些呢？一看我國的實際情況，這是帶有危險性的。」我們看，既然是這樣，那就只能走前一條路了。

李普的這篇批判文章認為，這樣提出人口問題，就是「把中國出賣給美帝國主義」的「理論根據」。

批判文章中所引「那一位經濟學家」的意見，都是摘引自馬寅初的《新人口論》一文。還有馬寅初的文章中並沒有寫出而讓批判者看出來的。例如文章批判陸欽范，說他「很注意挑撥農民，挑撥工農關係」的時候，捎帶一筆，說「這點，從吳景超和前述那位經濟學家的文章都可以看出來。」這「挑撥工農關係」可是一頂頗有分量的政治帽子。馬寅初雖沒有劃右派，也可算受了一次嚴重警告的處分了。

後來，一九九八年九月二十六日，李普重新思考了這件往事，在給本書作者的信中說到了這篇文章的來歷：

我批馬老，不能全怪別人。但是全由我負責嗎，似乎也負不起。我記不起奉誰之命，奉命是無疑的，更重要的是有我自己的帳，欠賬要還，但除了上述概況，細節都不記得，說不清。（《李普自選集》第二冊。紐約柯捷出版社嗎，2010版，第236頁）

最後，李普償還了這筆欠債。他在《李普自選集》第一冊中全文照收當年那一篇欠賬的文章〈不許右派利用人口問題進行政治陰謀〉，後面加上「附錄」一篇：〈欠債是要還的〉。其中說：

　　我對人口問題沒有研究，卻曾經對馬先生的《新人口論》大加撻伐。前些年，有個朋友從一九五七年的人民日報中翻檢出我的一篇批判文章，複印送給我。這是批判費孝通、吳景超等人的，通篇都是扣帽子，沒有講出什麼道理。雖然文章沒有點馬老的名，其實和批判馬寅初是一回事。（第34頁）

　　現在想來，我批判他又有什麼根據，什麼道理呢？其實什麼也沒有，有的只是一條：我是共產黨員，如此而已，豈有他哉！（第36頁）

　　像馬寅初這樣差一點就要劃為右派的還有陳翰笙（1897-2004）。他早年留學美國、德國，獲柏林大學博士學位。一九二四年回國即擔任北京大學教授。一九二五年由李大釗發展為中國共產黨黨員。他是著名的經濟學家、歷史學家、社會學家和國際問題專家。曾經在美國、日本、蘇聯、印度從事政治活動和學術活動。一九三二年協助宋慶齡組建中國民權保障同盟。中華人民共和國成立，被安排為外交部顧問和外交學會副會長。在反右派鬥爭中，有人揭發他的右派言論。是外交部常務副部長張聞天極力保護才躲過了這一厄。當時擔任外交部辦公廳副主任的何方回憶說：

　　他（指張聞天——引者）先是在東南亞視察使館工作遲遲不歸，直到周恩來一再電催才回來，這時已劃了一批右派。他接手主管後，面對積極分子的熱情幹勁和對他的壓力，但他還是強調慎重，提出能不劃就不劃。各單位提出要劃的對象後，他總是說「再研究研究」，甚至找點藉口保護著名知識份子。如著名學者老黨員陳翰笙，下面一定要劃，他拖不過去時，就提個理由說，鑒於陳過去的歷史和貢獻，就把他看作「黨內的民主人士」吧，劃成嚴重右傾也可以了。結果，外交部前後只劃了三十多人，不到全體幹部的百分之一（連駐外使館約四千人）。所以一九五九年廬山會議後的外事會議上就批判他包庇和保護右派。（何方：《黨史筆記》2005年香港利文出版社版，第91頁）

　　陳翰笙就這樣被張聞天保護了下來。反右派以前，他原是第一屆全國人民代表大會代表，這以後，他還繼續被安排為第二、第三屆全國人民代表

大會代表。

　　哲學家張岱年（1909-2004），河北獻縣人。北京師範大學畢業。曾經擔任清華大學、北京大學哲學系教授。他被劃為右派分子這事，在他的自傳《通往愛智之門》一書裡有簡單的記述：

　　　一九五六年，黨宣佈了「百花齊放，百家爭鳴」的方針，我非常高興可以說是歡欣鼓舞。在中國科學院社會科學部召開的一次座談會上，我還發言說，先秦時期曾經出現「百家爭鳴」，現在又要實行「百家爭鳴」了，但是，現在的「百家爭鳴」，與先秦時期的「百家爭鳴」，應有所不同。現在的「百家爭鳴」應是馬克思主義指導之下的「百家爭鳴」。這是我當時的認識，我是堅決擁護馬克思主義的。

　　　嗣後，我訪問熊十力先生，熊先生告誡我：「你要注意，情況是複雜的；你如不注意，可能有人以最壞的污名加在你的頭上。」當時我覺得，我信仰唯物論，又擁護社會主義，不會有什麼問題。不意到了一九五七年秋，我遭受了平生第一次大厄大辱。

　　　一九五七年黨號召群眾給黨提意見，我很感動，覺得共產黨既然如此信任群眾，應將平日的感想說出來。五月十七日，在中國哲學史教研室工會小組會上，我發言說，「『三反』、『肅反』，我都積極參加了，但覺得也有一些問題。清華搞『三反』運動，一些老教授，如馮友蘭先生，潘光旦先生，檢查了三次才通過，未免傷了知識份子的感情。『肅反』運動時，本系開了王錦第的批判會，到事後才宣佈調查結論。說王錦第的問題早在解放初期就已經交代了，沒有新的問題。為什麼不先調查後結論呢？不先調查，卻先開批判會，這不合適。」

　　　我接著又盛讚「雙百」方針的英明，當時也無人反駁。經過了一個暑假，到了九月初，忽然開會對我進行批判，認為我反對「三反」，反對「肅反」，宣揚資產階級的思想自由。於是扣上資產階級右派的帽子，當時我完全陷入迷惘之中。在批判會中。一些人深文周納，給我加上很多莫須有的罪名，剝奪我的教學權利。一些熟人，睹面如不相識，令我大有炎涼滄桑之感。

（北京大學出版社，2011年版，第105-106頁）

　　史學界也是反右派鬥爭的重要戰場。毛澤東在〈打退資產階級右派的進攻〉這篇講話中說，「大學裡，一個中文系，一個歷史系，唯心論最多。」（《毛澤東選集》第五卷，第444頁）

　　南開大學歷史系教授雷海宗四月十四日在天津教授座談「百家爭鳴」的會上說：

> 對馬克思和恩格斯樹立的新的社會科學的看法，大家在理論上是一致的，承認馬列主義應該發展，可是實際上是停止了發展，還停留在恩格斯死時一八九五年的地方。一八九五年以後列寧史達林在個別問題上有新的提法，但他們主要談當前革命問題。從瞭解整理幾千年來人類歷史經驗，建立新的社會科學來說，基本上停留在一八九五年。教條主義者就是這樣。馬克思恩格斯生平也是經常修改他們的學說，他們注意到當時每一個社會科學部門的發展情況，掌握科學研究的材料和成果。可是以後人們就認為他們已解決了一切問題，社會科學不能再發展了。事實上並不如此。一八九五年以後社會科學上新材料很多，對舊材料有很多新的認識。我們今天的任務，就是要把一八九五年到今天六十二年的課補上。這不是那一個個人的問題，而是整個社會主義陣營的問題，工作艱巨得很。……另外歷史問題，如希臘史，六十二年來發現了好多材料。一八九零年在埃及發現的雅典憲法，可以說明好多問題。這本書恩格斯未看到，他如果看到，他在《家族，私有制和國家的起源》一書中在有些問題的提法上就會不同。社會科學是需要不斷發展的；在理論上大家都這樣說，在實際上卻認為社會科學是停留在一八九五年的了。……我們要體會馬克思恩格斯研究問題的方法，而不是先揣摩他們的結論。馬克思恩格斯是掌握六十二年前的材料做出的結論，如果他們掌握了今天的材料，就會另作結論。如果拿六十二年前馬恩研究希臘史時的結論來解決中國古代史問題，這當然解決不了問題，而只會把問題搞得越來越糊塗。（4月22日《人民日報》）

　　《人民日報》在刊出這篇〈天津的教授們關於「百家爭鳴」的座談〉

的報導時，在編者按中明確提出：「其中雷海宗先生對馬克思主義的看法，是我們所不能同意的」。並在他的發言的後面加了個五百字的「編者注」，反駁說：

> 雷先生認為社會科學需要不斷發展，而為了發展社會科學，這就需要反對教條主義，這個意見無疑是正確的。但是雷先生認為列寧對於馬克思主義只是「在個別問題上有新的提法」，馬克思主義「基本上停留在一八九五年」，這卻是違反了事實。馬克思主義的社會科學，這是說馬克思主義關於社會發展的基本理論，而不是說關於個別事實的個別論斷。列寧正是在社會科學的一系列基本理論方面，首先是關於帝國主義，關於無產階級革命和無產階級專政，關於社會主義建設等基本理論方面，向前發展了馬克思主義。沒有這些發展，沒有同第二國際的機會主義的鬥爭，就不會有十月革命和社會主義的蘇聯。各國共產黨人對於馬克思主義的發展也都有他們的貢獻。我們中國共產黨人，把馬克思列寧主義的普遍真理同中國革命的具體實踐相結合，克服了右的和「左」的機會主義，也使馬克思列寧主義得到了新的發展，因而能夠在中國實現民主主義革命和社會主義革命。這些都是人所共知的。而雷先生所說的關於六十二年來古代史的發現，卻只是涉及到馬克思、恩格斯著作中的個別論斷。古代史的研究者當然應該根據新發現的事實，去補充以至修正那些個別論斷，但是補充和修正這些個別論斷，並不影響馬克思主義的基本理論。這是我們的看法，希望大家討論。

雷海宗看了報紙，當天就給人民日報寫了封信，表示完全同意這條「編者注」的意見，信中解釋了他在座談會上沒有說清楚的本意，並把他半個月以前在另一個座談會上的發言稿附來，作為補充。其中對這個問題是這樣說的：

> 我們整個社會主義陣營的社會科學太薄弱，太貧乏，所有的東西幾乎都需從頭作起，不是短期間所能奏功。在人類歷史上，成為科學

的社會科學是到資本主義時代才出現的，我們必須在這個基礎上建立我們新社會所需要的社會科學。資本主義的這些東西不能拿來就用，但是又不能不用，因為除此之外幾乎沒有可用的東西。馬克思、恩格斯在一百年前，站在無產階級革命的立場，在資產階級社會科學的基礎上，總結了過去幾千年人類的歷史經驗和科學知識，初步樹立了新的社會科學。恩格斯死在一八九五年，到現在已六十二年，在這六十二之間，各國的工人運動和社會主義革命運動，積累了很多的革命經驗，豐富了馬克思主義；就中國最近的情形而論，我們黨的兩篇論無產階級專政的文章和毛主席方才提出的如何正確處理人民內部矛盾的報告，都是這方面的突出貢獻。在這一方面，馬克思主義是一直不停地在發展的，新的社會科學是不斷地在增加內容的。但社會科學還有另外一面。在這另外一面，在不斷深入地、日漸具體地總結人類全部歷史進程中的經驗教訓這一方面，這六十年來是幾乎完全處在停滯狀態之中。馬克思、恩格斯經常掌握當時世界科學、尤其社會科學的一切情況和全部成果。最近六十年來，世界的社會科學仍在不斷地有新的發展，不斷地增加新的材料，對舊材料不斷地有新的認識和新的解釋。但這些，對我們社會主義陣營的社會科學界來說，是等於不存在的，我們今天仍滿足於六十年到一百年前馬克思或恩格斯在當時的認識條件和資料條件下對問題所說的個別的語句。講我自己的本行，例如馬克思關於資本主義以前的各種社會的說法，我們基本上仍是一切遵照辦理，並且在談中國史時，也儘量去找材料來印證在一百年前的條件下他關於歐洲史所下的論斷，無證據處硬要找證據，實在說不通時，就說中國是例外，好像我們的祖宗在創造歷史時曾經故意地不遵守歷史發展規律似的。我們似乎不願意想，馬克思若在，他今日對於歐洲過去的歷史，在今天的條件下，究竟會如何看法。我們是如此地不去思考，整個社會主義陣營的社會科學界也是如此地不去思考！無產階級的國家，社會主義的國家當以全部人類文化精華的繼承者自豪，但我們不肯繼承這一份按理屬於我們的遺產，反倒把它拱手讓給資產階級學者去利用，而他們時常去濫用。但當他們去濫用時，我們也束手無策，也指不出他們的錯誤，因為我們不掌握材料。

　　這個極不正常的局面，今天應當糾正，在蘇共二十次代表大會之後，在我們的黨提出百家爭鳴的方針政策之後，現在也有條件糾正。

（4月28日《人民日報》）

　　雷海宗提出的這個問題和人民日報所表示的態度，在學術界引起了反響。著有《西洋政治思想史》的學者吳恩裕，寫了一篇〈關於雷海宗先生提到的《雅典憲法》〉，以為倘使我們說：如果恩格斯看到了這一殘篇，就會對《家庭、私有制和國家的起源》一書的某些內容有所補充，這是有理由的。可是，對於《家庭、私有制和國家的起源》一書中論及雅典國家產生的基本論點和提法，《雅典憲法》中卻並沒有包括著足以改變或修正這種基本論點和提法的材料。他用《雅典憲法》中的材料論證了這些意見。文章的結尾，他說：「在『百家爭鳴』的政策下，作為一個歷史學者，為了要搞好世界史的教學和研究工作，雷海宗先生提出要掌握充分的材料，要掌握最新的材料，我覺得這完全是合理的，正確的。關於雷先生發言和致人民日報編者信中的一些其他看法，可能而且已經引起爭論。本文雖然限於談《雅典憲法》一個問題，但我卻認為，我們應該把雷先生其他看法所引起的爭論，都認為就是『爭鳴的一部分』或『一種爭鳴』，不要把它認為是『爭鳴』之外的事情，甚至於是阻撓『爭鳴』。」（5月5日《人民日報》）雷海宗的同事、南開大學歷史系教授楊志玖寫信給人民日報編者說：「在四月二十一日第七版的編者按下，你們已提出對雷先生的看法不能同意，這就給我一個印象：雷先生一定犯了原則性的錯誤了。但看了二十二日雷先生的發言和編者注，覺得貴報對雷先生的批評和雷先生的原意並不相同。……事實上，在簡短的發言裡，雷先生已說出是關於世界史方面的問題。雷先生是學歷史的，在歷史科學方面（特別是古代史方面）說一八九五年以後沒有什麼發展並不是過甚其辭。雷先生提出這些來，正是要我們注意掌握資料，用豐富的資料來補充發展馬恩創始的歷史科學，而不要以為馬克思、恩格斯已經把歷史科學研究透了，用他們的原理和結論就可以代替歷史科學的研究。這對於反對教條主義，提倡獨立思考和刻苦鑽研方面，是有極積意義的。這比起硬把馬克思、恩格斯、列寧、史達林的個別原理和結論來套在中國歷史上的作法（這種例證是很多的）無疑是更有益的諍言。」這信接著說，即令雷海宗有「以一概

全」的毛病，應該討論和批評，那也決不是他談話的重點，應該肯定他的主要的地方。（5月7日《人民日報》）

反右派鬥爭開始，雷海宗也跟著說了些正面話，在六月十五日歷史系學生開的大會上，他說：「有些人蓄意要脫離社會主義路線和馬列主義的指導，那就是要走資本主義路線，因為第三條路線是沒有的，是虛假的。但是，歷史證明，資本主義路線走不通，因為帝國主義不讓我們如此，他們只願意讓我們作半殖民地。」（6月29日《人民日報》）

可是這種表態式的發言並不能逃避劃右派的命運。翦伯贊的〈右派在歷史學方面的反社會主義活動〉一文批判了史學界的幾個右派分子，第一個就是雷海宗：

> 雷海宗用一本所謂《雅典憲法》作武器，向馬克思主義的歷史科學進攻。他發表了荒謬絕倫的馬克思主義停滯論、過時論和不合國情論等等陳腔濫調。他誣衊地把社會主義國家的科學說成一錢不值，而在另一方面則把他心愛的資本主義國家的所謂「社會科學」捧上了天。他說：「整個社會主義陣營的社會科學太薄弱、太貧乏。」「蘇聯歷史科學水平之低是驚人的，蘇聯學者的著作，在資本主義學術界看來連評論的資格也夠不上，可以說不是科學作品」。甚至說：馬克思主義「經典作家寫歷史的書很少，僅有幾本也是趕任務的」。而在資本主義國家則「可以清楚地指出它有那些學派，那些代表性的著作」。又說：「最近六十年來，世界（資本主義世界）的社會科學仍在不斷的有新的發展，不斷地增加新的材料，對舊材料不斷地有新的認識新的解釋。但這些對我們社會主義陣營的社會科學界來說是等於不存在的。我們今天仍滿足於六十年到一百年前馬克思和恩格斯在當時的認識條件和資料條件下對問題所說的個別的語句」。他對於馬克思主義真是極盡誣衊之能事。雷海宗的謬論，主要的是說馬克思主義過了時，實際上過了時的，不是馬克思主義而是資產階級的所謂科學方法。慢說資產階級已經臨於沒落的時代，就是在這個階級的青年時代，資產階級的所謂科學方法，也是像馬克思所說的，「好像是一匹笨重的馱馬，面臨本質與現象，結果與原因，就一籌莫展了。」而雷

海宗卻說這匹「笨重的駝馬」到了垂死的時候反而出現了一日千里的
奇蹟，豈不是神話。

　　翦伯贊不但批判了雷海宗的馬克思主義停滯論，還批判了他對現實的
一些看法：

> 對於黨的領導雷海宗也放射了毒箭。他誣衊「中國知識份子一言不發
> 的本領在全世界的歷史上可以考第一名」。他說解放後知識份子「一
> 般地是一言不發的，或者只能希望他們發的一套假言」。大家請注意
> 雷海宗在解放以後所說的都是「假言」沒有一句「真話」，大家都知
> 道歷史學最基本的要求就是真實性，一個言不由衷的專說假話的人，
> 怎麼能給學生以正確的歷史知識。我們希望他把心裡的真話說出來。
> 雷海宗在文章中還談到不要黨「發號施令」，並威脅地說，不然，知
> 識份子就要說假話，或者「不在其位，不謀其政」地消極怠工了。

　　翦伯贊的這篇文章，還批判了榮孟源和向達。說榮孟源「主張復古主
義，企圖用主要是封建主義的歷史學來代替馬克思主義的歷史學」，證據就
是他〈建議編撰辛亥革命以來的歷史資料〉一文中「沒有一個字提到馬克思
主義，而是以一種隱晦的筆調反對馬克思主義」。關於向達，翦伯贊批判
說，「向達在很多會議上的發言中對科學院的黨的領導大肆攻擊。他說科學
院的領導是外行領導內行。一些行政領導的黨員幹部都是外行，『根本不懂
業務』。他說科學院的黨的領導『有如張宗昌帶兵』，把共產黨比作北洋軍
閥。他所謂外行就是共產黨。向達說：『現在史學界之所以奄奄一息是和范
文瀾的宗派主義分不開的。』又說：『這幾年史學界的人意氣消沉』。他閉
著眼睛問：『歷史界解放後這樣不行，黨裡負責的人要不要負責』。請問向
達，你從那裡看出現在的史學界是『奄奄一息』，『意氣消沉』？又從那裡
看出是和范文瀾的宗派主義分不開？」（10月4日《人民日報》）
　　文物界也反右派，郭沫若在九月十六日文物界反右派的會上發言，批
判了文物界的右派分子葉恭綽、宋雲彬以及湖南的陳裕新。郭沫若反駁這些
右派分子說：革命的破壞是在所難免的。經歷一次像土地改革這樣偉大的革

命運動，古書文物那能沒有一點損失！中國地方大，文物多，保護起來，很有困難。而且是否一切古物都碰不得，也值得研究。譬如城牆，在中國幾乎到處都有，往往一個小市鎮也有城寨。除了必須保存、可以保存者外，我看有很多城牆是可以不必保存的。凡是古物一律都動不得的思想，是一種封建的拜物狂，偶像崇拜的思想。宋雲彬把龍泉拆塔事件誇大起來，好像天下文物都被共產黨破壞了，這樣看問題是不合邏輯的。（9月30日《人民日報》）

因為保護古文物而被劃為右派分子的還有朱偰（1907-1968），浙江海鹽人。歷史學家朱希祖的長子。留學德國，獲柏林大學博士學位。回國後在南京中央大學任教。南京是六朝的都城。有大量的文物古蹟，朱偰課餘對此做了許多研究。先後出版了《金陵古蹟名勝影集》、《金陵古蹟圖考》、《建康蘭陵六朝陵墓圖考》等著作。解放以後中央大學改為南京大學，朱偰擔任南京大學經濟系主任。一九五五年五月，他被任命我江蘇省文化局副局長，主管圖書館、博物館、文物保管和群眾文化工作。一九五六年六七月間，他忽然聽說南京市已經在著手拆毀中華門內甕城和石頭城，連忙跑到南京市政府去勸阻。他四處奔走，動員社會各界人士一同呼籲，寫文章在《新華日報》發表。結果中華門內甕城和石頭城雖然得以保全，他卻為此付出了沉重的代價。一年之後的反右派鬥爭中，他就背上了「反黨反社會主義」，「到處煽風點火」的罪名，被劃為右派分子。文化大革命中受到進一步的迫害。一九六八年七月十五日含冤去世。他留下的遺囑說：「我沒有罪，你們這樣迫害我，將來歷史會證明你們是錯誤的！」（據《世紀》2006年第4期紀維周文）

中國科學院考古研究所研究員陳夢家也被劃為右派分子了。陳夢家其人，《辭海》有詞條：

陳夢家（1911-1966），中國考古學家和古文字學家。浙江上虞人。早年是新月派後期頗有影響的詩人，後轉治古文字和古史。歷任西南聯合大學、清華大學教授，曾去美國芝加哥大學講學，並收集流散歐美的中國古代銅器。一九五二年後任中國科學院考古研究所研究員。著有《殷墟卜辭綜述》、《西周銅器斷代》、《漢簡綴述》及《尚書通論》等，編有《新月詩選》。

　　他是以「反對文字改革」的罪名被劃為右派分子的。一九五五年五月一日毛澤東在給他在湖南省立第一師範的同學蔣竹如的復信中說：「拼音文字是較便利的一種文字形式。漢字太繁難，目前只作簡化改革，將來總有一天要作根本改革的。」（《毛澤東書信選集》，人民出版社1983年版，第492頁）一九五五年十一月二十三日，中國文字改革委員會黨組和教育部黨組向中共中央呈交〈關於全國文字改革會議的情況和目前文字改革工作的請示報告〉，提出「漢字必須改革，漢字改革要走世界文字共同的拼音方向，而在實現拼音化以前，必須簡化漢字」。一九五六年一月二十七日，中共中央發出〈關於文字改革工作問題的指示〉，說「這個報告中關於我國文字改革的方針、關於漢字簡化的原則和步驟、關於大力推廣普通話和積極準備文字拼音化的各項措施的意見，中央認為都是正確的。」（見《建國以來重要文獻選編》第八冊，第93、91頁）表明了要把漢字改革為一種拼音文字的決心。陳夢家認為漢字是我們祖國的一份文化遺產，不贊成漢字簡化和拼音化。鳴放期間，一九五七年四月，他發表〈慎重一點「改革」漢字〉一文。正好章伯鈞羅隆基對於文字改革發表了一些批評性意見，反右派鬥爭中就說他是「章羅聯盟反對文字改革的急先鋒」。劃為右派分子以後，被送到河南去勞動改造。在極端困難的條件從事他研究工作。他的〈武威磨咀子漢墓出土王杖十簡釋文〉、〈武威漢簡〉、〈東周盟誓與出土載書〉，都是劃右派以後的研究成果。文化大革命開始即受到迫害，一九六六年八月二十四日的批鬥會上，他跪在地上，有人往他頭上吐痰。他對朋友說：我不能再讓別人把我當猴子耍了。九月三日他自縊身亡。

　　文物界被劃為右派分子的還有歷史博物館研究員、文物專家傅振倫和馬非百。傅振倫（1906-），北京大學歷史系畢業，曾經參加易縣燕下都發掘、居延漢簡的整理，還參與過在倫敦和莫斯科舉辦的中國古代文物的展覽會。整風鳴放期間，他應邀出席文化部文物局的座談會。後來他在《蒲梢滄桑──九十憶往》一書中回憶說：

　　　　在這次鳴放之時，五月十九日，馬非百應邀到文物局發言，次日邀我和沈從文發言，都由文化部副部長夏衍主持座談。沈從文說了一番肯定黨的成績的話，我也接著說了正面的話，夏衍插話說：「今天我是

只帶耳朵來聽逆耳之言的，正面的話不必說，昨天馬非百的發言就很好！」我才接著說：「文物局把一批收到的古印璽六百多件，本來該撥給歷史博物館，不當撥給故宮博物院。領導要尊重專家。馬衡先生辦博物館多年，在生前，因事調到北京文物整理委員會，死後才受到重視，組織人力，整理他的遺稿。考古發掘出土的殘磚瓦、五銖錢等物很多，當該和國外博物館交換或處理。」並建議「恢復中國博物館協會」。（華東師範大學出版社，1997年版，第192-193頁）

就憑這篇發言，再加上「對領導不滿，妄想篡奪領導權，想與領導平起平坐；參加文物工作而不知愛護古物」等等罪名，劃為右派分子。定案的時候，文物局局長王冶秋想保護他一下，說：「自一九三六年以來我就認識了傅振倫。他是個有正義感的人，就是解放後不重視學習，說了些過頭的話，倒不必劃右派吧！」可是康生不同意，說：「歷博傅振倫和馬非百，知識最大，待遇最高，若不劃為右派，豈有此理！」

心理學家高覺敷也被劃為右派分子了。《辭海》裡有他的詞條：

高覺敷（1896-1992），中國心理學家。又名高卓，浙江溫州人。1923年畢業於香港大學。先後在湖南藍田國立師範學院、復旦大學、金陵大學等校任教授。建國後曾任南京師範學院教授、副院長，中國心理學會副理事長。長於心理學史特別是西方心理學史的研究。提出在研究中既要看到心理學發展受社會歷史條件的影響，又要看到它發展的內在邏輯，評價心理學流派及其代表人物時，應區別對待心理學家的世界觀與他們的科學成就。主要著作有《群眾心理學》、《西方近代心理學史》、《西方心理學的新發展》、《中國古代心理學思想研究》和《中國心理學史》等。

還可以補充一句的是：解放以後，他自覺學習馬克思主義，用馬克思主義的觀點來指導自己的研究工作。正是這種良好的政治態度，他才會被安排為南京師範學院的副院長吧。劃他為右派分子的原因，大約是他也感到了他這個副院長有職無權，整風鳴放期間，他在座談會上發了點牢騷，說：

「討論科學研究方向問題時，學校黨委會說，這是方針問題，要由黨委會研究。問：要院長何用？說：我們決定了，由你們去貫徹。」他最幸運的是命長，右派問題解決之後，還做了不少事情。《辭海》裡提到的《中國心理學史》、《西方心理學的新發展》等都是右派問題解決之後的成績，還主編了《中國大百科全書・心理學卷》。

十九、為了法治

　　譚惕吾、黃紹竑等許多人在整風、鳴放的座談會上提出的主張，是呼籲加速法制建設，希望能夠將一個革命政權改變為法治政權。到了反右派鬥爭中，這些當然成了必須集中批判的右派言論了。其實，在法學界和司法界，提出這一類主張的人很多。所以，這裡就成了反右派鬥爭的一個重要戰場。

　　要講法學界和司法界的反右派鬥爭，得追溯一下前幾年的事。一九四九年二月二十二日，就在建立中華人民共和國的前幾個月，中共中央發出了一個〈關於廢除國民黨《六法全書》和確定解放區司法原則的指示〉。《六法全書》是國民黨執政時期六種基本法規的彙編，包括憲法、民法、商法、刑法、民事訴訟法和刑事訴訟法，中共中央的這個指示宣佈予以廢除。

　　〈指示〉這樣說明了廢除的理由：

　　　　法律是統治階級以武裝強制執行的所謂國家意識形態，法律和國家一樣，只是保護一定統治階級利益的工具。國民黨的《六法全書》和一般資產階級法律一樣，以掩蓋階級本質的形式出現。但是在實際上既然沒有超階級的國家，當然也不能有超階級的法律。《六法全書》和一般資產階級法律一樣，以所謂人人在法律方面一律平等的面貌出現，但實際上在統治階級與被統治階級之間，剝削階級與被剝削階級之間，有產者與無產者之間，債權人與債務人之間，沒有真正共同的利害，因而也不能有真正平等的法權。因此，國民黨全部法律只能是保護地主與買辦官僚資產階級反動統治的工具，是鎮壓與束縛廣大人民群眾的武器。

　　　　不能因國民黨《六法全書》有某些似是而非的所謂保護全體人民利益的條款，便把它看作只是一部分而不是在基本上不合乎廣大人民利益的法律，而應當把它看作是在基本上不合乎廣大人民利益的法律。

廢除了《六法全書》之後怎辦呢？這份《指示》說：

> 人民的司法工作不能再以國民黨的《六法全書》作依據，而應該以人
> 民的新的法律作依據，在人民的新的法律還沒有系統地發佈以前，則
> 應該以共產黨的政策以及人民政府與人民解放軍所已發佈的各種綱
> 領、法律、命令、條例、決議作依據。在目前，人民的法律還不完備
> 的情況下，司法機關的辦事原則，應該是：有綱領、法律、命令、條
> 例、決議規定者，從綱領、法律、命令、條例、決議之規定；無綱
> 領、法律、命令、條例、決議規定者，從新民主主義政策。同時，司
> 法機關應該經常以蔑視和批判國民黨《六法全書》及其他一切反動法
> 律法令的精神，以蔑視和批判歐美日本資本主義國家的一切反人民法
> 律法令的精神，以學習和掌握馬列主義——毛澤東思想的國家觀、法
> 律觀及新民主主義的政策、綱領、法律、命令、條例、決議的辦法，
> 來教育和改造司法幹部。（《中共中央文件選集》第十八冊，中共中央黨校出
> 版社1992年版，第150-153頁。）

　　這個〈指示〉的背景，可以認為是對蔣介石元旦文告的一種反應。蔣
在一九四九年元旦發表的求和聲明中提出了保留憲法和法統的要求。作為答
覆之一，就是宣布廢除《六法全書》。這個〈指示〉說：

> 蔣介石在元旦救死求和哀鳴中，還要求保留偽憲法偽法統，也就是要
> 求保留國民黨《六法全書》依然繼續有效。因此，《六法全書》絕不
> 能是蔣管區與解放區均能適用的法律。

　　一九四九年九月，中國人民政治協商會議通過了一個《共同綱領》，
被認為是臨時憲法。其中規定：

> **第十七條**　廢除國民黨反動政府一切壓迫人民的法律、法令和司法制
> 　　　　　　度，制定保護人民的法律、法令、建立人民司法制度。

到了一九五二年，發生了兩件與此事有關的事情。一是開展了一場司法改革運動；二是大體上與此同時，進行了高等院校的院系調整。

中共中央〈關於進行司法改革工作應注意的幾個問題的指示〉（1952年8月30日）說：

> 各級人民法院機構的改造和反對舊法觀點是相互聯繫的，應將二者結合進行。但肅清資產階級的舊法觀點，乃是長期的思想鬥爭，而對法院的組織整頓，特別是清除那些壞的無可救藥的舊司法人員，調換那些舊審檢人員，代之以真正的革命工作者，則是可以在一次短期的運動中基本上解決問題的。所以這次司法改革運動，必須是從清算舊法觀點入手，最後達到組織整頓之目的。
>
> 現在司法機關的舊人員，原則上由司法部門盡可能地留用，將原任審檢工作的舊司法人員調作技術性的工作，將不宜作重要工作的調作次要工作。其不能留在司法部門的，也必須經由當地黨政領導機關審查，或分配其他工作，或給以勞動就業機會，或資送還鄉生產，務使各得其所。
>
> 此外，各地還應利用這次機會，把大學政法院系的教授組織到司法改革運動中來，幫助他們進行思想改造。他們之中有不少人不能繼續擔任政法教授，對於這一部人尤須妥善安置，或改教其他的課程，或改任中學教員，或幫助其轉業改行。

（《建國以來重要文獻選編》第三冊，中央文獻出版社1992年版，第316-317頁。）

這次司法改革的得失，到了一九五七年整風鳴放期間就有人提出來了。復旦大學法律系教授、著名法學家楊兆龍在五月八日的《文匯報》上發表〈法律界黨與非黨之間〉，其中說：

> 過去司法改革是有一定收穫的。可是改革的結果，將大批非黨的司法工作者（尤其是審判人員）調出司法機關之外，有的被派到醫院去擔任事務工作或X光掛號登記工作；有的被派到火葬場去做雜務（如原華東分院外事審判組組長、精通外語和法律專業的沈鈞）；有

的被派到房管處等機關去工作；有的被派到中小學去當教職員；有的在家賦閒。這些人中，一小部分是年老的，大部分是少壯者和青年。他們都是解放後被留用和錄用的，都經過審查，一般講來，政治上沒有什麼嚴重問題。他們對業務有專門的研究，對馬列主義理論及改革並非格格不入。

他們過去辦案或做其他司法工作，並非都是毫無成績。很可能在今天看來，他們工作的質量，在某些方面還是今天司法機關某些在職幹部所不及的，如果給他們適當的機會，他們並非完全不可能被改造為有用的司法工作者，可是他們的命運已註定和人民政權的司法工作絕緣。

司法改革後，在職的幹部中有不少是解放後從各大學法律系畢業的非黨青年，法律業務有一定的基礎，中文也有相當水平，可是好多年來一直沒有機會提升為審判員，而有些領導他們的黨員審判員或審判長等卻有時既不懂法律，中文水平又很低，甚至連獨立寫判決書的能力都沒有。

多年之後，郭道暉的〈從人治走向法治〉一文證實了楊兆龍所說的情況，並且補充了一些具體例證：

> 南開大學王明輝教授被迫改行教美術。原南京大學法律系趙之遠主任、吳學義教授，被調去學校圖書館當館員。上海英士大學的俞啟教授竟被派到市交通局管售票工作。……據統計，在司法改革運動中，總共清洗掉六千多名「舊法人員」，卻把大批從農村和部隊進城的、文化低、毫無法律知識的「法盲」調入法律部門，充任有生殺予奪權力的審判員。……僅據建國頭三年比較粗略的統計，在當時受理的六百多萬案件中，錯判的就達百分之十。如果以今天的法制標準來衡量，錯判的比例肯定還遠高於此。（載《百年潮》雜誌，1999年7月號。）

在院系調整方面，幾個私立的法學院乾脆被取消了。國立大學的，像有幾十年歷史的北京大學法律系、南京大學法律系等等，就被合併到幾個新

成立的政法學院去。

這樣幹，當時有人看了，就覺得不妥。郭道暉的這篇文章說：「一九五二年實行司法改革，當時擔任最高人民法院黨組成員、院委兼刑事庭庭長的賈潛曾提出不同意見，主張舊法律體系被打碎之後，有的『磚瓦』還可以為我所用，後來竟被當作『右派言論』，受到嚴厲批判，賈潛自然也被打成了右派分子。」

右派言論更成系統的當然還是楊兆龍。一九五六年他就在華東政法學院學報第三期上發表〈法律的階級性和繼承性〉一文，強調提出了法律繼承的重要性問題。他說：

> 法律中有許多規範的階級性不表現在規範本身，而表現在誰運用它們或用它們來對付誰。尤其在國際法裡面有許多一般公認的規範或具有國際共同性的規範。它們或是人類正義感的表現，或是被人類長期的經驗證明為有益於共同生活的規範，——對於這些規範，楊兆龍說——不但不應該將它們摒棄，而相反地對於其中某些部分是有必要更好地發揮其作用的。
>
> 實際上當一個新政權建立以後，它只能制定一些主導性的或關鍵性的法律規範，但這些主導性或關鍵性的法律規範，也不一定是完全從「無」中創造出來的，很可能是參考過去的或別的國家的法律或受其啟發而制定的。至於那些輔佐性或從屬性的法律規範，其牽涉面很廣，並且絕大部分是過去長期經驗智慧累積的結果，如果因為是前人或別的國家有過的而一概摒棄，其結果將不堪設想。

這些意見當然受到了批判。他另一篇受到更猛烈批判的文章，是刊登在一九五七年五月九日《新聞日報》上的〈我國重要法典何以遲遲還不頒佈？〉，共分三節。第一節「立法和社會主義建設的關係」，其中說：社會主義法治是社會主義民主的構成部分，同時也是它的體現；社會主義民主是社會主義法治的指導原則，同時也是它的內容。無產階級的專政，雖然對於階級敵人不必講民主，但在人民內部卻必須實現真正的民主；至於法治，那就是對於階級敵人，也是不應該有例外的。

第二節「蘇聯及歐洲人民民主國家立法的經驗」，稱讚了保加利亞的刑法典，「在某些方面，比蘇聯的更合理，表現了更高的立法水平。例如，關於刑事被告無罪推定的原則，該法典第八條規定：『刑事被告，未經證明有罪前，被認為無罪。他有訴訟防衛權。』這無疑地為社會主義的立法樹立一個民主法治的先例，不能說不是一大貢獻。」還稱讚了捷克斯洛伐克的刑法典，說「它可以說是到現在為止社會主義國家最完美的一部刑法典。它第一個廢除刑法上的類推解釋的制度，第一個對刑法的原則及犯罪的構成要件與處罰作比較細密精確的規定。」

第三節「對我國立法應有的基本認識」，首先談到一九四九年「廢除國民黨的六法全書及一切反動法律」這事，作者認為，「就當時國內的形勢來講，國民黨統治集團還未完全屈服，他們還想標榜舊『法統』以和人民政府對抗。為了端正大家的視聽起見，採取這個原則，也是可以理解的。」問題是在制定新的法律以取代舊法這一方面，作者認為，「我們過去八年的立法成就，和蘇俄在十月革命後第一個五年的成就及歐洲人民民主國家在一九五二年左右所達到的一般水平相比，還差得很多。」這篇文章說：

> 我們過去在立法方面的努力實在跟不上實際的要求。例如，平常與人民的基本權利的保障及一般社會關係的調整最有密切關係的刑法典，刑事訴訟法典，民法典，民事訴訟法典等至今還沒有頒佈。什麼是合法的，什麼是違法的，什麼不是犯罪，什麼是犯罪，以及應如何處罰等等，在好多場合，一般人固然無從知道，就是偵查，檢察，審判人員也沒有統一明確的標準足資遵循。這就使得我國法律制度的建設，在整個的社會主義建設中，變成了最薄弱的一環。上述這些法律的不及時頒佈使大家不能於事前在這方面得到應有的教育。因此就發生一些無根據的控告和不應有的錯捕、錯押、錯判的情況。無論在刑事或民事方面都難免使壞人感到無所顧忌，好人感到缺乏保障，因而引起不必要的矛盾。在過去的七、八年中既沒有及時地頒佈過一部完整的法典，又沒有設法彌補這個漏洞（如由主管部門頒佈一些有系統的條例規程等），使許多事情長期沒有法規可以遵循，因而造成某些混亂現象，這不能不說是一種嚴重的事態。這種情況，如果繼續存在下

去，很可能成為製造不安與矛盾的一個重要因素。

楊兆龍的這篇文章還對立法工作進展慢的原因提出了他的一些看法。例如他說，他在一位高級幹部處聽到過，主張立法，尤其主張及早系統地立法，就是「舊法」或「六法」觀點，甚而至於就是立場有問題。楊認為這種論調是幼稚可笑的。又例如他說有人誤認立法必須一勞永逸，而不知它是應該隨時配合國家的需要，隨時加以修改的，要想訂立一種一勞永逸的法律是不可能的。又例如他說，有人認為如果制定一套完密的法律，難免限制政府機關的應付事情的靈活性，楊兆龍指出，政府機關那種無明確的法律限制的辦事的「靈活性」有時頗足以破壞社會主義的民主與法制，因而影響人民對政府的信仰。

插說一句，這種「認為如果制定一套完密的法律，難免限制政府機關的應付事情的靈活性」的觀點，可能來自毛澤東，據吳冷西說，一九五九年在廬山會議上，他建議加緊制定法律，完善法制，毛澤東一句話就頂回去：「你要知道，法律是捆住我們自己手腳的。」（見嚴家炎《五四的誤讀》，福建教育出版社，2000年版，第35頁）

楊兆龍的這些論點甚至遭到了周恩來的批判。周恩來在全國人大一屆四次會議做的政府工作報告，就為「無法可循」這一點做了辯解，一方面提出這幾年裡制定了多少法律和實際上起了法律作用的決定和指示，一方面也說明在過渡時期政治經濟情況變化很快，在各方面都制訂帶有根本性的、長期適用的法律是有困難的。

許多年之後，這事才有了不同的說法。一九七九年鄧小平在同外國客人的談話中說：「我們好多年實際上沒有法，沒有可遵循的東西。……我們的民法還沒有，要制定；經濟方面的很多法律，比如工廠法等等，也要制定。我們的法律是太少，成百個法律總要有的，這方面有很多工作要做，現在只是開端。」他並且說，「這是建立安定團結政治局面的必要保障。」（《鄧小平文選》第二卷，第189頁）

可是，楊兆龍就因為這種主張被劃為右派分子。他的結局很慘。據前引郭道暉的文章說：「這位曾經是哈佛大學法學博士、柏林大學博士後，解放前在多所著名大學擔任過教授、法學院長，並曾在上海擔任過上訴法院法

官、律師和審判日本戰犯的罪證調查室主任的正派老專家、老學者，在肅反中就因為曾在舊中國司法界擔任要職而解放時留在大陸未走，被懷疑是『埋伏特務』。反右中又因上述言論，被打成『右派』。一九六三年又因莫須有的『反革命罪』被逮捕入獄。『文革』期間，一九七一年被判處無期徒刑，終於冤死獄中。」

上海在批判楊兆龍，北京也在批判法學界的右派分子。中國人民大學法律系講師吳家麟在中國政治法律學會召開的座談會上發言，關於法律制度問題，他說，要做到「有法可依」，「有法必依」。有些部門沒有做到有法必依。中央最高領導機關法制觀念也不強，甚至還有不遵守法制的現象，應該堅決糾正，否則上行下效，貽害無窮。他舉例說，一九五五年全國人民代表大會常務委員會通過了撤銷新疆省建制和成立新疆維吾爾自治區的決議，而憲法第二十七條第十一款規定批准省、自治區和直轄市的劃分是全國人民代表大會的職權。又如一九五五年七月全國人民代表大會第二次會議通過，授權常務委員會制定部分性質的法律，而憲法第二十二條規定全國人民代表大會是行使國家立法權的唯一機關。又如選舉法第四十四條規定選民名單應在選舉的三十天以前公佈，但國務院關於一九五六年選舉工作的指示規定「爭取在二十天左右完成一個基層單位的選舉工作」。（5月29日《人民日報》）

《人民日報》刊出的一篇署名王水的〈駁「無法可依」和「有法必依」〉，有一段是指名反駁吳家麟的。說吳的提法極為荒謬。這篇文章說，憲法規定了，全國人民代表大會可以行使「認為應當由它行使的其他職權」，而人大常委會可以行使「全國人民代表大會授予的其他職權」，那麼，它接受全國人民代表大會授予的制定部分性質法律的職權，又有什麼「矛盾」呢？（9月9日《人民日報》）至於吳家麟發言中所舉關於新疆和選舉法那兩個例子，這篇反駁文章沒有涉及。

中央政法幹部學校教員謝懷栻在中央政治法律學會召開的座談會上的發言，《人民日報》在〈法學界人士批評立法工作緩慢〉一稿中做了報導，這一段的小標題是「謝懷栻反對用政策代替法律的觀點」：

在四日下午的座談會上，中央政法幹部學校教員謝懷栻談到開國以來的立法工作，他說，法律之所以不完備，關鍵在於思想觀點上有

問題。過去流行一種以政策代法律的觀點，認為有了政策就不需要法律。後來有了憲法，就滿足了於憲法，用憲法代替一切法津。

謝懷拭說，有的人認為過去的時期我們的法律不完備是理所當然的事，沒有害處，認為沒有民法刑法不足為奇。他表示反對這種看法，認為這就是用政策代替法律的錯誤觀點。

（6月5日《人民日報》）

出面來批判這種意見的，是中央政法幹部學校副校長徐平。他在〈為什麼只要法律不要政策？〉一文的開頭，先把論敵的論點做了這樣的概述：

在黨的政策和國家法律的問題上，右派分子叫嚷一切要「法治」，黨的政策都必須提到人民代表大會製成法律，黨不能直接向人民群眾發號施令，也不能在法律之外向黨員發佈指示，他們的說法是「不能以政策代法律」，這就是說，只要法律不要政策。

人家只是反對用政策代替法律，在批判者的筆下竟變成「只要法律不要政策」了。於是據以批判道：

為什麼右派分子卻大做其只要法律不要政策的文章呢？問題很明顯，右派分子是以資產階級虛偽的民主和法治來迷惑和煽動那些幼稚無知和思想糊塗的人們，向黨進攻。因為，既然政策不能代替法律，那麼，還沒有體現為法律的黨的政策就都成為「非法的私貨」了，那黨在今後就不能據以指導國家的政治生活了。

這篇文章對於右派分子所攻擊的立法工作緩慢，做了這樣的反駁：

假使在社會主義改造沒有完成以前就制定民法，那它就不可能充分反映社會主義的經濟關係，因而也就會成為農業、手工業和資本主義工商業改造的障礙。如果在革命的風暴時期沒有過去以前就制定刑法，那它就不可能充分反映敵我矛盾和人民內部矛盾發展變化的情況，因

而在罪與刑的確定上就有可能失之偏頗，不符合革命形勢發展的需要。（9月12日《人民日報》）

就這樣，用立法有害論駁倒了右派分子的立法緩慢論。批判者還舉出具體的例證，證明了執行政策比他說的「機械地執行法律」要好些。他說，「如果沒有這樣明確的政策而機械地執行法律，那麼我們過去進行的鎮反、『三反』、『五反』以及前一時期的肅反運動，怎能……使運動健康發展獲得巨大的成就呢？」這一系列運動確實像這位批判者所說的一樣，都是只有不去「機械地執行法律」才搞得起來，還可以補充一條：如果要「機械地執行法律」，眼前正在轟轟烈烈進行的反右派鬥爭也就搞不起來了。

對法學界右派分子的批判，重點還不是吳家麟、謝懷拭這些人，而是那些名氣更大的，像北京政法學院院長、中國政治法律學會副會長、民盟中央常務委員錢端升，最高人民法院顧問、民盟最高人民法院支部主任委員俞鍾駱，國務院參事、《政法研究》副總編輯楊玉清，北京市司法局副局長樓邦彥，國際法研究所所長王鐵崖，國務院參事、前法制委員會委員吳傳頤，國際關係研究所研究員陳體強，國務院參事譚惕吾等人。到九月中旬，首都法學界共開了四十一次批判右派分子的會。這是一場混戰。像北京政法學院教授于振鵬、講師杜汝楫，前幾次的會上還發言批判錢端升，不多久之後自己也被劃為右派分子受到別人的批判了。

陳體強，《辭海》裡有專條：

> 陳體強（1917-1983），中國國際法學家。福建閩侯人。清華大學政治系畢業。在英國牛津大學獲國際法學博士學位。一九四八年回國後歷任清華大學、外交學院、北京大學教授，國際法研究所、國際問題研究所研究員，外交部法律顧問，全國政協委員，中國人民外交學會常務理事，中國政法學會常務理事兼副秘書長，中國國際法學會副會長，並被選為世界性的國際法學會聯繫會員。畢生致力於國際法的教學和研究工作，為維護我國的外交政策做出了貢獻。所著《關於承認的國際法》被列為當代國際法必讀書之一。還著有《國際法論文集》。

　　《辭海》的專條裡沒有說他被劃為右派分子的事。一九五七年九月十八日《人民日報》上刊登了一篇〈陳體強妄圖在國際法領域中稱王〉的材料，說中國科學院國際關係研究所所長孟用潛在首都法學界座談會上發言，揭露和批判陳體強，說「五月底六月初在國際關係研究所的座談會上，右派分子陳體強、田保生、陳公倬發動一個簽名運動，準備寫信給那時即將開的全國人民代表大會會議，那封信是一個反黨文件，他們在反對所謂高級幹部特殊待遇的藉口下，將黨醜化成一個『反人民的、追逐享樂的封建特權階級』」。孟用潛還說：「陳體強積極支持錢端升提出的『院系再調整』，支持錢端升的不要共產黨領導的大法學院計畫和王鐵崖的大國際關係系計畫。在法學界座談會上，他公然說：『我國國際聯繫日益頻繁，將來聯合國、國際法院能派誰去？不能只憑立場而派老幹部，應派一些內行的人去，在那裡不能在開會時打電報回國請示，要有當機立斷的能力』。陳體強狂妄的個人政治野心在這幾句話裡暴露得十分明顯。」

　　在這一次首都法學界座談會上，北京大學教授、政法學會理事芮沐發言，批判也是北京大學教授的右派分子王鐵崖，說「王鐵崖一貫否定國際法科學的黨性階級性，相反的，他主張大量翻譯資產階級國際法的著作。到了共產黨整風的時候，他的醜惡面目和野心全部暴露出來。他陰謀計畫成立一個不要外交部領導的『大國際關係系』。」王鐵崖最幸運的是壽長，他活到了九十歲。一九九七年在聯合國大會上當選為前南斯拉夫國際刑事法庭大法官，赴海牙上任了。

　　錢端升（1900-1990），上海市人。美國哈佛大學哲學博士。歷任清華大學、中央大學、西南聯合大學和北京大學教授。一九五二年院系調整之後，他被任命為新成立的北京政法學院院長。又是中國民主同盟中央常務委員。據七月二十日《人民日報》刊登的〈錢端升是政法學界的右派陰謀家〉一文說：「錢端升對院系調整是十分不滿意的，當時為了抗拒院系調整方針的貫徹，曾在清華大學和曾昭掄、錢偉長開會共商對策，又在樓邦彥家裡召集一些教授密議如何抗拒。事後他主張打亂院系調整後的新院系，來個『院系再調整』，推翻共產黨領導的課程改革，來個『二次徹底改革』。」至於他的大法學院計畫，不過是想搞個像倫敦經濟政治學院那樣的大政法學院的想法，八月十一日《人民日報》刊登的龔祥瑞〈錢端升小集團的陰謀「大法

學院」方案〉一文批判說：「這個『大法學院』方案的目的不僅僅是推翻新院系，走資產階級法學的道路。『大法學院』不過是他們幹政治的工具、武器。他們真正的方案是通過『鳴』、『放』或者在成立了『大法學院』之後通過講壇，吹倒共產黨——推翻共產黨在政法界與外交界的領導。這就是錢端升小集團所作的大文章。」

俞鍾駱在首都法學界座談會上的發言，據九月十四日《人民日報》刊登的馮若泉的〈誰在「出入人罪」？——質問俞鍾駱〉一文說，他「污衊我們的審判工作是『罪與非罪的界限不清』，他說：判案時因時、因地、因人作不同的處理，從好的方面說合乎馬列主義唯物辯證法，從壞的方面說是『出入人罪』。」馮若泉的這篇文章舉出了幾件與俞鍾駱有關的案例以及俞鍾駱歷史上擔任過汪偽大漢奸的辯護律師，就說「原來他就是慣於『出入人罪』的專家。」

廣州中山大學法律系教授端木正也被劃為右派分子。端木正（1920-2006），安徽安慶人。一九四七年在清華大學法學研究所畢業後赴法國留學，一九五〇年獲得巴黎大學法學博士學位回國後，到廣州嶺南大學任副教授、歷史政治系代理主任，院系調整，嶺南大學併入中山大學，即在中山大學法律系任教。一九五七年九月二十四日《南方日報》以〈中山大學反右派鬥爭戰果巨大：右派分子陸續現出原形，大部分向人民低頭認罪　群眾政治思想覺悟提高，中間派很多人向左轉化〉為題發表的報導說：「在群策群力的揭露和搜索下，右派分子陸續現出了醜惡原形。除了臭名遠揚的右派分子董每戡、林楚君、羅應榮等之外，老右派葉啟芳、吳重翰、張良修、詹安泰、顧綏昌、鍾期偉、端木正等和學生中的右派分子都相繼暴露。這批右派分子對黨和社會主義一貫懷著深仇大恨，一貫散佈反對黨和反對社會主義的謬論，大放大鳴期間，藉幫助黨整風的名義，從各方面瘋狂地向黨進攻。他們攻擊學校的黨委制，攻擊人民政權和現行制度，否定五大運動和三大改造的成績，以及對黨團員和社會生活的各方面進行各種無恥的污衊。」端木正的右派言論，有「中大發展黨員都是那些唯唯諾諾的，不敢批評黨的人，歷史系發展的黨員都是走私人路線。」（見《高等學校右派言論選編》，中共中國人民大學委員會，1958年8月）

中山大學歷史系教授劉節的日記記載：

一九五七年九月九日：上午聽反右派鬥爭動員大會報告，下午小組漫談。

十日，下午教授副教授批評端木正大會。

十五日，自早迄晚批評端木正大會。

十六日，上午預備會，下午鬥爭端木正大會。

（《劉節日記》，大象出版社，2005年版，第446-447頁）

也可以想見當年的氣氛了。

一九七九年通盤解決右派分子問題之後，端木正擔任了中山大學重新設立的法律系首任系主任，中山大學法學所首任所長，1985年，他以專家身份被全國人民代表大會任命為香港特別行政區基本法起草委員會委員，參加政治制度小組，負責起草一九九七年後的香港政治制度部分。

一九九○年至一九九五年端木正任最高人民法院副院長、審判委員會委員。最高人民法院院長任建新在全國人大常委會提請任命端木正的議案中，對他的評價是：通曉法、英、俄三國語言，在國內外法學界有一定聲望，擁護中國共產黨，熱愛社會主義。1993年他被中國指派為常設海牙仲裁法院仲裁員。此外他還擔任中國國際法學會副會長、中國法官協會副會長、中國法學會常務理事和顧問等職務。二○○七年七月，端木正塑像在中山大學揭幕。

法學家被劃為右派分子的還有不少，像參加過一九四六年至一九四八年在東京審判日本戰爭罪犯的遠東國際軍事法庭的那位中國法官梅汝璈，是在外交部條法司被打成右派分子的。

北京政法學院的青年教師江平，是新中國第一批留蘇學生。於一九五一年到一九五六年底在蘇聯學習法律。畢業後被分配到了北京政法學院任教。他被劃為右派分子的第一條材料是，他在整風運動的座談會上談到赫魯雪夫反對史達林個人迷信的秘密報告說，史達林問題的根源，赫魯雪夫認為這是他個人品質的缺陷造成的，而陶里亞蒂則認為這是制度的缺陷造成的。江平表示他是同意陶里亞蒂的觀點的。他在蘇聯五年的經歷，也感到這麼大的問題，僅用個人品質是無法解釋的。蘇聯制度層面的缺陷，正是現在我們黨要在整風時需要警惕並克服的。這就成為他的一條「反黨」言論，說他攻

擊「社會主義制度」，說他認為「社會主義制度有缺陷」。又一條材料是一些青年教師推舉江平起草了一張大字報，大字報共有五項內容，包括一些老教師在肅反運動中背了黑鍋，應當予以澄清、道歉；以及現今工會的選舉不民主，是自上而下的指定，應當實行自下而上的民主選舉。有二十人在大字報上簽名，當時學院院黨委書記劉鏡西還誇獎說大字報寫得不錯。有了這兩條，到了反右派鬥爭的時候，江平被劃為右派分子了。（據江平〈我的右派經歷與反思〉，見《炎黃春秋》2011年第2期）

北京市法院法官張思之，也被劃為右派分子了。一九四七年他考入北平朝陽學院法律系學習，一九四八年潛赴解放區，北平和平解放以後，他即被分配到法院工作。在肅反運動中，因為他十六歲的時候有一個曾經參加「學生志願遠征軍」開赴印緬前線和日本軍隊作戰的「歷史問題」，成了肅反對象。反右派鬥爭中，北京市法院包括院長王斐然、副院長賀生高在內，打出了六十多個右派分子。其中有張思之。張思之被劃為右派分子之後，勞改了十五年。右派問題解決以後，以律師為業。一九八〇年曾任「林彪江青反革命集團案」辯護組組長，為李作鵬作辯護。此外還參與過鮑彤、王軍濤、魏京生等人的「顛覆政府案」的訴訟。（據張思之〈怪誕莫名法官路〉，見《中國當代史研究》第二輯，九州出版社，2011年出版）

各個報紙上，發表了許多批判法學界右派分子的文章。司法部部長史良在〈徹底粉碎右派分子向司法的進攻〉一文中說：

> 右派分子指責我們「強調了法與法學的政治性」，「階級性」，說我們「忽視了它的專門性和科學性」，因而，反對我們對舊法採取堅決廢除的方針，說我們對「舊法規範」應該「不輕易廢除」，宣傳法律的「繼承性」，要我們中國人民「繼承」舊法，其實質，就是要我們恢復偽法統。……這真是借右派分子之屍，來還蔣介石之魂。

同右派分子的估計針鋒相對，司法部長提出了她對司法改革運動的評價：

> 在運動中，尖銳地批判了反人民的舊法觀點和舊衙門作風，使全體司法幹部進一步劃清了新、舊法的原則界線，同時結合思想鬥爭，整頓

了人民法院組織，保持了人民司法機關在政治上，組織上和思想上的純潔性，為進行司法建設奠定了良好的基礎，使人民司法工作得以擔負起鞏固人民民主專政和保障社會主義建設事業順利進行的光榮任務。從當時的情況，後來的發展，特別是從這次右派分子的猖狂進攻來看，司法改革運動是絕對必要的，完全正確的。

針對右派分子對肅反運動的大肆攻擊，司法部長論證了肅反運動偉大的成績。她並且把右派分子和反革命分子聯繫了起來，說：

> 應當看出，在反黨、反社會主義這個問題上，右派分子與反革命分子是一脈相聯的。湖北漢陽反革命分子的暴亂事件，說明右派分子不僅在思想上，政治上與反革命分子是息息相通的，而且有的右派分子與反革分子在組織上和行動上互相勾結，這很值得我們注意。（8月21日《光明日報》）

她說的「湖北漢陽反革命分子的暴亂事件」，即本書第十二章已經說過了的以漢陽縣一中學生為了升學名額問題罷課遊行一事為素材、人為地製造出來的所謂「小匈牙利事件」，處死了三個無辜者。以其傷天害理的程度來說，在人類冤獄史上都應該算是罕見的案例。史良這樣說，不知她是不是相信自己所說的話。不論她相信這是真的，或者明明知道不是真的，她這樣說，都足以表明她的法律業務水平、良心道德水平、她作為部長的職業責任感，都不可問了。

批判法學界右派分子的文章連篇累牘的出籠，陶希晉的〈法律界的鬥爭〉一文說：

> 今天法律界的右派分子，居然又步著這些人的後塵，來耍這一套早經拆穿的慣技。例如他們說：「無產階級專政的理論，在今天看來已不正確了」，他們歪曲列寧關於「專政是直接憑藉於強力而不受任何法律限制的政權」的定義，荒謬地把無產階段專政說成為不要法律的排斥民主的「恐怖主義」。

　　法律界右派分子在惡毒地攻擊無產階段專政理論的同時，也就否認馬克思主義的法學原理是我們法學的指導思想，故意把它列為法學流派之一，指責它「太強調階級立場而有狹隘性」；說法律不是階級專政的工具，而是什麼「國民公共意志的表現」。

（9月13日《人民日報》）

韓幽桐在〈粉碎法學界右派分子的復辟企圖〉一文中說：

　　世界上有各種法律學說，都自命為科學，但我們認為只有馬列主義的法律學說才是真正的科學的法律學說，其他都是非科學的。馬列主義法律學說中的普遍真理，例如無產階級專政的原理，不是像右派分子所說「不能解決問題」，而是真正給我們解決了敵死我活的大問題。

　　所謂「犯罪和不犯罪的界限不清」，好像很會提問題的樣子。犯罪和不犯罪的界限當然必須劃清。事實上，我們對這個界限是劃得很清楚的，但右派分子硬說是不清楚，則是因為他們把反動的舊法做為劃清界限的標準，自然我們認為是犯罪，他們就認為不是犯罪了。如在肅反問題上，我們認為肅反完全合乎憲法的規定，右派分子則大喊大叫：「肅反運動根本不合法。」

（9月16日《人民日報》）

　　中國政治法律學會理事會副會長兼秘書長吳德峰，在中國科學院召開的座談會上，以〈法學界反右派鬥爭必須進一步深入開展〉為題作了發言。他在批判「無法可循」論的時候，是這樣說的：

　　建國以來，我們國家先後頒佈了數千件的法規，這些法規，曾經有效地指導和保障了我國各項工作的勝利開展。而右派分子硬不承認這個事實，叫囂什麼「無法可依」「有法難依」，那又是什麼原因呢？原來我們的法律是保護人民、鎮壓反革命分子的，而那些自命為「黃文正」「譚青天」所要的卻是壓迫人民、保護反革命的法律，自然，這就難怪他們說什麼「無法可依」、「有法難依」了。我們應

該正告右派分子，你們要求的那種法律，在人民的國家裡，是永遠不
會有的。

這裡說的「黃文正」和「譚青天」，是對積極為平反冤獄奔走呼號的
右派分子黃紹竑譚惕吾的調侃的稱呼。對於賈潛、楊兆龍等人稱讚的「無罪
推定論」，吳德峰的這篇發言中把它當作一種右派言論加以批判，他說：

> 值得嚴重注意的是，有些右派分子竊據了專政機關的工作崗位，他們
> 不僅到處散播什麼「無罪推定論」「審判有利於被告論」以及繁瑣的
> 「證據論」等荒謬有害的觀點，而且還公然以這些論點作為審理案件
> 的「理論」根據，利用職權，以各種藉口為反革命分子和其他各種刑
> 事犯罪分子開脫罪責，輕縱罪犯（這種事例在不少地區均已發現）。
> 這種情況不僅說明法學界反右派鬥爭嚴重性，而且還說明這種鬥爭的
> 更直接、現實的重要意義。（10月4日《人民日報》）

由吳德峰出面來批判右派分子的這些法學觀點是很有意思的事情。一
九五一年他擔任武漢市市長的時候，武漢市第二醫院發生了一起公款被盜
案。是醫院的黨支部書記、老幹部王清偷了保險櫃內的公款，卻誣陷該院文
書、青年團員紀凱夫，把他拘留關押，還要查他的特務問題，說是特務陷害
老幹部，一個簡單的盜竊案變成了一個複雜的陰謀陷害案。當辦案人員向市
長吳德峰彙報，查實了不少王清盜款的證據，這一位擔任過紅二方面軍保衛
局長、中共中央晉察冀局敵工部長的人物，根據自己多年從事鋤奸保衛工作
的經驗，竟說了這樣一句警句：「王清盜款的證據越多，恰恰就是反證越
多。」（李之璉《紀凱夫事件始末》，河南人民出版社2000年版，第27頁）他就是因為在
這件誣陷案中的責任而被撤銷了武漢市市長的職務。比起《老殘遊記》裡所
寫的剛弼辦案來，不知誰的水平更高一點。反正是決不會輕縱自己所認定的
罪犯，二人卻是相同的，一個信奉「反證即罪證論」的人，怎麼能接受「無
罪推定論」呢。

更權威的批判，是《人民日報》社論〈在政法戰線上還有嚴重的鬥
爭〉。社論說：

右派分子為了抗拒我們黨對政法工作的領導，還提出了所謂「司法獨立」、「審判獨立」等口號，企圖把司法系統同人民民主專政對立起來。他們說，如果不讓司法獨立就是違反憲法，其實，我國現行的司法審判等制度是完全符合憲法的；倒是右派分子要在我國搬用西方資產階級國家的所謂「三權分立」的做法，這才是真正的違反憲法。右派分子自以為只有他們懂得法律，他們自稱「專家」，並且公然說，「現在誰夠條件就由誰來幹」。事實證明，他們除了死守住反人民的舊法觀點以外，對於人民的法律根本無知。（10月9日《人民日報》）

這樣，「司法獨立」，「審判獨立」也是必須反對的右派分子的主張。

三十八年過去，彈指一揮間。時間到了一九九六年，八屆人大四次會議修改通過的《中華人民共和國刑事訴訟法》第五條規定：「人民法院依照法律規定獨立行使審判權，人民檢察院依照法律規定獨立行使檢察權，不受行政機關、社會團體和個人的干涉。」第十二條規定：「未經人民法院依法判決，對任何人都不得確定有罪。」因此全國人大關於修改《刑事訴訟法》的決定第三十四點說：「向人民法院提起公訴前，原『被告人』的稱謂修改為『犯罪嫌疑人』。」修改後的《刑事訴訟法》還注意保障了被告人的權利。當年《人民日報》社論的作者是不是預料到了「人民的法律」會有這些變化的呢？當年法學界被批判的一些右派言論，錯就錯在出現的時間：超前了幾十年。

當年為了法治而付出代價的，不僅僅有錢端升、楊兆龍這些法學家，這些政法院校的教授教員們。那些在政法部門工作的幹部，包括公安、檢察、法院、司法行政、監察這些部門的各級幹部，也有許多為此付出了代價。

中共安徽省委第一書記曾希聖在批判李世農的時候說的，「公安、司法、檢察機關和法院是人民民主專政的重要武器，是黨和人民執行對敵鬥爭的刀把子。這個刀把子一定要緊緊掌握在忠於勞動人民利益的堅定的革命幹部手中，置於黨的絕對領導之下。」（1958年3月10日《人民日報》）所以，公安、司法、檢察機關和法院，就是反右派鬥爭的一個重要的戰場。據《人民日報》公佈在中央政法部門擔任重要職務的黨內右派分子有：監察部副部長王翰；最高人民法院刑事審判庭庭長賈潛，副庭長朱耀堂，研究室主任魯明

健；最高人民檢察院運輸檢察院副檢察長劉惠之，一廳廳長王立中。

王翰，原名陳延慶，江蘇省鹽城縣梁垛鄉人（現劃歸建湖縣），一九三二年加入中國共產黨。他雖然只不過是監察部副部長、黨組副書記，可他是中共八屆一中全會選出的中央監察委員會候補委員。當年中央機關所劃的黨內右派分子中，在名義上這要算是最高的了。據一九五八年五月二十四日中國共產黨監察部黨組關於右派分子王翰的處理決定說，他是監察部右派反黨集團首領，並且列舉了他許多反黨反社會主義罪行。說他「反對社會主義制度，宣傳社會主義制度有陰暗面的荒謬觀點。他否定我國社會主義建設的成績，說『國務院所屬各部門的工作是一塌糊塗，經不起檢查』；攻擊我國發展國民經濟計劃不是『冒進』就是『冒退』；認為現在的大學教育和建築工程都不如解放以前；對黃紹竑的反社會主義言論十分讚賞，到處替黃紹竑吹噓。」

「王翰在監察部和右派分子彭達、陳達之等勾結起來，形成以他為首的反黨集團，互相吹捧，打擊別人，抬高自己，揚言『黨組成員中唯有王翰熟悉業務，監察部離開王翰不行』，暗示王翰應該當監察部長，甚至吹噓王翰應該選為中央委員。」「整風開始，王翰積極煽風點火，篡改黨組的整風計畫，大肆向黨進攻，企圖利用整風，搞垮黨組，奪取監察部的領導權，以便實現他的一套反黨主張。反右派鬥爭開始，王翰抱著抗拒態度，鄧小平同志傳達中央的報告他不去聽，部裡召開的各種反右派鬥爭會議也極少參加，並積極為黨內幾個右派分子辯護。當二司批判彭達的反社會主義言論時，王翰千方百計地加以包庇。當部整風領導小組確定彭達為右派分子後，王翰立即向彭達通風報信，並訂立攻守同盟。一九五七年八月十三日黨組擴大會議討論毛主席〈一九五七年夏季的形勢〉和佈置本部反右派鬥爭的部署時，王翰竟憤然離開會場，公開宣佈以後不參加黨組會議，當晚又給黨組寫信，進行威脅。」

據十二月五日《今日新聞》上刊登的材料說，監察部連續開了十六次全體工作人員大會鬥爭王翰，貼了他一千一百多張大字報，還辦了一個王翰罪證展覽會。

八月二十日《人民日報》說，王翰還是監察部黨內右派集團的首領。這個集團包括副司長彭達、研究室主任陳達之、研究室的翻譯室主任梁建

一、副司長安汝濤等人。據公佈他們材料的報導說，這些黨內的右派分子，還隱蔽在反右派鬥爭的領導小組中，「利用他們的職位，一方面千方百計地利用一切公開場合為正在被鬥爭的右派分子辯護和解圍。同時暗中還給他們『打氣』，對他們表示百般同情和支持。如當時還是研究室領導小組成員之一的右派分子陳達之就公開替被鬥的右派分子劉永的反動言行辯護，說什麼劉永基本上是擁護共產黨和社會主義的，他們的錯誤言行是由於領導上對他們使用不當所造成的，並公開向黨組提出：『劉永不該劃為右派分子』，企圖替劉永開脫。另一個黨內右派分子梁建一還請正在被鬥爭的一個黨外右派分子吃飯、逛公園，看電影，要他『經得起考驗』。」

彭達的材料，據報導說，「五月十八日彭達在第二司全體幹部整風學習討論會上的發言中，直接攻擊社會主義制度，反對無產階級專政。他首先說，『不要迷信社會主義』。接著又說：『社會主義制度一切都好，這只是宣傳』。『社會主義制度有兩面性，有好的一面，也有壞的一面。』『無產階級專政帶來官僚主義。』」「彭達還惡意攻擊肅反運動，反對在肅反運動中採取群眾路線的作法。他否定監察部的肅反成績，誣衊監察部第二司的肅反是『人為地製造矛盾』。他還誣衊監察部五人小組領導人是『過於執』，表示自己要當『況鍾』。他經常打擊肅反積極分子，甚至辱罵肅反積極分子『是沒有頭腦的』。彭達為了拉攏第二司當時的一位肅反的對象，竟然向他洩露黨的機密，並在大鳴大放期間指使他在肅反問題上向黨進攻。」這裡的「況鍾」和「過於執」都是不久前上演的崑劇《十五貫》中的人物，劇中況鍾糾正了過於執錯判的案件。

這篇報導還公佈了彭達另一個大錯誤，這恐怕是他被劃為右派分子的最直接的原因：「彭達十分厭惡老幹部。他知道老幹部是黨的領導骨幹，一般說來政治思想水平比較高，比較容易覺察或識破他的反黨活動。因此，他總是惡意攻擊老幹部，說什麼老幹部都是些『萬金油』、『白帽子』、『甩袖子隊』、『吃老本，吃完了，就完了』；『老本就是資格和能講兩句馬列主義』等等。」（8月20日《人民日報》）監察部部長錢瑛就正是一位老幹部，中共八屆中央委員。他罵的該不是錢瑛吧。

賈潛是一位在很長時間裡以大律師的身份從事活動的共產黨員，不止一次利用法律來保護黨不受侵犯。共產黨執政之後，他當上了最高人民法院

刑事審判庭庭長。他吃虧就吃在懂得太多的法學。報紙上公佈了他一些這樣的右派言論：「政策是政策，法律是法律，我們是司法不是司政策」（12月12日《人民日報》），「黨對法院工作的領導是通過制定法律來實現的。法律是人民的意志，也是黨的意志，審判員服從了法律，就等於服從了黨的領導。因此，審判員只需服從法律，再不必有什麼黨的領導了。」「黨具體過問人民法院審判工作就是違法」（12月24日《人民日報》）。報紙還說，賈潛打著「法律科學」的幌子販賣舊法觀點，片面強調「有利被告」、「無罪推定」、「自由心證」等主張，為反革命分子和其他犯罪分子減輕或開脫罪責，他們在審理案件時，對於有罪的人首先要求從「無罪」方面來考慮，對於有嚴重罪行的人首先要求從「減輕情節」方面來考慮，對於犯有死罪的人首先要求從「可以不死」方面來考慮。（12月12日《人民日報》）

劉惠之的右派言論，據報紙公佈的有這樣一些：同犯罪作鬥爭不是檢察機關的專有任務。一般監督是社會主義檢察工作區別於資本主義檢察工作的根本標誌。報紙說他要把檢察機關對敵專政的鋒芒指向國家機關和幹部，企圖把一般監督工作凌駕於黨和國家機關之上，他違反我國憲法明文規定的黨在國家政治生活中的領導地位。把鐵路部門的黨委列為鐵路檢察機關的監督對象，說什麼「被監督的領導監督機關不合適」。關於檢察機關的偵查監督工作，他不強調協同公安機關一致對敵，也不強調互相制約，而只片面強調檢察機關應以監督者的身份監督公安機關的違法行為。關於審判監督工作，他主張把保護被告權利作為主要任務，而在實際上拋棄檢察機關揭發犯罪的作用。報紙還說，劉惠之提出：黨委的領導應該是方針政策的領導，屬於純業務性質的問題黨委不應干涉。（12月20日《人民日報》）

這裡要作一點名詞解釋。「一般監督」是從蘇聯引進的一個法律術語，它是檢察機關的一項職權。一般監督是相對於特殊監督而言的。特殊監督是指偵查監督、審判監督、監所監督等等，有特定的監督對象和範圍。一般監督的對象和範圍，包括國家機關和國家機關工作人員除犯罪行為以外的各種違法行為。一九五四年全國人大一屆一次會議制定的《中華人民共和國憲法》和法律，對此都有明確規定。《憲法》第八十一條規定：「中華人民共和國最高人民檢察院對於國務院所屬各部門、地方各級國家機關、國家機關工作人員和公民是否遵守法律，行使檢察權。」《中華人民共和國人民檢

察院組織法》第八條規定：「最高人民檢察院發現國務院所屬各部門和地方各級國家機關的決議，命令和措施違法的時候，有權提出抗議。地方各級人民檢察院發現本級國家機關的決議、命令和措施違法的時候，有權要求糾正；如果要求不被接受，應當報告上一級人民檢察院向它的上一級機關提出抗議。……對於人民檢察院的要求或者抗議，有關國家機關必須負責處理和答覆。」第九條規定：「人民檢察院發現國家機關工作人員有違法行為，應當通知他所在的機關給以糾正；如果這種違法行為已經構成犯罪，人民檢察院應當追究刑事責任。」劉惠之就是主張實行憲法和法律的這些規定，卻被認為是「要把檢察機關對敵專政的鋒芒指向國家機關和幹部」了。

王立中的大問題，據報紙上披露的材料說，是他「不經領導上審查批准，擅自以最高人民檢察院檢察員的身份在一九五七年一月二十九日的《光明日報》上發表了題為〈做好一般監督工作有什麼意義〉的文章，其中惡意地誇大了我國國家機關、工作人員和合作社的所謂違法的『普遍性』和『嚴重性』，將某地人民委員會〈關於配設護林員以利開展護林工作的通知〉中提出的『護林員有權制止或拘留盜伐、濫伐森林和引火燒林的不法分子送人民法院處理』的正確措施說成是『違法的』。」這篇報導還說，王立中的這篇文章「被香港反動報紙轉載，被臺灣國民黨製成傳單散發」（12日20日《人民日報》）。

上面所舉，都是一九五七年《人民日報》刊登的中央各政法機關所劃出的右派分子的材料。事實上，在這以後，從中央到各省市直到縣一級的政法機關，也有人因為堅持依法辦事而被劃為右派分子的。

司法部黨組成員、部長助理兼普通法院司司長王懷安，他是四川省自貢市人，一九三七年參加救亡工作，一九三八年入黨。一九四〇年到延安後曾任延安市青年聯合會主任、陝甘寧邊區法院審判員，一九四三年至一九四五年在陝甘寧邊區保衛處被審查。一九四六年到東北後任過哈爾濱市法院院長、東北司法部秘書長，一九四九年調司法部任辦公廳主任，黨內任黨組副書記。據一九五八年十一月十五日中共司法部機關委員會關於極右分子王懷安的結論及處理決定說，王懷安是個徹頭徹尾的資產階級右派分子，是「司法部反黨集團」的「軍師」。其主要右派言行：

一、全面的一貫的反對無產階級專政，篡改人民法院的性質和任務。
他在起草法院組織法過程中把法院是「階級壓迫的工具」篡改為
「與一切違法現象作鬥爭的工具」，把專政的矛頭指向了黨和人
民事業的幹部。在他所寫的《當前農村犯罪情況的報告》中，歪
曲和擴大事實，說「站在法庭面前受審制的對象——刑事被告已
由敵對階級分子舊社會渣滓占絕大多數的情況一變而為勞動人民
占絕大多數的情況了」，企圖把敵人當人民加以寬縱。他把黨對
刑事罪犯的「懲辦與寬大相結合」的政策篡改為「教育與懲辦相
結合」。他還把少奇同志一九五〇年對律師工作「為工農兵服
務」的明確指示，篡改為「為被告服務」。強調律師防止錯案的
作用。提倡律師以辦刑事案件為重點，主張院長不能干涉律師辦
案，到處宣揚律師是檢察院的「反對派」。在律師組織建設上積
極主張一下鋪開。

二、強調「審判獨立」，惡毒的攻擊黨的領導，污衊黨有「懲辦情
緒」。他說：「黨自執政以來，就濫用專政武器，亂打一起，將
已低頭的人拿來再打；也將有歷史污點的人、甚至思想落後的人
拿來狠打，有專政過頭的。」在他寫的《當前農村犯罪情況的報
告》中，公然煽動「司法機關必須堅持原則，依法辦事」，「對
來自某些幹部和某些部門的懲辦情緒的要求不要遷就」。他污衊
「黨委對業務不夠熟悉」，並利用講課和檢查工作的機會到處煽
動法院幹部「不能當豆腐院長」，「要有包拯、況鍾精神」，
律師要「骨頭硬」「有膽量」。王懷安對黨委審批案件非常反
對，為了尋找反黨根據，擬制調查表調查黨委錯批的案件。在四
川大邑檢查工作時，他污衊大邑縣委領導的鎮反運動是一團糟、
「拒絕壞人向善，樹敵過多」「坦白不從寬」「立功不折罪」。
攻擊審判人員不執行法院組織法規定的「合議庭」，瘋狂地辱罵
司法幹部「不守法」「無法無天」「獨裁」「野蠻」剝奪被告辯
護權，「品質惡劣」「加油添醋」「為了戴穩自己的烏紗帽，求
得一時的安寧，不惜讓別人坐牢」。他還污衊黨委統一領導下的
公、檢、法統一對敵的作法是「一杆子打到底」。

三、狂妄地攻擊黨中央。他惡毒地說「錯案是普遍的，如非來自中央
　　那才是怪了哩」。他攻擊鎮反「運動指導有問題」，是「主觀佈
　　置數字，擴大敵情，致下邊有的為了湊數，硬找專政對象」。

這樣，王懷安被劃為極右分子，受到開除黨籍，撤銷原有職務，監督
勞動的處分。（據《關於清除黨內右派分子的決定彙編（四）》，中共中央監察委員會辦
公廳編，一九五九年十二月）

公安部的反右派鬥爭，晏樂斌的〈一九五七年公安部整風反右運動〉
（載《炎黃春秋》2013年第2期）一文有一個概括的介紹，下面從其中摘錄一些材
料：當年公安部劃出了右派分子六十四人。其中有辦公廳研究室的謝光、廉
英、廖賢金；辦公廳《人民公安》編輯劉恩啟，辦公廳秘書處打字員朱正
洪；政治保衛局的有呂起超、繳濟東、楊昌郁；經濟保衛局的有徐泰雷、陳
勝榮、袁皓；治安局的有王倫堂、韓贏洲；勞改局的馬煥仁、李中秀、李均
服、陳守達等人。這裡只介紹幾個死於非命的人的情況。

一個是公安部辦公廳研究室主任謝光。他十四歲參加八路軍，打仗負
傷，曾任華北公安部辦公室主任。是公安部部長羅瑞卿選拔上來的優秀幹
部。在一次整風會上，羅瑞卿點名讓他發言，他就在發言中批評了一九五五
年的第二次鎮反和內部肅反，他說：「據各地典型調查，第二次鎮反粗糙草
率現象相當嚴重，在抓獲的人犯中，屬於可捕可不捕的占百分之十五，完全
錯捕的占百分之五，按此比例推算，就有幾萬老百姓當成敵人關進了監獄。
如果算算，對他們的親屬和社會影響，問題就更大了。以每個人都有五名至
親好友計算，將有幾十萬、上百萬的人由此產生對政府的不滿情緒。希望部
領導關注這個問題，做補救工作。」到了反右派鬥爭中，就把他劃上了。在
開了批判他的會後，他就開槍自殺身亡。給他定的罪名是「攻擊黨的鎮反、
肅反政策」，「攻擊一搞運動就追後臺。」

一個是勞改局的李中秀：

　　李中秀同志與我是湖南岳陽縣湖濱中學（美國教會創辦）高中部
的同學，一九五○年十二月，他與我響應政府動員青年學生「抗美援
朝保家衛國」的號召，離開學校一同參軍，後我們分在中南公安幹部

學校、中南軍政委員會公安部學習、工作（當時公安機關受政府和軍隊雙重領導），一九五四年我們同調公安部勞改局，一九五七年他在分管勞改工作的周興副部長參加的整風會上醜化周，導致了他悲劇的開始，最後被勞改局局長孟昭亮迫害致死。

　　情況是這樣的，李與我從中南調京後，被分在勞改局獄政管教處至一九五七年底。當時全國第一次、第二次鎮反結束，判刑關押了幾百萬犯人，監所人滿為患，政權剛建立不久，經費困難，為不使這些罪犯坐吃閒飯，狠抓勞改生產、勞改生產攤子建設是完全應該的，但是出現了讓犯人超體力勞動和勞改工作幹部打罵虐待犯人等違法亂紀情況，其中最為嚴重的是，安徽治淮勞改水利工程隊，為了趕工期，累死、病死犯人幾百人；王震領導鐵道兵修建鷹廈鐵路，調集犯人幾萬名的勞改工程隊，為了趕工期，不分白天黑夜地超體力勞動，每天勞動時間長達十七八個小時，加之當地潮濕多雨，瘧蚊又多，有病得不到及時治療，累死、病死犯人二千多人。當時有人向王震反映，王說：「死幾個人有什麼了不起，大驚小怪幹什麼？」特別嚴重的是在福建光澤縣境內，修路的犯人不堪強體力勞動，集體逃跑，王震將這些逃跑的犯人當成暴動，下令開槍鎮壓打死幾百人。後來這一情況被勞改局知道後，一九五六年派出了獄政管教處處長夏新生、帶著本處的李均服同志，以公安部名義，與總參、總政、鐵道部、鐵道兵司令部，組成聯合工作組，對鷹廈鐵路勞改工程隊死人問題進行了調查，後以這五個部門連署向中共中央、國務院作了報告。當時劉少奇同志看了這個報告之後，他又派他的一位姓李的秘書到公安部勞改局，找到去鷹廈鐵路調查和起草報告的李均服同志進行了談話和核實情況，當時我在現場。劉少奇同志看了五個部門的報告和李秘書的彙報之後，感到勞改工作出現如此嚴重情況，公安部在此之前竟未發現，又未向中央報告，於是在五個部門連署的報告上批示：「勞改工作必須堅持改造第一，生產第二的方針」，後毛澤東批示同意劉的意見。可是，公安部，特別是勞改局的領導對中央、毛、劉首長的這一重要批示不認真貫徹執行，連我們在勞改局的工作人員都不知道有這一精神。後來李中秀得知這一情況，他在一九五七年五月底在分管勞改工

作的周興副部長參加勞改局整風會上，就鷹廈鐵路勞改工程隊、安徽治淮勞改水利工程隊，等強迫犯人超體力勞動，勞改幹部違法亂紀，領導機關公安部勞改局工作不到位，糾正不力，領導官僚主義進行了批評，實際也是對分管勞改工作的周興副部長不點名地進行了批評。他在發言中還說，有這麼不講政策的領導（指王震），就有不講政策的下級（指孟昭亮，曾是王震三五九旅的鋤奸科科長），這就極大地刺激了孟昭亮和周興。李中秀的錯誤是，他不應該在這個會上醜化周興，這就激怒了周興和部長羅瑞卿。當晚，羅瑞卿緊急召開了公安部黨組擴大會，就此進行研究與部署，提出：「繼續開展整風提意見，難聽的話，刺耳的話，要硬著頭皮聽。」

事後我得知，李曾為公安部，特別是勞改局的領導對勞改幹部中的違法亂紀、犯人中的非正常死亡糾正不力，存在嚴重的官僚主義、不認真貫徹中央勞改工作方針政策與領導作風問題，草擬了一份向毛澤東、劉少奇反映的材料，在這個起草的材料中有一句「局裡個別領導與某女幹部關係曖昧」，這就更加刺激了孟昭亮的神經（後來「文革」中揭露，孟與勞改局三個女幹部發生過不正當男女關係，其中的一位在勞改局被他打成右派的人的妻子，夫妻二人同調青海，孟任青海副省長後，與這個同志的妻子發生不正當男女關係）。李的這一文稿，整風中被公安部整風辦公室的兩名工作人員帶半強制性地騙走了（他們對李說：「李中秀同志，聽說你寫了一份很好的意見書，借給我們學習學習，看後立即還你。」）當時我在場，後不久李這份草稿被刪節，登在公安部《整風動態》刊上，這就成了李中秀被定為極右的罪證。

公安部就這樣打出了一個以李中秀為首的右派反黨集團，包括李均服、陳守達等人。至於李中秀後來受了多少折騰，不必細說了。只說他的最後結局，是一九六一年春餓死在青海湖勞改農場。

還有一個也是勞改局的馬煥仁：

勞改局的馬煥仁，抗日開始時參加八路軍，原在辦公廳研究室工作，孟昭亮從辦公廳選調馬到勞改局任獄政管教處長，一九五七年三月已

調任司法部辦公廳副主任，在反右開始以後，孟昭亮等人以公安部名義又將馬煥仁從司法部要回公安部，因馬對勞改局領導單純追求勞改工作經濟效益，忽視對犯人的政治改造等勞改工作上存在的一些問題，在局務會議上或其他場合，多次提出過意見與建議，請求引起重視，反右開始後定為右派，送天津市郊團泊窪勞改農場監督勞動後，分到河北保定地區一個勞改隊工作，「文革」中遭受揪鬥批判，他的妻子檢舉揭發他翻一九五七年反右派鬥爭的案，這就加緊了對馬煥仁的迫害，不久迫害致死。

經濟保衛局的徐泰雷曾經寫過一首詩，其中有這樣的詩句：「浪濤洶湧澎湃，／衝向世界的東方，／啊！祖國！」這首詩被「分析」為希望中國發生「波匈事件」，煽動「反革命暴亂」。他被定為右派，一九五八年在天津市郊團泊窪勞改農場監督勞動時溺死。

死得最慘的是治安局的韓贏洲：

韓贏洲，河北唐山人，大學生，在治安局整風反右時被定為右派，下放天津市郊團泊窪勞改農場監督勞動，一九五八年底發配到青海省八寶勞改農場工作，「文革」中遭誣陷被開除公職，遣送回河北唐山老家，交群眾監督勞動。一九七二年他由老家返回青海，向原單位提出申訴，說他是冤枉的，原單位不理，可是身上帶的錢用完了，便在西寧市的老城牆洞裡棲身，當時棲身在城牆洞裡還有外來的一些外流人員，韓因生活無著，一面打工找生活出路，一面申訴，後來找零散工作做也難了，他不得不出賣自己身上的鮮血，維持生計，一次他出賣血液獲得幾十元錢裝在身上，被一外流人員知道了，這個傢伙用城牆磚砸他，見他未咽氣，又狠砸他的腦袋，腦漿被砸得四濺，直到他死亡，將他身上的幾十元錢拿走。韓贏洲同志的女兒得悉他的死訊之後，從唐山匆匆趕到西寧市，伏在父親的遺體上痛哭，訴說：「爸爸，你死得好慘啊！我要你不要到西寧申訴，你偏要來！爸爸，為什麼災難、冤枉老在你身上出現？這是什麼世道啊！哪有講理的地方。」她一面哭，一面訴說，在場的人無不動容流淚，後這個孩子哭

得昏死過去，在場的好心人將她送青海省人民醫院急救，她才蘇醒過來，後該案已破獲，兇手是個四川人，被西寧市中級人民法院判處死刑。事後青海省公安廳勞改局為韓贏洲複查，才糾正對他的誣陷。一九七八年公安部改正了一九五七年對他的錯誤處理，給其恢復名譽。

四川省人民委員會政法辦公室副主任，省政法黨組副書記李俊成，廣東大甫縣人。他一九三五年加入共青團，一九三六年轉為正式黨員。歷任：一二○師教導團政治教員，南京市公安局辦公室副主任，西南公安部二處處長，最高人民法院西南分院副院長，據一九五八年三月二十日中共四川省人民委員會辦公廳總支第四支部關於開除右派分子李俊成黨籍的決定說，李俊成的右派言行有以下這些：他竭力主張「法院獨立審判」、「垂直領導」，反對黨委過問案件，提出「先由法院審判，再由黨委審批」。捏造「清案中埋怨情緒嚴重，埋怨錯在黨委和公安」，「各地錯案不少，本應報黨委後立即平反，但因有種種顧慮，遲遲不予糾正」；誹謗「公安機關粗糙，不慣於遵守法律，黨委偏聽偏信」，謾罵「達縣地委領導的清案小組是烏合之眾」，誣衊「黨委審批死刑案件，明知證據不足，先批死刑，後查事實」，達縣專區鄭成學貪污案，右派分子朱樂秋不執行地委決議，拒絕判處徒刑，李公開表示贊同和支持。去年省委批評政法部門嚴重右傾，他不但不積極貫徹和檢查糾正，反而聲稱當前「左」是主要的，並要省檢察院、法院搜集下面「左」的材料，妄圖用此來反抗省委的正確批評。他還散佈謠言，挑撥和破壞中蘇關係。李和其親信右派分子潘久維、袁鑒、侯開潮等，都是出身于官僚地主家庭，有的又是偽司法人員，政治上很反動，有強烈的個人野心，資產階級舊法觀點嚴重，情投意合，互相吹捧，互相包庇。由於原政法辦公室支部長期處於癱瘓狀態，對壞人壞事一直沒有展開嚴肅鬥爭，因而這些臭味相投、政治上一致的人，逐步糾合成宗派小集團，一方面散佈種種讕言，竭力反對黨的領導，惡毒攻擊無產階級專政；另方面他們投機取巧，對黨陽奉陰違，當面老實，背後謾罵攻擊，醜化和誣衊黨組領導同志，挑撥黨和群眾的關係，破壞黨的團結；同時他們還宣揚腐朽的資產階級生活方式。

一九五六年中央司法部巡視組來四川檢查工作，右派分子潘久維等綜合由他簽發的六個簡報，都是惡毒攻擊黨委，否定鎮反成績，誇大缺點錯

誤，中央司法部王懷安前年來我省時，散佈一系列極其反動的謬論，惡毒攻擊大邑等地一九五五年的鎮反，李當時竭力贊同和支持，前年省黨代表大會上，李聽了閻秀峰同志代表省委所作的報告後，認為：「鎮反存在的缺點提得不深，錯捕好人不是個別的」，而對右派分子黃紹竑在全國人民代表大會上攻擊浙江、上海政法工作的讕言，卻大加讚賞和推崇，認為「黃對於判案中的違法問題，提出了比較深刻和嚴重的問題」。羅部長在全國第六次公安會議上講話時，對一九五五年鎮反成績、缺點做了正確估計，右派分子潘久維誹謗「羅部長粗暴，不懂法制，掩飾錯誤」，李亦隨聲附合說：「從法律上講，羅部長的報告就是站不住腳」。右派分子潘久維等在所寫一九五五年審批死刑案件總結中，捏造各地報來審批的四百四十一件死刑案件，主要事實不清的達百分之五十一點九，量刑失當的百分之二十七點二，李即借此攻擊鎮反，說「經過層層審批的死刑案件尚如此粗糙，其他案件可以想見」，誹謗「我們整個指導思想打擊面過寬，在判處上有重刑思想」，多次提出要檢查死刑案件。在清案工作中，他熱衷於查冤錯案，不談防漏防右，認為「捕後教育釋放和取保釋放都是錯捕的」，提出「冤錯案比例小的地區就是查得不深不透」，主張「事實不清的案件，一律先撤銷原判，重新調查審理」。他為了否定鎮反的必要性和正確性，從黨的領導、幹部作風和法制等方面，進行了極其惡毒的攻擊和誣衊。他歪曲事實，叫囂「領導上做了某些違法和不切合實際的佈置，分配的鎮反數字有很大的盲目性，交待政策不清，運動中催得很急，形成過分緊張，下面當成生產數字去完成，造成不重質量，打擊面過寬，打擊不準，甚至錯打的現象」；攻擊「群眾運動和專門機關的工作沒有很好結合起來，加上『一竿子到底』的錯誤作法，群眾檢舉揭發材料未認真調查對證，全憑公安、檢察機關移送的材料辦事」；誣衊我們「把某些群眾基於所謂響應號召提出的懷疑和意見，以及某些群眾被恐嚇威逼出的虛構檢舉材料，也當成法律上論罪科刑的依據，甚至明知不實而予以誇大歪曲，以達到拼湊數字完成任務的情形」，詆毀「黨委根據這些不實事求是的材料，不可避免地會做出一些不切合實際的審批，法院則機械按審批意見草率結案，甚至明知已錯，也要照批示宣判，檢察院則默默無言，安然無事」；誹謗「某些幹部在批判右傾麻痺後，錯誤的以為可以『左』一下，往往怕批評喪失立場，腦子一時發熱，就盲目打擊」，「某些幹部法制

觀念薄弱，甚至品質惡劣的現象達到了驚人的程度」。因此，大肆散佈：「由於政策界限不清和草率判處的結果，往往違反人情常理，越出打擊界限，打到許多本來可以爭取改造和應當堅持教育的人的頭上，甚至打到某些基本群眾和完全無辜的好人頭上」等謬論。

他散佈資產階級法律觀點，為罪犯開脫罪責。李十分欣賞資產階級法律觀點，推崇封建王朝的法律，認為「唐律是一部好法律，歐陽修的〈縱囚論〉和〈瀧岡阡表〉很有閱讀價值」，工作中常參考這些東西，並到處宣揚反動的「無罪推定論」和「有利被告論」，說「律師在法庭上不能講對被告不利的話，犯人未經判決之前，都是無罪公民」。對於累犯再捉再判，他竭力反對，叫嚷「世界上沒有這個法律」，攻擊「審判人員不懂天理，不問人情世故」，主張「上訴案件只能減刑不能加刑」。對沒有改造好的犯人，他也主張提前釋放，認為「提前釋放，可以使犯人感恩」。認為「判刑亂世要重，治世要輕」，誣衊「我們處理死刑案件」對罪犯的歷史根源和社會根源認識不足，對促成犯罪的各方面的因素和犯罪者當時所處的環境、情況及犯罪的複雜心裡狀態等考慮不夠，思想感情上往往容易受犯罪手段殘酷和後果嚴重所激動，存在著對殺人犯一定要處死的報復主義情緒」。總之利用各種藉口為罪犯開脫罪責，縱容敵人破壞。

李俊成被劃為右派分子。受到開除黨籍的處分。（據《關於清除黨內右派分子的決定彙編》，中共中央監察委員會辦公廳編，一九五九年十二月）

雲南省富民縣因為一個李鳳英冤案的關係，縣公安、檢察、法院系統的幹部，有七人被劃為右派分子。這件事的起因是，一九五五年，當時中共富民縣委第一書記李元慈在整頓合作社的工作中，偏聽偏信，堅持要把普濟鄉婦女主任李鳳英打成漏網富農、反革命。富民縣法院院長沈俊寫的〈法制在呻吟〉一文中回憶說：「李元慈不加調查偏聽偏信就認定李鳳英是『反革命』。立即要公安局下令逮捕李鳳英，公安局長王仕說：『把事實材料報批了才能逮捕。這是法律程序。』李元慈又跑到檢察院去找檢察長楊明，叫他去逮捕李鳳英，楊明說：『檢察院只有申訴審批監督權，沒有逮捕權。』他沒有辦法，最後把我叫到縣委會，下令叫我去逮捕李鳳英，我說：『法院的任務是行使審判權，捕人是公安局的事，法院在審判中發現第三犯罪，防範第三者的破壞和逃跑才能行使逮捕權。』李元慈板起面孔說：『不行，你今

天一定要把人抓來。」在李元慈在壓力下，我不得不指派劉光興去執行逮捕任務。李鳳英逮捕入獄後，在判刑上就成了問題。此案是審判員李明科承辦的，他以認真負責的態度進行多次審理，深入實際調查取證，根據人證、物證，都不能證明李鳳英有罪，李鳳英實屬錯捕。按法律規定，錯捕不能錯判，李明科把此案呈報審判委員會。審判委員會經過兩次討論都無法決定。」（見《命運的祭壇》，魏光鄴編，作家出版社，2008年出版，上卷，第489頁）正好這時候「雲南省委農村工作部的楊大生，寫了富民縣委整頓薄弱社效果明顯〈普济鄉反革命破壞合作化〉的報導在《雲南日報》上發表。」（同上書，第490頁）還配發了社論。這樣，就只能按照李元慈的決定，給李鳳英判了三年徒刑。李鳳英不服，上訴到楚雄地區中級法院，中院承辦此案的馬懷珍、汪光模二人到富民縣調查取證後，認定李鳳英實屬錯捕錯判，一九五六年十二月楚雄地區中級法院據以做出了複查結論。可是李元慈對這個複查結論置之不理，李鳳英還是關押在獄中。到了反右派鬥爭中，李元慈就吧這幾個主張依法辦事的幹部都劃為右派分子了：縣法院院長沈俊，劃為右派分子，開除公職，送勞動教養。縣公安局長王仕，劃為右派分子，開除黨籍，開除公職，送回原籍農村，一九七八年病故。縣檢察院檢察長楊明，因為在整風中說過李元慈「不懂法律」「惡霸作風」，就不僅劃為右派分子，還把他的家庭出身由貧農升為富農，再羅織一些罪名，判了他十五年徒刑。承辦李鳳英一案的審判員李明科，劃為右派分子，送農村監督勞動。當時分管政法工作、領導整風反右的縣委副書記李義，也因對此案與李元慈有意見分歧，被定為「全縣右派分子的統帥」，被開除黨籍，撤職、降級（十七級降為二十四級）。楚雄地區中級法院承辦複查李鳳英案的馬懷珍、汪光模二人也因為此案的牽連被劃為右派分子。（《春風化雨集》，群眾出版社，1981年出版，下冊。第259頁）

再舉一例，看看某縣人民檢察院檢察員劉秀臣是怎樣成為右派的。

那時，他奉令進行案件複查工作，在已經審結的刑事案件中，看有不有違反法律錯捕錯判的。在縣法院的檔案中他發現了這樣一案：判決書上寫的是：「一九五五年七月二十三日晚九時許，被告人反動富農孟××基於階級仇恨，趁我縣公安局幹部譙××在區公所駐地××村露天戲場看戲之機，從場外向場內投擲瓦片擊中譙的頭部，故意傷害我公安人員，已構成反革命故意傷害罪。」這孟××就被判了有期徒刑十年。

　　劉秀臣反覆閱卷，認為這裡有疑點：一、既然判決書認定被告人的行為構成故意傷害罪，其傷害的程度如何，是輕傷還是重傷？卷內為何沒有被害人的傷情鑒定證明？二、本案定案的根據是現場兩名目擊證人的證詞。而兩名證人的證詞又模棱兩可含混不清，不足以為證。既是證人作證為什麼不把事實講清楚？三、既然有目擊者作證，為什麼被告人的口供時供時翻？他是什麼情況下供認的，又是在什麼情況下翻供的？其中的背景因素是什麼？四、既然被害人在戲場內看戲時沒有身著警服，本人又沒有什麼其他特別不同的標誌特徵，在場外的被告人與在場內的被害人相距數十米遠且又是夜間，他又怎能準確無誤地以瓦片擊中夾在觀眾之中的被害人呢？五、本案的被害人是一名公安人員。而這一案件的偵查、預審、起訴，也都是公安人員，最後審判時的審判員又是公安局預審股股長兼任的。預審股長以審判員的身份自審自記（既無陪審員，又無書記員）之後，帶有傾向性地向法院審判委員會做了案情彙報，後即以反革命故意傷害罪判處被告人有期徒刑十年。這種獨攬一切、一包到底的辦案方法，既違反了法定的訴訟程序，又非法剝奪了被告人的申辯權和上訴權，這樣的判決是否有效？

　　劉秀臣經請示檢察長，得到同意，即著手複查此案。他從復核兩名證人的證詞入手。證人說：「我從來就沒有證實過他往戲場裡扔過東西」，至於那份證詞，「那是區公安特派員向我瞭解情況時記的材料，也沒有念給我聽，我又不識字，他寫完了就叫我按手印。」

　　第二步就是去調查那個被打的譙同志。他說：

> 那晚上我在戲場裡看戲時，不知是什麼人往戲場裡扔了一塊小瓦片，正好擲在我的頭上，將我的頭皮打破了，造成頭皮擦傷，我上區衛生院上了點藥包紮了一下，不到一個星期就好利索了，一點也沒耽誤上班。

他又說：

> 如果是階級敵人進行階級報復故意傷害公安人員，當時我既沒穿警服，又沒有什麼與眾不同的特別標誌，當地認識我的人很少，我站在

人群堆裡看戲，他們怎麼會認出我來呢？再說戲場裡的人那麼多，一個挨著一個，人頭攢動，晃來晃去，我是擠在人堆裡的，想打我的人就能打得那麼準嗎？據我分析，可能是小孩子想進去看戲，因沒錢買票看門的不讓進去，他們心裡有氣往戲場內扔石頭，瓦塊、起哄搗亂，這種可能性很大，倒不一定真是階級敵人搞破壞……

現在就需要聽取被告人孟××的陳述了。這時，他正在佳木斯勞改農場服刑，地處北大荒，離最近的火車站還有六十多華里。劉秀臣冒著嚴冬的寒冷，坐了三天兩夜的火車，再步行了六十多里路，終於弄明白了他與此案毫無關係，是捆綁吊打刑訊逼供才使他招認的。

劉秀臣回來，把複查的結果告訴了當初辦案的區特派員，問他這案是怎麼辦的。特派員語塞了，只作了這樣的解釋：「事情發生以後，因為是咱們的公安人員被打，我認為這可能是階級敵人搞階級報復，因為孟××是反動富農，所以我才懷疑是他幹的。」

縣檢察院將複查材料送交縣法院，縣法院重新審理，於一九五六年十二月二十九日以原判被告人孟××犯有故意傷害罪證據不足為由，改判無罪釋放。

劉秀臣就以這種態度辦了幾件案子。到了反右派鬥爭中，這些成了他」為地富反革命分子申冤翻案」的罪行，被劃為右派分子，受到了勞動教養的處分。（劉秀臣《我是怎樣成為右派的》，見《黃河》雙月刊，1999年第2期。）

還應該說說類似的一案，那更加有名。一九五五年，哈爾濱市宣佈偵破了一起潛伏特務案，一九五六年，並以此案為藍本，拍攝了一部反特故事片《徐秋影案件》在全國放映。其實這是公安局用逼供、誘供的手段製造出來的一起冤案。哈爾濱市法院副院長高霄雲認為證據不足，退回市檢察院複查。市檢察院審判監督處的楊同喜奉命重新審理此案，擔任包括公檢法三家的聯合檢查組的組長。他們審查了一個月的卷宗材料，提訊了在押的當事人，還到瀋陽、長春查找了敵偽檔案，寫出了近三萬字的複查報告，排除了當事人的特務嫌疑，認定這是一起錯案。複查報告得到了市法院領導、刑庭庭長的支持。本來這一冤案是可以挽回的了。可是在不久之後的反右派鬥爭中，楊同喜等人卻因為此案被劃為右派分子，罪名是「為反革命殺人犯鳴冤

叫屈」，「同情反革命一夥，思想右傾」等等。當然他再也不能對這一案件說一句話了。

在排除了右派分子的干擾之後，此案在一九五九年四月公開宣判：判處邵玉魁死刑，緩期二年執行，判處邵蓮魁、李子和死刑，立即執行，判處邵亞魁有期徒刑七年。被槍斃的兩個不會喊冤了，沒有被槍斃的卻不斷申訴。直到一九八七年七月六日，最高人民法院同意黑龍江省高級人民法院的意見，對邵玉魁宣告無罪，撤銷了對邵蓮魁、李子和的死刑判決。有人問楊同喜：「你為這起案子耽誤了半輩子，現在怎麼看？」他激動地說：「我並不後悔，因為我維護了人民的權利和法律的尊嚴。」（見陳模著《徐秋影案件沉冤大白記》，文化藝術出版社一九八九年版）

法學界的右派分子還應該說到刑法學家馬克昌（1926-2011），河南西華人。一九五〇武漢大學法律系畢業後。入中國人民大學法律系作蘇聯刑法學家貝斯特洛娃教授的研究生。一九五六年他以武漢大學法律系講師的身份參加起草《中華人民共和國刑法》的工作。在反右派鬥爭中，他就因為要求儘快制定刑法的主張被劃為右派分子，投入湖北省蘄春縣八里湖農場勞動改造。一九七九年他的右派問題解決以後，參與重建了武漢大學法律系。一九八〇年奉調參加最高人民法院特別法庭審判林彪、江青兩個反革命集團的工作，他和中國人民大學法律系講師周亨元兩人擔任吳法憲的辯護律師。在法庭上他們為吳法憲作了辯護，結語說：「雖然吳法憲犯下了嚴重的反革命罪行，但是他也具有一些從輕判處的條件。希望特別法庭在量刑的時候，對被告人從輕判處。」最後吳法憲被判處有期徒刑十七年。剝奪政治權利五年。吳法憲在《回憶錄》中說：「我對他們在法庭上對我的辯護表示感謝，認為他們的發言是有分析的，給了我一些鼓勵和安慰。」一九八六年武漢大學法學院成立，他擔任首任院長。

二十、鬥爭百景

　　毛澤東在《打退資產階級右派的進攻》這篇講話中說，「對這些右派，現在我們正在圍剿。」（《毛澤東選集》第五卷，第442頁）怎樣圍剿呢？「群眾鬥爭的形式，就是大鳴，大放，大辯論，大字報。」（同上書，第467頁）擺事實，講道理。鬥爭會怎麼開法，各地大同小異。這裡舉一個例。

　　瀋陽師範學院的張百生、黃振旅二人合寫了一篇〈建設社會主義的新課題〉，本書前面第十一章已經說過了。這是反黨反社會主義的右派言論，於是他們學院在六月二十八日、二十九日、七月一日、三日和五日連續幾天舉行爭辯會，批判他們。

　　在六月二十八日第一次爭辯會上，張百生首先聲明說，我國的社會主義建設有很大的輝煌的成就，寫文章時因為寫得很匆忙，而且是為了幫助黨整風，同時覺得一提成績千篇一律，所以寫得很少，今天要再估計，不得不簡單提一下。他說，比如沒有土改，就不會有新中國，不能奠定農業合作化的基礎；沒有抗美援朝，就很難設想有今天這樣讀書的環境；沒有三反、五反，就不能有今天資本主義工商業的改造，也不能保證有今天這樣廉潔奉公，為人民服務的政府機構；沒有鎮反，就不可能獲得抗美援朝的勝利，不知有多少工廠、橋樑要被破壞；「優先發展重工業」這個方針也是正確的，等等。但是，他又說，這些更正並不表示他們接受了批評。

　　不但有教師和學生發言批駁。七月一日的爭辯會上，瀋陽縣姚千戶鄉鄉長姚恩林和五位農民聲稱代表全鄉農民發言。姚恩林說，我們農民從報紙上看到了張百生、黃振旅的文章，非常氣憤。大家都要放下鋤頭來找他們兩人面對面辯論。為了不影響生產，我們鄉、社幹部一再勸阻他們，最後派了我們幾個代表來與張、黃辯明是非。

　　姚恩林說，張、黃兩個人說合作化是「中央一聲號響」，「大多數的農民怕戴落後的帽子，不得不參加」。我做農村工作已經五六年了。一九五

二年和一九五三年我在北郊財落堡區工作的時候，看到事實是：「黑社」比我們政府批准的社還多。要不自願，為什麼要組織黑社？當時我們的幹部正像毛主席批評的那樣，是小腳女人，曾經去拆過「黑社」，因此我們下鄉的時候，老百姓不給我們飯吃，罵我們是絆腳石。自從毛主席批評以後，我們的腳步才邁開了。有沒有不自願的呢？有！有些地主、富農，特別是土改後新上升的富農，他們看到合作化後不能剝削人了，不大願意參加。但是廣大農民參加了合作社，他們孤立了，沒有別的辦法了，於是不得不也要求入社。我們看到了這一點，也向他們交代了政策，他們一定要參加，也不能不讓他參加。這能叫做強迫嗎？誰要這麼說，就是替地主、富農和想走資本主義道路的人作辯護。事實證明，合作社的確是農民擺脫貧困的唯一道路。有個農民叫裴慶芳，一九五三年秋他退社了。一九五四年他就垮臺了。車賣啦，拉下了饑荒，一九五五年他又申請入社了。就是通過合作社這種優越性的教育，吸引了廣大農民參加合作社。這能叫做強迫嗎？

姚恩林說，張百生說合作化運動不顧時間、條件、地點，事實完全不是這樣。一九五六年以前，農村的階級已有分化，一些單幹戶賣掉了土地，開始出賣勞動力，另外有些人卻成了富農。如果不合作化，階級的分化還要大。張百生說不顧時間，難道得等到恢復了封建社會，再搞一次土地改革，然後才來搞合作化嗎？這也不合乎社會發展規律啊！（掌聲）我們農民再不要給人扛大活啦！（熱烈的掌聲）

姚恩林說，張百生說合作化不顧地點，姚千戶鄉是個交通便利的地方，張百生先生不願意聽，那麼我們就談談離我們二十多裡的鄰鄉——白清塞鄉豐收農業社，那裡百分之八十的土地是山地。合作化以後開了二千多畝的水田，能種花生的山地都種了花生，不能種地的山坡栽了樹，因此去年每個勞動日分兩元多錢。一個普通勞動力做二百五十個勞動日，就分五百元，按一戶五口人計算，每人就是一百元。另外還有副業。山區的合作社不但鞏固了，而且受到了政府的獎勵。這不是地點嗎？（掌聲）我們社是平原，張百生先生不高興聽，我就不說了。（掌聲）

姚恩林說，再講講條件。張百生說我們現在使用的還是兩千年前的農具。是的，生產關係先進，農具落後，用句新名詞，這是個矛盾。可是不能說彎彎犁就不能合作化，用舊農具我們也增產了。「五三」社去年打了四眼

大井，安了一台鍋駝機、三台電力機，把一千多畝旱田變成了水田。沒有合作化就不可能做到這樣，我還沒看見舊社會的大地主能一下子把一千多畝地變成水田。

姚恩林說，張、黃兩個人說咱們下邊幹部水平低。的確沒念過中學，也沒進過大學，就是農民，一看就看出來了。（台下齊笑）開始的時候，工作混亂，真是腦袋疼。原來都是管自己那個小家，現在要管一千來戶的大家，不僅種地，還要養豬，養雞，還得擺弄機器。要大學生去，他們不去，要初中生來，他們說要升學，我們就不得不自己幹。那個沒戴帽子的（他用手指著在旁邊坐著的農民代表朱恒普）就是我們的鍋駝機手。（鼓掌）他沒有文化，政府掃除了他文盲，又舉辦訓練班，叫他學習，他學來學去就知道了又是什麼活塞，又是什麼槓桿的。他不僅懂得了理論，操作非常熟練，還可以保證不出故障。（鼓掌，再次鼓掌）我不是抹殺學生的作用，可是不要把我們看得太不像樣子了。（熱烈鼓掌）這是舊社會的看法。黨和政府關心農民，採取了很多措施，培養和提高了我們。我們那裡也有專家。看起來養幾千隻雞不算什麼，那玩藝死起來沒治，可是就不死。（掌聲）

姚恩林說，農村最大的變化，不僅是遇不著要飯的啦，而且鰥寡孤獨、老弱殘疾都得到了「五保」待遇。所以有人要拆散合作社，「五保」戶們說我們找他算賬去。現在農村沒有扛大活的了，沒有賣地的了，沒有階級分化了。我們這麼說，寫文章的人如果長腦袋，就一定領他們去看看！（掌聲）

姚恩林說，關於肅反問題，姚千戶鄉殺了兩個人，一個是警察署署長，後來又當了偽保長。是他先殺人，我們後殺人，他殺過人，我們才殺他。另一個也是這樣。這兩個人不殺，他們還要殺我們，這兩個人不殺，群眾也不答應。在唐家屯一個人也沒殺，因為他們沒殺人。

姚恩林說，張百生說一個社一個鄉里代表不了全國。我們說：我們一個鄉一個社能辦好，在共產黨領導下，全國都會辦好的！（鼓掌、再鼓掌、再次鼓掌）

張百生、黃振旅在姚恩林發言之後作了一點辯解。說他們所說的「全面冒進」，不是指農業，而是指國家對農業、手工業和私營工商業的全面改造。

在七月三日的爭辯會上，瀋陽市鐵西區手工業生產合作社工人金寶榮

就「全面冒進」一說駁斥張百生和黃振旅。他說在一九四九年瀋陽市就出現了第一個手工業生產合作社，到現在已有八年歷史了。早在一九五四年政府就在三個月內接到占總數五分之一的一萬二千名手工業工人組織合作社的要求。當時幹部有右傾保守思想，不批准，他們就拿著報紙拉著幹部的手去找手工業局長，質問為什麼不執行黨中央指示。鐵西區在合作化高潮以前就有九個黑社。他問道：這能說手工業合作化是冒進嗎？他接著說：有一個一百零三個人的社，開初只有十二元資金，但是現在有四萬五千元了。還有一個一百五十三個人的社，開辦時買兩元錢紙得向人家借，但是現在卻有了十六萬元資金。全區百分之九十六的社員比合作化前增加了收入。四十九個社中已有四十三個社實行了公費醫療，一個患肺病的社員治好病花了一千六百元，他感動地說：若不是合作化，他生命和他一家人的生活就得垮臺。直到現在還有人在千山、湯崗子等療養院休養。合作化不僅使社員經濟生活上升，也促進了他們文化的提高，三千四百人當中，如今有一千多人進了文化學校。手工業工人們知道，這種生活是共產黨給他們的，因此，當他們聽說張、黃要「取消共產黨的絕對領導權」時，怒火沖天，表示堅決不答應。

農民、手工業工人發言以後，張百生、黃振旅仍不承認錯誤，說姚千戶鄉不能代表全國農村情況。七月五日，從張百生的家鄉遼陽縣安平區四方台、旭家溝、石橋子鄉的農民代表從一百多裡外趕來參加爭辯會。

四方台曙明合作社的主任王惠齡說：我就是張百生一口咬住「冒進」的四方台人，今天社員一定要我來跟他辯論辯論。他說，我們合作社一百七十多戶農民，除了幾戶以外，都是歡欣鼓舞、自覺自願地參加合作社的。只有幾戶我們沒有強迫、但也不是真心自願入社的。那就是：張百生的姐夫，他原是富農，家裡有膠皮車，後來看到人家都入社了，雇人雇不著了，沒有辦法才要求入社，入社前還把膠皮車賣了。另一家是張百生的舅舅張振洲，是偽保長、反革命分子，當年耀武揚威，曾被判處勞動改造一年，他當然不願入社。再有就是張百生的表兄張右明，富農、反革命分子，曾被判處勞動改造三年，這樣的人自然也不大願意入社。張右明常常誇張百生，雙手翹著大拇指說：「張百生這小子真這個，竟敢整黨中央和毛主席！」

據報紙報導：「王惠齡揭這些底的時候，台下爆發出一陣陣掌聲，張百生的臉色卻越來越難看。」

王惠齡一定要張百生回答兩個問題：一、說冒進了有什麼根據？這消息是從哪兒來的？二、說合作化冒進，山區不該合作化，代表誰的利益？王惠齡說，這是代表富農、地主說話，僅僅代表你舅舅、表哥、姐夫這些反革命、富農的親戚！張百生也真是罪孽深重，禍延他人，他的舅父、表兄、姐夫在多大程度上受到牽連，不清楚，但至少是這回又讓人提出來數說一頓。

王惠齡還駁斥了張百生說農民生活趕不上合作化前的謬論。他列舉事實說：「現在青年穿皮鞋的有五六十個，我也有，今天沒穿；穿大衣的有二十多個。如果說生活低，為什麼過去沒有買，合作化以後才買呢？戴手錶的也有三個兩個，這是歷來就沒有的。」

旭家溝鄉紅星社主任徐文良說：我跟張百生是一個堡子的人，最知根知底。他小時候的事我知道，我小時候的事，他也知道。他說山區就不能辦合作社，我現在就講我們是怎樣辦起了合作社的。一九五五年十二月二十三號那天召開的入社報名大會，去的人非常多，各各都爭先搶報第一名，把玻璃都擠破了。這還不是自願嗎？張百生說山區合作化要慢慢來，我們村就是山區，越是山區越要合作化。合作化後我們南溝栽果樹，北溝放蠶，開了三百多畝水田。所以農民一聽說你主張「解散合作社」就來火了，一位七十二歲的老大爺（五保戶）跟我說：「主任！是要解散合作社嗎？誰說的我找誰，讓他養活我！」張百生！群眾都認為你是給地主說話，要拿起鋤頭打你。據報紙報導：張百生最後表示要向人民請罪。（7月11日《人民日報》）

七月四日，南京大學五千師生員工開會批判〈要求共產黨第二次解放中國人民〉一文的作者劉地生，還請來了南京汽車製配廠十位青年工人代表參加。工人代表黃金水憤怒地譴責劉地生對人民忘恩負義的同時，要求他回答三個問題：一、他要求共產黨第二次解放中國人民，他所指的「人民」是那些人？是否地主、惡霸、還是反革命？二、他要取消學校中的共青團、少先隊的組織目的是什麼？大家知道，共青團與少先隊是黨的後備軍。他竟狠毒到如此地步，他反對共產黨不算數，還要把共產黨的後備軍搞掉。我們堅決不答應，堅決要你回答這個問題。三、他說中國人民處在苦難之中，請他把事實拿出來？關於工農生活在解放後的提高，周總理在政府工作報告中

已談清楚，他為什麼閉目不看？黃金水最後說，劉地生是人民教師，是人類靈魂的工程師。但他自己的靈魂是如此骯髒，那又如何教育人民呢？因為劉地生的文章裡說了「由於農業合作化的冒進，大批幹部脫離了生產，又不懂企業經營。但他們握有經濟的絕對權力，壞的幹部就可以憑藉這種權力作威作福。」農民出身的化學系學生胡國有批判他說，我們承認，由於農業合作化的大發展，許多幹部還不善經營，但可以學得會，這正如劉地生也不是一生下來就會寫文章一樣。我們也承認，在個別地區有個別壞的幹部，但個別不能代表一般，正如劉地生這樣的個別「寶貝」不能代表南京大學一樣。七十高齡的胡小石教授，以及陳瘦竹、趙俊欣教授等一些人都作了批判發言。劉地生在會上作了自我批判，一再表示自己寫文章動機是「好心」的。引起群眾嚴重不滿，條子像雪片一樣遞向主席臺，向他提出責問。黨委負責同志最後講話，表示對右派分子的鬥爭，一定要堅決、徹底進行到底。（7月5日《新華日報》）

　　找來一些工人農民鬥爭右派分子，在當時是一個常用的辦法。像在上海市人代會上鬥爭孫大雨的時候就是這樣做的，據報導：「工人代表衛雪珍、吳良先、胡偉康等對孫大雨的反動言行進行了說理鬥爭。申太染織廠工人代表王啟發說：孫大雨說肅反是『肅革』，證明孫大雨是完全站在反革命分子的立場上說話。南洋煙廠女工代表衛雪珍等駁斥了孫大雨的『工人階級沒有知識』、『不能領導革命』、『不能領導建設』等謬論。衛雪珍說：我們廠裡一部車子兩個半工人生產，每年可以為國家創造一百一十六萬元的財富，而兩個半工每月只要一百七十元。她責問孫大雨：你每月拿了國家四百六十二元，可買大米三千多斤。兩年拿了一萬元多塊，你到底為人民做了些什麼事？有的代表說：人民把孫大雨送到十八層樓上去（孫大雨住的十八層樓的公寓是政府照顧高級知識份子住的），孫大雨卻要把中國人民踏到十八層地獄裡去，搞反共、反社會主義的資本主義復辟陰謀。孫大雨完全是忘恩負義之徒。孫大雨在代表們的嚴正駁斥下臉紅耳赤，低頭不語。代表們要孫大雨再作老實交代。」（8月22日《新華社新聞稿》）

　　這些都是從當時報紙上摘錄的。大約是有意作為樣板加以推廣的吧。下面再摘錄一些事後回憶的場景。

　　叢維熙談當年北京日報社的情況：

　　徐鍾師是年長我一輪的老編輯了。我和他在一個記者組裡共過事。他工作兢兢業業，平日沈默寡言，是報社裡最不顯山不露水的人。但是他也被揪了出來，被當作挖出來的右派分子。

　　他走進會場來了，頓時使我吃了一驚：昨天他低頭走路時，濃密的頭髮還披在額角；此時昂首站在被審判席的他，竟然成了亮晶晶的光葫蘆頭。老徐不但剃光了頭髮，還刮淨了臉上平日的鬍子拉茬。特別吸引我注意的是，他脫去平日皺巴巴的四兜制服，竟然在這樣的大會上，穿起中式蜈蚣扣兒的藍布褲褂。一種「士可殺而不可辱」的神色，溢於鬚眉之間。全場死寂了幾秒鐘後，沸騰起來了：

　　「你這是什麼意思？」

　　沈默。

　　「你是蔑視反右鬥爭！」

　　還是沈默。

　　「打垮徐鍾師的猖狂反動氣焰！」口號在會場轟鳴起來。

　　一呼百應，連我們也跟著喊起討伐之聲。

　　「先整他的態度！」

　　「叫他低頭！」

　　「這老右派是花崗岩腦袋！」

　　我的心怦怦亂跳，情不自禁地朝丁紫（徐鍾師之妻）望去，她面色蒼白如紙，嘴唇連連翕動。情緒沸騰的會場，淹沒了她的聲音。她焦急、尷尬、茫茫然不知所措。

　　好在因為徐的態度極端惡劣而會議中途夭折。當憤怒的群眾高舉著拳頭高呼「打倒」、「嚴懲」之類的口號時，徐鍾師竟然連連拱手抱拳，微笑，向群眾致謝：「感謝各位關照！感謝各位關照！」沒有幾天，徐鍾師被送勞動教養。案由麼，據說是同意大右派儲安平的「黨天下」謬論，態度惡劣至極。

（叢維熙《走向混沌》第一部，作家出版社1989年版，第4-6頁）

　　叢維熙還記下了在北京日報社新落成的四樓禮堂開會批判劉賓雁的時

候戚學毅跳樓自殺的場景：

> 鬥爭劉賓雁那天，正是炎炎夏日，我坐在後排靠窗戶的地方，已熱汗淋淋。高高個兒大鼻子的劉賓雁，站在被批鬥席上不斷地抹汗。粗粗的男低音和尖利的女高音組成的討伐聲，正在大禮堂裡迴盪之際，突然坐在我前幾排座位上的一個男人，離位站起。當我還沒弄清是怎麼回事時，他突然登上四樓窗臺，像高臺的跳水運動員那樣，魚躍而下。麻線胡同一個挎著籃子買菜的老太太，被突然凌空而墜的龐然大物嚇得坐倒在路旁。
>
> 會場亂了。樓下亂了。街上亂了。
>
> 會議被這突然事件所驚呆。儘管掌握會場的主席，驚愕過後以精闢的語言指出這是反動分子干擾對劉賓雁進行批判的醜惡表演，說了些「物以類聚」「兔死狐悲」之類鼓動戰鬥情緒的話，但大會會場仍然被戚學毅之死蒙上了一層陰影。
>
> 血──我探頭往下看時，看見了鮮紅的血。
>
> 我頭腦裡總是盤旋著他邁上窗臺，縱身跳向漠漠大氣的姿態。
>
> 我垂下頭。我捂上臉。
>
> 我不敢走出會場，也不敢再探頭下望。但耳朵裡傾聽的不再是那些義憤的討伐之詞，而在用全部神思傾聽樓下街頭上的嘈雜聲音。
>
> 我希望他還活著。我希望他僅僅跌斷了雙腿。
>
> 但是，我聽到有人在樓下呼喊：
>
> 「這個傢伙為右派分子殉葬了！」
>
> （同上書，第6-7頁）

黃秋耘的回憶錄也記述了這事：

> 在反右派鬥爭中，自殺的人大概沒有在「文化大革命」中那樣多，但是也為數不少。例如廣州就有一個參加革命多年、在香港《華商報》和東江游擊區工作過而且頗有點名氣的新聞記者招麥漢從六榕寺的花塔頂上跳下來，當場肝腦塗地。我追悼他的詩中有「血濺階前色

尚殷，一生功罪總難論」兩句，現在看來，他什麼罪也沒有。據當時在頤和園諧趣園的療養所養病的何禮同志告訴我，在一九五七年反右派鬥爭期間，他每天早上起來散步，常常看到後山歪脖子的老槐樹上吊著一兩個人，還有一些人是跳湖自殺的，身體插入湖底淤泥中，只有兩隻腳露出水面。這些殉難者並不全都是「右派分子」，也有些是由於親人或摯友被劃為右派，悲憤填膺，憂鬱欲絕，因而走上這條絕路的。北京日報的一位青年記者戚學毅，他自己在反右派鬥爭中什麼問題也沒有，沒有受到過衝擊，只是因為劉賓雁被劃為右派，他又不願意去批鬥他、揭發他，就在批判會的現場從高樓上跳了下來。他在臨死前幾天告訴過韋君宜：「我讀過黃秋耘那篇《鏽損了靈魂的悲劇》，我可不願意自己的靈魂受到鏽損，帶著鏽損了的靈魂而活下去是沒有意思的！」蘇聯詩人帕斯捷爾納克說過：「詩行是會血淋淋地殺死人的！」這並不是危言聳聽，我那篇一千多字的散文就血淋淋地殺死了一個可愛的青年！（《黃秋耘文集》第四卷《風雨年華》，第158-159頁。）

士可殺不可辱。在反右派鬥爭中自殺的還有不少人。據藍翎的《龍捲風》書中說，《人民日報》社在反右派鬥爭中有兩位副總編輯自殺，那就是楊剛和黃操良。本書前面第十五章已經說過了。

在中共中央高級黨校反右派鬥爭中自殺的，九月十六日有丁景才（原為江西省農業廳副廳長兼農科所所長），九月十九日有陳友偉（原為華東師範大學講師、中國革命史教研組組長），十月十日有楊賡（原為通俗讀物出版社副社長）。（據杜光：《中央高級黨校的整風反右運動》）

著名電影演員石揮，三月份還應邀赴北京出席了全國宣傳工作會議的，反右派鬥爭開始，開了他幾回鬥爭會。他就跳黃浦江自殺了。

山西師範學院語文系教授田潤霖（1900-1957），字羽翔，山西汾陽人。北京大學畢業。書法家。著有《書法大綱》《書譜研究》等行世。因為他又是中國民主同盟山西省籌備委員會委員兼組織部部長，以打擊民盟為首要目標的反右派鬥爭一開始，他立刻受到了衝擊。在太原市的人代會上（他是代表）連續挨了三天批鬥，九月十九日晚上開完鬥爭會以後，和師範學院

的代表一同乘車回家，第二天清晨發現他已經懸窗自盡。（見謝泳〈半個世紀前的一份「秘密」檔案〉，載《同舟共進》2011年第四期）

胡適的小兒子胡思杜，不肯跟隨爸爸媽媽到臺灣去，留了下來。一九五〇年香港《大公報》上還刊登了他和父親劃清界線的文章。一九五七年他是唐山鐵道學院的講師，在八月二十九日的《河北日報》上報導了「揭發出右派分子胡思杜」的消息，九月二十一日，他就懸樑自盡了。

湖北省政協副主席耿伯釗（覲文）是老同盟會員，擔任過國民政府參軍。也在反右派鬥爭開始不久就自殺了。

應該指出的是，當年這許多自殺的人，太性急，沒有等到寫出定案材料就去尋死了。顯然都不包括在那已經定案的五十五萬右派分子的統計數字之中。如果誰要做右派分子名錄，就得把這些提前自殺的人另做一份。

鬥爭右派分子的會，各行業各系統都在開。一個右派分子有幾重身份，就有幾個系統去鬥爭他。例如章伯鈞，就得出席民主同盟的鬥爭會、農工民主黨的鬥爭會和交通部的鬥爭會；錢偉長就得出席民盟、清華大學和科技界的鬥爭會等等。九月十一日在中國婦女第三次全國代表大會上，又鬥爭了丁玲、劉王立明、譚惕吾、彭子岡、李健生、浦熙修等人。其實她們早已分別在文藝界、民盟、民革、新聞界、農工民主黨和各自所在的單位挨過鬥爭了。這一次又給加上一個「婦女界右派分子」的名義再鬥爭一次。這也顯出了做一個男人的幸福，因為只有婦聯沒有男聯，一個男人被劃為右派分子，並不會因為他具有男人這種身份而多挨一次鬥爭。

當年精心組織規模最大的鬥爭場景是在廣東：對右派分子羅翼群的鬥爭。羅說的農民「接近餓死的邊緣」這話，是太犯忌諱了。於是不惜花大力氣組織了鬥爭他的這一幕，安排他到農村去「視察」。下面是《人民日報》這篇報導的摘錄：

> 六月十一日到十六日，羅翼群在興寧「視察」。他見到農民就先問：糧食夠不夠吃？油、肉夠不夠吃？你的臉色為甚麼這樣黃？甚至面對著體格非常結實的農民也問：你為甚麼這樣瘦弱？當然，他沒有得到使他滿意的回答。
>
> 羅翼群在回到他的家鄉興寧縣龍田鄉以前，更先寫了幾封信給村

裡的地主分子、被管制的反革命分子和舊軍官，要他們搜集材料。羅翼群到了以後，又立即做了佈置，並且串連了一些人開了兩次會，專門搜集「農民接近餓死邊緣」的材料。

但是羅翼群從興寧到平遠，到蕉嶺，從農村跑到學校，不知走了多少地方，不知碰到多少人，不知費了多少力氣，就是找不到「農民接近餓死邊緣」的材料。

他的活動，受到了反革命分子、地主分子和被管制分子一小撮人的喝采。他所到之處，謠言四起，敵人囂張。有的地主分子編山歌諷刺農民。有人叫囂「看幹部和社員的頭幾時會掉」。反革命分子造謠：「國民黨在汕頭登陸了」，「國民黨將廣州炸濫了」。在羅翼群到過的篤坡鄉，更出現了，「打倒共匪」、「農民到餓死邊緣，行動起來打倒共匪的時機成熟了」的反動標語。

羅翼群在蕉嶺縣的五天當中，就已經陷入當地農民、學生、職工的重圍之中。二十四日，蕉嶺縣第二中學教職員和學生就曾當場質問羅翼群：你為什麼說廣東農民接近餓死的邊緣？二十五日，第二中學又派了代表幾十人到縣城請他參加座談會，準備繼續駁斥他的謬論，但是羅翼群拒絕了。

第二天，第二中學師生、一中老師、一些機關職工，一起與羅翼群舉行了五小時的座談。羅翼群不能為他的謬論開脫，竟又詭稱「我說餓死邊緣指的是城市並不是農村，指的全國不是指你們這裡」。二十八日，蕉嶺縣城一千多名農民、學生、職工又在文化館舉行座談會，發言人接連舉出事實駁斥羅翼群的謬論。羅翼群理屈詞窮，狼狽不堪地說：「在蕉嶺沒有到餓死的邊緣，絕對沒有。」一看事情不妙，二十九日清早六點鐘，羅翼群便偷偷地離開了蕉嶺，溜之大吉了。

六月二十九日上午九點鐘，當羅翼群來到梅城鎮的消息傳出後，梅城鎮的居民、工人、學生、機關幹部約二千多人，懷著憤怒的心情到他的住所去質問他：「農民接近餓死的邊緣的根據何在？」接著，附城、水白、扶大、城東、城西、西陽等鄉的農民聽到消息後，也派了代表一千多人趕來和羅翼群講理。羅翼群卸下行裝大約有三十分

鐘，整個旅社的四層樓內和門口、大街上都站滿找他辯理的人群。上午十一時左右，在梅縣人民電影院，三千多工人、農民、居民、幹部，向羅翼群展開爭辯。許多人都用切身經歷的事實駁斥了羅翼群的謬論。羅翼群不能作答，竟嫁禍於人，說他的「餓死邊緣」的謬論是被《南方日報》斷章取義弄錯了！十二時左右，梅城鎮大街小巷出現了各式各樣的「反對右派分子羅翼群」，「擁護共產黨」，「堅決走社會主義道路」的標語。下午三時半，又有約一千名工人、教師在工人文化宮集會，駁斥羅翼群的謬論。

三十日清早，他離開梅縣去到興寧。距離興寧縣城四十里的官田鄉的農民，為了當面和羅翼群辯論，預先在公路上等他。當羅翼群乘車到達後，五十多個農民立即包圍了他。只是由於興寧縣城的工人代表和城郊農民代表反覆向當地農民說明，要趕快把羅翼群送到縣城去，農民才放他走開。羅翼群進城到了旅館門前，又立即被越來越多的群眾所包圍。經過維持秩序工人的一再勸說，群眾才給羅翼群讓開路來。

不久，工人和農民的代表進入旅館訪問羅翼群。一個工人代表說：我們這些有汗酸味的人訪問你來了！羅翼群回答說：我要休息。隨後有人質問他：現在你被你所說的「接近餓死邊緣」的人們包圍起來，你有甚麼感想？羅翼群竟無恥地否認他說過「農民接近餓死邊緣」的話。

當天下午，興寧各界人民舉行了駁斥羅翼群謬論的座談會。這個會議原來邀請了一百五十人參加，但在會議進行中，工人、農民越來越多，一直增加到一千五百人。會上發言的工人和農民的代表，用無可辯駁的事實駁斥了羅翼群。

七月一日，興寧縣五萬群眾集會遊行，繼續痛斥羅翼群的謬論和他進行的反動活動。當天，有兩個群眾集會要羅翼群去辯理。但羅一出門，即被群眾包圍。縣人民委員會只好備汽車把羅翼群載到大會會場去，一路上，要靠人民警察的開路，汽車才慢慢地走動。大會結束後，羅翼群剛從台後溜出來，去路就被幾萬憤怒的群眾擠得水泄不通，連汽車都上不去。大家高呼，要繼續和羅翼群辯理，有人恨得想

用雨傘柄戳他；羅翼群在民警、工人糾察隊保護下進了汽車。汽車開動時，人群還緊緊地圍著汽車跑。一路上，沿街店戶的商人、店員、小販也都圍上來，痛罵羅翼群。這樣，汽車只能在群眾的緊緊包圍中蝸牛似地開行，從大會會場到縣人民委員會雖然只有一里多的路程，卻足足開了四十多分鐘。

七月二日，羅翼群仍然陷在群眾的包圍之中。

在興寧縣期間，羅翼群不敢離開人民警察。憤怒的群眾，使這個猖狂一時的政客驚慌失措起來。他甚至不敢住在旅館了，因為每天有大批工人和農民到旅館中來和他辯理。他向縣長要求住到縣人民委員會去。他的要求得到了應允。但無論住在那裡，羅翼群只要一出門，就有幾百人甚至幾千人圍上來。沒有三、四個警察保護，他便不能離開宿舍一步。他要理髮，雖然理髮店離開縣人民委員會只不過百步之遙，但是已經寸步難行的羅翼群，怎麼能平平安安地跨過這段短短的距離，到達理髮館呢？於是只得把理髮師請到宿舍來理。

沒有為自己的謬論尋到任何根據，又受到群眾的反擊，羅翼群決定要回廣州了。七月五日，他乘車由興寧出發，但中午車到河源，又被從四面八方到來的群眾包圍起來，要和他辯理。羅翼群縮在車廂裡發抖，被群眾簇擁著進了河源縣人民委員會。河源縣長在群眾的要求下，同意組織河源縣各界人民代表反右派分子籌委會，同羅翼群辯理。當晚，城鄉五千群眾冒雨參加了大會，對羅翼群的謬論進行了嚴厲的斥責。

河源城到廣州，中間要經過博羅、增城等地。五日晚，六日早晨，這兩縣有許多群眾準備等待羅翼群說理。在這種形勢下，羅翼群如何才能回到廣州？河源縣向廣東省人民委員會請示。省裡考慮到廣東省、廣州市還有更多的人要同羅翼群辯論，又念他年紀大了，便決定派省政協副秘書長乘專車到河源接他回來，並且打電話告訴博羅、增城兩縣的領導幹部，說服群眾，不要半路攔車。

六日上午，羅翼群從河源縣人民委員會剛出來，又被一百多群眾包圍，要留下他繼續辯論。經過縣長一再說服，群眾同意他走了，但是在車身上貼滿了標語。

　　車身貼滿標語，一定會被群眾認出，於是，一出城，馬上就用水把標語刷洗乾淨。同時，車上準備了麻袋，讓羅翼群躺在車後放行李的地方，告訴他一看到群眾，就把身體用麻袋遮起來。看來，羅翼群是衷心地感激政協副秘書長的安排的。他安靜地躺下來，用兩條麻袋遮好肚子和兩腿，兩隻手警惕地捏著麻袋邊，只要看到人群和村莊，他立刻用麻袋把自己蓋嚴。

　　汽車以每小時八十里的速度向廣州開進。快到增城的時候，在一個村莊旁邊豎著一塊門板，上面寫著「質問羅翼群」五個大字。還聚集著一些人用懷疑的眼光注視著這輛急駛的車子。羅翼群發現了，連連求人告訴司機，繼續加快速度。羅翼群說在這附近的一個鎮子上絕不能停車，不然，他認為增城肯定過不去。問他為什麼？他答道：這個鎮上有興寧的許多商人，他們能認出我來。車子進入增城時，車上的人都捏著一把汗。因為滿街都是質問羅翼群的群眾。這輛時速已經超過四十公里的車子，引起了大家的懷疑和注意，有些人探頭看著坐在車子裡的人，顯然是在找尋車上是不是坐著他們久等的羅翼群，可是，車子開得這樣快，羅翼群又被麻袋蓋得那樣嚴，群眾怎麼能發現呢？就這樣，羅翼群終於在周密的保護下混過了沿途群眾的耳目。雖然是十分狼狽，但他卻平安地回到了廣州，結束了他這一次不平常的「視察」。

（7月13日《人民日報》）

　　這一場演出前後歷時二十餘日，經過興寧、平遠、蕉嶺、梅縣、河源、博羅、增城七個縣和一些集鎮，每個城鎮都動員了成千上萬的群眾，七月一日興寧縣就有五萬人集會遊行，在河源縣，冒雨前來的有五千人，而且組織得如此井井有條，顯出了很高的領導水平。想來只有省一級的領導人才能編導這樣一場演出吧。羅翼群受到這樣高規格的待遇也說明了對他身份的重視。當年孫中山大元帥開府廣州，任命他為大本營軍需總局局長、廣東全省籌餉總局總辦，為孫中山籌措軍費出力不少，頗得孫倚重。後來做了國民黨中央委員。一九四九年九月在香港簽名參加通電起義，做了國民黨革命委員會的中央委員、廣東省參事室的副主任。大約平日以天下之大老自居，說

話也肆無忌憚，也活該被捉弄一回吧。

當年新華社廣東分社社長杜導正後來回憶說：

> 反右派運動中，廣東有個民主人士，老同盟會員，叫羅翼群。一九五
> 七年夏，他去粵東，到處講話，罵共產黨，說中國農民到了餓死的邊
> 緣。他在前面走，我帶著個記者後面跟著，他一講話，我倆就寫文章
> 批判他，發在《南方日報》上連篇累牘，有三四個整版。後來羅翼群
> 被押回廣州，一路上，走到哪裡，哪裡的老百姓就批鬥他，他怕被整
> 死，躲在汽車後排的麻包底下，我就寫了一篇〈麻包底下〉。在篇文
> 章夾敘夾議，寫得很挖苦。現在看，羅翼群先生那麼咒罵共產黨是很
> 錯誤的，但我那麼給他上綱上線，整他寫他挖苦他也是很「左」的、
> 很錯的。以後這一位對民主主義革命做過貢獻但也有錯誤的老同盟會
> 員被劃成極右分子，處境很慘，這些我都是有責任的，我感到內疚。
> （杜導正：〈我是怎樣成為「右傾機會主義分子」的〉，見《縱橫》2004年第四期）

雖然經過這樣大規模的鬥爭，羅翼群可並不認錯。吳開斌的《另類人
生二十年》一書中記下了他和羅的談話：

> 還有一次，他說民革中央派朱學範、朱蘊山來找他（羅是民革中央委
> 員、全國政協委員），勸他努力爭取摘帽云云。我問羅老有何表示，
> 他說只對兩老遠道而來表示感謝，摘帽云云未置可否。他說廣東省曾
> 組織民主人士去海南島參觀訪問，也請了他，他未去。我問他為什麼
> 不去，他說上面的意思是想他參觀以後，回來寫一兩首詩歌頌海南建
> 設新面貌，這樣有關部門可以此為據，提出為他摘帽。他說他不想這
> 樣做，摘帽的前提是認錯或轉一個彎認錯。我估計羅老並不認為自己
> 有錯。「知無不言，言無不盡」有什麼錯？（中國文化出版社2007年版，
> 第142頁）

從這件事情也可見羅翼群的骨氣。可是他的結局很是悲慘，文化大革
命中，於一九六七年九月被折磨至死。

鬥爭會大同小異，也有別出心裁花樣翻新的，但水平不會超過捉弄羅翼群這一幕，就不多說了。這裡只說一件事，就是利用右派分子所寫的「密信」作為鬥爭的武器。

這裡得解釋一下名詞：何謂「密信」？當時的《中華人民共和國憲法》第九十條規定：「中華人民共和國公民的住宅不受侵犯，通信秘密受法律保護。」按照這個規定，除了原來寫的就是公開信，或事後寫信或收信的一方有意公開發表的信函，都是「密信」，而且這秘密是受到憲法和法律保護的。在反右派鬥爭中宣稱一些信函是「密信」，意思就是強調它是詭秘的，有著不可告人的黑幕的。像鬥爭羅隆基，就把他一些私人間的通信作為材料。七月二日的新聞工作座談會上，正是《人民日報》七一社論提出羅隆基──浦熙修──文匯報編輯部這一條線之後，浦熙修在會上念了羅隆基給她一封信的一些片斷：

> 我十分希望他們能夠團結，能夠把文匯報搞好，這事值得他們努力，我絕對站在幫忙的地位。
>
> 表面上我總是一股子勁，誰又知道我心窩裡的矛盾呢？逢人都說我積極，只有我自己知道，這「積極」與「創造」是不相干的。
>
> 我以為所有跑龍套人都換換班，那就謝天謝地。像我這樣無事忙，絕對沒有時間做一點自己想做的事，真不甘心。

找不到別的證據，只好用這些來坐實《人民日報》社論的論斷吧。為了證明這確實是反對共產黨的證據，報紙在「跑龍套人」後面用括弧加注「指共產黨的領導人」。不知道這注解是浦熙修加的還是報社的記者編輯加的。任何一個知道京劇中所謂「跑龍套」是什麼意思的人都明白，這是指舞臺上最無足輕重的角色。羅是把自己的冷官位置比做跑龍套，並且對此表示厭倦，希望能換換班，讓別人來跑龍套，留點時間做一點自己想做的事。他這話當然反映了一種消極情緒和不很願意合作的態度，但是作為反共的罪證分量還嫌不足，所以一定要以括弧加住，似乎他在主張共產黨換班。這一例又說明：要以「密信」作武器，常常必須加以曲解。

　　九月三日《光明日報》以〈羅隆基反共集團的一批密信〉為題，刊出了民盟中常委薩空了在民盟中央整風座談上的發言摘要，摘錄了羅隆基與潘大逵、趙文璧、范樸齋、彭文應等人的來往信件。

二十一、一次偉大勝利的大會

在反右派鬥爭高潮中舉行的第一屆全國人民代表大會第四次會議，又把鬥爭推到新的高潮。七月十五日會議閉幕，《人民日報》就此發表社論，題目就是〈反右派鬥爭的一次偉大勝利〉。社論這樣描寫了這次會議：

> 從大會的各項報告到小組討論和大會發言，一直充滿了反對資產階級右派的革命精神。代表們用自己親身經歷的事實駁斥了右派分子散佈的錯誤言論，證明中國必須堅持走社會主義道路，而要走社會主義道路就必須堅持共產黨的領導。不論在大會發言中和小組討論中，代表們（除極少數右派分子以外）都表現了對右派分子的極端憤慨，表現了對共產黨的路線政策和對國家的根本制度的熱烈擁護。代表們還揭露了許多右派分子的反動活動。他們的義正詞嚴的責問，迫使代表中的右派分子不能不低頭認罪。這是反右派鬥爭的一次偉大勝利。

這一段話可以看作對這次會議確切的、概括的說明。

曾經在報紙上公佈：已經決定第一屆全國人民代表大會第四次會議於六月三日在北京召開，要求所有代表在五月三十日以前報到。過了一個星期，報紙上又公佈了會議改期舉行的決議，改為六月二十日召集，推遲了十七天，沒有說明改期的原因。

改期的原因也許不止一個。但顯然最重要的一個原因是，要等到〈關於正確處理人民內部矛盾的問題〉修訂本正式公佈之後再開會。最初決定的六月三日，是無論如何來不及了，只好推遲會期。曾經準備在六月十五日左右在報上公佈這個文件，因此就決定改二十日為召集的日期。這也就是為什麼這文件終於在十九日見報的緣故：不能更早，也不能更遲了。

　　二十日至二十五日這幾天是預備會議。據新華社報導：「預備會議期間，各代表組將討論毛澤東主席今年二月二十七日在最高國務會議第十一次會議上〈關於正確處理人民內部矛盾的問題〉的報告，並對預決算和年度計畫等問題進行座談。」跟三月間舉行的全國政協第二屆第三次全體會議不同，那一次是從與會者列席最高國務會議直接聆聽毛的這篇講話開始的；也同三月間舉行的全國宣傳工作會議那樣聆聽毛的講話錄音不同，這一次可沒有錄音聽了，他們只是閱讀剛剛公佈的已經同錄音有了許多不同的文本。代表們就根據這個文本，特別是其中新添加的六條政治標準，發出對右派分子的批判。

　　預備會議的小組座談中，反右派的氣氛已經相當濃烈了。代表中的工農業勞動模範都斥責了右派分子，一些知識份子身份的代表也斥責右派分子。湖南省代表、復旦大學教授周谷城說，右派把中共提出的長期共存、互相監督的方針，誤解為要把資產階級思想與社會主義思想長期共存下去的想法。他說，那些忘記了社會主義，企圖把資產階級思想鞏固下來，甚至要恢復資本主義的人，他們是大錯而特錯了。（6月22日《人民日報》）

　　預備會議期間，許多小組代表批判了章伯鈞、章乃器、羅隆基、龍雲、黃紹竑、儲安平等人。費孝通在江蘇代表小組會上作了自我批評，他說，臺灣報紙利用了他的〈知識份子的早春天氣〉一文，這說明了他的立場和思想感情都是有問題的。他說，他已經向右跑了，他感到很危險，要轉變過來。（6月23日《人民日報》）山東省代表、北京大學副校長江隆基談到他們學校的一些情況，他說，有小部分學生受了無政府主義思想、資產階級思想以及極端的個人主義思想的影響，他們公然反對社會主義、反對人民民主專政、反對共產黨的領導，謾罵老教授「愚蠢」、「無知」，甚至製造謠言，向外校和其他城市的大學散佈反動言論，校內校外的右派分子相互呼應，相互影響，這就值得我們嚴重注意。（6月23日《人民日報》）

　　幾天預備會議之後，二十六日會議正式開幕，周恩來作政府工作報告。這個從頭到尾貫串了反右派精神的報告後來沒有編入《周恩來選集》，這裡只能據當時報紙引用。周在報告中說：

　　　　現在有些右派分子藉口幫助共產黨整風，發出了許多破壞性的言論，其中有不少是直接向我們國家的基本制度進攻的。他們從資產階級民

主的觀點出發來攻擊我們的國家制度；他們誣衊人民民主專政制度是
一切錯誤和缺點的根源，他們企圖用否定成績、誇大缺點的方法來詆
毀我們的國家制度。他們企圖在我們最高國家權力機關——全國人民
代表大會以外，另外成立某種國家權力機關，例如所謂「政治設計
院」、「平反委員會」之類，他們的目的不外是想使我們的國家政權
離開工人階級和它的先鋒隊——共產黨的領導。

這是批判章伯鈞羅隆基等人的。報告中還有：

有人主張或者贊成把股息延長到二十年，有人想要把二十年的股息一
次付清，有人說股息不是剝削，僅僅是「不勞而獲」，說資產階級分
子和工人階級分子已經沒有本質的差別，甚至說「官僚主義是比資本
主義更加危險的敵人」。

這是批判章乃器以及李康年等人的。章乃器表示過對於「脫胎換骨」
這提法的反感，周恩來問：資產階級得到脫胎換骨的本質改造，又有什麼不
好呢？報告還說：

有些右派分子把共產黨對國家政治生活中的領導地位說成是什麼「黨
天下」，這完全是惡意的誹謗。

這是批判儲安平的。報告還說，「中華人民共和國成立以來，我們在
頒佈憲法前後，已經制定了許多重要的法律」，「並不像有些人所說的『完
全無法可循』」，這是批判楊兆龍等人的。

報告中說，「有人認為統購統銷糟透了，這是直接攻擊了社會主義經
濟制度。」這是批判彭一湖等人的。不久以後制訂的〈劃分右派分子的標
準〉中把統購統銷列為不容反對的基本政策之一，誰反對了誰是右派分子。

對於一些最普遍的右派論點，這篇報告都做了反駁，例如外行不能
導內行，報告是這樣反駁的：

如果「外行」不能領導「內行」的說法意味著只有本行才能領導本
行，這不僅否定了政治對於科學的領導，而且實際上也否定了科學研
究工作中的統一領導的任何可能，因為學術上的專業是分門別類的，
而世界上同時精通各種科學專業的科學領導幹部是不存在的。

作為一種抽象的論辯，這應該說很是高明。只是回避了一點：這問題
為什麼提得這樣普遍？是不是因為共產黨內專業人才不足，就把相當大數量
一批並不稱職的黨員擺在領導崗位上去了呢？一定要把內行擺在被領導的地
位，把外行擺在領導的地位，不過是宗派主義的一種表現形式。為外行領導
辯護，就是為宗派主義辯護。

發言的代表都表示擁護周恩來的報告，聲討可惡的右派分子。湖南省
代表舒新城在小組討論中說，這個報告對右派分子擊中了要害，駁斥得有
力。他說，當初他聽到「黨天下」的說法和「定息不是剝削」的謬論時，只
感到他們的話荒謬，連常識問題都不懂，沒有想到這是反對社會主義、反對
黨的領導的重大問題。他認為知識份子必須認真改造自己，只有有了勞動人
民的感情，才有勇氣站出來和右派分子作鬥爭。（6月28日《人民日報》）江蘇
省代表小組的鄭振鐸和王紹鏊都說，共產黨領導、走社會主義道路是憲法規
定的。右派分子不是不懂憲法，而是別有用心。（6月28日《人民日報》）

文化部長沈雁冰在大會發言中說，正像周總理所說的，如果「外行」
不能領導「內行」，意味著只有本行才能領導本行，就不但否定了政治領
導，也否定了統一領導的任何可能。人們當能記得，在中共中央統戰部召
開的民主人士座談會上，沈雁冰以文化部的情況為例說到外行領導內行這
問題，真是說得又痛切又生動。兩個月過去，他的見解大有提高。在這篇大
會發言中，他又是以文化工作為例，說，看目前的事實，決不能說所有負責
文化工作的領導幹部都是外行。而且「內行」和「外行」也是相對的、可變
的。有些同志即使過去是外行，現在卻已經或者正在變成內行，或者經過學
習以後可以變成內行。（7月14日《人民日報》）

周恩來的報告中說：「右派分子還攻擊我們的選舉制度。他們認為，
只有像資本主義國家的選舉才是最民主的。」周恩來批駁了這種意見，他
說，在我們這裡，「選舉制度首先是要保障工人、農民和其他勞動人民的

民主權利，同時又照顧在全國人口中占極少數的資產階級分子和其他愛國人士，使他們在國家權力機關中也有一定比例的代表。」周恩來的這個論點也在代表中得到了回應。遼寧省代表、勞動模範施玉海在小組討論中說，右派分子說我們國家不民主，如果不民主，我們這些勞動人民能在這裡開會討論國家大事嗎？北京市代表小組討論時，老舍、樂松生和張友漁等代表也都表示，我國的選舉是真正的民主選舉，主要體現在選舉時都經各民主黨派反復協商，又在選民中充分醞釀，保證各階層各民族都有代表當選。他們說，不然，像章伯鈞、羅隆基和章乃器等人是很難當選為人民代表的。（6月30日《人民日報》）這議論很精彩：既宣揚了現行選舉制度的優越性，又調侃了不識相的右派分子。稍有一點自相矛盾之處的是，一定要把選民所厭棄的章伯鈞、羅隆基和章乃器等輩選出來，是不是也算是對選民的意志不夠尊重呢？

周恩來的報告中還說：「現在還有人企圖抹殺蘇聯對我國真誠援助的巨大意義，這顯然是在有意挑撥中蘇友誼，破壞國際團結，從而破壞我國的社會主義建設事業。」這說的是龍雲在人大常委會討論國家決算預算時發表的反蘇言論。龍雲這些意見，當時在人大常委會上就遭到了批評。現在國務院總理在向人大作的政府工作報告中又提出批評。在這次人代大會上，好些代表都在大會小會上批判龍雲。廣播事業局局長梅益在雲南省代表小組討論中說，蘇聯對我們進行了史無前例的真誠無私的幫助，蘇聯和中國都在進行建設，我們不能損人利己。假如採取「我的是我的，你的還是我的」的態度，還能算朋友嗎？假如削弱了蘇聯，就是對整個社會主義陣營和我們自己的削弱。關於蘇聯軍隊解放東北時運走一些機器的問題，梅益認為蘇軍當時這樣做是必要的，當時國民黨正在進攻東北，蘇聯運走的機器多是軍火工廠的裝備，龍雲是不是主張把這些軍火廠留給國民黨政權製造槍炮來屠殺人民呢？（7月2日《人民日報》）梅益的出發點是黨派的利益高於國家民族的利益，這也正是這次反右派鬥爭的出發點，他在此時此地說這些話，是很合時宜的。至於他說運走的多是軍火工廠的裝備，那恐怕是他不怎麼瞭解情況。據夏衍說，「蘇軍運走了所有日偽留下的工業設備，則是連塔斯社也不能否認的。」夏衍還談到當時這事引起上海的一次群眾示威，說，「這一次蘇聯對盟友的掠奪行徑，卻給了國民黨以一個反蘇反共的機會。說實話，即使在當時，我們的心情也是很矛盾的。」（夏衍：《懶尋舊夢錄》，三聯書店1985年版，

第559頁。）夏衍說的是「所有」，即無所選擇，梅益說多是軍火工廠，即有所選擇；夏衍說，塔斯社不能否認，梅益卻能否認；夏衍心情矛盾，梅益心情不矛盾。這就是說，梅益的態度不但與右派分子龍雲不同，也與未劃右派的夏衍不同。

關於這一歷史事件，這裏順便提供一項資料。在《美國對華情報解密檔案》第一卷裡（第390-411頁），有一份美國國務院一九四八年十月八日的《蘇聯從滿洲拆運日本工業設備的質詢報告》（檔案號ORE 4727），這一份三萬多字的報告詳細記載了蘇聯從中國東北哪些城市哪些工廠拆走了哪些設備，又經過海運或者陸運運到蘇聯哪一個城市。可見這是一場真正的洗劫。現在從這份材料中摘錄一點，以見一斑：

> 蘇聯到目前為止運走的大部分設備是發電機、變壓器和電動機。奉天（引者注：今瀋陽）的兵工廠也被拆卸。其他類型的設備也在質詢報告中反覆被提及，主要是通訊設備、採礦機械，以及一些用於伐木、紡織、造紙、化工、煉油、重型運載和機器製造修理的設備。最常提及的機械設備就是車床和磨粉機。質詢報告也證實了波利報告中的如下兩點：（1）拆運對滿洲經濟的損害超過了拆運設備的實際價值，因為許多有價值的輔助設備的移除以及動力和運輸系統的毀壞，導致殘留的設備也都不能使用。（2）蘇聯人明顯拆走了最新的和最好的設備。
>
> 大約六千工人工作三個月將撫順和哈爾濱之間的鐵軌加寬，以便將設備用鐵路運往西伯利亞。
>
> 蘇軍拆卸了滿洲大約百分之七十的蒸汽機車和車廂。（第392頁）

僅僅看了這片斷的材料，也就可以判斷論辯雙方誰是誰非了。

現在再回到人民代表大會的會場上。在河北省代表小組會上，王芸生說，去蘇聯訪問，龍雲是參加的，每一個去訪問的代表都受到很大的教育。但是龍雲沒有受到教育。毛主席多次教導我們「一邊倒」，我們都知道中蘇兩國的友誼是中國人民的最大利益，沒有蘇聯的援助，我們的抗美援朝和社會主義建設都不能取得這樣偉大的勝利和成就，這難道不明白嗎？（7月2日《人民日報》）

中蘇友好協會總會秘書長錢俊瑞在大會作了書面發言，批判羅隆基、章伯鈞和龍雲的反蘇立場，特別著重批判龍雲，說他「放肆地挑撥中蘇關係」。錢俊瑞說，龍雲先生，你參加多少次的人大會議、人大常務會議、政協會議、最高國務會議，以及各種各樣的會議和座談會，你難道連蘇聯對我們的貸款是幫助我國的建設，利率很低，甚至沒有利息，這一點還不知道麼？蘇軍幫助我們解放東北時，美國正幫助蔣介石大舉空運軍隊到東北，要使東北成為美國的軍事基地，那些工業裝備如果不搬走，不是直接地幫助了美蔣，大大地阻礙全國的解放麼？而且，你難道不知道，解放以來，蘇聯政府供給我們的工業裝備，不論在數量上和技術上，不知要超過那些舊有的裝備多少倍麼？

在這篇書面發言中，錢俊瑞讚頌蘇聯說，蘇聯是一個真正的社會主義國家，在這個國家裡沒有壓迫、沒有剝削、沒有窮困，人民享有最大的自由，經濟文化可以有計劃地順暢地發展。它以平等對待各國人民、各個民族，他扶助弱小民族和被壓迫者。具體到中蘇關係，錢俊瑞說，中華人民共和國成立後，蘇聯第一個承認我國。一九五〇年二月十四日就和我國簽訂中蘇友好同盟互助條約，從此蘇聯就開始了對我國長期的、全面的、無私的援助。蘇聯政府給我國以低利和無利貸款，幫助我國恢復和發展經濟；支援我們抗美援朝；派遣大批專家和通過技術合作來幫助我們建設。發展貿易，使美國對我國的禁運政策破產。從一九五三年我國開始了第一個五年計劃的建設後，蘇聯曾先後決定幫助我國新建和改建對我國工業化有決定意義的一百五十六項重要企業，他們幫助我國建設大規模的水庫和長江大鐵橋一類的大工程，幫助我們作黃河和長江的水利規劃。去年蘇聯派遣優秀的科學家，幫同我國科學家作出十二年科學發展的規劃，為我國建立原子反應堆和迴旋加速器；我國派遣幾千留學生到蘇聯，幫助我們培養大批專家，等等。蘇聯政府和人民長時期來對我國的革命和建設這樣真誠無私的幫助，真像天一般大，難道右派分子果真是一手遮天麼？（7月16日《人民日報》）錢俊瑞沒有料想到的是，這些派遣專家等等事情，會要有始無終。如果他不把話說得這麼具體，少說幾個項目，就要更好些。

這些批評不知道是不是真能叫龍雲心服，反正是他先在小組會上作了檢討，後來又到大會上去作了檢討，承認他當初發言的動機雖然自以為是狹

隘的愛國主義，實際的客觀效果卻是反蘇、反社會主義、反黨、反人民的。（7月14日《人民日報》）龍雲的最大不幸，是在一九六二年就死了，沒有能看到一九六四年出現的一些文件。例如一九六四年二月二十九日中共中央給蘇共中央的信，其中說：「我們不能不指出：蘇聯對中國的援助，不是單方面的，更不是無償的，並且主要是通過貿易的形式進行的。……還應該提到，我們從蘇聯進口的東西，比起國際市場價格來說，是貴得多的。……至於對中國的貸款，必須指出，其中的最大部分，是我國用來從蘇聯購進軍事物資的。這些軍事物資的大部分，都已使用和消耗於抗美援朝戰爭中。……長期以來，我們每年都在為蘇聯的這些貸款償付本息，它占去我國對蘇聯出口的一個相當份額。這就是說，連在抗美援朝戰爭中向中國提供的軍事物資，也不是無償援助。」龍雲泉下有知，當會從這裡得到一點寬慰，可以瞑目了吧。

人代會進行期間，七月一日，《人民日報》發表毛澤東撰寫的社論〈文匯報的資產階級方向應當批判〉，會上反右派鬥爭的氣氛進一步升溫升級。社論中第一次出現了「章羅同盟」這個提法。一時間章伯鈞，羅隆基，中國民主同盟，以及同時被社論點名的農工民主黨，成了眾矢之的，受到最大的壓力。

前面已經說過，這篇社論裡的「章羅同盟」一詞，是「以章伯鈞羅隆基為主要代表的中國民主同盟」的縮寫。這裡的「同盟」二字對民盟的壓力太大，所以民盟中央秘書長胡愈之在大會發言就悄悄的改為「聯盟」了。他發言的題目就是〈章羅聯盟的透視〉，似乎只是這兩個人的事。

胡愈之從章羅二人的政治歷史談起。抗日戰爭以前，抗日戰爭之中，抗日戰爭結束以後，說他們在政治上一直走中間路線，七分反蔣三分反共，或者六分反蔣四分反共。他們夢想著要按照資本主義的型式來改造中國社會。

據胡愈之說，在蘇共二十大之後，章伯鈞在農工民主黨內說過這樣的話：「現在很多人說資本主義不好，事實上資本主義也還有生命力。為什麼有生命力，就因為有多黨制度，有民主制度，有上下院，有在朝黨和在野黨。資本主義的辦法是：你不行，我來；我不行，你來。在朝的罵在野的，在野的罵在朝的，這就有生命力。」「社會主義民主還要發展變化，現在正在繼續變化。形勢還要變，我們大家的責任很重大。」胡愈之給作了注釋：

章伯鈞所謂「變」就是變社會主義為資本主義，所謂「責任」就是要向工人階級和共產黨進攻，奪取黨的領導權，破壞社會主義制度。

胡愈之悄悄地把毛澤東提出的章羅同盟一詞改為章羅聯盟，但是他明白，而且知道別人也明白，「章羅兩人是有矛盾的」，為了把這兩個有矛盾的人說成聯盟，得找出一個說法。胡愈之的說法是：要幹這樣的一件大事，——就是前面說的向共產黨進攻、奪取領導權、破壞社會主義制度這些大事——就得要一個強大的隊伍，於是章伯鈞、羅隆基的反共、反社會主義的聯盟就結合起來了。（7月11日《人民日報》）

民盟初創時以自己的住所特園供給民盟作為活動場所的鮮英，大會發言的題目就是〈斥民盟敗類章伯鈞羅隆基〉，斥責之中也說到了一些掌故，他說，他們彼此之間更是水火不相容，羅罵章是馬路政客，章罵羅是右派分子，各搞小集團，互相詆毀，那時使故張瀾主席最感頭痛的就是他們兩個。（7月14日《人民日報》）

民盟北京市主任委員吳晗的大會發言也是講這件事。有意思的是他沒有採用章羅聯盟這個說法，還是說的章羅同盟。這大約是因為他發言比胡愈之要早幾天吧。吳晗說，章伯鈞、羅隆基的反黨反社會主義的活動是一貫的，有組織、有計劃、有部署、有策略、有最終目的，並且，還和各方面的反共分子有配合，異曲同工，互相呼應，妄想鑽幫助黨整風的空子，奪取黨的領導權，把今日人民的天下，變為章羅同盟的天下。章羅怎樣從不和變成同盟的關係，吳晗說，章羅兩人原來是兩個把頭，爭權奪利，勾心鬥角，互不相下。過去，他們之間有不可調和的矛盾，在盟內爭地位，爭各自黨羽的安排，建國以來，章羅在民盟中央，除了鬧人事糾紛以外，從來也沒有想到要替人民辦點好事。突然一年多以前，在蘇共二十次代表大會之後，在匈牙利事件之後，在世界各國反共高潮之後，在長期共存、互相監督的口號提出之後，他們對國際和國內的形勢的估計，以為要變天了，共產黨站不長了，民主黨派大有可為了。章羅兩個多年冤家突然變成章羅同盟了。（7月7日《人民日報》）這裡吳晗說的很對，這兩人是多年的冤家，所以這「章羅同盟」是一個政治概念，而不是著眼於這兩人的私交。提出「章羅同盟」一說的背景，吳晗又說對了。正是蘇共二十大之後國際國內形勢發展到今天，特別是整風鳴放中出現的形勢，才有必要提出「章羅同盟」這個說法來。吳晗的這

篇大會發言，在控訴章羅的時候也為自己作了一點表白，他說：北京的盟組織一向堅持盟的各級組織必須接受同級黨的領導的基本原則。這個原則章羅在表面上敷衍，在實際行動上恰好相反。他們異口同聲，多年來惡意攻擊北京盟組織，雖然我們一貫執行盟中央的指示，但是卻因為不接受他們陰謀反共、反社會主義、反人民的指示，就說我們「只聽中共北京市委的話」，不聽他們的話，說民盟市委反領導，無組織，無紀律，是獨立王國。說我們接受黨的領導，「腰斬民盟」。吳晗在這裡表白了他對共產黨的一片忠愛之心。這「腰斬」二字，毛澤東聽進去了，記住了，後來還引用了。他要的正是吳晗說的這種做法。

對章羅的批判，在大會小會上都熱烈進行。甘肅省代表楊子恒說，今年有一次他到北京，就聽章伯鈞說過馬克思主義已經過時了。北京市代表華羅庚說，他聽章伯鈞說過，馬列主義不值得學，學了也只是增加些教條，還不如學學《曾國藩家書》。江蘇省代表史良說，匈牙利事件發生後，章伯鈞經常說，你看，三年之內（有時說二年之內或一年之內）中國一定要有變化。（7月4日《人民日報》）安徽省代表周新民還揭露了這樣一件事：一九四六年十一月間，青年黨和章伯鈞等以第三勢力方面的名義寫信給蔣介石，說假如與中共和談不能達成協定，即希望蔣介石召開偽國大。在他們寫信給蔣介石的當天上午，第三勢力的代表見到了當時中共代表周恩來，但他們沒有向周恩來談到他們寫信給蔣介石的事情。周新民說，章伯鈞就是以這種兩面手法欺騙中國共產黨，和青年黨一起進行破壞舊政協決議的陰謀活動。（7月3日《人民日報》）

關於寫信給蔣介石這件事，周新民說的與事實有一點出入。第三方面為建議國大延期一個月繼續和談寫給蔣介石的這封信，後來葉篤義在他的回憶錄中是這樣說的：「沈鈞儒、章伯鈞、張申府離開交通銀行（引者注：當時第三方面人士經常碰頭的地方，那封信就是在這裡討論定稿的。）後，立刻到梅園新村中共代表團告知此事。當他們得悉此事可能是一個大圈套之後，便立刻找到莫德惠，在已經簽好名的信件上把自己的名字塗掉了。」（葉篤義《雖九死其猶未悔》，第39頁。）只是這時葉篤義也已經是右派分子，他不可能來澄清事實了。

章伯鈞羅隆基之外，章乃器也是在會上遭到集中批判的一個。山西河北安徽湖南等省工商聯的主任委員宋子純、吳韞山、潘鍔鐔、向德，民主建

國會副主任委員孫起孟，北京農業大學校長孫曉村，濟南市副市長、工商業者張東木，工商業者朱繼聖等都發言批判了他。這些發言只不過是重複報紙上的批判文章，並無新內容，目的不外造成聲勢。

更大的聲勢來自工農兵代表所作的表示態度的發言。

遼寧省七位農業勞動模範聯合發言的題目是〈右派小丑們太不自量力了〉，說右派分子硬要把自己裝成代表農民利益的樣子，好像他比共產黨還關心農民。那麼請問：打倒封建統治，分給農民土地是你領導的嗎？搞合作化運動是你領導的嗎？（7月4日《人民日報》）

十九位來自軍隊的代表聯合發言的題目是〈人民的子弟兵，永遠忠於人民〉，其中說，資產階級右派的先生們，難道這些烈士用鮮血結成的勝利果實能夠讓你們篡奪嗎？不能，絕對不能。你們簡直是在白天作夢。我們中國人民解放軍和中國人民志願軍永遠是社會主義的衛士，如果有人膽敢破壞我們神聖的社會主義事業，我們將和過去對付一切反革命一樣，徹底的打垮它，消滅它。這篇發言中還摘引了一名機關槍射手寫給右派分子的信：我敢向你作保證，我是個優等機槍射手，到時候我一定會對準那些反黨、反人民、破壞社會主義的傢伙，不高不低，不左不右，準準確確地打中他那聰明而又糊塗的腦袋瓜。（7月11日《人民日報》）不要把這看作虛聲恫嚇，後來真有一些右派分子的腦袋瓜吃了槍子。

來自東北地區工業部門的勞動模範馬恒昌、王崇倫、孟泰等十六位代表聯合發言的題目是〈我們工人天生和共產黨一個根子〉，說右派分子的言論激起了全體工友的憤怒。他們想要請右派先生們到他們工廠看看，這樣也許在他們今後考慮問題，發表言論的時候，會增加點工人的觀念。聯合發言者還以戲弄的態度說，有些火氣暴的工友可能發火，但是我們可以負責保證他們的人身安全。（7月14日《人民日報》）

醫學家和醫學教育家林巧稚、吳英愷、黃家駟、諸福棠等十六位代表聯合發言，說，有人認為這幾年的醫學教育事業沒有成績，說是教學改革改壞了，學習蘇聯學錯了，學生的質量降低了，還有人狂妄的喊叫「黨不能領導高等教育」、「黨不能領導科學」、「外行不能領導內行」等等，這是完全和事實不符合的，是右派分子反黨、反社會主義的惡意中傷，想把我們的醫學教育事業拉回資本主義老路上去。（7月9日《人民日報》）

來自雲南省的十五位少數民族代表，包括傣族、彝族、拉祜族、哈尼族、納西族、佧佤族、白族、傈僳族、景頗族、回族、苗族和儂族，作了聯合發言，批判龍雲。（7月13日《人民日報》）

蟻美厚、吳桓興等十位華僑代表聯合發言，說右派分子章伯鈞、羅隆基、章乃器、儲安平、龍雲、黃紹竑、陳銘樞等進行反黨、反社會主義、甚至破壞中蘇團結的罪惡活動，引起了我們無比的憤恨。（7月13日《人民日報》）

這些各行各業各界的人大代表的聯合發言，當然使會場上反右派的氣氛更濃，聲勢更大，可是更有分量的批判還是要由更有身份的人來作。中共中央政治局候補委員、宣傳部長陸定一以〈我們同資產階級右派的根本分歧〉為題發言，說是有四個根本分歧，那就是要不要社會主義、要不要工人階級領導、要不要人民民主專政和民主集中制，要不要聯合蘇聯。陸定一說，我們同資產階級右派在這些根本問題上進行鬥爭，已經有多年的歷史。一九五三年，就有人發表所謂「工人與農民的生活，是九天九地之差」的謬論，來反對社會主義改造和社會主義建設。這說的是梁漱溟，儘管他這一回並沒有參與章羅同盟的猖狂進攻，陸定一還是沒有忘記他，似乎還要把他算是右派的先驅者。

陸定一一點也沒有低估他的批判對象。他說，這些右派分子是不可輕視的，他們有財產，有知識，有一定的管理和組織的能力，同國內外反動派有千絲萬縷的聯繫，有進行政治鬥爭甚至武裝鬥爭的經驗。問題的嚴重性，他認為，右派的主張，就是要我們亡國，就是要我們人頭落地。

周恩來的政府工作報告批判了右派的論點，卻並沒有點出右派分子的姓名。陸定一的發言卻點了章伯鈞、羅隆基、章乃器、儲安平的名。在談到六月六日章伯鈞等同六教授談話這事，陸定一說，值得注意的是，在六教授中，有高等教育部副部長曾昭掄在內，他就是向章伯鈞獻計，說什麼學生問題一觸即發的。一個高等教育部的副部長，唯恐學校不亂，究竟居心何在？我們不能不問。（7月12日《人民日報》）

這次大會最大的勝利，還不是上自總理和宣傳部長，下至來自工農兵和各地各界的人大代表眾口一詞聲討右派，而是大會臨近結束的這四五天裡，人大代表中的右派分子一個接一個走上講臺聲淚俱下地斥責自己。小組會上的自責不用說了，在大會上作了自責的發言的有：

七月十二日

　　葉篤義：〈揭露羅隆基的本來面貌，並檢討我自己的錯誤〉

　　韓兆鶚：〈愧恨交集〉

　　王毅齋：〈對我的錯誤言論的初步檢討〉

　　楊子恒：〈揭發章伯鈞羅隆基的陰謀並檢查他們對我的影響〉

七月十三日

　　畢鳴岐：〈我是一個犯了嚴重錯誤的人〉

　　費孝通：〈向人民伏罪〉

　　黃琪翔：〈請求人民的寬恕〉

　　儲安平：〈向人民投降〉

　　龍雲：〈思想檢討〉

七月十五日

　　章伯鈞：〈向人民低頭認罪〉

　　羅隆基：〈我的初步交代〉

　　章乃器：〈我的檢討〉

　　黃紹竑：〈我的錯誤和罪行的檢討〉

　　陳銘樞：〈自我檢討〉

　　譚惕吾：〈我為什麼犯了嚴重的錯誤〉

　　張雲川：〈我恨自己是一個右派分子〉

　　潘大逵：〈我承認錯誤〉

　　李伯球：〈我痛恨自己給章伯鈞利用作點火的工具，支持了黃琪
　　　　　　翔在農工民主黨執行章伯鈞的道路〉

　　馬哲民：〈我要從新做人〉

　　黃藥眠：〈我的檢討〉

　　宋雲彬：〈我辜負了人民給我的信任和榮譽〉

　　錢孫卿：〈我做了人民的罪人〉

　　曾子說的，鳥之將死，其鳴也哀；人之將死，其言也善。戴上一頂右派分子的帽子，就說是人之將死，顯然是言重了。但是人們從他們作的檢討中聽到的聲音，用「其鳴也哀」這話來描寫，卻是頗為切貼的。

章伯鈞說：「我恨自己的醜惡，要把舊的反動的我徹底打垮，不再讓他還魂，我要同全國人民一道來參加反右派分子的嚴肅鬥爭，包括對我自己的鬥爭在內。偉大的中國共產黨過去救了我，今天黨又重新救我一次，我希望在黨和毛主席的領導和教育下，獲得新的生命，使我重新回到愛黨愛國愛社會主義的立場，痛改前非，全心全意為社會主義服務。」

羅隆基說：「幾年來，我自己政治地位日漸提高，我自己的日常生活極為安定，儘管我的資產階級思想沒有改造，但我自問絕對沒有推翻黨推翻社會主義的野心和陰謀。即令我是一個萬分自私自利的人，推翻黨，推翻社會主義這對我沒有什麼好處。……我沒有懂得黨的領導的真實意義，我低估了知識份子的進步。因此，我就一貫想討好知識份子，特別舊知識份子，我以為這樣就可以擴大民盟的影響，擴大民盟的組織，提高民盟的地位，能夠在國事的決策上取得較多較大的權力來解決這些問題。我的妄想亦只此而已，絕對沒有推翻黨、推翻社會主義、恢復資本主義的陰謀。」

潘大逵說：「最近我的兒子、侄女（一個是團員、一個是黨員）都分別由東北和武漢來信，一面表示惋惜，一面表示憤慨，都說黨和人民對我不薄，生活比過去國民黨時代不知道好了多少倍（我自己也知道要不是在一九四九年得解放，不但生活不下去，就是性命也難保），真想不到過去參加民主革命的人而今天竟會如此地反黨、反人民、反社會主義。最近我的兩個小兒子（都還在成都讀小學）聽見說我是右派分子，他們又弄不清這個名詞的含義，到處向人家打聽，損傷了他們幼小天真的心靈，我想起他們不禁使我非常悲痛。」

黃琪翔說：「自從一九二七年大革命失敗以後，二十年間，我逃亡，我投蔣，我反蔣，我抗日，行動表現動搖，但思想上沒有一時一刻離開共產黨，即令在最艱難的日子裡我也從來不忍離開共產黨；只有共產黨才能救中國，這是我始終深信不疑的。解放八年以來，我滿足於人民和我自己所得到的一切。如果說我思想上還有問題的話，那就是我的地位過高，生活過優，而對人民的貢獻太少。我有善良的願望，而決無反共之心；我有愛國的熱情，而決無反社會主義，自搞一套的『雄才大略』。我愛共產黨，我愛社會主義；我願意永遠為祖國的富強繁榮事業而奮鬥；我願意永遠生活在美麗溫暖的社會主義祖國的可愛的懷抱裡。除了一心一意永遠跟著共產黨走以外，

我還有什麼路可走呢？代表們，我是犯了錯誤的，任何批評，我都接受，特別是對於當前的錯誤的批評。我只有正視自己的錯誤，堅決改正錯誤。只是我犯錯誤的原因是由於失足而不是由於自願，因此我有勇氣來請求你們，不要遺棄我這曾經迷失道路的浪子（引者按：黃琪翔此時五十九歲），並且請求你們寬恕。最近以來，我的心情沉重難以語言刻畫的；我覺得自己受到冤屈，因此我彷徨、悲觀、失望、痛苦，我幾乎失掉了對於人間一切的信心。我羞愧到不敢在我的親愛的人：我的年老的母親、我的賢良的妻子、我的天真活潑的女兒的面前睜開眼睛。我怕他們懷疑我，憎恨我，最後離開我。」

儲安平說：「我內心感到無比沉痛，感到無地自容。每天郵差同志送報紙信件到我門口，我自己都沒有臉到門口去拿。上上星期我因病去看醫生的時候，我都不敢說我姓儲，深恐醫生懷疑我就是那個右派分子儲安平。」

這樣的發言，有些是由衷的悔恨，有些是違心的自誣。希望以這樣的態度求得一點諒解，得到一點寬恕。後來的事實表明，他們的這種努力並沒有達到所希冀的目的。後來，該怎麼處理的還是怎麼處理了。

也有一些右派分子的檢討只不過是為了應付過關，並沒有說真心話。像葉篤義，他在中共中央統戰部召開的座談會上，曾經建議將民盟、民進、農工民主黨和九三學社這四個都是以知識份子為工作對象的黨派解散，另組一個知識份子的政黨。他的這個意見在會上就立刻得到了回應，民進的中央常委嚴景耀不但表示了贊同，甚至考慮了合併組成的新黨的名稱，他以為可以叫「社會主義同盟」。關於這件事，葉篤義在檢討的時候是怎麼說的呢？他不敢提出是周恩來一九四九年說過要將性質相近的民主黨派合併的話，只說他自己的發言錯了。他是這樣說的：關於四個黨派合併的意見，這完全是不實際的主觀主義想法。四個黨派在發展組織上的交叉碰頭現象只有通過彼此協商來解決。解散合併是削足適履的想法。各個黨派都有他的人事關係和歷史淵源。誰也不能強迫他們解散，誰也不能強迫他們合併。葉篤義如此檢討，顯然是一種遁詞。他這建議當然是大錯特錯大犯忌諱，但是並不是錯在要去強迫誰，事實是不必去強迫就已經有人出來響應了。葉篤義意見的要害之處，是想到現有的民主黨派太弱小，太無力，太少發言權，才產生合併的想法的。如果合併成一個統一的獨立的知識份子政黨，真正成了值得一顧的政治力量，就可以追求更大的發言權，直到要求分享權力，這當然是決不能

容許的。他應該明白，軟弱無力，正是長期共存的前提。強大了，有力了，共存的前提也就不存在了。事實上，葉篤義嚴景耀想像過的合併並未實施，僅僅像一九五六年到一九五七年那樣發展了一陣子，活躍了一陣子，就被認為「黨要擴大，政要平權」，就被認為猖狂進攻，必須予以反擊了。作檢討的時候，這道理葉篤義應該是想清楚了，對於他的意見錯在何處應該是有所認識了，他是故意不說破這一點，想用裝一回糊塗的辦法來避重就輕吧。

也有右派分子在大會作的檢討中間夾帶一點辯解。像羅隆基，也就不肯承認「章羅聯盟」一說：

> 我同章伯鈞合作的事件，今天只能交代這些。他是《光明日報》的社長，對《光明日報》的事情，三、四年來我從沒有過問過。他是農工民主黨的主席，對農工民主黨的事情我不可能過問。他在政治上有什麼野心，對知識份子有什麼野心，他從來沒有和我談過。對他日常許多言論和主張，例如兩院制，以及民主黨派發展幾百萬等等，我不同意，我向高崇民和盟中其他人批評過，但從來沒有向他說過。我在政治上有什麼野心或願望，我亦從來未向他談過。這就是章羅兩人一年來的真實關係。我絕不隱瞞，我絕不捏造。現在報紙上和許多人的交代中，都提出「章羅聯盟」這樣一個名詞，都認為這是這次右派分子猖狂向黨進攻的最高的指揮領導機關，是有組織、有計劃、有步驟、有綱領的中心陰謀機關。今天我不辯解。我同章伯鈞合作了的罪過行為，我據實交代。我還要請領導黨和全國人民切實調查，認真追究。如果將來發現我同章伯鈞的合作行為中我還有故意隱瞞某種陰謀，我願受我應得的懲處。……我堅決相信中國共產黨是有真是真非的。不會冤枉任何人的。將來真是真非自然會水落石出的。（7月16日《人民日報》）

章乃器的檢討發言，第一句就是「我是一個犯錯誤的人」，能這樣認識就好。可是接著的第二句是「我的錯誤的性質，是資產階級的個人主義的思想和作風」，這就是說，他不承認自己是反黨反社會主義的右派分子。他就是在自己劃定的這個界限之內，一方面作檢討，一方面作辯解。例如：

官僚主義是比資本主義更危險的敵人──我並沒有說，社會主義必然
帶來官僚主義。恰恰相反，我認為「只要肅清三害，就成為標準的社
會主義的企業、機關」。但某些右派分子已經把社會主義與官僚主義
甚至「三害」之間畫上了等號，我的說法容易同他們的說法混淆起
來。我應該否定我的說法。

更多的是更加正面的辯白。他說：

那能設想，一個在黑暗時代，在敵人千方百計的威逼利誘之下，都不
肯表示反共的人，今天反而要反黨？那能設想，一個在資本主義的泥
坑裡就追求社會主義的人，在今天社會主義事業已經取得如此輝煌勝
利的時候，反而要反社會主義？

章乃器說：

八年來，我的言論和行動同那些反黨、反社會主義的右派分子的確毫
無相同之處的。……我的問題只是思想的問題；我的錯誤只是理論上
的錯誤。

在這篇發言中，章乃器還為自己澄清了一件事情，關於恢復救國會的
事情。七月一日上海《新聞日報》揭發批判陸詒的時候，陸詒提到他前些時
候在北京，同顧執中、王造時等人在全聚德談起恢復救國會的想法。《新聞
日報》的這篇報導中說章乃器也表示要在恢復後的救國會擔任職務。章乃器
說沒有這回事。他說：

居然有人說我參加了章伯鈞、羅隆基在全聚德召開的會議，而且答應
在他們所策動的未來的反動組織中擔任職務。我必須聲明，這是完全
沒有根據的。近兩年來，我一共只到過四次全聚德餐館，都是有關方
面宴請外賓的場合。我的行動是眾目共見的，是可以調查的。王造時
上次來京的時候，我曾和他談過一次話。當他提到要恢復救國會，微

求我的同意的時候，我即一口回絕。我說，第一，我在重慶時就離開了救國會，救國會解散我也沒有與聞，今天沒有資格主張恢復它；第二，我對民主黨派工作沒有興趣，參加了一個民建已經嫌多，屢次想退出，那有心情再搞第二個？第三，我和救國會的某些同志過去合作得不好，今後也不能希望合作得好。那能談得到什麼擔任職務呢？

這一次全國人大代表大會會議，從小組討論到大會發言，都充滿了反右派的內容。已經劃為右派分子的代表愧恨交集地作檢討，不用說了；沒有劃為（包括此時還沒有被劃為）右派分子的代表慷慨激昂地批判⋯⋯氣氛極為濃烈。

然而，這些只是一眼望去能夠看到的現象。當時，代表們（至少，一部分代表）的真實心態究竟是怎樣的呢？四川省代表巴金事後回憶說：

在這一屆的會上開始了對所謂「右派」的批判，不僅在我們的大會小會上，在會場以外，在各個單位，在整個社會中都掀起了「熱火朝天」的「反右」活動。這情況是我們完全沒有料想到的，前一段時期，到處都在舉行座談會，邀請大家「大鳴大放」，我們都分別出席了有關的會，發表了意見，各人都寫了文章。我到了北京，就感覺到風向改變，嚴冬逼近，坐臥不安，不知怎樣才好。沒有想到，我剛在前門飯店住下，上海《文匯報》駐京辦事處的一位女記者就來找我，要我寫一篇「反擊右派」的短文。我當然一口答應，我正需要用這種表態文章來保護自己。她催得急，說是要用電報把文稿發到上海去。反正文章不長，可以摘抄大報上的言論，我當天就寫成了，記者拿去，第二天見報，我的心也安定了些。我還記得短文的題目是〈中國人民一定要走社會主義的路〉。走社會主義道路是我多年的心願，但文章裡的句子則全是別人常用的空話。我當時還不知道「反右」究竟是怎麼一回事，只是我看見來勢兇猛，熟人一個個落網，一個個給點名示眾；更奇怪的是那位來找我寫「反右」文章的女記者，不久就給揪出來，作為「右派」受到了批判。

在會議期間我的心情十分複雜。我一方面感謝「領導」終於沒有把我劃為右派，讓我參加各種「反右」活動，另一方面又覺得左右的界限並不分明，有些人成為反右對象實在冤枉，特別是幾個平日跟我往來較多的朋友，他們的見解並不比我更「右」，可是在批判會我不敢出來替他們說一句公道話，而且時時擔心讓人當場揪出來。

（《巴金全集》第十六卷，第595-596頁）

恐怕不是只有巴金一人是這樣。會場上一千多代表中還有不少也是這樣一種心態吧。有的代表在大會上慷慨激昂地作了批判右派分子的發言（例如前面提到過的四川代表鮮英），可是不久之後自己也被劃為右派分子了。而這正是巴金時刻提心吊膽害怕發生的事。

七月八日《人民日報》的社論〈鬥爭正在開始深入〉描寫了另一種景象：

有一部分處在中間狀態的人們，對於反對右派的鬥爭還在將信將疑，還在抱著觀望態度。他們在心裡盤算著：欲知後事如何，且聽下回分解。有一些人甚至以為：這是不是共產黨受不了批評，不想再整風了，因而轉移了目標呢？

……對於右派分子的溫情主義……竭力原諒右派分子，把右派分子描寫成為中間分子，把他們的錯誤的言論行動描寫成為偶然的疏忽、修辭上的誇張、被人利用等等，不願意同他們分清界限，更不願意對他們進行堅決的鬥爭。

七月六日南京《新華日報》社論的題目就是〈反擊右派不能溫情主義〉。第二天，《人民日報》將這篇摘要轉載。

這種對右派分子的溫情主義，也就是說對反右派鬥爭消極的抵觸，就是在這如火如荼的人民代表大會上也不是沒有反映的。並不是所有未劃右派的代表都表現了對右派分子的極端憤慨。像葉聖陶的書面發言，標題是〈公文寫得含糊草率的現象應當改變〉，全文三千餘字，無一字涉及反右派鬥爭。就好像毛澤東沒有講過人民內部矛盾，陸定一沒有講過百家爭鳴，共產黨中央沒有宣佈過整風，整風並沒有變成反右。周恩來的政府工作報告和大

會小會上的發言他也似乎都沒有聽到，甚至似乎世上並無章伯鈞、羅隆基、章乃器、儲安平其人一樣。此時無聲勝有聲。這樣的書面發言，能不能認為是反映出它的作者對反右派鬥爭的態度呢？

葉聖陶持這種態度是可以理解的。像他多年共事的老友宋雲彬已經被劃為右派分子了，他的好兒子葉至誠在江蘇正為了「探求者」小集團受到衝擊，是不是會劃右派還在未定之天。如果這樣的人就叫做右派分子，那他就太瞭解右派分子了。你教他怎麼去隨聲附和批判右派呢？

代表們在大會發言或書面發言中，江蘇省副省長冷遹談長江下游的整治，黃河水利委員會副主任李賦都談水土保持，水產部部長許德珩談水產事業，山東省政協副主席王祝晨談學制和課程問題、談地方誌工作，他們也都同葉聖陶一樣，沒一句話跟反右派鬥爭有關。

朱學範大會發言的題目是〈全國職工一定要把反對右派分子的鬥爭進行到底〉，全文五千多字，專講反右派這一個問題，看來是緊跟形勢了。可是他只是從一九四九年以來全國職工各方面狀況的改善講起，以反駁右派分子否定成績的論點，那些已經在報紙上被一駁再駁了的論點。可是，全文沒有出現一個右派分子的姓名。不但在全國範圍內批判的大右派他沒有提，而且，他這位郵電部部長，對郵電部劃出來的右派分子也沒有提，他壓根兒沒有提到郵電部反右派的情況。應該說，這正是他更不願意提的。過去中國勞動協會的戰友，他找到郵電部來做勞動工資處處長的周穎，也劃成右派分子了。一九四八年在哈爾濱開的第六次全國勞動大會上，朱學範作國民黨統治區職工運動的報告，深情地談到，國民黨特務「將勞協福利社主任周穎同志及幹部三十八人拘捕，用美式吉普車押解警察局偵緝隊私刑逼供」（見《中國工會歷次代表大會文獻》第一卷，工人出版社1984年版，第447頁。）的事。有過這些事情，他當然不願意在此種情況下提到她了。這種避實就虛的聲討文章，是不是反映出了某種不得已呢？（7月11日《人民日報》）

老科學家梁希的發言，題為〈地球離不開太陽，人民離不開共產黨〉，列舉了一連串數字以說明幾年來工農業生產的發展，只在最後輕描淡寫地提了一下「少數知識份子得隴望蜀，貪心不足，要和中國共產黨爭領導權，……先生休矣！」他只說「少數知識份子」，沒有採用「右派分子」這個標準的稱呼。（7月11日《人民日報》）

　　不採用「右派分子」一詞的還不只是梁希一人。宋慶齡在七月十三日《人民日報》發表〈團結就是我們的力量〉一文，表示了對共產黨的擁護，對整風運動的擁護，對雙百方針的擁護，譴責了「有少數人……要利用這個運動來使我們的新的政治制度和我們的國家基礎發生動搖」，甚至提到了「有人倡議『政治設計院』」，譴責了寫匿名信的反動分子，所有這些，當然都是很符合當時氣候的。費解的是她也是沒有採用「右派分子」這個當時最為流行的用語，在五千多字的長文中，一次也沒有出現過。這現象應該怎樣解釋呢？事實上，宋慶齡對這場反右派鬥爭確是「很不理解」。當時她在寫給中共中央的信中說：「黨中央號召大鳴大放，怎麼又收了？共產黨不怕國民黨八百萬大軍，不怕美帝國主義，怎麼會擔心人民推翻黨的領導和人民政府？共產黨敢於接受各界人士的批評，批評的人士多是愛國愛黨的，一些民主黨派人士為新中國的解放，做出了家庭、個人名利的犧牲；一些二三十歲的青年知識份子又怎麼可能一天就變成了反黨反社會主義分子？我很不理解這個運動，我想了兩個月，還是想不通。有這麼多黨內黨外純粹的人會站在共產黨和人民政府的對立面，要推翻共產黨？」（轉引自吳江：《政治滄桑六十年》，蘭州大學出版社2005年版，第69-70頁）

　　這種對右派分子的溫情主義是令人失望的。七月七日是盧溝橋事變二十周年紀念日，郭沫若在《人民日報》上發表了兩首詩作為紀念。第二首是：

　　　　右派猖狂蠢動時，溫情那許一絲絲！已將率士成公物，竟有么魔倒大旗。毒草必須成糞壤，爭鳴方好詠新詩。勿忘二十年前事，起舞中宵共振衣。

　　右派分子大約就相當二十年前入侵的日本人，當然一絲絲溫情主義都是容不得的了。不過，不論是《人民日報》的社論，還是郭沫若的七律，對於肅清溫情主義似乎都收效甚微。到了九月份，《人民日報》還在呼籲克服溫情主義。這一次出面呼籲的，是對反右派鬥爭頗為起勁的史良，九月十三日她在民盟全國整風工作會議上作報告，說，「現在基層還有不少右派分子沒有被揪出來。有些人說，別的地方有右派，我們的單位中間不會有右派，用不著進行鬥爭。這種想法是十分有害的。也有一些人害怕打擊右派的面太

廣，時間拖得太久，主張草率收兵。」她號召：「必須認識，對右派分子姑息寬容，對鬥爭採取旁觀或保留態度，就是右傾思想的表現。我們必須克服右傾思想，克服一切溫情主義，積極地勇敢地投到戰鬥中去」（9月16日《人民日報》）。

《人民日報》連篇累牘地批判溫情主義，甚至出動郭沫若史良這些名人，或者做詩，或者呼籲，清楚地反映出公眾對這場反右派鬥爭並沒有多少熱情。這實際上也就是證明了這樣一個事實；當時揭露出來的數以十萬計的右派分子只是《人民日報》宣佈的敵人，並不是人民心目中的敵人；而這場反右派鬥爭只是社會主義的需要，並不是社會的需要。

二十二、戰場既在黨外，又在黨內

　　反右派鬥爭，是反擊資產階級右派分子向共產黨的猖狂進攻。按理說，進攻的一方即右派分子是在黨外，黨內即反擊的一方是沒有右派分子的。毛澤東的想法卻並不是這樣。他在六月八日寫的宣佈反右派鬥爭開始的那個黨內指示中，就說了「這是一場大戰（戰場既在黨內，又在黨外）」（《毛澤東選集》第五卷，第432頁）不久他又在公開發表的文章裡說明了這意思。他七月一日發表的〈文匯報的資產階級方向應當批判〉一文中說：

> 資產階級右派就是前面說的反共反人民反社會主義的資產階級反動派，這是科學的合乎實際情況的說明。這一小撮人，民主黨派、知識份子、資本家、青年學生裡都有，共產黨、青年團裡面也有。（同上書，第438頁）

　　六月底，毛澤東出現在全國人大一屆四次會議開幕式上之後不幾天，就在發表他寫的社論〈文匯報的資產階級方向應當批判〉之後，又啟程南下了。先到了濟南，再到上海，再到杭州，再到南京，再到青島。他是去進一步推動反右派鬥爭，一個重點就是部署黨內反右。

　　七月七日晚，毛澤東在上海中蘇友好大廈接見了上海科學、教育、文學、藝術和工商界人士三十六人，圍桌閒話約兩小時，翻譯家羅稷南問他：「要是魯迅今天還活著，他會怎麼樣？」在反右派鬥爭白熱化的高潮之中提出這樣一個問題，意思顯然是問魯迅如果活著，會不會劃右派分子，毛澤東回答說：「要麼被關在牢裡繼續寫他的，要麼一句話也不說。」（黃宗英〈我親聆毛澤東與羅稷南對話〉，見2002年12月5日《南方週末》）他趁這個機會明確地告訴在場的和不在場的知識份子：即使是魯迅，也不能保證不劃為右派分子，何去何從，你看著辦吧。

七月九日，毛澤東在上海幹部會議上的講話，這篇以〈打退資產階級右派的進攻〉為題的講話就突出地提出了「共產黨、青年團裡的右派問題」。他說：

> 右派進攻的時候，我們的政策是這樣，就是只聽不說。有那麼幾個星期，硬著頭皮，把耳朵扯長一點，就聽，話是一句不說。而且不通知團員，不通知黨員，也不通知支部書記，不通知支部委員會，讓他們混戰一場，各人自己打主意。學校的黨委、總支裡頭混進來一些敵人，清華大學黨委的委員裡就有敵人。你這裡一開會，他就告訴敵人了，這叫做「起義分子」。（《毛澤東選集》第五卷，第444頁）

這裡說的是清華大學黨委常委（上屆黨委第一書記）、校長助理袁永熙。他是昆明西南聯合大學的學生運動領袖，一九三九年入黨的共產黨員。他的妻子陳璉是陳布雷的女兒，也是共產黨員。他大約是反右派鬥爭中最早被點名的黨內右派分子。

在這篇講話中，毛還具體提出了在黨團員中間要劃多少右派的問題。他說，「北京學校的黨員大概是崩潰了百分之五，團員崩潰得多一點，也許百分之十，或者還多一點。」

毛澤東在杭州，直接指揮了浙江省的反右派鬥爭。毛死後，以中共浙江省委員會名義發表的紀念文章〈毛主席的偉大旗幟永遠指引浙江人民勝利前進〉中說：

> 在反右派鬥爭中，毛主席親自指揮我們戰鬥。右派分子宋雲彬，以權威自居，公然同省委分庭抗禮，咒罵黨的領導，在報上發表了〈這難道不是宗派主義嗎？〉等毒汁四濺的黑文。毛主席明確指出，這就是右派。毛主席聽了省委關於沙、楊、彭、孫問題的彙報，作了許多指示。經黨中央批准，給他們戴上右派分子帽子。（1977年9月8日《浙江日報》）

從這裡可以知道：民盟浙江省委副主任委員宋雲彬，中共浙江省委內部的沙文漢、楊思一、彭瑞林、孫章祿，這些浙江省黨內外的最大右派，都

是毛親自定下來的。

　　毛從杭州到了南京，想在這裡召開各省市黨委書記會議。據當時江蘇省委第一書記江渭清說：

> 當時的情況是，反擊右派的高潮過去了，一些開展反右鬥爭的單位，普遍出現了厭倦情緒。七月上旬，毛主席來南京召開政治局常委會議和政治局擴大會議，並和部分省、市委第一書記談話，瞭解整風、反右情況。由於南京天氣太熱，會議開到中途停了下來，中央決定移會青島。毛主席于七月十二日從南京乘專機抵達青島，並在那裡撰寫了〈一九五七年夏季的形勢〉，印發到會同志。我們在學習和討論中，比較突出的感覺是文章對右派的定性又升了級，定為「反動派、反革命」。文章強調反右派鬥爭「還需要幾個月深入挖掘」，「決不可以草率收兵」。（江渭清回憶錄：《七十年征程》，江蘇人民出版社1996年版，第410頁。）

　　可以推知：假若那時中國已經有了空調設備，也許就不必移會青島，這次會議就叫南京會議了。

　　〈一九五七年夏季的形勢〉一文對於這一場反右派鬥爭的意義，作了這樣的估計：

> 　　資產階級右派和人民的矛盾是敵我矛盾，是對抗性的不可調和的你死我活的矛盾。（《毛澤東選集》第五卷，第456頁）
>
> 　　這一次批判資產階級右派的意義，不要估計小了。這是一個在政治戰線上和思想戰線上的偉大的社會主義革命。單有一九五六年在經濟戰線上（在生產資料所有制上）的社會主義革命，是不夠的，並且是不鞏固的。匈牙利事件就是證明。必須還有一個政治戰線上和一個思想戰線上的徹底的社會主義革命。（同上書，第461頁）
>
> 　　第一個決定性的戰鬥，在過去幾個月，主要是最近兩個月內，我們已經勝利了。但是還需要幾個月深入挖掘的時間，取得全勝，決不可以草率收兵。要知道，如果這一仗不打勝，社會主義是沒有希望的。（同上書，第461頁-462）

黨內反右，是這次會議的一項重點議程。這篇文章說：

> 這裡所說的資產階級右派，包括混入共產黨內和青年團內的一些同黨
> 外團外右派分子政治面貌完全相同的人，他們背叛無產階級革命事
> 業，向黨猖狂進攻，因此必須充分揭露；並把他們開除出去，藉以純
> 潔黨團組織。（同上書，第457頁）

七月二十八日，《人民日報》根據這個精神發表社論，這篇題為〈反
右派鬥爭是對於每個黨員的重大考驗〉的社論說：

> 有一些好心的同志似乎認為右派分子只有黨外才有，只有在資產階
> 級、民主黨派和沒有經過改造的知識份子的隊伍中才有，而在共產黨
> 內部是不會有的。可是這個看法不符合事實。

在當前這一場反右派鬥爭中，社論說：

> 　　有一部分黨員的立場卻並不是明確的堅定的，他們在這樣嚴重的
> 鬥爭中認識模糊，態度軟弱；還有極少數的人雖然掛著「共產黨員」
> 的招牌，實際上卻站在反動的資產階級立場上，當資產階級右派向黨
> 進攻的時候，他們成了可恥的內應。
> 　　他們在整風運動中，利用黨的生活和國家生活中個別的、局部的
> 缺點、錯誤，同黨外右派分子聯成一氣，向黨實行了內外夾攻。

既然是這樣，社論當然要提出：「必須對黨內外的右派分子『一視同
仁』地展開鬥爭」。

九月二日，中共中央發出〈關於嚴肅對待黨內右派分子問題的指
示〉。指示全文是這樣的：

> 　　隨著反右派鬥爭在全國各地、各界的深入發展，黨內的右派分子
> 也更多地暴露出來了。根據目前的統計，已經發現出來的黨內右派分

子約有三千餘人。黨內的右派分子，多數是解放前後入黨的，也有不少是一二十年以上黨齡的老黨員。應該看到，從黨內發現出這些右派分子，是這次反右派鬥爭的很大成績，這對於我們黨的鞏固和純潔，具有重大的意義。

但是，現在還有一些同志，在反對黨內右派分子的鬥爭中，存在著比較嚴重的溫情主義。特別是在中央肯定了右派的性質和對黨內右派分子的黨籍採取從嚴的方針之後，他們對於同黨外右派分子政治面貌完全相同的「黨員」，往往姑息寬容，不願意把他們劃為右派，特別是對於一些應該劃為右派的老黨員，更加惋惜，心軟，下不了手。有的單位甚至因此影響了反右派鬥爭的深入和開展。顯然，這是完全錯誤的。

應該指出，在運動中，對於一個黨員應否劃為右派分子，應該同黨外人士應否劃為右派分子一樣，採取非常慎重的態度，對於黨齡較老的黨員尤其應該如此。但是既然他們的言行同黨外的右派分子一樣，就沒有理由不根據一視同仁的原則，把他們同樣地劃為右派分子，並與之進行堅決的鬥爭。必須瞭解，黨內右派分子有著「共產黨員」的招牌，有較多的政治資本，因而也就容易欺騙、蒙蔽和影響群眾。同時，他們又和黨外的右派分子相呼應，相配合，從堡壘內部向黨進攻，因而對黨的危害就更加嚴重。這種黨內右派分子，他們的黨齡愈長，職位愈高，對黨的危害就愈大。因此，對於那些同黨外右派分子政治面貌完全相同的人，決不應該因為他們是黨員而有所寬容，決不應該漏掉真正的黨內右派分子。因為這樣，不但對於開展反右派鬥爭是不利的，而且對於純潔黨的隊伍和提高黨的戰鬥力，是尤其有害的。

這個〈指示〉，已經不只是一般地提出黨內也要劃右派分子，而且明確地將劃右派的範圍擴大到「有不少是一、二十年黨齡的老黨員」中去。並且提出：「他們的黨齡愈長，職位愈高，對黨的危害就愈大。」九月十一日，《人民日報》以〈嚴肅對待黨內的右派分子〉為題發表社論。社論根據這個〈指示〉的精神宣稱：「在反對黨內右派分子的鬥爭中，也有一些同志

存在著比較嚴重的溫情主義。」社論說：「要知道，我們黨是一個革命的戰鬥的組織，不是溫情主義的小集團；溫情主義是資產階級小資產階級的東西，對於我們黨只能起腐蝕和瓦解的作用。」

反右派鬥爭的黨內戰場就這樣開闢了。

與黨外右派分子政治面貌完全相同的，例如對外貿易部行情研究所歐美研究室主任嚴文傑。據報載：

（他向黨中央提交的長篇意見書中）不僅一般地反對黨在政治上、組織上、思想上的領導，而且對黨的領導和組織形式提出了荒謬的主張。他把黨的領導局限於「應是社會主義方向和道路和重大方針政策問題」。他認為「只有黨中央各省（市）黨的委員會才能起這個作用，而地委、縣委、區鄉黨委、機關與企業學校黨委是不能起這個作用的」，「同時黨政各有一套系統，同級政法、監察、團體、企業又聽同級黨的，造成重複」，這就形成了「以黨代政或黨政不分」。他要求省委以下黨委和機關、企業、學校黨委「不作為起黨的領導作用的部門，只是通常黨務部門」，「它對國家工作，機關企業事務，對社會人民無任何權力」，「機關企業地方政權只受政府和人民代表會議的領導」。

嚴文傑認為相當多的中下層黨員幹部（包括相當於中央局長級幹部）不稱職，他們是靠黨籍吃飯的。他把黨的中下層幹部醜化為「無知的庸才」。污衊說：「職位在人之上的人，論起工作，瞠目結舌，甚至胡亂來一場。」「這些人最好的是不起作用，而一般的是起反作用。」另一方面，他認為「我們的業務都掌握在舊人員和青年知識份子手裡，這些人又由於歷史和家庭社會關係而不能得到提拔」。他說這種情況已達到「使人難忍」的地步。他主張把第一次國內革命戰爭時期、抗日戰爭時期、解放戰爭時期培養起來的這些中下層黨員「拿開」，用包下來的辦法，給他們終生生活保證金，再按情況要他們退休和下鄉，或擔任簡單的工作。嚴文傑把黨過去執行的幹部政策說成是「德亂才廢」。他說，「到中下層『才』被廢棄了，而『德』往往成了筆數、年資、領導歡心的排隊。」只要是黨員，級別高，就可得

到重用。他認為人事部門的幹部農村出身者多，知識水平低，狹窄，有宗派主義思想。他說：「管人的根本不知道什麼是人，不承認別人的知識和才能。」「兒戲別人的前途和名譽」。「黨的威信會在此賠光」，「結果很可能弄到個天怒人怨的地步」。

嚴文傑對三反、五反、肅反等運動大肆誣衊。他說：「親身經歷過這些運動的人，想起來就感到心驚肉縮，毛骨悚然。」「一到此時，真是人人自危，社會大恐怖。」「傷人不謂不深。」「不管什麼人，只要領導手指一下，就可以鬥的。」「鬥爭場面，比坐牢難受多了。」「想想看，在反惡霸鬥地主的時候，一個受害的農民起來鬥的時候，那些如瘋似狂的氣勢，當以後有一個變化的時候，那些受過傷的人會怎樣對付我們！」「我覺得，反會把一些本不一定是反革命的人逼著去反革命。」「不管成績怎樣，這種運動不能再搞了！」「要求政府規定：除非檢察院同意，並由法院接受和主持外，一般機關、團體不得開鬥爭會。」他還公然提出要對領導肅反鬥爭的同志進行報復，說什麼「冤死人者死」，「冤人坐牢者囚」。露骨地表現了他仇視革命的情緒。

（7月23日《人民日報》）

這篇報導還說嚴文傑「對人們闡釋領袖著作的文章，他惡毒地誹謗說：『好似一篇文章足以解決天下一切學說和工作問題。』『好似當今天下，除此之外就再無學問了。』」又說：「我真不知何必如此？若一個人寫了東西，要這麼多解說人家才能懂，則本來那個東西便大可休矣！」

六月八日以後，嚴文傑反對《人民日報》反右派的宣傳。據這篇報導，他說，「《人民日報》的做法十分拙劣」，「如果說人家粗暴，《人民日報》比人家粗暴得多，厲害百倍」。《人民日報》的標題：〈人民沒有委託葛佩琦說這樣的話〉，嚴文傑說：「這是否經過公民投票了？我看葛佩琦也代表社會上的一部分人。葛佩琦說要殺共產黨人並沒有說現在就殺啊！如果共產黨真不好，為什麼不允許別人殺你呢？」

這篇報導還說：對外貿易部的黑板報宣佈李泰華是右派分子。嚴文傑即以中國共產黨員的名義向黑板報提出強硬抗議，質問這是誰的主意，為什

麼。當他因此受到攻擊的時候，還說，「對不同意的事抗議一下也不可以，我要問成什麼世界。」

與黨外右派分子政治面貌完全相同的黨內的右派分子還應該說到地質部辦公廳政策研究室主任薛毅，六月八日，他向黨中央寫了一份長達一萬四千多字的〈改革幹部選拔使用制度芻議〉的報告，其中有這樣一些意見：

> 我認為，我國社會生活中的新形勢提出來的新要求，與目前國家的各種領導環節中的幹部領導水平之間，與他們還存在著比較嚴重的官僚主義、宗派主義、主觀主義的歪風之間不能適應的矛盾。

他說，「不可能希望經過一次整風運動把這一矛盾根本消滅。還需要有另外的方法作為補充。還要通過領導成分的合理更替和調整，以使那些最優秀的分子能不斷補充到各種領導崗位上來，進行必要的新陳代謝。」說得直率一點，就是要換人，把「那些領導成員的水平極不稱職，官僚主義、宗派主義、主觀主義十分嚴重而又短期不能得到改進的」領導幹部換下來。他以為「在中國革命的領導核心——中國共產黨的領導權被教條主義分子所把持的時代，如果僅僅限於要求教條主義分子改造思想，而不進行領導成分的合理更替和調整」是不行的。

他認為：

> 現行幹部選拔使用制度中存在的根本缺陷，在幹部的選拔制度方面，「才德兼備」的選拔標準在執行中，常常容易只從資歷著眼，形成資歷觀點。又由於沒有規定出走群眾路線的具體程序，使幹部選拔的權力完全被少數人所掌握，以致神秘化，群眾根本不能予以監督。
>
> 由於幹部選拔上的不合理，也容易產生幹部之間的互不服氣，互不團結現象以及對領導不滿的離心傾向；由於只是少數領導人掌握幹部的命運，也常常容易助長某些品質不端的幹部專門在領導者面前獻媚、鑽營等各種歪風發展，甚至形成嚴重的宗派主義。這些惡果是不勝枚舉的。
>
> 更值得警惕的是，按照這種本來存在著缺陷的制度來選拔幹部已

然使上述的惡果不可避免；而且目前還流行著一種不准下級幹部對存在著的不合理現象進行批評的風氣。這樣，就常常掩蓋了在選拔幹部問題上的最嚴重的官僚主義、宗派主義和主觀主義。

在幹部使用制度方面，他認為「最大缺陷是在國家行政機關中，幹部的職務沒有規定任期，幾乎是終身職。尤其在中央發出要幹部基本上按現有職務一輩子穩定下來的號召以後，則更使幹部的現任職務具有了終身職的性質。」在列舉了這樣做的種種嚴重的惡果之後，他提出了改革幹部選拔使用制度的基本意見，包括讓人民群眾通過一定的途徑選擇稱職的幹部充任國家各級行政機關的領導職務；並對國家幹部實行經常的考核監督；建立評定幹部銜級的制度；實行有任期的國家委任制度等等專案。他認為「通過這些制度，人民群眾對國家行政機關的領導幹部，行使了一定的選擇權力和監督權力。從而也就結束了在選拔幹部上缺乏民主程序的局面。這樣不僅可以進一步增強人民群眾的主人翁的感覺；而且可以增強國家行政機關各級領導幹部的「人民公僕」的感覺。也正因為如此，在人民群眾中以及在國家行政機關的工作人員中，民主生活、批評與自我批評也必然會更加活躍起來。而民主生活、批評與自我批評的活躍所帶來的積極因素，則將會是無窮的。」

除這些基本意見外，他還提出來了一個自由選擇職業問題，他說：

這個問題是我從轉業幹部的立場上考慮到的。如果實行前面所說的新的幹部選拔使用制度，就必然會形成幹部之間的競賽，而要在現任崗位上競賽，就會使某些轉業老幹部面臨著這樣的問題：由於自己原來的基礎不同，在業務方面勢必形成以自己之「短」賽人家之「長」，當然非落伍不可。這個問題應怎樣解決呢？我認為，解決的辦法應該是允許人們自由選擇職業，讓他們在自己所擅長的職業中去展開競賽。

黨和國家在前幾年調動一批經過革命鬥爭鍛煉的老幹部轉業到工業技術部門領導建設工作，是完全必要的和正確的。他們在轉業後的新崗位上已經作了很多有意義的工作，完成了很大的歷史性使命，其作用是不可抹煞的。但是，今天的情況變化了，各種建設事業日益步

入正軌了，人民和國家對於擔任這些事業的領導者的要求也越來越高了，因而有不少的轉業幹部日益感到其現有水平與其所任職務的要求不相稱了。在這種新的情況下，我認為可以放手地讓比較熟悉業務的人材（包括黨內外的新、老專家以及一部份鑽懂了業務的轉業幹部）來領導這些事業，而對那些由於原有的文化基礎不足等原因而未能鑽懂業務的轉業幹部，則可以允許他們自行選擇其所擅長和所愛好的職業。這樣將有利於幹部充分發揮其專長和積極性，因而，無論對他們個人或是對國家，將都是有利的。

這個允許自由選擇職業的原則，當然不僅適用於轉業老幹部，而且應適用於由於分配不當而致「用非所學」的其他幹部。

為了使人們在選擇職業時能符合國家建設的需要，避免比例失調，國家可以將各種職業的職工盈、缺情況以及工資標準等公佈於社會。

與「自由選擇職業」這一概念相聯繫的，是國家對幹部的分配使用方法上，也應作適當的改善。我認為，在國家分配幹部的工作的時候，除應考慮國家的需要以外，還應適當地結合幹部的自願。這樣將使幹部在工作中能產生更多的興趣、積極性和創造性。

他的這篇文章還對可能提出的幾種反對意見作出了回答。（據《整風簡報》，地質部整風辦公室第12期，1957年6月22日編）

有了這篇文章，薛毅就成了地質部的黨內右派分子。據新華社報導：「地質部從7月8日開始連續舉行座談會，揭發並痛斥黨內右派分子——辦公廳政策研究室主任薛毅等人反黨、反社會主義的荒謬言論。」這篇報導說：

全國人民開展反右派鬥爭以後，薛毅又大放毒箭，竭力支持右派分子的反動言行。他把工人階級保衛社會主義的反擊右派的鬥爭，說成是「以勢壓人」，是「圍剿」，是「言者有罪了」。「對發出錯誤言論者這樣搞，比判幾年徒刑還屬害。」他還公然詆毀社會主義建設的成就。說右派的這些錯誤言論「如果對社會上已產生了很大影響，那就說明過去宣染的成績成問題」。他為了替儲安平打抱不平，曾徹夜不眠寫稿子向人民日報挑戰，並恬不知恥地說「我要是領袖的話，

我就出來制止人民日報發表反擊右派的社論」，「中央應把我這樣一個幹部作為溫度計來測定政治氣候」。同時，他還表揚章乃器狡猾抵賴不肯向人民低頭是「獨立思考」「有骨氣」。

座談會上，人們揭發了薛毅以上的反動言論後，還指出薛毅雖然已經入黨十八年，但卻一再拒絕黨對他的教育改造，從而逐漸蛻化變質。他在抗日戰爭時期和土改、肅反等激烈的階級鬥爭中，一貫表現右傾，他同情地主，反對進行肅反，為此曾多次受到黨的批評和處分。解放以後，他的野心勃勃，總認為黨對他是大材小用，對黨極為不滿。大家指出他必須徹底交代，向人民低頭認罪，以免自絕於人民。

（1957年7月24日《人民日報》）

在地質部，比薛毅地位更高的黨內右派分子，是地質部辦公廳主任劉毅。他是一九三六年十月參加中國共產黨的老黨員，一九三七年十二月參加工作。擔任過縣委書記、地委書記等職。據一九五八年五月二十九日中共地質部機關委員會關於開除右派分子劉毅黨籍的決定說：

在這次黨的整風運動初期，劉毅趁社會上資產階級右派向黨猖狂進攻的時候，利用黨所給他的部領導小組成員和辦公廳領導小組長的職務，大肆煽風點火，向黨進攻。劉毅一再在群眾大會上攻擊黨組整風沒有決心，說黨組對整風的認識「有天上地下之別」。向群眾煽動「因領導太不自覺，不尖銳、不刻薄、不解決問題」。還說「威是威信，不是威勢，幾天來大家發言完全證實，大家越來越失望，（領導上）這又有何威信呢？」露骨地打擊領導威信。在黨員司局長大會上，劉毅更進一步根據自己的反黨觀點把辦公廳放出來的一些醜化、謾罵領導和攻擊黨組的右派言論和錯誤言論加以系統化，向黨組進行攻擊。事後，還在群眾大會上誇耀他的發言「震動很大」。

在小組會上，劉毅也不止一次地鼓動「有些同志發言尖銳一些，刻薄一些，我認為沒有什麼」。他還為有錯誤言論、右派言論的黑板報辯護說：「那不是謾罵，是反映了大家的願望」。公開支持攻擊領

導「不學無術」的謬論，說領導「連這一點都不承認還行！」當其他右派分子攻擊領導是經驗主義，高唱「不調整領導成分不能改進工作」的濫調時，劉毅還嫌攻擊得不夠，他認為「這個估計過高」，而是黨員副部長「連個主意也沒有」。誣衊「黨員副部長是『有職，有權，無責』，非黨員部長（注：李四光是一九五八年十一月才入黨的。）是『有職，無權，有責』」。右派分子薛毅發表反黨的〈改革幹部選拔使用制度的芻議〉以後，徵求劉毅的意見，劉毅表示部分同意，並以提拔某副部長為例，來支持《芻議》中所謂「選拔幹部沒有群眾路線，標準籠統」的謬論。他還主動找物探局右派分子強尼談過話，鼓勵強尼「鳴放」。

早在學習八大文件的時候，劉毅便有過醞釀改組黨組的活動，在這次整風初期他又和某些同志談部領導需要改組，並說：「這不一定不是和風細雨」。對待肅反的問題上，劉毅是附和肅反對象對黨不滿的情緒，一再強調黨對肅反中被審查的人傷了感情，要黨向他們「消除隔閡」。在群眾大會上公開說「肅反有偏差，有錯誤，應該作為『無產階級專政的歷史經驗』來吸取，這些偏差和錯誤應由部領導負責」，並將此說成和某部長等個別人的作風有關。在支部會議上要肅反運動中的積極分子作思想準備，使他們感到壓力很大。在辦公廳兩次討論肅反問題的支部大會上（他是支部書記），吸收非黨肅反對象參加，並一再鼓勵肅反對象發言。因此，這些人在會上向黨進行了猖狂的攻擊，否定肅反成績，誣衊積極分子，也有少數「積極分子」在會上表現動搖，甚至洩密。劉毅對這些有嚴重錯誤的言論不組織批判，正確的意見沒有發表，實際上把黨的支部大會變成了反黨的「控訴會」，變成了肅反對象向黨進攻的工具。

辦公廳的反右派鬥爭，在劉毅擔任領導小組長期間，實際上只是批判了薛毅的〈芻議〉，而對右派分子醜化、誣衊領導的言論，沒有組織揭發批判，當領導小組其他成員提出這個問題時，劉毅反說「不要再批判了吧！再批判一次等於把領導又醜化一次」。鳴放初期，辦公廳黑板報登出了不少有明顯右派性質的言論，劉毅不進行追查。整風初期，專家工作室有些翻譯醞釀鬧大民主；鳴放期間，也有不少

人發表了右派言論和錯誤言論，劉毅置若罔聞。在張華同志對此提出意見後，他也只是非正式的和專家工作室主任何棟同志談了一下，而對何棟同志提出的具體意見又不採納。在反右傾情緒時，劉毅違背部領導小組和國家機關黨委的指示，不聽取辦公廳領導小組其他成員的意見，提出「不追不批」的錯誤口號。劉毅在反右派鬥爭中的錯誤作法，使辦公廳的右派分子漏了網，中間群眾沒有受到應有的教育。

這個《決定》最後說：「在這次黨的整風運動中，趁右派分子向黨進攻的時機，他一方面背著黨組進行醞釀改組黨組的活動，一方面大肆攻擊黨，醜化領導，煽動和率領右派向黨進攻，企圖攻垮黨組，篡奪領導，實現他個人的政治野心，並利用其領導小組長職權歪曲上級黨組織的指示，使辦公廳運動搞得不深不透。以上充分說明，劉毅是混入黨內的資產階級個人主義野心家，是反黨反社會主義的右派分子。為純潔黨的隊伍，決定開除其黨籍。」（據《關於清除黨內右派分子的決定彙編（四）》，中共中央監察委員會辦公廳編，1959年12月，據《中國反右運動資料庫》光碟轉引）

地質部的黨內右派分子還有地質部教育局第二副局長馬冰山，廣東省汕頭人（其父母僑居柬埔寨王國），一九三八年入黨的共產黨員，曾經在冀魯豫地區當記者，新聞組長，通訊科長，編輯主任。後來南下至大別山任區委書記，縣委宣傳部長，湖北省委研究室組長，廣州市人民政府秘書處長、行政處長、辦公廳副主任，教育局長等職。一九五四年調來地質部。據一九五八年二月十二日中共地質部機關委員會關於開除馬冰山黨籍的決定說他在整風運動中的反動言行事實：

1、惡毒的攻擊黨的領導，與儲安平一唱一合向黨展開猖狂的進攻。以「鑽探」的別名，發表了極端反動的「有無黨天下」反動大字報，惡毒的污衊「黨天下」是存在的，對上至黨員部長下至黨員科長進行了謾罵和攻擊說：「地質部部長名義上是黨外人士、科學家李四光，而實際上是以共產黨員何長工等副部長當家作主，而何等既不懂技術又不鑽研業務怎能領導地質科學呢！」又進一

步污衊攻擊黨員的局長、處長、科長是：「頭痛醫頭，腳痛醫腳的萬金油幹部」。是「占著廁所不拉屎」，「霸佔領導地位」等等。並公然污衊部黨組的領導是「以黨代政」，說「他們不懂業務而黨又要他們來領導，把好事弄成壞事，在實際工作中以黨代政的現象很嚴重，動不動就是黨組如何如何，這不是黨天下嗎？」。為了正定幹校事件，在司局鳴放會上說：「要撤校長的職，就應首先撤你們部長的職」。並提議要非黨副部長（民盟盟員）來領導幹部工作。在飯廳還散播說：「可以召開職工代表大會選舉部長。」等等極其惡毒的攻擊。

2、煽風點火，企圖發動大民主搞垮黨的領導。整風開始時，何副部長在中山公園作整風動員報告後，在回部的路上，馬即煽動右派分子于純仁說：「這個場面很好！你們可以寫詩、寫小品文、畫漫畫。」回局後，于純仁寫成書面的東西，中技處部分人欲將該文投報社，馬即慷慨激昂的說：「好！我支持你們。」教育局右派分子于純仁、唐嗣陶提出「民意測驗」向黨進攻時，馬冰山曾動員黨員也來參加填表測驗。並說：「不參加會脫離群眾」。並在其「有無黨天下」大字報的標題上提出「再來一次民意測驗」，企圖煽起大民主搞垮黨的領導。

3、提出了「民主辦學」、「文人治校」、「同仁治學」等反動主張。企圖以資本主義的文教政策來代替社會主義的文教政策。馬冰山在整風開始前，既不經局務會議研究，更不經部黨組批准，擅自將「民主辦學」作為方針列入了教育局一九五七年的任務中。並在一九五七年四月份，當光明日報積極準備向黨進攻之際，馬冰山又擅自將「民主辦學」的反動主張對光明日報記者發表談話，企圖在光明日報登載，以便使其反黨主張實現。

4、陰謀實現個人的政治野心，企圖在教育局建立獨立王國。一九五六年十一月，既不經局務會議研究、更未經部黨組批准，馬冰山在教育局所領導的中技校，實行了所謂「視導員分片負責制的單線領導」。並通知各校，凡有關問題直接請示分工的視導員進行解決，各視導員在局長的領導下可以直接指導各中技校的工作等

陰謀活動。早在「八大」學習時，馬就曾提出「以革命的精神取銷處一級機構」。企圖以他為首從上到下抓住一些所謂積極分子，在教育局建立獨立王國。馬對身居副職甚為不滿，曾多次提意見，讓孫雲鑄不再兼教育局長。當黨組派袁牧華同志來局後馬又多方排擠，以圖獨霸教育局。

5、惡毒的攻擊選舉制度是「形式主義」，是「共產黨出主意，共產黨作決定」，「所謂走群眾路線，不過是形式而已，是真主意、假商量」。

6、污衊肅反運動，反對人民民主專政。鳴放一開始，馬和右派分子陳電如一唱一合的攻擊肅反運動。陳電如發表了反動透頂的「沁園春」一詞。攻擊肅反運動是「忍把嫌隙當血海仇」，是「覓絲牽頭，行監坐守」。惡毒的攻擊黨說：「定解裙帶、立平山丘」，是「驕矜從來不到頭」。在這樣惡毒進攻的面前，馬也和陳「沁園春」的詞一首，竭力安慰陳說：「愁無奈，問當年硬揣，君思來由」。並進而攻擊肅反運動為「漫天彌霧」。

7、嚴重的洩露黨反右派鬥爭的機密。反右派鬥爭初期，在右派分子仍猖狂向黨進攻之際，馬冰山不經領導小組批准，擅自將〈事情正在起變化〉一文（中央文件）的基本內容和劃分左中右的一些標準，在團支部大會上（有右派分子二人參加）作了傳達。給黨造成無法彌補的損失。

8、在揭發批判過程中，馬冰山的態度是極端惡劣的。他發表了「有無黨天下」的反動大字報後，當引起群眾注意、開始批判時，馬即有意識引導群眾批判其他反動言論，而避開批判「黨天下」。並瞞上欺下嫁禍於人，找一黨員副科長田余非同志作贖罪羔羊，該陰謀被部領導發覺後，曾再三令其檢討，馬拒不交代。在批判的過程中頑強的狡辯是「工作方法上的錯誤」。始終堅持是為了「引毒草」。並耍了許多花招，如裝病不參加會、不上班、對記錄本子進行加工等等。在與其對證事實時耍皮氣、摔本子，狡猾抵賴，毫無悔改之意，反而污衊領導和群眾「給他捏造事實，有意把他打成右派。」態度蠻橫無理，拒不交代反黨罪行。

馬冰山的反黨、反社會主義不是偶然的，是有其階級根源與歷史根源的。馬出身於資產階級家庭，參加革命以來資產階級思想長期未受到改造，對黨離心離德。（直到現在還與其資產階級家庭保持經濟上的聯繫）。所見在工作順利時即表現得驕傲自大，盛氣凌人，自作主張，獨斷獨行，以感情代替政策，爭名譽、鬧地位甚至發展到獨立王國思想。在黨的利益與其個人欲望發生矛盾時即對黨不滿，對抗組織。在抗日戰爭中曾因右傾動搖，對抗領導，受過兩次黨內當眾警告處分而沒有接受改造。馬冰山的資產階級個人野心在整風運動之前就發展到登峰造極。故在整風運動開始時就完全暴露了他反動的階級本質。

根據他惡毒的攻擊黨的領導，反對無產階級專政、攻擊肅反運動，而成為黨的敵人，墮落成為右派分子，而且態度翻復無常極為惡劣。為了嚴肅黨紀、純潔黨的隊伍，經教育局支部大會討論通過，決定開除馬冰山的黨籍。

（原載《關於清除黨內右派分子的決定彙編》，
中共中央監察委員會辦公廳編，一九五九年十二月）

黨內的右派分子還應該說到教育部副部長柳湜（1903-1968），他原名柳克立，湖南長沙人。家庭出身貧民，本人成份學生。他是一九二八年入黨的共產黨員。入黨以後在上海擔任過《讀書生活》編輯。《生活星期刊》編輯；抗日戰爭爆發，他先後在漢口擔任《全民週刊》主編，重慶《全民抗戰》三日刊和週刊的主編。後來到了延安，擔任陝甘寧邊區政府教育廳長、冀中行署教育廳長。中央人民政府成立，他在教育部先後擔任視導司長、師範教育司長，《人民教育》總編輯，教育部副部長等職。有意思的是，在整風鳴放中，他也是受到右派分子攻擊的一人。南京師範學院副院長高覺敷在一篇投寄給《文匯報》的文稿中說：「在政治上有地位的人，不一定在學術上也有相應的地位。柳副部長把政治和學術混同起來。」「柳副部長到南師視察時，儼然一位大員……對教師們講話採取了教訓人的口吻，因此教師們不願意和他談話。」（1957年7月1日新華通訊社《內部參考》）可是隨著運動的深入，柳湜也被劃為右派分子了。一九五八年十月一日，中共教育部臨時

黨組、教育部機關委員會〈關於展開反對柳湜反黨反社會主義的罪行的報告〉，突出地提出以下幾個方面。

一是反對黨的肅反運動、反右鬥爭及其它政治運動。說：

> 柳湜站在資產階級右派知識份子的立場，對黨的肅反運動非常抵觸和反對。在肅反運動期間，他不積極參加鬥爭，後來卻到各地對肅反進行惡意的攻擊，打擊群眾和幹部的積極性，為反革命分子「伸冤」、「平反」，甚至庇護他們。一九五六年五月他到華東視察時，向華東師範大學民主黨派人士講話，說「三反、肅反傷害了一些人的感情，搞錯了，積極不起來，反革命分子只要努力，一樣可以當英雄模範」。同年六月他在華南師範學院視察時，更猖狂地進行了反對肅反運動的罪惡活動。他「批評」該院黨委搞肅反是「不務正業」，「批評」該院肅反面過寬，善後工作不好，執行知識份子政策粗暴。他很關心反革命分子廖鷥揚的自殺事件，向廖的弟弟說，此事已交由廣東省委負責處理，意在為廖伸冤。柳湜的這種行動，大大損害了學校黨組織的威信，助長了反動分子的囂張氣焰。到去年大鳴大放時，該院右派分子竟借廖鷥揚事件，要求法辦領導該院肅反工作的黨委正、副書記徐霽遠和楊友吾。一九五六年十一月，柳到廣西師範學院視察，在該院召開黨員大會時，柳指示要吸收所有系主任和民主黨派負責人參加大會。他當著肅反對象「批評」了學校的肅反工作有錯誤，善後工作不徹底，並要學校在原鬥爭場合向有歷史政治問題的賀祥麟（現為右派）蕭厚德（現為壞分子）等道歉，進行「平反」。柳湜還庇護反革命分子。例如：反革命分子黃德安剛從監獄出來不久，他即以個人名義介紹黃到教師報社工作，並為黃吹噓。北京師範大學的反革命分子謝昕，一九五○年入校時被發現有嚴重的特務嫌疑，一九五三年校方擬令謝休學，謝向柳申訴後，柳責成校方仍給予助學金，不使休學。

> 在反右派鬥爭中，柳湜的反黨言行也很突出。他採取兩面態度，抗拒黨的反右派鬥爭，堅決同黨對立。他一面藉口有病，回避參加整風和反右派鬥爭；一面散佈不利於反右派鬥爭的言論，為右派分子鳴

不平，並且支持包庇右派分子。中央在一九五七年五月十四日和五月十六日兩個指示中，已經明確指出，在大鳴大放中有少數帶有反共情緒的人企圖將解決人民內部矛盾的正確方向引導到錯誤方向去，應準備回擊右派。而柳看了這兩個指示以後，還一再把當時北京師範大學右派分子向黨猖狂進攻的情況說成是「正常的現象」。同年六月七日他還在原高等師範教育司全體幹部會上說：「章乃器仍屬於人民內部矛盾的問題」。柳湜還為一些被劃為右派分子的人辯護。他說林漢達不應劃為右派；說有些被劃成右派的青年人向中央寫信提意見，縱然意見是錯誤的，也不應劃為右派。更嚴重的是他在反右鬥爭中支持原高等師範教育司領導小組的右傾思想，對右派分子張月加以保護。高師司在反右鬥爭中表現了嚴重的右傾，部領導小組曾給予批評。柳卻為高師司領導小組辯護，支持和助長了他們的右傾。高師司右派分子張月反黨反社會主義的思想很完整，在大鳴大放時對黨的人事制度進行攻擊。柳湜身為部領導小組成員，卻採取兩面態度，一面對部領導小組的其他個別成員表示應劃張月為右派，一面又在背後支援高師司領導小組，一再要他們堅持不劃張月為右派的意見，實際上是在破壞反右派鬥爭，對張月加以保護。北京師範大學，反右派鬥爭取得了巨大的勝利以後，劉墉如、何錫麟同志向柳湜談到北京師範大學反右成績和《師大教學》（校刊）上有關駁斥右派分子的文章時，柳卻說：「這些文章，右派分子還不會心服吧！」這也反映了柳湜對反右派鬥爭抗拒和不服氣的心情。

柳湜對其他政治運動，也抱有不同程度的消極、反對態度。他反對對舊知識份子的思想改造，只強調知識份子的好處和作用，強調對知識份子團結和照顧，正如他自己所承認的：他是跟資產階級知識份子「站在同一立場，跟他們有共同的情感，當他們受到打擊，就好象痛在自己心上一樣」。他反對用運動的方法改造思想，認為這會傷害知識份子的自尊心，引起他們的反感，不能從根本上解決問題。他反對瀋陽高等學校在教師中舉行思想展覽，告訴《教師報》、《人民教育》不要宣傳。他一再強調說，從今以後不搞運動了，反對把社會鬥爭、農村鬥爭、工廠鬥爭的領導方法搬到學校來。一九五五年黨中央

號召批判唯心主義，原教育部黨組決定批判杜威思想，指定柳湜負責，而柳湜則消極應付。他認為「杜威思想有可取之處」。對北京師範大學朱啟賢、陳友松（現在都是右派分子）在批判杜威的座談會上宣揚杜威的言論，絲毫未加批駁。在教育工作上，主張由民主黨派和資產階級專家領導，反對黨的領導。反對走社會主義教育的道路，主張走資本主義教育的道路。

這份報告還提出：

　　一九五六年，當國際上出現反共高潮和修正主義思潮時，柳在各地通過座談、報告、寫文章，發表了一系列的反對黨領導教育工作的反動言論。他反對學校實行黨委制。他把學校黨組織看成為一般的社會團體，主張把黨組織放在院校長監督之下。主張黨委工作主要是保證教學，不是另搞一套。那麼，靠誰來領導學校呢？他先後在原教育部召開的高等師範教育會議上，在視察華南、江西等師範學院時，在與民主人士談話中，一再主張靠民主黨派和資產階級專家來領導。說「高師大多數教授是民主人士，這是高師的命根子」，「民主黨派應該監督學校內的黨」，並說「學院辦不好，民主黨派要負責任，這是任務」。他在章伯鈞主持的部分高師盟員院校長座談會上說，「高等師範院校的命脈就掌握在你們的手裡」。他又說，「學校工作有陰暗面，主要是領導思想沒有明確依靠著老教授辦學」。在學校已經建立了黨的領導的地方，柳湜則惡毒地攻擊學校的黨組織，把學校產生矛盾的根源和學校工作中的缺點，都歸罪於學校黨的領導，歸根於黨委不懂辦教育和黨委負責人對黨外人士粗暴、不民主。他多次強調學校教育工作中的主要矛盾不是兩條道路的鬥爭，而是領導與被領導之間的矛盾。又說，學校內領導與被領導的矛盾是「生產關係妨礙了生產力」。即黨的領導（「生產關係」）妨礙了教授能力（「生產力」）的發展。這種惡毒的攻擊，目的在於要把已經建立了的黨的領導取消。

　　柳湜反對黨對教育工作的領導，不僅有言論，而且有行動。他到各地不斷進行了拔紅旗，插白旗的勾當。華南師範學院黨委書記工作

有缺點，省委曾決定於適當時機調動他的工作。一九五六年，柳到華南師院視察時，偏聽老教授的意見，激動地、誇大地向廣東省委反映該院黨委書記壞透了，副書記作風也不好，主張馬上撤黨委書記的職，並調動副書記的工作，說什麼「否則大家都不願幹了，學校就無法再辦下去了」。那次視察結束時，他在該院全體大會上作了總結講話。講話中對學校黨組織作了惡毒的攻擊，嚴重地打擊了學校黨組織的威信，為資產階級知識份子和一切不滿黨的人撐了腰。致使黨的工作同志和一些積極分子都抬不起頭來，而反動分子的氣焰，則囂張到了極點。當以後省委派人到該院宣佈院黨委書記撤職、副書記調動工作時，黃明慧（現為右派）竟高舉拳頭大喊「今天是華南師院的校慶」，「是學校第二次解放」，並要求把當天定為校慶日。後來該院黃明慧、廖華揚（現皆為右派）到北京參觀時，柳湜竟對他們說：「如不把你院兩塊大石頭搬掉，華南師範學院是辦不好的」。在福建，柳湜聽信福建師範學院余寶笙（現為右派分子）等反映，先向院領導提出將該院黨委副書記張立同志撤職的意見，後來又向省委建議將張調離學校。柳湜聽信了鍾敬文、傅種孫（現皆為右派）等人的反映，將北京師範大學黨員教務長丁浩川同志調走了；還多次揚言，要將該校黨員副校長兼黨委書記何錫麟同志撤職。他極力主張提拔黨外人士甚至右派分子作院校的領導人。

這份報告還給他扣了一頂大大的政治帽子：說他抗拒黨中央的方針政策和批評，藐視地方黨委，進行分裂黨的活動：

　　由於柳湜堅持資產階級右派知識份子的立場，所以他對黨的領導，對黨的方針政策，處處表現抵觸和反對。主席提出了「應該使受教育者在德育、智育、體育幾方面都得到發展，成為有社會主義覺悟的有文化的勞動者」的教育方針後，他說這個方針不是什麼新的東西。他抗拒中央對教育部的批評。一九五七年春，董純才同志在原教育部黨員大會上講話，傳達中央精簡節約指示和中央對原教育部的批評，會後，柳湜對中央的批評置若罔聞，還在支部大會上攻擊說：

「如果我不是黨員就聽不下去」，並責問董是以什麼身份在黨員大會上講話的。他歪曲黨對知識份子的政策。他為了遷就照顧資產階級知識份子而抵制黨的勤儉辦學的方針，反對把師範院校內遷和反對把師範院校下放。他對資產階級知識份子可以無話不談，甚至對華南師範字院老教授公開談論該院黨委書記的檔案材料。正因為如此，柳湜得到了資產階級右派分子的賞識和稱道。曾昭掄說：「教育部只有柳湜這個人好些」。華南師範學院一個右派教授陳子明說：「柳副部長對我們很親切，甚至一些內部的話也和我們說了。柳這些話，在許多黨內負責同志都不易聽到的。」又該院講師盧天裕說：「這些年來，我僅聽過一個好報告，就是柳湜副部長的報告，大快人心，聽之忘倦」。

他藐視地方黨委，反對把學校置於地方黨委直接領導之下。他反對把師範院校下放，認為地方黨委領導不了高等院校，他捏造說：「江西師院學生鬧事，省委與學校黨委一籌莫展，風潮一直鬧了幾個月不能平息，我向學生作了一次報告才把學生說服了」。其實，事實並非如此。他到處批評學校的房子、設備不好，隨便許願；並慫恿教師到省委去爭吵，造成地方黨政工作上許多困難。他不通過地方黨委，就直接解決學校的問題，造成學校和教師對地方黨、政的不滿和不尊重。

柳湜對教育部黨組長期鬧分裂活動。在董純才同志未來部前，他召集三次會議，在部分司長幹部中散佈對董不利的話，並要黃嘯曾向習仲勳同志反映，以拒絕董來部。董來原教育部任黨組書記後，柳即工作消極，先後利用前辦公廳主任黃嘯曾、原高師司司長李實、原中學司司長侯俊岩等的對黨不滿和其他弱點，形成宗派，反對黨組和董純才同志的領導。柳又利用部內群眾對董不滿的情緒，通過支部會議等合法形式煽動群眾反對董純才同志，甚至說：「不要怕，鬧不出匈牙利事件來」。黨組副書記陳曾固同志初來教育部時，柳就背後散佈陳不懂業務，是外行。以後又造謠說陳對董不支持，說董受到中央批評，可能是陳向中央反映了董的問題。

柳湜自己檢討說，他在全國解放以後對自己的工作地位是不滿意的，對於解放初期未當上副部長，未當上人大代表，後來他的位置又

被放在董純才同志之下，他都不滿意。所以，柳在原教育部的反黨分裂活動不僅反映了他的個人主義野心，也反映了他對中央的不滿。

根據這次揭發的全部材料看，柳湜的反黨罪行不是偶然的。他原來是一個資產階級知識份子，他的思想浸透了資產階級的世界觀和人生觀。他具有牢固的資產階級立場和觀點，具有嚴重的資產階級個人主義。入黨以後，長期沒有得到改造，所以，他長期同黨有矛盾。民主革命一關，他就沒有過好。他在延安任邊區政府教育廳長時，以民主人士身份（柳當時是秘密黨員），向黨爭教育上的財權、人權獨立，未成，就掛冠而去；他審查課本，把「邊區好」、「八路軍好」、「孔二小姐」（揭露四大家族揮霍民脂民膏的糜爛生活）等課文刪掉，說是有礙抗戰工作；他叫人把美軍新聞處的材料散發各縣；聽信米脂某小學校長（土紳）的意見，堅決主張將該校黨員教導主任撤職；等等。但是當時在民主革命時期，他同黨的矛盾還本[未]突出。到了社會主義革命和社會主義建設時期，資產階級同無產階級的矛盾已經成為主要矛盾，由於他還堅持資產階級立場，他同黨的矛盾就發展到顯明的對立。他對黨的方針政策處處抵觸，對新社會的新事物格格不入。一九五六年，在國際上出現了反共高潮和修正主義思潮，在國內他又從資產階級右派的立場觀點曲解了黨所提出的百家爭鳴、長期共存、團結知識份子和向科學進軍等方針政策，他覺得形勢對他有利，就積極起來，代表資產階級右派知識份子向黨反擊。首先是攻擊黨的肅反運動和對知識份子改造的政策。他到處去「視察」、講話，肆無忌憚地大放謬論。這是柳湜在一九五六年前後猖狂反黨的主要原因和背景。一九五七年，當政治戰線和思想戰線上的社會主義革命展開以後，革命的鋒芒指向資產階級知識份子的時候，柳湜更感到切膚之痛，他同黨的對立就更加尖銳了。他一方面消極躲閃，不參加反右鬥爭，另一方面，卻積極抵抗，為右派分子辯護，支持和庇護右派分子。這些，是柳湜堅持資產階級立場的必然結果。柳湜長期保持著嚴重的資產階級個人主義，他把黨當作個人追逐名譽地位的工具。到延安時，他自以為在白區作文化工作有功，是一個高級知識份子，竟以民主人士自居，對黨分庭抗禮。全國勝利以後，他的個人主

義野心更加發展。他對於黨所分配他的工作地位不滿足，同民主黨派
負責人比地位，同曾任過陝甘寧邊區政府廳長的其他同志比地位。當
個人願望一再得不到滿足的時候，他對黨的不滿就不斷增長。由於柳
湜長期堅持資產階級立場和嚴重的資產階級個人主義，他同黨的關係
長期矛盾，隨著革命的不斷深入而發展到同黨對立，最後就走上反黨
反社會主義的可恥的道路。

　　這份報告得到了中央的批准。中央批示：同意開除柳湜的黨籍，撤
銷原有職務，降級，另行分配工作。（據《關於清除黨內右派分子的決定彙編
（四）》，中共中央監察委員會辦公廳編，1959年12月，據《中國反右運動資料庫》光碟
轉引）

　　中國人民銀行總行劃出的黨內右派分子有前中國人民銀行總行國外業
務管理局局長，兼中國銀行副總經理詹武和他的妻子夏鳴。詹武，浙江溫嶺
縣人，夏鳴，瀋陽人，他們兩夫妻都是一九三八年入黨的共產黨員。夏鳴在
中國人民銀行總行國外業務管理局擔任副局長。一九五九年二月五日，中共
中國人民銀行總行機關委員會做出了關於開除右派分子詹武黨籍和開除右派
分子夏鳴黨籍的兩份決定，說：詹武和夏鳴在任國外業務管理局局長、副
局長期間，嚴重右傾，重用有政治嫌疑的舊人員，一味庇護，不讓進行審
查和改造，結成宗派集團，抗拒上級檢查，對批評者施行打擊報復，反黨
反領導，曾經給予留黨察看的處分。在大鳴大放期間，他們又與右派分子裡
應外合，向黨進攻。整風開始後，右派分子大肆向黨發動進攻，貼出了不少
攻擊黨的大字報，說：「詹武、夏鳴是共產黨內宗派主義的受害者」；說：
「肅反運動偏差是主要的。」等，要黨限期答覆，否則上街鬧事。這時詹武
等也利用右派進攻的時機，推波助瀾，與右派分子裡應外合，煽動群眾向黨
進攻，詹武還在總支大會上帶頭攻擊中央國家機關黨委及其檢查組，誣衊檢
查組是「逼供信」，是「捏造材料，欺騙中央」。接著黨內右派分子也一擁
而上，替詹武叫「冤」，攻擊歷次政治運動，特別是肅反運動，氣焰十分囂
張。就是這些材料，到了一九五九年初反右補課的時候，他們夫妻二人都
被劃為右派分子，開除黨籍，行政上按第二類處理，撤銷原有職務，監督
勞動。（據《關於清除黨內右派分子的決定彙編（四）》，中共中央監察委員會辦公廳編，

1959年12月，據《中國反右運動資料庫》光碟轉引）

　　中國人民銀行總行劃出的黨內右派分子還有辦公廳主任尚明，他是河南人，一九三八年入黨的共產黨員。據一九五九年二月五日中共中國人民銀行總行機關委員會關於開除右派分子尚明黨籍的決定說，他一九五六年為包庇國外局前局長詹武錯誤，受到撤銷黨內職務的處分。《決定》列舉他的主要反動言行有：一、攻擊歷次政治運動，反對思想改造。尚明在受處分後，對黨極為不滿。發現崔光企圖包庇詹武等翻案，就更加肆無忌憚的進行翻案活動。一九五七年一月份，利用準備政治思想工作總結的時機，在黨內會議上大肆誣衊黨的歷次政治運動是「蠻不講理，仗勢欺人」。說：「運動是靠優勢和聲勢解決問題」；運動一來就「不能解釋」，「不允許解釋」。他說在國外局案件中對他的批評和處分是「落井下石」。他攻擊領導上領導運動都是為著應付上級，任務觀點，只顧當時交差，不管遺留問題。他認為歷次運動副作用很大，「被批評的人抬不起頭來」，「看的人也感到不知那天算到自己頭上」。大鳴大放時右派分子朱紹文誣衊政治運動，大罵共產黨，他竟說：「我們過去鬥爭人家時，比人家現在罵的厲害的多。」二、利用各種場合運用各種手法，散佈右派言論，向黨進攻。總行召開黨代表大會時他利用起草「統戰總結報告」和「總結發言」的機會，系統的散佈了大量右派言論。他誣衊歷次政治運動滋長了黨內的宗派主義，嚴重的阻礙了資產階級知識份子積極性的發揮，並故意誣衊說：「為什麼對政治歷史上沒有懷疑的人政治上還不信任？為什麼相同的國家幹部，黨與非黨卻有不同的權力和權利？……答案只有一個，宗派主義。」

　　在黨代表小組長聯席會上，他還將從民主黨派座談會上收集來的大量右派言論，借向黨員「透氣」為名，向黨員大肆傳播，攻擊黨的歷次政治運動是：「過去社會地位越高，社會關係越複雜的知識份子，被鬥爭越厲害」，他們的心情是：「欲哭不哀，雖笑不樂」，他們本來是「資產」，將他們當「負債」。將知識份子當「弼馬溫」，免不了要大鬧天宮。誣衊黨群關係是解放後不如解放前，三反後不如三反前，肅反後不如肅反前，他還在辦公廳支部大會上動員鳴放時，宣傳這種反動言論，並說：「你不讓人家說，人家就會到街上去說，就會造成匈牙利事件。」他威脅黨員幹部說：「如果誰聽了這些群眾的話睡不著覺的時候，就請他吃點安眠藥。」

他是總行整風領導小組成員，分工領導國外局整風運動。在反右鬥爭中，他為了堅持翻案抗拒上級黨委，在他和崔光、喬培新、尹志海等反黨分子的庇護下，國外局漏掉了成批右派分子。但是，對反對包庇詹武翻案的積極分子蘇世銘，則利用右派分子對蘇進攻的機會（蘇離婚後與一女黨員顧肇墀戀愛，婚前懷孕），進行打擊陷害。他和國外局被反黨分子所把持的領導小組共謀，在鬥爭蘇世銘的群眾大會上，公然摘掉右派分子胡元民的右派帽子，來發動右派向蘇世銘進攻。為了打擊蘇、顧，製造罪名，國外局反黨分子尹志海等還強迫蘇與前妻葉秀梅重婚，重婚後因感情無法恢復，又去西四法院申請離婚。在西四法院正在審理的過程中，尹志海等又慫恿葉秀梅向東單法院誣告蘇、顧破壞婚姻法，妨害家庭。當西四法院已經弄清過去強迫蘇與葉重婚不對，準備判處離婚，來行徵求組織意見時，尚明和尹志海、王彬等共同策劃，要西四法院從緩判離，候東單法院對蘇、顧判刑後再處理蘇、葉離婚問題，以免在鬥爭蘇、顧過程中陷於被動。蘇世銘被陷害開除黨籍、東單法院判處拘役緩期執行後，尚明還說：「蘇如悔改不好，黨票下了，再下他的飯票。」就這樣，尚明被劃為右派分子，開除黨籍，行政上並按第五類處理，降職、降級、降薪。（據《關於清除黨內右派分子的決定彙編（四）》，中共中央監察委員會辦公廳編，1959年12月，據《中國反右運動資料庫》光碟轉引）

黨內右派分子還要說到城市建設部公用局副局長牟宜之（1909-1975），山東省日照市人。抗日戰爭時期任國民政府樂陵縣縣長。他即以縣長的身份，接應八路軍一一五師三四三旅進駐樂陵，建立冀魯邊軍政委員會和八路軍東進抗日挺進縱隊，牟宜之傾其縣政府財糧積蓄支援，並將縣武裝改編為八路軍泰山支隊。解放戰爭時期牟宜之歷任遼東軍區司令部秘書長兼敵工部長。全國解放後，先後任濟南市建設局局長。一九五三年調任林業部經營司司長。一九五五年任城市建設部公用局局長。他就在這裡遇上了反右派鬥爭，被劃為右派分子。康生說：「就憑牟宜之在國民黨內複雜的社會關係，他也是右派。」

中共城市建設部機關委員會《關於開除右派分子牟宜之黨籍的決定》羅列了他一些這樣的罪狀：誣衊毛主席；誣衊人民代表大會，說人代大會是對共產黨歌功頌德；誣衊我們的工作，說成績是次要的，缺點是主要的；說農業合作化後產量降低了，農民生活仍然很苦；誣衊蘇聯，說波匈事件是因

為大國欺負小國，蘇聯駐軍軍費就地籌給，軍紀不好，引起人民不滿的結果。此外他還否定歷次政治運動的成績。這一份材料報上去，中共中央批示：「同意中央國家機關黨委開除右派分子牟宜之的黨籍，行政上降職降級降薪的處理意見。」他被送到北大荒去勞動改造。可是他在勞動之餘作有大量詩篇，就寫在紙片上、煙盒上，甚至火柴盒上。這些當時無法公開發表的詩，二〇〇九年一月在人民出版的以《牟宜之詩》在書名正式出版。識者以為以詩存史，頗受重視。

北京地質學院黨委書記、副院長陳子谷（1917-1987），早年留學日本的時候參加過「左聯」日本分部的活動。一九三七年他到了延安，入陝北公學學習。不久分配到新四軍軍部工作。在一九四一年一月的皖南事變中被俘後，在上饒集中營裡堅持鬥爭。一九四二年五月在茅家嶺監獄暴動越獄，千辛萬苦回到新四軍軍部。他是在北京地質學院黨委書記、副院長的任上被打成右派分子的。據季音〈獄友陳子谷〉一文說，經過是這樣的：一九五七年春天，「共產黨提出要開展整風運動，反對黨內官僚主義、主觀主義等不正之風，號召知識份子向黨提意見，大鳴大放，幫助黨整風。地質學院也同其他單位一樣，經過一再的動員和號召，不少教職員工紛紛對領導的某些不正之風提出批評。前幾年地質學院在肅反運動中曾經出現過某些擴大化情況，整錯了一些知識份子，後來雖然都得到平反，但他們心裡有些怨氣，這些人意見就比較尖銳。作為黨委書記的子谷，以為黨提出的整風號召是真心實意的，完全不知道『引蛇出洞』的陽謀，在整風會上，他虛心聽取教職員工的各種批評建議，認為有些教師意見比較激烈，是由於過去受了委屈，也應當諒解。在一次職工大會上，他說：『過去我們在運動中整錯了一些好同志，我雖然不知情，也應對此承擔責任，現在我代表黨委向他們致歉，希望這些同志今後振作精神，把教學工作做得更好。』說到這裡，會場上響起熱烈的掌聲。」「一九五八年子谷被劃為右派分子，他的罪名是『賣黨求榮』，結論上說，一個黨委書記居然當眾向對黨不滿分子賠禮道歉，而且自己推諉責任，這不是『賣黨』嗎？……儘管子谷拒絕在結論上簽字，也無濟於事。……地質學院黨組織受北京市委領導，陳子谷的右派問題是北京市委定的案，絕對不可改變。」（《炎黃春秋》2009年第2期）

中蘇友好協會黨組副書記、駐會實際負責領導工作的第一副秘書長廖

經天，因為和黨組書記、秘書長錢俊瑞工作中的意見分歧也被劃為右派分子。他的回憶錄《晦明錄》中說：

> 周總理曾對錢俊瑞明確指示過：他的秘書長只是掛名，只管對外聯絡，機關內部問題由廖經天負責請示中宣部解決。因此，錢對機關內部事務採取了「又管又不管」的態度。

可是事實上錢對機關內部事務並不放手，廖經天管也管不了，不管也不行，工作很是為難。蘇共「二十大」之後，中國發表了〈關於無產階級專政的歷史經驗〉和〈再論〉，廖經天感到中蘇之間開始出現了分歧，得考慮考慮中蘇友協今後的工作了。於是他和錢俊瑞工作中的分歧就尖銳地發生了。他回憶說：

> 在這種情況下，我認為中蘇友協有必要改變過去那樣在全國範圍建立自上而下的龐大的機構搞宣傳蘇聯學習蘇聯的做法。
>
> 錢俊瑞等領導同志不同意我的意見，有的領導同志甚至說：「我們這樣做給蘇聯知道了不得了！」他們不同意我的意見，我不願意繼續執行過去的方針。這種意見分歧和不滿意他們的領導方法結合起來，消極情緒就更嚴重，只想一走了之。我向中宣部黨委崔毅同志和組織處長張海同志提出調動工作，得到他們的同意並給我聯繫了一些單位，後來黨委會明確表示要我到中央黨校學習，結業後不再回友協工作。從此，我就更加消極。

友協總會的整風反右派鬥爭原來是由廖經天負責的。一天，中共中央宣傳部通知中蘇友好協會總會黨組成員去開會。他回憶說：

> 我帶著經過黨組討論通過的總結提綱，和全體黨組成員一起到了中宣部。黨組另一位副書記、代表中蘇友協領導俄文《友好報》工作的林朗也來了。中宣部分工，原來是由張磐石副部長領導友協工作，平常研究友協工作的會議都是由他主持的，但這次卻由陸定一部長親

自主持，說明這次會議的分量和平常的會議是不一樣的。

陸定一部長宣佈開會後，由我根據黨組討論通過的提綱彙報友協總會由整風轉入反右派鬥爭的經過，劃了多少右派分子，他們主要的罪狀是⋯⋯剛彙報到這裡，陸部長突然打住我的話，叫我不要說下去了。他說：「友協總會的反右派任務進行得很不好，只抓了幾個蝦兵蟹將，『大鯊魚』沒有抓出來。廖經天，你以後不要再負責反右派鬥爭了⋯⋯」。

陸部長的眼睛看著另一位黨組副書記林朗說：「林朗，友協總會的反右派鬥爭以後由你負責，要你把『大鯊魚』抓出來。你有沒有信心把這責任擔負起來？」

林朗用堅定的口氣回答：「我有這信心。」

原來中蘇友協總會要抓的「大鯊魚」就是廖經天！可是林朗是個正直的人，他到友協總會機關詢問了各種意見的許多人，查閱了過去的會議記錄以及相關材料之後，向中宣部彙報說：如果把廖經天劃為右派，在群眾中通不過，而且將產生不良影響。林朗有負使命，於是中宣部派國際宣傳處處長胡韋德來中蘇友協總會完成抓『大鯊魚』任務。這樣，廖經天和林朗兩人都被劃為右派分子了。（見《廣西文史選二集》，廣西師範大學出版社2012年出版，下冊，第300-401頁）

共產黨內的右派分子，前面已經說過了毛澤東親自點過名的清華大學黨委常委袁永熙。他其實是衷心擁護毛澤東的「新方針」的。據郭道暉（當時是電機系畢業班的學生，任清華大學黨委委員兼宣傳部副部長）說，聽了毛澤東在最高國務會議上的講話錄音之後，記得當時清華大學原黨委書記袁永熙曾對我說：看來毛主席是想在他有生之年，做一個像唐太宗那樣的「明君」，在他領導下，開闢一個超越「貞觀之治」的開明盛世。（郭道暉：《從我的經歷看反右》，見《炎黃春秋》2009年第5期）袁永熙按照自己最好的願望去理解毛澤東的講話，結果卻使自己成為一名欽定的右派分子。

報紙公佈了他的材料：

袁永熙在整風運動中，利用自己的領導身份販運私貨別有用心地

歪曲和誣衊黨中央的方針……袁永熙直接領導的馬列主義政治理論課教研組的黨支部，在嚴重的階級鬥爭中，他們竟不是去保衛馬列主義的思想陣地，堅持黨的立場，相反，卻站在資產階級右派分子方面，成為向黨進攻的急先鋒。……馬列主義政治理論課教研組的右派分子接連對黨發動猖狂進攻，反對馬列主義政治理論課程作為學校必修課程，反對黨委領導政治理論課，貼大字報攻擊黨委整風無決心，誣衊黨委壓制鳴放，要求將團委書記阮銘撤職。對於這些烏煙瘴氣的行動，袁永熙卻表示欣賞和無保留的支持。他對政治教研組黨支部一再指示：「你們的情況基本正常，放的好，就這樣做下去！」

在人民日報發表了反擊右派的社論以後，他還別有用心地歪曲和誣衊黨中央的方針，他對接近他的幾位同志說：毛主席受到很大的壓力，國內告急，電報雪片飛來，都要求收。袁永熙的這個觀點，同北京大學右派分子所發出的反動傳單〈我們的憂慮和呼籲〉的基本思想如出一轍。

（7月22日《人民日報》）

袁永熙的結局，據郭道暉的這篇文章說，是「由市委派一位領導人來清華，在清華召開的緊急黨委會上宣佈市委的決定（而不是事先經清華相關黨支部和黨委討論通過）：開除袁永熙出黨和『停止』十一個黨委委員和黨總支幹部的黨籍（我也忝列其中）！緊接著就在《人民日報》第二版頭條和《北京日報》第一版上發表專題報導，『揭批』所謂以袁永熙為首的清華大學黨內反黨右派集團（我也被點名陪批），同時發表社論，號召開展反擊黨內右派的大鬥爭。這樣，清華就成為毛澤東和北京市委推動反右運動的『先進』樣板。」

在《人民日報》的這篇材料裡，提到了「接受他的思想影響的黨委宣傳部長郭道暉」，郭道暉又是怎樣成為一名黨內右派分子的呢，他回憶說：

六月七日，即反右前一天，蔣南翔校長找我到他家裡談話，其他五位副書記也在座，他們是黨委領導核心。把我一個人找去，是因為第二天《人民日報》要發表〈這是為什麼？〉的社論，拉開聲勢浩大

的反右大潮。他們要求校刊立即緊跟，爭取主動，轉入對「右派」的反擊。蔣南翔說：「這次鳴放，是一場階級鬥爭。」說錢偉長等人的「理工合校」、「教授治校」等主張，意在奪取黨對教育的領導權，物理系何成鈞教授說「毛主席的太陽沒照到清華園」，這些都是反黨反社會主義的右派言論，《新清華》應該開始反擊。

我卻說，明明是我們自己發動群眾、動員群眾幫助黨進行整風，一下子怎麼變成階級鬥爭了？錢偉長、何成鈞等教授的言論是人民內部矛盾，怎麼就是反黨呢？我想不通。書記們輪流發言，做我的工作，批駁我的觀點，從上午十時辯論到下午二時，午飯也顧不上吃，還是沒有作通。最後我還明確堅持提出兩點意見和一點聲明：一是不應當把整風鳴放定性為階級鬥爭；二是「雙管齊下」，首先應該是整風，應該接受群眾合理的意見，「邊整邊改」，才能表明我們整風是有誠意的，才能團結大部分中間群眾；而不應該以反右為主。一點聲明是：錢偉長、何成鈞等教授在「一二·九運動」中是愛國的積極分子，解放前後也是進步的。劃他們為「右派」，我保留意見。四個小時的辯論，以一對六，頗有「舌戰群儒」的味道，這就成了我被劃為黨內右派分子的第二大罪狀：「頑固堅持反黨右派立場」。這也多少反映了黨內並非都是一味緊跟毛澤東的陽謀的。

（郭道暉：《從我的經歷看反右》，見《炎黃春秋》2009年第5期）

毛澤東在《一九五七年夏季的形勢》一文中說黨內右派分子是「一些同黨外團外右派分子政治面貌完全相同的人」，強調了兩者相同的一面，其實黨內的反右派鬥爭還有它特殊的背景，還有它的特殊性。這個背景就是一九五六年發生的所謂「反『冒進』」事件。當毛澤東決心反右派的時候，他是把「反『冒進』」同「右派進攻」聯繫起來考慮了。反對黨內右派，正好算一算反「冒進」這筆賬。一九五六年六月二十日《人民日報》發表社論〈要反對保守主義，也要反對急躁冒進〉，引起毛澤東惱怒的事，本書前面第三章已經詳細說過了。在反右派鬥爭中，有些地方把反對黨內右派的鬥爭直接同反冒進一事聯繫了起來。

中共甘肅省委第一書記張仲良一九五八年二月九日在中共甘肅省第二

屆代表大會第二次會議上做了個〈鼓足幹勁，苦戰三年，為改變甘肅面貌而鬥爭〉的報告，其中有一萬多字是講「孫殿才、陳成義、梁大鈞右派集團」的。列舉了他們許多罪狀：「孫殿才視察銀川、吳忠地區時，只聽地主、富農和一些右派分子的反映，代表那些人把合作化污衊得一無是處。」「這個集團的其他成員則說：『五百萬畝水地是六百條人命換來的。』」「梁大鈞則罵別的專區增產是『吹牛』，並且四次壓低銀川專區的產量，不完成省人民委員會分配的糧食徵購任務。」「這個右派集團利用在省人民委員會的據點，採取種種手段刁難抗拒省人民委員會黨組書記執行黨的決議，企圖奪取黨組的領導權，把省人民委員會變成他們的反黨司令部。」他們「在政法工作中，以『無罪推定論』，『任何人在法律面前一律平等』的資產階級法律觀，為敵人開脫罪責。」張仲良在這篇報告裡還指控了已經調離甘肅的孫作賓。他說：「這個集團的首領和思想奠基人，是曾任甘肅省委副書記的孫作賓。遠在解放以前，以孫作賓為首，包括陳成義、劉餘生等人，就開始形成了一個地方主義小集團。」（1958年8月16日《甘肅日報》）

在一九五八年五月舉行的中共第八次全國代表大會第二次會議上，張仲良又在大會發言中談到甘肅省委反右派的情況，他說：

> 黨內外的右派分子便利用我們工作中的個別缺點，大肆向黨攻擊。說「五百萬畝水地是人命換來的」，是「秦始皇磨民」；說一九五六年的各項工作都「冒進」了，「技術改革措施搞壞了」，這些「都是領導上腦袋發熱造成的」；說批判「甘肅落後論」是「無的放矢」；說一九五六年春季召開的區委書記會議是一個「冒進」會等等。……經過全民整風運動和反右派鬥爭，特別是經過了傳達八屆三中全會的精神，在黨內清除了以孫殿才（原省委常委、副省長）、陳成義（原政法黨組書記、副省長）、梁大均（原省委委員、銀川地委第一書記）為首的右派反黨集團，情況大變。一個波瀾壯闊的社會主義建設高潮，一日千里地向前邁進。一九五八年的水利工程六個多月的成績就等於一九五七年的十倍。原來準備十年基本上擺脫乾旱威脅的願望，現在看來，只要苦戰三年就可以實現。（1958年5月17日《人民日報》）

　　從甘肅的事例可以知道，反右派鬥爭，特別是反對黨內右派的鬥爭，為接踵而來的大躍進掃清了道路。

　　也許就是因為表現出了反對「反冒進」，反對黨內右派和大躍進的積極性，張仲良在這八大二次會議上被增選為候補中央委員。這裡順便講一下這人後來的一件事。《邱會作回憶錄》裡講了這樣一件事：

　　　　一九六一年冬，空軍作為一個社情，報告了甘肅河西走廊玉門地區的災情很嚴重。周總理又叫我立即去看一下，並當面交代由軍糧撥出五萬斤，調幾台汽車，把糧食直接送到村子裡去。總理說：「爭取時間，實行緊急救災，把口糧早一天送到，就要少死好多人。」我把周總理的命令直接下到兵站去了，並要他們星夜兼程把糧食送到安西敦煌去，由汽車團派副團長帶隊，在二十四小時以內就到達了指定地區，對此，周總理非常滿意。

　　　　玉門、酒泉地區發生了這樣嚴重的災情，死人估計上萬。對此，甘肅省委一個字的報告也沒有，周總理追問也回答不出一個所以然。總理是不愛生氣的人也生氣了，在忍無可忍的情況下，周總理向毛主席作了比較詳細的報告，毛主席立即調省委書記到北京，向中央報告全省的災情，為了此事，張仲良也就下臺了。

　　　　　　　　　　　　　（香港新世紀出版社2011年版，上冊，第320-321頁）

　　這裡，邱會作說「張仲良也就下臺了」，是說得簡單了一點。當時他大約少不了要聽幾句批評，卻並沒有「下臺」。我查閱了《中國共產黨組織史資料》，一九六一年一月，張仲良只是由中共甘肅省委第一書記改任第三書記，第一書記改由汪鋒擔任，他為這件事受到的影響不過如此。張仲良後來是調到江蘇省做大官，他是在江蘇省人大常委會副主任的任上病死的。邱會作說這件事是在「一九六一年冬」，恐怕是「一九六〇年冬」之誤。

　　大躍進發動之後，在一些對大躍進持抵制態度的幹部裡，也有人在一九五八年的「整風補課」裡被劃為右派分子。中共雲南省蒙自縣縣委書記毛光書就是一個。田啟昌的〈趙沛談毛光書〉一文中說了他的事情。趙沛原來是蒙自專署財政科科長，劃為右派分子之後和毛光書一同在紅河州勞教所勞

動教養。他告訴田啟昌：

> 毛光書原是蒙自縣委書記。大躍進開始後，上級要求蒙自縣一個月內實現滾珠軸承化，毛光書說根本做不到。派他去貴州某縣參觀畝產一萬多少斤糧食的高產田，他回來後不傳達不宣傳。問他為什麼？他說那是假的。上級要求蒙自實現水利化，他也說這不是一下子就可以實現的。反正凡是大躍進中的虛報浮誇、盲目冒進他都不信、不幹。於是，他就被認定為反對大躍進的反黨右派分子。
>
> 毛光書自始至終不認錯，不服批鬥。到勞教所後，繁重的勞動，長期饑餓的折磨，很快就全身浮腫。不久他的身體已經完全垮了，下不了床，更說不上出工勞動。
>
> 　　　　　　　　（見《二十一年》，作家出版社，2005年版，第一頁68-69）

不久毛光書就死於紅河州醫院。

黨內的反右派鬥爭也涉及到農業合作化問題。毛澤東一九五七年一月在省市自治區黨委書記會議上的講話中說：「農業合作化究竟是有希望，還是沒有希望？是合作社好，還是個體經濟好？這個問題也重新提出來了。」（《毛澤東選集》第五卷，第331頁）這件事，在杜潤生著《中國農村體制變革重大決策紀事》一書中說的要具體一些：「農民對合作化的不滿，最早是『鬧退社』。大約在一九五六年──一九五七年曾有過一次拉牛退社風潮。當時有遼寧、安徽、浙江、江西、四川、陝西、河南、河北等八個省的農村工作部反映存在退社和鬧社的問題。」（人民出版社2005年版，第84頁）書中他舉例說：

> 浙江省溫州地區永嘉縣委書記和農工部戴浩天於一九五六年，在永嘉進行了包產到戶的試驗。不久，推廣到全縣二百多個農業社實行。溫州地區各縣也紛紛效仿，推廣到一千多個農業社，包括十七、八萬戶社員（約占入社農戶的百分之十五）。溫州成為當時包產到戶最多的地區。（同上書，第85頁）

這裡說的戴浩天當年只是中共永嘉縣委員會農村工作部的一名幹事。在包產到戶這件事情上，起了更大作用的是永嘉縣委分管農業的副書記李雲河，他寫了一篇〈「專管制」和「包產到戶」是解決社內主要矛盾的好辦法〉。到了反右派鬥爭中，他被說成是「手持雙刀大砍社會主義」的右派分子。據《人民日報》（10月13日）所載〈溫州糾正包產到戶錯誤做法〉一文中說：「在九月下旬召開的中共永嘉縣代表大會上嚴厲地批評了李雲河的錯誤，李雲河在會上作了檢討。」除了他之外，縣委農村工作部的部長韓洪昌、副部長呂克熙和周祥千，幹事戴浩天，縣農業局局長胡宣哲都被劃為右派分子。（見徐勇著《包產到戶沉浮錄》，珠海出版社1998年版，第50頁）當年〈劃分右派分子的標準〉第一條就規定：「反對城市和農村中的社會主義革命」的就要劃為右派分子，李雲河等人主張包產到戶，就是反對合作化，反對農村中的社會主義革命，當然要劃右派了。

反對黨內右派還有利於解決黨內的矛盾。有的單位黨員領導幹部正副職之間長期不和，關係很僵，無法解決，黨內開展反右派鬥爭，就為解決這一矛盾提供了方便。一些領導幹部只要能把他的副手在工作上的不同意見都算作反黨反社會主義，就能把他劃為右派分子，在權力鬥爭中取勝了。浙江省委第一書記江華就把他所不滿意的浙江省省長沙文漢劃為右派分子了。沙文漢是一九二五年入黨的共產黨員，他和他的妻子陳修良長期從事地下工作。反右派鬥爭開始，江華決定把沙文漢和副省長楊思一打成一個右派集團，就動員彭瑞林寫他們的材料，彭瑞林是省人民檢察院檢察長，他不肯落井下石，拒絕作偽證，因而也成了右派集團的一員。後來彭瑞林在回憶錄中說了這件事：

> 省委江華等四位領導把我請到大華飯店老房子江華住處，他們要我揭發沙、楊的反黨罪行，說我在黨代會上提沙文漢為候選人，說在某些方面沙比江好，說我與沙、楊關係密切，以不同方式向黨進攻，但是他們說我的問題同沙楊性質上有不同，只要能揭發他們，仍能得到黨的信任和重用。我再三說明：「沙楊有錯誤，但沒有反黨言行。」兩天後，江和另一位副書記又找我談話，一再逼我揭發沙、楊問題，這時，我已看出他們的目的是要我昧著良心陷害人，我很氣憤，什麼話

也沒有說，最後指著江華說：「沙文漢作風比你民主，沒有像你這樣粗暴。」江華非常惱火。我二話沒講，拎起皮包就走。

最後是用什麼罪名把他們打成右派集團的呢？江華在八大二次會議上談到了一點：

在整風和反右派鬥爭中，取得了思想戰線和政治戰線上社會主義革命的偉大勝利。同時，比較徹底地整頓了一次黨的組織和幹部隊伍，揭露出一批右派分子，特別是揭露出像沙文漢、楊思一、彭瑞林、孫章祿等隱藏在省委內部的右派分子。這些人是階級異己分子和叛徒，是極端個人主義者。他們與黨外右派分子互相呼應，進行地方主義、修正主義和其他反黨反社會主義的活動。他們為了實現篡奪黨的領導的野心，在黨內製造混亂。到處找岔子，拿大棒敲人。使黨內的一部分人產生一種「多做多犯錯誤，少做少犯錯誤，不做不犯錯誤」的錯覺，使浙江黨組織在貫徹黨的各項方針、任務上遇到了很大的困難。（1958年5月19日《人民日報》）

罪名說得頗為抽象，連甘肅那幾位似的反冒進的材料也沒有。二十年之後（1977年9月8日）《浙江日報》上的一篇文章重提此案，說沙文漢「他們叫囂黨政分工，反對黨委對政府工作的領導。他們攻擊黨的幹部路線，劃圈圈，搞分裂，搞陰謀詭計，搞地方主義。他們誣衊黨內沒有民主，要搞資產階級自由化。」說的也頗抽象。不過從「他們叫囂黨政分工，反對黨委對政府工作的領導」這些話裡，不難看出一點真相。沙文漢當時是浙江省省長。這些說法明顯地反映出了省委第一書記和省長的權力之爭。據《浙江日報》這篇文章透露：當時毛澤東曾親自過問此案，文章說，「毛主席聽了省委關於沙、楊、彭、孫問題的彙報，作了許多指示。經黨中央批准，給他們戴上右派分子帽子。」這些都說得很簡單，多年之後，沙文漢的妻子陳修良發表了一篇〈反右鬥爭的前因後果〉，就說得詳細明白了：

在這次反右鬥爭中，我與沙文漢都成為主要的鬥爭對象。在全國

五十五萬右派分子中，沙文漢的職別最高，這樣老的黨員都被劃為右派分子，震動很大。沙文漢為什麼被劃為右派，主要是1956年浙江省第二次黨代大會上的發言被認為是反黨反社會主義言論，現在把他的發言的主要內容摘幾段如下：

「我們各級人民委員會多數都不健全，很形式，甚至連它應該怎樣在黨委領導下工作的問題也沒有得到解決。就以省人民委員會的情況來講吧，差不多每次開會都只能勉強湊足達半數的法定人數，討論問題，幾乎完全是做做樣子。」關於政府工作問題，他又說：「至於人民委員會所屬的各廳局工作是不少的，但幾乎所有的事情都非請示黨委的有關部門不行。稍大一些事情，還得由省委書記處決定，工作很少有獨立思考的餘地，政府機關應辦的工作，多半是黨委的部門與分工的常委辦的。這樣不但使黨委應做什麼，政府應做什麼的責任界限分不清楚。更加嚴重的是，使黨委行政事務過多，在日常行政事務的壓力下，不能不放鬆政治思想領導，使行政機關不能不有等待、依賴心理，不能充分發揮他們的積極性，而人民委員會也就等於空架子，沒有事情可以討論，敢做決定。」

關於怎樣發揮人民民主專政作用問題，他說：

「怎樣體現人民民主專政，讓它具有憲法所規定的完整形式和內容，使能按照黨的意志和方法去動員領導人民，進行社會主義建設與對反動勢力的鬥爭，另一方面是黨怎樣去運用政府機關發揮這個龐大的機器的作用，從而使黨委本身能在政治思想和重大方針政策，工作步驟上的領導有所加強。」

沙文漢同志認為這問題是「當前對政權機關的觀念和實際工作上最根本、最需要解決的問題」，接著他又提出了自己的建議：「政府機關應有獨立的形式和自己平衡統一領導組織，這是否是鬧獨立分散，妨礙黨委工作，可以進行認真的研究討論。」

「黨委各部門應按中組部規定的四條（即黨委對政府工作提出方針、政策、政治思想、監督等）加強對政府工作的監督，黨政同種性質的部門負責人，應盡可能不兩面兼職。黨委與政府部門的關係如何擺法，並使之少重複，少扯皮，而能各盡其職責，發揮他們的作用。」

「省政府中應成立總黨組，各廳局設立分黨組。」

這些意見確是切中時弊的好主張，當然他還沒有具體提出黨政分工的原則性與重要性，這是有局限性的，但無論如何，在當時條件下，沙文漢同志能從實際出發，要求實行黨政分工，反對以黨代政，發揮人民政權的作用，是完全必要的，正是黨內外應展開討論與解決的問題，但卻不幸被指責是什麼「反對黨對政權的領導」，是什麼「資產階級政權觀點」，「與省委唱對臺戲」，「陰謀篡黨奪權」等等。

他在這次發言中還批評了「黨內民主太少」，「每屆省委存在嚴重的驕傲自滿和主觀主義的思想方法」，同時他也進行了自我批評。由此可知，以上問題的爭論是重大的原則分歧，涉及到黨怎樣領導政府的問題，根本不是什麼「資產階級政權觀點」，而是正確的黨政分開的理論。

（《往事微痕》2009年8月5日，第27期，陳修良〈反右鬥爭的前因後果〉）

這個右派集團的第二號人物楊思一是十年內戰時期加入共產黨的，抗日戰爭時期擔任過新四軍的師政治部主任。這時是中共浙江省委常委、副省長。他身體一直不好，血壓很高，經過大會小會批判鬥爭，十一月十七日半夜腦溢血發病，家裡的電話也打不出去了，要不到車，拖延到天亮才送醫院。在昏迷中拖了兩天，於二十日去世。按說人都死了，總可以不再批鬥了吧，可是不成，當時並沒有宣佈他的死亡，在批鬥沙楊彭孫右派集團的時候還是照樣批判他。

還應該指出的是，沙文漢還是全國最後一個徹底改正的右派分子。全國大多數右派分子大都是一九七九年、一九八〇年改正的。而這時江華正是政治上能量很大的紅人，擔任最高人民法院的院長，而且還兼任審判林彪江青反革命集團案主犯特別法庭的庭長。中共浙江省委不敢受理陳修良一次再次的申訴，一口咬定沙文漢的右派問題不是錯劃，不應改正。直到後來譚震林過問，到了一九八二年八月十日才給他改正。這時沙文漢已經去世十八年了。（據《炎黃春秋》2010年第3期所載〈「右派」省長沙文漢〉一文）

安徽省反出了一個以李世農為首的右派集團。李世農是省委書記處書記，副省長，分管政法工作。這個集團有楊效椿（省委委員、省委組織部副

部長、省檢察長）、李銳（省委委員、省副檢察長）、陳仁剛（省司法廳黨組書記、副廳長）這些人，都是安徽省政法方面的領導幹部。據報紙上公佈的中共安徽省委開除他們黨籍的決議說，「李世農是這個反黨集團的首腦，他夥同他的爪牙，利用職權，寬縱了大批反革命分子、壞分子。他還經常散佈取消肅反鬥爭、為反革命開脫罪責的謬論，說什麼『殘餘反革命保險一個也找不到』、『反革命分子有兩面性』、『反革命分子在我機關多做一年工作，等於多贖一年罪』。他甚至親手制定一些該判不判、重罪輕判的案例，令各地仿行。據初步統計，經過李世農罪惡指導，全省放掉的反革命分子和其他壞分子達二千餘名之多。」（1958年3月10日《人民日報》）

關於李世農其人，中共安徽省委第一書記曾希聖在一篇報告中是這樣說的：「李世農貌似忠厚，偽裝樸素，如果我們只看到他的這種假像，就會認為他是一個『正人君子』。但透過假像去看他的本質，就會瞭解他是內懷奸詐、居心叵測、抬高自己、打擊別人的野心分子。又如：李世農向中央多要救濟款，如光從這一問題的表面現象來看，可能認為他是關心災民，也可能認為他是在救災問題上有依賴思想。但實際上他是有意誇大災情，借此否定合作化的成績和攻擊省委對災情的正確估計。」（1958年3月10日《人民日報》）忠厚是貌似的，樸素是偽裝的，這正好是他奸詐的證據。這固然是修身方面的大毛病，卻還只關係一個人的榮辱。至於說，省委的正確估計是災情不大，而他卻要有意誇大，這事就要關係若干人的生死了。

李世農集團的其他成員，據報紙上說，「楊效椿親自寬縱了反革命分子和其他壞分子一百余名，錯誤地釋放了大批被勞動教養的人，並且誣衊一九五五年的肅反運動是『犯了擴大化的錯誤』。」（1958年3月10日《人民日報》）

陳仁剛。據報紙上說，「安徽省委曾指示各地批判右傾思想，堅決打擊反革命分子和壞分子的各種破壞活動。但是，省負司法領導責任的陳仁剛，卻抗拒省委指示，竟在蚌埠召開的縣人民法院院長會議上佈置反『左』的任務，要求司法幹部不要『腦子發熱』『盲目附和』，說『省委今春提出在政法部門批判右傾是錯誤的，與中央文件精神不符，與下面情況不符』。」這篇報導還說「今年三月間在皖南的時候，陳仁剛要歙縣、績溪、寧國、屯溪四個縣市複查一九五五年早經多次檢查並據實判決的案件。他還

親手檢查兩個案件，企圖把因造謠污衊人民政府、破壞統購統銷而判罪的原被管制的反革命分子俞伯淵改判『教育釋放』，把不法地主分子汪碧玉『免於刑事處分』。陳仁剛還把他這種包庇反革命分子和壞分子作為『榜樣』，要這些縣市的司法幹部仿效，企圖為犯罪分子開脫罪責。」

　　據這篇報導說，陳仁剛還有一個大錯誤，就是同廳長李湘若的關係。李湘若是農工民主黨的成員，曾經對國民黨軍隊進行策反活動，解放後被安排當了安徽省司法廳長。陳仁剛在名義上是李湘若的副手，但作為司法廳的黨組書記，是事實上的領導人。可是呢，「整風運動開始以後，陳仁剛和黨外右派分子、安徽省司法廳廳長李湘若裡應外合向黨進攻。李湘若為人奸詐，一貫對黨不滿，陳仁剛是知道的。但陳卻毫無原則地吸收李參加不必要參加的黨的重要會議，把黨內機密文件給李湘若看，並將他自己下鄉收集的那些反動的所謂『調查』材料，告訴李湘若。李湘若在向黨進攻時，就運用了不少上述材料。」（1957年9月7日《人民日報》）假如他同李湘若關係緊張，李湘若攻擊他有官僚主義、宗派主義等等，那就好了。

　　關於李世農一案，關於安徽省的反右派鬥爭，尹曙生的〈讀曾希聖給中央的檢查〉一文提供了一些背景材料：

　　　　安徽的反右派鬥爭，在曾希聖的主持下，共劃出右派分子三萬一千四百七十二人，是劃右派最多的省份之一，使全省黨內、外精英受到重創。因為曾希聖獨出心裁，花樣翻新，他將中央劃右派的六條標準擴大為十二條，增加六條，即：醜化黨的領導，醜化積極分子，挑撥黨群關係，挑撥群眾關係，反對農業「三改」，反對河網化。這十二條標準，可以隨意把一個人打成右派分子。安徽的反右派鬥爭是從文教界開始的。首先是中共安徽省委文教部副部長、安徽省文聯黨組書記兼主席戴岳為首的十六人被打成「文聯右派反黨集團」；接著，安徽文聯黨組成員、《江淮文學》副主編王影和文聯黨組成員、《江淮文學》副主編石青被打成「文聯右派反黨集團」；省文化局以陳仲、張熙才、余建民為主要成員被打成反黨集團。緊接著反右派鬥爭在教育、衛生、科技部門展開，所劃右派越來越多，鬥爭越來越殘酷。僅省立醫院和安徽醫科大學及其附屬醫院，副主任醫師以上高級

職稱被打成右派的就有五十八人。在三萬多右派中。有二萬五千一百三十七人是文、教、衛和科研單位的知識精英、科研骨幹。

就在反右派鬥爭如火如荼之際，一九五七年十一月二十一日至二十四日，中共安徽省委召開一屆四次全體會議，十二月十五日省委召開一屆六次擴大會議，專門對李世農、楊效椿、李銳等人開展批判，以解決省委內部的「右傾」問題。十二月二十五日，省委報經中央同意，決定延長會議時間，並將會議擴大到省、地（市）、縣三級幹部會議，共一千五百多人參加，還有一千八百多人列席會議，共有二百六十一人大會發言或書面發言，口誅筆伐，揭發、批判李世農等人的所謂右派反黨罪行。會議通過〈關於開除右派分子李世農、楊效椿、李銳黨籍，撤銷黨內外一切職務的決議〉，並定性為「右派反黨集團」。一九五八年三月十日，省委向全省發佈公告稱：「這是安徽政治思想戰線上的一次巨大勝利，是安徽反右派鬥爭的最重大成果」。同一天，《人民日報》為此專門發表社論。社論是根據省委的報告和曾希聖在批判李世農等人大會上指控的「罪行」基礎上寫出的，社論「祝賀安徽省委這次會議的成功，祝賀他們在這一巨大勝利基礎上乘勝前進。」

李世農等人被指控的主要「罪行」是：「千方百計地阻撓公安機關對反革命活動的打擊，包庇和縱容了大批反革命分子、自首叛變分子和其他壞分子，為他們開脫罪責，為他們免刑減刑，為他們翻案——他們對人民犯下了不可饒恕的罪行。」（社論原文——筆者）

這樣的指控完全是顛倒黑白。從一九四九年解放到一九五七年底，安徽在鎮反、肅反中不存在包庇和縱容反革命的問題，而是嚴重擴大化的問題，尤其是從一九五四年以後，在農業合作化和工商業社會主義改造過程中，把幾十萬不滿意合作化的農民和工商業者打成新生的反革命、壞分子，造成了極為嚴重的後果。（《炎黃春秋》2013年第1期）

尹曙生的這篇文章還告訴人們：李世農等人受到的指控，實際情形是怎樣的：

一九五六年，在內部肅反中有一千七百多人未經檢察院批准公安機關擅自逮捕的。為此省檢察院向公安廳提出，今後捕人應先辦批捕手續，後捕人。這就成了李世農、楊效春、李銳「右派反黨集團」包庇、縱容反革命罪狀之一。

另一件事發生在一九五五年第二次大規模的社會鎮反中間：

全年逮捕二萬七千六百十一名反革命，超額完成任務。其中一千四百十九人沒有任何反革命罪行，有的只是家庭成分不好，有的對合作化有意見說過牢騷話而被逮捕，且沒有任何批准手續，檢察機關提出補辦手續，公安機關不得已將他們當中大部分人釋放。為此曾經遭到李世農的批評。這就成了李世農「右派反黨集團」的又一罪狀。

李世農一案是當年著名的大案，全國省級以上報紙都作了詳細報導，公佈了中共安徽省委開除他們黨籍的決議，刊登了省委第一書記曾希聖評論此案的長篇講話，《人民日報》還配發了社論，輿論造得很足。可是他不像別的右派分子一樣要等到一九七九年才「改正」，到一九六二年七月，也就是在擴大的中央工作會議（即「七千人大會」）之後，李葆華接替曾希聖擔任中共安徽省委第一書記，在那短暫的政治空氣比較寬鬆的時候，即對李世農的問題進行甄別，給他平了反。算是少數幸運者之一。

河北省反出的黨內右派分子有省委常委、省委統戰部部長劉洪濤、省委候補委員、省工會聯合會主席杜存訓等人。據報紙上說，「一九五七年夏季，當資產階級右派向黨發動猖狂進攻的時候，劉洪濤和右派分子王葆真結成政治上、思想上的聯盟，向黨進行了猖狂的進攻。一九五七年三月間，王葆真借水利問題向黨和人民政府發動了攻擊，否認黨和政府幾年來水利工作的巨大成就，污衊黨和政府『虛擲』水利經費，給河北人民造成了嚴重的災害。劉洪濤竟給王葆真出謀劃策，企圖借水利問題混淆視聽，製造混亂，以達到其反黨反社會主義的目的。在一九五七年八月省人民代表大會第六次會議期間以及會後，劉洪濤為了包庇王葆真，掩蓋他自己的反黨罪行，進行了一系列的反黨活動：堅決反對在大會上對王葆真的徹底批判；隱瞞王葆真的反黨言行材料；以省委統戰部長身份，使用威脅手段，玩弄兩面手法，阻止對王葆真的批判」（1958年7月12日《人民日報》）。

這裡提到的王葆真是老同盟會員，中國國民黨革命委員會成立時即任中央常委，李濟深任命他擔任民革華中軍事特派員，在長江一帶策反國民黨的軍隊。在一篇題為〈解放前夕民革的軍事策反活動〉的文章裡說到一件這樣的事情：一次「董必武秘密給了李濟深七百萬元活動經費。李濟深交給王葆真六百萬元、余心清一百萬元，讓他們到北方去進行策反活動。」（2009年3月6日《團結報》）可見對他的倚重了。一九四九年二月王葆真在上海被捕，五月上海解放才得以出來，即赴北京出席第一屆政協會議。他這時是第一屆全國人大代表。當然是省委統戰部部長劉洪濤重要的工作對象。

杜存訓的問題，據這篇報導說，「杜存訓打著維護工人階級利益的招牌，公開煽風點火，反對和破壞黨對工人運動的領導，利用少數人的不合理要求和狹隘的經濟利益，來破壞工人階級社會主義事業的根本利益，煽動和欺騙工人群眾；把鬥爭的矛頭引向黨，利用工人鬧事來反對黨，挑撥工會與政府對立，阻撓和抗拒執行政府的法令，企圖把工會凌駕於國家政權之上」（1958年7月12日《人民日報》）等等。

廣西反出的黨內右派集團，是以前廣西省委常委、廣西省副省長陳再勵為首，包括前省委常委王夢周，前省委員廖原、駱明、王浩，候補委員廖聯原等人。他們的問題，據報紙上說，是從一九五六年六月開始，「就打著『反冒進』、『反主觀主義』的旗幟，極力詆毀農業合作化和農業生產取得的巨大成就，攻擊黨的領導，進行破壞黨的團結的活動。到一九五七年六月，中央宣佈處理因災餓死人事件時，他們的反黨反社會主義活動發展到最高峰。硬把因災餓死人事件說成是合作化和糧食統購統銷政策所帶來的惡果，並進而全盤否定廣西的工作成績，認為黨在農村工作上『犯了路線錯誤』，要求『重新估計農村工作』，要省委『肯定錯誤』。」廣西被反出的黨內右派分子還有自治區檢察院副檢察長徐江萍。據報紙上說，「當去年黨內外的資產階級右派向黨瘋狂進攻時，他惡毒地攻擊肅反成績，替地主、富農、壞分子和反革命分子『伸冤』叫囂，硬說所謂『冤案』、『錯案』占百分之五十以上。」（1958年7月15日《人民日報》）

一九五八年四月，中共雲南省委擴大會議反出了一個以省委常委、省委組織部部長鄭敦、副部長王鏡如為首的「反黨集團」。鄭敦，廣東揭陽市人，一九三八年加入中國共產黨，曾經在延安中央黨校學習。解放戰爭期間

到雲南建立游擊根據地，擔任滇桂黔邊區黨委常委，宣傳部長。據這次省委擴大會議揭發：鄭敦這個「出身于官僚地主家庭的階級異己分子」「以雲南地方幹部的『領袖』自居，竭力利用地方主義的遺留影響，培植個人勢力，堅持反黨活動。一九五六年社會主義革命高潮時，與由嚴重資產階級個人主義發展而墮落的蛻化變質分子王鏡如，結成反黨集團。」「在一九五六年匈牙利事件以後和右派分子向黨進攻之時，鄭、王反黨集團一方面利用全省取得高級合作化勝利後的個別缺點，誇大所謂『陰暗面』，率領親信，調派『骨幹』，到處搜羅所謂農村的『黑暗』，污衊社會主義革命為黑漆一團。」（5月26日《人民日報》）

　　據大姚縣縣委副書記、縣長董安國寫的〈「鄭、王反黨集團」的「一條腿」〉一文透露：

　　鄭敦是怎樣成為「反黨集團的右派分子」的呢？其實鄭敦只不過是張子齋和孫康的替罪羊。一九五八年三月，（省委第一書記）謝富治去成都參加中共中央（西南局）反右深挖補課會議，回到昆明後說：「某某省有『地方主義』，難道雲南就沒有？」矛頭直指雲南地下黨和「邊縱」。謝富治等人採用先做帽子再找人的辦法，首先把時任省政府秘書長的張子齋（原任「邊縱」政治部主任）和省委統戰部副部長孫康（原任「邊縱」領導人之一）定為打擊對象擬報中央。不料報告轉到周恩來總理和中央統戰部部長李維漢那裡，他們考慮到張子齋是白族，孫康是孫中山的侄孫，因此中央沒有批准。接著謝富治就將目標轉到了時任省委常委、省委組織部部長鄭敦的頭上。（魏光鄴編：《命運的祭壇》，作家出版社，2008年版，下卷第957頁）之一）

　　王鏡如是中共雲南省委組織部第一副部長，據董安國的這篇文章說，「在四月十一日批判鄭敦的會議上，省委領導要王鏡如揭發鄭敦，王鏡如本著實事求是精神拒不亂批亂揭。省委就認為王與鄭劃不清界線，同流合污，決定給王鏡如也戴上右派帽子，因為王鏡如是老區來的幹部，又給他戴上一頂『蛻化變質分子』的帽子。」（同上書，第956頁）接著，報報紙上公佈了「反黨集團」的材料，說，鄭敦「出身于官僚地主家庭」，「他的野心活動早在

一九四八年雲南地下武裝鬥爭時期即已開始」，「以雲南地方幹部的『領袖』自居」。據這篇報導說，鄭敦王鏡如「他們宣稱老幹部『沒有文化』，應該採取贖買政策讓其退休，『進博物館』。」（1958年5月26日《人民日報》）

董安國的這篇文章還說到，因為此案的牽連，「省委組織部四分之一的幹部跟著被劃為右派。廣通縣因鄭敦帶著省委工作組在那裡工作，縣委書記仇開明、縣長丁鈞等縣委領導班子大多數被打成『反黨集團成員』。二百多名南下和地下黨『邊縱』幹部幾乎淘汰殆盡。」（同上書，第958頁）董安國本人也受到牽連，中共大姚縣縣委書記剛說董安國是「鄭、王反黨集團」的「一條腿」，把他和前來大姚縣檢查工作的鄭敦一點工作上的接觸說成是「和鄭敦一鼻孔出氣」，製造出了一個「董安國反黨集團」。把縣政府十多個科局長打成「董安國反黨集團」骨幹分子統統劃為右派分子，大多數被開除公職，送勞動教養。（同上書，第951-952頁）

在雲南省，受到這一案波及的，還有中共思茅地委第一書記梁家。「梁家反黨集團」包括地委委員、組織部副部長王堅，宣傳部副部長尹宜公。並且在所屬各縣的領導班子裡劃出一批「梁家反黨集團」成員，也就是右派分子。此外昭通地區也挖出了四個「反黨集團」，如以鹽津縣委書記瞿增偉、縣委組織部長何浩正為首的「反黨集團」，以魯甸縣委書記李春仁為首的「反黨集團」，以威信縣委委員、組織部長楊曙，縣委委員、縣長吳之伯為首的「反黨集團」，以昭通縣委書記陳季伯為首的「反黨集團」。（同上書，第959-960頁）

受到這一案波及的，還有曲靖縣縣委書記呂華民，據他的妻子張景雯的回憶文章〈歷盡磨難，無怨無悔〉一文中說：「一夜之間，呂華民從『思想右傾』突然被誣陷為『鄭、王反黨集團』安在曲靖地區的釘子，變成『敵我矛盾』，掉進無底深淵。隨之而來的批鬥株連，他工作過的瀘西、曲靖兩縣的知識份子幹部，地下黨幹部有一大批被扣上呂華民的『親信』『爪牙』『鬍鬚根』等罪名，被劃為『右派』。曲靖縣從縣長、科局長、兩個公安局長等無一倖免。我更是首當其衝，在劫難逃。」（《二十一年》，作家出版社2005年版，下冊第438頁）

謝富治在反右派鬥爭中表現很突出。一九五九年九月從中共雲南省委第一書記的任上調任公安部部長、黨組書記。後來不斷升官。到一九七二年

他死的時候的官職是：中共中央政治局委員、國務院副總理、中共北京市委第一書記、北京軍區政治委員，真是紅極一時。死後幾年報應來了。一九八〇年十月中共中央宣佈開除其黨籍，一九八一年一月被中華人民共和國最高人民法院特別法庭確認為「林彪、江青反革命集團案」的主犯。

當年中共雲南省委第二書記于一川對於製造「鄭、王反黨集團」十分賣力，還有挾私報復的動機。他妻子王靜在省委組織部擔任副部長，他以為受到了鄭敦的排擠。可是他的報應來得很快，在他打過鄭敦王鏡如之後不久，就被打成「于（一川）梁（誥）反黨集團」了。前面說到的梁家、仇開明也像他一樣，在反右派鬥爭初期，都是反右的積極領導者，也傷害了不少人，卻不料自己也落得如此下場。（《命運的祭壇》，作家出版社，2008年版，下卷第960頁）

一九五八年二月，中共甘肅省第二屆代表大會第二次會議通過開除省委常委、副省長孫殿才，前副省長陳成義（已死），省委委員、銀川地委第一書記梁大鈞，省人民委員會秘書長陸為公，民政廳副廳長劉餘生，司法廳副廳長王新潮，銀川專員曹又參，交通廳副廳長林里，商業廳副廳長梁克忠，原文化局局長馬濟川等人黨籍的決定，宣佈他們是一個右派集團。（1958年8月16日《甘肅日報》）

一九五八年三月，中共青海省第二屆委員會第五次全體（擴大）會議，揭發批判已經被打成右派分子的原省委書記、省長孫作賓，決定將他開除出黨。會議揭發「孫作賓等人」不少的錯誤，例如，「孫作賓等還反對無產階級專政，反對偉大的肅反運動和反右派鬥爭，污衊『肅反過火了』，『冤枉了好人』，對於被寬大處理了的反革命分子，他們也要求黨和人民向其道歉。孫作賓本人就曾向一個被錯釋的反革命分子當面道過歉。果洛地區至今尚未進行肅反運動，孫作賓卻要在果洛『平反』。這就足以說明他對肅反運動仇視到如何的程度。孫作賓等反黨分子還包庇反革命分子，重用反革命分子，甚至還以甚麼『無罪推定論』，『反革命陰謀未遂』等等荒謬論據，平白無故的大量的改判和釋放犯人。對於反右派鬥爭，他們同樣也是仇視的，竟敢公然阻撓反右派鬥爭，包庇右派分子。」（1958年3月11日《青海日報》）

中共新疆維吾爾自治區委員會擴大會議反出了一些黨內右派分子、地方民族主義分子。他們是：孜牙·賽買提（自治區文化廳廳長、文化廳黨分

組書記、自治區文聯主席、作家協會自治區分會主席）、依不拉音吐爾的（自治區民政廳廳長、民政廳黨分組書記、作家協會自治區分會副主席）、阿不都熱依木·艾沙（自治區黨委候補委員、伊犁哈薩克族自治州副州長）、阿·賽德（烏魯木齊市市長）、阿不列孜·卡里（自治區商業廳副廳長）。他們都被開除了黨籍。（1958年6月27日《人民日報》）

一九五八年五月二十五日《人民日報》報導中國共產黨第八屆全國代表大會第二次會議情況，有一段專門講反對黨內右派的鬥爭，列舉了各地的黨內大右派：

> 浙江、甘肅、安徽、雲南、廣西、青海、河北、廣東、新疆、河南、山東等省和自治區的代表，在大會發言中報告了本地區黨組織在整風運動中同黨內的右派分子以及地方主義分子、民族主義分子、右傾機會主義分子作鬥爭的經過。被這些地區黨組織所揭發出來的重要右派分子有：原浙江省委常委沙文漢，楊思一、彭瑞林，省委委員孫章祿等右派分子，以原甘肅省委常委孫殿才、省委委員梁大均、副省長陳成義等人為首的右派反黨集團，以原安徽省委書記處書記李世農為首的右派集團，以原雲南省委常委鄭敦為首的反黨集團，以原廣西省委常委陳再勵為首的右派集團，原青海省委常委、反黨分子孫作賓，原河北省委常委、右派分子劉洪濤等人，這些右派分子都已被清除出黨。

這並不是最後的總結。八大二次會議之後還在繼續進行反對黨內右派的鬥爭。六月二十四日至十月十三日舉行的中共遼寧省委擴大會議，中心議題就是反對黨內右派。中央總書記鄧小平和中央書記處書記李富春到會作了報告。會議反出了一個反對省委第一書記黃歐東的反黨集團。他們是：王錚（原省委書記）、宋黎（原省委委員、旅大市委書記兼市長）、杜者蘅（原省委書記兼省長）、李濤（原省委書記、副省長）、張烈（原省委常委、省工會主席）、吳鐸（原省委常委、秘書長）。據報紙報導，他們的錯誤很多。例如「王錚、李濤、杜者蘅支持和包庇張烈的反黨反社會主義的右派罪惡活動。張烈以工會為陣地，反對黨的領導，反對社會主義制度。」「對中央關於偉大的肅反運動和若干肅反政策的確定，王錚和宋黎都表示過懷疑和

抵制。王諍懷疑第一批肅反運動成績是主要的，宋黎對旅大市一九五五年社會鎮反運動成績是主要的，也不予肯定，並且拒不執行中央關於鎮反的某些指示。」（10月31日《遼寧日報》）

山東省在一九五八年的「整風補課」中反出了一個以王卓如（原省委常委、、副省長）和袁子揚（原副省長）為首的反黨宗派集團。（10月23日《人民日報》）中共山東省委第一書記舒同在一篇文章裡說：「由於右派分子王卓如、袁子揚等的錯誤影響，我們的政府工作和財貿工作受到了一定的損失。在這次整風補課中，對於這些錯誤必須予以徹底揭發，徹底批判，堅決糾正過來。」（《新華半月刊》1958年第23期）

王卓如的情況，據他的女兒寫的〈難以忘懷的記憶——憶一九五八年「反右鬥爭」中的父親王卓如〉（載《中國改革》2011年第7期，2011年7月1日）一文說：

> 自一九五五年起，王卓如擔任山東省常務副省長兼計委主任，主持全省經濟工作。一九五七年底，中共山東省委在討論第二個五年計劃時，提出了糧食年產量四百四十億斤的冒進指標（此前的最高產量是二百七十五億斤）。父親認為辦不到。當時山東農業仍是靠天吃飯，即使經過五年努力，變平年為豐年，至多也只能達到四百億斤。這一相對冷靜客觀的意見，卻成了他「右傾保守、反對省委、反對大躍進」的重要罪狀。
>
> 他的另一罪狀是，認為「不能將合作社的優越性估計過高」，他還在會議上指出了農村減產減收，引起群眾不滿，使一些人對合作化的優越性發生懷疑。這些講話被斷章取義改編，在省委的反右材料中變成「王卓如……惡毒地污衊『一切惡果都是合作化帶來的災難』」，並且定性為他「反對合作化」、反黨、反對社會主義的罪證。
>
> 有人要把省計委的一位負責人郭士毅打成右派。王卓如在處理此案時，召開計委黨組擴大會議核對事實，進行討論。會上，不少人不同意郭是右派。他將討論情況報告省委，認為根據現有材料，不能證明郭是右派。因而他被指責為「包庇右派分子郭士毅」，他成了「右派反黨集團首領」，郭則成了他的「反黨集團成員」。

他如實反映財政赤字狀況，不同意違反財政制度用預算外資金沖抵賬面赤字，被指為「製造假赤字，謊報財政『三空一赤』，反對省委」。

不過，他至少還有一條重要的「罪證」看來沒有列入省委的反右材料。那就是當時省委主要負責人打算挪用本已緊張的財政資金，修建一座專供領導幹部消遣的南郊賓館，他主管財經工作，堅決不同意。他說，財政就像一杯水，有人多喝了，就會有人少喝；並不客氣地說：「誰出主意誰拿錢。」此事令某些人極為惱火。只是在他被打倒之後，就在農村發生嚴重饑荒的三年困難時期，兩個村莊被拆遷，環境優美的南郊賓館順利建成，並被稱為「打倒王卓如右派反黨集團的勝利成果」。因此，不難理解，為什麼會給父親羅織了「搞獨立王國」「反對省委」「一杯水主義」等罪名。

在許多省裡，把一些省委常委乃至書記處書記這樣的高級幹部劃成了右派分子。為什麼會發生這樣的事情呢？江渭清的回憶錄中講的一件事，也許可以幫助我們回答這個問題。他說：

一九五七年七月上旬，毛主席在南京找部分省、市委第一書記談話時，曾嚴厲地批評了我。

毛主席問：「你們江蘇省委書記、常委裡頭，有沒有右派？為什麼不反？」

我回答說：「主席啊！哪個人沒有幾句錯話呢？您老人家說的嘛，十句話有九句講對，就打九十分；八句話講對，就打八十分⋯⋯」

毛主席大概沒料到我會這樣回答，頓時生氣起來。他拍著沙發邊的茶几，說：「你到底反不反右派！」

我想：自己是省委第一書記，是省委一班人的班長，如果書記、常委內有「右派」，那我就是「頭」。所以我秉公直言：「要反右派可以，請您老人家下令把我調開，另外派人來。因為是我先右嘛！您先撤了我，讓別人來反。」

　　聽我這麼表態，毛主席倒消了氣，說：「那好嘛，你就不要反嘛！」他還帶著幽默的口吻說：「渭清啊！你是捨得一身剮，敢把皇帝拉下馬。」

　　我回答說：「主席啊！我是捨得一身剮，要為你老人家護駕。」

　　因為江渭清採取了這樣的態度，所以最後的結局，如他自己說的，「我們江蘇反了右派，並且同樣出現了『擴大化』的錯誤；但就黨內來說還沒有因為反右而到過分『傷筋動骨』的地步。從省委常委起到地、市、縣委這幾級主要領導幹部，都沒有扣『右派』帽子，保護了下來。」（江渭清《七十年征程》，第415-417頁）

　　毛澤東親臨前線督戰，他對江渭清說的這些話，想必也對江華、曾希聖等人說過的吧。只是他們不是像江渭清這樣回答的，於是沙文漢、李世農輩就不免了。也許，江華、曾希聖他們原來就已經對沙文漢、李世農輩很有些不滿了，現在正好趁著毛的督戰，解決這個問題。

　　中共中央高級黨校是培訓黨內高級幹部的最高學府。當時校內分普通班、新聞班、研究班、師資訓練部等單位，普通班學員全是司局級幹部，新聞班學員為各省市相當於廳局級的新聞單位負責人。反右派鬥爭開始，有的省市黨委向中央和黨校建議讓學員提前畢業，回去參加領導本單位的反右派鬥爭。可是毛澤東不同意。六月十七日晚上，他看了陸定一拿給他看的黨校出版的《整風簡報》，看到那上面登的學員們的一些言論，認為都是嚴重的右傾思想，對這些錯誤思想，一定要發動群眾，開展批評，明辨是非，不能讓他們帶著這些錯誤觀點回去。

　　高級黨校校長楊獻珍（兼黨委第一書記）和副校長侯維煜（兼黨委第二書記）對普通班、新聞班這些老幹部還是想儘量保護的。七月二十二日他們向中央書記處上報了四名學員的材料，其中初步確定劃為右派分子的只有兩人，一個入學前是《廣西日報》代理副總編輯的王譚，一個入學前是國務院宗教事務管理局的局長徐盈。王譚的右派言論，如說〈關於無產階級專政的歷史經驗〉一文「自我批評不足」，「蘇聯有個人崇拜，中國是否也有個人崇拜？」「毛主席有不對的地方也可以批判」等等。鳴放開始後，有學員評論林希翎、譚天榮的演講都是毒草，王譚說，「也許幾萬年後會成

為鮮花。」徐盈原是《大公報》的名記者，地下黨員。要劃他為右派，一是因為他同儲安平、浦熙修、徐鑄成等人的關係；一是他主張新聞自由，辦同人報。除了這兩個人要劃為右派分子以外，還有兩名學員，同情社會上的某些右派言論，應當批判，但不劃為右派分子，一個是蕭魯，入學前是全國總工會海員工會國際部部長，另一個是王善玲（女），入學前是勞動部的副司長。鄧小平看了這個報告以後，對楊獻珍、侯維煜說：你們高級黨校學員中絕不會只有兩個右派分子。他提出蕭魯應劃為右派，如果這樣的人不劃為右派，黨內就沒有什麼右派了。在旁邊的彭真插話說，現在的問題不是蕭魯是不是右派，而是你們兩個是不是中右的問題。

中央領導人找楊獻珍談黨校反右派鬥爭問題，給他施加壓力這事，李新在《反右親歷記》一文裡有一個大同小異的說法：

> 反右派初期，他（指楊獻珍）領導的高級黨校沒有打到一個右派。於是劉少奇、鄧小平把楊獻珍等高級黨校黨委常委找去談話。劉鄧問他們高級黨校反右派沒有？楊說反了。又問：打倒多少右派？楊說，查了，一個也沒有。劉說：你站在右派的立場，怎麼能查得出右派呢？鄧說：我看你就像個右派。於是決定高級黨校要重新展開反右派鬥爭。常委們回去後，為展開鬥爭，就讓楊獻珍靠邊站了。劉鄧都認為楊的立場有問題，是否該把楊劃成右派呢？因為大家都一直在楊的領導下工作，而且都認為楊的為人不錯，所以沒有把楊劃成右派，而把他的秘書馬鴻模劃成了右派。（《我親歷過的政治運動》，中央編譯出版社，1998年版，第30頁）

在劉鄧直接督戰之後，高級黨校的反右派鬥爭逐漸進入高潮。九月十六日，普通班學員丁景才自殺身死，他入學前原是江西省農業廳副廳長兼農科所所長，瞭解農村情況，他的右派言論如：解放以來工農業剪刀差擴大了，統購統銷卡得太緊，使農村副業萎縮，供銷社與民爭利，使農民收入減少，生活降低；農業合作化冒進了，如果合作化慢一些，規模小一些，增產就會多些，等等。在他自殺之後，接著還有師資訓練部的學員陳友偉和普通班學員楊賡相繼自殺。陳入學前是華東師範大學的講師，楊入學前是通俗讀

物出版社副社長。這三個自殺者都被宣佈開除了黨籍。到年底，高級黨校的學員中共劃出了右派分子六十三人。教職員中也開展了反右派鬥爭，到年底，劃出了右派分子二十七名，在一九五八年春的反右補課中又劃出五名，劃右派分子共三十二人。（據杜光《中央高級黨校反右派內幕》，載《炎黃春秋》2005年第9期）

楊獻珍是一位馬列主義哲學家，而該校哲學教研室主任艾思奇的學術聲望比他高，他因而心存嫉妒。一九五六年，「艾思奇在一次講課中肯定了思維和存在同一性的命題。這當然觸犯了楊獻珍的『唯物論』。承認思維和存在兩者具有同一性，在楊獻珍看來，是十足的黑格爾式唯心主義囈語。……他要求艾思奇放棄自己的觀點。但是艾思奇（還有哲學教研室一位老資格教員，名叫陳仲華）拒絕放棄自己的觀點。正在僵持之中，一九五七年反右派鬥爭來臨了。其時艾思奇正在青島養病，病尚未痊癒，就被召回北京參加運動。艾思奇回京不到十天，在楊獻珍組織動員下，有人就給艾思奇貼出了近二百張大字報，還開了幾次批判會。批判中竟然說，肯定思維與存在的同一性是右派觀點，右派言論。……艾思奇幾乎被扣上右派帽子，大概是因為艾思奇畢竟頗負盛名，楊獻珍有所顧忌，最後沒有給他扣上右派的帽子，只決定下放鍛煉，但為儆效尤起見，卻把那位堅持自己學術觀點的老資格教員扣上了右派的帽子，下放勞動二十幾年。」（吳江《十年的路》，香港鏡報文化企業有限公司，1998年版，第159-160頁）

黨內的反右派鬥爭還應該說到中共中央辦公廳秘書室的所謂「二王、八司馬事件」。在整風運動中，中央辦公廳秘書室有八個年輕的科級幹部貼出大字報，給主持工作的副主任何載和黨支部書記王文提意見，說他們對群眾疾苦漠不關心，棘手問題繞道避開，還有一條更加犯忌諱的，是同情和支持林希翎。反右派鬥爭開始，中直機關黨委想要把這八個積極提意見的年輕人打成右派分子。由於楊尚昆的持重態度，結果何載和王文沒有劃為右派分子，林克、李公綽、戚本禹、呂澄、朱固、沈棟年、馬芷蓀和王象乾這八個年輕人也沒有劃為右派分子。到了一九五八年三月，中共中央發出〈關於反浪費、反保守的指示〉，全國又掀起「雙反」運動和整風補課。這時，這八個年輕人就面臨被打成反黨小集團的危險了。從三月到四月，兩個月的時間，開了多次大會小會批判鬥爭他們。後來林克回憶說：「當時我曾含著淚

對妻子說，為了不牽連你和孩子，準備離婚，我準備去勞改，去坐牢。」正好這時候，在廣州的毛澤東叫林克立刻到他那去，毛澤東聽了彙報以後，就在中央工作會議上，當著鄧小平、楊尚昆、田家英等人的面，表明態度：

> 在我們這個社會裡，階級鬥爭是客觀存在的。……你死我活，不可調和。

> 就在中南海……秘書室的負責人何載，還有支部書記叫王文，都很壞。他們都同情和支持林希翎，反對黨的方針路線，他們是黨內的右派。秘書室有一群年輕人，敢想敢說，挺身而出，反對何載和王文。上邊的黨組織，中辦總支和中直機關黨委，不支持這些年輕人，反而支持何載和王文，打擊這些年輕人……因此，出了個「八司馬」。這件事就發生在我身邊，可見「天子腳下」也不那麼太平哪！……我提請注意這件事，並建議由總書記鄧小平同志掛帥，組織力量，徹底查清，向黨中央報告。

有了毛澤東的這個廣州表態，局面當然立刻翻了過來，「八司馬」進入整風領導小組，而何載和王文被打成右派分子，開除黨籍，降級下放。熟讀二十四史和《資治通鑑》的毛澤東，記得唐順宗時期王叔文、王伾以及劉禹錫、柳宗元等人的「二王、八司馬事件」，這一回正好也是八個人，於是就說是「八司馬事件」了。（這件事情根據孫言誠〈中南海的「二王、八司馬事件」〉見《炎黃春秋》2010年第7期）從毛澤東親自過問的這一個具體案例可以知道，劃誰為右派分子，不劃誰為右派分子，是並沒有一個客觀的是非標準的，最後起決定作用的是長官意志。

黨內右派分子還應該說到國家計委綜合處副處長朱鎔基，中共中央發佈關於整風運動的指示之後，他想起草一篇〈給官僚王國──國家計委來個重磅一擊〉，邀人簽名，沒有成功。一九五八年五月二十九日，他被宣佈劃為右派分子，右派罪行是：一、在黨內鼓吹所謂大鳴大放，帶頭對共產黨的領導和社會主義制度發洩個人的成見，醜化黨的領導，攻擊社會主義制度。二、攻擊計委黨組織是個資產階級官僚集團，把共產黨比擬為反動的

國民黨。三、利用黨的組織生活會，以向黨交心、彙報思想的手段，攻擊黨和國家計委頭腦發熱、有冒進傾向；並煽動他人同流合污。四、以資產階級立場，對黨和國家計委工作上的缺點，加以渲染、誇大。五、拉攏他人狂妄地提出要改組國家計委，整頓燃動局、機械局黨委組織，要黨的領導讓賢，暴露了個人資產階級野心。朱不服，兩次向國家計委主任李富春寫信申辯，沒有結果。他只好寫信給陳雲，由於陳雲的過問，他不必到包頭鋼鐵廠去勞動，留在國家計委幹部業餘學校當教員。

共青團內也反出了一批右派分子。團中央候補委員、團雲南省委副書記董學隆就是一個。抗日戰爭期間，辦在昆明的西南聯合大學是學生運動的一個中心。抗日勝利以後，這裡的學生運動繼續高漲。董學隆就是當年學生運動的一個參加者。他出席了共青團第三次全國代表大會，聆聽了毛澤東接見時說的那一篇話。據報紙上公佈他的材料的報導，說「『三大』一開完，他就急急忙忙坐飛機趕回昆明。他利用吃飯、休息時間和打撲克等方式，去接近群眾，到處點火。他大力宣傳北大民主牆上向共產黨攻擊的大字報，把右派的進攻說成『真和解放前反美運動一樣』，是『青年思想活躍』的表現。他並把他認為對黨有意見的人找回來鳴放，煽動一些對肅反等運動不滿的人向黨『伸冤』，提出要黨組織在大會上公開向這些人道歉。並污衊肅反積極分子是『小公安局長』。」「他污衊我們新中國的教育和團的工作是把青年培養成『機器人』，『唯唯諾諾』的人，取笑哪些服從祖國分配的人不敢『言志』。他到處作報告說：『孔夫子時代弟子可以言志，為什麼在有先進思想作為指導的今天不敢呢？』」（1957年8月28日《中國青年報》）共青團雲南省委機關報《邊疆青年報》的副總編輯劉增羽也被劃為右派分子，並且和董學隆打成一個「董劉反黨集團」。（見《二十一年》，作家出版社，2005年版，第365頁）

中央團校政治經濟教研室教師羅三都去參加了中國青年報社鬥爭劉賓雁的大會回來，他問別人：「無產階級內部的民主到底有多大？」「右派分子劉賓雁的文章如果換個人寫是不是也是右派？」別人讓他再講，他說，「我不說了，我如果再說可能又變成右派了。」不再說也不成，羅三都還是被劃為右派分子了。（1957年9月16日《中國青年報》）

以上這些，大都摘自當年報紙，寫得簡略。中國青年出版社社長李庚，也是共青團系統的右派分子。他有一篇文章比較具體地談到自己劃右派

的經過，這裡節錄一點：

> 一九五八年，我以三件事獲罪，被劃為右派：（1）上書陸定一同志，表示不贊成建國以來照搬蘇聯出版體制，並主張要用適合精神勞動特點的方法對待編輯人員的工作；（2）在中央美術學院領導整風反右時，不同意劃江豐同志為右派並上報文化部指出美院不存在反黨集團；（3）發表文章不同意將流沙河同志的小詩《草木篇》無限上綱，打成反黨反社會主義的大毒草。因此，我被定性為反對學習蘇聯，要搞資產階級自由化，包庇江豐反黨集團，和為毒草鳴冤。特別是第二條和第三條，因為毛主席在第一次視察浙江工作時，聽到當地反映江豐同志的作風問題，曾發話道：「江豐究竟是共產黨還是國民黨要查一查」；第三條是因為毛主席在當時召開的全國宣傳工作會議講話中認定《草木篇》是大毒草，認為作者流沙河和我們黨有殺父之仇（流沙河的父親在解放初被鎮壓）。因此把我的兩條不同意見上綱到「反對毛主席」，這已經非常嚴重了，但是我被錯劃更直接的問題是，當時羅毅和邊春光在黨號召整風的前夕，私自召開會議否定我在中青社的全部工作，我憤而要求由文化部調到美術學院任整風領導小組組長，整風開始後，青年出版社黨內外眾多群眾和幹部認為我「是被羅毅和邊春光的宗派主義排擠、打擊走的」，立時大字報沸沸揚揚，以致邊春光、羅毅無法下臺，遂由羅毅以團中央反右小組的名義將我調回中青社，要求我向群眾聲明是我要求調走的，並非打擊排擠。我堅決拒絕為保護他們過關而向群眾說謊，因此在調回中青社三天內就由羅毅召開批鬥大會，將我劃為右派分子。對此我思想不通，拒不承認，屢次要求平反，被認為是死不改悔。（李庚：《是非青史憑人閱》，見《北京觀察》1998年試刊第一期。）

相對地說，當年共青團系統劃出的右派分子不算太多。這裡有一個偶然性的因素在起作用：當時共青團中央第一書記是胡耀邦，他對這一類政治運動不甚積極。一九五七年七月，他率中國青年代表團前往莫斯科參加世界青年聯歡節活動。他在國外的這兩個月，國內正是反右派鬥爭的高潮。共青

團中央機關的反右派鬥爭是由團中央書記兼機關黨委書記羅毅主持。胡耀邦回國，剛到烏魯木齊就急於打電話詢問，當他聽到團中央已經打出一百多名右派分子的時候，他說：「損失慘重啊！」他叫羅毅馬上煞住，等他回京再說。他回來以後，儘量保護了一些人，幾乎要劃右派的團中央宣傳部部長項南、中國青年報社社長張黎群，被他保了下來。中國青年報副總編輯陳模，他竭力保了一年，到一九五八年共青團三屆二中全會上，還是被劃了右派分子。胡耀邦當會有無力回天之恨吧。後來陳模寫了一篇〈耀邦同志二三事〉，其中談到中國青年報社反右派鬥爭的一些情況：

> 我當時兼著報社反右五人領導小組的組長。工作組（按：團中央機關黨委派來的工作組）認定某同志是「右派」，而且要將他的材料見報，開除他的黨籍。我在延安嘗過「搶救運動」的苦頭，見過康生這個大壞蛋，怎樣整了許多清白的黨員、幹部，把別人的政治生命當兒戲，在領導小組會上，我主張對某同志的問題，暫緩見報，請示上級黨委再說，他的黨籍問題，應留到運動後期去處理。這一下子，我成了反右鬥爭的阻力！原來工作組是有來頭的。第二天工作組就宣佈，撤銷我的領導小組組長職務。新的領導小組在工作組的督戰下，自然很得力了，抓某某人一個右派哪夠哩，為他的作品寫過評論的人是右派；搞過某部機構臃腫、人浮於事、工作效率低的報導的人是右派；揭露搞特殊化的「秘密商店」的記者是右派；在《辣椒》副刊上，寫過一篇反官僚主義小品文的編輯是右派；給人事科貼過一張〈用人唯賢〉大字報的幹部是右派；說過一句「報社哪有這許多右派分子」的人，也成了右派。不一而足，早已超過規定的打右派「指標」了。

工會。被劃為右派分子的高元，是中華全國總工會辦公廳檔案處處長，有十六年黨齡的共產黨員。据報紙上說，他認為「工人並不是為了社會主義建設參加工會，也不是為了學習共產主義參加工會，而是為了保護自己的切身利益才參加工會的。因此工會的本性就是保護。至於共產主義學校作用，無產階級專政支柱作用，黨聯繫群眾紐帶作用，都不是工會的本性，而是黨強加於工會的。」高元認為，工會存在的客觀基礎，是國家有官僚主義

分子，違法亂紀分子，國家不可能不犯錯誤，國家可能會侵害工人的利益。資本主義對待工人的一套，在我們國家中都有，只是分散而不集中罷了。所以需要工會和政府唱對臺戲，需要工會來保護。這篇報導說，「今年四月，國家調整某些高級消費品的物價，高元就在同志中間散佈他的謬論：國家對工人一方面增加工資，一方面又提高物價，這是國家對工人耍手腕。全國總工會應該對此發表聲明，表示遺憾。」高元還說：「黨只注意長遠利益，不能代表工人群眾的目前利益，或切身利益。有了黨的領導，工會就不能很好地保護工人群眾的切身利益，黨就成了礙手礙腳的東西了。」他還提出：「工會法規定全國只有一個工會，是否合適可以考慮。工人可以自己組織工會，不一定參加全國總工會。」（11月11日《工人日報》）

黨內的右派分子還應該提到謝雪紅。她是臺灣彰化人，一九二五年在上海參加中國共產黨，曾在蘇聯東方大學學習。一九二八年參加建立日本共產黨臺灣民族支部，任候補中央委員。一九四七年參加臺灣「二‧二八」起義，領導台中地區的武裝鬥爭。起義失敗後赴香港，重新加入中國共產黨。同年十一月發起組織臺灣民主自治同盟，任主席。一九四九年九月，代表臺灣民主自治同盟出席宣告建立新中國的政協會議。反右派鬥爭的初期，似乎並沒有要將她劃為右派分子的意思。據報紙上說，「今年全國人民代表大會開會時，有一位代表要謝一道揭發章伯鈞，謝卻說：『不要落井下石，不要指名批判，放放空炮好了。』」（12月26日《今日新聞》）可見在七月熱火朝天的反右派鬥爭期間，還有人邀她去一道批判右派。直到高潮早已過去的十一月十日，才開了批鬥謝雪紅的第一次會議。劃她右派的材料，據這篇報導說的，有這樣一些：「她以『老革命』和『二‧二八女英雄』自居，目空一切，唯我獨尊」，「這次更利用黨整風機會放出許多毒箭，向黨進攻」，「煽動臺盟幹部用寫大字報等辦法企圖趕走在臺盟的共產黨員」，「當右派分子瘋狂地攻擊黨的肅反政策的時候，謝雪紅也不例外，她在今年一月二十二日政協工作座談會上提出一批案件，要求平反」，等等。當年各個民主黨派的領導人員被劃為右派分子的儘管不在少數，但主席被劃右派的，只有中國農工民主黨的章伯鈞和她謝雪紅了。

當年一共劃出了多少黨內右派分子，我沒有找到直接的數字，卻有一個可供推算的數字。中共中央組織部一九五八年十一月七日的〈關於今後接

收黨員工作的意見〉中說：「在這一個時期內，黨員的質量有了很大的提高，但是黨員的數量卻有所減少（一九五七年六月底到一九五八年六月底，黨員總數共減少二十七萬人）。」（《建國以來重要文獻選編》第十一冊，中央文獻出版社1995年版，第595頁）對「二十七萬」這個數字，可以作以下的分析：一、這一年裡，還發展了若干新黨員。比如一九五七年六月二十八日中共中央就有一個〈關於在一兩個月後吸收一批高級知識份子入黨的通知〉（同上書，第十冊，1994年版，第358頁），將這些新吸收的人數抵銷一部分出黨的人數，可知這一年間出黨的總人數必定大於二十七萬。二、黨員減少的原因，還包括自然死亡、自動退黨、以及因為與反右派鬥爭無關的原因而被開除黨籍。依慣例看，這幾項不會有一個很大數字，可以姑且以新發展的人數與之相抵。那末，三，這二十七萬可以認為是因為劃為右派分子而被開除黨籍的。這個數字大約占右派分子總數五十五萬多人的一半。

　　附帶講一下歸口由黨委統戰部管理的少數民族和宗教界的反右派鬥爭。一九五七年十月十五日中共中央發出了〈關於在少數民族中進行整風和社會主義教育的指示〉，提出在「已經基本上實現了生產資料所有制的社會主義改造的地區」，「適當地進行反右派鬥爭」。指示認為，「地方民族主義者，實質上是資產階級右派的一部分，是披著民族外衣的右派分子，其中某些人已經直接成了漢族資產階級右派分子的同盟者」。在鬥爭策略上，「應當切實注意控制打擊面，不使過寬」，「條件較差，不宜於採用漢族地區的方法的，可以適當從寬」。早在這個指示發出之前，在一些少數民族地區已經開始了反右派鬥爭了。

　　少數民族的著名右派分子，有馬松亭（1895-1992），北京人。回族。他是全國政協委員、中國伊斯蘭教協會副主任、中國回民文化協進會副主任和北京伊斯蘭經學院副院長。據報紙上說，他說過回民文化協進會是同化回民的機關，說回民文化協進會的共產黨員幹部不懂回民的事。（8月19日《新華社新聞稿》）一九五七年八月間召開了「中國回民文化協進會第二屆代表會議，對披著宗教外衣的前中國回民文化協進會副主任、右派分子馬松亭的反動言行，進行了嚴肅的批判和鬥爭」，一年之後，一九五八年十月的一次會上，中國回民文化協進會宣稱「所擔負的歷史任務已經完成」，「一致擁護結束回協的組織和工作」。（1958年11月1日《今日新聞》）他的簡歷已經收入一

九九九年版《辭海》。

　　一九五八年八、九月間，這時全國的反右派鬥爭早已基本結束，銀川還開了幾次回民座談會，批判「伊斯蘭教界中的極右分子馬震武」。馬震武是「哲海林耶」教派沙溝門宦教主，人民政府安排他擔任了原西北軍政委員會民族事務委員會委員、固原回族自治州州長、政協全國委員會委員、中國伊斯蘭教協會副主任等職務，是個上層統戰人物。《人民日報》揭露他的文章，歷數了他「解放前殘害群眾，無惡不作，血債累累」，「解放後收買反革命分子，組織四次叛亂」，「利用宗教特權，殘酷剝削回民群眾」，都是算他的歷史老賬，並沒有說他有什麼反黨反社會主義的右派言論。那麼他這個極右分子又是怎麼來的呢？報上說：「今年四月間，正當醞釀成立寧夏回族自治區時，馬震武又妄想篡奪寧夏回族自治區的領導權」（1958年10月17日《人民日報》）。已經安排為自治州的州長了，還不滿足，還要想當自治區的副主席嗎？這可不行。因此，把他劃為極右分子，就是為十月二十五日建立寧夏回族自治區的一項必不可少的準備。

　　宗教界最重要的右派分子是天津教區主教趙振亞。一九五七年八月十七日新華通訊社編《內部參考》刊出〈天津教區主教趙振亞的反動面目開始暴露〉一文，全文如下：

　　　　【新華社天津15日訊】　曾參加天主教代表會議，並在會上幾次發言表示要擺脫梵蒂岡控制的天津教區主教趙振亞，今天公開變卦。他在有一千多教徒參加瞻禮（聖母升天）時說，「人有了罪就應該承認罪，有了錯就應該改錯。大家都看了報紙，我在北京說了一些不該說的話。我回來以後，心裡很不安。現在，在耶穌面前、在教友面前，我承認錯誤」。關於服從教宗（梵蒂岡）問題，趙振亞說：「我不服從教宗是不對的，我如不服從教宗，神甫和教友就都不服從我了」。對於會議通過的抗議梵蒂岡無理剝奪上海教區權利的抗議書，趙振亞說：「通過抗議書，我沒有表示反對是不對的」。他最後要求「教友們原諒我，寬免我，為我念經祈禱」。

　　　　趙振亞反對面目的突然暴露，是出乎意料的。趙是右派分子，在北京參加會議的初期，表示「思想接受不了」，並想逃會，後來怕反

右派反到自己頭上，才表示「中國天主教要擺脫梵蒂岡的控制」。他在本月7日回到天津，8日市人民委員會秘書長婁凝先和他談話，鼓勵他堅持下去，他當時還表示「在北京受到很大教育」，「過去不敢碰梵蒂岡，現在問題解決了。」他還說「教徒不見得都聽我的，估計到有些人會罵我，但是我不在乎，我有信心」。

據參加今天瞻禮的教徒隨守義（天津主教愛國會秘書組組長，進步分子）說，趙振亞今天的行動是有準備的。在瞻禮進行中間，趙曾講經，但沒有談到這個問題，等做完彌沙，講臺上突然擺上了「麥克風」，趙就開門見山的講起來。隨守義說，主教這樣公開地在教徒面前承認錯誤，在天主教內叫「明補贖」，是一種處罰。實行這種處罰，需要由別的主教辦「神功」，否則是自己「降罰」。因此，他懷疑趙振亞的變卦和其他教區的主教有串聯。（孟帆）

還有，天津市天主教教友愛國運動促進會副主任委員聶國屏、常務委員高慶琛都劃了右派。據報紙上說，聶國屏以天津市人大代表的身份視察肅反工作時說，天主教的案子不是政治問題，是信仰唯物論和唯心論問題。他還提出：判十年二十年徒刑的都應該宣判無罪。（8月24日《人民日報》）

中國基督教三自愛國運動委員會公佈了一批右派分子名單，他們是：基督教刊物《田家》半月刊主編劉齡九、中華基督教會鼓浪嶼堂會牧師周清澤、中國佈道會上海教會基督教會堂牧師董鴻恩、中華基督教循道公會寧波教區主席范愛侍、上海靈糧堂長老、上海市政協委員周福慶。據報紙上說，劉齡九說過：國民黨能夠保持統治二十二年，而共產黨取得政權只有八年就已經腐化。還說肅反運動傷害了高級知識份子的自尊心，打擊了他們的積極性，要求為基督教界的反革命分子平反。在主要是供農村基督教徒閱讀的《田家》半月刊上，劉齡九說農業合作社沒有辦好，減了產；農民寧願餓死不願累死。周清澤說今天人民內部的主要矛盾是人民要生活下去卻活不下去，人民要求自由一些卻得不到自由，全國百分之八十的農民都在埋怨。三自愛國運動極有損於教會的宗教生活。

前面說的王翰、沙文漢、李世農等等，就是當年最大的黨內右派分子。其中沒有一個省委第一書記和部黨組書記，更沒有一個中央委員和候補

中央委員。不過，也還是有兩位候補中央委員在這場大風暴中受到了衝擊。那就是潘復生和古大存。擔任中共廣東省委書記的古大存，當時被認定犯了「進行地方主義活動錯誤」，受到撤銷職務處分。擔任中共河南省委第一書記的潘復生，從報紙上披露的材料看，他說的像：災區不搞生產救災，只搞合作化，人民流離失所，社會主義沒飯吃；農民過去不如牛馬，現在和牛馬一樣。統購統銷好比一根繩子，栓在農民脖子上。這樣一些言論，也足夠劃為右派了。可是他只是定為犯有「右傾機會主義錯誤」，受到撤銷職務處分。

如果說，「反冒進」是黨內右派的一種表現，那麼不但中央委員會裡有人反冒進，就是政治局常委裡面也有人反冒進的。只是毛澤東不為已甚，他不想把黨內所有反冒進的人都劃為右派分子。在一九五八年一月的南寧會議上，毛澤東突出地提出了「反冒進」問題。他當著眾人的面對周恩來說：「你不是反冒進嗎？我是反反冒進的！」（見薄一波《若干重大決策與事件的回顧》修訂本，下卷，第662頁）在這次會議上的發言中，毛澤東還說：「右派的進攻，把一些同志拋到和右派差不多的邊緣，只剩了五十米。」（轉引自《周恩來傳》1949-1976，上冊，第409頁）他讓周恩來和右派分子保留了五十米的距離。在一九五八年的中共八大二次會議上，在談到為什麼「反冒進」一陣風吹遍全國大多數地方的時候，毛說，這是因為黨內除右派外，有一個觀潮派，又一個促退派。就這樣，他只把那些反冒進的人中的一部分劃為右派，而另外的一些僅僅給戴上觀潮派或促退派的帽子，網開一面，放了過去。毛的這種態度有利於黨內高層領導團結一致地去反右派。可以認為，反右派鬥爭是中國共產黨最高領導層最後一次統一行動，這以後，從大躍進開始，人們就不再看到這樣的一致行動了。

毛澤東對周恩來的這一批評也影響到對右派分子的處理，據童小鵬在《風雨四十年》（第二部）中說：

> 在中央決定處理右派分子時，周恩來是主張「批判從嚴，處理從寬」的。他曾親自同大專院校、文藝、教育、民主黨派等方面的知識份子交談過，徵詢各界對右派分子處理的意見，主張對犯錯誤者只要有悔改表現，處理就要從寬，並且強調在科學、教育、出版方面還

能做工作的，在藝術上還能登臺表演的，只要態度好，還要注意使用
他們。

　　一九五八年一月中央在南寧召開的工作會上，毛澤東嚴屬批判反
冒進者是「促退派」，「距離右派只差五十米」，是導致資產階級進
攻，跟赫魯雪夫反史達林一起來的一股風。這時周恩來對右派分子的
處理也就不好再說什麼了，即使說了也無濟於事，只好盡其所能，採
取一些不同的方法多保護一些人。（見第258頁）

二十三、解放軍內部的反右派鬥爭

　　人民解放軍內也和全國各行各業各系統一樣，開展了整風運動和反右派鬥爭。據《中國人民解放軍軍史》第五卷第二章第三節的記載，在六月八日中共中央發出〈關於組織力量準備反擊右派分子的進攻的指示〉之後，六月十四日總政治部發出〈關於進行反擊右派的教育和聲援反擊的指示〉部署軍內的反右派鬥爭。七月六日《解放軍報》發表了〈積極參加反右派鬥爭〉的社論，說明這場鬥爭不是一般工作上的爭論也不是在一般問題上的不同見解，而是社會主義和資本主義兩條道路的鬥爭，是鞏固社會主義制度消滅資本主義制度的鬥爭，是屬於敵我矛盾方面的鬥爭。九月十二日總政治部做出了〈關於劃分右派分子的標準的規定〉：1、公開發表或暗中散佈反黨、反社會主義言論，對黨和國家的重要政策，歷次政治運動進行惡毒攻擊的，應劃為右派分子；2、故意誇大黨和國家工作中的錯誤缺點，污衊黨的組織和領袖，醜化老幹部和黨、團員積極分子，企圖否定革命事業的成就，否定社會主義制度的優越性，否定黨的領導的，應劃為右派分子；3、在這次運動中組織串連，到處點火，挑撥煽動或者在幕後策劃，或者積極支持右派，為右派辯護的，均應劃為右派分子；4、肅反和其他政治運動中的鬥爭對象，對黨極端仇恨，利用整風積極向黨攻擊的，應劃為右派分子；5、歷史上的反革命分子和其他壞分子，或者他們的家屬被鎮壓、被管制的分子，平時表現不好，在這次運動中又有反動言行的，應劃為右派分子；6、在這次運動中，有意供給右派分子以黨的、國家的、軍事的機密材料，投靠右派，與右派一道向黨進攻的，應劃為右派分子；7、在這次整風「鳴放」中，雖未公開發表反動言論，但平時謬論甚多，政治立場一貫反動，屢教不改的，亦應劃為右派分子。（《中國人民解放軍軍史》第五卷，軍事科學出版社。2011年6月第一版，第137-140頁）

　　就根據這個標準，人民解放軍內反出了一批右派分子。軍銜最高的是總政治部文化部部長陳沂少將。如果照當時的解釋，左即教條主義，右即修

正主義，此人可說是從來沒有右過，後來也沒有右過。二月毛澤東在最高國務院會議上講人民內部矛盾，就說，幾位左派，就是我們軍委政治部文化部長陳沂，他的部下陳其通、馬寒冰等幾位同志，在一月七日《人民日報》上發表了一篇聲明，四個人署名，實際上是懷疑百花齊放，百家爭鳴這個方針。把陳沂和四個人的文章聯繫了起來，似乎他對四個部下的文章也要負點責任。不過這不要緊，雖說批評了幾回，總還是肯定了忠心耿耿，為黨為國的嘛。可見在反右派鬥爭開始的時候還是把他算作左派的。據報紙上說，批判黨內右派分子陳沂的第一次會議，是十一月十三日開始的。這時反右派的高潮早已過去，為什麼還要反出他這個右派來呢。據報紙上刊登的材料說，「他目無組織，目無領導，唯我獨尊。他把他所領導的文化部當成一個獨立王國，當做他爭名奪利的工具，只准他向黨向上級要支援，要人要錢，不准黨和上級對他的工作進行監督和批評。」「在軍隊內部他以『文藝特點』同領導上對抗；而在軍隊外部則又以『軍隊特點』以『實力派』自居，企圖與黨的整個文藝工作分庭抗禮。」（1958年3月1日《今日新聞》）在總政治部領導看來，他是一個不服提調的下屬，這大約就是陳沂被劃為右派的原因吧。

《王力反思錄》說了陳沂劃右派的情況：「有一個老幹部叫陳沂，是軍委總政文化部長，當過東北野戰軍前線政治部副主任，後來當過四野後勤副政委，他被打成右派，堅持要把他打成右派的是彭德懷、譚政，後來他們兩都倒了，陳沂還是不能平反。陳沂打成右派，我就不同意，我一直為他奔走，找過羅榮桓同志，我說，陳沂毛病是有，毛病擺在臉上，他不是右派，打他右派的材料我全看了，我認為不能成立。羅榮桓同志說，我同意你的意見，陳沂不是右派，不過我也沒有辦法。」（下冊，第825頁）

當年陳沂在總政治部文化部的部屬黎白，後來寫了一篇〈回顧總政創作室反右派運動〉，其中所說要比當年報紙上的報導要詳細一些。毛澤東多次公開批評了陳其通等四人的文章，並且點了陳沂的名。使他們震驚得無所適從。這篇文章說：

> 陳沂是直接受到毛澤東批評為阻礙鳴放的、當時黨內軍內的高級領導人，他檢討了自己的錯誤，並決心緊跟中央的步伐，親自到軍內幾座

院校鼓勵鳴放。他在發言中曾說：我從一九二七年入黨，一直是跟著黨走的，沒有黨就沒有我，沒有黨，我就會是「解甲歸田無田可種，告老還鄉無鄉可歸」……我的文章阻礙了鳴放，與中央的精神相抵觸，犯了錯誤，我改正，希望大家鳴放，幫助黨整風（這是陳沂講話的大意）。更沒想到的是陳沂這個講話中的「解甲歸田無田可種，告老還鄉無鄉可歸」十六個字，成為他不久被劃為右派的「猖狂向黨進攻」的主要罪狀。（《荊棘路》，經濟日報出版社，1998年版，第412頁。）

這篇文章講的是「總政創作室」（全名是中國人民解放軍總政治部文學美術創編室）的反右派鬥爭。「創作室在編人員只有二十七人參加了運動，非在編人員六人中有五人參加運動。實際參加創作室反右的總計三十二人。被劃為右派分子的八人，受中右、黨內處分或遣回單位繼續批判的計有七人。也就是說，受處分的人數為十五人，占整個創作室人員的近一半。」八名右派分子是：徐光耀、艾炎、公劉、何孔德、沈默君、白樺、樊斌和吳占一。

徐光耀，一九三八年參加八路軍，做過隨軍記者和軍報編輯，出版過長篇小說《平原烈火》等。他為什麼劃成右派呢？黎白的這篇文章說：

徐光耀的「罪狀」主要是替丁玲翻案，經濟上支持陳企霞。這個罪名是毫無道理的。關於替丁玲翻案，是指一九五六年作協黨組曾寫過一封公函，要求總政創作室黨組織讓徐光耀寫一份丁玲在主持文學研究所時期被揭發的幾個問題的看法和證明。我當時是組織委員，即將作協黨組的信面交徐光耀，請他寫一份材料。他當時表示沒有必要寫。我認為是作協黨組的要求，又是以組織對組織的來函，還是寫的為宜。他查閱了他的日記後，很認真地、實事求是地寫了一份材料。這怎麼能認為是徐光耀惡毒攻擊作協黨組，蓄意為了玲「翻案」呢？而在經濟上支援陳企霞，也和右派罪行絲毫不沾邊。陳企霞在「肅反」中被隔離審查很久，一九五六年後或一九五七年初被解除隔離後，有同學來找到徐光耀，說陳企霞生活很困難需要幫助，這種幫助還不能被陳企霞知道，否則，陳不會接受。徐光耀相信了這位同學的話，出

於對老師的尊重和情感，他又剛剛有些稿費，就支援給陳企霞幾百元。（引者注：黎白此文前面說過，徐光耀曾經是原晉察冀邊區華北聯合大學文藝學院文學系學員，陳企霞是系主任。）這兩條罪狀就將徐光耀劃為右派分子了。

公劉的情況，黎白的這篇文章說：

> 公劉被批判了幾次，定他為右派的「罪狀」並不複雜，一是他在鳴放中攻擊肅反，他確在鳴放會上發言對總政文化部蓮花池肅反提出過批評。這個會我參加了，但絕對不是攻擊全國的肅反運動。二是他發表過的幾首古體詩，被上綱為惡毒攻擊社會主義的祖國。這是無法理喻的。三是對他過去歷史的某些已經作過組織結論的問題舊事重提，很簡單地定為右派。

公劉（1927-2003），原名劉耿直，十二歲開始寫詩。一九四九年十一月參加人民解放軍，一九五五年調總政治部創作室任創作員。劃為右派分子之後，他和吳占一被送到山西省太谷縣去修理建郭堡水庫。公劉在〈大難不死，尚待後福〉一文裡回憶：

> 吳占一本是老熟人，他當過文化部陳沂部長的秘書，後來調創作室，還是擔任秘書，不久便調走了。反右開始，算他倒楣，碰上了好領導，硬是將他從別的單位揪回來「批鬥」。據說，由於軍隊內部的派系鬥爭，某大將（引者注：指總政治部主任譚政大將）和陳沂部長有矛盾。某大將趁機堅決要拉陳沂下馬，硬把陳沂劃作右派。創作室主任虞棘原本是陳的左右膀，可到了這會兒，「大難臨頭各自飛」，但是「飛」也不容易，首先必須反戈一擊；於是，虞棘一方面聲嘶力竭，大揭大批，一方面就在吳占一身上做文章，一心想打開突破口，整出什麼致命的「材料」來，充當「炮彈」，拿去轟炸昨天的頂頭上司。就這樣，吳占一在劫難逃。批鬥會上，虞棘給了吳占一一個封號：陳氏家丁。另一位積極分子乾脆接著喊「家奴」。我在批鬥會上敬陪末座，聽著，想著如果吳占一是家丁、家奴，你豈不是同一類貨色麼？

要說有區別，也不過是你正得意，你可以笑，可以污辱人，有恃無恐而已！其實，吳是個正派人，我是同情他的。（見公劉《紙上聲》，作家出版社，2000年版，上冊，第359-360頁）

沈默君是一九三八年參加新四軍的，寫過《南征北戰》、《渡江偵察記》等電影劇本，他劃右派的情況，黎白的這篇文章說：

對他的揭發批判會議開了三四次。沈默君在鳴放會上沒有過發言，找不到他有什麼攻擊言論。依他平時的作風及品質，幾乎眾口一致地認為他應劃為右派分子。只有我一個人不識趣地在會上發言表示這是反右派運動，他沒有右派言論就不應該劃為右派。依其作風劃為壞分子也不能劃為右派。當然，他最後還是被定為右派分子。

白樺的情況，黎白的這篇文章說：

他是被令回京在創作室參加反右的。他正在積極揭發批判別人，昆明軍區黨委來電給總政治部揭發他在昆明軍區的「罪行」，並要求劃他為右派，經過總政批准了。所以，白樺劃定為右派不是創作室揭發出來的。」

這篇文章也寫到了作者黎白本人在反右派鬥爭中的經歷：

創作室反右運動中後期，某作家批判我時說：我們對赫魯雪夫同志的秘密報告也有意見，但是我們擁護蘇聯共產黨，擁護赫魯雪夫同志，你根本不同，你對蘇共，對赫魯雪夫同志，對我們黨都有刻骨仇恨，你反黨思想深入骨髓……儘管我和這位作家在調到創作室之前彼此並不認識，只知道他發表的一些作品，對他也有敬意。而他這個批判卻使我按捺不住，當場和他抗爭起來。以前，他對我毫無瞭解，依當時對幹部的要求條件而論，我不是剝削家庭出身，十四歲參加革命，十六歲入黨，在部隊一貫立功受獎，沒有受過處分……說我對黨

有刻骨仇恨、深入骨髓的根據何在？為什麼在如此嚴酷的運動中如此惡毒地落井下石？若是為了「維護黨的利益」，我在鳴放中並沒有反黨言論，若是由於個人恩怨，我從來也沒有得罪過他。我實在想不通，為什麼他對赫魯雪夫有意見是對蘇共的擁護，我對赫魯雪夫有意見就變成對蘇共對黨有刻骨仇恨？這種「理直氣壯」的詭辯無非是他居於批判別人的位置，被批判的人只能低頭認罪吧？當時我實在無法忍下去，他拍桌子，我也拍桌子。

對我的定性有過反覆。最初，創作室主持運動的幾位同志並未都要把我劃為右派，而是定為中右分子，給予留黨察看兩年的黨內處分。但原總政文化部某副部長此前不久調到作協擔任書記，他向總政治部譚政主任提出：黎白是丁陳反黨集團在部隊的重要骨幹分子，必須劃為右派分子。而擔任總政紀委書記的聯絡部長張楨祥同志堅持不改變原來決定的處分，所以我仍按原處分處理，沒有被劃為右派分子。老實說，我當時根本不可能知道一旦被劃為右派分子，幾乎永世不得翻身。歷史證明，凡是被劃為右派分子的人，如果還能倖存下來，也是經歷了二十年的非人生活啊！我幾經反覆，最後沒有被定為右派分子，實在是不幸中之大幸。所以，至今我極為感謝我並不認識的張楨祥同志。

經過這一場反右派鬥爭，把大約半數的作家劃為右派分子或者給予其他處理，這創作室也就無法存在了。不久即被總政治部撤銷。

總政治部組織部助理員陳挺也被劃為右派分子了。陳挺，一九二七年生，山東省招遠縣人。參加八路軍。歷任勤務員、學員、保衛幹事、團保衛股副股長、組織股長、師組織科副科長、科長。一九四六年五月和十二月兩次被評為模範工作者。淮海戰役中，他在營幫助工作。當營幹受傷之後，他自覺代理指揮，帶領作戰。朝鮮戰爭爆發，曾經到志願軍政治部工作。一九五三年調來總政治部組織部，擔任助理員。工作中也曾受過表揚。一九五五年授予少校軍銜。據他所在黨支部一九五八年二月十日寫給總政治部黨委的報告，他的「主要右派言行」就是攻擊肅反運動：

1、宣稱一九五五年的國際國內形勢不是大敵當前，也不是火山爆發
　　——全國特務大暴動，何必那麼急呢？那正是自己給自己找麻煩。

2、誣衊「遵循中央的方針與指示行事，作為運動健康的標準」是
　　「不夠唯物，不夠科學」。

3、誣衊軍隊肅反，是「機械套用百分之五的公式，越高級機關，成
　　分質量越紅的單位，鬥錯的好人越多。」軍隊幾萬人被鬥錯，好
　　比「放火燒山」，值得痛心。

　　黨支部的這個報告還說：「他是肅反運動的骨幹，但在鳴放中卻將總政歷次指示，有關肅反鬥爭的策略，全盤托出。並以此作為攻擊肅反的武器。組織部長曾指出：不能揭底。他對支部副書記說：我知道是底，但是底錯了，我非揭不可。」「肅反運動代價太大，就像有些地方鬥地主一樣，大村有地主可鬥，就鬥真地主；中村就以富農來代替；小村連富農也沒有，只得鬥富裕中農。」「中國肅反受史達林的社會主義越勝利，階級鬥爭越尖銳的影響。」

　　他不但攻擊肅反運動，還懷疑馬克思主義的基本論點，說「馬克思的絕對貧困化不適宜於今天資本主義發展的現實情況。」一九五七年領導派他去通訊兵一個工廠瞭解工人貼大字報的情況，他回來對人說那個煽動工人鬧事的右派分子是「一個正義的人道主義者」。總政治部黨委批准了黨支部的這個報告。陳挺被劃為右派分子，開除黨籍，開除軍籍，剝奪軍銜，撤銷原有職務。降二級，由副團降為正營級。被送到山西省太谷縣去修理建郭堡水庫。（以上材料，見《郭堡你可曾記得……》第二集，第421-425頁）

　　這裡說的送到山西省太谷縣去修建郭堡水庫的軍內右派分子，共有三百二十人。他們分別來自總政、總參、總後、海政、空政五大單位。其中有總政治部敵工部的英語翻譯周道和呂千飛，他們兩人都參加了板門店的朝鮮停戰談判的。（同上書，第430頁）

　　還有總參三部助理員徐永壽（1925-2003），浙江天臺人。一九四六年由浙江大學轉學到南京中央大學土木系橋樑專業。一九四九年參加人民解放軍。在無線電通訊方面時有發明。劃為右派分子之後，也來到了郭堡水庫。一九五九年大煉鋼鐵的時候，他幫平遙縣東關鐵廠解決了技術難題。在他的

指導之下，平遙棉織廠的空調革新成功了；合紗機改卷緯機成功了；燈芯絨布機開口機革新成功了；斜紋底燈芯絨也試製成功。勞動生產率翻了一番還多。他還為棉織廠設計建成了全省第一座吊裝薄殼板廠房。當他還想做更多的事情的時候，文化大革命來了。徐永壽被無端關進了監獄。一九七三年平遙縣決定建立一座化肥廠，沒有高水準的技術力量，有人想起了他，才把關押了兩年多的他放了出來。他克服種種困難很好地完成了任務。右派問題解決之後，徐永壽回到了他的專業工作上來。一九八五年九月，他以中華人民共和國建築結構工程師的身份，應邀出席了在莫斯科舉行的國際薄殼和空間結構年會，用一口流利的英語宣讀了自己的論文〈有限元法在錐殼設計中的應用〉，受到了各國同行的熱烈歡迎。（侯安君：《坦蕩人生徐永壽》，見同上書，第260-277頁）

軍事學院軍事學術史教授會副主任、戰史教授會主任蔡鐵根也被劃為右派分子了。他是河北省蔚縣人，一九三六年參加中國工農紅軍，一九三九年加入中國共產黨。以前歷任宣傳幹事、科長、縣長、專署人民武裝部部長、旅政治部副主任、中央軍委軍訓部條令處處長、條令局副局長等職。大校軍銜，行政十一級。劃為右派分子之後，他被開除黨籍，開除軍籍，剝奪軍銜，撤銷職務。降低工資，分配到了江蘇常州。他不服，多次申訴，都沒有結果。到了文化大革命的「一打三反」中，一九七〇年三月十一日，竟以反革命罪執行槍決。一九七九年他的三個子女寫信向中共中央紀律檢查委員會提出申訴，胡耀邦作了批示。三月十日，中共軍事學院委員會做出了〈關於蔡鐵根錯劃為右派分子的改正決定〉，接著又通過法律程序撤銷原判，「宣告蔡鐵根無罪」。（《老紅軍蔡鐵根之死》，見《春風化雨集》，群眾出版社，1981年出版，下冊，第288-296頁）

空軍的頭號右派是李凌。廣東省三水縣人，一九二五年生。抗日戰爭時期在昆明西南聯大參加共產黨，擔任地下黨的支部書記。抗戰勝利後，他到北京大學，繼續從事黨的工作。後來進入解放區，在中央青委（即後來的共青團中央）工作。一九四九年作為優秀幹部抽調到空軍，先是在哈爾濱第一航空學校擔任政治教員，並兼任政治部宣傳科、文化科副科長。後來調到軍委空軍政治部《人民空軍》雜誌社，擔任政治組組長。一九五七年整風運動開始，空軍司令員劉亞樓作動員報告，號召大家「知無不言，言無不盡；

言者無罪，聞者足戒。」他們政治組的同事們下到各單位去收集反應，回來湊成一張大字報〈向劉司令員吹些和風細雨〉，公推組長李凌署名。他就因此被劃為右派分子，發配到北大荒勞改。

空軍的右派分子還應該說到秦傳家、白起和何健生這幾個人。抗日戰爭期間，他們原是汪精衛偽政權的空軍人員，白起即汪偽航空局主任白景豐，何健生是汪偽空軍上校參贊，他們和飛行教官吉翔、周致和，飛行員黃哲夫、趙乃強等人有心棄暗投明，通過秦傳家的關係找到了新四軍的游擊隊，聯繫駕機起義的事。在《粟裕誕辰百年紀念文集》裡有一篇〈粟司令員為汪偽專機起義指航向〉詳細記下了這件事。粟裕兩次接見了這些有心起義的人員，幫助他們和延安取得了聯繫。一九四五年八月二十日，起義人員駕著汪精衛偽政府的「建國號」專機從揚州機場直飛延安，這是人民解放軍空軍接收的第一架起義敵機。九月，十二名起義人員全部到了東北解放區，參與籌建人民解放軍航空學校，成為人民空軍第一代飛行教官。他們的學生裡有著名的空軍英雄劉玉堤、張積慧、王海等人。一九四六年吉翔和周致和兩人在執行飛行教學中先後殉職；一九五七年秦傳家、白起和何健生這三個人就都被劃為右派分子了。秦傳家、白起二人後來冤死獄中，何健生是活過來了，他修過水庫，從事過各種各樣的勞動。最後是澡堂的服務員。空軍司令員王海知道了這件事，才讓何健生成了空軍司令部的正團級離休幹部。（王書鍘：〈首批駕機起義者的人生落幕〉，見《郭堡你可曾記得……》第二集，第405-406頁）

起義人員被劃為右派分子的，還可以說到劉瑤章。他是國民黨政權最後一任北平市市長，參與了傅作義的北平和平解放活動。後來傅作義被安排為水利部部長，點名要他。據熊華源〈新中國首屆「內閣」籌建內幕〉一文中說：

> 周恩來又提名傅作義擔任水利部部長，並安排當時的北平市委副書記李葆華到水利部當副部長、黨組書記，協助傅作義工作。周恩來很尊重傅作義將軍，在醞釀配備水利部領導班子時，他請傅推薦人選，並對李葆華等人說：「凡是傅作義提的人我們都要用。」很快，傅向周恩來推薦兩位民主人士，一位是張含英，曾經是國民黨黃河治理委員會比較負責的技術專家；一位是劉瑤章，曾任國民黨河北省黨部主任

委員、中央執行委員和北平市長。不久，張被任命為水利部副部長，劉被任命為水利部辦公廳主任。（邱石編《共和國重大事件決策內幕》第一卷，1997年版，上冊第3-4頁）

　　反右派鬥爭開始的時候他是水利部部長助理，還是全國政協委員，民革候補中央委員、民革水利部支部主任委員。報紙上公佈他的右派言論有這樣一些：「黨員有神秘性，特別是人事部門的，所以大家就敬鬼神而遠之」。「對黨員說話多說不如少說，少說不如不說。」還說：「要吃得好些，穿得爛些，見黨員躲遠些，喊萬歲，喊得響些。」此外他還攻擊了水利部的肅反運動。水利部連續開了七次全體工作人員大會批判他，發言的有水利部副部長張含英，工務司司長劉鍾瑞，副司長王森等許多人。（9月12日《人民日報》）劃劉瑤章為右派分子，大約也有警告一下傅作義的意思吧。

　　起義將領被劃為右派分子的，最著名的是張軫（1895-1982），河南羅山人。抗日戰爭中曾經率部參加台兒莊戰役。一九四九年他是河南省政府主席、華中軍政長官公署副長官兼第十九兵團司令官。五月十四日，中國人民解放軍第四野戰軍第四十三軍強渡長江，進逼武漢。十五日，張軫即率領所部二萬多人槍起義。十七日，人民解放軍即攻佔武漢三鎮。不久張軫所部改編為中國人民解放軍第五十一軍，任命他為軍長。後來他被安排為湖北省軍區副司令員、河南省副省長、中國國民黨革命委員會中央委員、全國人民代表大會代表。他對於自己當一個掛名的副省長很不滿意，發了些牢騷。於是在一九五七年就被劃為右派分子了。

　　還有王伯勳，據新華社的一篇內參材料說，他原來是第十九兵團副司令官。一九四九年解放軍迅速向西南挺進的時候，他與十九兵團司令官何紹州等還在貴州策劃「應變」，準備負隅頑抗。十一月貴州解放前夕，何紹州等逃離大陸，王伯勳迫於無路可走，不得已而起義。起義後被安排為民革中央團結委員、民革貴州省委員會常務委員、貴州省人民委員會委員兼交通廳廳長、貴州省第一屆人民代表大會代表。這篇內參材料羅列了他一些右派言行，例如他說黨員「不學無術，盛氣凌人」；「新黨員都是投機分子」。共產黨的統戰政策是「共產黨黨內統治黨外的政策」。說匈牙利事件是「蘇聯統治匈牙利的結果」；中國再不改變也很「危險」。當全國各地右派分子猖

狂向黨進攻的時候，王伯勳一反幾年來的沈默成為各種場所的活躍分子，經常向人誇獎右派分子儲安平、葛佩琦「有大政治家的風度」；謾罵維護社會主義事業的盧郁文、李仲公「無恥」，在交通廳內，他披著領導者的外衣號召一些民革成員和非黨幹部不要站在黨的立場，鼓動他們向黨進攻，並對不安心工作和工資改革中有意見的幹部進行個別煽動。這篇材料說，民革貴州省委員會在十月十五日至二十二日召開的整風傳達會議上，揭發和駁斥了右派分子王伯勳反共反人民的言行。（原載新華社《內部參考》1957年11月2日）

湖南省副省長程星齡（1899-1987），湖南醴陵人，北伐戰爭中在國民革命軍第八軍第一師政治部任宣傳科長，抗日戰爭中任軍事委員會天水行營參事。一九四八年應程潛的邀請來到長沙，參加和平起義的準備工作。湖南省和平解放之後，他被安排湖南省人民政府副主席兼省文教委員會主任、副省長兼體委主任。其實他是非常合作的。在反右派鬥爭中還是被劃為右派分子了。

一九四九年十一月九日，中國航空公司和中央航空公司起義，從香港飛回了十二架飛機。毛澤東給兩公司總經理劉敬宜、陳卓林以及兩公司全體員工同志們發了賀電，說「這是一個有重大意義的愛國舉動」。可是在這些參加起義的人員裡也劃出了右派分子。童駿在〈五十年歷程〉一文中回憶說：「一九四九年，我毅然參加兩航起義，一心一意想回到祖國為新中國民航事業施展抱負。一九五○年，在『革大』受了革命人生觀教育，入了團，服從組織分配到民航總局政治部教育科工作。同年，政治部領導讓教育科同志下去調查總局直屬機關兩航人員的思想狀況，由我執筆整理出一個報告。那時我還年輕幼稚，又喜歡『獨立思考』，感到兩航人員思想問題很多，除了其他因素外，是否和民航總局的政治思想工作方面存在『左』的傾向有關。報告交了上去後，萬沒想到埋下了禍根。一九五五年『肅反』，突然宣佈將我隔離審查，查了一年，不了了之。不久又來了『反右』，儘管我噤若寒蟬，還是難逃厄運，終以『不滿肅反，曾發表五點反黨意見書』的罪名，被打成『右派』。一九五八年，送至山西一個水庫勞動八個月，然後送到黃河邊十年九旱的偏僻的中陽縣，繼續在基層鍛煉，一下子鍛煉了十八年。」（見《郭堡你可曾記得……》，第120-121頁）

海軍的反右派鬥爭。據海軍軍械部中尉技術員龔定國的〈我的右派生涯〉一文中說，一九五八年四月，「海軍大院共留下十一名右派，組成一個

班，他們是：黃源洛、裘純堅、張豐、江平、胡甲年、余榮富、朱位誠、呂恩誼、沈蘇斐、沈力成，還有我。這十一個人中，黃源洛是大型歌劇《秋子》的作者，是中國新音樂開拓者之一；呂恩誼是十大元帥油畫像的作者，從小參加革命，由部隊培養出來的畫家；裘純堅是海軍修造部的金字招牌工程師，一九四六年交通大學畢業；沈蘇斐是部隊培養的女高音歌手；張豐是醫師，從偽滿時期東北醫科大學畢業；江平是老革命的版畫家。其他幾個，是一九四九年到一九五三年期間畢業的大學生。」應該說明的是，這個「右派班」僅僅是海軍總部劃出的右派分子中的一小部分。像龔定國那個化驗室的技術員崔以軍，也是肅反運動的對象，也是右派分子，就沒有包括在內。據說，這個「右派班」起初是海軍黨委想留下的幾個有用之才，結果行不通。到了九、十月份，這個「右派班」就解散了。

龔定國，湖南長沙人，曾經就讀于武漢大學。一九五一年入伍，先到海軍東海艦隊，一九五四年當了防化學科化驗室主任。在一九五五年的肅反運動中，他因為和去了臺灣的姑奶奶龔慕蘭的關係，他「被掛上『階級異己分子』牌子挨鬥」，「整天批鬥，審問，不准回家，不准外出，足足搞了半年多。」一九五七年五月他被調到北京海軍軍械部，籌備全軍防化研究所。在反右派鬥爭中，因為他是肅反運動的對象，加上揭發出來的一些右派言論，例如「支持儲安平」，「說海軍政委蘇振華聽不進知識份子的意見，是宗派主義。」等等，就被劃為右派分子了。（龔定國文見丁抒主編《五十年重評「反右」：中國當代知識份子的命運》，田園書屋2007年版，第495-501頁）

和陳沂一樣也是以少將軍銜被劃為右派分子的，後來還有中國人民解放軍西藏軍區第一副政治委員范明。范明原名郝克勇（1914-2010），陝西省臨潼縣人，曾經在上海復旦大學就讀。一九三二年五月參加共青團，一九三八年初，由共青團轉入共產黨，黨派他到第三十八軍去做兵運工作。後來出現險情，他就在一九四二年十二月調回延安了。在延安，毛澤東多次召見他，並且給他改名范明，說是「做秘密工作的同志回到延安，都應該改名換姓。」。解放戰爭期間，范明擔任中國人民解放軍第一野戰軍政治部秘書長兼聯絡部長。彭德懷將爭取班禪的任務交給了他。一九五一年一月，他被任命為中共西北西藏工委書記、中國人民解放軍西北軍區進藏部隊司令員兼政委、西北軍政委員會駐班禪行轅代表。七月他就率領所部護送班禪行轅入

藏。十二月一日，在拉薩，同率領中國人民解放軍第十八軍先期入藏的張國華會師。張國華擔任中共西藏地區工作委員會書記，范明任副書記。他還擔任中國人民解放軍西藏軍區第一副政治委員，一九五五年授予少將軍銜。在全國反右派鬥爭的高潮已經過去之後，一九五八年四月，西藏開始反右，范明被打成極右分子了，同時還打出一個以范明為首的「反黨集團」，包括中共西藏自治區黨委組織部長白雲峰和范明的妻子、擔任西藏自治區共青團委員會書記的梁楓。夫妻兩個右派分子都被押解到陝西省大荔勞改農場勞動改造。一九六二年九月十九日又以「彭德懷反黨集團」的牽連被捕，在秦城監獄關押了十多年。不但本人入獄，他的兒子和親屬都受到牽連，二哥郝伯雄在文化大革命中被迫害致死，兩個兒子都被判處了幾年有期徒刑。（據李敏傑、趙仕樞〈「六多」將軍范明〉，《炎黃春秋》2007年第3期）

中國人民解放軍陸軍第十三軍政治部副主任吳清卓也被劃為右派分子。他在〈如實地記下來〉一文裡寫下了自己的經歷：

> 我出身貧農，革命軍人成分，一九三九年八月一日參加八路軍，一九四〇年二月參加共產黨。在革命軍隊中戰鬥、生活了二十年，沒犯過任何錯誤。一九五五年任十三軍政治部副主任（上校正師職）時被打成右派。強加到我頭上的罪名是：「反對赫魯雪夫」、「反蘇」，其實主要是因為我和孔政委在工作上發生了分歧，孔政委借整風反右之機對我挾私報復。導火線是關於政治部的一個軍官杜秉仁該不該劃右的問題，孔政委認為杜秉仁該劃，我不同意劃，報到軍區，軍區見政委、主任意見都未統一起來，於是打了回來，命令十三軍重新討論。
>
> 一九五七年十月，我因病住院。孔政委便乘機親自主持軍直幹部大會，重鬥那個文化教員杜秉仁，讓其跪板凳、戴高帽、敲著鑼鼓遊街。十月底我轉院到昆明，見到原軍政治部胡榮貴主任，我將自己知道的情況如實地告訴了他，胡聽後大怒，說：「軍隊的反右鬥爭誰要他們這樣搞法！」之後胡在電話上批評了此事。孔政委不但不聽胡主任的批評，反而又給我加了一條罪狀：到軍區去替右派喊冤！

　　結果不僅吳清卓本人被劃為右派分子，軍政治部連他共有四名校級軍官也被劃為右派分子，他們是原文化處處長許漢青（中校）、現任文化處處長吳銳（少校，作家）和檢察長賈超（少校）。（見《二十一年》，第338-339頁）

　　中國人民志願軍二十兵團政治部《工作通訊》編輯徐孔（原志願軍二十兵團新華社記者組前線記者）被劃為右派分子。先是在肅反運動中，兵團政治部宣傳部長韓福賢認為他頂撞了自己，就把他列為肅反的審查重點，隔離審查了半年，最後宣佈沒有問題，不作結論。一九五七年五月上旬，他輪換回到北京軍區宣傳部，分配到宣傳科。他直接找了他熟悉的司令員楊成武請了四個月的創作假，準備寫一部反映朝鮮戰爭的小說。到了反右派鬥爭中，他就以丁、陳反黨集團的走卒、攻擊偉大的肅反運動、資產階級的成名成家思想等等罪名，被劃為右派分子了。（據徐孔《直言無悔──我的「右派」經歷》，新華出版社，2010年版）

　　《中國人民解放軍軍史》第五卷有一條注釋，說：「1979年經總政治部複查，全軍劃為右派分子的人數為5885人，其中屬於錯劃的5799人，占總數的98.5%；不予改正的29人，占0.5%；下落不明或以後犯罪被判刑而未予複查的57人，占1%。」（《中國人民解放軍軍史》第五卷，軍事科學出版社。2011年6月第一版，第141頁）

　　這一部軍史說，「就軍隊而言，反右派鬥爭擴大化的錯誤同地方一樣嚴重。只是由於這些錯誤主要發生在機關、院校、文化團體中，對於全軍來說，仍然是局部性的問題。」（第141-142頁）事實上，在機關、院校、文化團體之外，像西藏軍區第一副政治委員范明。軍政治部副主任吳清卓也都被劃為右派分子了。

二十四、不採取極端的政策

　　第一屆全國人民代表大會第四次會議開了二十多天。從周恩來總理的政府工作報告直到大會小會的發言，多是慷慨激昂的批判右派分子；代表中的那些右派分子也都一個接一個走上講臺，聲淚俱下地檢討自己反黨反社會主義的罪行。難怪《人民日報》的社論稱這次會議為「反右派鬥爭的一次偉大勝利」。以此次會議作為象徵或者標誌，可以說反右派鬥爭已經大獲全勝，現在是需要考慮怎麼處理這許多右派分子的時候了。

　　毛澤東出席了六月二十六日人代會的開幕式。可是他不等大會閉幕就離開北京了。七月九日，毛澤東在上海幹部會議上講了話，講反右派問題。他表示，對右派並不是要一棍子打死。他說，我們並不準備把他們拋到黃浦江裡頭去，還是用治病救人這樣的態度。他們是知識份子，有些是大知識份子，爭取過來，讓他們多少做一點事。（《毛澤東選集》第五卷，第455頁）這說明他已經在考慮對右派分子的處理問題了。

　　幾天之後，他又由南京而青島，在那裡召開了省市委書記會議，在這一次會議上，毛談了一些反右派鬥爭的政策和策略。對待民主黨派，毛說，打右派主要是打頭子，把頭子打了，就不好作怪了，以後採取剝筍政策。唐僧這個集團，豬八戒較簡單可以原諒，孫悟空沒有緊箍咒不行。他在這裡雖說是以神話小說作比喻，確實也說出了需不需要劃右派的一條分界線，如果像豬八戒一樣簡單，不必借助緊箍咒也可以領導得了，就沒有必要給戴上右派帽子；如果是沒有緊箍咒就不行的孫悟空，當然少不了給戴上一頂右派帽子使他就範了。

　　毛澤東還提出：各省市的共產黨組織對當地民主黨派組織的領導，要不管其中央，予以腰斬。「腰斬」這話，是有出典的：據吳晗說，章伯鈞對於民盟北京市委接受中共北京市委的領導表示不滿，說是「腰斬民盟」（見7月7日《人民日報》），毛所要的正是這種辦法。

毛並提出：廣播、電話、電報、郵電要抓住，不讓民主黨派去發展。

對右派分子的處理，毛表示無意採取極端的政策。他說：

> 只要他們不當特務，不再進行破壞活動，也給他們一點事做，也不剝奪他們的公民權。這是鑒於許多歷史事件採取了極端政策的後果，並不良好。我們應當看得這一些，在幾十年後看這個事件，將會看到我們這樣對待資產階級右派分子，對於無產階級革命事業，會有深遠影響和巨大利益的。（《毛澤東選集》第五卷，第456頁）

具體地說，這將要採取的並不極端的政策是怎樣的呢？在青島，毛澤東提出了對右派分子的處罰的上限：他說，要搞個勞動教養條例，除了少數知名人士之外，把一些右派都搞去勞動教養。「勞動教養」這個辦法是兩年前肅反運動中提出來的，一九五五年八月二十五日中共中央〈關於徹底肅清暗藏的反革命分子的指示〉中提出：

> 對這次運動清查出來的反革命分子和其他壞分子，除判處死刑的和因為罪狀較輕、坦白徹底或因為立功而應繼續留用的以外，分兩種辦法處理。一種辦法，是判刑後勞動改造。另一種辦法，是不能判刑而政治上又不適於繼續留用，放到社會上去又會增加失業的，則進行勞動教養，就是雖不判刑，雖不完全失去自由，但亦應集中起來，替國家做工，由國家給與一定的工資。

接著，這個《指示》提出：

> 各省市應即自行籌備，分別建立這種勞動教養的場所。全國性的勞動教養的場所，由內務部、公安部立即籌備設立。（《建國以來重要文獻選編》第七冊，第146頁）

可見從那時起，各省市都已經普遍建立起這種勞動教養的場所，並且已經有一些肅反對象在那裡接受勞動教養了。現在毛澤東決定用這個辦法來

處理右派分子。他說，要搞個勞動教養條例，除了少數知名人士之外，把一些右派都搞去勞動教養。這話他是七月十八日說的，八月三日，國務院就以命令公佈了〈關於勞動教養問題的決定〉。這個〈決定〉裡並沒有寫明「右派」二字，但一看就明白，它的第一條第二款規定的，「罪行輕微，不追究刑事責任的反革命分子、反社會主義的反動分子，受到機關、團體、企業、學校等單位的開除處分，無生活出路的」，就是說的當前鬥爭中劃出來的那一大批右派分子。這個〈決定〉宣稱：這些人都是「應當加以收容實行勞動教養」的。

八月四日《人民日報》在公佈這個〈決定〉的時候配發了社論〈為什麼要實行勞動教養〉，對這一項措施作了這樣的解釋：

> 對於這些壞分子，一般地用說服教育的辦法是無效的；採取簡單的懲罰也不行；在機關、團體、企業內部也決不能繼續留用；讓他們另行就業又沒有人願意收留他們。因此，對於這些人，就需要有一個既能改造他們，又能保障其生活出路的妥善辦法。根據人民政府長期的研究和考慮，把他們收容起來，實行勞動教養，就是最適當的也是最好的辦法。

從這篇社論來看，原來的意圖是，凡是劃為右派分子了的，機關、團體、企業內部是決不繼續留用了，這也同毛提出來的除了少數知名人士之外，把一些右派都搞去勞動教養的意見相符。不過後來具體執行起來是更加寬大了，後來是只把問題最大最嚴重的那些右派分子和極右分子投入勞動教養，其中問題特別嚴重的，在投入勞動教養的同時宣佈開除其公職，作為對右派分子最重的處罰。這一部分人他日解除勞動教養也不能再擔任公職，大約就是以前所說的永不敘用的意思。另一方面，原來說的機關團體企業內部決不繼續留用，似乎後來也收回了成命，有些右派分子在降低工資若干級之後是在原單位留用了。至於說在原單位留用的右派分子是不是一定比投入勞動教養的要更舒服一些，更幸福一些，那卻是難說得很了。

這篇社論還說：「勞動教養同勞動改造罪犯是有區別的，它同救濟鰥寡孤獨的教養院也不相同。」劃了兩條分界線。後一條分界線顯然是陪襯。

從那時直到現在，那種救濟鰥寡孤獨的教養院在中國也並不怎麼普遍。而在接受勞動教養的右派分子中，大約也不會有人糊塗到把自己看作被救濟的鰥寡孤獨。要真有這樣糊塗，那就比豬八戒還要簡單，也就不必劃為右派分子，不會投入勞動教養了。社論要著重強調的，是前一條分界線，即勞動教養和勞動改造罪犯的區別。強調這個區別，就表示沒有將右派分子當作罪犯，沒有給予刑事處分，也就是體現了「可以寬大為懷，不予辦罪」（《毛澤東選集》第五卷，第438頁）的精神。如果誤以為這兩者是沒有多少區別的，豈不辜負了上面寬厚仁慈的用心了麼。

　　這兩者究竟有怎樣的區別呢？一九五八年至一九六二年，本書作者根據這個《決定》被勞動教養；後來，一九七○年至一九七三年的「一打三反」運動中又被判刑勞動改造。兩者都親身經歷過，可以作一點簡單的說明。這篇社論在講這兩者區別的時候，是這樣說的：「勞動教養的管理機關必須制定一套帶有強制性的行政制度和紀律，不能允許被勞動教養的人破壞這些制度和紀律。例如不准他們隨便離開農場和工廠而自由行動，不准破壞公共秩序，不准破壞生產，否則就要受到處分，情節嚴重的還要受到法律制裁。」這些，與勞動改造其實沒有多大差異，反正都是在剝奪了人身自由（即社論說的「不准他們隨便離開農場和工廠而自由行動」）的情況下，在警戒線之內，在槍兵的看管之下勞動。在這一點上，委實說不出這二者有多少區別。社論在緊接著這一段文字之後來了一個「但是」，這「但書」才是說出二者區別的所在（反過來正好證明「但是」之前是並無區別的）。「但是」什麼呢？社論說：這些被勞動教養的人，「在勞動生產中，對他們同樣實行按勞動成果給工資報酬的原則，具體地說就是多勞多得，少勞少得，不勞不得。」這裡，確實顯出了二者的區別。

　　這裡就來看一看這區別的具體情況。勞改犯是沒有工資報酬的。每個月只發很少一點零花錢，以供購買手紙、肥皂、煙捲等等之用。我當勞改犯的時候，開始時每個勞改犯每月零花錢是一元五角，後來提高為二元。可是，囚糧、囚服概不計價，真正實行了吃飯不要錢的制度。而且，夏季的蚊帳，冬季的棉被，誰要是缺了什麼，也都免費發給。而勞動教養呢，在勞動一兩個月之後，就根據實際表現出來的勞動力強弱評定工資等級，分甲乙丙丁四等，那時，甲等每月是二十八元，每等遞減四元。像我這樣低能的人只

評得個等外，每月工資十四元。扣除伙食費十元，所餘也就無幾。就是評上甲等乙等的，如果他要登記購買一套棉衣棉被之類，也就頗感拮据了，就經濟狀況來看二者的區別，有人說笑話：勞動教養是按勞分配，勞動改造是按需分配。

作為身受者的感覺，勞動教養和勞動改造的這些區別其實並沒有太多的意義。那麼，有什麼必要在已有的勞動改造之外弄出一個其實區別不大的勞動教養來呢？決策者顯然是基於這樣一種考慮：《中華人民共和國憲法》第八十九條規定：「中華人民共和國公民的人身自由不受侵犯。任何公民，非經人民法院決定或者人民檢察院批准，不受逮捕。」要是要把一個公民弄去勞動改造，就得經過一定的法律程序。而國務院的這個〈關於勞動教養問題的決定〉第三項規定的則是：「需要實行勞動教養的人，由民政、公安部門、所在機關、團體、企業、學校等單位，或者家長、監護人提出申請，經省、直轄市、自治區人民委員會或者它們委託的機關批准。」什麼法律程序都是不需要的了。這裡甚至沒有出現人民法院，人民檢察院字樣。這樣就創造出了一種在法律程序之外剝奪公民人身自由的手段。這個〈關於勞動教養問題的決定〉直接違反了《中華人民共和國憲法》第八十九條的規定。

在當時，在身受者這一方面看，這勞動教養與勞動改造還有一個極重要的區別，是這篇社論所沒有說出來的。這是一個十分可怕的區別。如果是勞動改造，先得判刑，無期徒刑或者有期徒刑。有期徒刑，或者十年八年，或者三年五年，開始服刑之日即可以知道刑期終了之時，心裡有個底。而一九五七年八月公佈的這個〈決定〉，卻對勞動教養期限的長短沒有作出任何規定，它的第四條說：「被勞動教養的人，在勞動教養期間，表現良好而有就業條件的，經勞動教養機關批准，可以另行就業；原送請勞動教養的單位、家長、監護人請求領回自行負責管教的，勞動教養機關也可以酌情批准。」這就是這個〈決定〉對於解除勞動教養條件的全部說明。表現良好，酌情批准，這都是彈性極大的規定。那時，我們誰也不知道這條路還有多長。直到一九七九年十一月二十九日國務院公佈的〈關於勞動教養的補充規定〉，才宣佈「勞動教養的期限為一年至三年。必要時得延長一年。節日、星期日休息。」我衷心讚美這個補充規定。我想，許多被勞動教養過的右派分子都會想：如果這時被勞動教養，就不會再有那麼多的懸念和失望了。

　　回頭再說一九五七年的事。當年所劃的右派分子究竟有多少被勞動教養，這裡沒有直接的數字，卻有一個可供推算的數字。李維漢說，「全國五十五萬餘被劃為右派分子的人半數以上失去了公職，相當多數被送勞動教養或監督勞動」。（李維漢《回憶與研究》（下），第839頁）前面已經說過，勞動教養是對右派分子最重的處罰，其中問題尤其嚴重的才同時宣佈開除其公職。所以不問可知，凡是開除了公職的，必定是送勞動教養的。而且這只占勞動教養人數的一部分，因為被勞動教養的右派分子中還有若干是保留公職的。如果李維漢所說的數字是有根據的話，五十五萬餘人半數以上失去了公職，即有二十七萬五千以上的人被開除公職送勞動教養。再加上未開除公職者。勞動教養的人數就比這更多了。

　　一九五七年九月二十日至十月九日舉行的中共八屆三中全會實際上是總結反右派鬥爭的會議。雖然還有另外幾項議程，但主要議題是反右派鬥爭。作為處理右派分子的前提，會議討論通過了劃分右派分子的標準。更重要的，會議對這一鬥爭作出了總結，把鬥爭中的一些做法和提法，提升到了「理論」的高度。

　　九月二十三日，鄧小平在會上作了〈關於整風運動的報告〉，主要是講反右派鬥爭。這個報告沒有收入《鄧小平文選》，這裡是根據當年報紙引用的。從六月八日公開宣佈反右派開始，到這時剛好三個半月。鄧小平說，「經過三個多月的鬥爭，情況已經發生了極大的變化。在各民主黨派、高等學校、其他知識界和省市以上的機關，鬥爭一般已經取得了決定性的勝利。當前的任務是把反右派鬥爭進行到底。」

　　對於這一場鬥爭的性質和意義，這個報告接受了毛澤東〈一九五七年夏季的形勢〉所作的估計。報告說：「這一次批判資產階級右派的意義，不要估計小了。這是一個在政治戰線上和思想戰線上的社會主義革命。」「在我國社會主義革命時期，資產階級反動右派和人民的矛盾是敵我矛盾，是對抗性的不可調和的你死我活的矛盾。」

　　關於知識份子，這個報告又有了新的提法。它說：「資產階級，特別是它的知識份子，是現在可以同無產階級較量的主要力量。」這就改變了周恩來在〈關於知識份子問題的報告〉中說知識份子「已經是工人階級的一部分」的論斷。

　　這個報告還說，「就我國目前的情況來說，多數的知識份子是資產階級和小資產階級家庭出身的，所受的教育也是資產階級式的。所以為方便起見，同資產階級放在一起說。」當這個報告在十月十九日的報紙上全文發表時，一些知識份子看到這裡，說，你這樣說，是方便了，可我們就很不方便了。

　　一九五六年九月二十五日李維漢在中共「八大」發言，談到執行對民族資產階級又團結又鬥爭的政策的幾點成功經驗，其中有一條就是「把民族資產階級的知識份子同民族資本家區別開來」。（《中國共產黨第八次全國代表大會文獻》第495頁）在「八大」時候，這種區別被認為是一項成功的經驗；到了八屆三中全會上，為方便起見，這種區別不再是必要的了。

　　這種將知識份子定性為資產階級的知識份子，並不是反右派以後出現的新提法。三月十二日毛澤東在全國宣傳工作會議上就是這樣說的：

> 我們現在大多數的知識份子，是從舊社會過來的，是從非勞動人民家庭出身的。有些人即使是出身于工人農民的家庭，但是在解放以前受的是資產階級教育，世界觀基本上是資產階級的，他們還是屬於資產階級的知識份子。（《毛澤東文集》第七卷，第273頁）

　　開完宣傳工作會議，毛到天津、濟南、南京、上海、杭州，又把這意思說了幾遍。鄧小平以總書記和整風領導小組組長的身份來做這個報告，大約也不能有另外的提法。毛死後，他就表示了不同意這樣的提法。他在一九七七年和一九七八年說的是：

> 「四人幫」把知識份子一概稱為「臭老九」，並且還說這是毛主席說的。應該承認，毛澤東同志曾經把他們看作是資產階級的一部分。這樣的話我們現在不能繼續講。（《鄧小平文選》第二卷，第43頁）
>
> 「四人幫」把今天我們社會裡的腦力勞動與體力勞動的分工歪曲成為階級對立，正是為了打擊迫害知識份子，破壞工人、農民和知識份子的聯盟，破壞社會生產力，破壞我們的社會主義革命和社會主義建設。（同上書，第89頁）

這篇報告認為，現有的幾百萬知識份子現在多數是中間派，「因此要用大力團結、爭取和教育他們，糾正他們的錯誤觀點，幫助他們實行自我改造」。——完整地重新提出了「爭取、團結、教育、改造」的知識份子政策。

具體到當前的反右派鬥爭，什麼人應該劃為右派分子呢？這篇報告提出：

> 他們在政治上的主要論點是：1、宣揚資產階級的經濟政治制度和資產階級文化，反對社會主義的經濟政治制度和社會主義文化。2、反對國家的基本政策，如外交政策、統購統銷政策、知識份子政策、五大運動等。3、否認人民民主革命、社會主義革命、社會主義建設的成績，否認黨和無產階級能夠領導國家建設。4、反對黨對國家工作的領導，反對黨在各個部門（特別是文教科學技術部門）的領導，要求取消黨在若干基層單位（特別是高等學校和新聞出版機關）的領導。
>
> 右派在學術文化方面的主要論點是：外行不能領導內行。馬克思主義就是教條主義。社會主義國家沒有科學文化，有也不如資本主義國家。要求資產階級的社會學、經濟學、歷史學、唯心論哲學復辟。向黨和人民政府要求「獨立」和「自由」：「新聞自由」，「出版自由」，「文藝自由」等。

右派有這樣一些論點。換句話說，有這樣一些論點的人就要劃為右派分子了。

這篇報告的另一處地方說：「黨的領導、無產階級專政、民主集中制絕對不容動搖。黨的各項基本政策，例如肅清反革命分子的政策、合作化政策、主要農產品的統購統銷政策等，絕對不容動搖。」反對了或者說動搖了這些的，都應劃為右派分子，是不用說的了。

顯然，所有這些規定，都是毛在〈關於正確處理人民內部矛盾的問題〉中增補的六條標準的具體化。

這個報告還提出了黨內反右派問題：

> 在反右派鬥爭中，必須像對待黨外右派分子一樣，一視同仁地嚴肅地對待黨內的右派分子。但是，現在還有一些同志，在反對黨內的右派

分子的鬥爭中，表現了比較嚴重的溫清主義，特別是對一些應該劃為右派的老黨員更加惋惜、心軟、下不了手。這種情緒必須加以克服。

對於黨內的右派分子應該開除他們的黨籍。如果因為情節較輕，轉變較好而不開除，就可以摘掉他們的右派「帽子」。

這裡的一些字句，曾經出現在九月二日中共中央〈關於嚴肅對待黨內右派分子問題的指示〉和九月十一日《人民日報》社論〈嚴肅對待黨內的右派分子〉之中。

這篇報告還提出：「必須大力加強文教戰線的領導骨幹」，怎樣加強呢？八月一日，中央組織部、宣傳部上呈了一個〈關於為抽調幹部加強大、中學校及科學研究機關的領導向中央的報告〉，八月五日，中央將這個報告批給各省市委、自治區黨委，中央國家機關各黨組，黨中央各部門：「請你們依照執行，下決心抽調一批合格的優秀的同志到文教戰線上去工作。」具體執行的情況，據十月二十二日新華社報導：中共中央決定從中央一級黨政機關中抽調一千名高級、中級黨員幹部，派往大、中學校和若干科學、文教單位去工作，以加強黨對文教戰線的領導。各省市也都抽調了一批黨員幹部到文教戰線上工作。反右派鬥爭之後，黨外和黨內劃出了那麼多右派分子都不能再留在原來的崗位上，這許多空缺得有人填補才成。

有意思的是，中央組織部、宣傳部這個〈關於為抽調幹部加強大、中學校及科學研究機關的領導向中央的報告〉裡有一段談到當時文教戰線的情況：

高等學校的中層政治工作幹部也很弱，普遍的是文化程度很低，不能適應工作需要。馬列主義課程師資，則多系青年助教，只有少數講師，有極少數教授也是解放前的政治、文史教員，政治思想複雜。解放後我們派去的政治課教員中有的文化知識太少，極不稱職，講話中笑話百出。如南京大學馬列主義教研室副主任，原係警衛員出身，在講話中將「可歌可泣」說成「可歌可拉」，「莎士比亞」說成「莎土比亞」等等。這雖然是少數的情況，但一般的說水平都是不高的。（《建國以來重要文獻選編》第十冊，第524頁）

可見這些事情雖然不許別人說（誰說了就會劃為右派分子），但是自己還是看見了的，也明白這太不像話，才下決心抽調幹部去加強大、中學校及科學研究機關領導的吧。

毛澤東在這次八屆三中全會上講話，是根據他對反右派鬥爭的看法重新考慮中共「八大」的路線。「八大」的提法是「我國社會主義和資本主義誰占勝誰的問題，現在已經解決了」。經過了反右派鬥爭，就不好再這樣說了。十月七日，毛在全會組長會議上說，八大那時「對階級鬥爭強調得不夠」（據薄一波《若干重大決策與事件的回顧》修訂本，下卷，第650頁。），九日，他在全體會議上，更是正面提出：「無產階級和資產階級的矛盾，社會主義道路和資本主義道路的矛盾，毫無疑問，這是當前我國社會的主要矛盾。」並且批評說，「『八大』決議上有那麼一段，講主要矛盾是先進的社會制度同落後的社會生產力之間的矛盾。這種提法是不對的。」（《毛澤東選集》第五卷，第475頁）

在這篇講話中，毛澤東對反右派鬥爭採用的一些方法做了很高的評價，他說：

> 今年這一年，群眾創造了一種革命形式，群眾鬥爭的形式，就是大鳴，大放，大辯論，大字報。現在我們革命的內容找到了它的很適合的形式。……我們找到了這個形式，適合現在這個群眾鬥爭的內容，適合現在階級鬥爭的內容，適合正確處理人民內部矛盾的問題。抓住了這個形式，今後的事情好辦得多了。大是大非也好，小是小非也好，革命的問題也好，建設的問題也好，都可以用這個鳴放辯論的形式去解決，而且會解決得比較快。（同上書，第467頁）

他的著眼點，是今後的事情好辦得多了。反右派鬥爭在很短的時間裡就大獲全勝，足見這是個行之有效的方法，他以為可以用這個方法去解決今後的一切問題。他是這樣說了，也是這樣做了。例如他在一九五八年寫的《工作方法六十條》中，就有好幾條提到了「鳴放辯論」的妙用。比如像農業合作社的積累和消費的比例問題，他引述了「湖北同志」即王任重這樣的意見：

以一九五七年生產和分配的數字為基礎，以後的增產部分四六分（即以四成分配給社員，六成作為合作社積累）、對半分、倒四六分（即以四成作為合作社積累，六成分配給社員）。如果生產和收入已經達到當地富裕中農的水平的，可以在經過鳴放辯論取得群眾同意後，增產的部分三七分（即以三成分配給社員，七成作為合作社積累），或者一兩年內暫時不分，以便增加積累，準備生產大躍進。（《毛澤東文集》第七卷，第348頁）

通常大概沒有人會願意減低自己的收入的，可是通過鳴放辯論就能夠取得群眾的同意。他是這樣的喜愛這方法，後來修改《中華人民共和國憲法》的時候，在規定公民基本權利那一條裡，在「公民有言論、通信、出版、集會、結社、遊行、示威、罷工的自由」後面，添上了「有運用『大鳴、大放、大辯論、大字報』的權利」這一句。

鄧小平在這次中央全會上作的關於整風運動的報告，也肯定了這種方法。報告說：「實行大鳴大放大爭，擺事實，講道理，出大字報，開座談會和辯論會，這是最廣泛的社會主義民主，是資產階級民主所不能夢想的。」這恐怕應該認為是反映了毛澤東的意見。多年之後，鄧小平說，「『四大』，即大鳴、大放、大字報、大辯論，這是載在憲法上的。現在把歷史的經驗總結一下，不能不承認，這個『四大』的做法，作為一個整體來看，從來沒有產生積極的作用。」（《鄧小平文選》第二卷，第257頁）他說的是「從來」，這只能理解為他是說即使在反右派鬥爭中這「四大」也沒有產生積極的作用。

本書前面已經說過，中共的「八大」接受了蘇共二十大批判史達林、擴大民主自由的新路線的影響。在「八大」之前和之後，提出百花齊放百家爭鳴長期共存互相監督的新方針，決心開展一場反對官僚主義宗派主義和主觀主義的整風運動處理人民內部矛盾，這些都可以看作是有意告別史達林的道路而跨出的試探性的一步。而一年之後的八屆三中全會宣告反右派鬥爭的勝利，同時也就是宣告這一次對新路線的試探的失敗。這時就只能回到「八大」以前的路線上去了。對於這一轉變的原因和後果，薄一波是這樣說的：

> 毛主席和我們黨為什麼修改八大關於主要矛盾的論斷？有國內原因，
> 也有國際原因。從國際方面講，波匈事件，特別是匈牙利事件，對毛
> 主席和我們黨的影響和震動太大了，彷彿中國也存在著這種現實的危
> 險，再加上國內有極少數資產階級右派分子利用幫助黨整風的機會發
> 動進攻，就更加重了這種危機感。由於偏重於從階級鬥爭的角度去觀
> 察問題，於是就認為八大關於無產階級和資產階級的矛盾已經基本解
> 決的論斷不妥當了，重新提出無產階級和資產階級的矛盾是我國社會
> 的主要矛盾。這種受國際事件和國內暫時情況的影響而修改黨的基本
> 理論和實踐的做法，是一個很深刻的教訓。實踐證明，八屆三中全會
> 修改黨的八大關於我國主要矛盾的論斷，動搖了八大路線的根基，從
> 此開始了對八大路線的偏離，助長了「左」的指導思想的發展。（薄
> 一波《若干重大決策與事件的回顧》，修訂本，下卷，第654頁。）

　　這裡對於這一偏離的原因所作的分析，作為一種粗線條的描述來看，
薄一波要這樣說也是可以的。如果要說得更細緻一點，不錯，匈牙利事件是
發生在中共「八大」之後，可是這時並沒有下決心放棄「八大」的路線。
〈再論無產階級專政的歷史經驗〉一文中第一次公開提出區分兩類不同性質
的社會矛盾的問題，一方面可以看作是總結匈牙利事件的歷史教訓的結果，
另一方面也可以看作是試探新路線時跨出新的一步，帶有中國特色或者說毛
澤東特色的一步。毛在最高國務會議上關於人民內部矛盾的講話，在全國宣
傳工作會議上的講話，都明白無誤的表明，直到這時，直到整風運動開始之
時，他都無意回到「八大」以前的路線上去。當然，思想上的矛盾是有的。
這種矛盾就反映在開完宣傳工作會議之後他在天津、濟南、南京、上海和
杭州等地巡行時的講話中。但這些思想上的矛盾，並沒有妨礙他發動一場反
對三個主義的整風運動。由此可見，反右派鬥爭才是促成這一轉變的真正原
因。而總結反右派鬥爭的八屆三中全會，就是偏離「八大」路線的岔道口。
反右派鬥爭在歷史上所起的作用，還不是幾十萬右派分子和他們的幾百萬家
屬受到了多少苦難，而是從此扭轉了歷史發展的趨向，從這裡，就只能走到
「以階級鬥爭為綱」，走到「文化大革命」去。鄧小平也是把反右派鬥爭當
作歷史的分水嶺看的。他說，「一九五七年以前，毛澤東同志的領導是正確

的，一九五七年反右派鬥爭以後，錯誤就越來越多了。」（《鄧小平文選》第二卷，第294-295頁）

八屆三中全會討論通過的〈劃分右派分子的標準〉對於反右派鬥爭來說，是一個十分重要的文件。這個文件的第一部分規定，凡言論、行動屬於下列性質者，應劃為右派分子：

1、反對社會主義制度。反對城市和農村中的社會主義革命，反對共產黨和人民政府關於社會經濟的基本政策（如工業化、統購統銷等）；否定社會主義革命和社會主義建設的成就；堅持資本主義立場，宣揚資本主義制度和資產階級剝削。

2、反對無產階級專政、反對民主集中制。攻擊反帝國主義的鬥爭和人民政府的外交政策；攻擊肅清反革命分子的鬥爭；否定「五大運動」的成就；反對對資產階級分子和資產階級知識份子的改造；攻擊共產黨和人民政府的人事制度和幹部政策；要求用資產階級的政治法律和文化教育代替社會主義的政治法律和文化教育。

3、反對共產黨在國家政治生活中的領導地位。反對共產黨對於經濟事業和文化事業的領導；以反對社會主義和共產黨為目的而惡意地攻擊共產黨和人民政府的領導機關和領導人員、污衊工農幹部和革命積極分子，污衊共產黨的革命活動和組織原則。

4、以反對社會主義和反對共產黨為目的而分裂人民的團結。煽動群眾反對共產黨和人民政府；煽動工人和農民的分裂；煽動各民族之間的分裂；污衊社會主義陣營，煽動社會主義陣營各國人民之間的分裂。

5、組織和積極參加反對社會主義、反對共產黨的小集團；蓄謀推翻某一部門或者某一基層單位的共產黨的領導；煽動反對共產黨、反對人民政府的騷亂。

6、為犯有上述罪行的右派分子出主意，拉關係，通情報，向他們報告革命組織的機密。

　　毛澤東在發表〈關於正確處理人民內部矛盾的問題〉的時候添上的六條標準，全都包括在這個〈劃分右派分子的標準〉裡面了。這裡的第一條關於社會主義制度的，即毛的第二條；這裡的第二條關於無產階級專政和民主集中制的，即毛的第三、第四條；這裡的第三條關於共產黨的領導地位的，即毛的第五條；這裡的第四條關於人民團結和社會主義陣營的，即毛的第一、第六條。毛只是提了個綱，這裡添上了子目。

　　例如毛的第六條說的「有利於社會主義的國際團結」，本書前面已經說過，這是寫給赫魯雪夫看的，這時中蘇分歧已經很深，在明知破裂不可避免的時候，又要將日後破裂的責任歸之於對方，就很有必要作出一個維持團結的姿態。因此就有了這個〈標準〉裡的第四條中的不得「污衊社會主義陣營，煽動社會主義陣營各國人民之間的分裂。」

　　這裡的第五條說的是「某一部門或者某一基層單位」，在鄧小平的〈關於整風運動的報告〉中說得更加明確，是「特別是文教科學技術部門」和「特別是高等學校和新聞出版機關」。這裡就是重點所在。

　　這裡的第六條說的多是共產黨內部的右派分子，例如清華大學黨委常委袁永熙。他們才有條件將反右派的機密洩漏出去。

　　這個文件的第二部分規定，有下列情形之一者應劃為極右分子：

1、右派活動中的野心家、為首分子、主謀分子和骨幹分子。
2、提出反黨反社會主義的綱領性意見，並積極鼓吹這種意見的分子。
3、進行反黨反社會主義活動特別惡劣、特別堅決的分子。
4、在歷史上一貫反共反人民，在這次右派進攻中又積極進行反動活動的分子。

　　這裡第四條說的這些人，後來大多算做反革命分子，而不算做右派分子了，例如葛佩琦。

　　就是根據這個標準，全國劃出了幾十萬個右派分子。確數是多少呢？前面所引李維漢提供的數字是五十五萬餘人，這是個概數。細數是552877人（轉引自叢進《曲折發展的歲月》，河南人民出版社1989年版，第61頁）。在德國烏利·弗朗茨的《鄧小平——中國式的政治傳奇》中提出了另一個數字：「從一九

五七年到一九五八年間，就有八十萬黨員和非黨人士被定為右派，據一九八○年透露有二百九十萬人受到株連。」（香港中原出版社1990年版，第139頁）他沒有說明材料來源。兩個數字相差約二十五萬人。不過，這兩個數字可能都是對的。因為前者是一九八○年複查時的數字，這和當年實際所劃的數字有出入是很自然的事情。本書採用來自中共中央文件的552877這個數字，就沒有人能夠責備我誇大。

除了這五十五萬多人之外，還應該提到另外一大批人。一九七九年八月二十九日中共中央組織部、宣傳部、統戰部，以及國家公安部、民政部五部門〈關於繼續執行中央〔1978〕55號文件幾個問題的請示〉中說：

> 在反右派鬥爭中，被定為「中右分子」，或工人、民警等劃為反社會主義分子以及因右派問題受株連的家屬，數量很大。其中，僅失去公職需要安置的，全國約有十六萬人。這些人員雖未戴右派帽子，但有的所受處分比右派還重，處境困難，社會上對他們很同情。

因為這些人有一個安置問題，需要請國家計委、國家勞動總局撥出專項勞動指標，先得有一個確數，這樣才得出十六萬這個數字，沒有失去公職的中右分子並不包括在內，其數目當比這更多一些。（因為，根據規定，對中右分子的處理比右派分子要輕些。）只說十六萬，加上五十五萬多，就超過七十萬了。再加上未失去公職的中右分子，一場反右派鬥爭下來，打擊的人，當是在七十萬至九十萬之間。

鄧小平說：「一九五七年的反右本身沒有錯，問題是擴大化了。」（《鄧小平文選》第二卷，第244頁）薄一波對這擴大化的情況作了這樣的說明：

> 反右派鬥爭中所劃的五十五萬人中，除極少數是真右派外，絕大多數或者說百分之九十九都是錯劃的。在這些被錯劃的人當中，有許多參加革命多年的黨的幹部，許多同黨長期合作共事的愛國人士和朋友，許多學有專長的知識份子和富有經營管理經驗的工商業者，以及許多政治上熱情但不成熟的青年學生。（薄一波《若干重大決策與事件的回顧》，修訂本，下卷，第641頁）

薄還提出了幾條為什麼會擴大化的原因，其一是：

> 對右派分子數字的估計，在很大程度上帶有主觀隨意性，並不是建立
> 在嚴肅的事實基礎上的。六月二十九日，毛主席估計需要在各種範圍
> 內點名批判的右派，北京大約四百人，全國大約四千人。僅僅過了十
> 天，即七月十日，新的估計又翻了一番。到九月八屆三中全會時，全
> 國已劃右派達六萬二千多人，據會上的透「底」估計，全國大約有右
> 派分子十五萬人。而到整個運動結束，全國共劃右派分子五十五萬
> 人，比八屆三中全會的透「底」估計還多四十萬人。這說明，我們對
> 右派的情況，並沒有一個確實可靠的估計，而基本上是跟著群眾運動
> 走，整出多少算多少。（同上書，下卷，第641-642頁）

這種事先就確定打擊對象數字的主觀隨意性，並不是自反右派鬥爭才
開始的。例如一九五一年「三反」運動時的編制「打虎預算」，也是在清查
之前就預算出貪污分子的數目，其主觀隨意性也並不見得比反右派鬥爭時小
多少。只是在幾個月之後運動結束之時，那些錯打的「老虎」都得到了解
脫。反右派鬥爭卻不同。黃秋耘在《風雨年華》中回憶說：

> 過去，每一次政治運動的後期，都有一個甄別定案的階段。但是在反
> 右派鬥爭中，劃誰當右派，只要領導小組、甚至僅僅是領導小組的第
> 一把手，三言兩語就定案了。由於每個單位都要完成一定的比例，只
> 許超過，不許達不到。有些單位，例如中小學校，實在找不出幾個合
> 適的對象，只好用抓鬮的辦法來決定「右派」的人選，或者像選舉代
> 表一樣，提名投票表決，這樣的做法簡直如同兒戲，但一個人甚至一
> 個家庭的命運就從此決定了。假如再來一個甄別定案，原定的任務肯
> 定無法完成，所以這樣一道手續，就一律免掉了。（《黃秋耘文集》第四
> 卷《風雨年華》，第159頁）

就毛澤東來說，他確定右派的數字，是從他對中國知識份子的總的估
計出發的。〈事情正在起變化〉一文說：

社會上的中間派是大量的，他們大約占全體黨外知識份子的百分之七十左右，而左派大約占百分之二十左右，右派大約占百分之一、百分之三、百分之五到百分之十，依情況而不同。（《毛澤東選集》第五卷，第424頁）

七月間的一次講話中，他對這數字作了更具體的分析：

像剛才講的北京大學，只有百分之一、二、三。這是講學生。講到教授、副教授，那就不同一些，大概有百分之十左右的右派。（同上書，第441頁）

十月十三日他在最高國務會議上說：

現在，全國究竟有多少人不贊成社會主義？我和許多地方同志摸了這個底。在全國總人口中間，大概有百分之十的人，是不贊成或者反對社會主義的。這裡包括地主階級，富農，一部分富裕中農，一部分民族資產階級，一部分資產階級知識份子，一部分城市上層小資產階級，甚至個別的工人、貧下中農。六億人口的百分之十是多少呢？是六千萬人。這個數目不小，不要把它看小了。（同上書，第482頁）

在六億人口的國家裡，六千萬人即十分之一，這個數目當然「不要把它看小了」。對這六千萬人可以作這樣的分析：已經說明，在全人口中占了一個相當大數量的工人和貧下中農，只有個別的不贊成或者反對社會主義，這一部分人肯定沒有達到百分之十，所以這六千萬人主要是由其他社會成分組成的。正像在高等學校右派的百分比教授副教授的要大大高於學生的一樣，在這六千萬人裡資產階級知識份子所占的百分比就必定要高於其他社會成分的了。

各地的反右派鬥爭，看來就是按照毛澤東的這種估計確定劃右派的指標，最後的執行結果和這項預算非常接近。據毛澤東在全國宣傳工作會議的講話中提供的數字，中國各類知識份子，「包括高級知識份子和普通知識份

子在內，大約有五百萬左右」（《毛澤東文集》，第七卷，第268頁），五十五萬右派分子約占各類知識份子總數的百分之十一稍強，與毛澤東的預算相符，可說並未突破，也就是說，不能說擴大化的。

還有另一種說法，說右派分子劃多了一些，即擴大化了，是因為「一九五七年十月十五日中共中央發出了〈關於劃分右派分子的標準〉的通知，……但是，由於種種原因，這個通知實際上沒得到貫徹執行。」（叢進：《曲折發展的歲月》，第65頁）這就是說，有一個很好的文件，可惜沒有得到貫徹執行。如果貫徹了，執行了，就不致劃出這麼多的右派，可免擴大化了吧。這個〈劃分右派分子的標準〉第一第二兩部分，已經在前面引用了。按照它的規定，要當一名右派分子是很容易的事情。比如第一項的「否定社會主義革命和社會主義建設的成就」，就是不承認「成績是主要的」這個公式，而指摘許多缺點的人，宣稱今不如昔的人，就得劃為右派分子了。反對了統購統銷政策的，也是右派了。這裡還提到工業化政策也不容反對，可是沒有作出說明，遠不像統購統銷政策這樣確定。不知道說的是從蘇聯照搬過來的以發展重工業為中心的政策呢，還是毛調整過次序為農輕重的政策。不過這種不明確正好給單位領導人隨意掌握的自由，他所要劃的人就無可逃遁了。比如第二項，攻擊肅反運動的，是右派，那一百三十多萬肅錯的人要訴說冤苦，大抵就夠劃為右派了。還有，攻擊人事制度和幹部政策的，也是右派。那些在前一段座談中就反對宗派主義發表過意見的人，大抵都犯了這一條。比如第三項，惡意地攻擊領導人員，污衊工農幹部和革命積極分子的，是右派分子。整風會上批評過單位領導的，大都可以套上這一條。第四項，關於社會主義陣營。這一條也不難闖上，湖南就有一個小學教師，只是因為不能從長期歌頌史達林的氣氛中突然轉過彎子來，表示不能接受赫魯雪夫對史達林的批判，因此被劃為右派分子。此人後來在文化大革命中當了造反派，鬧得很凶，她的問題提得很尖銳：或是為她平反，或是為赫魯雪夫平反。又比如第五項，蓄意推翻某一基層單位共產黨的是右派。基層單位共產黨的領導即黨支部書記。黨支部書記也是不能反對的。要說這個文件後來並沒有嚴格貫徹執行也可以，因為網開三面，讓不少可劃右派的人成了漏網之魚。如果嚴格執行起來，當年所劃右派必不止552877人。拿這些標準來複查，當年所劃右派分子絕大多數都是罪有應得，很少有冤屈。魯迅之後最

重要的雜文作家聶紺弩，就因為修改了妻子周穎的發言稿，周穎在郵電部被劃為右派分子的同時，他在人民文學出版社也被劃為右派分子了，他在一封信中說過：「我認我所經歷為罪有應得，平反為非分。」（《聶紺弩全集》第九卷，武漢出版社，2004年版，第373頁）在他，這也許是雜文筆法，是忿激的反語。如果我們來一個「反面文章正讀法」，拿這《標準》來對照他的言行，未始不可將這話看作他認罪態度良好的表現的。可見用這個文件來逐個檢查，也不能說有什麼擴大化的。

這個〈劃分右派分子的標準〉還有個第三部分，規定有下列情形之一者，其錯誤應予批評糾正，但不應劃為右派分子：

1、在根本立場上並不反對社會主義和黨的領導，而只是對於局部性的工作制度，局部性的不屬於根本原則的政策，工作中的問題，學術性的問題，共產黨的個別組織，個別工作人員表示不滿，提出批評的人，即使意見錯誤，措詞尖銳，也不應劃為右派分子；同樣，在根本立場上並不反對社會主義和黨的領導，而只是在思想意識上有某些錯誤的人，也不應劃為右派分子。

2、有過類似右派的思想，但是並未發表過或散佈過，而且已經認識錯誤、自動檢討出來的人，或者偶然講過類似右派的話，現在已經承認錯誤，而在歷史上一貫不反黨反社會主義的人，不應劃為右派分子。

3、對於社會主義的經濟政治制度或共產黨的領導發表了錯誤的言論，但是並未積極宣傳，事實證明不是出於敵意，經過指正表示願意轉變的人，不應劃為右派分子。

4、一度盲目地附和了右派反黨反社會主義的言行，或者一度被蒙蔽參加了右派小集團，或者一度被右派利用，在瞭解右派錯誤以後，迅速地站在正確立場，同右派決裂的人，不應劃為右派分子。

5、歷史上曾經站在反動立場，現在也沒有顯著的轉變，但是在右派進攻時期並未進行反動活動的人，不應劃為右派分子。

6、凡是界乎右派分子和中右分子之間的疑似分子，在尚未查出足以

確定為右派分子的充分材料之前，一概不劃為右派分子，並且不用鬥爭右派分子的方法來對待他們。

這裡規定了不應劃為右派分子的政策界限。有人說，如果嚴格遵守這些界限，就不至於有反右派的擴大化了。可是當年一再反對溫情主義和右傾情緒，怎麼可能遵守這些政策界限呢？薄一波在他的回憶錄中說，這個文件中規定的政策界限，「無疑是正確的，但在當時強調反對『右傾情緒』的氣氛下，卻是很難做到的，實際上很多這樣的人都被劃成了右派分子。如把說了幾句錯話，屬於認識上的問題，說成是反黨反社會主義；把幾個人在一起的自由議論，說成是反黨小集團；把對某個或某些領導人的正常批評，說成是向黨進攻；把向黨交心，檢查自己的錯誤思想，說成是惡毒攻擊，思想反動；把在理論問題研究中的不同見解，說成是反對馬列主義等等，這就不能不導致反右派的嚴重擴大化。」（薄一波《若干重大決策與事件的回顧》，修訂本，下卷，第643-644頁。）

薄一波在這裡說的把交心材料，自我檢查作為劃右派的依據，是直接違反文件規定的第二條政策界限的。即並未發表過或散佈過的錯誤思想，自動檢討出來，是不應劃為右派分子的。事實上卻大量劃為右派了。甚至可以為，這是當年打右派的一種十分常見的方法。即第一步，宣佈其為右派分子；第二步，責令其作深刻檢討；第三步，據檢討中所寫的定案。這是你親筆寫的，親自承認有這些反動思想，劃你為右派難道冤屈了嗎。

這裡舉兩個例。一個是王蒙。據黃秋耘說：

王蒙的《組織部新來的年輕人》是毛澤東同志親自表過態，認為沒有政治錯誤的，結果還是成為「右派」的罪證。事後中共北京東城區區委還反覆對人說明，王蒙之所以被劃為「右派」，不是由於他寫了這篇小說，而是根據他自己坦白交代出的「反動思想」定罪的；他上交給組織的日記中寫到，英國還有海德公園式的民主，中國連這個也沒有……等等，他們認為，這是反黨反社會主義的思想，王蒙定為右派，一點也不冤枉。其實他的最大錯誤在於得罪了東城區區委的領導，罵他們是官僚主義者。雖然毛主席表過態，還是可以用別的罪名

來給他定罪的。這真是「欲加之罪，何患無辭」！（《黃秋耘文集》第四卷《風雨年華》，花城出版社1999年版，第161頁）

另一個例子是舒蕪說的：

一九五七年，黨中央決定整風，反對官僚主義、宗派主義、主觀主義，號召廣大群眾提意見幫助黨整風。人民文學出版社的多數同志覺得王任叔同志身上這三風都比較明顯，於是對他的批評比較集中，而這中間自然又是古典文學編輯室的同志提的最多，最尖銳。不久，風雲突變，「反右」開始，王任叔同志代替馮雪峰同志領導人民文學出版社的運動，「右派」紛紛被揪出來，其中以古典文學編輯室的為最多，據說這是一個以我為首的「右派小集團」，差不多包括了古典文學編輯室的全部業務骨幹，我們的目的據說是要擁護「大右派馮雪峰」，打擊排斥正確體現黨的領導的王任叔同志，奪取黨在人民文學出版社的部分的領導權。在王任叔同志領導之下，對我們一直是按這個口徑反復批判的，我們也一直是按這個口徑反覆檢討交代，一次比一次深刻，終於被允許過了關。可是一九五八年定案時，給我們每個人作的結論，卻完全不是按照這個口徑寫的，……直到一九七八年討論給我「改正」，重新看到我自己簽過字的結論，才大吃一驚。原來那上面一個字也沒有涉及那些事，根本沒有提「右派小集團」，寫上去的差不多全是當時我自己「挖反動思想」挖出來的，例如對社會主義商品供求關係的看法之類。顯然是寫結論的時候才發現運動中著重批判的那些事，個人之間的衝突的痕跡太明顯了，寫進結論，將來很可能翻案，不如寫上這些大題目，堂而皇之，難以翻案。然而，二十年後重看，就顯得特別空洞，有些年輕的同志說，真沒有想到當年的「右派」，就是憑這幾條空洞的罪名定的，這又是寫結論時未能料到的。（舒蕪〈歷史需要我們作證〉，見《舒蕪集》第八卷，河北人民出版社2001年版，第233-235頁）

從這裡也就可以知道：一個人被劃為右派分子的真正原因，和寫在他

的定案材料中的那些劃他為右派的依據，和在報紙刊物上公開揭露他的右派罪行，常常是不相干的三件事。劃一個人為右派，可能是為了湊人數，也可能是為了泄私憤，報私仇，也可能是為了明心跡，等等等等。這些事情當然心照不宣，不宜說穿，更不會寫入結論。寫入結論的，常常是已經確定劃右派之後收集到的材料，主要是自我檢查的交心材料。而登報的材料呢，卻一般都不照結論來寫，因為這是一種宣傳文字，主要從宣傳效果這個角度來選材，儘量選用能夠使被寫者難堪的材料，以及生活上的隱私之類，這也就是讓他們「在公眾面前掃臉出醜」的意思。

就用諸如此類的辦法給這五十五萬餘名右派分子定了案，到了處理右派分子的時候了。討論了這些事情的中共八屆三中全會結束以後幾天，十月十三日，毛澤東召集最高國務會議，他在講話中就提出了處理右派的問題。他說：反擊右派總要告一個段落嘛！比如，現在北京這個反右派的空氣；就比較不那麼濃厚了，因為反得差不多了，不過還沒有完結，不要鬆勁。現在有些右派死不投降，像羅隆基、章乃器就是死不投降。一部分死硬派，他永遠不肯改，那也就算了。擺他幾十年，聽他怎麼辦。

談到處理右派的方針，毛說，是不是要把右派分子丟到海裡頭去呢？我們一個也不丟。我們採取不捉人，又不剝奪選舉權的辦法，給他們一個轉彎的餘地以利於分化他們。具體到人，毛也作了一些考慮，他說，章伯鈞的部長恐怕當不成了。比如丁玲，就不能當人民代表了。比如錢偉長，恐怕教授還可以當，副校長就當不成了。還有一些人，教授恐怕暫時也不能當。對右派如何處理，如何安排，這個問題請諸位去議一下。

一九五八年一月的南寧會議，毛澤東又提到這問題。他考慮，大學生中右派如何處理，或者開除百分之二十，留下百分之八十；或者根本不開除，百分之三十勞動考察。

一九五八年一月三十日發佈了《中共中央、國務院關於在國家薪給人員和高等學校學生中的右派分子處理原則的規定》。《規定》第二項的主要內容是：對於國家薪給人員中的右派分子，按以下六類辦法處理：

（1）情節嚴重、態度惡劣的，實行勞動教養，其中情節特別嚴重，態度特別惡劣的在勞動教養的同時，還應當開除公職。應行勞動教

養的人，如果本人不願接受勞動教養，也可以讓他自謀生活，並且由他的家庭和所屬居民委員會負責在政治上加以監督。

（2）情節嚴重、但是表示願意悔改，或者態度惡劣，但是情節不十分嚴重的，撤銷原有職務，送農村或其他勞動場所監督勞動。對於監督勞動的人，在生活上可以按具體情況酌予補助。

（3）情況與第一類第二類相似，但是本人在學術、技術方面尚有專長，工作上對他還有相當需要，或者本人年老體弱，不能從事體力勞動的，撤銷原有職務實行留用察看，並降低原有待遇。

（4）情節較輕，願意悔改的，或者情況雖與第一類第二類相似，但是在社會上有相當影響，需要加以照顧的，撤銷原有職務，另行分配待遇較低的工作。

（5）情節較輕，悔改較好的，或者情況與第一類第二類相似，而在社會上有較大影響，或者在學術、技術方面有較高成就，需要特殊考慮的，實行降職降級降薪。

（6）情節輕微，確已悔改的，免於處分。

《規定》第三項的內容是：高等學校學生中的右派分子，按下列辦法處理：

（1）情節嚴重、態度惡劣的，保留學籍，送農村或其他勞動場所勞動察看。個別情節特別嚴重，態度特別惡劣的，應當開除學籍，實行勞動教養。但是應當選擇個別反面典型在開除學籍後留校監督勞動。

（2）情節嚴重、但是表示願意悔改，或者態度惡劣，但是情節不十分嚴重的，可以留校察看，繼續學習。

（3）國防、外交等機密性專業中的右派分子，除了開除學籍者外，應當轉學或者轉系。

（4）情節較輕，悔改較好的，免於處分。（據《中國反右運動資料庫（1957-）》）

周恩來在一月二十九日國務院第六十九次全體會議就這個《規定》所作的說明中指出，對學生中的右派分子處理辦法有所變動，過去大多數開除，太嚴了。毛澤東主席說，對右派分子還寄予希望。右派處理以後，就要加緊改造工作，把學生中的右派分子擺在校內比推到社會上好，所以大部分不開除。（《周恩來年譜》1949-1976中卷，第123頁）於是就按這個規定對劃出的幾十萬右派分子進行處理。

毛澤東提出，各地要在處理之前開一次右派分子大會。一九五八年一月二十八日他在最高國務會議上說，要開一個右派分子大會，在大會中，第一向他們致感謝，第二想幫助他們。所謂感謝他們，是指他們向工人和黨進攻，當了教員；幫助他們，是想在其中使五成或七成的人，經過五年或十年時間，逐漸變過來，為人民服務。總有不變的人，即使如此，也有用處，用處就是在他不變。容許社會上有一部分人，不變不強迫。對右派批判必須嚴肅、深刻、全面，處理要比較寬大，當然寬大無邊是不好的。要有處分，但要留一條路讓他們走。第一是為了許多思想上還未解決問題的中間分子，第二是為了這些右派本身，使他們有可能回到人民的隊伍裡來。當然首先要他們自己下決心，但是還要我們幫助。毛說，右派大會要開，那一天開要研究，不只是北京開，各地也要開，先開小的，然後開大的。

四月二日，中共中央發出〈關於整風運動的指示〉的第七項就是：

> 為了有力地分化右派分子，各地區、各部門應當選擇適當時機，召開右派分子會議或者吸收右派分子參加的會議，由負責同志作報告，交代政策，指明出路，並且要組織右派分子加以討論。對於右派分子還應當注意分別進行工作，以便根據各人的不同情況，有拉有打，爭取分化他們，並且督促他們徹底悔改。（《建國以來重要文獻選編》第十一冊，第233頁）

最先開這樣的會的，是共青團中央機關。二月十四日、十五日兩天分批開了右派分子會議。團中央第一書記胡耀邦在兩天的會上都講了話，指出他們的錯誤是十分嚴重的，是從根本上反對黨、反對社會主義，是大是大非問題；但是，只要能真正地低頭認罪，決心悔改，前途仍然是光明的。還向

他們宣讀中央關於處理右派分子的六條辦法，說明嚴肅與寬大相結合的政策，指出只要他們願意悔改，黨對他們是採取寬大政策的，可以一不按反革命處理，不殺不關，二不剝奪公民權，三大部分不開除公職，給飯吃，給工作做，而且組織上還準備誠懇地幫助他們改造，鼓勵他們要自己掌握自己的命運。並指出他們中的絕大多數人都很年輕，來日方長，只要願意繼續為人民服務，還可以取得人民的信任，不少人還可能變成好幹部。

前面所引李維漢的話，是「半數以上失去了公職」，這裡胡耀邦說的，是「大部分不開除公職」。二說之所以不同，一種可能是胡是在處理之前說的，說的是他的意願；李是多年之後的回憶，說的是實際的戰績。另一種可能是，李說的是全國的總數，而胡是就團中央機關的情況說的。青年團的幹部年紀輕，政治條件好，需要開除公職的相對說會少些。再說，當年胡耀邦對待右派就比較溫和，曾經竭力保護一些幹部，像團中央宣傳部長項南，中國青年報總編輯張黎群，就是他保護下來的。就說他在這次右派大會上，還說什麼來日方長，還以變成好幹部相期許，可以看出他的溫情主義。所以他要大部分不開除公職。

這五十五萬右派分子，一個個都按照這六類處理辦法受到了處罰。他們有的在勞動教養場所，有的在農村從事勞動。即使留在原單位的，一般也不能當作知識分子使用了，只能幹點粗笨活。不但不能當作知識份子使用，甚至還不當作普通人使用。例如一九五八年十二月中共湖北省委（按：第一書記是王任重）〈關於做好當前人民生活的幾項工作的規定〉，其中有一條是：「不准地主分子、富農分子、反革命分子、壞分子、右派分子在公共食堂擔任任何職務。」（1958年12月20日《人民日報》）在公共食堂裡都沒有右派分子的工作崗位，其他也就可以類推了。

右派分子成了不可接觸的賤民。這裡可以插上一個經常在李宗仁身邊的尹冰彥講的小故事：

> 李宗仁先生回國不久，郭德潔女士因癌症終於不治。她病死時，李也已經七十開外，垂垂老矣。但令尹冰彥想不到的是，李宗仁對擇偶的政治標準相當苛刻。有一位面貌姣好的女性，性格、職業、學歷和經歷均十分理想，尹冰彥和程思遠都認為這是一位值得推薦的對象。興

致勃勃地報到李宗仁那裡，德公僅掃了一眼，便把材料原封不動地退回來了。否定的原因只有一個，這位女士的父親是個右派。（牛耕：〈聽尹冰彥談李宗仁〉，見《世紀》2008年第6期）

　　李宗仁這樣做，想必也是為了表明自己的政治態度吧。

　　由於毛澤東無意採取極端的政策，右派分子最嚴重的只要勞動教養就夠了，沒有判徒刑的。像葛佩琦被判無期徒刑，是算了他的國民黨軍隊少將的老賬，算是反革命分子了。右派分子當時也沒有處死刑的。像漢陽縣第一中學「小匈牙利事件」一案處決的三個人，就不稱為右派分子而稱為反革命分子。後來，在文化大革命之前和之中，各地都有一些右派分子被判徒刑和死刑。當然除了反黨反社會主義右派這個「前科」之外，還添上了一些新的罪名。像被毛澤東提到過的北京航空學院的馬雲鳳，劃右派之後受不了那些折騰，逐漸變成一個阿爾志跋綏夫筆下的綏惠略夫式的人物，從受社會迫害一變而為向社會復仇，幾年之後竟要去製造一起交通事故，因而也被處決了。

　　對右派分子最重的處分是勞動教養，處分較輕的也有留在原單位的。這卻未必是一件好事，雷海宗劃了右派，工資大大降低之後，還讓他開了「外國史學史」這一門課，每次講完課後，都要組織一場「消毒」課，挖空心思地從講課內容中找出種種毒素。

　　各民主黨派中央都在一九五八年一月間先後開了會，宣佈撤銷右派分子在各黨派內擔任的領導職務，被宣佈撤銷職務的有：

　　　　中國國民黨革命委員會副主席龍雲，中央常委陳銘樞、黃紹竑、譚惕吾、李俊龍；
　　　　中國民主同盟中央委員會副主席章伯鈞、羅隆基、中央常務委員葉篤義、沈志遠、馬哲民、郭翹然、潘大逵、錢端升、韓兆鶚、曾昭掄、費孝通、黃藥眠、潘光旦，中央委員李伯球、陳仁炳、彭文應、黃琪翔、錢偉長；
　　　　中國民主建國會中央委員會副主任委員章乃器，中央常務委員畢鳴岐，中央委員錢孫卿；他們在全國工商聯擔任的領導職務同時也被撤銷；

中國民主促進會副主席林漢達；

中國農工民主黨主席章伯鈞，副主席黃琪翔，中央執行局委員李伯球、楊逸棠、王一帆、張雲川、李士豪；

九三學社中央常務委員陸侃如、董渭川、袁翰青、薛愚，中央委員儲安平，顧執中雖然只是個候補中央委員，卻列為榜首，並且是撤銷他「社內的一切職務」；

臺灣民主自治同盟主席謝雪紅。

（2月1日《人民日報》）

第一屆全國人民代表大會第五次會議在一九五八年二月一日至十一日舉行，會議的一項重要內容就是公開宣佈對右派分子頭面人物的處理。會前由原選舉單位正式撤銷代表資格的有：錢端升、沈志遠、楊逸棠、江豐、劉蘭畦、沙文漢、楊思一、王國松、李士豪、宋雲彬、姚順甫、馮雪峰、曾昭掄、向德、譚惕吾、雷天覺十六人。另外，代表資格審查委員會認為，章乃器、潘大逵、曾庶凡、黃紹竑、陳銘樞、黃現璠、費振東、喬傳珏、馬哲民、章伯鈞、葉篤義、程士范、潘鍔鏻、羅隆基、費孝通、儲安平、錢偉長、錢孫卿、歐百川、王天錫、韓兆鶚、丁玲、張東木、謝雪紅、楊子恒、鄭立齋、黃琪翔、李伯球、徐鑄成、黃藥眠、王毅齋、張軫、張雲川、朱君允、畢鳴岐、譚志清、龍雲、李琢庵三十八人，已經喪失繼續執行全國人民代表大會代表職務的合法根據，不應出席本次會議。

這次會議，罷免了黃紹竑、龍雲、陳銘樞全國人民代表大會常務委員的職務；罷免了費孝通、黃現璠、歐百川全國人民代表大會民族委員會委員的職務；罷免了張雲川、陳銘樞、黃紹竑、黃琪翔、謝雪紅、羅隆基全國人民代表大會法案委員會委員的職務；罷免了龍雲國防委員會副主席的職務；罷免了黃琪翔國防委員會委員的職務。

一月三十一日，毛澤東主席根據全國人民代表大會常務委員會的決定簽署命令：撤銷章乃器糧食部部長職務，撤銷章伯鈞交通部部長職務，撤銷羅隆基森林工業部部長職務。二月十一日宣佈了新的部長人選。交通部是原任副部長的黨組書記王首道（中共中央委員）接任部長，黨組書記本來就是交通部的負責人了。糧食部是調原任輕工業部部長的沙千里出任部長。這時

沙千里的共產黨員身份還沒有公開，人們只知道他也是當年救國會七君子之一，顯然是接替章乃器的理想人選。只是森林工業部沒有必要任命新部長了，因為，這次會議決定將這個森林工業部重新併入了林業部。這個部的存在，和羅隆基的部長生涯，是同始同終。

這三位部長撤銷職務的情況，我只看到章乃器留下的一點記錄。他在《七十自述》中回憶說：

> 大概是一月二十八日上午，周恩來總理召見我，我就乘車到西花廳去見他，當時在場的還有習仲勳、徐冰兩位秘書長。周總理對我說，要撤我和章伯鈞、羅隆基的職，馬上就要提出國務會議討論，已經告訴了伯鈞、隆基二人，而且不讓他們出席會議，但可以讓我出席會議申辯。我問，我寫的〈根據事實，全面檢查〉的文件有沒有看過，他說沒有，我說，那是很遺憾的。我問，撤職的事情是否最後決定了。他說，黨中央決定了。我說，那還申辯什麼呢？我願意放棄出席權利。他說，那也好，辯論起來我們人多，你說不過我們的。他又說，也曾考慮過是否讓我們辭職，可是又何必那樣轉彎抹角呢？我說，撤職倒沒有什麼，但為什麼要扣上反黨、反人民、反社會主義的罪名呢？這是違反事實的，是寧死不能承認的。他說，那你可以保留思想，我們黨是准許保留思想的。於是，他談到和羅隆基談話的經過，他曾問羅作何打算，羅答要麼就自殺，否則便只好接受。總理說，你可以去美國。羅問，是否意味著驅逐出境？總理答，絕不是。總理問我作何打算？我說，我是全心全意，全力投向黨的，黨給我處分，我願積極接受下來，作為黨對我的鍛煉和考驗。我和黨共事已經三十年了，仍然沒有被瞭解，那就請再看五年吧，五年不夠，也可以看十年，到那時我也不過七十歲；我現在開始就好好地鍛煉體格，充實頭腦，準備那時再為黨工作十年。總理笑著說，你倒真樂觀呀。（《章乃器文集》，下卷，第614頁。）

不止在中央一級，在各省市，也同樣撤銷了右派分子的職務。例如一九五八年四月三十日政協上海市第一屆委員會常務委員會第廿五次會議通過

決議撤銷沈志遠等委員資格。據報載：「撤銷右派分子沈志遠、孫大雨、孫斯鳴、陳仁炳、彭文應、覃漢川、姜慶湘、夏高陽、王恒守、方子藩、毛嘯岑、楊延修、陳豐鎬、趙銘彝、許傑、張孟聞、吳承禧（已故）、余日宣（已故）、楊蔭溥、顧守熙、王造時、龍榆生、李小峰、陳子展、周福慶、羅家衡、連瑞琦、董任堅、潘序倫、薛映輝等30人第一屆委員會委員的資格；右派分子沈志遠的政協副主席資格也相應地喪失；右派分子王造時、方子藩、夏高陽、許傑、彭文應、楊延修、羅家衡等7人的政協常務委員資格也相應地喪失。會議根據民革上海市委的建議，決定停止右派分子吳藝五政協常務委員的職務（仍保留其委員資格）。」（1958年5月1日《文匯報》）

到這時，反右派鬥爭的任務可說是圓滿完成了。

對右派分子的處理，不論是六類中的那一類，有一點是大致相同的，就是都得脫離原來的專業工作，到體力勞動中去「脫胎換骨，重新做人」，不過因為某種需要，「廢物利用」，讓他們從事一點專業工作的事也是有的。作家冰心的丈夫吳文藻是中央民族學院劃出的右派分子。冰心在《關於男人》一書中說：

> 文藻被劃成右派後，受到了撤銷研究室主任的處分，並剝奪了教書權，送社會主義學院學習。一九五九年以後，文藻基本上是從事內部文字工作。他的著作大部分沒有發表，發表了也不署名，例如從一九五九年到一九六六年期間與費孝通（他已先被劃為右派！）共同校訂少數民族史志「三套叢書」，為中宣部提供西方社會學新書名著，為《辭海》第一版民族類詞目撰寫釋文等，多次為外交部交辦的邊界問題提供資料和意見，以及校訂英文漢譯的社會學名著工作。他還與費孝通共同搜集有關帕米爾及其附近地區歷史、地理、民族情況的英文參考資料等，十年動亂中這些資料都散失了！
>
> 一九七一年八月，因為美國總統尼克森將有訪華之行，文藻和我以及費孝通、鄺平章等八人，先被從沙洋幹校調回北京民族學院，成立了研究部的編譯室。我們共同翻譯校訂了尼克森的《六次危機》的下半部分，接著又翻譯了美國海斯‧穆恩、韋蘭合著的《世界史》，最後又合譯了英國大文豪威爾斯著的《世界史綱》，這是一部以文論

史的「生物和人類的簡明史」的大作！那時中國作家協會還沒有恢復，我很高興地參加了這本巨著的翻譯工作，從攻讀原文和參考書籍裡，我得到了不少學問和知識。那幾年我們的翻譯工作，是十年動亂的歲月中，最寧靜，最愜意的日子！我們都在民院研究室的三樓上，伏案疾書，我和文藻的書桌是相對的，其餘的人都在我們的隔壁或旁邊。文藻和我每天早起八點到辦公室，十二時回家午飯，飯後二時又回到辦公室，下午六時才回家。那時我們的生活規律極了，大家都感到安定而沒有虛度了光陰！現在回想起來，也虧得那時是「百舉俱廢」的時候，否則把我們這幾個後來都是很忙的人召集在一起，來翻譯這一部洋洋數百萬言的大書，也不是一件容易的事。

（據《清華校友通訊叢書》複17冊，1988年4月出版）

在五十五萬多右派分子中，能夠有這樣的機會的只是少數，大多數都是通過體力勞動去改造思想了。

二十五、餘韻

對幾十萬右派分子做出了處理，他們在勞動教養場所、在農村、或是留在原單位，從事體力勞動，爭取脫胎換骨，重新做人。其中名氣大的，也都已經在公眾面前掃臉出醜。作為一個歷史事件來說，反右派鬥爭是結束了。歷史又要揭開新的一葉，寫上新的事件了。可是這事又還沒有完，它像一個擺脫不開的鬼魂，不時在歷史的新葉上投下自己的陰影。

毛澤東的〈一九五七年夏季的形勢〉一文主要是講反右派的。除此之外，其中還說到：「十年至十五年以後的任務，則是進一步發展生產力，進一步擴大工人階級知識份子的隊伍，準備著逐步地由社會主義過渡到共產主義的必要條件，準備以八個至十個五年計劃在經濟上趕上並超過美國。」（《毛澤東選集》第五卷，第462-463頁）向共產主義過渡，趕上並超過美國的口號，都提出具體的時限來了。

實際上是為反右派鬥爭作總結的中共八屆三中全會，批評了一九五六年的「反冒進」，提出了「多快好省」，提出要恢復「促進委員會」，基本通過了農業發展綱要四十條。這就揭開了大躍進的序幕。

敘述大躍進的過程和情況，不是本書的任務。這裡只說一下反右派鬥爭與大躍進的關係。一九五八年九月五日毛澤東在最高國務會議上說：「幾億勞動群眾，工人農民，他們現在感覺得心裡通暢，搞大躍進。這就是整風反右的結果。」一九五九年二月一日下午他在各省、市、自治局黨委書記會議上講話，談到搞大躍進的幾個條件，頭一條就是群眾的幹勁、勞動熱情，這是過去幾年特別是整風、反右替我們準備下的。周恩來在全國人大二屆一次會議作的政府工作報告中說，「在政治戰線思想戰線沒有取得革命性的勝利以前，也不可能發生一九五八年式的大躍進。」（1959年4月18日）前面一章已經引用過，毛澤東在〈一九五七年夏季的形勢〉中說反右派鬥爭「是一個在政治戰線上和思想戰線上的偉大的社會主義革命」，所以周恩來的這句

話，直截了當地說就是「在反右派鬥爭勝利以前，不可能發生一九五八年式的大躍進」。事實也確實同毛澤東周恩來說的一樣：大躍進是反右派鬥爭的直接結果。能看出點問題，敢提點批評意見的人，這時多已被劃為右派分子，被剝奪了發言權。那些沒有被劃為右派分子的知識份子和幹部，眼看到不久前別人是怎樣成為右派，落得怎樣的境地，當然不敢再多說一句話。土法煉鋼，打麻雀，高產衛星田，吃飯不要錢，對於這種種層出不窮的新事物，沒有誰敢說一個不字。大躍進也就沒有遇到一點抵抗，開展起來了。

　　右派分子被排除在正常社會生活之外。他們在旁邊看著大躍進，看法還是有的。有一種材料說，「章伯鈞、羅隆基、龍雲等，發表了許多尖銳的、諷刺性的意見，即許多『右派反動言論』。章伯鈞說，一九五八年搞錯了，煉鋼失敗了，食堂辦不起來了，大辦水利是瞎來。羅隆基說，物資供應緊張是社會制度造成的。私營工商改造有毛病。現在人民怨憤已達極點。共產黨說唯物，實際上最唯心。龍雲說，解放後只是整人，人心喪盡。內政還不如臺灣。全國幹部數量，比蔣介石時代成百倍增加。陳銘樞說，供求相差驚人，幾年之內也難恢復正常供應。要是過去發生這種情況，早就該『下詔引咎』了。他們實行的不是列寧主義，而是史達林主義。于學忠說，共產黨的政策忽冷忽熱，大躍進的成績全是假話。天安門的工程，像秦始皇修萬里長城。」（李銳《廬山會議實錄》，香港天地圖書有限公司，1993年版，第51-52頁）這樣一些議論，已經起不到什麼作用了。這時能夠引起重視的批評意見，只能是來自共產黨內，特別是黨內高層，像彭德懷、張聞天了。

　　一九五九年七月二十三日，毛澤東在廬山會議上批評彭德懷，說他們重複了一九五六年下半年、一九五七年上半年犯錯誤同志的道路，他們不是右派，但是他們把自己拋到右派邊緣去了。距離右派不過還有三十公里。二十六日，他又在〈對於一封信的評論〉中批評右傾情緒、右傾思想、右傾活動，說是大有猖狂進攻之勢。不過，他說，「這種情況遠沒有達到一九五七年黨內外右派猖狂進攻那種程度」。廬山會議通過的〈為保衛黨的總路線、反對右傾機會主義而鬥爭〉的決議也作了這種區別，說「但是這種矛盾現在還是人民內部的矛盾，不是如同一九五七年資產階級反動右派猖狂進攻那樣的敵我矛盾」。

　　廬山會議之後，全國開展了反對右傾機會主義的鬥爭。一九五九年十一月十三日中共中央統戰部寫了一個〈關於在民主黨派、資產階級分子和資產階級知識份子中不進行反右傾鬥爭的整風運動的意見〉，其中提出：資產階級分子、資產階級知識份子和各民主黨派成員在一九五七至一九五八年的反右派鬥爭和整風運動中多數人受到了相當深刻的教育，在政治上和工作上都有不同程度的進步，這證明，黨對於他們的社會主義改造的政策是完全正確和成功的。我們必須明確認識，現在不同於一九五七年資產階級右派猖狂進攻的那種形勢。根據毛主席九月十五日在黨派座談會上提出的對黨外不搞運動的指示，我們這次在各民主黨派、資產階級分子、和資產階級知識份子中間不採取大鳴、大放、大字報、大辯論等群眾性的鬥爭，不進行反右派運動，不進行重點批判，不搞交心運動。因為這樣作，會造成緊張局勢，對於資產階級根本改造是不利的。中共中央批准了這個意見，並且指出：這次反右整風運動，不要在民主人士中進行，即不要在各民主黨派、工商界和老的高級知識份子中進行。這樣做，不僅是因為自一九五七年以來，在他們中間已經連續地進行過兩年多的思想改造，更主要的是因為這次問題的中心，不在他們；這次掛帥、點火、反對總路線、反對人民公社、反對大躍進的也不是他們，而主要是黨內的右傾機會主義分子，其中並有一部分是高級的領導幹部。

　　一九五九年八月二十四日，毛澤東寫了一封信給劉少奇。其中說：

　　　關於全國45萬右派分子分期分批摘帽子的問題，據江西省委楊尚奎同志說，是一個重要的政策問題。他說，已經向你說過了，你答應回北京統一考慮此問題。我認為，積以時日，至少可以爭取70%的右派分子改變過來。例如說，在今後七年中（或更多時間），每年爭取轉變和摘掉帽子10%左右，是有可能的，請你提向常委和書記處討論一次，由中央發一個指示，在國慶十周年時機，根據確有改變的情況，給第一批改好了的右派分子，摘掉45,000人左右的帽子，即10%，對於教育右派分子，一般資產階級、知識份子，民主黨派成員，將大有作用，他們會感到確有前途。對於目前反右傾、鼓幹勁也甚有利。摘去帽子後，舊病復發，再次、三次……右傾，也不要緊，給他再帶上右派帽子就是了。（《建國以來重要文獻選編》第十二冊，第528頁）

　　根據毛的這個提議，中共中央於九月十七日下發了〈關於摘掉確實悔改的右派分子的帽子的指示〉，十一月二日又下發了〈關於摘掉右派帽子的人員的工作分配和生活待遇的規定〉。十二月五日，報紙公佈了中央國家機關和民主黨派中央機關摘掉一批確已改好了的右派分子帽子的消息，共一百四十二人，他們是黃琪翔、費孝通、葉恭綽、林漢達、潘光旦、向達、薛愚、袁翰青、陶大鏞、陳銘德、謝家榮、費振東、譚志清、金芝軒、吳文藻、劉瑤章、曾彥修、王曼碩、范澄川、雷天覺、彥涵、董守義、陳明昭、裘祖源、沈志遠、徐鑄成、浦熙修等等（1959年12月5日《人民日報》）。各地也都這樣摘掉一些右派分子的帽子。

　　〈關於摘掉右派帽子的人員的工作分配和生活待遇的規定〉有些這樣的內容：在國家薪給人員中，「凡是摘掉右派帽子的人，過去沒有開除公職，實行勞動教養和監督勞動的，一般地都應該根據工作的需要和他們的工作能力、技術專長，分配以適當的工作。現在分配的工作職務，一般要低於他們受處分以前所擔任的職務，並且不要讓他們擔任機要部門、要害部門的工作。」「原來受降職、降級、降薪處分的，現在工資級別一般不動」，「所有摘掉右派帽子的人，不經過相當長時期的考驗，一律不得提拔使用。」高等學校學生中的右派分子摘掉帽子以後，「凡已開除學籍、實行勞動教養的右派分子，在摘掉右派帽子以後，學籍一律不予恢復」，「原來學習國防、外交、尖端技術等機密性專業的右派分子，在摘掉右派帽子以後，一律不再學習原專業，可以轉學別的專業和其他學校，或分配適當的工作。」一些希望摘掉右派帽子以後待遇會有所改善的人，希望就落空了。

　　據一九六〇年一月三日新華社報導，各地第一批宣佈摘掉右派分子帽子的人有吳茵、吳藝五、連瑞琦、陳子展、陸晶清、連闊如、王雪濤、萬福恩、沈慧儒、馬品芳、王海亭、晏道剛、厲無咎、蘇先勤、林孔湘、葉啟芳、白施恩、李紫翔、黃憲章、張雪岩、羅筱元、李述禮、孫殿才、苗復生、何善周、武百祥、葉喜縈布、王卓如、陸侃如、高覺敷、倪鶴笙、駱明、李克鴻、陳新民等二萬五千多人。

　　那時正是反對彭德懷的廬山會議剛開過不多久，正是階級鬥爭更進一步加緊之時。這時摘掉一批右派分子的帽子，以及同時特赦一批在押犯人，

都不是政治空氣趨向緩和的表現，而是為了國慶十周年做的應景文章。就說這個〈中共中央關於摘掉確實悔改的右派分子的帽子的指示〉，它的第六部分就說：

> 現在，資產階級分子、資產階級知識份子和民主黨派成員中，還有少數人繼續散佈右派言論，惡毒地向黨、向社會主義總路線、向大躍進、向人民公社進行攻擊，表現得十分惡劣。對於這些人的言行，應該進行調查研究，準備充分的材料和證據，在國慶日以後，選擇適當的時機，在他們所在單位用擺事實、講道理的方法，在群眾中進行鬥爭，給他們戴上右派分子的帽子。（《建國以來重要文獻選編》第十二冊，第575頁）

你看，這個關於摘帽子的指示還提出劃出一些新的右派分子來呢！不過它接著說：「各地黨委應該注意掌握，打擊面不要寬。現在，不進行像一九五七年那樣規模的反右派鬥爭。」後來這樣的人一般都沒有被稱為右派分子，而是被稱為右傾機會主義分子了。

執行這個關於摘帽子的指示的情況，我記得，和我同在一處勞動教養的幾百名右派分子，這一次也有幾十個被宣佈為確已改好的，摘掉了帽子。按說，摘帽之後，即不再存在當初送勞動教養的前提，該可獲釋回家了吧？可是不成。他們只不過是把稱號由勞教人員改變為新工人，從宣佈摘帽之日起即換到新辦起來的「新工人食堂」（不是原來的「職工食堂」）吃飯，每月工資也比勞教人員的多了幾塊錢了。後來才知道，這是因為當時有一個「多留少放」的政策。（尹曙生：〈勞動教養和反右派鬥爭〉，見《炎黃春秋》2010年第四期，第9頁）這些人就摘帽之後也不能回家了。

對於這些摘掉帽子的右派分子，上面還是時刻注視著他的政治態度、政治表現。《徐鑄成回憶錄》裡就講了他自己摘帽之後的情況：

> 一九五九年十月，出版局黨委開會，宣讀中央文件，宣佈第一批「已經改造好了的右派分子」，摘去「帽子」，我亦在其列，又一次當場被稱為同志。

　　我兩年前「戴帽」時，受降職降薪的「寬大」處分，撤去《文匯報》社長兼總編輯職務，並撤銷全國人大代表等公職，薪給被降低六級。時我母親尚健在，每月收入，輒賴出售舊衣補貼。後由石西民批准，為港報寫稿，得以幫助。「摘帽」後，滿以為可以稍加調整，不想載入「另冊」如昔。有一次，市委統戰部曾找我「交心」（彙報真實思想），我坦白說：「摘帽後別無所求，但望薪給略加恢復，因實際生活困難纏人。」結果待遇如故，政治上受歧視如故，原來很熟的朋友，相見若不相識如故。因此，有「脫帽」而「帽」痕宛在之歎。

（三聯書店2010年版，第263頁）

接著他就講了和他同在第一批摘帽的沈志遠摘帽之後的情況：

　　我的好友沈志遠先生，「帽子」剛摘去，統戰部的人即找他「交心」，要他彙報真實思想感情，他天真地說，他只有兩點想不通：一、為什麼天安門一定要掛史達林的像，使中蘇關係更多了一個疙瘩！二、目前農業生產還容許保留自留地，為什麼分配上不容許有自由市場的流通渠道？真是禍從口出，「一言既出，駟馬難追」。上海那位「一言堂」（按：指中共上海市委書記柯慶施）就認為這兩點，都是對外對內的要害問題。從此以後，正如上面所提到的那位馬列主義專家所說的，對沈暗中念念有詞，並假借別的「罪名」，又狠批了他達半年之久，緊箍咒念得他滾地、翻騰、抓頭、抓耳，實在無法忍受了。後來，他終於在「文革」前一年就仰藥而與世長辭了。哀哉！這是後話。（同上書，第264-265頁）

　　沈志遠是一九六五年一月二十六日服毒自殺的。

　　徐鑄成在摘掉右派分子帽子之後。還按照上海市政協副秘書長江華的佈置，去收集一些高級知識份子（包括右派分子和並沒有劃為右派分子的）的思想動態。他一九六八年二月七日寫的〈交代我的社會關係〉這篇材料中說：

六〇年，我摘帽不久，江華就去動員我去做一些「高知」的所謂「思想工作」，並且說：「這是對你的考驗，看你能否打消顧慮，為黨做些工作。」我問：「像我這樣一個犯過大罪的人如何去做工作？」江華說：「正因為你犯過錯誤，他們可能對你談些真話。」（《徐鑄成自述：運動檔案彙編》，三聯書店，2012年版，第51頁）

就這樣，徐鑄成「為黨做些工作」了。他奉命去收集思想動態的人。有歷史學家李平心、翻譯家傅東華等人。「每次談話後，我都把交談內容詳細地寫成書面送交統戰部。」據徐鑄成這篇材料說的，沈志遠也接受過這樣的指派：

六一年冬，江華還叫我和沈志遠做過一批從北京出來視察的全國人大、政協委員的「工作」，他們之中有大右派費孝通、浦熙修、宋雲彬、潘光旦。江華指派沈志遠找費和潘，叫我找浦和宋，並關照要請他們吃飯，和他們多談談，我就請浦熙修和宋雲彬在文化俱樂部吃飯。以後，也把詳細的談話內容書面彙報。（同上書，第52頁）

大約沈志遠對於這種改造的考驗很覺得厭倦，在文化大革命爆發之前就自殺了。

對於這第一批摘掉右派分子帽子一事，顧准在他的日記裡作了這樣的評論：

所謂右派分子的摘帽子，無非是一種政治上的勒索。

北京宣佈了一百四十餘人，都是為了照顧政治影響。潘光旦、浦熙修之類都是。對廣大的右派分子，是絕不放心的。局勢越緊張，防範愈嚴。

所以，我的改造表現再好，不過求苟全性命而已。什麼摘帽子，摘了帽子能如何改善環境，都是采秀（按：指他的妻子方采秀）式的空想。

不見此間摘帽的人依然在勞動隊不往外放嗎？

（1959年12月8日，見《顧准日記》，經濟日報出版社1997年版，第40頁），

顧准在當時就能夠看得這樣透徹，識力真不可及。

到了一九六〇年秋天，要第二批摘掉右派分子的帽子了。十月十四日，中共中央組織部、統戰部將當年擬摘掉屬於中央審批的右派分子的帽子的名單呈報中共中央和毛澤東，請示報告中說：黃紹竑從劃為右派分子後，沒有發現什麼反動言論。劉王立明劃為右派分子後，學習積極，承認自己的思想感情有問題。反右前（一九五六年八月）她在世界婦女節制會上抵制過臺灣代表，駁斥帝國主義污衊「中國販賣鴉片」的讕言。我們反覆考慮似以摘掉他們的右派帽子為有利。是否摘掉，請中央決定。十月二十六日，毛澤東批示：「黃紹竑、劉王立明二人以摘掉右派帽子較為有利。請總理、富春最後確定。如今後發現他們又有嚴重反動，甚或反革命行為，那時酌情再處，我們仍有主動。」

一九六〇年十一月二十五日《人民日報》刊出新華社電訊，說中央國家機關和各民主黨派中央機關最近又摘掉一批確有改悔的右派分子的帽子，他們是：黃紹竑、劉王立明、錢偉長、王葆真、董渭川、宋雲彬、李俊龍、李伯球、譚惕吾、鄧季惺、樓邦彥、葉篤義、徐誦明、崔敬伯、王寄一、周穎、金寶善、駱介子、萬枚子等二百六十多人。

這一回黃紹竑和劉王立明雖蒙毛澤東恩准摘掉了右派帽子，可是他們的最後結局都頗為悲慘。黃紹竑在文化大革命開始以後，就被多次抄家、罰跪、毆辱，他不堪忍受，在一九六六年八月三十一日自殺了。一九六六年九月劉王立明被上海交通大學「代代紅紅衛兵」揪走「鬥爭」了三天，就被送到上海第二看守所，以「美國特務」的罪名關押了三年八個月之後，口頭通知她女兒，說劉王立明已經於一九七〇年四月十五日死在監獄裡，沒有正式的死亡證明書，也沒有骨灰。（王友琴《文革受難者》，香港開放雜誌出版社，2004年出版，第276-277頁）

這時，由於大躍進對農業的巨大破壞，造成了遍及全國的大饑荒，各地都出現了大批餓死人的慘像。「紅旗」舉得最高的省份餓死人最多。當時只有一千二三百萬人口的甘肅省，餓死的就有上百萬人。（1998年1月7日《甘肅經濟日報》）對於被剝奪了人身自由的勞改犯和勞教人員來說，連外出逃荒的可能也沒有，大饑荒對於他們更是雪上加霜，餓死的比例就更高了。據新華社的右派分子戴煌寫的《九死一生——我的」右派」歷程》中提供的材

料：錦西煤礦一千二百多名勞改犯中就餓死了一千人，約占百分之八十。
（中央編譯出版社，第266頁）甘肅日報右派分子和鳳鳴寫的《經歷——我的一九
五七年》一書中透露：甘肅酒泉夾邊溝農場原來有勞教人員兩千八百多人，
活著回來的只有六七百人，餓死的也接近百分之八十了。她的丈夫王景超
也是甘肅日報的右派分子，就是在這裡餓死的，終年才三十六歲。（敦煌文
藝出版社，第429頁）在這裡餓死的人還有傅作義的弟弟傅作恭，他是一位水利
專家，原來已經定居國外，傅作義動員他回國參加水利建設，卻被劃為右派
分子。他曾經將這裡饑餓的情況寫信告訴傅作義，傅作義不能相信有這樣的
事，反而在復信中批評他。後來傅作義參加中央的一個檢查團到甘肅來檢
查，才知道實際情況比弟弟信中說的嚴重得多。可是這時他弟弟已經餓死有
半年了。（同上書，第363頁）

　　北大荒有大批右派分子凍餓而死的慘事引起了周恩來的關注，他對來
北京參加農墾工作會議的牡丹江農墾局局長王景坤說：「你們不要因為這些
同志五七年出了點事，是所謂『右派』，就可以不把他們當人看待！他們
之中的絕大多數人都是國家的有用之才，國家將來還是要用他們的，你們怎
麼能夠這樣對待他們？你們應該趕快說明他們各個人的死因，不然這個責任
是值得追究追究的！」（見上引戴煌書，第267頁）周恩來的過問，使那些右派分
子的處境有了一點改善。

　　西南師範學院教育系的董時光的情形，在前面第十章已經說過了。他
被劃為右派分子，受到勞動教養的處分，去修內（江）昆（明）鐵路了。同
在這裡修鐵路的右派分子有作家劉盛亞，畫家汪子美，中共重慶市委宣傳部
副部長王匡時，民盟重慶市委宣傳部長和組織部長李康與蘇軍，諧劇專家王
永梭等。由於大躍進帶來了大饑荒，工地上很多人因為饑餓和過重的體力勞
動，患了水腫。一九五九年十月，內昆鐵路停工下馬，他們又被轉移到涼山
去修成昆鐵路。一九六零年三月，成昆鐵路也下馬停工，他們被送到雷波、
屏山、馬邊三縣交界的「雷馬屏勞改農場」，董時光在那裡當了養馬的馬倌。
當時大饑荒席捲勞改農場，董時光也全身浮腫，饑餓和勞累已經把他折磨得
完全脫了人形，嚴重時走路都摔跟頭。一天他發現在馬糞蛋中，竟有一兩顆
沒消化了的胡豆！他趕緊動手，在一堆堆馬糞找胡豆，然後淘洗乾淨拿來充
饑。一天被別人發現，立即向幹部彙報，說大右派董時光偷吃馬糧。於是立

即組織了批鬥會，會上幹部安排的「改造積極分子」帶頭，其他犯人一擁而上，將他當場打斷三根肋骨，口吐血沫。送農場勞改醫院後，不治而死。

時間進入了一九六二年，已經漸漸從大躍進的失敗所造成的困難中走了出來，可以冷靜地總結一下這幾年的經驗教訓了。年初，中共中央在北京舉行擴大的工作會議（即七千人大會），劉少奇在會上的講話中承認：當前經濟困難的原因，除了由於自然災害造成農業歉收外，還有一條，就是從一九五八年以來，我們工作中的缺點和錯誤。毛澤東在會上也表示了自我批評的意思，他說，「凡是中央犯的錯誤，直接的歸我負責，間接的我也有份，因為我是中央主席。」在這篇講話中，毛對知識份子還很說了些溫和的話，他說，「對於知識份子，是不是只有革命的我們才去團結呢？不是的。只要他們愛國，我們就要團結他們，並且要讓他們好好工作。工人，農民，城市小資產階級分子，愛國的知識份子，愛國的資本家和其他愛國的民主人士，這些人占了全人口的百分之九十五以上。這些人，在我們人民民主專政下面，都屬於人民的範圍。」他這樣說，知識份子聽了，會覺得舒服的。不過，他並沒有把已經被劃為右派分子的知識份子包括在內，接著他說的是：「人民民主專政要壓迫的是地主、富農、反革命分子、壞分子和反共的右派分子。」到了後來文化大革命中間，這些就被統稱為「地富反壞右五類分子」，簡稱「五類分子」了。

不論怎麼說，在這七千人大會前後一段不很長的時間裡，政治空氣還是顯得比較寬鬆，對於一九五七年的一些提法不再堅持了。例如周恩來向全國人大二屆三次會議作的政府工作報告中，又說中國知識份子的絕大多數是「屬於勞動人民的知識份子」（1962年4月27日），而不再說是「同無產階級較量的主要力量」了。

一九六二年三月二日，周恩來對在廣州召開的全國科學工作、戲劇創作兩個會議的代表的講話中，對於當年批判右派分子的一些論點重新作了說明。例如關於共產黨的領導，周恩來說：

> 我們說黨領導一切，是說黨要管大政方針、政策、計畫，是說黨對各部門都可以領導，不是說一切事情都要黨去管。至於具體業務，黨不要干涉。黨的領導不是黨員個人領導。黨是一個集體，是有組織的。

黨的領導是組織領導，不是個人領導。黨員個人怎麼能領導？一個單位的個別黨員，怎麼能說他就是黨的領導？黨章沒有規定黨員有這樣的權利，實際上也不可能有這樣的本事。例如一個學校，黨的領導是指學校黨委的領導，有些事情學校黨委也不能解決，要請示上級黨委決定。至於支部，如系支部、劇團支部、車間支部，只是起保證監督作用，不是指揮，下命令還得要行政首長才行。行政上的事由行政決定，書記也無必要去干涉。（《周恩來選集》下卷，第365-366頁）

如果當初就是這種提法，一九五七年黃紹竑、譚惕吾輩也就可以少提許多意見了。

又如外行領導內行的問題，周恩來說：

外行領導內行要有個範圍。以前我們講過外行能領導內行，這是講的政治上思想上組織上的領導。黨委書記、委員有些不懂專業，但可以超脫專業，看到全局，通過黨委集體研究作出貫徹黨的方針政策的決定或貫徹上級指示的決議。我們說外行能夠領導內行，不是要外行去干涉業務，對業務確實不懂嘛。外行變成內行，要經過學習，就是學會了，也要尊重專家，尊重群眾意見。（同上書，第365-366頁）

他提出了「不是要外行去干涉業務」，如果當初就是這樣解釋，整風鳴放當中人們也就不會去提許多意見了。

這時，陳毅也在廣州，他也在全國科學工作會議和戲劇創作座談會上講了話，戲劇性地向與會人員行了「脫帽禮」。他說：「工人、農民、知識份子，是我們國家勞動人民中間的三個組成部分，他們是主人翁。不能夠經過十二年的改造、考驗，還把資產階級知識份子這頂帽子戴在所有知識份子的頭上，因為那樣做不符合實際情況。」陳毅批評說，「過去沒有從團結他們、體諒他們出發，有很多事情做得太粗暴、太生硬。」（轉引自薄一波《若干重大決策與事件的回顧》，修訂本，下卷，第1031頁。）不知道陳毅說的太粗暴太生硬的事情裡是不是包括反右派鬥爭。不過在他說這話之前，也沒有什麼比這更粗暴更生硬的事情了。

　　只是這寬鬆的政治空氣持續的時間並不長。到這年九月的中共八屆十中全會上，毛又提出階級鬥爭必須年年講，月月講，天天講了。作為這次中央全會的準備，先在北戴河開了一個月的中央工作會議。薄一波回憶說：

　　一九六二年八月九日，當有人在北戴河中央工作會議中心小組會上提出「摘掉資產階級知識份子的帽子是否合適」時，毛主席便說：「資產階級知識份子有些陽魂過來了，但是陰魂未散，有的連陽魂也沒有過來。」這表明毛主席對摘掉資產階級知識份子帽子的做法是不同意的。……陳毅同志九月十一日談到他在廣州著重批評了知識份子問題上的「左」的傾向時，小平同志明確表示「陳總講的是對的」。而毛主席卻表示了不同看法，他說：人家請你講話總是有目的的，總要沾點光，沒有利益他不幹。我對總司令講過，你到處講話要注意。（同上書，第1040頁）

　　也是在一九六二年，中共中央統戰部提出了給右派分子進行甄別的問題。李維漢回憶說，

　　一九六二年，我們在《關於在右派分子工作中幾個問題的報告》中進一步提出：如果領導上認為需要和右派本人或家屬申請甄別的，可以甄別。對於確實劃錯的，予以平反；對於可劃可不劃而劃了的，可以從寬摘掉他們的右派帽子。由於「左」的影響，這一案當時未能解決，以後又經過十年「文化大革命」，一拖就是十六年。（李維漢《回憶與研究》（下），第839頁）

　　李維漢說的這件事，薄一波的回憶錄講得更詳細。他說：

　　統戰部曾幾次提出對劃成右派的本人及其家屬要求甄別的，應該進行甄別。他們一九六二年七月二十六日給中央的報告，再次提出這個意見。可是八月十七日〈中央關於右派分子工作的幾個問題的覆示〉，雖然同意「對於其中個別確實完全搞錯了的即確實不曾有過右派言論、行動

的，才作為個別人的問題，實事求是地予以改正」，但是明確表示『對右派分子不應當一般地提出甄別平反問題』，認為統戰部報告中所說如果右派分子本人和其家屬要求甄別的（包括已摘掉右派帽子的人員）應該進行甄別的意見「是不妥當的」，「這樣做起來，實際上會搞成一種對資產階級右派分子普遍的甄別，或者對很多右派分子進行甄別。這是沒有必要的，也是對黨和人民不利的。」當國家機關黨委確定以馮雪峰等人為右派甄別試點對象，進行甄別試點工作時，毛主席九月二十九日在反映這一情況的中央宣傳部《宣教動態》增刊第六十三期上做了如下嚴厲的批示：「劉、周、鄧三同志閱。請鄧查一下此事是誰佈置的？是組織部，中直黨委，還是國家機關黨委自己？此事出在中央機關內部，右派分子本人不要求甄別，而上級硬要試點，以便取得經驗，加以推廣。事件出在6、7月。其性質可謂猖狂之至。閱後付還。查後告我。」這樣，對右派分子的甄別工作就不可能再進行下去了。（薄一波：《若干重大決策與事件的回顧》，修訂本，下卷，第1041-1042頁）

在毛澤東嚴令制止之前，在那短暫的寬鬆裡，只有安徽省為右派分子進行了甄別。這是「七千人大會」之後，曾希聖被免職，李葆華去接任中共安徽省委第一書記的時候才有的事情。人民日報所劃的右派分子劉衡在她的回憶文〈只因我對黨說了老實話〉中談到了這事：

一九六二年初，李大釗的兒子李葆華調安徽當省委書記。臨行前，劉少奇曾暗示他，在為右傾機會主義分子平反時，也可以為右派分子平反。李葆華到任後，就大刀闊斧地對右派分子進行甄別。等到中央下令不甄別，安徽已有數千右派平反了……這是全國唯一的一個搞甄別的省，其他各省（包括人民日報社）因動作遲緩，沒有趕上趟，李葆華為人民做了一件好事。（見《荊棘路》，經濟日報出版社1998年版，第177頁。）

當年轟動全國的李世農一案，也就是在這時解決的。一九六二年七月，安徽省對此案進行了甄別，並報中共中央監察委員會同意，撤銷了開除

他黨籍的決議，恢復了他的黨籍、名譽、職務和級別。

類似這樣的事情，在安徽省之外，雖然不多，也還是有的。中央軍委五院基建處助理員王新林正好考上了天津南開大學，報到才三天，就被揪回原單位來參加反右派鬥爭，被劃為右派分子，和軍內一批三百二十個右派分子一起送到山西省太谷縣去修郭堡水庫。他不服，不斷申訴。他原來的領導原軍委五院黨委副書記劉秉彥瞭解他同情他，接受了他的申訴。督促五院黨委抓緊連開幾次會議，主動承擔了當年錯劃他為右派的責任。於是，五院黨委於一九六二年七月作出了對王新林右派問題平反的決定。立即通知太谷縣委，把王新林接回原單位，恢復黨籍、軍籍、級別，重新分配了工作。他這事情辦得順利，還有一個原因，那就是軍委五院這樣高級單位，對於王新林這樣的尉官，本身就有批准權。如果他級別高些，要報請總參批准，耽誤了時間，很可能就辦不成了。（王新林〈黨性，民心——我的平反歷程〉，見《郭堡你可曾記得……》，第二集，第45-57頁）

當時解放軍總政治部也作為全國右派平反試點單位，在北戴河會議前夕，總政治部機關黨委已經通過將總政機關的部分右派——文化部陳沂、保衛部周宏達、組織部陳挺、解放軍報洪卓民等四人，作為總政首批平反對象。當時萬事俱備，只待軍委直屬機關黨委最後批准。不料北戴河會議召開，一時風雲突變，毛澤東在會上大批翻案風，並強調右派一般不給平反。其時總政治部主任蕭華正參加會議，他連夜打電話給北京主持工作的同志，要求立即停止給右派平反，凡在北京等待平反的右派全都返回本單位繼續接受改造。於是希望成為泡影。（陳挺〈右派三百二，平反僅一人〉，見《郭堡你可曾記得……》，第二集，第407-409頁）

這樣說起甄別又忽然中止的事，黃秋耘的回憶錄中也舉了一例。他說：

> 順便提一下，在三年國民經濟暫時困難時期的後期，大概是一九六二年年初，中共中央曾經非正式地提出複查甄別右派案件。北京中直機關打算以馮雪峰、曾彥修、武經天等人作為試點。中國作家協會打算以楊覺一案作為試點，進行復議。楊覺一案確實是一樁根本不能成立的假案。楊覺是《文藝學習》的一個編輯，請假到他的愛人潘淨的娘家河北省雄縣去探親。潘淨所在的生產隊是一個富隊，他們認為跟鄰

近的窮隊合併成一個生產隊，吃大鍋飯，未免吃虧太大，要求分開來獨立核算，按照當時的農業政策規定，這也是可以允許的，至少是可以考慮的。那個生產隊的幹部寫了一份請求「分隊」的報告，一式兩份，託楊覺替他們送交中共河北省委農村工作部和人民日報社讀者來信部。不管這個請求本身的是非曲直如何，都與楊覺本人並無關係。他唯一的行動就是代人家送出了兩份既非出自他的手筆又與他並無直接利害關係的報告。可是當時作協的領導小組為了多湊幾個右派（其實早已超過指標），就以「反對農業集體化」為名，把他劃為「右派分子」，行政處分是降了五級，調到河北省張家口地區懷安縣廣播站工作。第一次甄別覆議時大多數人（包括原來《文藝學習》的主要領導人韋君宜和我）都主張給楊覺平反改正。只有經辦這一案件的同志投了反對票，理由是楊覺很難說完全沒有錯誤，他介入了一樁跟他毫無關係的事，可能是由於偏袒他的愛人所在的富隊。隔了幾天舉行第二次覆議時，會議一開始，作協黨總支副書記王翔雲就宣讀了一個中共中央文件，聲稱所有右派案件今後一律不准再甄別覆議，還是維持原來的決定，即使處分過重，至多早點給當事人摘帽子就算了，黨籍不准恢復。這一件假案直到一九七九年才獲得改正。（《黃秋耘文集》第四卷《風雨年華》，第159-160頁）

甄別的話雖然不能再說了，可是給確已改好了的右派分子摘掉帽子的工作還是一年一度進行。薄一波提供的數字是：「在一九五九、一九六〇年七月年兩批摘掉約9.9萬人的『右派分子』帽子的基礎上，從一九六一年起，又分批摘掉了一部分『右派分子』的帽子。到一九六四年，已先後五批共摘掉約三十多萬人（其中主要是知識份子）的『右派分子』帽子」。（薄一波《若干重大決策與事件的回顧》，修訂本，下卷，第1034頁。）

中共八屆十中全會把階級鬥爭強調到前所未有的高度。通向文化大革命的道路打開了。

一九六六年八月舉行的中共八屆十一中全會通過了〈關於無產階級文化大革命的決定〉。這個文件中不止一次出現了「右派分子」一詞，例如關於幹部問題，就說在幹部中有「少量的反黨反社會主義的右派分子」。說是

「對反黨反社會主義的右派分子，要充分揭露，要鬥倒、鬥垮、鬥臭，肅清他們的影響，同時給以出路，讓他們重新做人」。又如，這文件說，「不許用任何藉口，去挑動群眾鬥群眾，挑動學生鬥學生，即使是真正的右派分子，也要放到運動的後期酌情處理。」這些地方說的，似乎不大像是一九五七年劃出的五十五萬右派分子。那年所劃出來的右派分子，少有留在幹部隊伍裡的了。時間已經過去九年，更不會有留在學生隊伍裡的了。那麼，這裡所說的似乎是這次運動中新劃出來的一批右派分子了。總之，沒有說明白。

　　在文化大革命開始以後打出來的右派分子，這裡可以舉前國家機關黨委第一書記龔子榮為例。在一九六六年九月二十八日上呈李先念並轉中共中央的〈關於龔子榮右派集團反黨反社會主義罪行的報告〉中說：「中國人民銀行總行機關廣大革命職工，在無產階級文化大革命中，挖出了一個反黨反社會主義的右派集團。這個集團的首要分子，是前國家機關黨委第一書記龔子榮。十幾年來，龔子榮、鄭思遠、劉旭、王銳、王福慶等人，在總行招降納叛，結黨營私，進行了一系列的反黨反社會主義的反毛澤東思想的破壞活動。」這份〈報告〉從一九五三年到一九五六年，龔子榮等人在檢查處理詹武、夏鳴、閔一民問題說起，羅列了幾年間中國人民銀行總行機關發生的一些事件，歸結為都是「他們為了搞垮總行黨組，篡奪銀行的黨政領導權」的罪行。〈報告〉說：「這夥右派分子，在總行飛揚跋扈，為所欲為，踐踏了黨的原則，破壞了民主生活，正氣受到壓抑，使廣大職工不敢講真心話。在這場無產階級文化大革命中，長期壓在人們心中的怒火，一觸即發，十幾天功夫，貼出了上萬張大字報，集中地揭露了這個右派集團的滔天罪行。群情激憤，鬥志昂揚，一致歡呼這是毛澤東思想的偉大勝利。」

　　八屆十一中全會通過的〈關於無產階級文化大革命的決定〉這個文件中有這樣一段：

> 有些學校、有些單位、有些工作組的負責人，對給他們貼大字報的群眾，組織反擊，甚至提出所謂反對本單位或工作組領導人就是反對黨中央，就是反黨反社會主義，就是反革命等類口號。他們這樣做，必然要打擊到一些真正革命的積極分子。這是方向的錯誤，路線的錯誤，決不允許這樣做。

這個意思，一九六六年八月二十三日《人民日報》社論〈工農兵要堅決支持革命學生〉說得更加明白：

> 那些走資本主義道路的頑固派，荒謬地把自己本單位的領導，同黨中央，同整個黨等同起來。……如有革命學生批評他們，起來造他們的反，就被說成是什麼「反黨」，「反黨中央」，說成是什麼「反革命」。

> 任何一個地區，任何一個單位的黨組織，都必須無條件地走群眾路線，接受群眾的監督和批評，決不允許以任何藉口拒絕和壓制群眾的批評，更絕對不允許把批評自己的群眾打成「反黨」，「反黨中央」的「反革命分子」。黨中央就是黨中央。一個地區，一個單位的黨組織，就是一個地區，一個單位的黨組織。任何一個地區，一個單位的黨組織，如果違背了以毛澤東同志為首的黨中央的正確領導，違背了毛澤東思想，為什麼批評不得？為什麼反對不得？為什麼人家一批評，就叫做「反黨」，「反黨中央」，「反革命」？

這就正好同一九五七年的說法相反了。一九五七年的說法，黨不是一個抽象的概念，而是由一個一個具體的基層組織組成的，因此，凡是「蓄謀推翻某一部門或者某一基層單位的共產黨的領導」的，就應劃為右派分子了。這差別是因為一九五七年是全黨一致地要在右派猖狂進攻面前保衛黨的領導；而一九六六年卻是要從走資本主義道路的當權派手中奪權，就唯恐天下不亂了。同樣的言行，在一九五七年要劃右派，在一九六六年卻被看成是革命行動。右派分子也不必悲歎自己生不逢辰，不該「超前」了幾年。因為「文化大革命」初期頗為風光的造反派，到了一九八三年整黨中，不少人都屬於受到清查和處理的「三種人」了，其中也有判刑坐牢的。

文化大革命是一場奪權鬥爭，主要的衝擊目標是所謂走資本主義道路的當權派，即現在還掌握權力的人。可是早已失去權力和從來沒有掌握過權力的右派分子也未能倖免。橫掃一切牛鬼蛇神，右派分子自在必掃之列。一九六七年一月十三日中共中央、國務院發佈了一個〈關於在無產階級文化大革命中加強公安工作的若干規定〉，簡稱〈公安六條〉。其中規定：有二十

一種人是必須加強專政的對象，那就是：地、富、反、壞、右分子，勞動教養人員和刑滿留場（廠）就業人員，反動黨團骨幹分子，反動會道門的中小道首和職業辦道人員，敵偽的軍（連長以上）、政（保長以上）、警（警長以上）、憲（憲兵）、特（特務）分子，刑滿釋放、解除勞動教養但改造得不好的分子，投機倒把分子，和被殺、被關、被管制、外逃的反革命分子的堅持反動立場的家屬。這二十一種人裡面的右派分子同地主分子、富農分子、反革命分子、壞分子更特別稱為五類分子，是尤其要經常加以打擊的對象。

右派分子在文化大革命中受到怎樣的衝擊，下面節錄章乃器《七十自述》中的一些記述：

　　　　一九六六年八月二十四日的災禍。這是我有生以來所遇到的最大的災禍，是對我一次最嚴峻的鍛煉和考驗。從二十四日到三十一日，整整八個晝夜，我在絕食中受到百般的拷打、凌辱和威脅。後來看到北京六中「勞改所」的材料，那裡面所用的酷刑，十分之八九都已在我的身上預演過了。

　　　　我已經體驗到，正面用毛主席的話去對抗他們，是會招到邪惡分子的反感的；而在無統一組織、無統一紀律的情況下，邪惡分子是可以致個別人的死命的。於是，我就用婉委的規勸方式，這樣，既可爭取善良分子的同情，也使邪惡分子無所藉口。如我問：毛主席會不會打人、罵人？解放軍八項注意中的第五項是什麼？打人、罵人，罰跪是什麼時代的風俗習慣？毛主席的優待俘虜政策是為俘虜治傷、治病，現在怎麼可以不為我的愛人治病，不為我治傷？這一系列問題的提出，是起到應有功效的。

　　　　我這時除了遍體鱗傷之外，右目的拳傷特重。看出去有個紅色的週邊帶鋸齒形的橢圓圈，經常在眼前閃現，可能是瘀血所致。內傷也相當重，右胸、背、股、尾閭和膝部均經常疼痛。

　　　　八月二十五日以後七天的遭受，是每天總有幾批人來拷打、凌辱我。門是開著的，又沒有人管，拷打和凌辱的自由是很充分的。值得記述的，是有人用鋼絲包橡皮的鞭子打我，所得的傷腫特別不容易消退。還有人劃了火柴燒我的手，更有人用汽槍射擊我的頭面。此外，

如用冷水澆頭，如用水壺灌鼻孔，如硬要我吃骯髒的食物，等等，就
算是輕微的了。可怕的是居然有人主張用辣椒水灌我的鼻腔。大概是
因為我家裡找不到辣椒，所以沒有實現。但到最後我們要遷出之前，
竟有人在用油彩塗抹我的面部之後，用氨水灌我的鼻孔，我真不知道
這些壞人是怎樣教育出來的。

在遇難前，我因為看到《續孽海花》對於魏伯陽的《參同契》評
價甚高，特取幾年前所作摘記重加研究。結合中醫陰陽五行的學說，
我看懂了那中間的許多隱語遁辭，理解了它的理論體系。我正在另寫
一篇破除迷信、揭發真理的有關氣功的文章，而災禍已突然襲來，我
所收集的資料、寫下的筆記和未完的文稿統統散失了。

柳老（亞子）寫的一個立軸，已裝幀收藏，八月二十四日事變中
被毀了。

（《章乃器文集》下卷，第616-626頁。）

章乃器是這樣含垢忍辱，熬過了十年文化大革命。也有熬不過來的，
像傅雷，一九五七年參加全國宣傳工作會議時候是何等興奮，對毛澤東真是
五體投地的敬佩。可他回到上海之後不過幾個月就劃成了右派分子，屈辱地
過了幾年。到了文化大革命開始，他受不了那種凌辱。就夫妻雙雙自殺了。

還有田保生。凌其翰在他的回憶錄中說：

田保生是我在國民黨外交部同事多年的老友。他青年時代肄業於清華
大學，為錢端升教授的高足，後來應第一屆高等文官外交官的考試，
錄取後分配在國民黨外交部歐美司。當時在國民黨政府駐聯合國辦事
處工作。他為人質樸誠實，素為我所器重。……新中國誕生了，當時
錢端升教授去美國，暗中勸田回國，他毅然辭去了聯合國辦事處的職
務，奔歸新中國。先在華北革命大學政治研究院第二期學習了馬列主
義和毛澤東思想的基本知識，繼就分配在中國人民外交學會擔任國際
法的編譯工作，埋首苦幹，舉凡奧本海國際法巨著，希金斯和哥倫伯
斯合著海上國際法等英文原著譯成中文，都有他的一份辛勞。不幸一
九五七年他被錯劃為右派，十年浩劫初期，又遭受嚴重的衝擊，一九

六六年八月二十八日，他因不堪「造反派」的百般凌辱，與夫人雙雙含冤而死。一九七九年八月二十八日才獲昭雪。（凌其翰《我的外交官生涯》，中國文史出版社1993年版，第202-203頁）

勸他回國的錢端升教授也劃了右派，前面已經說過了。記述這事的凌其翰本人，在擔任國民黨政府駐法大使館公使的時候，於一九四九年十月帶領使館和駐巴黎總領事館的九名館員，發表擁護中華人民共和國的宣言，**轟**動一時。一九五七年也被劃成了右派。

北京師範大學俄語系教授胡明，被劃為右派分子以後，撤銷了系主任職務。文化大革命開始，又遭到批鬥。一九六六年九月五日，他從北師大主樓北邊的宿舍樓上跳樓自殺。

清華大學土木建築系講師程應銓（1919-1968），專門研究城市規劃，兼任北京市都市計畫委員會委員，因為主張保存舊北京城和北京城牆，被劃為右派分子。他被劃為右派分子以後，妻離子散。文化大革命中，在清理階級隊伍運動中受到迫害，於一九六八年十二月十三日投水自盡。（王友琴《文革受難者》，香港開放雜誌出版社，2004年出版，第61頁）

上海市復興中學歷史教師金志雄，被劃為右派分子以後，貶為圖書館管理員，文化大革命開始，多次遭到紅衛兵學生毆打侮辱，有學生拿很鈍的剪子給她剪「陰陽頭」，把她的頭皮撕下一片。最後一次，她被嚴重打傷，回家不久，打手們又到家裡來揪她。她聽到砸門聲，立即上吊，自殺身亡。

在文化大革命中人民日報社的右派分子自殺的有三人：國際部編輯胡平被流放到貴州省晴隆縣，分配在農水局勞動改造。文化大革命中受到迫害，於一九六八年自殺身亡。圖書管理員林安乾（共青團員）被流放到安徽省白湖農場，文化大革命之前已經摘了右派分子帽子，成了「摘帽右派」。在文化大革命中依然受到迫害，他就投湖自盡了。還有一個文革中自殺的是農村部副主任劉曉晞，他是在中共中央高級黨校進修的時候劃為右派分子的。（錢江：〈人民日報是怎樣改正錯劃右派的〉，見《炎黃春秋》2009年第3期）

北京大學西語系德文專業四年級學生賀詠增，他是西語系「三害」控訴會的策劃人。也因為「百花學社」一案，在全校大會上宣佈逮捕，判了五年徒刑，在北京郊外某勞改場所勞改。文化大革命中，一九六○年他爬上高

煙囱，面對許多圍觀者大呼口號之後跳下，自殺身亡。（同上書，第63頁）

自殺而死的右派學生，北京師範大學有由靜林、沈巧珍。由靜林是一位復員軍人，在反右派鬥爭中挨鬥了，他就懷石自沉昆明湖了。自殺之後，宣佈他是極右分子。（見《不肯沉睡的記憶》，中國文史出版社，2006年版，第48頁）沈巧珍（1934-1966），江西人，是中文系五七屆的學生。整風鳴放期間，她給「苦藥社」的大字報寫了一則《新今古奇觀》。因而被劃為右派分子。受到考查一年的處分，每月發給生活費二十元。一九六〇年十一月摘掉右派分子帽子，分配到四川省自貢市大安區第七中學，教兩個高中班語文。一九六四年她在這裡結了婚，先後生下一女一子。文化大革命來了，她這平靜的小日子過不下去了。一九六六年七月二十三日她被隔離，失去了行動自由，甚至不准許她回家給才三個月的兒子餵奶。第三天她趁大家午休，溜出校門投河自殺了。（見同上書，第19-20、286頁）

山東大學中文系的右派學生周維勝，和鄭介農（下面就要說到）同班，後來分配到臨沂地區一個偏僻的山區中學教書，文化大革命中又受到迫害，在學校的後山上上吊自盡。當人們發現的時候，他的遺體已經被野狗咬過，慘不忍睹。（李昌玉〈被槍殺的山東大學右派學生鄭介農〉，見《往事微痕》第49期，2005年6月5日）

有自殺的，還有被殺的。前面已經說到北京航空學院的馬雲鳳被處死的事。還有一些右派分子在文化大革命中被處決了。當然加上了一些新的罪名，例如惡毒攻擊文化大革命，惡毒攻擊無產階級司令部之類。

上海市第一速成師範學校副校長朱守忠（1920-1970），上海人，復旦大學政治經濟系畢業。被劃為右派分子之後，開除了中國共產黨黨籍，撤銷了職務，下放到寧夏回族自治區中衛中學擔任數學教師。一九六八年又被押解到寧夏回族自治區賀蘭縣勞改農場勞改，說了一些犯忌諱的話，一九七零年二月十一日，作為現行反革命分子判處死刑執行槍決。

上海文化出版社第四編輯室主任黃嘉音被劃成右派分子之後，送到青海勞動改造。他最後的結局，據丁抒著《陽謀》一書說：「黃在獄中總是受流氓犯的氣。有一次吃飯時，一個流氓又欺侮他，他忍無可忍，將飯碗朝那流氓扔去，雖未擊中那人，但監獄當局卻說他『蓄意殺人』，槍斃了他。」（香港開放雜誌社2006年出版，第342頁）

還有毛應星，祖籍江西，出生在福建，西南農學院畢業之後到蘭州農校任教，在那裡遇上了反右派鬥爭，她被劃為極右分子。發配到夾邊溝勞動教養三年多。解除勞動教養後，到了靜寧縣農牧站，致力於培育小麥新品種。文化大革命來了、她對文化大革命中的種種胡作非為和倒行逆施公開表示反對。別人批判她，她說：「到底是我的世界觀應該改造，還是你們的世界觀應該改造，只有歷史會做出科學的結論。」開她的鬥爭會，她說：「這樣鬥爭我，我是很痛心的，不是為我自己痛心，我痛心的是：導演這樣的活劇。只是說明弄權者的愚蠢。」她決心上北京去找黨中央，陳述自己對許多重大問題的看法。她兩次悄悄的出走，都被抓了回來。一九六九年，根據靜寧縣農牧站報送的材料，她被判了五年徒刑，關押在甘肅省第四監獄服刑。在獄中，她不斷在自己訂的小本子上寫下批判文化大革命的文字，一共寫了三十多萬字。「一打三反」運動來了，一九七〇年四月十四日，她被作為現行反革命分子執行槍決。一九八〇年九月二十四日中華人民共和國民政部發出（80）民優字第一七〇號文件，批准毛應星同志為革命烈士。（見劉玉〈疾風知勁草〉，收《春風化雨集》，群眾出版社，1981年出版，下冊，第197-206頁）

北京大學師生共劃出右派分子七百一十五名，就我看到過的材料說，被判處死刑執行槍決的，至少有八人，他們是教師任大熊和七個學生：黃宗奇、林昭、顧文選、沈元、吳思慧、黃立眾和張錫琨。

任大熊，浙江省杭州市人，一九五六年北京大學數學力學系畢業，留校當助教。1957年整風時，從圖書館借出刊有赫魯雪夫蘇共二十大秘密報告的英國《工人日報》，與兩位學生共同翻譯後張貼在校園裡供同學們閱讀。結果反右時三人均被打成右派分子。一九六〇年他又參與組織了一個「青年共產主義者同盟」，被判處無期徒刑。在一九六七年的「一打三反」運動裡，他在山西省大同市被判處死刑，立即執行，處死時先被割斷喉管。（據廖亦武：《中國冤案錄》）

學生右派中最早被處死的是所謂「右派殺人犯」黃宗奇。據陳奉孝的《北大反右運動中的遇難者》，他是河北省樂亭縣人，貧雇農出身，一九四八年加入共產黨，北大哲學系調幹生。在反右運動前期，他曾是反右領導小組成員。隨著反右運動的激烈化，對右派分子的批判會由說理批判變成了鬥爭大會，由只動嘴不動手，變成了手嘴並用，對被批鬥的右派分子推推搡

搡，而且往被鬥爭的右派分子身上潑髒水，搞人身攻擊，被批鬥的人被剝奪了發言權。黃宗奇反對這樣做。他說批判右派分子的錯誤言論應該是說理鬥爭，不能搞人身攻擊，更不應該動手動腳，既然是說理鬥爭，被批判的人也應該有發言權。這下壞了！被認為是立場不穩，同情右派。他因為覺得自己是貧雇農出身，又有八年黨齡，不服氣，跟反右領導小組的其他人發生了爭執，於是被清除出反右領導小組，並把他關進一間屋子叫他反省，而且派一個同學看著他。他氣不過要跳樓自殺，被看管他的那位同學拉了下來，兩人動了手，看管他的那位同學是校籃球隊員，身強力壯。他當然不是對手，於是便拿出一把隨身帶的水果刀，將那位看管他的同學臉上劃了一條小口子這下可好，以「右派現行反革命殺人罪」被判了死刑，五八年被槍決，並且向各大學發表了公報。臨上刑場，允許他跟老婆見最後一面。見面時他跟老婆說：「我死後你不要守著，要另找一個家，好好教育孩子，永遠跟著黨，跟著毛主席走社會主義道路。」

林昭原名彭令昭（1932-1968），蘇州人，一九五四年，她以江蘇省文科最高考分的成績考入北京大學中文系編輯專業（後改為新聞專業）。在一九五七年春天北大學生民主運動（他們自豪地稱之為「五一九運動」）中，她很活躍，是詩刊《紅樓》編輯部成員之一。反右派鬥爭開始，前一段很活躍的學生遭到猛烈的攻擊。林昭一時還在頑抗，她在大會上說：

> 我們不是號召黨外的人提意見嗎？人家不提，還要一次一次地動員人家提！人家真提了，怎麼又勃然大怒了呢？就以張元勳說吧，他不是黨員，連個團員也不是，他寫了那麼一首詩，就值得這些人的這麼惱怒、群起而攻之嗎？今晚在這兒群體討伐的小分隊個個我都認識！所以，自整風以來我一直沒有說話，也沒有寫過什麼，為什麼？我料到：一旦說話也就會遭到像今晚這樣的討伐！我一直覺得組織性與良心在矛盾著！（《林昭，不再被遺忘》，許覺民編，長江文藝出版社，2000年版，第84頁。）

這就足夠她劃為右派分子了。到了一九六〇年春天，她咯血加劇，她母親就把她接回上海家中治病。可是到十月，她就被捕了。那是因為她看到了一本《南斯拉夫共產主義者聯盟綱領》，覺得其中一些意見值得中國參

考，就寫信向北京建議。上面對這信的答覆是：以反革命罪將她逮捕入獄。在這一刺激之下，她父親自殺了。

一九六二年初政治形勢較為寬鬆之時，讓她「保外就醫」，回到家中。到了下半年，階級鬥爭又要年年講月月講天天講了，她又一次被捕入獄，判處有期徒刑二十年。彭令範在〈我的姐姐林昭〉一文中說：「林昭在獄中以呼口號、寫血書、蔑視法庭來表達良心的抗議，她不惜付出任何代價，這就出現了她在獄中的一場『制服與反制服』的鬥爭。獄警們一再警告她：『我不制服你這黃毛丫頭我們就不相信！』林昭在日記中寫道：『原來你們還有一條黃毛丫頭必須制服的條例，那也好，黃毛丫頭除了奉陪以外，還有什麼其他辦法？』」（前引書，第56頁）

她是一九六八年四月二十九日被槍決的。就刑前留下的遺書是：「歷史將宣告我無罪！」她是被從病床上直接拖到刑場的，一瓶正在輸液的葡萄糖還沒有吊完。殺了她之後，還去向她那年邁的母親收取了五分錢的子彈費！

一九七九年一月，北京大學黨委發出了關於林昭錯劃右派的改正通知。一九八〇年八月二十二日，上海市高級人民法院以滬高刑複字第435號判決書宣告林昭無罪，說」這是一次冤殺無辜」。（前引書，第115頁）

西語系右派學生顧文選在五月二十五日在西語系辦公樓禮堂舉行的反「三害」控訴會上發言，引起聽眾為他流淚。到了一九五七年末他就以「現行反革命」罪被捕，判處有期徒刑五年，在團河勞改農場服刑。一九六二年刑滿，強迫留場就業。後來他逃到了朝鮮，被引渡回來。一九七〇年三月五日，在北京工人體育場開的一個有幾十萬人參加的公開宣判大會上，他以偷越國境罪被判處死刑，即被押赴刑場執行槍決。（見陳奉孝的《北大反右運動中的遇難者》）同在這個大會上以各種各樣不同的罪名宣判處死的，還有北京大學歷史系的學生右派沈元，《出身論》的作者遇羅克、以及田樹雲、孫秀珍、王文滿、宋惠民、索家麟、王濤等一批人。（張郎郎《寧靜的地平線》，見北島、李陀主編《七十年代》，三聯書店，2009年7月版，第137頁）

關於歷史系沈元被殺的情況，在《黎澍十年祭》（中國社會科學出版社1998年版）一書中有兩篇文章都寫到了，現在節錄如下：

戴逸作的〈睿智的學者，勇猛的鬥士〉一文說：

談到黎澍愛護青年，不能不想起當年的沈元事件。沈元是北京大學歷史系的學生，聰穎好學，很有才華，一九五七年被劃為右派，勒令退學。他在家中自學，寫了有關〈急就篇〉的文章，此文很多學者均甚讚賞，郭沫若見了此文，稱沈元為「神童」，黎澍將此文刊載於《歷史研究》，並將沈元調到近代史研究所工作，希冀他日後成才。沈元到了近代史所，就得研究近代史，他寫了一篇〈論洪秀全〉，文章很長，擬在《歷史研究》刊登。人民日報編輯部看到此文甚為稱譽，要沈元縮寫該文，仍長達二萬字，由《人民日報》兩天連載。《人民日報》從無連載長文之例，沈元的事引起學術界的轟動，也招來了許多非議。沈元是摘帽右派，培養和重用沈元被認為是政治上的重大失誤，許多人寫信告狀，竊竊私議，黎澍同志因此招到重大壓力。沈元本人的性格確有弱點，恃才傲物，盛氣凌人，但確有才學，且十分勤苦用功。……後來在批判歷史學家劉節的歷史觀時，史學界拿不出什麼像樣的文章。《歷史研究》發表了署名張玉樓的文章，大家認為這篇文章寫得不錯，具有理論色彩，比較說道理。周揚同志還打電話詢問黎澍：「張玉樓是誰？」原來張玉樓就是沈元。他用本名發表了兩篇文章，引起眾多非議，此時只好改用筆名了。但此事仍引起了風波，此後，上級命令不許再刊載沈元的文章。……「文革」期間，沈元遭受批鬥，心懷不忿，竟化了裝想逃到外國大使館中避難，被我公安部門抓獲，開了公審大會。……結果被宣判死刑，立即執行。沈元性情孤傲，思想上有缺點，但罪不至死，「文革」後得到了平反。

丁守和作的〈科學是為了真理而鬥爭的事業〉一文說：

沈元原是北大學生，因為議論赫魯雪夫秘密報告，一九五七年被打成右派，到農村改造三年，摘掉右派帽子後，住在史家胡同他姑母家（其姑父母均是醫學專家），在街道辦事處幫助工作。一九六二年初，學部副主任劉導生把他推薦給黎澍，說這個人不錯，有點才華，並拿來他寫的〈《急就篇》研究〉，黎澍同意，同劉大年商量，他也贊成。我看了文章，認為從一本類似蒙學的讀本上研究出漢代社會狀

況，很不錯，經人事處審查，沈元調來近代史所，原說要幫助黎澍做些事，而黎澍卻不願讓別人查資料起草初稿，他修改後發表，他寧肯幫助別人，特別是青年。所以沈元除幫助《歷史研究》做些校對等事外，主要是他自己研究或寫東西。他對前四史較熟，對兩漢有些研究。黎澍認為在近代史所工作，不能只搞古代史，還應該研究近代史問題，於是他研究起太平天國。

《歷史研究》發表沈元四篇文章，造成很大風波。一九六二年第三期發表他的〈《急就篇》研究〉，就有人寫信反對，說不該發「右派」的文章。一九六三年第一期發其〈洪秀全與太平天國革命〉長文，是一篇有分量的學術論文，《人民日報》要他壓縮成〈論洪秀全〉，整版發表，引起更大責難，說吹捧「右派」等。不久他又寫了〈馬克思主義階級分析方法和歷史研究〉，是他看到劉節〈怎樣研究歷史才能為當前政治服務〉後，自己寫的一篇評論性文章，以正面論述為主。黎澍要我提出意見。我看後認為思路清楚，評論適當，講了些道理，建議發表。黎澍仍有顧慮，認為文章本身是好的，但就怕對人不對事，寫得再好也會有人反對。拖了半年多，談過幾次，確定用筆名發，黎澍家裡的辦公室有一對條幅，便從中選出玉樓二字，加個張姓，即以「張玉樓」名發表，《人民日報》又全文轉載，反映相當好。某些人很快知道張玉樓即是沈元，便這裡反映，那裡告狀，中宣部派人來調查，田家英給黎澍來電話，說有人聯名寫信告到毛主席那裡，要注意些。一時沸沸揚揚，沈元成為「白專」道路的典型，黎澍受到很大的壓力。一九六四年初，中宣部發出通知，以後要注意影響，少發表沈元的文章。故此以後只發過他一篇尺度史概論，他寫的有關歷史主義的文章未發表。

後來，黎澍多次與我談起沈元問題的教訓。他說，我們重視人才，培養人才，決不埋沒人才，我們對青年愛護、教育、鼓勵是對的。但我們不顧社會環境，不理解某些人的心態，連續發表他的文章，引起不滿，幫了倒忙。還說，你重視人才也是好意，把文章送給《人民日報》，何況（該報理論部主任）這個人也愛才，在報上整版發他的文章，令人側目！從文章本身找不到問題，便算歷史賬，在

「摘帽右派」還是「右派」上費心思，做文章。這樣的邏輯與心態，真是可怕可悲可歎的。

知識份子有一個致命的弱點，就是太熱愛自己的專業了。沈元也就不免有這個通病。這一位才華橫溢的青年史學家，他是多麼熱切地希望他的研究成果儘早地成為社會公有的財富，雖殞身而不惜，這真是學術戰線上的戰鬥英雄。但願有有心人輯印他的遺著，這不但是對這一位早逝的英雄的紀念，這些作品本身也自有它在學術史上的地位。

物理系的學生吳思慧。他一九四八年考入清華大學物理系。他的父親吳祖楠是黃埔軍校第四期步科第一團步兵第五連的學生，一九四九年隨國民黨政府去了臺灣，一九五一年十八歲的吳思慧參加中國人民解放軍，一九五三年復員。因為清華大學物理系已經在一九五二年被取消，併入北京大學了，他復員後到北大物理系繼續讀書，畢業後在北大讀研究生。在反右派鬥爭高潮過去之後，於一九五八年二月補劃為右派分子，一九五九年分派到洛陽工學院，十二月以抗拒改造的罪名被送勞動教養，解除勞教後在洛陽街頭以修鞋為生，一九六五年又被指控「盜竊」判刑十年。一九七〇年「一打三反」運動中，他被「揭發」和同牢的人說了咒罵毛澤東和其妻子江青的話，被河南省革命委員會「判處死刑、立即執行」。一九八一年河南省高級人民法院複查了此案，撤銷了原判。複查報告說，原判認定的「惡毒攻擊我黨和社會主義制度，污穢誹謗無產階級司令部」和「越獄投敵叛國」兩項的事實，「均構不成反革命罪」。他們也同時撤銷了一九六五年的判決。（詳見香港《開放》雜誌2010年2月號王友琴文章〈第七個死刑：吳思慧〉和〈北大精神 五七綻放〉，香港五七學社出版公司2010年12月出版，第236-237頁）

哲學系學生黃立眾（1936-1970），又名黃美琦，安徽省無為縣人，出身農家，因為講述農民生活困苦的真相，被劃為右派分子，開除團籍，留校察看。一九六〇年又說他「堅持反動立場」，開除學籍，遣送回鄉。這時正趕上三年大饑荒，眼看鄉親們一個個餓死，深感絕望和悲憤。他希望自己有所作為，就秘密發起建立一個中國勞動黨的組織，寫了篇〈致全國同胞書〉，說明宗旨。這是當年一件反革命大案。黃立眾被判處死緩，關在無為縣監獄裡，一九七〇年七月，在「一打三反」運動中被殺。（蕭蒙：〈北京大

學第八名被處決者——黃立眾〉，見《往事微痕》第49期，2010年6月5日）

　　張錫琨是化學系三年級學生，在北京大學「五一九運動」中以《三害根源》為題寫了一張大字報，明確指出「三害」（官僚主義、宗派主義、主觀主義）的根源在於制度。本書第九章介紹了其中部分內容。他受到勞動教養的處罰。起初是在北京，後來轉移到四川北部一個勞動教養單位。具體細節不詳，只知道他已經在一九七七年以「企圖越獄」的罪名被處死。（見陳奉孝的《北大反右運動中的遇難者》）

　　除了這幾個飲彈刑場的之外，北京大學學生右派還有死於獄中的。物理系四年級學生劉奇弟，因為「百花學社」被定性為反革命小集團，劉奇弟被判處有期徒刑十五年，先被送到團河勞改隊，後轉到黑龍江省密山縣興凱湖勞改農場五分場勞改。他因為不認罪，多次被吊起來拷打，後來瘋了，被塞進了一個像狗洞子一樣的小號裡，疾病加凍餓，一九六一年死在小號裡。

　　化學系四年級學生袁植芬，是香港歸僑學生。父親是香港富商（殼牌石油香港代理）。反右派鬥爭時，他正在香港探親。他以為自己不過在一張大字報上簽了個名。不知道自己已經被劃為右派。就自投羅網回學校來了。結果以反革命罪判處死刑緩期兩年執行。後來病死獄中。（見張強華《煉獄人生》第58頁）

　　還應該說到清華大學建築系學生蔣維泓。據郭道暉〈從我的經歷看反右〉一文說：

> 　　一九五七年一月，時任中共中央總書記的鄧小平奉毛澤東的指派來清華大學作關於學習〈再論無產階級專政的歷史經驗〉的報告。此前，我作為清華大學黨委委員兼宣傳部長，曾隨黨委書記、校長蔣南翔及黨委副書記艾知生和團委書記阮銘一道去中南海，向鄧小平彙報清華師生在學習「再論」中的提出的諸多問題，為他來校作報告的準備。當我彙報到清華建築系一個叫蔣維泓的學生寫了「萬言書」，讚賞南斯拉夫的工人自治和鐵托在拉普的演說時，小平同志插話說：「我看了他寫的東西，觀點是錯誤的；但他的文章有邏輯思維，文筆也好，這個年輕人有頭腦，有才氣、你們要好好幫助他，將來是可以成為對

國家有用的人才的。」顯然，這時鄧對蔣維泓問題還只是當作思想認
識問題，屬人民內部矛盾，是比較實事求是地對待的，更沒有把他當
右派，而且還讚賞這個青年學生的才華。我對小平這種寬容和惜才的
風格，十分感動。從中南海出來時，蔣南翔還對我們說了一句：「看
來中央對基層群眾情況還是很瞭解的。」大家對小平很體察下情，頗
感欣慰。蔣當時對學生中的混亂思想是有些不放心的，聽了小平的談
話，也感到有底了。他作為候補中央委員，當時也並不知道、也不認
為毛主席和黨中央有什麼「陽謀」。（可是，後來反右時蔣維泓卻沒
有逃過劃右派的命運，被流放到北大荒勞改多年。在文化大革命中又
再次被專政，最後在建工部設在河南的五七幹校勞改時出走，從此
「活不見人，死不見屍」。

　　被處死的右派分子，全國各地都有。雲南省瀘西師範學校附屬小學教
師陳學詩，朝鮮戰爭中擔任過中國人民志願軍某部偵察兵排長。整風鳴放期
間，他寫了一些批評領導的大字報。因而被劃為極右分子。又因為他家庭出
身被定為工商業兼地主，還罵過人事科長，就再加上一頂「階級報復分子」
帽子，判了他五年徒刑。服刑期間，他不服，不斷申訴，於是又成了一名反
改造分子。一九五九年，大饑餓開始了。一天深夜，他忍受不了饑餓的痛
苦，悄悄地摸進管教人員食堂抓飯吃，吃了出來的時候，有人發現了，即用
槍上的刺刀朝著他的大腿刺了一刀。他被當做重刑犯押解到曲靖專區監獄關
押。一九五九年末，大雪之後的一天，二十四歲的陳學詩被押解到陸東煤礦
執行槍決。這一天還把在附近改造的右派分子都叫來觀看，實際上是來陪斬
的性質。（據沈迎春：《沉痛的悲劇》，見《二十一年》，第392-394頁）

　　山東大學中文系畢業班學生鄭介農（1935-1969），浙江省黃岩縣人，
念三年級的時候就在《光明日報》副刊「文學遺產」上發表〈也談李後主
詞〉一文，讓老師和同學都為之一驚。因為這篇文章，是班上的高材生。他
在一九五七年六月五日的校報《新山大》上發表了一篇兩千字的雜文〈千士
之諾諾，不如一士之諤諤〉，文章對畢業生的分配工作提出了這樣一些意
見：（一）明白交代什麼是政治標準。我看，熱愛祖國，願意貢獻畢生精力
為祖國和人民服務，就是。是否對領導唯唯諾諾，應不在標準之列。「奔走

權門」，不屑！每一個團員都比群眾好，「事出有因，查無實據」，未必見得。（二）鑒別業務水平，應充分依靠教授，依靠每一位任課教授，不能偏聽，在中文系，考試的成績「優良」，太容易了，記分冊並不可靠。（三）分配工作的過程，自始至終完全公開。不要像過去那樣煞是神秘，大家都疑神疑鬼，而是少數的「特別人士」可以左右。分配哪一個人做哪樣工作，應坦率地講清理由，「以理服人」。不要心裡是不信任，不讓某人做某種工作，嘴上卻說：「我們是信任你的，你的工作也是光榮的。」就因為這篇文章，他被劃為極右分子。他患有肺結核病，給了他留校察看的處分，放在圖書館勞動。這時，有人檢舉他為首組織反革命集團，於一九六〇年十月二十八日由濟南市歷下區人民法院判處有期徒刑十年，被送到廣饒縣五一勞改農場勞改。在這裡他再次被人檢舉為首組織反革命集團，就在他十年刑期快要服滿之時，被判處死刑，於一九六九年十二月四日執行槍決。十一年之後，一九八一年一月二十二日，廣饒縣人民法院發佈（81）廣法刑再字第一號《刑事判決書》，內稱：「案經本院再審查明：被告人前科反革命罪，濟南市歷下區人民法院已於一九八零年十二月三十一日改判宣告無罪。其在五一農場服刑期間，曾策劃建立反革命集團。被查處後再無活動，不應再予追究。原以組織領導反革命集團是錯誤的。因此，判決如下：一、撤銷中國人民解放軍山東省廣饒縣公安機關軍事管制小組（69）廣公管刑字第十四號對鄭介農之判決。二、宣告鄭介農無罪。」（李昌玉〈被槍殺的山東大學右派學生鄭介農〉，見《往事微痕》第49期，2005年6月5日）

　　還有四川大學生物系四年級學生馮元春，四川青神縣人，出身農村貧苦人家。一九五〇年後即參加工作。在整風鳴放前後，她特愛看報紙，受到了當時發表的安娜‧路易絲‧斯特朗撰寫的《史達林時代》一書的影響，因而產生了一些新的思考，對「胡風反革反革命集團」一案、對「統購統銷」、「農業合作化」也都有了自己的看法。據當年的校刊《人民川大》刊登的〈我校反右鬥爭的一次巨大勝利——馮元春的反動本質全被揭穿〉一文羅列的材料，有這樣一些：

　　　一、馮元春說：「三反、五反是暴力是亂搞」；「統購統銷是變相剝
　　　　　削農民」；「助學金是共產黨用來收買人的」；「共產黨用封

官許願高價收買一些人入團入黨，養了一批寄生蟲。好些領導幹部狗屁不通，是黨棍」；「現在的報紙和電影全是歌功頌德的東西」。

二、馮元春說，「根據發表的材料觀察，高饒的罪名是反對黨中央、反對毛主席。黨中央和毛主席有缺點難道就不能反嗎？這不是出於個人崇拜是麼？」還有，「高饒沒有反人民，也沒有和暴力集團聯繫，而毛主席卻以暴力逮捕他們，這是違反憲法的。」「報上公佈高饒另一罪名是生活腐化、侮辱婦女，但為什麼被侮辱的婦女卻沒有提出控訴呢？是毛主席犯了錯誤，是史達林思想在作祟。」

三、馮元春說，「毛主席提出逮捕胡風的根據是：（1）、反黨；（2）、上書30萬言；（3）、組織反革命集團」。「為什麼胡風上書30萬言就成了罪人」「毛澤東的特權思想和歷史上一切統治者的特權一樣，毛澤東是中國再次出現的劉邦」。

四、馮元春說，「共產黨這個剝削集團是巧妙的，殘酷是空前的。」「豢養了一大批不務正業，專門監視別人思想言論行動的政治工作人員。這些人不學無術狗屁不通，只會扣帽子。或是說：『我是一個黨員，是馬列主義武裝起來的。』他們就這樣靠吸取別人腦汁而生活，他們對待老教授是那樣蠻橫、無理，是最卑鄙的一種人。」

五、馮元春說：「共產黨的特權行為嚴重，表現在用人制度上的『奴才論』，以及對黨外人士的打擊和對知識份子所謂的『思想改造』上。只能說他們好，不能說他們的不是。」「我校湯教授為人忠誠，是個忠於客觀事實的自然科學家，就因為他愛提意見，在肅反中就認為是反革命分子。在大會上進行鬥爭，說他是美國派來的間諜。湯教授確是一個忠於事實的人。」

六、馮元春說：「共產黨對外政策是一邊倒，倒向蘇聯，處處說蘇聯好，沒有民族氣節。」「臺灣局勢緊張就是倒向蘇聯成的。」「實際蘇聯遠不如美國。美國工人生活水平相當於我國的大學教授，一個月二、三百美元，每三個美國人就有一輛汽車，這些足

於說明美國生產力高。而剝削集團的宣傳機器卻歪曲事實，說美國有多少工人失業，經濟危機又多麼嚴重。」

七、馮元春說：「中國黑暗，蘇聯更黑暗。」「到處都是便衣警察在監視老百姓的行動。」「解放後工人工資沒有怎樣提高，農村鬧糧荒農民吃不飽，生活還不如從前。」她「堅持孫中山先生的救國理念，踏著黃花崗七十二烈士鮮血前進」！

一九五七年七月二十九日，川大校黨委組織了一場全校師生批鬥馮元春的大會。不久，她即以「反革命罪」被逮捕，關押在省公安廳梓童巷看守所，在關押中拒不認罪，堅持自己的觀點，被判處有期徒刑十五年，先在簡陽平泉勞改農場勞改，「文革」中她繼續批評毛澤東，又被加刑五年，轉送南充地區省第一監獄。她在獄中繼續書寫批毛文章，「一打三反」運動中以「惡攻罪」處以極刑。一九七〇年七月一日，南充市召開了聲勢浩大的公判大會，公審槍斃了三個「現行反革命分子」，其中之一就是馮元春。（據鐵流：《第二個林昭似的女英雄——四川大學生物系學生馮元春》）

亡友劉鳳翔和我同時被劃為右派分子，同在一處勞動教養。一九七〇年四月四日以反革命集團案處死。同案還有幾個同時被處死的，是其他一些機關劃出的右派分子，我不認識，現在也記不起他們的姓名了。一九八五年我收到湖南日報社務委員會寄來的一份文件，照抄如下：

湖南日報編委會文件

湘社發（1985）028號

關於劉鳳翔同志被錯劃右派的改正決定

劉鳳翔同志原為湖南農民報編委。一九四九年十月參加工作，一九五二年十一月加入中國共產黨，一九五七年被劃為右派，受到開除黨籍、開除公職、送勞動教養的處分。根據中央〔1978〕55號文件精神進行複查，劉鳳翔同志原被劃為右派屬於錯劃，應予改正。經研究決定，恢復其黨籍，恢復一切政治名譽。鑒於劉鳳翔同志一九七〇年四月被判處死刑，一九八四年十一月，經省高級人民法院複查，決定「撤銷原判，宣告劉鳳翔無罪」，其善後問題按職工死亡對待。

劉鳳翔同志在農民報工作期間，兢兢業業為黨報工作，為辦好《湖南農民報》作了一定的貢獻。他熱愛黨，熱愛社會主義事業，為人忠誠耿直，是一位好幹部，過去強加於他的一切不實之詞，應予徹底否定。

湖南日報社務委員會（印）

一九八五年八月五日

沒有遺骨安葬儀式。正如分不清他遭遇的究竟是個人的災禍還是民族的災禍一樣，在一叢死刑犯的白骨中也無法鑒別那些是他的遺骨了。一切都混成一團了。他已經化解、溶合在歷史之中。

這是明正典刑的，至少在形式上經過一些法律程序。還有完全無法無天的。亡友蔣養毅，在湖南省航運局子弟學校擔任語文教師的時候被劃為右派分子，和我同在一處勞動教養。一九六二年解除勞動教養以後湊巧住處鄰近，同屬長沙市城東區文藝路派出所管轄，編在同一個右派分子學習小組，每星期和節假日集中「學習」一次。文化大革命開始之後，被遣送回原籍道縣。不久，道縣發生了「貧下中農最高法庭」處死全縣階級敵人的事件，所有地主分子、富農分子、反革命分子、壞分子、右派分子等等階級敵人，包括他們家裡的老人和嬰兒，悉數處死，靡有孑遺。後來我聽說，蔣養毅是被扁擔打死的，那就比槍決更加慘苦了。

今天我用我的筆記下這一頁歷史；而他們卻早已經用他們的血記下這一頁歷史了。

願他們的靈魂得到安息。

也有逃過了這一厄的人。北京大學物理系的沈迪克在劃他為右派分子之後不久，就成功地偷越國境，在國外繼續從事科學研究。後來還曾經以學者身份回北大講學。（見張強華《煉獄人生》第59頁）

至於被折磨至死的，比起被處死的，數目就更要多得不成比例。如果把能夠得到的材料都寫下來，可以寫成一部多卷本的《錄鬼簿》，這裡只講一個人，講蕭也牧之死。

蕭也牧，原名吳小武（1918-1970），浙江吳興人。抗日戰爭時期在晉察冀邊區工作。一九五○年一月發表短篇小說《我們夫婦之間》，一時受到

廣泛的歡迎，並被拍攝成電影，不久卻又受到嚴厲的批判。反右派鬥爭中，他在中國青年出版社被劃為右派分子，一九六二年摘掉了右派分子帽子。可是，摘帽右派還是過不了文化大革命這一關。下面，是他的同事張羽〈蕭也牧之死〉一文的節錄：

進入一九七〇年，團中央「五七」幹校「階級鬥爭」更加激烈。……中國青年出版社為第七連。由於這個單位清理出的「牛鬼蛇神」最多，武鬥最兇狠，鎮壓最殘酷，被封為以階級鬥爭為綱、綱舉目張的「四好連隊」。……大人小孩見到「牛鬼蛇神」，都可隨意毒打。蕭也牧由於手腳不靈、行動不便，挨打最多，走路時被打倒在水坑裡，打飯時飯碗被打翻在地上。

八月九日的評審會上，對蕭也牧進行了重點批判。……說蕭也牧抗拒改造，說蕭也牧裝死、欺騙，既是對他加重新的壓力，也是要進一步整他的訊號。……

九月四日，蕭也牧被住在隔壁的××毒打。……從這天起，小便嚴重失禁。……連長認為蕭也牧「極不老實」，「要加重勞動，以示懲戒」，把蕭也牧從牛組調到勞動量較大的菜組去種菜。蕭也牧腰背發僵，四肢乏力，間苗薅草只得跪在菜地裡爬行，把拔下的草和苗放在一堆，準備下工時帶走。不料一陣風吹來，把草和苗吹得散落各處，監工的人認為他有意搞鬼，又把他狠打一頓，打得他在地上直翻滾。……

在沉疴折磨和新的政治壓力下，蕭也牧境況日趨淒慘。……十月三日大會批鬥。「群眾專政」小組對蕭也牧推推搡搡，拳打腳踢，會後又罰他去挑糞。……群專小組組長跟在後邊，用竹棍不斷抽打他的屁股。……蕭也牧勉強把桶挑到菜園地頭，就再也幹不動了。連長認為蕭也牧是裝病對抗，決定把他從菜組調到農活最重的大田班，由排長從嚴監督勞動。……

十月六日下午，我們在柳樹塘前的一號田裡曬草，同時在地頭碼草上垛。蕭也牧吃力地推了兩車草，又被喊來挑草上垛。這本來是強勞力幹的活。對久病無力的蕭也牧來說，僅僅一柄木杈就像有千斤

重。他只挑了幾根稻草，可杈子還未舉起，稻草已經簌簌地掉了下來。場上的「紅哨兵」在一旁嘟嘟囔囔罵他「磨洋工」、「裝蒜」。但沒有敢動手。排長動了邪火，從旁邊走過來，朝蕭也牧腿上橫掃了一杈，接著罵道：「吳小武，你以為離開你，地球就不轉了？」現場最高指揮者一動手，群專小組組長也撲了過來，厲聲喝道：「旁人不敢打你，我敢打！」原先只是咋咋唬唬的「紅哨兵」也趕上來辟哩辟啦地追打起來。蕭也牧邊退邊躲，從一個老實人身邊逃過時，那個老實人為了表示和蕭也牧劃清政治界線，也在背後抽了他一杈。群專組長「紅哨兵」跟著追打，用木杈抽打蕭也牧的屁股和小腿。蕭也牧又跑了幾步，就被打倒在地，再也爬不起來。追打者連聲喊叫：「起來！不要裝蒜！再不起來，我還要打！」蕭也牧趴在地上，想站，站不起來，看著他們兩人舉著杈還要打，就拄著杈柄，掙扎著，顫巍巍地撐了起來。這時，除草埰旁的人以外，遠處運草的人也圍了過來。打人的人只好停手了。不大一會兒，收工了。排長下令說：「我們走，不要管他！」所有的人都走了。偌大的一號田裡，只有蕭也牧一個人孤零零地拄著杈站在那兒。他走不動了。當暮色晦暝、田野已空無人跡時，只有他一個人直挺挺地站在那裡。直到深夜十點以後，他的兒子吳家剛（這時在團中央「五七」幹校附設的中學讀書）才找到地頭，把他扶了回來。

　　……當蕭也牧被兒子扶回來時，誰也沒有說話，所有人的臉色都像夜色那樣陰沈。空氣像凝固了的冰塊。蕭也牧被扶上床後，長籲了一聲，就躺下，一切不動了。接連數日，除兒子偶爾來看他以外，無人照料，病情在迅速惡化。一天，他看見房裡只我一人，就把我喊到床頭，滿懷傷感地對我說：「我完了，奄奄一息，眾叛親離。如今又把我交到這個人（指排長）的手下，他已經帶了頭，我算活不下去了。」

　　我從他的話裡，聽到了他的絕望的哀歎。在嚴酷的政治壓力和身體摧殘中，他「回到人民懷抱」的最後希望破滅了。我感到有責任立即把他的絕望情緒向連部彙報，希望引起注意，以防不測。但我沒有彙報他後邊的那幾句話，未去觸及蕭和排長的芥蒂：蕭也牧過去對工

作有過議論，排長非常反感；蕭在文藝界有影響，作家來求教時，對蕭表示尊重，而領導受到冷落，就感到蕭礙手礙腳，所以會出現排長打蕭時那句意味深長的話——「你以為離開你，地球就不轉了嗎？」在蕭也牧臥床等死的時候，這句話一直在我的耳旁迴響。

十月十五日凌晨，我們一批強勞力乘上卡車，到黃寺崗去搶收花生。傍晚，拖著疲倦的身子返回「牛棚」時，房子裡闃無聲息。進門一看，蕭也牧的位子上，只剩下一張空床。原來，在這天中午，他已溘然長逝，遺體被抬了出去。

（見《新文學史料》1993年第4期，總第61期，第164頁）

當年「五七」幹校中戴帽右派和摘帽右派不少，多數熬到活著回來了。結局不像蕭也牧這樣悲慘。蕭的遭遇，也許可以說有一點特殊性，就是他不幸落到一位公報私仇的排長手裡。不過，因為過人的才能、成績、聲望、影響，而遭人嫉恨，劃右派之後因此多吃許多苦頭，卻決不止蕭也牧一人，而是並不少見的了。

右派分子在勞動教養中的遭遇，不能不說到甘肅酒泉夾邊溝農場。和鳳鳴的《經歷——我的1957年》一書（敦煌文藝出版社，2006年第二版），記下了她丈夫王景超在夾邊溝農場和她自己在另外的改造場所的經歷。下面摘要介紹一點書中的材料。

甘肅日報社的右派分子王景超被送到這裡勞動教養。關於這個農場，他的妻子、也是甘肅日報社反出的右派分子和鳳鳴說：「在反右派鬥爭之後，從省上到地區領導，他們對於在全省新出現的開除了公職的極右分子的懲罰與改造，是選擇了一個在全省首屈一指嚴酷與艱苦的所在，以夾邊溝的土地面積、氣候與生產條件，是否能讓極右分子們憑靠勞動作到養活自己，並無人想及。夾邊溝的極右分子從未吃飽過飯，貧瘠而嚴重鹽鹼化的土地其收穫物無法使終年勞動的人果腹。饑餓，成為對他們的主要懲罰手段。」

在右派分子投入改造之後不久，「大躍進」又發動了。大躍進對農業的大破壞，造成了遍及全國持續三年的大饑荒。各地都出現了成批餓死人的慘案。遇上荒年，災區的農民常常是扶老攜幼外出逃荒，以圖逃出一條活命。被改造的右派分子卻是剝奪了人身自由的，沒有外出逃荒的可能，面對

饑荒，就毫無躲閃的餘地了。和鳳鳴的《經歷──我的1957年》用很大的篇幅記錄了右派分子在饑餓中掙扎求生的情形。他們想盡一切方法尋找任何可以吃的東西。有的人把手錶、好一點的衣服賣掉，高價向農民買點吃的；有的人尋些野果野菜，或者抓些老鼠昆蟲來吃；有的人趁機偷一點菜，如果被發現那可不得了，就有人因為偷一點菜被吊致死的。一些管教幹部，不但不為這些人提供維持生存最起碼的口糧，還不許他們自己動手尋找可以吃的東西。甘肅日報財貿組組長羅舒群，這時也在夾邊溝勞動教養，一次，饑餓的他偷吃了一個胡蘿蔔，被批鬥了一頓，還被關進了「嚴管班」。王景超卻不肯放棄一些過去的人生準則來適應一下這個太不正常的環境，決不去偷點吃的。結果是羅舒群得以生還，而王景超卻以三十六歲的壯年活活餓死了。和鳳鳴可不像她丈夫這樣迂。為了求生，她和石天愛、徐福蓮合作，偷棉子、偷麵粉弄來吃了。一個難友對她說：「現在，我們要為自己的生存而鬥爭！」和鳳鳴補充了一句：「應該說，威脅我們大家生存的那一切才是最大的犯罪。」

在夾邊溝農場勞動教養的右派分子們，為了生存，什麼東西都找來吃，連從來沒有出現在人類食譜中的東西都見到就吃了。有人吃了貼標語用剩下的骯髒的漿糊，有人把一桶清漆誤以為是可以吃的東西，搶著吃了，中毒死了兩個人！更說明他們饑餓程度的，還不是他們吃了些什麼，而是他們是怎樣吃的，一些蔬果，例如蘿蔔胡蘿蔔之類，本來是可以生吃的，可是沒有聽說過牛肉也可以生吃的，而杜紹宇和一個難友方正儒一次在半夜裡偷了農家的一頭小牛犢，方正儒先是生吃了牛腦，再分吃牛脊椎上的裡脊肉，杜紹宇覺得鮮嫩非常，略帶鹹味，十分可口。和鳳鳴、石天愛她們，也是把偷來的麵粉拌到從伙房打來的飯菜中生吃的，煮熟吃怕被發現啊。在人類文明史上，發明用火是一大關鍵，使人類最終的脫離了動物界。而現在，這些右派分子們，放著火不用，倒退到和野獸共處的那個蒙昧時代了。

一批又一批的人餓得不能動彈了，於是把他們送到農場設立的「醫院」中去。和鳳鳴被派到「醫院」去燒炕。她在書中說，「我沒有見到醫生進病房，也沒見到給哪個病號吃藥，病號們的真正需要是吃飯而不是吃藥。」所謂「醫院」，只不過是把那些餓得垂死的人集中起來等死罷了。在這裡，她每天都看見死亡，那個請她把炕燒得熱一點的年輕人，那個請她幫

忙把滿是蝨子的絨褲曬一曬的老頭……都一個接一個地死了。在這裡，她還知道了慘絕人寰的慘事：一些死者大腿上的肉、心肝、都被饑餓的難友割去、挖去吃了。那個吃人心肝的難友被批鬥了一場，過了兩天，他自己也餓死了。夾邊溝農場原來有勞教人員兩千八百多人，生還的只有六七百人，是個零頭。（第308頁）

前面，我們講了馬雲鳳、傅雷、田保生、林昭、沈元、劉鳳翔、蔣養毅、蕭也牧、王景超這些人，或者自殺，或者被殺，或者折磨至死，這些不得善終的都是右派分子本人。他們的親屬也因而走上絕路的，講了傅雷的夫人、田保生的夫人、林昭的老母。這裡再舉一例，就是韋君宜在她的回憶錄中說的陳璉：

> 前述的袁永熙，妻子是國民黨要人陳布雷的女兒陳璉。她曾經勇敢地背叛家庭，獨自在北平貝滿中學教書，參加共產黨幹革命，後來被捕，鬧得國民黨報紙都競相登載。她有這樣的勇氣。但是到一九五七年，她卻沒有勇氣去對抗當時如大山一樣壓下來的政治壓力，她和袁永熙（「一二‧九」運動的戰友）離了婚，後來一直沒有再結婚，獨身，至「文化大革命」又遭批鬥，終至自殺。」（韋君宜：《思痛錄》，人民文學出版社2013年版，第47頁。）

陳璉是一九六七年十一月十九日在上海泰興大樓十一樓跳樓的。離了婚了，該可以說是劃清了政治界線了吧，可是還是落得如此下場。

凡事都有例外。作為整體來說，這五十五萬右派分子都是已經打入社會底層的政治賤民，可是其中的極少數人，由於某種機遇，被某權勢者認為有加以利用的必要，因而處境還不是太壞，甚至受到禮遇，也是有的。例如作家汪曾祺（1920-1997），江蘇高郵人。反右派鬥爭中，在中國民間文藝研究會被劃為右派分子，被送到張家口農業科學研究所勞動。一九六〇年摘掉右派分子的帽子，後來到北京市京劇團當了專職編劇。江青到這裡抓她的「樣板戲」，很賞識汪的文筆，說他的唱詞寫得挺好。江青調閱了他的檔案，指示：此人控制使用。他就在控制之下，先後參加了改編滬劇《蘆蕩火種》（即後來的《沙家浜》）、《紅燈記》，寫作《杜鵑山》等。文化大革

命中間，是江青決定把他從「牛棚」解放出來，重新參加樣板戲創作組。江青還將一部特印本《毛選》簽名送給他，有一回，還叫他陪自己看戲。最令人側目的事情是：一九七〇年五月二十日在天安門廣場開群眾大會，毛澤東發表「五二〇聲明」：〈全世界人民團結起來，打敗美國侵略者及其一切走狗！〉，這天，汪曾祺同幾百個各方面的頭面人物一起上了天安門。第二天的報紙上登出了這名單，汪的姓名赫然在內。他大約是五十五萬右派分子中受到這種禮遇的唯一的一人。這當然是一種十分難得的異數。在他自己，卻並不因此有多少興奮之感，更是如臨深淵、如履薄冰。這是另外一種困難和痛苦。當年北京京劇團副團長蕭甲後來對採訪者這樣說他：「汪曾祺依舊那麼兢兢業業，在階級鬥爭高度壓力下，他過得很本份。談不上重用，就是被使用而已。」（本書有關汪曾祺材料，全部根據陳徒手的《汪曾祺的文革十年》，載所著《人有病 天知否》，人民文學出版社2000年版。）可是，到了後來清查「四人幫」罪行的時候，汪曾祺又被文化部列為重點審查對象，一掛就是兩年。同事回憶說，「他有時一言不發，眼神悲淒，心中有事。」終於也沒有查出在控制使用的範圍之外還有什麼事情。於是這審查也就不了了之。他的這些經歷，反映出了右派分子，更廣些說，中國知識份子另一種可憐的遭遇。現在八卷本的《汪曾祺全集》已經出版，第八卷比前面幾卷要薄些。我以為可以把他在審查期間所寫的十幾萬字的交代材料編入，這對於研究文化大革命史、樣板戲史、江青傳，對於研究中國知識份子在屈辱中的生存狀態和心態，都是極有價值的材料。

　　還有幾個右派分子因為毛澤東的過問，處境有所改善。例如北京醫學院的學生右派胡芷芸，原來只是給予保留學籍勞動察看的處分，可是她不認罪，就於一九五九年被開除學籍送勞動教養。到一九六三年十一月，根據黨的政策和她的改造表現，本應給她摘掉右派帽子，解除勞動教養了。但是，北苑勞改化工廠領導和北京市公安局勞改處卻根據刪掉了胡自我批判內容的片面摘抄的材料，把她的坦白說成是散佈修正主義，堅持反動立場，決定延長她一年勞動教養期限。有人把這情況反映到毛澤東那裡，他要求公安部調查。調查的結果是情況完全屬實。由於毛的過問，市公安局勞改處和化工廠的領導作了自我批評，並對胡芷芸的問題作了重新處理，宣佈撤銷原來延長勞教的決定，摘掉右派帽子，同時解除勞動教養。

更有名的一例是作家姚雪垠。在反右派鬥爭中，他被劃為極右分子。一九七五年十月，他給毛澤東寫信說：我是長篇歷史小說《李自成》的作者。該書第一卷在一九六三年出版後，我曾給主席寄過一部。一九六六年夏，得知主席看過此書，曾指示說這部書雖然有些問題，但應該讓作者繼續寫下去，將全書寫完。我對主席的關懷和鼓勵十分感動，下決心以實際工作成果報答主席。這部書共有五卷，寫成後估計有二百五十萬至三百萬字，其中第二卷稿子寫成已近兩年，約七十萬字，至今還沒有地方出版。但我已是六十六歲的人了，不能不有任重道遠之感。倘若在一切方便的條件下，我能夠專心致志地工作，大概用三年的時間可以寫成一卷。待五卷出齊後統改一遍，才算完成。在晚年完成這樣大的寫作計畫，不僅需要我自己加緊刻苦努力，更需要黨的切實領導和具體幫助。因此請求您將此書的出版問題（包括第一卷的修改本重印）批交中央主管部門解決，或直接批交人民文學出版社處理。對於這一請求，毛澤東的批語是：我同意他寫《李自成》小說二卷、三卷至五卷。由於毛的過問，姚雪垠的寫作條件不斷改善，一九七六年出版了《李自成》第二卷，一九八一年出版了第三卷。

當然，這些都只是極個別的特例，對於整個的反右派鬥爭一案卻並沒有任何鬆動。一九七五年七月，毛澤東在同江青的談話中還說：「我們怕什麼？一九五七年右派猖狂進攻，我們把他們罵我們的話登在報上，最後還是被我們打退了。」這次談話之後只一年多，他就去世了。據我所見到的材料來說，這是毛澤東這一生最後一次談到反右派鬥爭。可見他的態度至死也沒有變化。

被打成了右派分子之後經歷最奇特的一例是馮亦代。他留下了一本獨一無二的著作《悔餘日錄》（2000年6月河南人民出版社出版，李輝主編「滄桑文叢」之一）。其中包含了他一九五八年七月十五日到一九六二年四月十八日的將近四年的日記，詳細地記載了他被某機關招募安插到章伯鈞家裡臥底的事。反右之前，他和章伯鈞的妻子李健生在民盟北京市委同事，劃右之後，李健生幾次邀請他到她家作客，這樣他就有了去她家臥底的條件。下面，我們將要摘引這本日記中的一些材料。在引文後面的括弧裡用六個阿拉伯數字表示日期，例如（590128）就是一九五九年一月二十八日的意思。從這本日記中可以看到，作者在被劃為右派分子之後，痛悔自己的「右派罪行」，真誠地

認罪悔罪，決心改造自己，爭取早日摘掉右派帽子，重新做人。例如，日記中說：

> 我衷心感謝黨給我的援救，沒有這次反右，我的發展如何，不能預料，但自絕於人民一途則是有其必然性的，因為參加革命以來不努力改造自己，堅持資產階級的立場，罪惡之被揭露是遲早間事，越遲危害越大，後果更不堪設想了，現在懸崖勒馬，及早回頭，真是禍中得福。（580731）

> 我深自痛恨去年的向黨瘋狂進攻，從而自絕於人民。我今日所得的處理完全是咎由自取。另一方面，我還是感激黨的，因為黨給我的寬大處理，使我還能在工作中向人民贖罪，因此我應該抓緊這個機會，好好工作。（580818）

> 由於我在過去九年來思想不進步，甚至墮落成為右派，今日就成為社會的罪人，這個教訓是顯明的，不改造自己，真不得了。（580918）

當時《北京日報》社論〈共產黨員應有什麼樣的志願〉發出了做黨的馴服工具的號召。馮亦代把社論中的一段話抄在日記本上，「以幫助我的隨時反省」。在這一年的除夕，他在日記中自勵說：

> 亦代，努力呀，又是一年了，你贖了多少罪？你立場改變了多少？你自我改造了多少？必須永遠保持住黨給你的清醒的頭腦，回到人民的隊伍中來，跟著黨走，做黨的馴服的工具，為人民真正地忠實地服務。（581231）

有了這樣一個思想基礎，馮亦代就被某機關招募為秘密保衛工作者了。反右之前，他已經是一個知名的文化人了。劃右之後，他就正好以這個身份在上層右派分子群中間活動，以幫助這個機關隨時都瞭解這些右派頭面人物的思想、言論、交往和行動。在他這本日記中出現的右派分子，有章伯鈞、李健生夫婦，有羅隆基、葉篤義、費孝通、潘光旦、浦熙修、陳銘德、

鄧季惺夫婦、儲安平、丁聰、吳祖光、黃苗子、董樂山、劉王立明、陶大鏞、李景漢、吳景超、張志和、譚惕吾、錢端升等等許多人。而他的重點對象是住在地安門的章伯鈞和住在大佛寺的劉某。

　　看來，他的工作是很有成效的。他和章伯鈞一家建立了相當密切的關係。例如，「十時半到了章家，一直到三時半才離開，看了他的日本畫的收藏，都是複製品，但印刷是十分精緻的。他收藏了一本歌德的《浮士德》，是十九世紀印刷的，所有的插版，都是腐蝕銅版印的，畫得十分樸素，但刻工十分精細，看了使人愛不釋手。」（590321）可以想見，這天他是在章家共進午餐之後，又一同欣賞主人珍貴的藏品。又，「接到章的電話，上他家去吃午飯，二時回。」（590504）「上午十時去章家，一直坐到五時才回來，中間還在沙發上打了一個多鐘點的午睡，真是奇怪的生活。」（590509）「上午和小愚去故宮看敦煌藝術展覽，十分精彩。」（600903）「小愚」是章伯鈞的女兒章詒和在家裡的名字。「小愚已經來過電話，約同去看京劇四團的《滿江紅》，戲演得十分精彩，導演的手法，尤其值得稱讚。」（600910）「下午去地安門（指章伯鈞李健生家），即在章家吃晚飯，借得一百二十回《水滸傳》下冊回，並歸還刻本《隨園詩話》一部。」（600927）「晚上李（健生）章（伯鈞）請看北崑劇院的《吳越春秋》，並不如我理想的好。」（610506）「晚上去看小愚，她們明天去海拉爾，託帶信一封致李。」（610810）「晚去李（健生）章（伯鈞）處喝蛤蚧酒，這是好酒，一杯下肚周身發熱。」（611224）「晚去地安門，喝咖啡。昨晚和他們去長安（劇院）看甬劇《天要落雨娘要嫁》，徐鳳仙演得十分出色。」（620414）

　　想來馮亦代也得說一些章伯鈞願意聽的話，才好去吃飯，喝酒，看戲，借書。可是心裡對章的敵意是很深的。例如，他和章同在社會主義學院學習的時候，他在日記中說：章「見了我寒暄一番，說『都怪我沒有領導好，使你們出了偏差』，還是當時副主席的派頭！」（581216）「下午去章家，聽了一下午的廢話。」（590218）「晚上去章家，聽他的廢話，到十時半才回家。」（590424）「上午十一時去章家，一直到下午五時才回來，我真討厭他的資產階級面目，但為了工作，我必須處理得好，同時這也是給我的反面教材，對我改造有好處。立場黨性就是在這種方面得到考驗。」（600126）「晚去地安門，瞎談一氣。」（600902）對其他一些右派分子，馮亦代也是

敵視和鄙視的。日記中說，羅隆基是個「資產階級右派的典型代表人物」
（581213）。「譚惕吾這一類的預備帶著花崗岩腦子進墳墓的人」（590204）
「張志和很糟，他對敵我矛盾和人民內部矛盾沒有區別清楚。老油子是做不
得的，對自己沒有好處。」（590223）李景漢「一腦子資產階級的教養阻礙了
他，雖說是社會問題的所謂調查專家，那真是鑽在雲霧裡看人間，若有所
得，實則莫名其妙。」（590303）「下午看了李景漢，關於他寫的那本北京附
近農村調查，我提出了意見，全書的基本立場是反黨反社會主義。所謂超階
級的客觀主義立場，事實上就是反動的立場。不用階級分析，不提黨的領
導，抽象讚揚社會主義制度，卻在缺點方面攻其一點不及其餘，實質上反對
社會主義制度。」（590323）

他每次從章家出來，都立刻把談話的內容寫出來，向機關彙報。困難
的是對象漫無條理的瞎談又不能當場作記錄，事後的追記，又怕記不清楚。
他日記中說：「下午去章家，遇到陳銘德，談了一下才回來，寫了封信給老
彭。必須練習自己的記憶力，而且在記憶言語中能夠有所分辨，這是做好工
作的關鍵。」（590210）「從上午九時半出門，十時到達，一直到下午，全在
章家，聽他談話，要記住這些話真困難，是前後不連貫，但也有一根無形的
條，那就是不滿意。但不是那麼明顯的。」（590303）這也真難為他了。幸虧
他是個長於驅遣文字的著名作家，任務還是很好的完成了，多次受到上級的
表揚。這也怪那時技術條件落後，五十年之後的今天，答錄機只有打火機一
般大小了。

為了提高自己的專業水平，馮亦代很注意研讀相關的書籍。日記中
說：「去東安市場逛書店，買了一本《一個肅反工作者的手記》，回來即一
口氣讀完，十分有興趣。」（590406）「看了一本好書，是索菲諾夫的《捷爾
任斯基生活的片段》，值得重看，對於契卡一段，更須好好研究，從中吸取
教育自己的材料。」（610313）

馮亦代很為自己所從事的新工作感到自豪。他說：「今天我已經消
除了那種腐朽的感傷的情緒，我覺得在保衛黨的工作中，我的生命正日益
豐富起來。」（600803）這時，他已經將自己定位為「一個保衛工作者」
（600817），他認為自己「是在第一線作戰」了。（601207）「我這一行工作要
有一天發給一個勛章報上刊登出來是不可能的，這樣不啻是告訴別人自己是

個什麼人，而且以後就不用再想幹這一行了，想到解放前地下工作的同志們為了保衛黨的利益而犧牲一切幸福，甚至生命，則今天在極端順利條件下工作，又怎能把個人利益提高到黨的利益之上呢！想到這些，我也就釋然了。」（610819）「我想今後的時間應當這樣安排，首先是家裡的工作，其次是盟，有多餘的時間，就是文學，包括翻譯和研究兩方面。」（610920）這裡要作一點名詞解釋：「盟」指中國民主同盟，這時他已經調到民盟當專職幹部了，「家裡」指他所服務的某機關。這也是中外古今一切情報機構的通例，都是提出「組織如家庭」的口號的。不知底細的公眾只知道這是一位知名的文學家，而在他本人，卻是「行有餘力，則以學文」，把文學排在最末的位置。

在工作中，他也不斷得到上級的指導，一位同志「代表組織」對他說：「工作中要放得開，不要畏首畏尾，正義在我們這一方面，沒有顧慮的必要。有事要造成緩衝機會，和家裡多商量，同時要使工作更為深入。」（600123）一次上級和他「談了工作，給我最大的啟發，就是對方以進步面目出現時，也要從中發現問題，因為談話中不能不透露他真實的思想，我以前總覺得一聽了正面話之後，工作就只能到此為止，這惟一能說明的，就是我的工作的不深入。而從任何一句話，一種思想的表現中去發現問題，只能開動腦筋，深入地去思索，才會得到結果。這一點的提出，給我的啟發極大，也就是給我一個有效的工作方法。」（600403）「做工作一定要抓住一個時期的特徵，特別要善於辨別政治風向。敵人所不喜歡的，咒罵的，正是我們做對了的地方。同時在工作中，必須每次掛好下一次的鉤，不能造成無事不登三寶殿的印象，也不要每次必有所獲，而且要從生活上去接近，真正做到『朋友』的關係。這些指示都是正確的，必須記住，而且要善於運用。」（600508）

某機關並沒有讓馮亦代做無償勞動。他日記中說：「晚上和老劉同志談了將近二小時，把工作研究了一番，家裡給了我一些費用，老劉同志說有什麼個人的花費，也可以用。不過我總覺得能夠不用家裡的錢最好。」（610807）不知道這一回給他的經費是多少。我倒以為，他並不是為了這些錢才來幹這些活的。他是完全相信了那些說教，認罪悔罪，才這樣努力立功贖罪的吧。

看了這本日記，我不禁為章伯鈞捏一把汗。如果在反右派鬥爭之後，他有什麼出格的言行，出格的交往，那就會落到幾年前張東蓀那樣的境地了。

招募右派分子到右派分子群中去活動，以收集情況，恐怕各地都有這樣的需要吧。馮亦代未必是僅有的一例。

一九七六年九月，毛澤東死了。中國政治形勢發生了很大變化。對一些歷史積案逐漸有了新的說法。關於一九五七年反右派鬥爭一案，李維漢回憶說：

> 一九七八年四月，中央統戰部協同公安部、中組部等有關部門召開了煙臺會議，產生了中央第五十五號文件，決定全部摘掉右派分子的帽子。我看到文件後感到不解決問題。因此寫信給胡耀邦同志，主張對錯劃為右派分子的人要複查平反，並提到一九六二年中央統戰部當時的意見。中央採納了我的建議。當年九月十七日，中央又批發了〈關於全部摘掉右派分子帽子決定的實施方案〉，指出：對過去錯劃的人，要做好改正工作，恢復政治名譽，恢復原來的工資待遇。現在全國被劃為右派分子的五十五萬餘人中，已改正的有五十四萬餘人（其中有些是從寬處理的），維持原案不予改正的只五千人，而且還在陸續甄別。（李維漢《回憶與研究》（下），第839-840頁）

這裡，李維漢有一點小小的誤記。一九七八年四月的文件，是第十一號文件，即中央統戰部、公安部關於摘掉全部右派分子帽子的請示報告和中共中央的批復。他說的九月十七日中共中央批發的〈貫徹中央關於全部摘掉右派分子帽子的決定的實施方案〉才是第五十五號文件。

第十一號文件提出：從一九五九年到一九六四年，先後已有五批摘掉了右派帽子。右派分子中的上層分子，絕大多數都已摘掉右派帽子，尚未摘帽子的，主要是原中下層幹部、中小學教員和一部分大學生。他們多數都在農村、街道或勞教場所勞動，有的被管制，有的原來工作的，取消了工作和工資，生活發生困難。自從一九七五年特赦釋放全部在押戰犯和寬大釋放國民黨縣、團以上人員以來，特別是粉碎「四人幫」以後，各項政策逐步得到落實，右派分子和他們的家屬迫切要術摘掉右派分子帽子。我們認為，全部摘掉右派分子的帽子的條件已經成熟。

這個文件規定：被遣送到農村的右派分子，摘掉其右派帽子後，一般

不再返回城市，但工作有需要的或確屬年老病殘，在農村無依靠，而在城市有親屬贍養的，可准其返回城鎮落戶。

文件還規定：遵照中央一九六二年的規定，對於右派分子一般不搞甄別平反，只是對於其中個別確實完全搞錯了的，才作為個別人的問題，實事求是地予以改正。

這樣一個文件，李維漢看了，當然會感到不解決問題。採納他的建議，中共中央於九月十七日批發了那個〈實施方案〉即第五十五號文件。這個文件有了很大的進步。它提出了受理要求改正的申訴，凡不應劃右派而被錯劃的，應實事求是地予以改正。貫徹執行這個文件的結果，用薄一波提供的數字，是百分之九十九的右派分子都得到了改正。

李維漢說的這過程比較簡單了一點。在煙臺會議上，中共中央組織部副部長楊士傑主張：對過去定的右派，凡是搞錯了的，都應該予以改正，不能說只有個別確實搞錯了的才可以改正。這個意見沒有被與會的多數人接受。會後楊士傑向中央統戰部提交了一份材料，說明煙臺會議上意見的分歧。中央統戰部有關人員看了這個材料，問：這是楊士傑個人意見呢，還是中央組織部的意見？中央組織部部長胡耀邦表示：我完全贊成。胡耀邦並且讓組織部政策研究室寫了一個報告呈送中央。幾個月之後，參加煙臺會議的五個單位：中共中央組織部、中共中央宣傳部、中共中央統戰部、公安部、民政部，在北京民族飯店重新集會。終於克服了意見的分歧。九月十七日中共中央批發了這次會議的成果〈貫徹中央關於全部摘掉右派分子帽子的決定的實施方案〉，就是第五十五號文件。（戴煌：《胡耀邦與平反冤假錯案》，中國文聯出版公司，1998年版，第9-10頁）

據一九八〇年五月八日中共中央統戰部〈關於愛國人士的右派複查問題的請示報告〉透露：在二十七名最知名的右派分子中，改正了二十二人：章乃器（故）、陳銘樞（故）、黃紹竑（故）、龍雲（故）、曾昭掄（故）、吳景超（故）、浦熙修（故）、劉王立明（故）、沈志遠（故）、彭一湖（故）、畢鳴岐（故）、黃琪翔（故）、張雲川（故）、謝雪紅（故）、王造時（故）、費孝通、錢偉長、黃藥眠、陶大鏞、徐鑄成、馬哲民（故）、潘大達。不予改正的五人：章伯鈞（故）、羅隆基（故）、彭文應（故）、儲安平（故）、陳仁炳。

統戰部的這個文件還透露：「在複查章伯鈞、羅隆基的右派問題的過程中，民盟的一些負責人曾提出對他們二人也應予改正。我們認為，他們二人在一九五七年的言行從根本立場上反對黨反對社會主義，是資產階級右派的主要代表人物，在右派向黨猖狂進攻中起了極為惡劣的作用。現已摘掉右派分子帽子了，但並非錯劃，不應改正。」文件沒有寫出這些主張章伯鈞、羅隆基的右派問題也應予改正的民盟負責人的姓名，人們知道，這時中國民主同盟的主席是史良，副主席是胡愈之、鄧初民、楚圖南、蘇步青、華羅庚、彭迪先、薩空了、李文宜、費孝通、聞家駟等十人。就是這史良他們中間有人認為章伯鈞、羅隆基的右派也是錯劃，也是冤案，也應改正吧。

一些右派分子風聞中共中央有一個第十一號文件，又有一個第五十五號文件，以為有了平反的希望，於是提出申訴。黎辛在〈我常想起安子文〉一文中說到一件事：

> 中共十一屆三中全會後，我請假去北京申訴。這時，安子文等「六十一人叛徒案」已經解決。我去前門飯店看他，他身體健壯，往事記憶清楚。安子文說，一九五七年劃右派的權力已經下放給省、部黨組織了，雖然你作為右派是錯劃的，我們也不能過問。現在中組部與中宣部聯合複查，你們的問題一定會很快解決的。（《黨史博覽》2011年第5期）

安子文向黎辛透露了「一九五七年劃右派的權力已經下放給省、部黨組織了」這個情況，在作家協會黨組把黎辛劃為右派之後，他即使想幫他，也無此權力。

改正右派分子這事，在具體操作過程中也是頗有曲折的。這裡以公安部的情況為例：

> 新華社北京一九七九年一月十二日電　公安部堅決貫徹執行中央關於對錯劃右派分子進行改正的指示，實事求是，解放思想，這項工作做得又快又好；經過複查，原劃的六十三名右派分子都屬於錯劃，在去年年底前已經全部進行改正。

　　錯劃右派的改正工作剛開始時，有些同志顧慮這樣做會否定反右派鬥爭的成績；有的辦案同志怕將來被扣上「右傾」、「一風吹」的帽子。經過反復學習中央有關文件，大家認識到，在任何時候、任何情況下都應當堅持實事求是這一黨的根本原則。不能認為對錯劃的右派進行改正就是否定反右鬥爭的成績。專門負責這項工作的複查小組還提出，要設身處地為被錯劃的同志著想。二十一年來，這些同志背著沉重的思想包袱，時刻盼望著黨對他們落實政策。早一天解決他們的問題，就可以早一天調動他們及其親屬的社會主義積極性，進一步發展安定團結的大好形勢。

　　在對被錯劃為右派的同志進行改正的工作中，公安部堅持在弄清事實的基礎上，以中央關於劃分右派分子的標準為準繩，依靠各單位群眾討論，分清大是大非。凡錯劃的就堅決改正，不附加任何條件，不糾纏具體問題。對屬於給本部門的領導和工作提意見，改正結論就寫上「沒有右派言論」；對說過一些錯話，但不是從根本上反黨反社會主義的，結論就寫為「不是右派言論」，而不再糾纏具體錯誤問題，不搞煩瑣哲學；對確有類似右派言論而當時很快作了深刻檢查的，結論就寫為「有錯誤，但不應定為右派分子」。對於一些全部聞名的、難度較大的案件，由部領導同志主持召開有各局負責同志參加的典型案例討論會，引導大家不要僅僅憑當事人幾句尖銳的話下定論，而要分析他通篇言論的基本思想，嚴格按照劃分右派分子的標準辦事。有一個幹部對在肅反中自己被審查有意見，一九五七年整風鳴放時曾寫文章批評本單位的肅反運動是「無反也肅，有錯不糾，言者有罪，聞者不戒」，因而被錯劃為右派。有的同志認為這個人出身剝削階級家庭，社會關係複雜，他的上述言論是階級本能的反映，他被劃為右派的問題不能改正。經過典型案例討論會和本單位黨支部會、群眾會上下多次討論；大家統一了思想，認為這位幹部的文章是在充分肯定全國肅反運動的成績的前提下，對本單位的肅反工作提出批評，言詞雖然尖銳一些，但按「標準」衡量，仍屬於錯劃；不能以他出身不好作為附加條件而不予改正。還有一位幹部被錯劃為右派，前幾年「四人幫」在公安部的親信曾利用這一錯案整老幹部。有人擔心改正這個錯案會使問題複雜化。但

大家認為，這個同志既屬錯劃，就不能因為「四人幫」的親信曾經插手而放棄實事求是的原則，因此，也堅決改正了錯劃他為右派的結論。

公安部對待被錯劃為右派的同志滿腔熱忱，改正的結論批准後，就立即通過口頭或打電報、電話通知他們本人。部裡還派出專人到這個部被錯劃為右派的同志居住比較集中的青海省，向他們當面宣佈改正結論，和他們談心，並對經濟困難的同志給予了補助。這些同志對這次改正的決定都表示滿意，特別為黨恢復、發揚了實事求是的光榮傳統而歡呼，表示要為實現四個現代化出力。

目前，公安部正根據這些同志的專長、健康狀況、本人要求和工作需要，著手安排他們的工作。有一個懂三種外文的同志，已經上班工作。對於過去家屬受到株連和影響的問題，公安部正根據本人提出的名單，分別發函到有關單位，消除影響。

有一種傳聞，說公安部的右派改正工作，最後是在胡耀邦直接過問之後才這樣解決的，並以此為範例，由新華社詳細報導。看了這一例，也就可以知道各地右派改正工作是如何進行的了。

在一九七九年二月三日的《人民日報》上接著報導了北京市改正錯劃右派工作的消息。這篇題為〈調動一切積極因素為四個現代化服務 北京市一批錯劃為右派的同志得到改正〉的報導說：

本報訊 北京市各部門在各級黨委領導下，認真貫徹執行中央關於對錯劃右派進行改正的指示。經過復查，到春節前，全市已有二千五百三十一名被錯劃為右派的同志得到了改正。其中，原市、區、局級領導幹部和知名的教授、副教授王斐然、賀生高、羅青、錢端升、向達、陳達、薛愚、金寶善、孟昭英、王重民、王鐵崖、張岱年、孫念增、劉思職、于振鵬、張天麟、林傳鼎、沈啟无等三十五位同志都已得到改正。黨的政策的落實，受到了廣大群眾的擁護，對發展安定團結的大好形勢起了積極作用。

中共北京市委在切實貫徹執行中央有關指示的同時，結合本市情況，對改正和安置工作做了一些具體規定。許多單位以一九五七年中央

關於《劃分右派分子的標準》為準則，參照市委的具體規定，依靠本單位的複審人員和群眾進行討論分析，分清大是大非，凡屬錯劃的，堅決改正；凡應該安置的，妥善安置。北京大學對錯劃右派的改正工作抓得較緊，他們的主要經驗是發動群眾辦案。北大在一九五七年反右運動中劃右派分子七百一十五名，還有未戴右派帽子受各種處分的人八百四十二名，需要複審的面相當大，光靠少數人關門搞專案是不行的。他們採取層層發動的辦法，從校黨委、系總支到黨支部和每個黨員，都動員起來，大家暢所欲言，提出審改意見。他們採取先易後難的辦法，抓住集團性案件，解決一個，改正一批人的問題。同時，做過細的思想工作，使受審人員和所有同志都能深刻理解中央文件精神，對當時定案情況分析有個準繩，做到既積極又慎重，堅持實事求是。市法院在文化大革命中先後把九名右派分子開除、強迫退職退休、遣送回鄉。這些年來，他們雖然不斷申訴，但問題一直得不到解決。中央文件下達以後，院黨委從去年九月初開始，對這些人的改正、安置問題多次研究，並迅速派人到河北、山東、江蘇、浙江等地，給他們認真落實政策。在當地黨委協助下，給這九位同志恢復了公職，並對他們的工作、生活做了妥善安排。市公安局對錯劃為右派的民警，做到了一個不漏地全部改正，千方百計找到他們的下落，把改正結論通知到本人。

據市委有關部門介紹說：北京市這項工作與中央一些機關相比，還是落後的。因此，市委要求各級黨組織要繼續解放思想，提高認識，打破條條、框框，堅決落實黨的政策，繼續抓好這項工作。力求在較短時間內做好這項工作，把各方面的積極因素調動起來，投入社會主義現代化的建設事業中去。

當年所劃的右派分子，宣佈改正之後，回到了正常的社會生活中，多數都能重新從事自己的專業工作，有些人甚至得到比反右派鬥爭前更高的地位。像王蒙，就成了中共十二屆中央候補委員，十三屆中央委員，還當了一任文化部長，是沈雁冰之後唯一以作家身份擔任這一職務的人。還有朱鎔基，反右派鬥爭之前的職務是國家計委機械局綜合處副處長，劃為右派分子之後去當了國家計委幹部業餘學校的教員。後來是中共十三屆中央候補委

員，十四屆、十五屆中央委員、中央政治局委員、常委。一九九八年三月成為中華人民共和國第五位國務院總理。

一九八一年的中共十一屆六中全會通過了一個〈關於建國以來黨的若干歷史問題的決議〉，其中關於反右派鬥爭作了這樣的敘述和評價：

> 這一年在全黨開展整風運動，發動群眾向黨提出批評建議，是發揚社會主義民主的正常步驟。在整風過程中，極少數資產階級右派分子乘機鼓吹所謂「大鳴大放」，向黨和新生的社會主義制度放肆地發動進攻，妄圖取代共產黨的領導，對這種進攻進行堅決的反擊是完全正確和必要的。但是反右派鬥爭被嚴重地擴大化了，把一批知識份子、愛國人士和黨內幹部錯劃為「右派分子」，造成了不幸的後果。

這是反映了鄧小平的意見。在這決議起草的過程中，他就提出：

> 一九五七年反右派鬥爭還是要肯定。三大改造完成以後，確實有一股勢力、一股思潮是反社會主義的，是資產階級性質的。反擊這股思潮是必要的。我多次說過，那時候有人確實殺氣騰騰，想要否定共產黨的領導，扭轉社會主義的方向，不反擊，我們就不能前進。錯誤在於擴大化。統戰部寫了個報告給中央，提出錯劃的都要改正，沒有錯劃的不能改正。但是，對於沒有錯劃的那幾個原來民主黨派中的著名人士，在他們的結論中也要說幾句：在反右派鬥爭前，特別是在民主革命時期，他們曾經做過好事，對他們的家屬應該一視同仁，在生活上、工作上、政治上加以妥善照顧。

（《鄧小平文選》第二卷，第294頁）

〈決議〉通過之後，再談到反右派鬥爭，就「要在這個統一的口徑下來講話。思想不通，組織服從。」（同上書，第383頁）

閒雲潭影日悠悠，物換星移幾度秋。到了一九八六年十一月，許良英、劉賓雁、方勵之三人聯名發起召開「反右運動歷史學術討論會」。這三個人，許良英和劉賓雁都是右派分子，方勵之的妻子李淑嫻是北京大學物理

系的學生右派。他們三個人的邀請信（方勵之執筆）說：

先生：

　　一九五七年的反右運動，即將滿三十周年了，反右運動是值得研究的，因為，不瞭解反右運動，就不能全面地瞭解三十年來的歷史，也就很難認識中共十一屆三中全會以來黨中央撥亂反正和推行改革的歷史性意義，也就很難深刻認識目前我們面臨的問題和我國社會中蘊藏的蓬勃生意。

　　反右運動的許多當事人，已年過花甲，應該及時把有關史料收集和保存下來，前事不忘，後事之師。使這一段歷史變成留給青年一代的有用知識。為此，我們發起舉行學術討論會，開始這一歷史研究，其主題應包括：

　　1、史料的收集，當事者的經歷或見聞，統計資料；

　　2、反右運動的國內和國際背景；

　　3、反右與大躍進、反右傾、文化大革命等運動的關係；

　　4、反右對政治道德的影響；

　　5、反右運動的歷史、社會根源；

　　6、反右之後「左派」及右派的運動軌跡；

　　7、反右與今天的開放、改革、現代化。

　　我們邀請您參加討論會，歡迎提出自己的報告，請告知您的報告題目，每個報告限在一小時左右，會後將根據報告，選編成文集出版。

　　會議時間：一九八七年二月三日至五日。

　　會議地點：北京（具體地點待定）

　　費用：全部自理，確有困難者請來信告知，以便為您籌措。

　　收到通知後，請您於一九八六年十二月三十一日以前回信，告知您是否能夠參加，以及您參加會議的報告題目。

　　聯繫地址：北京中關村某樓某號許良英

　　發起人：許良英、劉賓雁、方勵之　　　　　一九八六年十一月

許良英回憶說：

> 我們發出了大約四十封信，除費孝通、錢偉長外，都立即回覆，而且
> 都充滿熱情。給我印象最深刻的回信者有：化學家袁翰青，水利學家
> 黃萬里，電影評論家鍾惦棐，雜文家曾彥修，翻譯家劉尊棋，老報人
> 徐鑄成，文學家白樺、陳學昭、邵燕祥，數學家曾肯成，浙江所謂
> 「沙楊反黨集團」骨幹孫章祿和沙文漢夫人陳修良。有不少我們並沒
> 有邀請的右派，也主動來信要求參加會議。有一個原來不知其名的浙
> 江右派，來信教訓我，說反右問題中央已有結論，我們只能在此框框
> 內討論。（許良英《科學，民主，理性》第346-347頁）

　　費孝通的反應是，在一九八七年一月初舉行的一次民盟的會上，他要
求民盟全體成員不要參與劉賓雁等人發起的反右三十周年紀念活動，說是
「要吸取一九五七年的教訓」。並且把這份邀請書呈交中共中央。錢偉長的
反應是，把邀請函送交當局，「並附了這樣的意見：方勵之是一個政治野心
家（？），他自稱是中國的瓦文薩（？）；我的問題雖然沒有完全解決（指
尚未恢復清華大學副校長的官職），但與他們是不同的。」（許良英《科學，
民主，理性》第347頁）

　　許良英、劉賓雁、方勵之發起的「反右運動歷史學術討論會」沒有開
成。大型文學刊物《花城》計畫要搞的一個「反右專輯」也胎死腹中，大小
報刊都奉令不得發表這方面的文章。反右派鬥爭的三十周年就這樣寂靜地平
安地度過了。

　　莫非這樣就可以叫史冊上不留一點痕跡了嗎？

結束語

　　在將當年和事後書報上有關反右派鬥爭的一些材料摘抄排比之後，對這一事件的始末當有一個粗略的印象了。敘事既畢，簡單說一點對這一事件的思考。

　　一、一九五七年的反右派鬥爭，雖然只沸反盈天的鬧了幾個月，卻是國內外許多矛盾交叉的必然結果。史達林對蘇聯和國際共產主義運動的長期統治，形成了一套定型的模式。不管怎樣不斷自我吹噓，不斷努力去作種種粉飾和美化，日子久了，還是越來越顯出這一模式對內對外的弊端。到一九五三年他離開歷史舞臺的時候，已經不可能按照舊有模式繼續運轉下去了。赫魯雪夫召開蘇共第二十次代表大會，毛澤東提出論十大關係，這同時發生在一九五六年初的兩件事，都是反映了探索一條與史達林模式有所不同的新路的努力。毛提出了百花齊放百家爭鳴的方針，可以認為是有意在意識形態領域實行比過去較為寬鬆的政策；提出長期共存互相監督的方針，可以認為是有意讓民主黨派即共產黨之外的政治力量有較多的發言權和活動空間。這種寬鬆一點的傾向，在中共第八次全國代表大會的文件中有明顯的反映。

　　鑒於史達林把一切矛盾都歸於階級矛盾之失，毛提出了區分兩類不同性質社會矛盾的思想、接著又發動了以正確處理人民內部矛盾為主題的整風運動，以清除他認為是當時主要弊病的官僚主義、宗派主義和主觀主義。他看到，匈牙利的拉科西，堅持舊模式，拒絕作任何改變，結果釀成大禍。他要把人們要求有所更張的願望置於他的倡導、疏導和控制之下，以避免重演匈牙利事件。他是很為自己的這個決策感到自負的。

　　當時存在的弊端，毛澤東是把它概括為官僚主義、宗派主義和主觀主義。往深一層看，這三者不過是表現出來的形式，其實它們只是不受制約的權力的必然產物。陳新桂等人說，無產階級專政是這三個主義的根源。這話說得很難聽，可是接觸到了問題的實質的。如果說得更客觀一些，也可以說

這並不是無產階級專政獨有的特性，因為任何一種對權力的壟斷，不論以什麼名義，也不論是一個集團或一個人對權力的壟斷，都不可避免會出現如此等等的弊端。只要無意放棄對權力的壟斷，就決不可能消除比方說這三個主義。後來的歷史更進一步證明了這一點：緊接在反右派鬥爭之後來到的「大躍進」，以及「文化大革命」，就更不是輕描淡寫的三個主義所能夠解釋的了。

可是，在一九五七年，不論從哪個方面說，都還不具備解決這個問題的條件。這百花齊放百家爭鳴長期共存互相監督的方針是毛澤東提出來的，可是，首先，毛本人對這個新方針的理解就有一個範圍並不怎麼寬廣的邊界：百家爭鳴即兩家爭鳴；長期共存即廢物利用；認為「沒有參加打天下的就沒有資格監督」的這種說法是「有道理」的，等等。明確地表示了權力不容他人染指的態度。所以當出現了儲安平的「黨天下」論之類的意見，就必須堅決反擊了。

一九五七年七月二十三日《人民日報》發表了一篇胡喬木撰寫的反右派的社論〈用人可以不問政治嗎？〉，其中說：

> 列寧在〈國家與革命〉一文中曾經這樣來描寫無產階級專政的實質：「馬克思所運用到國家和社會主義革命問題上的階級鬥爭學說，必然要歸結於承認無產階級的政治統治，無產階級專政，即不與任何人分掌而直接憑藉群眾武裝力量的政權。為要實現推倒資產階級，就只有使無產階級變為統治階級，變為能夠鎮壓資產階級所必然進行的拚命反抗，並能夠組織一切被剝削勞動群眾來建設新經濟制度的這樣的統治階級，才能夠做到。」當然，這裡所說的不與任何人分掌政權，並不是說無產階級在國家政權中不與廣大的非無產階級群眾聯合，並不是說無產階級不需要在經濟文化工作中充分地使用一切在舊社會受教育的，但是願意同勞動人民一道建設社會主義的專家和技術人員，而是說不與任何人分掌政權的領導。在我國，由於具體的歷史條件，參加無產階級領導的政權的，不僅有廣大的農民和革命知識份子，而且有資產階級分子和資產階級的政治活動家。

　　這裡說得很清楚：革命知識份子、資產階級分子、甚至資產階級的政治活動家，可以「參加無產階級領導的政權」，卻決不可以「分掌政權的領導」。這一條界線說得夠明白了，儲安平說的，「不論大小單位，甚至一個科一個組，都要安排一個黨員做頭兒」，一些參加政權工作的黨外人士抱怨有職無權，其實正是題中應有之義，一點也沒有錯的。認了這一點，沒有染指領導權的非分之想，也就可以相安無事，長期共存；一些人卻認為這是整風運動所要整掉的宗派主義，這篇社論明白無誤地澄清了這種誤解。

　　這篇社論所引據的是列寧的著作，這裡就順便說幾句列寧。赫魯雪夫在蘇共二十大反史達林的時候，有一個提法，叫做「恢復黨內生活的列寧主義準則」。意思是說史達林違背了列寧。從前托洛茨基派反史達林，也是稱自己為列寧主義左派反對派。都是強調了史達林不同於列寧。確實，史達林改變了列寧的許多政策，消滅了列寧的許多同事。但這只是事情的一方面。在蘇聯和蘇共都已成為歷史陳跡的今天，人們就很容易發現，史達林現象其實是列寧主義合乎邏輯的發展結果。二月革命推翻沙皇的統治，俄國各個社會主義政黨社會民主工黨（包括布爾什維克和孟什維克）、社會革命黨都作出了貢獻。十月革命之後立即取締其他社會主義政黨、實現布爾什維克獨掌權力的，是列寧。在俄共第十次代表大會上反對「工人反對派」，從而為壓制黨內持不同政見者創立一個先例的，又是列寧。就這篇引據列寧的社論來說，說反右派鬥爭繼承了列寧的遺產，似乎也不為過。

　　二、如果說，毛澤東對他提出的百花齊放百家爭鳴等等新方針有著諸如此類的考慮的話，那麼，其他的人對這個方針的抵觸就更大一些。陳其通等四人的文章，只不過是最早一個明白表明態度的代表。毛澤東不只一次說過，部長以上的幹部，十個有九個不贊成新方針。可以想像，在或大或小的機構擔任領導職務的黨員幹部，歡迎這個新方針的，大約不會很多。他們，在戰爭、土地改革、各種秘密工作中獲得了足夠的革命資歷，革命就把這一定級別領導職務當作對他過去功績的酬勞，卻並不認為必須給予領導經濟建設文化建設的專業知識的訓練。因此幾年來的問題不少。一個領導人應該懂得他所領導的專業，這應該說是常識範圍內的事情。可是當拿不出足夠數量懂得專業的黨員去擔任領導幹部的時候，也就只好拿一些不夠條件的去充數了。在反右派鬥爭中，提出外行領導問題的就等於反黨，道理就在這裡。外

行領導必定造成工作中的錯誤和缺點，因此諱言缺點，凡事都要先肯定成績，道理也在這裡。揭露工作中的缺點就被認為是對共產黨領導地位提出質疑乃至挑戰了。這些領導幹部怎麼會歡迎下屬提出批評性的意見呢。五月十九日《人民日報》社論〈繼續爭鳴，結合整風〉中準確地說：「有一些同志對於黨在黨外『爭鳴』的同時進行整風，並且要黨外人士幫助我們整風，思想上還有點搞不通。他們聽到各種意見大放大鳴，並且有的意見是針對著自己的，於是在思想上就放不開，覺得岌岌不可終日，認為這樣就『使領導陷於被動』了。」

黨內高層對這新方針的態度是不是也有分歧，現在還沒有看到直接的材料，但間接的材料是有的。一九五七年七月十六日中國科學院召集在京科學家一百多人舉行座談會，批判民盟科學綱領。會上，清華大學副校長「張維揭露錢（偉長）還對黨中央的負責人進行過惡毒的攻擊，錢說：『鳴放搞不好，因為劉少奇到彭真這一條線是不主張鳴放的』。」（7月17日《人民日報》）劉、彭這二位歷來重視意識形態的純潔性，從來沒有過某種程度的自由化傾向，看來此說也不見得是空穴來風。劉在政治局常委中排第二，彭在中央書記處排第二，如果錢偉長此說多少有點根據，可見當時不贊成新方針的力量是很大的。鄧小平也說過，「一九五七年反右派，我們是積極分子，反右派擴大化我就有責任，我是總書記呀。」（《鄧小平文選》第二卷，第277頁）這是不是也可以認為是透露了他當年的態度呢？毛澤東決定放棄新方針而轉為反右，實際上是向劉、彭一線靠攏，當然立即實現了全黨一致的反右派鬥爭。

三、在知識份子這一方面，羅隆基大約可以算是當年最熱中政治活動的一個代表人物。一九四九年以前，在和國民黨的鬥爭中，他是把他的民主同盟看成和共產黨一家的，他把自己的全部力量無保留地投放在共產黨這一方面。趕走了國民黨之後，民主同盟發現，幾年來的奮鬥目標，想要在國家政治生活中發揮較大的作用的願望只不過是不切實際的幻想。它剩下的，只有在同國民黨鬥爭時似乎舉足輕重的一點可以感到自得的回憶。你不是一種力量，當然不能要求人家把你當作一種力量來尊重。這當然是他很不甘心的。羅隆基說，這時他所希望的，只不過是「擴大民盟的影響，擴大民盟的組織，提高民盟的地位，能夠在國事的決策上取得較多較大的權力來解決這

些問題。我的妄想亦只此而已，絕對沒有推翻黨、推翻社會主義、恢復資本主義的陰謀。」（7月16日《人民日報》）所以，在毛提出長期共存互相監督的方針，他們就興奮雀躍，一轉為反右派，就立刻陷於毫無抵抗能力的地位。「趙孟之所貴，趙孟能賤之」，古人早已說過了。中國知識份子的軟弱無力，也是一九五七年夏季形勢得以出現的一個重要因素。

四、還有國外的影響。赫魯雪夫是不贊成百花齊放這個方針的。毛澤東在中共八屆三中全會上委婉地說到了這一點：「對百花齊放、百家爭鳴這個方針，蘇聯同志不理解。」一九五八年三月的成都會議上，毛澤東講了一大段中蘇關係，他說：「我們革命勝利了，史達林又懷疑我們不是真正的革命，我們也不辯護。抗美援朝戰爭一打，這種懷疑才消除了。可是到我們提出正確處理人民內部矛盾問題的時候，我們講這個問題，他們不講，還說我們是搞自由主義，好像又不是真革命了。這個講話發表後，《紐約時報》全文登載，杜勒斯說要看一看。講話是六月十九日在《人民日報》發表的，六月二十一日至二十三日他就看到了，並在二十三日作結論，說是『中國要自由化』。當時蘇聯給了我們一個『備忘錄』，怕我們向右轉。資產階級要滅亡，見了蘆葦當渡船。半個月後杜勒斯說：中國壞透了，蘇聯還好些。反右派一起，當然『自由化』沒有了。」（《毛澤東文集》第七卷，第371頁）如此說來，反右派鬥爭竟起了向赫魯雪夫表明心跡的作用。如果當時毛澤東不反右派，甚至當真搞自由化，當然也不一定會發生後來勃列日涅夫派兵進駐捷克斯洛伐克去撲滅布拉格之春那樣的事件，但總會有不少麻煩的了。

綜合當時國內外諸因素來考慮，反右派鬥爭的發生都是不可避免的。當時是不是存在另一種選擇的可能性？不搞反右派鬥爭行不行？抽象地來探討，也許可以說有另外一種選擇。這就是說，假如沒有反右派鬥爭的話，共產黨的第一大黨的地位，執政黨的地位，雖然沒有任何力量能夠動搖，但是卻不再享有不受制約的權力。在它還有力量維護自己這種不受制約的權力的時候，是決不會接受這種要求的。換句話說，社會還不要求解決這個問題。歷史僅僅提出能夠解決的任務。

五、有一種意見，認為毛澤東早已有了引蛇出洞的預謀，整風鳴放不過是為計畫中的反右派鬥爭作準備。赫魯雪夫就是這樣說的。他說：「百花齊放這個口號是個激將法。毛假裝把民主和自由發表意見的閘門開得大大

的。他想唆使人們把自己內心深處的想法用口頭或書面的形式發表出來，以便他能夠把那些他認為具有有害思想的人搞掉。」這當然只是一種懷著敵意的情緒化的評論，把本來很複雜的事情看得過於簡單了。他抹煞了毛確實有消除一些弊端的願望。

國內一些研究者也有類似的說法。他們的理由是：一九五七年一月毛在省市自治區黨委書記會議上的講話中，就已經出現了後來反右派鬥爭一些辯論的題目、一些政策和策略。例如，他講了有些民主人士和教授的怪議論，涉及共產黨能不能管科學，社會主義有沒有優越性，成績是不是基本的，對肅反動的估計，對統購統銷的估計，對合作化的估計。毛還談到同民主黨派、民主人士唱對臺戲的問題，以為他們講的話越錯越好，犯的錯誤越大越好。這裡的一些提法後來都出現在反右派鬥爭之中。不過，我以為並不能因此就認為這時他就已經決心開展那樣一場反右派鬥爭了。

反右派鬥爭要打擊什麼，要維護什麼，這些在毛的思慮中當然不會是一時靈感忽然出現的。他不但在這次省市自治區黨委書記會議上相當完整地闡述了這些意見，更早像在幾個月之前的八屆二中全會上，也就講過要足夠估計成績等等問題。但是這些都僅僅說明他的思想中有發動一場反右派鬥爭的因素，卻不能說這時他已經在計畫開展這場鬥爭了。就在這次省市委書記會上，在談到民主士和知識份子的時候，毛說，我們要把他們的政治資本剝奪乾淨，沒有剝奪乾淨的還要剝。剝的方法，一個是出錢買，一個是安排，給他們事做。可見這時他還沒有想到可以採用更加爽快的第三個辦法，即給戴上右派分子帽子。可以說在八屆二中全會上，在一九五七年初的省市省治區黨委書記會議上，毛都想到了反右派（事實上可以追溯到更早），可是不能說，這時他已經在具體計畫開展一場如同後來實際進行的那樣的反右派鬥爭。所以，把他確定「引蛇出洞」策略的時間定在此時，似乎是稍早了一點。

六、關於「右派」這頂帽子。六月八日，也就是《人民日報》發表〈這是為什麼？〉社論這一天，後來劃為右派分子的老報人顧執中在九三學社中央常務委員會召開的座談會上說：參加了許多座談會，感覺有兩種偏差：群眾有些左，《人民日報》又有些右。（6月9日《光明日報》）六月二十九日《人民日報》社論〈再論立場問題〉嘲笑他說：「顧執中先生的兩句話特

別有意思：『群眾有些左，《人民日報》又有些右。』這兩句話所以特別有意思，因為其中所說的『群眾』，所說的『左』和『右』，意義都同一般人的瞭解截然相反。在這裡，真可以說是沒有共同的語言了。」

「左」和「右」作為政治的分野，最初是在1789年的法國國民議會裡，從來社會地位很高的貴族坐在議長右邊的榮譽席上，而激進派則自然而然地坐到遠離他們的左邊。坐在中間席位上的多是態度比較溫和的人。從這時開始，那些政治傾向比較保守的，願意同政府合作的，就被稱為右派；而政治傾向激進的、要求改變現狀的，就被稱為左派。顧執中正是在這個意義上說「群眾有些左，《人民日報》又有些右」的，他在這裡同一般人的瞭解並無不同。這種將「左」「右」兩個字顛倒起來使用，並不是從這時候開始的。比方說對蘇聯的態度，巴比塞給史達林寫了一本讚頌備至的傳記，這就是左翼作家；紀德在《從蘇聯歸來》一書中寫了些批評的意見，這就是轉到了右翼。如果不這樣顛倒起來使用，當年的右派大都就該叫做左派，而被認為左派的其實是右派。當年的反右派鬥爭其實是反左派鬥爭。

有趣的是，當年這樣來解釋「左」和「右」的，還不只一個顧執中。北京大學的那些學生右派們，那些「五一九」運動的積極分子，也是把自己算作左派的。嚴仲強的〈壓制不了的呼聲〉一文中說：「站在民主運動潮流中的人，要求在現存的社會制度中作種種改革，從而爭取一個更完善的社會制度，和更正確的領導，他們絕不是要回復到資本主義，按照派別最初的定義，這種勢力應當稱為左派勢力，中共是中間勢力，還有資產階級的右派勢力。」對於一場反右派鬥爭，這篇文章認為是中共將他所說的左右兩種力量混為一談，「湊成一個所謂『右』派，從而對右派展開進攻」。這種論點，可以看作是「確實有右派，不過反右派的時候有點擴大化」這個公式的最初表現。

七、當年使用「右派分子」這頂帽子其實是頗為吝惜頗為克制的。一九五七年九月四日中共中央發出〈關於在工人、農民中不劃右派分子的通知〉；在農村中，對於地主、富農、反革命分子和其他壞分子，不要叫右派分子。富裕中農的資本主義思想應為批判，不要戴右派分子的帽子。工廠中科室以上的幹部和技術人員可以劃右派分子，在工人中則只定先進、中間、落後的界限，不作左中右的劃分。是階級異己分子、反革命分子、流氓分

子、壞分子的，可按各人具體情況加以確定，但一律不用右派分子的名稱。工人、農民中已經劃了右派分子的，應當改正。由此可見，劃右派僅僅限於知識份子之內。似乎可以認為，從一開始就有意把右派分子的問題作為整個知識份子問題的一部分通盤考慮通盤解決的。

　　八、有一種說法，說反右派鬥爭是「開了以言定罪的先例」（叢進《曲折發展的歲月》第65頁）。一些人就是因為在座談會上的發言不中聽而被劃成了右派分子，受到了勞動教養之類的處罰，似乎也可以說是以言治罪吧。至於說開例，卻並不是的。肅清胡風反革命集團難道不就是以言治罪嗎？更早，王實味的一篇〈野百合花〉終於送掉了頭顱。這些都在反右派鬥爭之前。在〈文匯報的資產階級反向應當批判〉一文中，毛澤東對此作過這樣的解釋：「這種人不但有言論，而且有行動，他們是有罪的，『言者無罪』對他們不適用。他們不但是言者，而且是行者。」當然，發言也是一種行為，這樣解釋起來，言與行之間相對的區別也不承認了。右派分子也只能這樣想才能夠說服自己。例如沈志遠，「他在自我檢查中說：大概所謂言，只能私下說說，如果公之為言論，影響到別人，就變成了『行』而不僅是『言』了。」（見徐鑄成〈懷念沈志遠〉，載所著《舊聞雜憶續編》，四川人民出版社1982年版，第152頁。）他認識到了：只有講一點對別人毫無影響的話才可以免於罪戾吧。一場鬥爭下來，知識份子大都有了這樣的認識。一九五八年一月，宣傳部長陸定一召集上海市新聞、出版、文學、電影等單位黨內負責幹部座談，有人反映：反右以後，大家縮手縮腳，謹小慎微，不敢談話。毛澤東對這種情況表示了不滿，他問：為什麼知識份子不敢講、不敢寫呢？我們人民的自由已被壓死了嗎？

　　沒有人再提意見。

　　通向大躍進的道路打開了。

　　通向文化大革命的道路打開了。

　　九、對於這一場反右派鬥爭的評價，官方的說法是：這反右派鬥爭雖說是完全正確和必要的，不過也有缺點，缺點就是被嚴重的擴大化了，把一批知識份子、愛國人士和黨內幹部錯劃為「右派分子」，造成了不幸的後果。著眼點在錯劃了多少右派分子。如果僅僅著眼於誤傷了多少人，那麼，在反右派鬥爭之前，一九五一年的「三反」運動，一九五五年的肅反運

動，豈不同樣有嚴重的擴大化嗎？「三反」運動中，把被打為貪污犯的人稱為「老虎」，各個機關團體企業學校，在沒有任何調查線索的情況下，事先都被要求編制「打虎預算」，「三反」運動即據這種毫無根據的「預算」，把一大批無辜者打成貪污犯（即老虎），當年究竟打出了多少老虎，其中又打錯了多少，我沒有掌握具體數字，在印象中，錯案率很高，這是可以斷言的。肅反運動的情況是有數字的，前面已經引用過胡喬木寫的那篇社論宣佈，立案列入肅反對象的有一百四十餘萬人，肅錯的一百三十餘萬人，錯案率百分之九十四強。因此，可以說，三反也好，肅反也好，也無一不同反右派鬥爭一樣，是嚴重的擴大化了。所以，擴大化並不是反右派鬥爭獨有的缺點或者錯誤。那麼，反右派鬥爭有什麼不同於三反肅反這些運動的特點呢？顯而易見的一點是，三反肅反在運動行將結束之際都有一個複查程序，一隻老虎當他經過內查外調批鬥逼供之後，仍然無法證實他有貪污行為或政治歷史問題，他經過幾個月到一年左右的折騰之後，也就解脫了。而反右派鬥爭的這個複查程序，直到二十二年之後的一九七九年才姍姍來遲，這樣才有「多年受了委屈」一說。這還不是反右派鬥爭最重要的特色。更加重要的分別是：三反也好，肅反也好，不過是打擊人而已，並沒有同時進行大規模的思想批判，更談不上理論和路線的批判。而反右派鬥爭則不同，把一個人劃為右派分子加以打擊，通常是同批判他的思想、見解聯繫起來進行的。批判了些什麼呢？反了些什麼呢？書中已經舉出了若干有代表性的意見。當把這些有助於促進國家法治化和民主化建設的意見當作反動言論加以批判之後，事實上就只能從建設法治國家的目標後退了一大步。要總結歷史經驗，就要從這個角度來總結，而不要只著眼於打擊了多少人。

　　反右派鬥爭在歷史上所起的作用，還不能不指出的一點是，它中斷了中國共產黨第八次全國代表大會的路線。鄧小平在「十二大」開幕詞中說：「八大的路線是正確的。但是，由於當時黨對於全面建設社會主義的思想準備不足，八大提出的路線和許多正確意見沒有能夠在實踐中堅持下去。」坦率些說，這沒有堅持下去的原因就是因為發生了這一場反右派鬥爭。一九八七年鄧小平在同匈牙利的卡達爾的談話裡實際上說出了這個意思：「從一九五七年下半年開始，實際上違背了八大的路線」。對此，薄一波說得更加具體，他說：「八屆三中全會修改黨的八大關於我國主要矛盾的論斷，動搖了

八大路線的根基，從此開始了對八大路線的偏離，助長了『左』的指導思想的發展。」大家都知道，八屆三中全會是總結反右派鬥爭的會議，正是這次全會，把反右派鬥爭中的一些做法和提法，「提升」到「理論」和路線的高度。所以，要談反右派鬥爭在歷史上所起的作用，首先要談到這一點，談它改變了黨的八大路線。

還應該提到反右派鬥爭在敗壞社會道德方面所起的作用。阿諛奉承，說假話，做應聲蟲，出賣朋友，告密，落井下石這一些，受到鼓勵和獎賞；敢於直言，堅持信念，正義感，忠於友誼這一些，卻要受到打擊。這給社會風氣所造成的破壞其實是很大的。

就這樣，反右派鬥爭改變了中共八大的路線，進一步破壞了民主和法治，敗壞了社會道德，從而為文化大革命準備好了舞臺；還為它準備好了姚文元、關鋒等等幾個主要角色。而這一場文化大革命，可說是一場大大擴大了的反右派鬥爭。反右當中的「群眾創造」：大字報、大辯論，到了文化大革命中更是氾濫全國。當年右派分子攻擊的集權、特權等等這些東西更發展到登峰造極的地步。文化大革命宣佈要堅持、要保衛的那些論點，也正是反右派鬥爭宣佈要堅持要保衛的論點。只有一點不同：在反右派鬥爭中，任何一個共產黨員特別是領導幹部都是不能攻擊的，文化大革命中間，卻是可以去攻擊走資本主義道路的當權派了。大體上說，反右派鬥爭就是文化大革命的彩排。要總結反右派鬥爭就要這樣來總結。

在對一九五七年發生的這一事件作總結的時候，人們不應該只看上面說的這些令人心情無比沉重的事情。還應該看看當年右派分子說了些什麼，寫了些什麼。這些被錢理群稱做「不容抹煞的思想遺產」的，這些以它的作者以二十二年的受難為代價，有的甚至是以生命為代價而留下的遺產，經過時間之流的淘洗，是更加光彩奪目了。他們當年的願望和要求，有一些已經實現，有一些將要實現。有一部分，此刻還不具備實現的條件，我相信日後遲早會要實現的，我有這個信心。

附錄一 《1957年的夏季：從百家爭鳴到兩家爭鳴》*序／邵燕祥

　　史無前例的無產階級文化大革命，從一九六六年發動到一九七六年結束，長達十年之久。其間不止一次地宣告取得了重大勝利、取得了決定性的勝利，它也確實在一定的階段，部分地達到了某些既定的戰術目的，打倒了所要打倒的政敵；然而，歷史最後宣告它以總體的失敗告終。

　　那末，先它九年發動的轟轟烈烈的反右派鬥爭，是不是取得了如當時所說的「偉大勝利」呢？

　　在一九五七年下半年的運動中和一九五八年的反右「補課」中劃定的資產階級右派分子，據有關部門公佈的數字為五十三萬多人，有人說實際上大大超過此數。即以五十三萬來說，這個占了當時估計總數五百萬知識份子的十分之一的右派，作為反右派鬥爭的對象，經過批判、鬥爭、處分，已經趕出了歷史舞臺，分別到各種基層單位接受勞動教養、監督勞動或控制使用；他們受到政治上的孤立，在知識份子中間更不用說在工人農民面前，是「反面教員」，談不到什麼政治影響了。右派以外的廣大知識份子，也都按照運動部署，向黨「交心」，表白從此對黨全心全意，不是半心半意，更不是「兩條心」。在這個意義上，反右派鬥爭是勝利了。毛澤東當時就是這樣估計的：「在我國，一九五七年才在全國範圍內舉行一次最徹底的思想戰線上和政治戰線上的社會主義大革命，給資產階級反動思想以致命的打擊」，他說，「在這以前，這個歷史任務是沒有完成的。」

　　在完成了資本主義所有制的社會主義改造即經濟戰線上的社會主義革命，剝奪了資產階級以後，毛澤東認為必須有一個政治戰線上和思想戰線上的社會主義革命，來鞏固共產黨的領導權，這是既定的戰略方針。

---

* 　1998年河南版。

　　毛澤東一貫充分地認識到中國民族資產階級在經濟上、政治上的軟弱性。資本家們（甚至擴大到若干小業主）儘管未必情願，但還是在鑼鼓聲中交出自己的資產，接受贖買政策，迎接了「公方代表」。他們一般表現得聽話，守規矩。在國內，被認為還有資本同共產黨較量一下的，就剩下資產階級知識份子了，因為他們自恃有知識，而知識以及由此而來的思想政治影響是不能像浮財和生產資料那樣沒收的。這樣，知識界便成為政治戰線思想戰線上社會主義革命的主戰場。

　　反右派鬥爭，就是整個共產黨組織並主要依靠知識份子中的左派力量，起來革那些除左派以外的知識份子的命；當然，矛頭首先針對右派特別是其代表人物，但被叫作中間派的知識份子之同樣成為政治戰線思想戰線上社會主義革命的對象，是無庸置疑的。把中間派同右派加以某些區別，只是為了集中兵力打擊主要敵人所採取的分化瓦解敵人的政策和策略。

　　決策者對當時知識份子的政治狀況是怎樣估計的呢？

　　周恩來一九五六年一月在關於知識份子問題的報告中說：

> 在高級知識份子中間，積極擁護共產黨和人民政府、積極擁護社會主義、積極為人民服務的進步知識份子約占百分之四十左右；擁護共產黨和人民政府，一般能夠完成任務，但是在政治上不夠積極的中間分子也約占百分之四十左右；以上兩部分合占百分之八十左右。在這百分之八十以外，缺乏政治覺悟或者在思想上反對社會主義的落後分子約占百分之十幾，反革命分子和其他壞分子約占百分之幾。

　　周恩來在這裡所說的進步分子、中間分子、落後分子，都是屬於人民內部的範疇，不是敵我問題，其中的落後分子也還不等於反革命。

　　毛澤東在一九五七年春則拋棄了進步、中間、落後的概念，採用左中右的劃分。三月中旬，他在中共全國宣傳工作會議上指出，有一種頑固地要走資本主義路線，實際上是準備投降帝國主義、封建主義、官僚資本主義的人，「這種人在五百萬左右的人數中間，大約只占百分之一、二、三。絕大部分的知識份子，占五百萬總數的百分之九十以上的人，都是在各種不同的程度上擁護社會主義制度的。」到五月中旬他寫的《事情正在起變化》中，

對敵情的估計也向嚴重方面變化：「有社會上的左派、中間派和右派。社會上的中間派是大量的，他們大約占全體黨外知識份子的百分之七十左右，而左派大約占百分之二十左右，右派大約占百分之一、百分之三、百分之五到百分之十，依情況而不同。」

後來劃定五十三萬右派分子，占五百萬知識份子的十分之一，大約就是從這裡來的。

毛澤東在是否擁護共產黨、擁護社會主義兩條以外，又提出一個對待馬克思主義的態度的標準。他說：「五百萬左右的知識份子，如果拿他們對待馬克思主義的態度來看，似乎可以這樣說：大約有百分之十幾的人，包括共產黨員和黨外同情分子，是比較熟悉馬克思主義，並且站穩了腳跟，站穩了無產階級立場的。」這就是說，在大約占百分之二十左右的左派中間，除了百分之十幾的人比較熟悉馬克思主義，還有百分之幾的左派也許並不那麼熟悉馬克思主義。不過這不要緊，毛澤東在四十年代就曾指示：「在擔負主要領導責任的觀點上說，如果我們黨有一百個至二百個系統地而不是零碎地、實際地而不是空洞地學會了馬克思列寧主義的同志，就會大大地提高了我們黨的戰鬥力量。」中共八大（1956）時黨員總數是七大（1945）時的九倍，按比例增長，有一千個到兩千個真正學會了馬克思主義的黨的幹部就已經夠用。現在五百萬知識份子中有百分之十幾，也就是五六十萬、六七十萬以至七八十萬黨內外「比較熟悉馬克思主義」、「站穩了無產階級立場」的左派，難道還不足以掌握反右派鬥爭的發展，保證取得一個又一個戰役的勝利嗎？

正是在反右派鬥爭節節勝利的基礎上，毛澤東以「不斷革命」的思想把全黨全國推向一九五八年的大躍進。他在一九五八年三月中央成都會議上，說冒進是「馬克思主義的」，反冒進是「非馬克思主義的」，這已經是針對高層的不同意見的批評。而全國知識份子命運攸關的，則是他提出並在後來中共八大二次會議上被認可的關於「當前還存在著兩個剝削階級、兩個勞動階級」的思想：兩個勞動階級是工人、農民；兩個剝削階級，一個是帝國主義、封建主義、官僚資本主義的殘餘和資產階級右派，另一個是民族資產階級及其知識份子。看來資產階級右派屬於敵對勢力，資產階級及其知識份子屬於對抗性矛盾轉化為非對抗性矛盾，可以按照人民內部矛盾處理；那

些僥倖沒有劃歸右派的知識份子，也確定無疑地戴上了資產階級的帽子。從理論上說，這是不以經濟地位（是否有剝削，剝削量大小）、服務對象（是否為新政權服務），而以家庭出身、教育狀況和世界觀（是否已改造為無產階級的共產主義的世界觀，即是否接受並擁護馬克思列寧主義）作為劃分階級成份的根據，所謂世界觀則要進一步落實到現實政治態度－－是否無條件地擁護黨的每一項具體現行政策以至每一個具體的基層組織或黨員幹部。

在這樣的政治氣氛和人際關係中，知識界除了出現少數政治貴族以外，右派固然是政治賤民，廣大的一般知識份子被稱為中間派的也自然成了二等公民；就連左派中的許多人，不能因緣時會、見風轉舵、虛誇欺瞞的，也難免往往陷於困惑和惶恐中。

從一九五八年開始揭櫫的「三面紅旗」－－總路線、大躍進、人民公社經過一個短暫的狂熱期，導致了國民經濟的破壞，災鴻遍野。應該承認這是一次危及億萬人民生存的失敗。這個失敗同反右派鬥爭的偉大勝利，有沒有一些因果上的關聯呢？

隨著國內外形勢的發展，毛澤東自己從另一個角度否定了反右派鬥爭的勝利。他承認包括反右派鬥爭在內的各次政治運動都沒有「解決問題」。他要解決的依然是如他所說，把政權牢牢地掌握在馬克思主義者手裡的問題，堅持他認定的社會主義道路防止資本主義復辟的問題。因此他要發動無產階級文化大革命，後來說這樣的文化大革命還應該七、八年又來一次，不斷的搞下去。有人說反右派鬥爭是無產階級文化大革命的預演，我以為不如說是序幕。反右派以前黨與知識份子，黨與政治界、工商界、文化教育界、科學技術界、宗教界的關係中，逐漸積累了一些這樣那樣的矛盾，再加上國際國內許多因素（包括某些歷史偶然性）的影響，引起了一九五七年春夏之交「右派分子的猖狂進攻」，毛澤東及時地不失時機地發動反擊，實現了醞釀有年的「政治戰線思想戰線上的社會主義革命」。這場反右派鬥爭是歷次以資產階級知識份子為對象的政治運動（在兩次運動之間則是黨的政治工作）的狂飆式的繼續。毛澤東稱文化大革命實際上是一場「政治大革命」，那就不僅僅是反右派鬥爭的常態的繼續，而終於形成一場毀滅性的民族災難，直接株連的受害者達到一億人，還需要說因國民經濟瀕於崩潰而影響生計的更多的人們。知識份子問題不是文化大革命唯一的內容，但從「五‧一

六通知」的指向，缺口的打開，「破除四舊（舊思想、舊文化、舊風俗、舊習慣）」的倡導和實施，到實行對整個上層建築包括文化領域的專政，在在又都是知識份子首當其衝的。

如果認為無產階級文化大革命是一次失敗的實驗，如果認為毛澤東發動文革是要解決過去政治戰線思想戰線上沒有解決的問題，那末，強調反右派鬥爭當時的勝利是沒有意義的。從歷史的高度看，即使不說它如文革一樣是一次一時看來似乎勝利而長遠看來是事與願違的實驗，不說它給知識份子、給文化建設、給國家民族以至給中國共產黨導致一系列惡果，也應該指出，後來實踐證明，其發動者毛澤東也認為它沒有達到預期的目標，因此不能算作是勝利。

而如上所述，右派和廣大知識份子肯定是反右派鬥爭的失敗者。

然則，反右派鬥爭是一次沒有勝利者的鬥爭。

據說，毛澤東晚年曾向身邊工作人員申說過：歷史是由勝利者書寫的。

一次沒有勝利者的反右派鬥爭的歷史該由誰來寫呢？

我的湖南籍朋友，在劃為右派分子後長年從事重體力勞動，仍然堅持魯迅研究，卓然有成，進而染指現代史研究的朱正，毅然擔當了這項工程。他不以曾淪為失敗者而自餒，由春及秋，日夜相繼，孜孜矻矻，數易其稿；廣搜博覽，嚴格依據已經公開發表的資料，事事有來歷，句句有出處，力求在最大程度上讓歷史得以本來面目出現，這是真正史家的風格，學者的態度。

著者囑為序，我借此機緣談一點粗淺的體會，不成熟的看法，附隨宏篇，一起請各方面讀者教正。

邵燕祥　1993年12月26日

附錄二 《1957年的夏季：從百家爭鳴到兩家爭鳴》＊後記

　　這本書是一九九三年花了整整一年時間寫的。這以後的幾年裡，我又陸續把在書報中遇到的有關材料隨手增補進去。一九九六年有幾位中共黨史方面的專家教授看了這部稿子，即根據他們的意見作了一次修改，將他們指出欠妥之處悉數刪除。幾經周折，現在算是得到出版的機會，於是將近年所寫幾篇有關這一公案的文章附於卷末，供讀者參看。

　　寫作此書，我與其說像個著作家，不如說更像一個節目主持人。我把當年這些人物，不論被認為左派還是右派的，都一個一個請來，讓他們走到前臺，各自說各自的話。希望這樣能夠在一定程度上再現當年的場景。

　　在本書將要出版之際，我應該感謝許多朋友的幫助。從開始構思、收集資料、動手寫作、直到聯繫出版者，每一個環節都是朋友在幫忙。如果沒有朋友們的幫助，也就不會有這本書了。我將永遠銘記他們的友情。

　　我設想現在印出的只是個徵求意見本，希望讀者給我指出書中的錯誤和缺點。我想在數年之後能夠有一個補充修訂的機會，把一些現在未能用上的材料補進去。

一九九八年三月七日，朱正於北京旅次

＊　1998年河南版。

附錄三　《兩家爭鳴──反右派鬥爭》[*]
校後記

　　本書是一九九三年十二月脫稿的。聯繫出版卻很不順利。直到一九九八年稍加刪節之後，才在河南人民出版社以《1957年的夏季：從百家爭鳴到兩家爭鳴》的書名印了出來。不過，在這拖延的五年中，我也得以增補了一些新見到的材料。

　　現在諸位手中的這一本，卻是按初稿排印的。當初我將一份複印件付託給李南央女士，幾經周折，終於得到蘇紹智先生的鼎力幫忙，得到允晨文化公司接受，使這個臺北版得以問世。對於各位幫忙的女士和先生，我深深感謝。比起河南版來，沒有增補，也沒有刪節，算是保存了最初的原貌。利弊得失，讀者諸君自有評斷。

　　允晨公司楊家興先生的編輯工作做得很細心。為了減少錯誤，他將二校樣寄我看了一遍，我即趁機作了兩三處小的修改，改正原稿的錯誤。在校樣上當然不可能作更多的修改和增補。但願今後還有補過的機運。

二〇〇〇年八月二十二日　朱正于長沙

---

[*]　2001年臺北版。

附錄四　《反右派鬥爭始末》[*]序／邵燕祥

　　朱正兄這本寫「反右」的書將在香港出版，是一個「增訂本」。1998年河南版的問世，曾頗費周章，不得不作了若干刪節。1998年臺北版的優點，是保持了書稿的原貌。現在的香港版，在臺北版的基礎上，朱正補寫了〈大學風暴〉和〈為了法治〉兩章，刪去三篇附錄，又作了若干補充修訂，大約總計增加了十五萬字的篇幅；這裡不但彙入了一些原先未及用上的材料和新近發現的史料，更凝結著著者近年研究的心得，那往往是燭隱發微的點睛之筆！

　　「反右」云云，1957年當時稱為反右派鬥爭，後來也稱反右派運動，是1949年後針對知識份子的第一次規模最大、影響至深的群眾性「政治運動」，開其後造成民族大災難的文革之先河。為什麼叫反──右？不但境外海外的朋友未必能懂，因為「左」「右」之辨，以「中國特色」而不同於國際慣例；即使是大陸上的年輕人，也對此感到陌生，因為此間視「反右」與「文革」話題為忌諱，乖巧的人遂諱莫如深，緘口不言久矣。文革較近，大家還知道是「（無產階級）文化大革命」的簡稱，但亦往往不知其詳，尤其不知其內裡的根由和沒有公之於眾的來龍去脈。在我們三十歲以下的青少年中，已經出現了「不知有漢，無論魏晉」──不知文革，無論反右的一代。過去人說，「欲滅其國，先滅其史」，指的是不同民族間的事情，殊不知在本民族中，也會如法炮製，非為滅其國，乃欲愚其民也。廣義地說，一國一族之史，是歷史文化傳統及其文字與口傳的記錄；狹義地說，那史，就實指歷史首先是政治史的真相。而為了「隱惡揚善」，剝奪人們的歷史知情權，壟斷歷史的闡釋權，其封殺的作用也是相當於焚書坑儒的吧。

　　但歷史畢竟無法割斷。世世代代的統治者和被統治者，無論願意不願意，都必得接受歷史的遺產。在我們當代，也不例外。朱正在這本書裡所做

---

[*]　2004年香港版。

的工作，他的工作的意義，就是清點反右派鬥爭這筆歷史遺產，讓我們看清，哪些遺產是應該繼承的，哪些遺產是應該拒絕的。

1957年我還年輕，沉迷於寫詩，缺乏政治敏感，並沒有格外積極參與實際政治，再加上忙於業務工作，說來很難讓人置信，那一春一夏我幾乎沒有認真地看報，對「大鳴大放」階段的各種言論不甚了了；到我忽然發現自己也陷身滅頂之災時，只顧尋找自救的稻草，更不暇去補讀各樣的「右派言論」了。所以，我是直到20世紀90年代，才從朱正的書和其他一些書刊中正經接觸那些獲罪的文字和思想，那是幾近堙沒40年的了。

我是一個共產黨員——雖然1958年劃為右派分子就被開除，是1979年才在恢復名譽同時恢復黨籍的，——多年的思路總不免在黨的立場上為黨著想：如果1957年不搞一場反右派鬥爭，而是以現代政黨應有的風度，按照現代民主制度的慣例，為了加強執政的合法性合理性，對來自各民主黨派、各界大小知識份子包括黨政機關幹部和高校學生對黨組織特別是領導層所提的意見，認真聽取，好好消化，擇善而從，那末，不但可能避免黨與知識份子之間的斷裂，可以避免後來國內矛盾和黨內矛盾的激化，並且可以保證1956年黨的「八大」路線得以貫徹執行，把工作重點從階級鬥爭轉移到經濟建設上來，並加強集體領導，力避個人迷信，則今天國人的政治生活質量、經濟生活質量以至精神面貌、道德風尚都會大不相同。

歷史不容假設，這是人人皆知的常識。我要說的是，當年「大鳴大放」中揭示的問題和各方人士的批評意見，今天看來仍有現實針對性；不過許多舊日的「時弊」已成陳陳相因的積弊，需要從更根本處痛下針砭，才可望加以療救。尤其值得注意的是，那時不少在「言者無罪，聞者足戒」的許諾下發表的意見，不屬於淺層次的頭痛醫頭、腳痛醫腳，而富於思想含量，至今不失為改善以至改革國內政治方略和政治體制的思想資源，至少也可資參照吧。

是不是一次錯過，就永遠錯過？由於反右派鬥爭的毀滅性打擊，在其後二十年間，再也聽不到這樣的聲音。但這些記錄在案的「罪言」重現在我們面前時，並不像歷史博物館裡的陳列品，卻保鮮有如剛剛出爐；因為它是由「時弊」所激發，經過有眼光有感情有思想的頭腦所醞釀產生的，自然具有不可撲殺的生命力。這使我們回憶起當時的圍剿中，威權人士曾詭辯說，

「言者無罪」對這些言者不適用；幫腔者更加注腳，說擁護黨擁護社會主義的言者無罪，反黨反社會主義的言者則有罪云云：而怎樣判斷何者是擁護黨和社會主義，何者是反對黨和社會主義，有一條簡單的標準，在實際運用中得心應手，那就是，凡屬批評，即是反對，批評一個黨支部書記即是反對黨的領導，對一項具體的政策及其執行中的問題提出意見即是持不同政見，總之是心懷叵測，圖謀不軌，妄想分庭抗禮或篡黨奪權，要推翻「人民民主專政」。儘管你是按照中共整風指示出的題目，反對官僚主義、宗派主義、主觀主義這「三害」，但一句「以反對官僚主義……為名，實際上反對黨的領導和社會主義制度」，便可把你打翻。幾十萬「右派分子」就是這樣輕而易舉地「打」出來的。

在這以前，比如在五十年代初的知識份子思想改造運動中，在「忠誠老實學習」和肅反運動中，以至在「三反」「五反」運動中，對知識份子的政治觀點、學術觀點，階級出身、個人成份以至社會關係、經濟來源的審查，更早在解放區的整風、審幹，都早已出現了簡單粗暴的一套做法，但傾全黨全國之力發動的反右派鬥爭這一「政治思想戰線上的社會主義革命」，對「資產階級右派即反動派」實施了具有壓倒性的攻擊，這種簡單化，不合邏輯的邏輯推理，任意的武斷引申，「欲加之罪，何患無詞」乃達到了極致；對於被認為屬一般資產階級知識份子的「中間派」，他們同被召來參加不講理的「批判鬥爭」，看在眼裡，痛在心上，自然也收到了震懾之效。

反右派鬥爭的過程，就是在全黨全民面前樹立了一個黃牌，以不准批評為加強黨的地位和鞏固政權存續的惟一支點。其實這也確是「陽謀」。早在1949年7月，毛澤東就在《論人民民主專政》文中寫道：

> 「你們獨裁。」可愛的先生們，你們講對了，我們正是這樣。中國人民在幾十年中積累起來的一切經驗，都叫我們實行人民民主專政，或曰人民民主獨裁，總之是一樣，就是剝奪反動派的發言權，只讓人民有發言權。

在這篇文章和1957年〈關於正確處理人民內部矛盾的問題〉的講話中，毛澤東反復闡明了同樣的意思，即在「人民內部」實行民主，人民有言

論集會結社等自由權，而屏於「人民」外部的就是反動派，只許規規矩矩，不許亂說亂動，亦即對他們實行「專政」「獨裁」。不過，雖有各個不同時期因革命任務和革命對象不同而對「人民」階級構成的不同規定，但每一個體的人，是否屬於「人民內部」，則往往還須取決於當權者的判定。你以為你不屬於「帝國主義的走狗即地主階級和官僚資產階級以及代表這些階級的國民黨反動派及其幫兇們」，便順理成章是「人民」之一分子，天然地享有發言權即言論自由權，怎麼說也是「言者無罪」的了；但你的話不中聽，不入耳，不是歌功頌德，而是語含批評，好了，你是「以幫助黨整風為名向黨進攻」，你就是反黨反社會主義，大逆不道，狼子野心，是蔣介石的內應，復辟資本主義的先鋒，要讓全國人民吃二遍苦，受二茬罪，簡直罪不容誅。你還想混跡在人民中間？你已排除在人民之外，你是反黨反社會主義的右派即反動派，「人民大眾開心之日，就是反革命分子難受之時」，應該在政治上予以打擊、孤立，在組織上給予處分。你說你沒有觸犯刑律，那好，1957年反右派鬥爭高潮中創建的勞動教養制度，就是針對不受刑事處分的人，刑事處分可有刑期，勞動教養並不實行確定的期限，所謂「三年」之期可以一再延長，解除教養後還須留場就業。在實際執行中，許多1958年進入勞教場所的右派分子，是直到1979年甚至更晚才恢復人身自由的。

　　今天稍有現代政治和法治理念的人，或許會覺得發生在1957年前後的這些事為天大的荒唐，幾乎不可理解。其實親身體驗了此類「生活方式」的人們，遠遠不限於當年的「右派分子」們。因為在這裡，不像「公民」是具有法定的權利和義務的個體的人，「人民」則屬於政治範疇，是個群體的概念；而人民是要受共產黨領導的，理論上人民享有各樣的權利，以區別於「人民」以外的反動派：「選舉權，只給人民，不給反動派」，人民多麼榮幸啊！但像選舉權這樣的權利，是領導人民的黨「給」的，可以給你，也就可以不給，今天給你，明天也許收回了，不是嗎？因為不是法治，而是黨治，黨治也就是人治，首先是億萬人之上的「領袖」的人治，同時也可能在「大權獨攬，小權分散」的原則下，化為各級黨組織各級領導人的人治。魯迅曾說中國歷史上無非是兩種時代：一是做穩了奴隸的時代，一是欲做奴隸而不得的時代；然則在很長一個歷史時期內，大陸上普通的中國人，也無非欲做「人民」而不得，與暫時做穩了「人民」之別，為什麼說「暫時」？因

為政治氣候變化無常，誰也不知道會在什麼時候「攤上」無妄之災，從「人民的隊伍」劃出歸入「另冊」，然後不得不像戴了「右派分子」政治帽子的人一樣，要為「回到人民隊伍」來而拼命爭取。沒有「免於恐懼的自由」，哪能不「萬馬齊喑」？

人們回顧反右派鬥爭的歷史，每每驚異於掌權者說話不算話、翻臉不認人以及縱橫捭闔，玩弄權術，始而呼籲各界人士幫助黨整風，「知無不言，言無不盡」，言猶在耳，霍然變臉，把提意見的人通通視同敵對；從而扼腕曰：無信不立、大失人心！這樣的歎息是不錯的。從常理說，翻手為雲，覆手為雨，朝令夕改，食言自肥，是無以取信於民的。然而，這一切並不自反右始，只是1957年夏季的轉換過猛，反差太大。不少在反右中淪為階下囚的，曾在民主革命時期追隨過共產黨的主張，其時，中共和他們的領導人曾反復向全國人民正式做出許諾，勝利後要建立一個自由、民主的新中國，實行新民主主義憲政，以取代蔣介石國民黨標榜「一個主義，一個黨，一個領袖」的獨裁政權。然而曾幾何時，廢棄《共同綱領》，繼提前結束新民主主義階段之後，匆匆轉入社會主義革命，宣佈人民民主專政「即」無產階級專政；隨之在理論上和實踐上重蹈了前人的覆轍。在1955年至1956年「勝利實現了對農業、手工業和私營工商業的社會主義改造」，也就是通過生產資料交公的合作化實現了對農民和手工業者的剝奪，通過「公私合營」實現了對工商業者的剝奪；剩下的事情就是在1957年通過反右派鬥爭實現對知識份子的「政治資本」（指他們在科學技術文化教育和上層建築其他領域以知識、思想優勢而擁有的精神影響）的剝奪。其終極的目的，也就是要加強共產黨的絕對領導，鞏固「馬克思列寧主義」（實際上更多是史達林主義）的無可爭議的指導地位，在這兩者之上，則是到後來文革中才公然號召的「捍衛毛主席的領袖地位」，包括毛澤東思想，毛自稱「馬克思＋秦始皇」（也許應是「史達林＋秦始皇」，「總之是一樣」）的不容分享的權力和不可動搖的地位。讓全體知識份子，全體公職人員，全體共產黨員和全體人民，都成為「馴服工具」，一呼百應，不說「二話」，也就達到「統一思想」「統一行動」等「五個統一」了。

1980年代，中共認定毛澤東晚年犯有錯誤，對這一「左」的錯誤又認定從1957年算起，直至發動文革，以迄於1976年去世。1978年，時任中共中

央組織部部長的胡耀邦等，以「我不下油鍋，誰下油鍋」的氣概，打破惟毛澤東之命是聽的「兩個凡是」的設限，從事平反冤假錯案的艱苦工作，其中包括為幾十萬「右派分子」平反（出於某種原因，這些案件不叫平反，而叫「改正〔錯誤結論〕」）；這是以實際行動糾正毛澤東的晚年錯誤，此舉一時大大改善了黨的形象。嗣後不斷出現了所謂共產黨能夠「自己改正自己的錯誤」的宣傳，則是出於思維定勢所造的有欠明智的「輿論」，不免弄巧成拙──正是苦苦等待中共「自己」來改正錯誤，從1957到1978，用了不止二十年；如果不是毛澤東在1976年去世，又不是恰好有像胡耀邦這樣仁勇兼備的人身當其任，不知還要虛耗多少年（蘇聯共產黨也是「自己改正自己的錯誤」，為布哈林平反等了整整五十年）。何況不說還好，這樣誇口，反倒使人發問：自己改正自己的錯誤，很好，但改正得徹底嗎？官方的口徑是說，「反右派鬥爭是必要的，但是犯了擴大化的錯誤」云云，並為此在全國範圍留下了極少數人不予「改正」，在當時全國共討的所謂「頭面人物」中留下了章伯鈞、羅隆基、儲安平、彭文應、陳仁炳等5人，讓他們縱然身死也得戴著「右派帽子」，永世不得翻身；就算他們罪大惡極吧，由此5人而殃及官方數字承認的55萬人，卻名之曰「擴大化」，寧非玩笑？人們又不禁要問：文革中遭受迫害的所謂「走資本主義道路的當權派」，文革後平反，不但複職乃至升遷，還一律補發了原先扣發的工資；為什麼對「改正〔錯誤結論〕」的幾十萬「右派分子」在經濟上不予補償，據說只用一句「沒有錢」就打發了呢？為什麼對不同的受害群體採取雙重標準？而且，事情遠不止此，二十一年過去了（至今則是四十七年過去了），領導層無論集體或個人，從沒有誰就反右派鬥爭而向所謂「擴大化」的受害者作一句正式的道歉（連非正式的道歉也一句沒有），有的是力求箝制對反右派鬥爭的回憶和學術探討。凡此，是一個鄭重的黨應取的政治姿態嗎？向人民負責云乎哉？向歷史負責云乎哉？

雖然如此，不管怎麼說，黨的十一屆三中會結束了文革的亂局，倡導思想解放，在此前後，組織真理標準討論，平反冤假錯案（包括為第一次天安門事件平反），關於建國後黨的若干歷史問題做出決議，初步評說了毛澤東的功過，打破了對毛只能歌功頌德的不成文法，這些舉措都是功不可沒的。其功，在於面對幾十年的歷史遺產，有所抉擇，這不失為一個良好

的開端。可惜，一句「歷史問題宜粗不宜細」，就把反思歷史的好事半途打斷了。

　　然而，歷史是不能不面對的，歷史遺產是不能不有所繼承又有所擯棄的，問題是如何以理性的態度批判繼承，同時，對歷史的欠債有所承擔，這裡首先指的是政治債；在現代社會，賴賬不還就是誠信的破產。在清點歷史遺產，清償歷史債務的基礎上，才有真正向前看的希望。

　　　　　　　　　　　　邵燕祥　二〇〇四年七月二十日，北京

附錄五　《反右派鬥爭始末》[*]後記

　　這本書是一九九三年用了一整年時間寫成的，聯繫出版社卻花了好幾年時間。直到一九九八年五月才以《1957年的夏季：從百家爭鳴到兩家爭鳴》的書名在鄭州河南人民出版社出版。二零零一年一月，又以《兩家爭鳴——反右派鬥爭》的書名在臺北出版。臺北版出得晚，可是它是按照初稿付印的。脫稿幾年後我不斷作的一些增補和修改都沒有在這一個版本中得到反映。這些在河南版中是得到反映了的，不過，令人洩氣的是，它是經過刪節之後才得以出版的。我曾經想出一個香港版，有幾位老友出力幫我聯繫，都沒有成功。現在承蒙潘耀明先生不棄，願意將它收入明報出版社所出的」二十一世紀文庫」，使我宿願得償，在我既是幸事也是快事。當年程千帆教授看了那個刪節的河南本之後表示，希望能夠像孫盛的《晉陽秋》一樣，別存一個「遼東本」。現在我的「遼東本」就要出來，而程千帆教授不能分享我的快樂了，真是悲哀的事。

　　我看到過一些評論，有贊同我的意見的，也有批評的。贊同者給我以鼓勵，我很感謝，這裡就不去說它了。批評的意見呢，有一些是無法回答也無須回答的，所謂道不同不相為謀是也。但是李慎之先生的批評我是很重視的。二〇〇一年四月十五日他致胡績偉信，後來加上〈對反右派鬥爭史實的一點補充〉這標題，編入自印本《李慎之文集》之中，其中有一段說：

> 幾年前出版的，頗得好評的朱正的《1957年的夏季：從百家爭鳴到兩家爭鳴》就認為毛本來是好心好意地號召鳴放，沒有料到右派分子如此倡狂，他才不得不反擊。這是我完全不能同意的。我所以在一九九七年寫《毛主席是什麼時候決定引蛇出洞的？》實際上是對朱正的反駁。（上冊，第196頁）

---

[*]　2004年香港版。

　　我為河南本「結束語」增寫了第五條，就是回答這個意見的。李先生去世之後，我發表了《君子和而不同》紀念李先生，其中說：

　　當然，我也能夠理解，李先生的這種看法，是基於他對毛的基本評價。就這一點來說，他當然是對的，我也完全贊同他的這個評價。一個講誠信的政治家，剛剛信誓旦旦地宣佈」言者無罪」，怎麼能夠一下子就改口說「『言者無罪』對他們不適用」呢？根據他自己說過的「社會實踐及其效果是檢驗主觀願望或動機的標準」，人們豈不是有足夠多的理由來懷疑他原先的動機究竟有多少善意嗎？不過我以為這同他有時也想作一點改善形象的努力並不是不相容的。（《隨筆》2003年第5期）

　　這一段寫在紀念文章裡的話，當然無法就正於李先生了。現在只好聽憑讀者的評判了。

　　　　　　　　　　　　二〇〇四年六月四日　朱正於北京

右派人名索引（下冊）

2劃

丁玲
頁37，72，73，74，75，76，77，78，
79，80，83，84，88，90，91，125，
126，231，324，357，362。

丁景才
頁230，310。

丁鈞
頁304。

丁聰
頁117，118，407。

3劃

于一川
頁305。

于友
頁25。

于振鵬
頁197，414。

于純仁
頁274。

于學忠
頁367。

4劃

尹宜公
頁304。

尹瘦石
頁117。

仇開明
頁304，305。

尤在
頁30。

戈衍棣
頁30。

戈揚
頁126。

文燕
頁109。

方子藩
頁364。

方正儒
頁402。

毛光書
頁292，293。

毛健吾
頁30，31。

毛應星
頁387。

毛嘯岑
頁364。

王中
頁42，49，50，51。

王天一
頁61。

王天錫
頁362。

王少桐
頁25，26。

王文
頁311，312，389。

王仕
頁217，218。

王永梭
頁374。

王立中
頁206，209。

王匡時
頁374。

王伯勳
頁331，332。

王卓如
頁307，308，369。

王飛
頁71。

王恒守
頁23，364。

王倫堂
頁211。

王海亭
頁369。

王浩
頁302。

王曼碩
頁369。

王國松
頁362。

王堅
頁304。

王寄一
頁373。

王造時
頁17，27，39，255，364，411。

王雪濤
頁115，369。

王復羊
頁117。

王斐然
頁201，414。

王景超
頁374，401，402，403。

王善玲
頁310。

王重民
頁414。

王新林
頁379。

王新潮
頁305。

王葆真
頁301，302。

王夢周
頁302。

王漢華
頁65。

王福慶
頁381。

王蒙
頁355，415。

王懷安
頁209，210，211。

王影
頁299。

王遜
頁116。

王毅齋
頁251，362。

王譚
頁71，309。

王諍
頁306，307。

王賢才
頁154，155。

王銳
頁381。

王翰
頁205，206，319。

王鏡如
頁302，303，304。

王鐵崖
頁197，198，414。

5劃

丘克輝
頁69。

丘林
頁25。

田世英
頁63，64，65。

田雨翔／田潤霖
頁230。

田保生
頁198，384，403。

由靜林
頁386。

白施恩
頁369。

白朗
頁88，123，125。

白起／白景豐
頁330。

白雲峰
頁334。

白樺
頁324，326，418。

石天愛
頁402。

石文華
頁30。

石青
頁299。

石揮
頁230。

6劃

任大熊
頁387。

全一毛
頁10。

向達
頁183，369，414。

向德
頁248，362。

安汝濤
頁207。

朱正
頁433，434，435，436，444。

朱正洪
頁211。

朱守忠
頁386。

朱位誠
頁333。

朱君允
頁362。

朱沛人
頁30，31。

朱純
頁51。

朱啟平
頁30。

朱啟賢
頁279。

朱偰
頁184。

朱樂秋
頁215。

朱鎔基
頁312，415。

朱耀堂
頁205。

江平（法學家）
頁200，201。

江平（版畫家）
頁333。

江澤埔
頁69。

江豐
頁89，90，91，115，116，117，314，
362。

江顯良
頁22。

牟宜之
頁285，286。

艾炎
頁324。

艾青
頁72，79，80，88，97，98，99，
100，125。

艾煊
頁122。

7劃

何孔德
頁324。

何成鈞
頁290。

何家棟
頁62。

何浩正
頁304。

何健生
頁330。

何善周
頁369。

何載
頁311，312。

何壽亭
頁126。

何燕明
頁116。

何禮
頁230。

余日宣
頁364。

余悅
頁30。

余榮富
頁333。

余建民
頁299。

余寶笙
頁280。

吳一鏗
頁33。

吳之伯
頁304。

吳文濤
頁71。

吳文藻
頁159，160，161，364，369。

吳占一
頁324，325。

吳永良
頁30，46。

吳承禧
頁364。

吳厚福
頁151。

吳思慧
頁387，392。

吳重翰
頁199。

吳家麟
頁195，197。

吳祖光
頁102，103，105，106，107，108，
117，407。

吳茵
頁369。

吳清卓
頁334，335。

吳景超
頁157，158，159，161，169，173，
174，175，176，407，411。

吳開斌
頁236。

吳傳頤
頁197。

吳銳
頁335。

吳藝五
頁364，369，389。

吳鐸
頁306。

呂克熙
頁294。

呂恩誼
頁333。

呂起超
頁211。

呂華民
頁304。

呂劍
頁70。

宋雲彬
頁16，102，183，184，251，258，
262，362，372，373。

宋黎
頁306，307。

束星北
頁62，140，141，142，143，145，
146，147。

李又然
頁73，74，88，125。

李千峰
頁71。

李小峰
頁66，67，364。

李之璉
頁73，77，80，89，204。

李士豪
頁362。

李中秀
頁211，212，213。

李文傑
頁156。

李世農
頁205，297，298，299，300，301，
306，309，319，378。

李伯球
頁108，251，361，362，373。

李克鴻
頁369。

李均服
頁211，212，213。

李宗津
頁116。

李宗恩
頁138，151。

李庚
頁59，313，314。

李易
頁69。

李明科
頁218。

李長恭
頁51。

李金聲
頁113。

李湘若
頁299。

李凌
頁329。

李俊成
頁215，217。

李俊龍
頁361，373。

李春仁
頁304。

李述禮
頁369。

李泰華
頁267。

李健生
頁231，405，406，407。

李國文
頁095。

李國機
頁27。

李康
頁48，241，374。

李康年
頁48，241。

李清泉
頁125。

李景漢
頁158，159，161，173，174，407，
408。

李琢庵
頁362。

李紫翔
頁369。

李雲河
頁294。

李慎之
頁51，53，54，443，444。

李萬春
頁108。

李義
頁218。

李暢
頁109。

李賡序
頁65。

李銳
頁298，300，301。

李興華
頁125。

李濱聲
頁117。

李濤
頁306。

杜光
頁230，311。

杜存訓
頁301，302。

杜汝楫
頁197。

杜秉仁
頁334。

杜者蘅
頁306。

杜紹宇
頁402。

杜運燮
頁100，101。

杜黎均
頁125。

杜邁之
頁51。

沙文漢
頁28，262，294，295，296，297，
306，309，319，362，418。

沈力成
頁333。

沈元
頁387，389，390，391，392，403。

沈巧珍
頁386。

沈同衡
頁36，117。

沈志遠
頁361，362，364，369，371，372，
411，426。

沈啟无
頁414。

沈俊
頁217，218。

沈迪克／談談
頁398。

沈慧儒
頁369。

沈默君
頁324，326。

沈蘇斐
頁333。

汪子美
頁374。

汪光模
頁218。

汪曾祺
頁403，404。

8劃

和鳳鳴
頁374，401，402。

武百祥
頁369。

孜牙‧賽買提
頁305。

阿不列孜‧卡里
頁306。

阿不都熱依木‧艾沙
頁306。

阿‧賽德
頁306。

周宏達
頁379。

周志成
頁62。

周勃
頁94。

周北屏
頁143。

周清澤
頁319。

周祥千
頁294。

周萼芬
頁152。

周福慶
頁319，364。

周穎
頁258，354，373。

孟昭英
頁414。

季音
頁39，40，286，287。

尚明
頁284，285。

屈白宇
頁109。

招麥漢
頁229。

林孔湘
頁369。

林吉強
頁156。

林安乾
頁385。

林希翎／程海果
頁59，96，309，311，312。

林里
頁38，305。

林里夫
頁167。

林昭／彭令昭
頁387，388，389，397，403。

林傳鼎
頁414。

林朗
頁11，287，288。

林楚君
頁199。

林漢達
頁278，362，369。

林鋼
頁39。

邵燕祥
頁44，418，429，433，436，442。

金志雄
頁385。

金芝軒
頁369。

金寶善
頁151，152，373，414。

依不拉音吐爾的
頁306。

9劃

侯敏澤
頁125。

侯開潮
頁215。

俞林
頁125。

俞鍾駱
頁197，199。

姜慶湘
頁364。

姚平
頁59。

姚順甫
頁362。

姚雪垠
頁405。

宦邦顯
頁10。

彥涵
頁117，369。

柳湜
頁7，276，277，278，279，280，281，
282，283。

柳溪
頁76。

洪克
頁32。

洪卓民
頁379。

流沙河
頁18，314。

胡元民
頁285。

胡平
頁385。

胡甲年
頁333。

胡明
頁69，385。

胡芷芸
頁404。

胡宣哲
頁294。

胡思杜
頁231。

范日新
頁152。

范四夫
頁42，71。

范明
頁333，334，335。

范愛侍
頁319。

范澄川
頁369。

范樸齋
頁238。

苗復生
頁369。

10劃

倪鶴笙
頁369。

凌伶
頁65。

凌其翰
頁384，385。

唐因
頁125。

唐祈
頁70，100，101。

唐湜
頁100，101。

唐嗣陶
頁274。

唐達成
頁125。

唐蔭蓀
頁51。

夏高陽
頁364。

夏鳴
頁283，381。

孫大雨
頁39，227，364。

孫功炎
頁65。

孫正
頁70。

孫念增
頁414。

孫作賓
頁291，305，306。

孫家琇
頁109。

孫章祿
頁262，295，306，418。

孫斯鳴
頁364。

孫殿才
頁291，305，306，369。

孫毓棠
頁168，169，170。

徐孔
頁335。

徐文蘭
頁30。

徐永壽
頁328，329。

徐仲年
頁39。

徐光耀
頁126，324，325。

徐江萍
頁302。

徐廷敏
頁109。

徐步
頁109。

徐保衡
頁64，65。

徐盈
頁30，309，310。

徐梅芬
頁30。

徐毓枬
頁161。

徐福蓮
頁402。

徐誦明
頁373。

徐燕蓀
頁115。

徐懋庸／回春／弗先
頁84，086，087，102。

徐鍾師
頁228。

徐泰雷
頁211。

徐鑄成
頁5，6，7，8，9，10，11，12，13，
15，16，18，19，21，22，42，49，55，
68，310，362，369，370，371，372，
411，418，426。

晏道剛
頁369。

殷毅
頁25。

浦熙修
頁8，16，17，18，19，20，21，42，
49，55，60，72，231，237，310，
369，372，406，411。

秦兆陽／何直
頁72，091，094，095，121，125。

秦傳家
頁330。

耿伯釗
頁231。

袁子揚
頁307。

袁可嘉
頁100，101。

袁永熙
頁262，288，289，349，403。

袁皓
頁211。

袁毓明
頁30，55。

袁翰青
頁362，369，418。

袁鑒
頁215。

馬克昌
頁221。

馬松亭
頁317。

馬非百
頁185，186。

馬品芳
頁369。

馬哲民
頁251，361，362，411。

馬敏行
頁125。

馬冰山
頁273，274，275，276。

馬煥仁
頁211，213，214。

馬賢成
頁143。

馬雲鳳
頁361，386，403。

馬震武
頁318。

馬濟川
頁305。

馬鴻模
頁310。

馬懷珍
頁218。

高元
頁315，316。

高光
頁71，125。

高光啟
頁125。

高汾
頁30。

高慶琛
頁319。

高曉聲
頁118，121，122。

高糧
頁33。

高覺敷
頁186，276，276，369。

11劃

崔以軍
頁333。

崔敬伯
頁373。

張天麟
頁414。

張元勳
頁388。

張友松
頁112，113，114。

張月
頁278。

張百生
頁222，223，224，225，226。

張志和
頁407，408。

張岱年
頁177，414。

張東木
頁249，362。

張松如／公木
頁88，89，126。

張思之
頁201。

張紀明
頁43。

張烈
頁306。

張強華
頁393，398。

張孟聞
頁364。

張熙才
頁299。

張雪岩
頁369。

張景中
頁148。

張景雯
頁304。

張雲川
頁251，362，411。

張軫
頁331，362。

張慈中
頁70。

張鳳珠
頁126。

張豐
頁333。

張權
頁110，111。

曹又參
頁305。

曹辛之
頁70，100，101。

曹銘
頁30。

梁大均
頁291，306。

梁克忠
頁305。

梁建一
頁206，207。

梁家
頁304，305。

梁楓
頁334。

梅汝愷
頁118，121，122。

梅汝璈
頁200。

梅煥藻
頁22。

畢鳴岐
頁251，361，362，411。

習平
頁40。

莫如儉
頁45，48。

莫桂新
頁110，111。

莫樸
頁115，117。

莊方
頁71。

莊維石
頁113。

許思園
頁143。

許漢青
頁335。

許君遠
頁67，68。

許良英
頁141，147，416，417，418。

許傑
頁364。

連瑞琦
頁364，369。

連闊如
頁369。

郭士毅
頁307。

郭道暉
頁191，192，194，288，289，290，393。

郭翹然
頁361。

陳仲
頁299。

陳模
頁71，221，315。

陳子谷
頁286。

陳子明
頁281。

陳子展
頁364，369。

陳仁炳
頁39，361，364，411，441。

陳仁剛
頁298，299。

陳公倬
頁198。

陳友松
頁279。

陳友偉
頁230，310。

陳占祥
頁150，151。

陳守達
頁211。

陳仲華
頁311。

陳企霞
頁72，73，74，76，77，80，88，125，126，324，325。

陳再勵
頁302，306。

陳成義
頁291，305，306。

陳勝榮
頁211。

陳伯鴻
頁34。

陳沂
頁322，323，324，325，332。

陳奉孝
頁387，389，393。

陳季伯
頁304。

陳明
頁125。

陳明昭
頁369。

陳修良
頁294，295，297，418。

陳振漢
頁161，165，166，167。

陳挺
頁327，328，329。

陳新民
頁369。

陳新桂
頁151，419。

陳裕新
頁183。

陳達
頁158，159，173，174，206，207，
414。

陳達之
頁206，207。

陳電如
頁275。

陳椿年
頁118，121，122。

陳夢家
頁184，185。

陳歌辛
頁111。

陳爾康
頁64，65。

陳銘德
頁46，47，369，406，408。

陳銘樞
頁250，251，361，362，367，411。

陳潤康
頁44。

陳學昭
頁418。

陳學詩
頁394。

陳豐鎬
頁364。

陳耀祖
頁148。

陳體強
頁197，198。

陸侃如
頁362，369。

陸為公
頁305。

陸晶清
頁369。

陸欽范
頁173，174，175。

陸詒
頁32，42，55，68，255。

陶大鏞
頁369，407，411。

章乃器
頁48，83，171，240，241，243，248，
250，251，254，255，258，271，278，
357，361，362，363，383，384，411。

章士揚
頁70。

章有義
頁168，170，171。

章伯鈞
頁14，15，20，22，23，25，48，66，
69，108，133，151，185，231，240，
241，243，245，246，247，248，250，
251，252，254，255，258，279，316，
336，357，361，362，363，367，405，
406，407，409，411，412，441。

章錫琛
頁66，69。

華攬洪
頁150，151。

12劃

覃漢川
頁364。

傅作恭
頁374。

傅振倫
頁185，186。

傅雷
頁16，111，112，116，384，403。

傅種孫
頁280。

單于越
頁30。

喬傳珏
頁362。

堯登佛
頁109。

曾肯成
頁418。

曾昭掄
頁130，133，134，138，139，140，
250，281，361，362，411。

曾彥修
頁55，56，57，58，60，70，71，
370，380，418。

曾庶凡
頁362。

曾華
頁118，121。

湯飛凡
頁152，153，154。

湯浩
頁125。

程士范
頁362。

程千帆
頁443。

程星齡
頁332。

程應銓
頁385。

童駿
頁332。

舒蕪／尉遲葵／方管
頁69，356。

費孝通
頁59，60，133，136，140，158，159，
161，168，169，173，174，176，240，
251，361，362，364，369，372，384，
406，411，412，418。

費振東
頁362，369。

賀生高
頁201，414。

賀祥麟
頁277。

賀詠增
頁385。

馮元春
頁395，396，397。

馮亦代
頁69，71，405，406，407，408，409，
410。

馮雪峰
頁37，72，81，82，83，84，85，86，
87，88，90，91，356，362，378，
379。

馮儁民
頁30。

黃立眾
頁387，392，393。

黃沙
頁126。

黃宗奇
頁387，388。

黃明慧
頁280。

黃苗子
頁117，407。

黃振旅
頁222，224，225。

黃現璠
頁362。

黃紹竑
頁188，204，206，216，240，250，
251，361，362，373，376，411。

黃琪翔
頁251，252，253，361，362，369，
411。

黃源
頁85。

黃源洛
頁333。

黃萬里
頁418。

黃嘉音
頁10，67，68，386。

黃裳
頁10。

黃憲章
頁369。

黃操良
頁36，37，38，230。

黃藥眠
頁139，251，361，362，411。

萬枚子
頁373。

萬福恩
頁369。

彭一湖
頁241，411。

彭子岡
頁30，42，59，60，70，231。

彭文應
頁39，238，361，364，411。

彭瑞林
頁262，294，295，306。

彭達
頁206，207。

13劃

楊子恒
頁248，251，362。

楊玉清
頁197。

楊兆龍
頁39，190，191，192，194。

楊同喜
頁220，221。

楊延修
頁364。

楊明
頁217，218。

楊思一
頁28，262，294，295，297，306，
362。

楊昌郁
頁211。

楊剛
頁36，37，230。

楊效椿
頁297，298，300。

楊犁
頁126。

楊逸棠
頁362。

楊路
頁148。

楊賡
頁61，230，310。

楊曙
頁304。

楊覺
頁125，379。

楊蔭溥
頁364。

溫濟澤
頁42，43，44。

葉恭綽
頁183，369。

葉啟芳
頁199，369。

葉盛長
頁108。

葉喜縈布
頁369。

葉篤義
頁248，251，253，254，361，362，
373，406。

葛佩琦
頁172，267，332，349，361。

董任堅
頁364。

董守義
頁369。

董安國
頁303，304。

董每戡
頁199。

董時光
頁374。

董渭川
頁362，373。

董樂山
頁407。

董學隆
頁313。

董鴻恩
頁319。

裴祖源
頁369。

裴純堅
頁333。

詹安泰
頁199。

詹武
頁283，284，285，381。

賈超
頁335。

賈潘
頁192，204，205，207，208。

鄒震
頁42，46，47。

鄒源琳
頁143。

鄒曉青
頁43。

雷天覺
頁362，369。

雷海宗
頁172，178，179，181，182，183，
361。

廉英
頁211。

齊仲桓
頁152，154。

新鳳霞
頁102，108。

14劃

端木正
頁199，200。

寧嘉風
頁161。

廖冰兄
頁117。

廖原
頁302。

廖賢金
頁211。

廖華揚
頁280。

廖經天
頁286，287，288。

廖聯原
頁302。

榮孟源
頁183。

趙文璧
頁238。

趙沛
頁292。

趙英達
頁30。

趙恩源
頁30。

趙振亞
頁318，319。

趙森林
頁109。

趙琪
頁45，46。

趙節
頁45。

趙銘彝
頁364。

厲無咎
頁369。

15劃

劉王立明
頁20，231，373，407，411。

劉世彩
頁109。

劉永
頁207。

劉光華
頁20。

劉光興
頁218。

劉地生／劉錦
頁226，227。

劉守強
頁116。

劉旭
頁381。

劉秀臣
頁218，219，220。

劉奇弟
頁393。

劉思職
頁414。

劉洪濤
頁301，302，306。

劉重
頁59。

劉時平
頁39。

劉海粟
頁116。

劉耿直／公劉
頁324，325。

劉恩啟
頁211。

劉健
頁55。

劉國正
頁64。

劉淑珍
頁64，65。

劉盛亞
頁374。

劉雪庵
頁110。

劉惠之
頁206，208，209。

劉敬坤
頁40。

劉瑤章
頁330，331，369。

劉賓雁
頁34，36，42，62，72，95，96，97，
228，229，230，313，416，417，418。

劉鳳翔
頁397，398，403。

劉增羽
頁313。

劉毅
頁271，272，273。

劉餘生
頁291，305。

劉曉晞
頁40，385。

劉衡
頁38，378。

劉龍光
頁69。

劉齡九
頁319。

劉遵憲
頁143。

樓邦彥
頁197，198，199。

樊斌
頁324。

歐百川
頁362。

潘久維
頁215，216。

潘大逵
頁25，26，238，252，361。

潘文彬
頁25，26。

潘光旦
頁161，169，177，361，369，372，406。

潘序倫
頁364。

潘作新
頁143。

潘鍔鏱
頁248，362。

蔣元椿
頁36，40，42。

蔣如莅
頁39。

蔣維泓
頁393，394。

蔣養毅
頁398，403。

蔡鐵根
頁329。

衛水山
頁70。

鄭介農
頁386，394，395。

鄭可
頁116。

鄭白濤
頁46，47，48。

鄭立齋
頁362。

鄭昌壬
頁51。

鄭思遠
頁381。

鄭笑楓
頁25。

鄭敦
頁302，303，304，305，306。

鄧季惺
頁46，373，407。

魯明健
頁206。

黎辛
頁37，81，83，084，124，126，127，412。

16劃

盧天裕
頁281。

盧芷芬
頁65，66。

盧盛法
頁126。

錢孫卿
頁251，361，362。

錢偉長
頁130，133，134，138，140，155，198，231，290，357，361，362，373，411，418，422。

錢敏齊
頁44。

錢統綱
頁25。

錢端升
頁197，198，199，205，361，362，384，385，407，414。

駱明
頁302，369。

17劃

蕭也牧／吳小武
頁398，399，400，401，403。

蕭風
頁30。

蕭乾
頁36，69，125。

蕭魯
頁310。

蕭離
頁30。

龍在田／龍志霍
頁65。

龍榆生
頁364。

龍雲
頁240，243，244，245，246，250，251，361，362，367，411。

儲安平
頁5，22，23，24，25，42，43，47，48，49，55，60，151，168，171，228，240，241，250，251，253，258，270，273，310，332，333，362，407，411，420，421。

戴天慶
頁113。

戴岳
頁299。

戴浩天
頁293，294。

戴涯
頁109。

戴煌
頁373，374，411。

薛映輝
頁364。

薛愚
頁151，362，369，414。

薛毅
頁268，270，271，272。

謝光
頁211。

謝昕
頁277。

謝家榮
頁149，150，369。

謝雪紅
頁316，362，411。

謝學錦
頁149。

謝懷拭
頁195，196，197。

鍾叔河
頁51。

鍾惦棐／朱煮竹
頁17，72，73，418。

鍾期偉
頁199。

鍾敬文
頁280。

韓兆鶚
頁251，361，362。

韓洪昌
頁294。

韓逸雲
頁25。

韓贏洲
頁211，214，215。

鮮英／鮮特生
頁247，257。

18劃

叢維熙
頁227，228。

瞿增偉
頁304。

聶國屏
頁319。

聶紺弩
頁354。

藍翎／楊建中
頁36，38，81，230。

藍鈺
頁55，60，61，70。

魏光鄴
頁218，303。

鄺平章
頁364。

19劃

譚天榮
頁59，309。

譚志清
頁362，369。

譚惕吾
頁188，197，204，231，251，361，362，373，376，407，408。

繳濟東
頁211。

20劃

龐薰琹
頁115。

嚴文傑
頁266，267。

嚴仲強
頁425。

蘇先勤
頁369。

蘇軍
頁243，244，245，374。

21劃

顧文選
頁387，389。

顧守熙
頁364。

顧准
頁171，172，173，372，373。

顧國權
頁30。

顧執中
頁47，48，68，255，362，424，425。

顧學頡
頁69。

22劃

羅三都
頁313。

羅仙洲
頁125。

羅志如
頁161。

羅青
頁414。

羅家衡
頁364。

羅烽
頁72，79，80，88，123，125。

羅舒群
頁402。

羅隆基
頁14，15，17，18，19，20，21，169，185，237，238，240，241，243，245，246，247，248，250，251，252，254，255，258，357，361，362，363，367，406，408，411，412，422。

羅筱元
頁369。

羅翼群
頁231，232，233，234，235，236，237。

23劃

龔子榮
頁381。

龔定國
頁332，333。

右派人名索引（上下冊）

2劃

丁則良
上冊頁429。

丁玲
上冊頁186，443；下冊頁37，72，73，74，75，76，77，78，79，80，83，84，88，90，91，125，126，231，324，357，362。

丁景才
上冊頁355；下冊頁230，310。

丁鈞
下冊頁304。

丁聰
下冊頁117，118，407。

丁寶泉
上冊頁355。

3劃

凡凡
上冊頁239。

于一川
下冊頁305。

于友
下冊頁25。

于振鵬
下冊頁197，414。

于振瀛
上冊頁283。

于純仁
下冊頁274。

于學忠
下冊頁367。

4劃

尹宜公
下冊頁304。

尹瘦石
下冊頁117。

仇開明
下冊頁304，305。

孔繁緒
上冊頁445。

尤在
下冊頁30。

戈衍棣
下冊頁30。

戈揚
下冊頁126。

文燕
下冊頁109。

方子藩
下冊頁364。

方正儒
下冊頁402。

毛光書
下冊頁292，293。

毛健吾
下冊頁30，031。

毛應星
下冊頁387。

毛嘯岑
下冊頁364。

王一帆
上冊頁165，356。

王一鳴
上冊頁399。

王又庸
上冊頁277。

王子仁
上冊頁399。

王中
下冊頁42，49，50，51。

王天一
下冊頁61。

王天錫
下冊頁362。

王少桐
下冊頁25，26。

王文
下冊頁311，312，389。

王文光
上冊頁355。

王仕
下冊頁217，218。

王永梭
下冊頁374。

王立中
下冊頁206，209。

王匡時
下冊頁374。

王伯勳
下冊頁331，332。

王卓如
下冊頁307，308，369。

王枕心
上冊頁117，277，305。

王秋心
上冊頁355。

王飛
下冊頁71。

王恒守
下冊頁23，364。

王倫堂
頁211。

王書瑤
上冊頁241。

王海亭
下冊頁369。

王浩
下冊頁302。

王曼碩
下冊頁369。

王國松
下冊頁362。

王國鄉
上冊頁240，294。

王堅
下冊頁304。

王寄一
上冊頁341，294，356；下冊頁373。

王捷三
上冊頁429，436。

王造時
上冊頁29，257，258，259，355，375，
377，429；下冊頁17，27，39，255，
364，411。

王雪濤
下冊頁115，369。

王尊一
上冊頁313。

王復羊
下冊頁117。

王斐然
下冊頁201，414。

王景超
下冊頁374，401，402，403。

王善玲
下冊頁310。

王重民
下冊頁414。

王新林
下冊頁379。

王新潮
下冊頁305。

王葆真
下冊頁301，302。

王夢周
下冊頁302。

王漢華
下冊頁65。

王福慶
下冊頁381。

王蒙
上冊頁49，50，96，102，107，111，
112，117，187，319，437；下冊頁355，
415。

王遜
下冊頁116。

王德全
上冊頁343，345。

王德周
上冊頁416。

王懷安
下冊頁209，210，211。

王影
下冊頁299。

王毅齋
上冊頁355；下冊頁251，362。

王譚
下冊頁71，309。

王靜
下冊頁306，307。

王賢才
下冊頁154，155。

王銳
下冊頁381。

王翰
下冊頁205，206，319。

王鍾翰
上冊頁429。

王鏡如
下冊頁302，303，304。

王鐵崖
上冊頁429；下冊頁197，198，414。

5劃

丘克輝
上冊頁356；下冊頁69。

丘林
下冊頁25。

包子衍
上冊頁442，443。

田世英
下冊頁63，64，65。

田雨翔／田潤霖
上冊頁355；下冊頁230。

田保生
下冊頁198，384，403。

由靜林
下冊頁386。

白施恩
下冊頁369。

白朗
下冊頁88，123，125。

白起／白景豐
下冊頁330。

白雲峰
下冊頁334。

白樺
下冊頁324，326，418。

皮名舉
上冊頁429。

石天愛
下冊頁402。

石文華
下冊頁30。

石青
下冊頁299。

石揮
上冊頁131；下冊頁230。

6劃

任大熊
下冊頁387。

全一毛
下冊頁10。

向法宜
上冊頁355。

向達
上冊頁429；下冊頁183，369，414。

向德
上冊頁400；下冊頁248，362。

安汝濤
下冊頁207。

朱世正
上冊頁343，344，345。

朱正
上冊頁5；下冊頁434，435，444。

朱正洪
下冊頁211。

朱裕璧
上冊頁157，158。

朱守忠
下冊頁386。

朱位誠
下冊頁333。

朱君允
上冊頁429；下冊頁362。

朱沛人
下冊頁30，31。

朱純
下冊頁51。

朱啟平
下冊頁30。

朱啟賢
上冊頁262，263，429；下冊頁279。

朱偰
下冊頁184。

朱樂秋
下冊頁215。

朱鎔基
下冊頁312，415。

朱耀堂
下冊頁205。

江文
上冊頁239。

江平（法學家）
下冊頁200，201。

江平（版畫家）
下冊頁333。

江澤塤
下冊頁69。

江豐
上冊頁130；下冊頁89，90，91，115，
116，117，314，362。

江顯良
下冊頁22。

牟宜之
下冊頁285，286。

艾炎
下冊頁324。

艾青
上冊頁443；下冊頁72，79，80，88，
97，98，99，100，125。

艾煊
下冊頁122。

7劃

何孔德
下冊頁324。

何廷福
上冊頁216。

何成鈞
下冊頁290。

何家棟
下冊頁62。

何浩正
下冊頁304。

何健生
下冊頁330。

何紹甲
上冊頁402。

何善周
下冊頁369。

何載
下冊頁311，312。

何壽亭
下冊頁126。

何燕明
下冊頁116。

何禮
下冊頁230。

余日宣
下冊頁364。

余悅
下冊頁30。

余榮富
下冊頁333。

余毅忠
上冊頁242。

余建民
下冊頁299。

余寶笙
下冊頁280。

吳一鏗
下冊頁33。

吳之伯
下冊頁304。

吳文暉
上冊頁403。

吳文濤
下冊頁71。

吳文藻
上冊頁118，426；下冊頁159，160，161，364，369。

吳占一
下冊頁324，325。

吳永良
下冊頁30，46。

吳承禧
下冊頁364。

吳奔星
上冊頁429。

吳金粹
上冊頁359，369，371，372，373，390，399。

吳厚福
下冊頁151。

吳思慧
下冊頁387，392。

吳研因
上冊頁198，199。

吳紹澍
上冊頁356。

吳重翰
上冊頁260；下冊頁199。

吳家麟
上冊頁416；下冊頁195，197。

吳祖光
下冊頁102，103，105，106，107，108，117，407。

吳茵
上冊頁259，355；下冊頁369。

吳清卓
下冊頁334，335。

吳景超
上冊頁273，277，332，335，401，407，416，423，424，425，426，428；下冊頁157，158，159，161，169，173，174，175，176，407，411。

吳開斌
上冊頁243，244，下冊頁236。

吳雲生
上冊頁242。

吳傳頤
下冊頁197。

吳銳
下冊頁335。

吳藝五
下冊頁364，369，389。

吳鐸
下冊頁306。

呂小薇
上冊頁355。

呂克熙
下冊頁294。

呂恩誼
下冊頁333。

呂起超
下冊頁211。

呂華民
下冊頁304。

呂劍
下冊頁70。

呂濤
上冊頁445。

宋雲彬
上冊頁175，355；下冊頁16，102，183，
184，251，258，262，362，372，373。

宋賈彬
上冊頁355。

宋黎
下冊頁306，307。

岑超南
上冊頁241。

巫寧坤
上冊頁438，439。

束星北
下冊頁62，140，141，142，143，
145，146，147。

李又然
下冊頁73，74，88，125。

李千峰
下冊頁71。

李小峰
下冊頁66，67，364。

李之璉
下冊頁73，77，80，89，204。

李士豪
下冊頁362。

李中秀
下冊頁211，212，213。

李文傑
下冊頁156。

李世農
下冊頁205，297，298，299，300，301，
306，309，319，378。

李世軍
上冊頁282，283。

李白鳳
上冊頁429。

李仲平
上冊頁360，399。

李旭旦
上冊頁429。

李伯球
上冊頁166，277，281，287，337；下冊頁108，251，361，362，373。

李克鴻
下冊頁369。

李酉山
上冊頁407。

李其家
上冊頁441。

李均服
下冊頁211，212，213。

李宗津
下冊頁116。

李宗恩
下冊頁138，151。

李庚
下冊頁59，313，314。

李易
下冊頁69。

李明科
下冊頁218。

李長恭
下冊頁51。

李金聲
下冊頁113。

李湘若
下冊頁299。

李凌
下冊頁329。

李俊成
下冊頁215，217。

李俊龍
上冊頁283，284，286，287，302；下冊頁361，373。

李春仁
下冊頁304。

李述中
上冊頁331。

李述禮
下冊頁369。

李泰華
下冊頁267。

李慕白
上冊頁160。

李梅
上冊頁161。

李健生
上冊頁340；下冊頁231，405，406，407。

李國文
下冊頁095。

李國機
下冊頁27。

李康
下冊頁48，241，374。

李康年
上冊頁359，363，364，365，366，367，368，373，386，389，390，392，393，400；下冊頁48，241。

李清泉
下冊頁125。

李景漢
上冊頁264，416，425，426，428；下冊頁158，159，161，173，174，407，408。

李琢庵
下冊頁362。

李紫翔
下冊頁369。

李眙萍
上冊頁355。

李雲河
下冊頁294。

李慎之
上冊頁53；下冊頁51，53，54，443。

李萬春
下冊頁108。

李義
下冊頁218。

李暢
下冊頁109。

李毅
上冊頁192，194。

李慶序
下冊頁65。

李銳
下冊頁298，300，301。

李興華
下冊頁125。

李濱聲
下冊頁117。

李濤
下冊頁306。

杜光
下冊頁230，311。

杜存訓
下冊頁301，302。

杜汝楫
下冊頁197。

杜秉仁
下冊頁334。

杜者蘅
下冊頁306。

杜紹宇
下冊頁402。

杜運燮
下冊頁100，101。

杜黎均
下冊頁125。

杜邁之
上冊頁307，355；下冊頁51。

沙文漢
上冊頁199；下冊頁28，262，294，295，296，297，306，309，319，362，418。

沈九如
上冊頁399。

沈力成
下冊333頁。

沈三多
上冊頁440。

沈元
下冊頁387，389，390，391，392，403。

沈巧珍
下冊頁386。

沈同衡
下冊頁36，117。

沈志遠
上冊頁254，255，355，378；下冊頁
361，362，364，369，371，372，411，
426。

沈啟无
下冊頁414。

沈俊
下冊頁217，218。

沈迪克／談談
上冊頁212；下冊頁398。

沈慧儒
下冊頁369。

沈澤宜
上冊頁208，235。

沈默君
下冊頁324，326。

沈蘇斐
下冊頁333。

汪士楷／汪澤楷
上冊頁429。

汪子美
下冊頁374。

汪光模
下冊頁218。

汪同祖
上冊頁416。

汪君良
上冊頁399。

汪曾祺
下冊頁403，404。

車重遠
上冊頁369。

8劃

和鳳鳴
下冊頁374，401，402。

武兆發
上冊頁439。

武百祥
下冊頁369。

武思光
上冊頁331。

阿不列孜・卡里
下冊頁306。

阿不都熱依木・艾沙
下冊頁306。

阿・賽德
下冊頁306。

孜牙・賽買提
下冊頁305。

周大覺／談論
上冊頁213，230，231。

周宏達
下冊頁379。

周志成
下冊頁62。

周勃
下冊頁094。

周北屏
下冊頁143。

周清澤
下冊頁319。

周祥千
下冊頁294。

周蕚芬
下冊頁152。

周福慶
下冊頁319，364。

周穎
上冊頁252，254；下冊頁258，354，373。

周鐸
上冊頁222，223，224，274。

孟昭英
下冊頁414。

孟氧
上冊頁426，427，428。

季音
下冊頁39，40，286，287。

宗慕渝
上冊頁441。

尚明
下冊頁284，285。

屈白宇
下冊頁109。

招麥漢
下冊頁229。

林孔湘
上冊頁402；下冊頁369。

林吉強
下冊頁156。

林安乾
下冊頁385。

林希翎／程海果
上冊頁218，221，231，232，240，291，416，428，441，442；下冊頁59，96，309，311，312。

林里
下冊頁38，305。

林里夫
下冊頁167。

林昭／彭令昭
下冊頁387，388，389，397，403。

林傳鼎
下冊頁414。

林朗
下冊頁11，287，288。

林楚君
上冊頁259，260下冊頁199。

林煥平
上冊頁429。

林漢達
上冊頁191，192；下冊頁278，362，369。

林鋼
下冊頁39。

邵燕祥
下冊頁44，418，429，433，436，442。

金志雄
下冊頁385。

金芝軒
上冊頁175；下冊頁369。

金開誠
上冊頁439。

金寶善
下冊頁151，152，373，414。

依不拉音吐爾的
下冊頁306。

9劃

侯大乾
上冊頁407，416。

侯敏澤
下冊頁125。

侯開潮
下冊頁215。

俞林
下冊頁125。

俞敏
上冊頁429。

俞鍾駱
下冊頁197，199。

姜震中
上冊頁355。

姜慶湘
下冊頁364。

姚平
下冊頁59。

姚順甫
下冊頁362。

姚雪垠
下冊頁405。

姚博
上冊頁355。

姚奠中
上冊頁265。

宦邦顯
下冊頁10。

彥涵
下冊頁117，369。

施蟄存
上冊頁429。

柳城
上冊頁355。

柳湜
下冊頁7，276，277，278，279，280，
281，282，283。

柳溪
下冊頁76。

洪克
下冊頁32。

洪卓民
下冊頁379。

流沙河
上冊頁99，113，319；下冊頁18，314。

胡山源
上冊頁429。

胡元民
下冊頁285。

胡平
下冊頁385。

胡甲年
下冊頁333。

胡明
下冊頁69、385。

胡芷芸
下冊頁404。

胡宣哲
下冊頁294。

胡思杜
下冊頁231。

胡蒂子
上冊頁436。

胡齡
上冊頁355。

胡慶照
上冊頁360。

范日新
下冊頁152。

范四夫
下冊頁42，71。

范明
下冊頁333，334，335。

范愛侍
下冊頁319。

范澄川
下冊頁369。

范樸齋
上冊頁342，346，355；下冊頁238。

范濂
上冊頁355。

苗復生
下冊頁369。

10劃

倪鶴笙
下冊頁369。

凌伶
下冊頁65。

凌其翰
下冊頁384，385。

唐因
下冊頁125。

唐祈
下冊頁70，100，101。

唐湜
下冊頁100，101。

唐嗣陶
下冊頁274。

唐達成
下冊頁125。

唐蔭蓀
下冊頁51。

夏高陽
下冊頁364。

夏鳴
下冊頁283，381。

孫大雨
上冊頁74，75，355，401；下冊頁39，227，364。

孫功炎
下冊頁65。

孫正
下冊頁70。

孫念增
下冊頁414。

孫作賓
下冊頁291，305，306。

孫承佩
上冊頁303。

孫家琇
下冊頁109。

孫斯鳴
下冊頁364。

孫章祿
下冊頁262，295，306，418。

孫殿才
下冊頁291，305，306，369。

孫毓棠
下冊頁168，169，170。

徐中玉
上冊頁429，434，435。

徐孔
下冊頁335。

徐文蘭
下冊頁30。

徐永壽
下冊頁328，329。

徐仲年
上冊頁315，316；下冊頁39。

徐光耀
下冊頁126，324，325。

徐江萍
下冊頁302。

徐廷敏
下冊頁109。

徐步
下冊頁109。

徐保衡
下冊頁64，65。

徐盈
下冊頁30，309，310。

徐梅芬
下冊頁30。

徐楚波
上冊頁199。

徐毓枬
下冊頁161。

徐福蓮
下冊頁402。

徐誦明
下冊頁373。

徐璋本
上冊頁263，264，416。

徐燕蓀
下冊頁115。

徐懋庸／回春／弗先
上冊頁403，429，430，433；下冊頁
84，086，087，102。

徐鍾師
下冊頁228。

徐霞村
上冊頁429。

徐泰雷
下冊頁211，214。

徐鑄成
上冊頁106，107，120，123，186，325，
379，380，391；下冊頁5，6，7，8，9，
10，11，12，13，15，16，18，19，21，
22，42，49，55，68，310，362，369，
370，371，372，411，418，426。

時榮章
上冊頁223，224。

晏道剛
下冊頁369。

殷毅
上冊頁119，202；下冊頁25。

浦熙修
下冊頁8，16，17，18，19，20，21，
42，49，55，60，72，231，237，310，
369，372，406，411。

秦兆陽／何直
上冊頁103；下冊頁72，91，94，95，
121，125。

秦傳家
下冊頁330。

耿伯釗
下冊頁231。

袁子揚
下冊頁307。

袁可嘉
下冊頁100，101。

袁永熙
下冊頁262，288，289，349，403。

袁皓
下冊頁211。

袁軼群
上冊頁441。

袁毓明
下冊頁30，55。

袁熙鑒
上冊頁399。

袁翰青
上冊頁287；下冊頁362，369，418。

袁鑒
下冊頁215。

郝士英
上冊頁355。

馬克昌
下冊頁221。

馬松亭
下冊頁317。

馬非百
下冊頁185，186。

馬品芳
下冊頁369。

馬哲民
上冊頁304，316，348，349，352，354，
355；下冊頁251，361，362，411。

馬春霖
上冊頁359。

馬敏行
下冊頁125。

馬冰山
下冊頁273，274，275，276。

馬賢成
下冊頁143。

馬煥仁
下冊頁211，213，214。

馬雲鳳
上冊頁94，319；下冊頁361，386，403。

馬震武
下冊頁318。

馬濟川
下冊頁305。

馬鴻模
下冊頁310。

馬懷珍
下冊頁218。

高元
下冊頁315，316。

高方
上冊頁397，398，399，400。

高光
下冊頁71，125。

高光啟
下冊頁125。

高汾
下冊頁30。

高振聲
上冊頁363，399。

高健
上冊頁265。

高慶琛
下冊頁319。

高鞏白
上冊頁261。

高曉聲
下冊頁118，121，122。

高糧
下冊頁33。

高覺敷
下冊頁186，276，286，369。

11劃

崔以軍
下冊頁333。

崔敬伯
下冊頁373。

康心如
上冊頁399。

康德
上冊頁94，127。

張士心
上冊頁399。

張元勳
上冊頁208，232；下冊頁388。

張天麟
下冊頁414。

張友松
下冊頁112，113，114。

張月
下冊頁278。

張百生
上冊頁309；下冊頁222，223，224，
225，226。

張志和
上冊頁18，83，118，342，343，346，
347。

下冊頁407，408。

張俊仁
上冊頁161。

張志武
上冊頁300。

張國英
上冊頁360。

張岱年
下冊頁177，414。

張東木
下冊頁249，362。

張東野
上冊頁399。

張松如／公木
下冊頁88，89，126。

張松濤
上冊頁342，344，345，346。

張思之
下冊頁201。

張紀明
下冊頁43。

張烈
下冊頁306。

張強華
上冊頁423；下冊頁393，398。

張孟聞
下冊頁364。

張熙才
下冊頁299。

張雪岩
下冊頁369。

張景中
上冊頁233，289；下冊頁148。

張景雯
下冊頁304。

張善瑞
上冊頁399。

張雲川
上冊頁197，278，303，306；下冊頁
251，362，411。

張軫
上冊頁331，332；下冊頁331，362。

張慈中
下冊頁70。

張煥堯
上冊頁399。

張運鏗
上冊頁355。

張鳳珠
下冊頁126。

張錫錕
上冊頁239，241。

張靜吾
上冊頁355。

張默生
上冊頁429。

張豐
下冊頁333。

張權
下冊頁110，111。

戚學毅
下冊頁229，230，231。

啟功
上冊頁429。

曹又參
下冊頁305。

曹辛之
下冊頁70，100，101。

曹達夫／老山
上冊頁416。

曹銘
下冊頁30。

梁大均
下冊頁291，306。

梁克忠
下冊頁305。

梁建一
下冊頁206，207。

梁家
下冊頁304，305。

梁楓
下冊頁334。

梅汝愷
下冊頁118，121，122。

梅汝璈
下冊頁200。

梅煥藻
下冊頁22。

梅嶺先
上冊頁399。

畢鳴岐
上冊頁365，386，390，392，393，399；
下冊頁251，361，362，411。

習平
下冊頁40。

莫如儉
下冊頁45，48。

莫桂新
下冊頁110，111。

莫樸
上冊頁130；下冊頁115，117。

莊方
下冊頁71。

莊維石
下冊頁113。

許漢三
上冊頁395，400。

許思園
下冊頁143。

許漢青
下冊頁335。

許君遠
上冊頁120；下冊頁67，68。

許良英
下冊頁141，147，416，417，418。

許傑
下冊頁364。

連瑞琦
下冊頁364，369。

連闊如
下冊頁369。

郭士毅
下冊頁307。

郭道暉
下冊頁191，192，194，288，289，290，
393。

郭翹然
下冊頁361。

陳仲
下冊頁299。

陳秋帆
上冊頁429。

陳敏之
上冊頁355。

陳愛文
上冊頁228，229，230，238。

陳銓
上冊頁438。

陳模
下冊頁71，221，315。

陳子谷
下冊頁286。

陳子明
下冊頁281。

陳子展
上冊頁429；下冊頁364，369。

陳仁炳
上冊頁75，258，259，355，429。

下冊頁39，361，364，411，441。

陳仁剛
下冊頁298，299。

陳公倬
下冊頁198。

陳友松
下冊頁279。

陳友偉
下冊頁230，310。

陳占祥
下冊頁150，151。

陳守達
下冊頁211。

陳仲華
下冊頁311。

陳企霞
下冊頁72，73，74，76，77，125，126，324，325。

陳勝榮
下冊頁211。

陳再勵
下冊頁302，306。

陳成義
下冊頁291，305，306。

陳伯鴻
下冊頁34。

陳沂
下冊頁322，323，324，325，332。

陳奉孝
下冊頁387，389，393。

陳季伯
下冊頁304。

陳明
下冊頁125。

陳明昭
下冊頁369。

陳修良
下冊頁294，295，297，418。

陳振漢
下冊頁161，165，166，167。

陳挺
下冊頁327，328，329。

陳新民
上冊頁307。

下冊頁369。

陳新桂
上冊頁303，304，307，335，355；下
冊頁151，419。

陳裕新
下冊頁183。

陳達
上冊頁118。

下冊頁158，159，173，174，206，
207，414。

陳達之
下冊頁206，207。

陳電如
下冊頁275。

陳椿年
下冊頁118，121，122。

陳夢家
下冊頁184，185。

陳歌辛
下冊頁111。

陳爾康
下冊頁64，65。

陳銘德
上冊頁118，250，305；下冊頁46，47，
369，406，408。

陳銘樞
上冊頁37，154，155，156，162，167，
170，171，176，247，282，283；下冊
頁250，251，361，362，367，411。

陳潤康
下冊頁44。

陳學昭
下冊頁418。

陳學詩
下冊頁394。

陳豐鎬
下冊頁364。

陳耀祖
下冊頁148。

陳體強
下冊頁197，198。

陸侃如
下冊頁362，369。

陸為公
下冊頁305。

陸晶清
下冊頁369。

陸欽范
下冊頁173，174，175。

陸詒
上冊頁75，355；下冊頁32，42，55，
68，255。

陶大鏞
上冊頁273，274，275，277，335，355，
401，405，406，407；下冊頁369，407，
411。

章乃器
上冊頁50，75，91，94，95，146，162，
186，192，193，197，203，246，247，
251，304，307，324，357，373，374，
375，376，377，378，379，385，386，
387，388，389，390，391，392，393，
394，395，396，397，400；下冊頁48，

83，171，240，241，243，248，250，
251，254，255，258，271，278，357，
361，362，363，383，384，411。

章士揚
下冊頁70。

章有義
下冊頁168，170，171。

章伯鈞
上冊頁22，23，25，26，28，29，34，
75，118，120，124，147，161，180，
181，188，189，190，191，197，203，
237，246，248，273，274，275，276，
277，278，279，280，281，286，287，
293，303，305，306，324，327，328，
329，330，331，334，335，336，337，
338，339，340，341，342，344，349，
355，373，377，396，401，404，405，
406，407，424，435，444；下冊頁14，
15，20，22，23，25，48，66，69，
108，133，151，185，231，240，241，
243，245，246，247，248，250，251，
252，254，255，258，279，316，336，
357，361，362，363，367，405，406，
407，409，411，412，441。

章錫琛
下冊頁66，69。

華攬洪
下冊頁150，151。

12劃

覃漢川
下冊頁364。

傅作恭
下冊頁374。

傅振倫
下冊頁185，186。

傅雷
上冊頁50，114，115，120，256，325；
下冊頁16，111，112，116，384，403。

傅種孫
上冊頁267；下冊頁280。

傅築夫
上冊頁429。

傅璿琮
上冊頁439。

單于越
下冊頁30。

喬幼梅
上冊頁442。

喬傳珏
上冊頁175；下冊頁362。

堯登佛
下冊頁109。

曾肯成
下冊頁418。

曾昭掄
上冊頁165，273，274，275，277，335，
355，401；下冊頁130，133，134，138，
139，140，250，281，361，362，411。

曾彥修
下冊頁55，56，57，58，60，70，71，
370，380，420。

曾庶凡
下冊頁362。

曾華
下冊頁118，121。

湯飛凡
下冊頁152，153，154。

湯浩
下冊頁125。

程士范
下冊頁362。

程千帆
上冊頁3，157，158，429，430，431，
432，433；下冊頁443。

程星齡
下冊頁332。

程應銓
下冊頁385。

童駿
下冊頁332。

舒蕪／尉遲葵／方管
上冊頁3，4，80，434；下冊頁69，
356。

費孝通
上冊頁15，46，47，120，123，137，
273，274，275，276，277，287，303，
304，332，335，336，338，355，401，
407，426；下冊頁59，60，133，136，
140，158，159，161，168，169，173，
174，176，240，251，361，362，364，
384，369，372，406，411，412，418。

費振東
下冊頁362，369。

賀生高
下冊頁201，414。

賀安
上冊頁416。

賀祥麟
下冊頁277。

賀詠增
下冊頁385。

雲應霖
上冊頁331。

馮元春
下冊頁395，396，397。

馮亦代
下冊頁69，71，405，406，407，408，
409，410。

馮雪峰
上冊頁186，443；下冊頁37，72，81，
82，83，84，85，86，87，88，90，91，
356，362，378，379。

馮儁民
下冊頁30。

黃一龍
上冊頁227，228。

黃元吉
上冊頁399。

黃心平
上冊頁260。

黃立眾
下冊頁387，392，393。

黃沙
下冊頁126。

黃宗奇
下冊頁387，388。

黃明慧
下冊頁280。

黃苗子
下冊頁117，407。

黃英士
上冊頁399。

黃振旅
上冊頁309；下冊頁222，224，225。

黃現璠
上冊頁429；下冊頁362。

黃紹竑
下冊頁188，204，206，216，240，250，251，361，362，373，376，411。

黃琪翔
上冊頁163，277，281，287；下冊頁251，252，253，361，362，369，411。

黃源
下冊頁85。

黃源洛
下冊頁333。

黃萬里
上冊頁266，267，308；下冊頁418。

黃嘉音
下冊頁10，67，70。

黃裳
下冊頁10。

黃憲章
下冊頁369。

黃操良
上冊頁132；下冊頁36，37，38，230。

黃藥眠
上冊頁273，276，277，334，335，338，355，401，407，429；下冊頁139，251，361，362，411。

黃繼忠
上冊頁224，269。

萬枚子
上冊頁284，285，286，287；下冊頁373。

萬福恩
下冊頁369。

彭一湖
上冊頁91，399；下冊頁241，411。

彭子岡
下冊頁30，42，59，60，70，231。

彭文應
上冊頁75，259，355；下冊頁39，238，361，364，411。

彭瑞林
下冊頁262，294，295，306。

彭達
下冊頁206，207。

彭慧
上冊頁429，437。

彭聲漢
上冊頁260。

13劃

楊乃秀
上冊頁355。

楊子恒
上冊頁277，331，336，355；下冊頁248，251，362。

楊玉清
上冊頁264，265；下冊頁197。

楊兆龍
下冊頁39，190，191，192，194。

楊同喜
下冊頁220，221。

楊伯峻
上冊頁429。

楊克成
上冊頁399。

楊延修
上冊頁83；下冊頁364。

楊明
下冊頁217，218。

楊思一
下冊頁28，262，294，295，297，
306，362。

楊昌郁
頁211。

楊為民
上冊頁441。

楊剛
上冊頁120；下冊頁36，37，230。

楊效椿
下冊頁297，298，300。

楊時展
上冊頁271，272。

楊犁
下冊頁126。

楊逸棠
上冊頁287，356；下冊頁362。

楊路
上冊頁232，235，289，296；下冊頁
148。

楊肇燫
上冊頁303。

楊賡
下冊頁61，230，310。

楊曙
下冊頁304。

楊覺
下冊頁125，379。

楊蔭溥
下冊頁364。

溫濟澤
下冊頁42，43，44。

群學
上冊頁240。

葉于洼
上冊頁232，240，294。

葉恭綽
下冊頁183，369。

葉啟芳
下冊頁199，369。

葉盛長
下冊頁108。

葉喜縈布
下冊頁369。

葉篤義
上冊頁22，26，35，36，154，175，
194，277，328，337，355；下冊頁248，
251，253，254，361，362，373，406。

葛佩琦
上冊頁83，291，307，411，416，417，
418，419，421，422，423，428；下冊頁
172，267，332，349，361。

葛蘭生
上冊頁399。

董少臣
上冊頁359，368，369，373，390，
400。

董任堅
下冊頁364。

董守義
下冊頁369。

董安國
下冊頁303，304。

董每戡
上冊頁259，260，403，429，435，
436；下冊頁199。

董時光
上冊頁263；下冊頁374。

董渭川
上冊頁11，14；下冊頁362，373。

董樂山
下冊頁407。

董學隆
下冊頁313。

董鴻恩
下冊頁319。

裘祖源
下冊頁369。

裘純堅
下冊頁333。

詹安泰
上冊頁259，260，429；下冊頁199。

詹武
下冊頁283，284，285，381。

賈超
下冊頁335。

賈潛
下冊頁192，204，205，207，208。

鄒震
下冊頁42，46，47。

鄒源琳
下冊頁143。

鄒曉青
下冊頁43。

雷天覺
下冊頁362，369。

雷海宗
上冊頁120，235，236，429，438；下
冊頁172，178，179，181，182，183，
361。

雷敢
上冊頁429。

楮斌傑
上冊頁439，440。

褚聖麟
上冊頁407。

廉英
頁211。

齊心
上冊頁399。

齊仲桓
下冊頁152，154。

新鳳霞
下冊頁102，108。

14劃

端木正
下冊頁199，200。

壽墨卿
上冊頁362，400。

寧嘉風
下冊頁161。

廖冰兄
下冊頁117。

廖青雲
上冊頁355。

廖原
下冊頁302。

廖賢金
頁211。

廖華揚
下冊頁280。

廖經天
下冊頁286，287，288。

廖聯原
下冊頁302。

榮子正
上冊頁373，399。

榮孟源
下冊頁183。

漆裕元
上冊頁355。

裴斐
上冊頁439。

趙一明
上冊頁355。

趙文璧
下冊頁238。

趙沛
下冊頁292。

趙承信
上冊頁426。

趙英達
下冊頁30。

趙恩源
下冊頁30。

趙振亞
下冊頁318，319。

趙森林
下冊頁109。

趙琪
下冊頁45，46。

趙節
下冊頁45。

趙儷生
上冊頁429。

趙銘彝
下冊頁364。

厲無咎
下冊頁369。

15劃

劉一峰
上冊頁399。

劉九峰
上冊頁355。

劉不同
上冊頁265。

劉王立明
上冊頁328；下冊頁20，231，373，407，411。

劉世彩
下冊頁109。

劉永
下冊頁207。

劉光華
下冊頁20。

劉光興
下冊頁218。

劉地生／劉錦
上冊頁270，308；下冊頁226，227。

劉守強
下冊頁116。

劉旭
下冊頁381。

劉秀臣
下冊頁218，219，220。

劉奇弟
上冊頁211，218，232，234，235，289；
下冊頁393。

劉宗寬
上冊頁331，332。

劉洪鈞
上冊頁242。

劉思職
下冊頁414。

劉洪濤
下冊頁301，302，306。

劉重
下冊頁59。

劉時平
下冊頁39。

劉海粟
下冊頁116。

劉耿直／公劉
下冊頁325。

劉恩啟
下冊頁211。

劉健
下冊頁55。

劉國正
下冊頁64。

劉淑珍
下冊頁64，65。

劉盛亞
上冊頁429；下冊頁374。

劉雪庵
下冊頁110。

劉惠之
下冊頁206，208，209。

劉棟業
上冊頁399。

劉敬坤
上冊頁270；下冊頁40。

劉群
上冊頁439。

劉瑤章
下冊頁330，331，369。

劉賓雁
下冊頁34，36，42，62，72，95，96，
97，228，229，230，313，416，417，
418。

劉鳳翔
下冊頁397，398，403。

劉增羽
下冊頁313。

劉毅
下冊頁271，272，273。

劉餘生
下冊頁291，305。

劉曉晞
下冊頁40，385。

劉德培
上冊頁161。

劉衡
下冊頁38，378。

劉龍光
下冊頁69。

劉齡九
下冊頁319。

劉遵憲
下冊頁143。

樓邦彥
上冊頁120；下冊頁197，198，199。

樊光
上冊頁355。

樊斌
下冊頁324。

樂黛雲
上冊頁439。

歐百川
下冊頁362。

潘久維
下冊頁215，216。

潘大逵
上冊頁338，342，346，355；下冊頁25，26，238，252，361。

潘文彬
上冊頁225；下冊頁25，026。

潘世茲
上冊頁438。

潘光旦
上冊頁120，332，355；下冊頁161，169，177，361，369，372，406。

潘序倫
下冊頁364。

潘作新
下冊頁143。

潘震滄
上冊頁441。

潘鍔鐄
下冊頁248，362。

蔣元榗
下冊頁36，40，42。

蔣如莖
下冊頁39。

蔣維泓
上冊頁242；下冊頁393，394。

蔣養毅
下冊頁398，403。

蔣興仁
上冊頁238。

蔣錫金
上冊頁429。

蔡鐵根
下冊頁329。

衛水山
下冊頁70。

鄭介農
下冊頁386，394，395。

鄭可
下冊頁116。

鄭白濤
下冊頁46，47，48。

鄭立齋
下冊頁362。

鄭昌壬
下冊頁51。

鄭思遠
下冊頁381。

鄭柏齡
上冊頁444。

鄭笑楓
下冊頁25。

鄭敦
下冊頁302，303，304，305，306。

鄧季惺
上冊頁364；下冊頁46，373，407。

魯明健
下冊頁206。

黎辛
下冊頁37，81，83，084，124，126，127，412。

穆木天
上冊頁429，437。

16劃

盧天裕
下冊頁281。

盧芷芬
下冊頁65，66。

盧盛法
下冊頁126。

錢孫卿
上冊頁399，400；下冊頁251，361，362。

錢偉長
上冊頁273，274，277，335，355，401，411，412，413，414，415；下冊頁130，133，134，138，140，155，198，231，290，357，361，362，373，411，418，422。

錢敏齊
下冊頁44。

錢統綱
下冊頁25。

錢端升
上冊頁120，332；下冊頁197，198，199，205，361，362，384，385，407，414。

錢鍾漢
上冊頁400。

閻少青
上冊頁399。

駱介子
上冊頁286，287。

駱明
下冊頁302，369。

應成旺
上冊頁241。

17劃

蕭也牧／吳小武
下冊頁398，399，400，401，403。

蕭風
下冊頁30。

蕭乾
上冊頁120，139；下冊頁36，69，
125。

蕭魯
下冊頁310。

蕭離
下冊頁30。

龍在田／龍志霍
下冊頁65。

龍英華
上冊頁232，236，239，290，441。

龍榆生
下冊頁364。

龍雲
上冊頁18，197，198，247，248，286，
287，323，324；下冊頁240，243，244，
245，246，250，251，361，362，367，
411。

儲安平
上冊頁37，119，120，121，122，123，
124，186，200，201，202，203，225，
237，246，251，284，286，287，293，
303，304，307，327，335，337，338，
355；下冊頁5，22，23，24，25，42，
43，47，48，49，55，60，151，168，
171，228，240，241，250，251，253，
258，270，273，310，332，333，362，
407，411，420，421。

戴家祥
上冊頁429。

戴天慶
下冊頁113。

戴岳
下冊頁299。

戴浩天
下冊頁293，294。

戴涯
下冊頁109。

戴煌
上冊頁439；下冊頁373，374，411。

薛映輝
下冊頁364。

薛愚
下冊頁151，362，369，414。

薛毅
下冊頁268，270，271，272。

謝光
下冊頁211。

謝昕
上冊頁81；下冊頁277。

謝家榮
下冊頁149，150，369。

謝雪紅
下冊頁316，362，411。

謝學錦
下冊頁149。

謝懷拭
下冊頁195，196，197。

鍾叔河
下冊頁51。

鍾惦棐／朱煮竹
上冊頁95，96，99，106，108，112，
116，117，319；下冊頁72，73，418。

鍾期偉
下冊頁199。

鍾敬文
下冊頁280。

韓兆鶚
下冊頁251，361，362。

韓洪昌
下冊頁294。

韓逸雲
下冊頁25。

韓贏洲
下冊頁211，214，215。

鮮英／鮮特生
下冊頁247，257。

18劃

叢維熙
下冊頁227，228。

瞿增偉
下冊頁304。

聶國屏
下冊頁319。

聶紺弩
下冊頁354。

藍翎／楊建中
下冊頁36，38，81，230。

藍鈺
下冊頁55，60，61，70。

魏光鄴
下冊頁218，303。

酈平章
下冊頁364。

19劃

譚天榮
上冊頁55，205，206，207，210，217，
230，231，232，234，235，236，238，
289，290，295，298，299，441，442；
下冊頁59，309。

譚志清
上冊頁439；下冊頁362，369。

譚惕吾
上冊頁82，237，249，250，253，254，
282，283，284，285，286，287；下冊頁
188，197，204，231，251，361，362，
373，376，407，408。

繳濟東
頁**211**。

20劃

龐薰琹
下冊頁115。

嚴文傑
下冊頁266，267。

嚴仲強
上冊頁229，238，297，298；下冊頁
425。

蘇先勤
下冊頁369。

蘇軍
上冊頁50，51，72；下冊頁243，244，
245，374。

21劃

顧文選
上冊頁222，223，224，274；下冊頁387，389。

顧守熙
下冊頁364。

顧准
下冊頁171，172，173，372，373。

顧國權
下冊頁30。

顧執中
下冊頁47，48，68，255，362，424，425。

顧學韻
下冊頁69。

22劃

羅三都
下冊頁313。

羅仙洲
下冊頁125。

羅青
下冊頁414。

羅志如
下冊頁161。

羅里波／呵欠伯
上冊頁243。

羅時煬
上冊頁399。

羅家衡
下冊頁364。

羅烽
下冊頁72，79，80，88，123，125。

羅舒群
下冊頁402。

羅隆基
上冊頁16，17，19，22，25，26，27，28，29，45，46，74，75，76，77，78，79，118，119，164，165，178，179，186，190，194，195，196，197，201，203，237，246，263，293，325，327，328，329，330，331，332，333，334，335，336，337，338，339，355，373，401，406，407，435，444；下冊頁14，15，17，18，19，20，21，169，185，237，238，240，241，243，245，246，247，248，250，251，252，254，255，258，357，361，362，363，367，406，408，411，412，422。

羅筱元
下冊頁369。

羅翼群
上冊頁118，261，262；下冊頁231，232，233，234，235，236，237。

羅緇武
上冊頁355。

23劃

龔子榮
下冊頁381。

龔定國
下冊頁332，333。

目擊中國13　史地傳記類　PC0346

反右派鬥爭全史（下冊）

作　　者／朱　正
主　　編／蔡登山
責任編輯／鄭伊庭
圖文排版／楊家齊
封面設計／陳佩蓉

發 行 人／宋政坤
法律顧問／毛國樑　律師
出版發行／秀威資訊科技股份有限公司
　　　　　114台北市內湖區瑞光路76巷65號1樓
　　　　　電話：+886-2-2796-3638　傳真：+886-2-2796-1377
　　　　　http://www.showwe.com.tw
劃撥帳號／19563868　戶名：秀威資訊科技股份有限公司
　　　　　讀者服務信箱：service@showwe.com.tw
展售門市／國家書店（松江門市）
　　　　　104台北市中山區松江路209號1樓
　　　　　電話：+886-2-2518-0207　傳真：+886-2-2518-0778
網路訂購／秀威網路書店：http://www.bodbooks.com.tw
　　　　　國家網路書店：http://www.govbooks.com.tw

2013年12月　BOD一版
定價：660元
版權所有　翻印必究
本書如有缺頁、破損或裝訂錯誤，請寄回更換

國家圖書館出版品預行編目

反右派鬥爭全史 / 朱正著. -- 一版. -- 臺北市:秀威資訊
科技, 2013.12
　　冊；　　公分. -- (史地傳記類 ; PC0345-PC0346)
BOD版
ISBN 978-986-326-195-7 (上冊：平裝). --
ISBN 978-986-326-196-4 (下冊：平裝)

　1. 政治鬥爭　2. 中國史

628.7　　　　　　　　　　　　　　　　102020207

讀 者 回 函 卡

感謝您購買本書,為提升服務品質,請填妥以下資料,將讀者回函卡直接寄回或傳真本公司,收到您的寶貴意見後,我們會收藏記錄及檢討,謝謝!

如您需要了解本公司最新出版書目、購書優惠或企劃活動,歡迎您上網查詢或下載相關資料:http:// www.showwe.com.tw

您購買的書名:_____

出生日期:_____年_____月_____日

學歷:□高中 (含) 以下　　□大專　　□研究所 (含) 以上

職業:□製造業　□金融業　□資訊業　□軍警　□傳播業　□自由業

　　　□服務業　□公務員　□教職　　□學生　□家管　　□其它____

購書地點:□網路書店　□實體書店　□書展　□郵購　□贈閱　□其他

您從何得知本書的消息?

　　□網路書店　□實體書店　□網路搜尋　□電子報　□書訊　□雜誌

　　□傳播媒體　□親友推薦　□網站推薦　□部落格　□其他_____

您對本書的評價:(請填代號　1.非常滿意　2.滿意　3.尚可　4.再改進)

　　封面設計____　版面編排____　內容____　文/譯筆____　價格____

讀完書後您覺得:

　　□很有收穫　□有收穫　□收穫不多　□沒收穫

對我們的建議:_____

_____

_____

_____

11466
台北市內湖區瑞光路 76 巷 65 號 1 樓

秀威資訊科技股份有限公司　　　收

BOD 數位出版事業部

....

（請沿線對折寄回，謝謝！）

姓　　名：＿＿＿＿＿＿＿＿　年齡：＿＿＿＿　性別：□女　□男

郵遞區號：□□□□□

地　　址：＿＿＿＿＿＿＿＿＿＿＿＿＿＿＿＿＿＿＿＿＿

聯絡電話：(日)＿＿＿＿＿＿＿＿＿　(夜)＿＿＿＿＿＿＿＿＿＿＿

E-mail：＿＿＿＿＿＿＿＿＿＿＿＿＿＿＿＿＿＿＿＿＿